麦读
MyRead

走向上的路　追求正义与智慧

打牌之前，

你必须先了解游戏的规则。

高晓东

中国社会科学院大学经济学博士，中国政法大学和德国汉堡大学法律及法学硕士，曾担任交易所审核员，现从事投资管理工作。

曾参与编写《证券法学》（中国人民大学出版社 2020 年版）及《新三板挂牌公司规范发展指南》（中国金融出版社 2017 年版）等图书。

特别声明

本书全部内容均是作者结合法律法规和市场公开披露信息进行的研究提炼，不涉及任何未公开的、不得公开的内部资料或国家秘密。
本书案例内容全部来自证券交易所官方网站公开披露的公司上市申请文件、上市审核问询回复文件等信息披露文件，相关内容仅供探讨。

企业上市

注册制审核指引

REFERENCE FOR IPO
AND LISTING

KEY POINTS AND TYPICAL CASES
要点解析与典型案例

高晓东　编著

中国民主法制出版社
全国百佳图书出版单位

序

中国资本市场三十年是市场与政府进行博弈的三十年,也是行政化和法制化博弈的三十年。第一个十年,从 1991 年开始到 2000 年产生了 1000 家上市公司。这 1000 家上市公司是在额度管理、指标管理机制下诞生的,80%左右是国有控股公司。这是资本市场初期发展的十年,最大的问题是股权分置,国有股、法人股不能流通,二级市场规模较小,市场操纵、内幕交易等问题严重,投资者的合法权益受到很大威胁。

第二个十年,即 2001 年到 2010 年,沪深 A 股上市公司数量突破了 2000 家。这期间,股权分置改革取得了重大成功,市场规模有了跨越式增长。大型国有控股公司、股份制银行、科技型公司都相继上市了。随着法律法规的逐渐健全和二级市场规模的大幅增长,资本市场从初创走向规范。

到了第三个十年,上市公司数量有了长足的增长,2016 年上市公司数量突破了 3000 家,2020 年底,上市公司数量突破 4300 家,其中民营控股公司占了 70%,2021 年底,上市公司数量达到 4685 家,整个市场已经发生了质的变化。投资者权益保护问题被监管层和市场参与者各个方面都提到了非常突出的位置。

注册制改革试点以来,上交所科创板、深交所创业板以及北交所相继探索更加市场化的企业上市机制。其本质就是让行政、中介、发行人和投资者等市场参与各方角色,归位尽责,让市场力量在配置资源的过程中朝着发挥决定性作用的方向前进,以充分的公开信息披露为核心,让市场各主体通过博弈来决定公司的上市及股票价格,提高资本市场配置资源的效率。

本书作者长期在全国股转系统公司工作,主要从事企业挂牌和公开发行股票审核工作,他亲身亲历注册制改革和审核实践,积累了丰富的审核经验。作者从交易所审核人员的视角介绍了注册制改革后,公司 IPO 发行上市的流程和注意事项,细致分析了公司上市审核中的重点关注事项和信息披露要求,认真筛选了典型案例进行剖析解读。相信本书有助于进一步提高市场机构执业质量,帮助公司更好履行信息披露义务,助力资本市场全面注册制落地实施。对资本市场研究人员,本书也有非常有用的参考价值。是为序。

黄运成

中国证监会政策研究室原副主任

上海同济大学教授、博士生导师

2022 年 1 月 9 日

前言

2018 年 11 月，习近平总书记在第一届中国国际进口博览会上提出，在上海证券交易所设立科创板试点股票发行注册制改革。这是一项关于资本市场基础制度的重大变革，重新调整了证监会、交易所和市场主体的权利和义务关系。过去三年，上交所科创板、深交所创业板、北交所（新三板精选层）注册制改革接连推进实施，股票发行注册制初具雏形。

相比于企业上市核准制度，注册制下企业上市审核更注重形式审查和充分的信息披露。将企业何时上市、去哪里上市、发行多少股票、定什么价格全部交给市场主体自行博弈决定，体现出市场化改革的大方向。

注册制下企业上市审核发生了哪些变化？企业上市审核实践中具体如何操作执行？审核中重点关注的事项有哪些？如何规范撰写招股书？如何高效答复反馈问询、减少反馈频次，从而提高上市成功率、节省上市时间？本书从审核人员的视角出发，系统地介绍了注册制下企业上市过程及审核要点，结合具体审核案例深入分析反馈问询答复的逻辑和技巧，帮助企业上市少走弯路，中介机构少做返工！

本书共分为两个部分、八个章节。

第一部分是注册制企业上市流程与审核概览。第一章简单回顾了企业上市审核制度的变迁历史，为现行注册制改革及其实践寻找内在演变逻辑,按照时间顺序介绍了注册制下企业上市各个环节以及相关注意事项。第二章对注册制下企业上市的审核机构审核内容和具体审核方法进行了解读,帮助读者直观地认识和理解注册制下企业上市审核的整体面貌。第三章从审核人员的视角出发,与读者共同探讨如何撰写一份"好"的招股书,以及如何高效答复审核反馈问题,从而尽可能减少审核反馈次数,提高企业上市成功率和上市效率。

第二部分是注册制企业上市审核要点解析,也是本书的内容重心。本书以上交所科创板《公开发行证券的公司信息披露内容与格式准则第 41 号——科创板公司招股说明书》(简称《科创板公司招股说明书》)信息披露模板为主要结构,结合企业发行、上市条件和信息披露要求,对审核要点进行全面解构和分析,着重介绍了审核中重点关注的风险点和审核内在逻辑、核心关切。本书第四章至第八章,分别对公司主体与合规情况、公司业务与经营情况、公司治理与内控情况、公司会计与财务情况以及其他审核关注事项五个方面,合计 154 个审核要点,全面进行解读和分析。在此基础上,作者精心挑选了与各个审核要点对应的 154 个审核案例,梳理企业反馈问询回复的要点,并对审核案例进行分析,提炼反馈问题中的核心审核关切以及答复概要,帮助读者更好地理解和把握企业上市审核要求及反馈问询回复技巧,提高答复反馈问询的效率,助力企业成功上市!

目　录

第二部分　注册制企业上市审核要点解析

第一部分　注册制企业上市流程与审核概览

企业公开发行股票上市制度包括股票发行和股票上市两个不同的法律概念。在我国，股票发行由证监会审核，属于行政许可范畴，而股票上市则是由交易所审核，是一种自律审核，属于民事法律关系范畴。我国股票发行上市制度在实践层面和制度层面长期高度融合。核准制下，企业公开发行股票并上市由证监会发行部统一受理审核，企业取得发行批文后，只需形式上履行交易所上市审批即可；注册制下，交易所履行"发行上市审核"的职能，并将审核意见报送证监会，由证监会履行发行注册审核程序，仍然保持着发行、上市"合二为一"的制度体系。本书第一部分主要介绍企业上市审核制度的来龙去脉以及注册制下企业上市的过程、各环节注意事项，重点阐释企业上市审核的机构、人员，审核内容和审核方式，帮助读者从整体上了解和把握注册制下企业上市审核全貌。

第一章　企业上市流程与注意事项

作为一种社会规范,制度通过确定各方权利义务关系、指导各方利益和费用分担来维护社会生产活动的正常秩序。先进的制度将促进社会经济的发展,落后的制度则会增加交易费用、降低资源配置的效率,制度变迁本质上是一种收益更高制度对另一种收益较低制度的替代。企业上市制度几经变迁,其核心就是不断减少市场融资交易成本费用,提高资本市场资源配置的效率。

第一节　企业上市审核制度变迁

企业上市制度创设初期,我国实行的是国家财政管理体系下国有企业社会化融资机制,即在政府部门的主导下,以股份制企业改制为手段,为特定行业的大型国有企业提供公开发行股票融资渠道,进而减轻财政压力。伴随着经济体制改革的深入,多种所有制经济发展迅速,私人产权兴起,人民财富迅速增加,无论是企业还是投资者,通过资本市场开展融资和投资活动的需求都显著增长。为切实提高资本市场投融资效率(主要是融资效率),我国企业上市制度先后经历了行政主导的审批制和市场化方向的核准制、注册制,其中审批制又包括"额度管理"和"指标管理"两个阶段,而核准制则包括"通道制"和"保荐制"两个阶段。[①]

一、股份制试点

二十世纪八十年代初期,一些国有企业和集体企业经营活动面临严重困难,一些企业突破地区、部门和所有制的界限,相继组建各种形式的联合体。在企业之间的横向联合中,逐步从单纯的生产技术协作发展到以资金、技术、设备等投资入股。[②] 特别是企业向内部职工进行集资的情

[①] 中国证监会研究中心:《我国股票发行审核制度的演进历程》,2013 年 7 月。
[②] 《关于股份制企业试点工作座谈会情况的报告》,《国务院批转国家体改委、国务院生产办关于股份制企业试点工作座谈会情况报告的通知》(国发〔1992〕23 号)。

况越来越多,股份制企业具有了市场化发展雏形,亟需相关政策予以引导和法律法规予以规范。

对此,国家体改委、中国人民银行、国家国有资产局等部门组成股份制改革试点小组,对企业股份制改革进行管理探索。1990 年 12 月,《国务院办公厅关于向社会公开发行股票的股份制试点问题的通知》明确了公开发行股票的股份制试点工作安排。企业股份制改革试点须向省、市体改部门提出申请,经审核同意后再报国家体改委审批(涉及国有资产的须同步报同级国资监管部门审批)。企业获准后,须向所在地的中国人民银行一级分行申请公开发行股票,经审核同意后,再报中国人民银行总行进行审批。

1992 年《股份制企业试点办法》正式发布。法人持股的股份制企业试点和企业内部职工持股的股份制企业试点,由省、自治区、直辖市体改部门牵头,会同有关部门(计委、财政、人行)审批。向社会公开发行股票(不上市)的股份制试点,只在广东、福建、海南三省进行,其试点办法和发行股票的规模必须经中国人民银行和国家体改委批准。

公开发行股票并上市交易则只在上海、深圳两市进行试点,上海、深圳以外的其他地区具备上市条件的股份制企业,经国务院股票上市办公会议批准后,可到上海、深圳两市的证券交易所异地上市交易。

股份制改革试点阶段,企业上市制度带有很强的计划经济和行政命令色彩,本质上是财政部门为国有企业调配融资资源,客观上为我国市场化资源配置打开了一扇窗户,给中国经济改革发展注入了新的活力。

二、审批制

股份制试点阶段,企业发行股票上市核准权力较为分散,股票发行和上市标准难以统一,各地方政府主导下的股票发行管理活动较为混乱。1992 年"8·10"事件推动了全国统一的证券市场的设立。同年 10 月 12 日,国务院证券委员会(简称国务院证券委)和中国证券监督管理委员会(简称中国证监会)宣告成立,标志着中国证券市场统一监管体制开始形成。1993 年 4 月 22 日,国务院颁布了《股票发行与交易管理暂行条例》,标志着股票发行上市审批制的正式确立。为了市场建设稳步推进和平衡复杂的社会经济关系,统一的证券市场设立初期仍然采用行政计划的办法分配股票发行的指标和额度。

1. 额度管理模式

额度管理机制下,由国务院证券监督管理机构根据经济发展和市场供求的具体情况,在宏观上制定一个当年股票发行总规模(总额度),经国务院批准后,下达给当时的国家发展计划委员会(简称计委),计委再根据各个省级行政区域和行业在国民经济发展中的地位与需要进一步将总额度分配到各省、自治区、直辖市、计划单列市和国家有关部委。省级政府和国家有关部委在各自的发行规模内推荐预选企业,证券监管机构对符合条件的预选企业的申报材料进行审批。[①] 各地方政府和部委实际掌握该地区、该部门上市资源分配权力。

1993 年 6 月,证监会成立股票发行审核委员会,负责对公开发行股票公司上报的材料进行复审。发审委委员采用无记名投票的方式,按照少数服从多数的原则作出发行审核决议,确定复审结果,并根据复审结果对证监会发行部提出的预审意见进行认可或修改,最后出具复审意见书。[②]审核过程中,证监会对企业的质量、前景进行实质审查,并对发行股票的规模、价格、发行方式、时间等作出统筹安排,对企业上市进行全面和实质性审核与管理。根据《1995 年证券期货工作安排意见》,由当时的国家计委会同国务院证券委员会确定股票发行额度为五十五亿元。

2. 指标管理模式

由于只能在限定融资额度内发行股票融资,各个企业融资规模与实际融资需求难以匹配,融资效率不高。1996 年,国务院证券委员会公布了《关于 1996 年全国证券期货工作安排意见》,开始推行"总量控制,限定家数"的指标管理模式。

指标管理机制下,由当时的国家计委、证券委共同制定股票发行总规模,证监会在确定的规模内,根据市场情况向各省级政府和行业管理部门下达股票发行家数指标。

1997 年,证监会下发了《关于做好 1997 年股票发行工作的通知》,省级政府或行业管理部门在指标内推荐预选企业的同时,增加了由证监会

---

① 中国证监会研究中心:《我国股票发行审核制度的演进历程》,2013 年 7 月。
② 中国证监会研究中心:《发审委制度的历史和作用》,2013 年 7 月。

对地方政府或中央企业主管部门推荐的企业预选材料审核的程序,改变了两级行政审批下单纯由地方推荐企业的做法,开始了对企业的事前审核。证监会发行审核部门审核人员"预审员"的称呼也就是从此时开始沿用至今。

1998 年《中国证监会股票发行审核工作程序》进一步明确了企业发行股票上市审核机制:

(1)中国证监会按照"总量控制,限定家数"的管理办法向各省、自治区、直辖市和计划单列市人民政府(以下简称地方政府)及国务院有关产业部门下达股票发行家数指标;

(2)地方政府或国务院有关产业部门推荐预选企业,中国证监会发行部受理预选材料,受理材料中包括主承销商、会计师事务所、律师事务所和资产评估机构出具的关于申报材料有关内容符合真实、公正、合规标准承诺函;

(3)证监会发行部将预选材料分送国家发展计划委和国家经贸委,分别就基建或技改项目的可行性、相关批文的合规性,以及是否符合国家产业政策征求意见;

(4)发行部对企业改制方案、资产重组方案、收购兼并方案和财务会计资料等进行审核,并出具书面反馈意见。企业和中介机构按照反馈意见修改材料后,送发行部验证确认。在审核过程中,发现有虚假等违规嫌疑的,中国证监会将组织调查。发行审核部门出具预审意见后,由国家有关部门代表、社会有关专家、中国证监会和证券交易所有关人员组成的发行审核委员会审议;

(5)中国证监会根据国家发展计划委、国家经贸委的意见和发行部预选审核意见情况,确定是否同意企业股权结构和发行方案。

三、核准制

不管是额度管理还是指标管理,股票发行上市审批制本质上是采用行政计划的方式分配上市资源,缺乏市场效率。随着我国市场经济的快速发展和加入 WTO 的进程提速,国内外各方面压力都要求我们在资本市场推行更具有市场经济特征的企业上市审核制度。[①]

---

① 卞耀武主编:《中华人民共和国证券法释义》,法律出版社 1999 年版,绪论。

1999 年实施的《证券法》确立了股票发行上市核准制度。核准制下，为了保证上市企业质量，股票发行上市需要取得专业证券公司的推荐。证券监管机构仍然对企业的盈利能力、发展前景、发行数量和发行价格等进行实质性审查，并据此作出发行人是否符合发行条件的价值判断和是否核准申请的决定。[①] 核准制先后经历了通道制和保荐制两个阶段。

1. 通道制

2001 年 3 月，证券监管部门确立了"自行排队，限报家数"的证券公司通道制上市制度。所谓通道制，是指每家证券公司一次只能推荐一定数量的企业申请发行股票，所推荐企业每核准一家才能再报一家，即"过会一家，递增一家"（6 月又调整为"发行一家，递增一家"），具有主承销资格的证券公司拥有的通道数量最多 8 条，最少 2 条。到 2005 年 1 月 1 日"通道制"被废除时，全国 83 家证券公司一共拥有 318 条通道。[②] 在此阶段，决定企业上市的部分权力从各省、部委转移到大型证券公司手中，一些头部证券公司开始垄断企业上市通道，同时导致企业上市通道拥堵，难以满足社会融资需要。

2. 保荐制

为了适应核准制的变化要求，落实证券公司及其从业人员的责任，证监会于 2003 年底颁布《证券发行上市保荐制度暂行办法》，正式推出了股票发行上市保荐制度。保荐制度要求股票发行上市必须要由保荐机构进行保荐，并由具有保荐代表人资格的从业人员具体负责保荐工作。这样既明确了机构的责任，也将责任具体落实到了个人。

与"通道制"相比，保荐制度增加了由保荐人承担发行上市过程中连带责任的内容。保荐人的保荐责任期包括发行上市全过程，以及上市后的一段时期（比如两个会计年度）。为了确保保荐代表人能有足够的精力和投入，证监会规定如果保荐代表人在正在核准流程中的发行项目上签字，则不能同时提交其他发行申请，必须等该项目的核准结果公布即该项目的核准周期完成。创业板部成立后，每位保荐代表人可以同时向发行

---

① 中国证监会研究中心：《国际上关于新股发行的主要制度》，2013 年 7 月。
② 中国证监会研究中心：《我国股票发行审核制度的演进历程》，2013 年 7 月。

部和创业板部各申报一个项目。2004年,全国拥有近614名保荐代表人,保荐代表人一时成为市场争抢的对象。

2012年证监会发布《关于进一步加强保荐业务监管有关问题的意见》,适当调整保荐代表人具体负责保荐项目家数的规定。由此前两名保荐代表人具体负责一家发行人的保荐工作,可同时在主板和创业板各有一家在审企业,调整为允许同时在主板和创业板各有两家在审企业。截至2020年底,全国注册保荐代表人达到4000人,保荐代表人不再稀缺。

同年,证监会公布《中国证券监督管理委员会股票发行审核委员会暂行办法》,对发审委制度作出改革,建立了发审委委员的问责机制和监督机制,强化委员的审核责任。在核准制下,发审委需要对发行申请人进行实质审查,既要行使行政权力又要作出商业判断。[1] 企业只要能够通过上市审核,股票销售供不应求。在此时期,证监会实际决定着企业上市资源分配权力。

四、注册制

核准制要求证监会对申请上市的企业进行实质性的审查,使业绩良好、具有发展前景的公司上市融资,进而防范市场风险,保护投资者的积极性。[2] 对此,有市场专家认为,企业上市核准制下仍然没有完全摆脱政府的行政干预,使得市场上股票供给严重不足,造成上市公司资本配置效率的低下。[3] 核准制度存在破坏市场机制、过度行政干预以及信息披露不充分和虚假披露等问题,应该强调以信息披露为核心,将上市审核和发行审核进行分离。[4] 一次更加市场化的股票发行上市审核制度呼之欲出。

1. 境外注册制实践情况

注册制是在市场化程度较高的成熟股票市场所普遍采用的一种发行制度。证券监管部门公布股票发行的必要条件,是只要达到所公布条件要求的企业即可发行股票,证券监管机构对申报文件的真实性、准确性、

---

[1] 中国证监会研究中心:《发审委制度的历史和作用》,2013年7月。
[2] 全国人大《证券法》起草小组:《〈中华人民共和国证券法〉释义》,中国金融出版社1999年版。
[3] 田昆儒、张克菲:《IPO注册制下新上市公司资本配置效率保障机制研究》,载《湖南社会科学》2015年第5期。
[4] 胡俊:《我国证券发行审核制度刍论》,载《湖南商学院学报》2014年第6期。

完整性和及时性做合规性的形式审查,而将发行公司的质量和股票定价销售留给中介机构来判断和决定。①

以美国市场为例。企业公开发行股票前须经过州和联邦双重注册,1996年以后,在全国证券交易所交易的股票可以免予州注册。SEC(美国证券交易委员会)的审核主要依据的是"披露原则",即原则上不对公司的盈利、管理等实质性内容设置门槛,而仅着眼于公司"是否披露了所有投资者关心的信息"。在 SEC 事前审核中,对信息的真实性不作审核,如果事后发现信息造假,公司需要对报告中的造假负全部责任,承销商和审计机构要为自己为何在尽职调查中没有发现问题负相应的责任。各个交易所对上市确立的审核原则主要是根据它们各自的市场定位和发展战略而定,在每个交易所上市的公司都必须满足这个交易所的要求,这些要求可以包括公司信息披露以及公司的盈利、销售额、利润增长状况等。例如,NYSE(纽约证券交易所)的上市要求中包括对公司实质内容的审核。因此,对于在全国范围内的交易所上市的公司而言,实质审核是在充分市场化的交易所进行的。

德国证券市场也较为相似。在德意志交易所上市的公司,在股票发行过程中发行人、律师、会计师、投资银行各司其职,责任清晰明确。发行人作为发行的主体,负责招股书的真实性、准确性,并依法承担欺诈发行、合同违约等法律责任。会计师负责对发行人财务真实性进行审计,并依法承担审计责任。投资银行负责对发行人融资活动进行担保,并发售证券和为证券交易提供通道,在一定限度内承担担保责任和发行失败的后果。发行人的律师负责核查发行人的法律合规事项,并协助起草法律文件(主要是招股书),与金融监管局进行沟通完善招股书等工作。实际审核工作由金融监管局来执行,金融监管局主要围绕公司是否按照招股书模板进行充分披露展开,不对公司的财务状况进行实质性审核。发行人存在造假、欺诈等情况的,按照发行人、审计机构、投资银行等各自承担的分工和责任进行责任划分,由金融监管局作出行政处罚,或者根据投资者的诉讼请求采取司法裁判。②

①　中国证监会研究中心:《国际上关于新股发行的主要制度》,2013年7月。
②　参见德意志证券交易所培训资料,可向德意志证券交易所集团公司索取。

2. 我国注册制改革历程

2013 年中央首次提出了要"健全多层次资本市场体系,推进股票发行注册制改革"。① 全国股转系统(新三板)率先开始在股票公开转让审核中试点注册制。新三板成立不到 4 年,上万家公司挂牌转让股票,数千家公司发行股票融资,为股票发行注册制蹚出了一条崭新路径。2015 年,全国人大正式授权国务院在现行《证券法》下进行注册制改革试点,上海证券交易所战略新兴板相关制度规则一度提交监管机构审议。但是,随着全球量化宽松急速收缩,国内采取了扩张性财政政策应对,大量资金流入房市和股市,我国股票市场经历了一场过山车式的剧烈波动,2015 年股票市场动荡后,资本市场改革节奏骤然减缓。

2018 年以来,我国经济增速持续放缓,中美贸易战愈演愈烈,而企业金融杠杆则居高不下。在金融去杠杆的过程中,提高企业直接融资的渠道和社会直接融资比例,进而促进经济实体的持续稳定发展成为供给侧结构性改革的重要突破口。2019 年 7 月科创板设立、2020 年 6 月新三板精选层设立、2020 年 8 月创业板注册制改革、2021 年 11 月北交所正式成立,资本市场注册制改革落地开花。

注册制改革后,企业申请公开发行股票上市仍然需要证券公司保荐,在程序上需要先提交证券交易所进行发行上市审核,符合发行上市条件的,报送证监会进行发行注册,同时取消了发行审核委员会审核环节,增加了交易所上市委员会审核流程;企业公开发行股票条件中取消了"盈利性"指标要求,改为"持续经营能力",更加注重企业信息披露的真实性、准确性、完整性以及风险揭示是否充分;在审核时限上也更为具体明确,发行上市审核时间最长为 3 个月,发行人和中介机构的问询回复最长也不能超过 3 个月;此外在企业发行股票数量和定价上也放松了管制,交给市场参与主体自行博弈决定。

从审批制到核准制再到注册制,我国资本市场企业上市审核制度几度发生变迁。但是,长期以来形成的管理惯性和市场基础并不乐观,更何况落实国家产业政策和确保市场稳定仍然是证券监管机构的重要主体责任,注册制下企业上市仍然需要政府机构小心呵护。那么,实践中我国企

① 参见《中共中央关于全面深化改革若干重大问题的决定》。

业上市注册审核又是如何执行的呢？接下来，我们先来熟悉一下注册制下企业上市的各个环节，以及各个阶段需要注意的相关事项。

第二节　企业上市各阶段注意事项

注册制下，一家企业若想公开发行股票上市交易，需要经历董事会、股东大会审议，中介机构尽职调查，改制为股份公司，报地方证监局辅导验收，制作申请文件，履行证券公司内部保荐决策程序，证券交易场所审查，证监会注册审核，股票定价及发行，办理股票登记，正式上市挂牌交易等十余个环节。按照目前的审核节奏，从企业正式启动上市工作到最终完成上市交易，通常需要1-2年的时间。在这期间企业要做大量的准备工作，并按照规定编制公开发行股票上市的申请文件，企业家和企业高管需要做好资本市场专业知识补充，从而做到心中有数、运筹帷幄、马到功成！

一、上市准备

企业上市是企业生命周期中的关键之处，如若上市成功，企业则更进一个台阶，一旦失败，不仅要承担相应的成本，还可能因此挫伤团队的锐气，从而导致企业一蹶不振。与创业一样，企业上市也是一项新的挑战，上市前需要做哪些安排？找什么人来帮忙？花费多少人力、物力、财力？对于这些问题，企业家一定要充分做好调查研究，不打无准备之仗。

1. 拟订上市计划

企业上市只是企业发展壮大的手段，而不是企业发展的目标，这是企业上市前需要明确的核心问题。因此，企业上市的整体时间安排必须以企业成长的整体规划为纲，以具体上市操作安排为目，而不是本末倒置。

企业上市的安排首先要契合公司的真实融资需要和长期发展规划。在企业发展一定阶段，或是为了开发新产品、或是为了拓展新市场、或是为了延展新渠道，发行股票融资一定要与公司未来的发展目标和成长空间相匹配。对于负责任的企业家来说，在什么阶段上市，如何使用上市募集的资金，关系到企业能否在上市后持续实现跨越式增长，也关系到企业在上市发行环节能否获得市场投资者的认可。

从目前发行注册审核的实践情况来看,企业从正式启动上市工作到最终实现上市最快可能只需要 1 年的时间。但是考虑企业上市需要提交最近 3 年的财务审计报表,因此,企业上市的时间进度安排得越早越好,通常建议整体时间进度定在 2 年左右,从而为不确定事件以及公司内部的整改、财务会计规范和业绩的冲刺预留足够的时间。当然,也有很多企业家从企业创立的早期就已确定上市目标,那么对于在早期经营活动中就已于股权结构、激励机制和财务规范性等方面作出相应安排的企业来说,后期仅需要根据其发展随时进行调整执行即可(如表 1 所示)。

表 1 企业上市整体时间进度

序号	进程	时间(月)
1	确定申报基准日(财务报表审计截止日 T)	——
2	前期内部沟通、外部联系(T−6)	3~6
3	中介机构前期尽职调查(T−3)	3~6
4	证监局上市辅导(T−3)	3~6
5	改制为股份公司(T+3)	1
6	辅导验收、制作申请文件(T+4)	1
7	提交上市申请(T+4)	——
8	证券交易所审核(T+7)	3~6
9	证监会注册审核(T+8)	1~2
10	股票定价及发行(T+11)	3~6
11	股票登记、上市交易(T+12)	——

2. 做好人力和财力准备

兵马和粮草是战争获胜的关键。企业上市过程中,人才和财力准备也是重中之重。古语有云,"一个好汉三个帮,一个篱笆三个桩",企业上市也同样需要企业团队的共同支持。一个懂得管理、经营、财务的企业家不一定能把上市相关的中介机构管理好,也不一定能把公司业务讲得好,更不一定能按照上市要求把账做好。因此,选择适合的上市运营团队的重要性不言而喻,其中财务总监和董事会秘书是其中的关键成员。

　　企业的财务总监可谓是公司的大管家,在企业上市过程中发挥的作用尤为关键。不管是收入利润、成本费用,还是税收罚款,只要涉及公司经营中的大小事务,事无巨细都要经过财务总监的过目,因此,大部分民营企业的财务总监都是由公司实际控制人的爱人或者亲属担任。这些财务总监通常具备丰富的行业和业务经验,对公司整个财务会计事项也比较熟悉,但是,与企业上市对财务会计规范性的要求相比,还需要专门的培训和学习。特别是涉及上市前需要配合外部会计师对公司的会计政策、会计估计和内控机制进行整体规范整改,在合法合理的范围内对企业的财务报表进行调整等工作,都需要进行专门的上市培训。在企业上市后,公司财务总监还需要协助做好企业的定期审计工作、各类融资工具的使用和成本费用管理,更好地利用上市公司的相关政策、规则,做好公司的财务规划。这些都要求公司财务总监必须熟悉资本市场,了解上市公司的财务处理规范和资本市场融资工具,并掌握与上市公司市值管理相关的理论和知识。

　　董事会秘书是上市公司的必备高管。与董事长秘书相比,董事会秘书经办的工作更为复杂,需要极高的专业素养和处理复杂问题的能力。在上市前,董事会秘书需要协助企业家做好整体上市规划安排并监督各部门有效执行,还需要负责组织召开各项会议,对接中介机构、协调各方面做好尽调和整改,协助证券公司做好企业上市招股书的撰写工作等。在企业上市审核阶段,董事会秘书需要协助做好审核反馈意见的答复、临时信息披露、公关宣传等工作。在企业发行定价阶段,董事会秘书需要参与公司股票发行路演和询价,与投资者沟通,确保公司发行工作顺利进行。企业上市后,董事会秘书不仅要负责日常董事会、股东会的组织筹备工作和信息披露工作,还需要积极应对上市公司日常重大风险舆情处置和资本市场相关活动组织筹备工作。

　　上述人员是企业上市的重要帮手,企业家在筹备上市阶段需要慎重选择。具体来源方面,公司可以通过内部人员遴选,进行专门培训的方式实现人才储备,也可以通过引进外部专家,协助企业共同实现上市目标而实现。

　　企业上市的财务成本也不容忽视。除了因发行股票导致股东自身的股权和收益被稀释外,上市筹备过程中的主要成本和费用还包括以下三个方面。

（1）企业上市前的规范整改成本。企业上市前，为了减少税收缴纳成本，通常会采取一些会计处理进行避税。在企业上市整改阶段，一方面为了充分反映公司的经营成果，另一方面会计规范性要求公司重新调整历年报表，释放业绩利润；公司需要对历史上漏缴的税收进行补缴，而且企业上市后将持续按照规范要求报税，较高的税收成本也需要一并纳入考虑。

（2）企业聘请专业人员和专业机构的费用。企业内部财务总监和董事会秘书有的通过内部培养，有的也许只能通过外部聘请专业人士，优秀的资本市场专业人才相关薪酬和激励安排需要付出一定的成本。外部聘请证券公司、会计师事务所、律师事务所、评估机构、咨询机构、公关机构等费用也相当不菲（如表 2 所示）。

表 2　证券公司保荐承销费用一览

募集金额	收费参考
1 亿元以内	保荐和承销费用分别在 300 万~500 万元
1 亿元到 3 亿元	保荐和承销费用分别在 500 万~800 万元
超过 3 亿元	保荐费不再增加，承销费按比例收取 3%~5%

注册制改革以后，企业上市成功概率不仅仅取决于通过上市审核，还要能够以合适的价格发行成功。反映在市场价格上，就是证券公司的保荐费和承销费收费标准有所调整，保荐费逐渐下滑，而承销费占比则逐渐上升，根据企业质地情况和销售难度差异情况出现分化。例如，募集资金 1 亿元以内的中小企业，收费从 100 万到 500 万元不等，承销费用从 700 万到 1000 万元不等，但总的费用基本在 1000 万元左右。会计师事务所通常收费在 100 万~150 万元，律师事务所通常收费在 50 万~100 万元，评估机构一般也在 50 万元左右。

（3）企业改制和整改过程中的其他必要支出。在企业规范整改过程中，除了税收补缴外，通常还涉及人力、建设、环保、安检等各个领域的规范和整改，无论是员工五险一金的缴纳还是有关公关费用，都需要企业预先做好相应的财务预算。除此之外，企业上市过程中还有一些不可预见的特殊事项可能引发成本和费用的支出。常见的包括来自中小股东、竞争对手和内部员工的诉讼纠纷、投诉举报、股权争议等,这些事项都将给企业带来额外的上市成本。

总体来说,企业上市的费用在千万级别,企业家需要做好充分的思想认识和现金流准备。特别提醒的是,企业家要审慎考虑为了上市而增加杠杆。现实生活中存在一些企业增加杠杆后,不仅没有实现上市,反而因为高杠杆而导致阻碍企业发展和自身一蹶不振的情况。

3. 方案设计与内部沟通

企业公开发行股票上市牵涉利益众多。一方面,发行股票上市必然会稀释公司老股东的持股比例和收益,上市并不一定能得到全部股东的支持;另一方面,企业上市需要对现行管理架构进行重组,并适当引入新的人才,对公司现有管理结构具有一定挑战。企业家在正式推动上市计划前需要做好谋划,合理设计上市后股权结构,充分做好内部沟通。

(1)公司股权结构设计

企业上市可能会影响公司大股东控制权的稳定性,需要企业家在启动上市计划前做好前瞻性筹备设计。常见的股权设置方案包括几个重要的持股比例,分别是67%的绝对控股权、51%的相对控股权、34%的一票否决权、10%的提议权、5%的重要股东认定标准权以及1%的代为诉讼权。如果公司持股比例较为分散,上市后很可能会给公司第二、第三大股东在二级市场开展收购或者联合其他中小股东谋求控制权的机会。此外,也有企业第一、第二大股东持股比例比较接近,通过公开发行上市则将有可能削弱第二大股东的话语权,增强第一大股东的控制力。

合理的股权结构设计需要充分考虑不同股东的诉求。对于公司的小股东和外部投资机构而言,企业上市是其实现投资退出并获得超额回报的重要方式;而对于公司的第二大股东或者第三大股东而言,企业公开发行股票上市将进一步稀释他们持有公司的股权份额,增强公司第一大股东、实际控制人对公司的控制能力,很可能会损害他们的利益。对此,企业家需要运用智慧,做好相关股东的利益调整和说服工作。

除此之外,企业上市前为了充分调动公司核心团队的积极性和外部各方主体的支持力度,通常会选择通过定向增发或第一大股东转让股权的方式进行股权激励或安排一部分人员和机构持股,实现利益捆绑,调动起各方参与上市筹备工作的积极性。还有一些企业在上市前会向相关主体输送利益以获取上市过程中的帮助，但是这种安排往往涉嫌灰色领域或者违法犯罪，在现阶段穿透核查愈演愈烈的市场现状下，建议企业家慎重抉择。

（2）充分进行内部沟通

企业家在拟订上市初步方案后，需要跟公司现有核心团队进行充分的沟通和协调，首先须取得内部的一致支持。对于公司经营管理层而言，企业上市意味着他们要背负更大的经营业绩压力，如果不能在上市过程中给予他们相应的补偿，他们很可能不会配合企业的整体上市计划；对于企业部分管理人员而言，企业上市前的尽职调查很可能将他们在公司外部的小金库、钱袋子或者其他利益输送安排揭露出来，从而引起他们的隐形抵制和不合作。

对于公司其他核心员工或中层管理团队而言，上市前的人员和机构调整、确定相关利益分配机制等都有可能引起公司经营管理的动荡，引发内部争斗，从而损害公司整体的经营能力。因此，企业上市不仅仅是公司整体战略规划的一次重要布局，也不仅仅是应对监管部门的审核，还涉及公司管理和内部机制的一次重构。企业家需要发挥聪明才智和个人魅力，通过有效的内部沟通和相应的激励计划，调动起全体员工的积极性，共同围绕企业上市的目标努力奋斗。

4. 选择专业中介机构

企业家在做好上市方案筹划和内部协调工作的同时，可以着手物色合适的上市中介机构。企业上市过程中的主要中介机构包括：证券公司、律师事务所、会计师事务所、评估机构、公关机构等。这些专业机构负责协助企业进行股份公司改制和规范性整改，为企业上市提供专业辅导，出具审计报告、法律意见书和评估报告等法律文件，撰写招股书和上市申请材料，协助办理上市申请、落实监管机构的审核反馈意见，承销公司发行的股票，等等。

通常情况下，一家企业如果初步具备了上市条件，很多中介机构会主动登门拜访，地方证监局、金融办等也会组织企业在上市培训班中接触和了解一部分中介机构。但是，实践中还是有很多企业家表示找不到合适的中介机构,其原因主要包括以下两个方面:一是中介机构是利益驱动,规模大、概念新颖的企业往往更受中介机构追捧,而普通制造企业、中小企业等则难以获得头部中介机构青睐,企业与优质中介机构的联系渠道较少、成本较高;二是市场优质中介等机构业务繁忙,现场团队执业能力和项目推进时间很难得到保障,中小机构则普遍业务能力和承销能力较差,导致企业难以对接合适的中介机构(如表3所示)。

表3　科创板上市中介机构数量(截至2020年12月)

序号	证券公司	会计师事务所	律师事务所
1	中信证券(22单)	天健(39单)	中伦(18单)
2	中金公司(18单)	立信(31单)	德恒(15单)
3	华泰联合证券(17单)	容诚(17单)	锦天城(15单)
4	中信建投(15单)	致同(13单)	金杜(14单)
5	海通证券(12单)	普华永道中天、信永中和(12单)	国浩[上海](14单)

从审核的角度来看,企业选择合适的专业机构和专业人员,特别是执业质量过硬、责任心较强的专业机构和经办人员,对于能否顺利上市至关重要。除了业绩排行榜外,企业在遴选中介机构中还应当重点关注相关中介机构保荐、推荐上市企业否决率情况,交易场所或证监会现场检查、现场督导撤材料情况,交易场所自律监管措施情况和执业质量排名情况。

(1)证券公司

按照《证券法》规定,公司申请公开发行并上市须经证券公司保荐和承销。要选好证券公司可不是一件容易的事,证券公司的名头很重要,现场负责的人也很重要;具体经办人员的专业能力很重要,能否尽心尽力为企业做好工作也很重要,这些都需要企业认真判断、决策。

从证券公司规模的角度来看,大券商综合实力较强,既有丰富的市场关系又有强大的销售能力,有助于公司成功发行上市。券商排行榜可以从历年保荐上市公司的榜单里轻松找到。但是,大券商很可能对中小型企业不感兴趣,在具体的项目上花费的精力、投入的资源以及推进企业上市的节奏方面也很难保证,通常情况费用也要高一些。规模较小的证券公司则往往在某一类业务上具有一定的竞争优势,核心业务团队相对比较稳定,对企业上市投入的资源、精力以及节奏控制方面也相对较多,但是中小券商执业质量参差不齐,在股票销售能力方面也存在较大的差异。

从具体经办人员的角度来看,无论是大券商还是小券商,在承揽过程中往往都会派出专业水平高、表达能力强或者实力雄厚的干将,但是一旦签了合作协议,则主要安排年轻团队负责具体工作,完成质量有时难以保障。对此,企业选择证券公司需要非常小心,充分了解证券公司投行业务团队的内部架构和相关负责人的专业能力和现场工作的时间安排,确保保荐人和现场负责人具有较高的专业素养和责任心,并尽可能在合同中将现场人员的清单和现场工作时间约定明确,对上市节奏方面也要确定一个相对稳定的时间框架,确保得到证券公司的必要资源投入。

关于联合保荐。联合保荐意味着公司需要同时聘请两家证券公司作为公司发行股票并上市的保荐人。《证券发行上市保荐业务管理办法》第七条第二款规定,证券发行规模达到一定数量的,可以采用联合保荐。上交所问答指出,融资金额超过 100 亿元的 IPO 项目、融资金额超过 200 亿元的再融资项目可以按照《证券发行上市保荐业务管理办法》相关规定实行联合保荐。实践中经常出现联合保荐,往往涉及保荐机构系公司的关联方。

(2)会计师事务所

会计师事务所的执业质量和审计团队上市审计经验同样至关重要。企业在经营过程中跟当地的审计机构应该打过不少交道,但通常仅限于出资验资或者工商局的抽查审计等常规业务。大部分中小会计师事务所对于从事一般审计业务能力绰绰有余,但是要协助企业公开发行股票并上市则往往难以胜任。

在企业上市前,会计师进场后会协助公司对最近几年的财务报表进行调整、规范。对于企业前期一些不规范的会计政策、会计估计,一些模糊的凭证还有说不清的关联交易、资金占用等事项进行整改和规范;协助公司搭建内控体系。在企业上市审核过程中,会计师还要协助证券公司等对涉及财务方面的反馈问题进行反馈解释,上述工作需要会计师具有丰富的上市审计经验。因此,在遴选会计师事务所的过程中,重点要关注具体从事现场审计业务的会计师是否具有丰富的上市企业审计经验和参与企业上市反馈问询回复的经验。

(3)律师事务所

考虑对公司的业务和人员熟悉情况,相互之间合作信任情况,企业会选择常年法律顾问作为自己的上市律师；但是如果常年法律顾问确实没有资本市场方面的经验，则需要认真选择专业律师团队。

与美国证券律师协助起草企业招股书不同，我国的证券律师目前在企业上市过程中主要还是从事法律事项的尽职调查和出具法律意见书的工作，但是优秀的证券律师在企业上市过程中发挥的作用则往往超出企业的预期。专业的律师团队对于市场规则更加熟悉，对于法律问题判断更加准确，对于风险防控更加谨慎。尽管他们不是上市工作的主导，但是涉及企业上市前的历史沿革核查、股权结构设计、股权激励实施、资产重组安排、改制方案的制订、知识产权保护、诉讼纠纷处理、合规整改，以及企业上市过程中对于法律方面反馈问题的答复、投诉举报的处理、风险舆情的公关等都需要专业律师协助处理。因此，企业同样需要根据自身情况，认真考虑律师团队的业务能力和经验水平。

（4）其他相关机构

资产评估机构。资产评估机构主要是在企业进行股份公司改制时参与公司资产的评估。评估机构在我国资本市场各种业务开展中都比较边缘，但是选择评估机构仍然需要谨慎。如果评估机构能够慎重地对公司资产等进行评估并提出相关的风险和后续会计处理规划，对于公司来说也是额外的收获。

收款银行。收款银行包括承销商收款银行和募集资金监管账户银行。前者是由承销商负责开立，企业发行完毕扣除各项费用后将募集资金支付到发行人，资金在承销商收款银行的时间比较短，而且承销商也较愿意找自己长期合作的银行以方便控制。后者则是公司后续使用和管理募集资金的主要银行账户，便利、可靠、利益是其中重要的考量因素。

咨询机构。咨询机构的选择主要看企业自身需求情况，企业家在筹备上市阶段，可以就上市事宜咨询相关专业人士的意见，包括监管机构人员、政府机构人员、市场中介机构等。上市前的学习和培训是必要的，但是市场上各种咨询机构质量参差不齐，建议企业家擦亮双眼审慎选择。

公关机构。公关团队主要针对企业上市前和上市审核阶段可能出现的诉讼纠纷、负面舆情和其他突发事件的处理。注册制下企业上市相关信息公开逐渐加强，企业上市受到越来越多的关注，市场舆情也是审核中重点关注的事项。一旦出现竞争对手或者不良媒体恶意敲诈等情形，企业需要积极应对,必要时可以向专业公关团队求助。

5. 选择上市交易场所

2021年11月15日北京证券交易所成立以后,我国证券市场包括北京、上海和深圳三家交易所,以及沪市主板、深市主板、科创板、创业板、北交所五个交易板块。目前,沪、深主板仍然实行证监会核准的发行上市制度,科创板、创业板和北交所实行注册制。选择上市交易场所的核心是与企业的整体发展规划相匹配,重点考虑以下几个方面。

(1)市场准入门槛

不同的市场板块对拟上市企业的市值、收入、利润、研发投入、经营活动现金流等指标进行了不同的限定,企业首先要结合自身经营情况,判断是否符合相应板块的财务指标要求。注册制下,发行条件对于企业盈利的要求更为弹性,甚至允许符合一定条件的未盈利企业上市。但是,除了医药生物等特殊行业外,企业盈利状况还是应当在规定的指标之外留有一定的余地,尽量避免底线申报(如表4所示)。

表4 各市场板块上市条件对比①

对比内容	北交所	深交所(创业板)	上交所(科创板)
企业定位	主要服务创新型中小企业,重点支持先进制造业和现代服务业等领域的企业,推动传统产业转型升级,培育经济发展新动能,促进经济高质量发展。	主要服务成长型创新创业企业,支持传统产业与新技术、新产业、新业态、新模式深度融合。	主要服务符合国家战略、突破关键核心技术、市场认可度高的科技创新企业。重点支持新一代信息技术、高端装备、新材料、新能源、节能环保以及生物医药等高新技术产业和战略性新兴产业。
审核制度	注册制	注册制	注册制

---

① 微信公众号"肃肃宵征":《北京证券交易所成立——相关上市条件比较分析》,2021年9月。

续表

对比内容	北交所	深交所(创业板)	上交所(科创板)
主体条件	(1)发行人为在全国股转系统连续挂牌满12个月的创新层挂牌公司; (2)符合中国证监会规定的发行条件; (3)最近一年期末净资产不低于5000万元; (4)公开发行的股份不少于100万股,发行对象不少于100人; (5)公开发行后,公司股本总额不少于3000万元; (6)公开发行后,公司股东人数不少于200人,公众股东持股比例不低于公司股本总额的25%;公司股本总额超过4亿元的,公众股东持股比例不低于公司股本总额的10%; (7)市值及财务指标符合规定标准; (8)北交所规定的其他上市条件。	(1)符合中国证监会规定的创业板发行条件; (2)发行后股本总额不低于3000万元; (3)公开发行的股份达到公司股份总数的25%以上;公司股本总额超过4亿元的,公开发行股份的比例为10%以上; (4)市值及财务指标符合规定标准; (5)深交所要求的其他上市条件。	(1)符合中国证监会规定的发行条件; (2)发行后股本总额不低于人民币3000万元; (3)首次公开发行的股份达到公司股份总数的25%以上,公司股本总额超过人民币4亿元的,首次公开发行股份的比例为10%以上; (4)市值及财务指标符合规定标准; (5)上交所要求的其他上市条件。

续表

对比内容	北交所	深交所(创业板)	上交所(科创板)
上市的市值及财务指标	四选一： 标准一：(市值+净利润+净资产收益率)市值不低于2亿元,最近两年净利润均不低于1500万元且加权平均净资产收益率不低于8%,或者最近一年净利润不低于2500万元且加权平均净资产收益率不低于8%; 标准二：(市值+收入+收入增长率+经营活动现金流)市值不低于4亿元,最近两年营业收入平均不低于1亿元,且最近一年营业收入增长率不低于30%,最近一年经营活动产生的现金流量净额为正; 标准三：(市值+收入+研发投入)市值不低于8亿元,最近一年营业收入不低于2亿元,最近两年研发投入合计占最近两年营业收入合计比例不低于8%; 标准四：(市值+研发投入)市值不低于15亿元,最近两年研发投入合计不低于5000万元。	三选一： 标准一：(净利润)最近两年净利润均为正,且累计净利润不低于人民币5000万元; 标准二：(市值+净利润+收入)市值不低于人民币10亿元,最近一年净利润为正且营业收入不低于人民币1亿元; 标准三：(市值+收入)市值不低于人民币50亿元,且最近一年营业收入不低于人民币3亿元。	五选一： 标准一：(市值+净利润/市值+净利润+收入)市值10亿元以上,连续两年盈利,且两年累计净利润不低于5000万元;或市值10亿元以上,连续一年盈利,且营业收入不低于1亿元; 标准二：(市值+净利润+研发投入)市值15亿元以上,最近一年营业收入不低于2亿元,且最近三年累计研发投入占最近三年累计营业收入的比例不低于15%; 标准三：(市值+收入+经营活动现金流)市值20亿元以上,最近一年营业收入不低于3亿元,且最近三年经营活动产生的现金流净额累计不低于1亿元; 标准四：(市值+收入)市值30亿元以上,且最近一年营业收入不低于3亿元; 标准五：(市值+其他)市值40亿元以上,主要业务或产品需经国家有关部门批准,市场空间大,目前已取得阶段性成果,并获得知名投资机构一定金额投资;医药企业取得至少一项核心产品获准开展二期临床试验;其他符合科创板定位且具备明显技术优势并满足相应条件。

对比内容	北交所	深交所(创业板)	上交所(科创板)
红筹企业	无相关规定	允许红筹企业上市,二选一: 标准一:(市值+净利润)预计市值不低于100亿元,且最近一年净利润为正; 标准二:(市值+净利润+收入)预计市值不低于50亿元,最近一年净利润为正且营业收入不低于5亿元。	允许红筹企业上市,二选一: 标准一:(市值)预计市值不低于100亿元; 标准二:(市值+收入)预计市值不低于50亿元,且最近一年营业收入不低于5亿元。
表决权差异化安排	(1)仅允许上市前设置; (2)具有表决权差异安排的,该安排应当平稳运行至少一个完整会计年度,且相关信息披露和公司治理应当符合中国证监会及全国股转公司相关规定。	允许,但要求较高: (1)仅允许上市前设置。 (2)标准二选一: 标准一:(市值+净利润)预计市值不低于100亿元,且最近一年净利润为正; 标准二:(市值+净利润+收入)预计市值不低于50亿元,最近一年净利润为正,且最近一年营业收入不低于5亿元。	允许,但要求较高: (1)仅允许上市前设置。 (2)标准二选一: 标准一:(市值)预计市值不低于100亿元; 标准二:(市值+收入)预计市值不低于50亿元,且最近一年营业收入不低于5亿元。

(2)市场定位要求

除了财务指标方面的硬性规定外,企业所从事的具体业务和行业属性还应当满足各个市场板块的定位。

科创板市场定位是按照"行业+指标"的方式来进行规定的。首先需要发行人属于六类高新技术产业和战略性新兴产业:

1)新一代信息技术领域,主要包括半导体和集成电路、电子信息、下一代信息网络、人工智能、大数据、云计算、软件、互联网、物联网和智能硬件等;

2)高端装备领域,主要包括智能制造、航空航天、先进轨道交通、海洋工程装备及相关服务等;

3)新材料领域,主要包括先进钢铁材料、先进有色金属材料、先进石化化工新材料、先进无机非金属材料、高性能复合材料、前沿新材料及相关服务等;

4)新能源领域,主要包括先进核电、大型风电、高效光电光热、高效储能及相关服务等;

5)节能环保领域,主要包括高效节能产品及设备、先进环保技术装备、先进环保产品、资源循环利用、新能源汽车整车、新能源汽车关键零部件、动力电池及相关服务等;

6)生物医药领域,主要包括生物制品、高端化学药品、高端医疗设备与器械及相关服务等;

7)符合科创板定位的其他领域。

其次是符合科创属性评价指标,包括3项常规指标和5项例外条款。企业如同时满足3项常规指标,即可认为具有科创属性;如不同时满足3项常规指标,但是满足5项例外条款的任意1项,也可认为具有科创属性。

创业板定位于深入贯彻创新驱动发展战略,适应发展更多依靠创新、创造、创意的大趋势,主要服务成长型创新创业企业,并支持传统产业与新技术、新产业、新业态、新模式深度融合。原则上不支持包括房地产、金融业等在内的12项传统行业企业在创业板上市,但与互联网、大数据、云计算、自动化、人工智能、新能源等新技术、新产业、新业态、新模式深度融合的创新创业企业除外。总的来看,创业板的市场定位包容度较高,除了传统行业外,基本都能够找到一定的角度对企业业务进行合理解释。

北交所的市场定位主要是支持创新创业型实体企业,暂不允许金融和类金融企业以及严重偏离实体经济企业进入北交所。金融和类金融企业,是指由中国人民银行、中国银保监会、中国证监会监管并持有相应监管部门颁发的《金融许可证》等证牌的企业,私募基金管理机构,以及小额贷款公司、融资担保公司、融资租赁公司、商业保理公司、典当公司等具有金融属性的企业。

(3)流动性与市场估值

流动性与市场估值是一个问题的两个方面。除了交易机制外,影响流动性的主要因素是投资者门槛。目前三个板块均采取竞价交易机制,但在投资者门槛上存在差异。其中,创业板要求10万元门槛(指投资者前

20 个交易日日均资产量下限),投资者数量超 5000 万人;科创板要求 50 万元门槛,投资者数量超 500 万人;北交所要求 50 万元门槛,投资者数量在 500 万人左右。结果就是不同板块中,参与二级市场交易的投资者数量差别较大,相应的流动性也存在较大差异。

从市场估值看,科创板和创业板市场总体流动性水平较高,且受到科技、创新概念影响,企业估值水平普遍较高。按照中证指数有限公司 2020 年 11 月 27 日公布的主要板块最新市盈率,创业板为 59.64 倍,科创 50 的市盈率为 74 倍。科创板开板初期,个别企业发行市盈率超百倍,无论是对企业估值还是二级市场股票价格都产生重大影响。随着注册制改革的推进和上市企业的增多,因为发行人自身行业、成长性等情况的差别和发行工作本身的质量不同,科创板、创业板的发行市盈率呈现很大的差异,部分企业最终确定的发行市盈率甚至低于 23 倍。新三板精选层(北交所前身)市场前期受投资者门槛影响和大型投资机构参与度较低影响,估值相对科创板和创业板较低,但是整体较为稳定,普遍发行市盈率在 30 倍左右。北交所市场成立后,随着挂牌公司转为上市公司,公募基金、保险资金等获得市场准入资格,投资者门槛进一步下降,市场流动性和市场估值进一步提升。对于企业来说,尽管融资规模受到限制,但是为后续转板等预留了空间。

综上来看,科创板、创业板和北交所的审核时间相差不大,审核的确定性比较稳定,发行价格总体上趋近市场化。企业在满足相关财务指标和市场定位的前提下,考虑受发行市盈率和二级市场流动性的影响,建议首先选择科创板和创业板上市。在以上条件均不具备的情况下可以选择北交所上市。

除此之外,对那些短期发展过程中需要大量资金支持的企业以及现金流存在一定压力的企业,通过在北交所先行公开发行股票融资可以有效缓解短期压力,实现长期稳定发展。特别提醒的是,尽管北交所定位于服务中小型企业,但在上市审核上并没有明显的放松要求,企业不能仅仅因为对财务核算和内控信心不足而选择北交所,实践中已有多家申报企业因违规被立案调查和刑事处罚的案例。[1]

---

[1]　参见蓝山科技、金润和等公告。

二、改制辅导

选定中介机构后,企业需要与中介机构共同协商、完善、细化上市时间表。证券公司经过内部立项审批后,会与企业签订财务顾问协议和保密协议,并对企业进行初步尽职调查(简称尽调),以研判公司是否符合发行上市条件,并根据尽调情况,推进后续尽职调查和规范整改工作。

1. 尽职调查与规范整改

中介机构的尽职调查工作通常分阶段进行,包括立项前初步尽调,了解企业的股权、业务、财务、治理等各方面情况,初步研判公司是否符合公开发行股票并上市条件,是否存在重大合规问题、财务规范问题,公司业绩及其发展状况是否能够满足上市基本条件等。经过内部评审后,中介机构将会对企业开展深入尽职调查工作,进一步收集整理公司各项资料,形成工作底稿和各类文件的初稿。

针对尽职调查过程中发现的各种问题,中介机构会提出整改的意见和建议由企业组织落实。证券公司在履行内部保荐决策程序之前还会安排质控人员对项目进行现场尽调,以确保项目组现场人员对核心问题充分履行勤勉尽责义务,并防范业务部门与企业形成勾结。尽职调查和整改工作是上市中最重要的环节,中介机构是否勤勉尽责,能否真正了解、理解、掌握企业各方面的情况和风险,并高效指导企业完成相应规范和整改,关系企业能否有效完成整改、有效编制发行和上市文件,并顺利通过上市审核。

对于中介机构而言,尽职调查工作既是对企业负责、对监管负责、对投资者负责,也是对自己负责。开展尽职调查工作本身事务烦琐,又很容易"偷懒",一些中介机构尽调敷衍了事,仅仅追求形式合规,难以发现真正问题并予以规范解决,对企业和自身都留下重大隐患;一些中介机构尽调工作不用心、不细心,只管办公室整理材料,现场查看、开具证明等全靠企业经办,勤勉尽责不够,最终导致风险积聚。中介机构只有通过真正有效、深入的调查和了解,才能切实掌握企业的问题和风险,帮助企业规范整改,实现顺利上市。

从尽调内容来看,证券公司、律师、会计师三家主要中介机构在尽调环节存在分工,也有交叉。相关制度设计的初衷,是为了三方机构相互配合的同时又能实现相互牵制,以共同发挥上市看门人的作用。实践中,由于证券公司在企业上市过程中话语权较大,中介机构尽调基本形成以券商为核心,律师和会计师配合的分工状况:

(1)律师主要对公司的历史沿革进行梳理,对公司股权结构、资产权属、公司治理、规范经营等各方面进行尽职调查,协助理顺公司法律问题并提出相应的解决方案,制定相应的内部规章制度并完成企业改制;

(2)会计师主要对公司的财务账本、发票凭证、存货资产、客户供应商等进行尽调,就公司会计处理和财务内控规范性提出整改或者规范的意见,调整公司的会计政策和会计报表,出具审计报告;

(3)证券公司则主要负责招股书和上市申请文件的编制工作、行业研究工作,进一步梳理公司所在行业、市场的基本结构和企业的市场地位,发掘公司的优势和特点,设计股票发行方案和募集资金的使用安排,同时对律师和会计师的有关文件进行复核,独立开展尽职调查工作。

从尽调时间来看,中介机构尽调过程中须经历各机构内部的立项、评审、质控、内核等决策流程,若一切顺利从中介机构进场到企业编制完毕申报材料需要6~9个月的时间。

对于企业来说,必须充分重视中介机构的尽职调查工作,充分信任中介机构专业人员并全力做好配合工作。企业需要安排专门的团队配合中介机构设计尽职调查工作方案和时间表,做好预算和人力资源准备。除了董事会秘书和财务总监要安排出专门的时间参与尽调材料的准备和配合中介机构的尽职调查外,其他负责采购、研发、生产、销售乃至行政后勤的人员必须对自己所管理的相关业务领域充分梳理,提前整理好相关资料、凭证,配合中介机构对公司的历史沿革、股权结构、资产机构、人员技术、客户供应商等进行系统的核查。

在中介机构尽职调查阶段,企业还需要协调各方配合中介机构开展尽调工作,例如:

(1)公司的股东、董事、监事和高级管理人员及其亲属需要配合公司做好历史沿革的访谈、股权转让和增资活动的确认等,以确定公司的股权是否明晰、公司关联交易和同业竞争的具体情况;

(2)公司的供应商和客户需要配合公司做好采购、销售真实性方面的

访谈和函证,以确定公司业务和业绩的真实性;

(3)与公司合作的银行以及其他单位同样需要企业协调配合做好中介机构涉及经营、财务和合规方面的尽调工作;

(4)根据需要协调公司业务监管机构、行业主管部门、行业自律协会等相关机构,比如工商、环保、安监、国资、商务、食药监、税务等部门就公司行业、业务情况,经营合规情况等进行访谈、确认。

在此基础之上,企业需要配合中介机构对于尽职调查过程中发现的股东出资、经营活动、财务会计等不规范之处,以及涉及处罚、纠纷等事项进行相应的整改和规范。整改过程中,企业既要尊重专业人员的意见,又要有自己的清晰判断,针对重大事项还可以另行咨询其他专业机构,对其相关意见进行比较分析,从而慎重作出结论。对于确实不符合股票发行上市要求的事项,或者不利于企业长远稳定发展的问题,一定要借助这个时机进行改革,从而真正实现企业的质变。在这个过程中,企业家需要调整好心态,以充分的信任和破釜沉舟的方式,接受资本市场的洗礼。只有在信息充分沟通的情况下,中介机构才能够真正做好服务,为企业上市解决难题。

与此同时,企业要借助中介机构尽职调查的机会将公司的资产、人员、业务进行全面的摸底,进一步梳理和总结公司经营活动成功的经验和未来发展的方向,以便进一步完善公司管理、推动事业发展前进。公司的董事长、总经理、财务总监、董事会秘书等人员,在中介机构尽调过程中,要时时跟进、事事熟悉,只有如此其在日后面对上市委员的当面问询时才可以从容应对。

2. 企业改制与材料编制

按照《证券法》《公司法》的相关规定,境内企业公开发行股票并上市需设立股份有限公司。股份有限公司是一种股权以可拆分为股票形式构成的现代企业组织形式,是股票发行上市、交易的基础。对于非股份公司形式的企业来说,在上市前改制为股份公司组织形式是标准动作。有限公司或者其他形式的企业改制成为股份公司程序并不复杂,难的是在改制之前把公司的大大小小、各种各样的法律、财务、内控和治理问题解决掉、规范好。

（1）股份公司改制

经过中介机构的尽职调查和规范整改，公司的股权结构已经调整完毕，业务架构做了重新梳理，资产和账目也盘点清楚，企业此时可以确定基准日进行审计和评估，进而进行股份公司改制。

改制过程中，会计师主要协助企业进行清产核资，调整会计政策，并对公司净资产进行审计，确定公司可以变更的资产价值，在公司变更为股份公司后进行验资审计；评估机构对公司现有资产负债按照恰当的估值方式进行评估，为企业改制资产价格提供参考；律师主要协助企业建立"三会一层"的公司治理结构，制定公司章程、"三会"议事规则等公司规章制度，协助公司召开董事会、股东会等决策程序，向工商行政管理部门申请变更登记，完成股份公司改制。

股份公司改制是企业发展中一次关键节点，起到承前启后的重要作用。企业需要深入梳理、总结企业经营阶段性成果和经验，规范日常管理和财务会计工作，对于各项管理制度需要认真对待，并和多方进行充分的沟通协商，尽可能将公司的发展实际同企业上市监管的要求结合起来，真正发挥好公司章程、各项规章制度的作用和价值，避免上市后因为制度设计问题引发公司治理冲突和不必要的纠纷。

（2）上市材料编制

企业完成股份公司改制后，中介机构将协助企业集中编制和完善申报材料。《公开发行证券的公司信息披露内容与格式准则第42号——首次公开发行股票并在科创板上市申请文件》《公开发行证券的公司信息披露内容与格式准则第29号——首次公开发行股票并在创业板上市申请文件（2020年修订）》《公开发行证券的公司信息披露内容与格式准则第47号——向不特定合格投资者公开发行股票并在北京证券交易所上市申请文件》分别规定了科创板、创业板和北交所上市申请文件的具体要求。其中主要文件包括，招股说明书、发行和上市申请书、保荐书、审计报告、法律意见书等。

企业上市申请材料的编制工作随着中介机构尽调工作开展，通常是在中介机构完成相应的尽职调查工作底稿后再行系统编制和完善。实践中还存在个别执业质量低下的中介机构，先行编制招股书，后补尽调工作底稿的恶劣事件，不仅是对市场缺乏敬畏之心，更是对企业和自身不负责任。

上市申请材料的编制既是满足上市审核需要，也是企业进行推介宣传的最好途径。如同个人简历、产品介绍书、商业计划书，招股书是企业面向投资者与监管机构的第一印象材料。所谓"包装上市"，就是企业和中介机构需要将公司的主体、业务、治理和财务信息进行系统化的修饰，以获得监管机构和市场投资者的认可。但是，凡事要有度，即使是存在一定的粉饰和包装，相关文件也一定要建立在真实、准确、完整的基础之上，过度包装反而可能会适得其反，更加容易引起审核人员的"关照"。

企业上市招股书文件编制完毕后，建议安排公司资深技术人员、销售人员和财务人员先审阅一遍。一方面，协助最终文件的统筹校稿，另一方面，通过内部人员的阅览，可以更加准确地判断公司相关文件是否存在"包装过度"嫌疑。如果他们不仅能够看懂，而且还觉得心潮澎湃，有种认识虽久但相见恨晚的感觉，说明招股书等文件完成得不错；如果他们发现公司编制的信息自己都不相信，这就说明包装过度。

3. 上市辅导及验收

上市辅导及验收是企业向交易场所提交申请文件的必要前提。具体来说，企业在聘请中介机构开展尽职调查阶段，证券公司就需要向企业注册地证监局提交上市辅导备案文件，从而开展对企业的上市辅导工作。上市辅导期限一般为 3 个月以上，辅导期间，辅导人员对发行人的董事、监事和高级管理人员、持有 5% 以上股份的股东和实际控制人（或其法定代表人）进行相关法律法规知识、资本市场知识培训。保荐机构按照辅导计划完成辅导工作后，可以向证监局提交辅导工作总结材料，辅导期间发生重大事项需向地方证监局报告。

企业完成股份公司改制并基本完成材料编制后，证券公司就可以向证监局申请对上市辅导工作进行验收。证监局对其辅导情况进行现场和非现场检查，根据前期监管跟踪情况，辅导验收时间也存在差异，通常在几周时间即可完成。证监局对证券公司辅导工作无异议的，出具验收通过的函。由于地方证监局更加了解当地经济情况，熟悉地方企业情况，且通过现场检查等方式可以对企业形成直观的认识和了解，他们对企业的风险总体上会有一个判断，并在内部形成一个拟上市企业风险评估报告，通过内部渠道报送证监会供发行审核部门参考。审核机构也会充分重视地方证监局的意见,在审核中予以重点关注。企业在取得证监局的无异议函后方可向各证券交易场所提交上市申请。

三、上市审核

企业发行上市的申请文件都准备齐备且通过证监局的辅导验收,企业就可以提请召开董事会对股票发行的具体方案、本次募集资金使用的可行性及其他事项进行审议,并提请股东大会进行审议批准;股东大会对发行股票的种类和数量、定价方式、募集资金用途、发行前滚存利润的分配方案、决议的有效期等事项进行审议后,确定企业正式启动公开发行股票上市申请工作。

企业发行上市申请材料正式向交易场所提交,代表着企业上市正式进入审核程序,相关活动也正式纳入监管的范畴。在这个阶段,企业要经过发行申请文件的申请受理、审核反馈问询的答复、接受上市委当面询问、证监会注册反馈问询回复等多个环节,才能够顺利通过上市审核。

1. 申请受理

注册制改革后,企业上市申请文件的提交均可通过交易所的电子申报系统进行,无须再跑到相关部门的受理窗口进行提交,大大降低了申报的时间成本。在前期文件的编辑、打印、扫描过程中,证券公司还是会通过专业的打印公司进行。值得一提的是,著名的"券商之家"——荣大财经在2020年11月初也提交了上市申请,这家帮证券公司制作和打印上市申请材料的企业,在注册制改革后再次迎来了业绩爆发。

关于申报文件,《公开发行证券的公司信息披露内容与格式准则第42号——首次公开发行股票并在科创板上市申请文件》《上海证券交易所科创板股票发行上市申请文件受理指引》等分别规范了企业公开发行股票上市申请文件目录、申请文件格式要求等,主要申请文件包括:

(1)招股说明书;

(2)发行人关于本次发行上市的申请与授权文件;

(3)保荐人和证券服务机构关于本次发行上市的文件;

(4)发行人的设立文件;

(5)与财务会计资料相关的其他文件；

(6)关于本次发行上市募集资金运用的文件；

(7)其他文件。

各个交易所办理上市申请受理的流程相差不大。以上交所科创板审核为例，《科创板首次公开发行股票注册管理办法（试行）》（简称《科创板首发管理办法》）第十六条规定，发行人申请首次公开发行股票并在科创板上市，应当按照中国证监会有关规定制作注册申请文件，由保荐人保荐并向交易所申报。交易所收到注册申请文件后，5个工作日内作出是否受理的决定。受理窗口收到公司申请文件后，会对文件的形式齐备性和签字盖章情况进行形式审查，主要受理审查内容包括：

(1)申请文件与中国证监会及交易场所规定的文件目录是否相符；

(2)文档名称与文件内容是否相符；

(3)申请文件是否可以正常打开或读取；

(4)文档字体排版等格式是否符合要求；

(5)申请文件是否为原件且加盖骑缝章，使用彩色扫描方式上传，或者经律师鉴证的复印件；

(6)各项签字盖章是否齐备，签字是否前后一致。

受理窗口工作人员如发现申报文件存在不规范的情况，会通过电子系统反馈给保荐机构，由申请人及保荐机构进行修订完善或者补充相关文件材料后重新提交。由于企业上市申请所使用的审计报告须满足6个月有效期的要求，在申请文件正式提交前，公司和保荐机构必须认真检查各个文件资料及其电子版本的准确性和完整性，尽量减少反复修订更正造成的时间浪费。

申报文件不符合要求的，交易所可以不予受理公司的上市申请文件。《上海证券交易所科创板股票发行上市审核规则》（简称《科创板审核规则》）第十四条规定，存在下列情形之一的，不予受理发行人的发行上市申请文件：

(1)招股说明书、发行保荐书、上市保荐书等发行上市申请文件不齐备且未按要求补正。

(2)保荐人、证券服务机构及其相关人员因证券违法违规被采取认定为不适当人选、限制业务活动、一定期限内不接受其出具的相关文件等相关措施,尚未解除;或者因首次公开发行并上市、上市公司发行证券、并购重组业务涉嫌违法违规,或者其他业务涉嫌违法违规且对市场有重大影响被立案调查、侦查,尚未结案。

注册制下,企业上市申请受理后,部分上市申请文件就会在交易所网站上公开披露。企业的竞争对手、媒体机构或其他利害关系方,会对企业公开披露的文件进行研究并提出质疑。企业需要密切关注市场舆情和各方动态,对市场负面舆情和其他问题做好公关和准备。

另外需要注意的是,上市申请材料一旦提交,未经交易所的同意,企业或中介机构不能对发行上市申请文件进行更改。2019 年 5 月 21 日,上交所和证监会分别发布公告,在审核中发现交控科技股份有限公司发行上市保荐代表人违规改动招股说明书、审核问询函等注册申请相关文件,中金公司两名保代则被证监会采取了出具警示函的行政监管措施,上交所对二人也给予通报批评的纪律处分。

2. 交易所审核

交易所综合受理窗口受理企业上市申请材料后,将相关文件分发至审核业务部门,审核部门根据内部工作分工,将企业的申报材料分发至审核人员、质控人员和相关复核人员进行审核。交易所审核程序主要包括反馈问询意见的起草、反馈问询会讨论、发出问询意见、反馈问询回复审查、进一步出具审核问询意见(如有)、撰写审查报告、审查会议讨论、提交上市委审议、报请证监会注册等多个程序。

(1)审核的具体流程

以上交所科创板上市审核流程为例。根据《科创板审核规则》,上交所注册审核中心负责审核发行人公开发行并上市申请,科技创新咨询委员会为科创板建设和发行上市审核提供专业咨询和政策建议,科创板上市委员会对审核部门出具的审核报告提出审议意见。具体的审核程序包括:

1)审核部门收到发行人提交的公开发行并上市申请文件后,按照发行上市申请文件受理的先后顺序开始审核。经过复核、讨论会商后,在受理 20 个工作日内将反馈问询意见通过电子系统发送给保荐机构,由保荐机构组织发行人和其他中介机构进行答复或者补充尽职调查,并形成反馈问询意见答复,通过电子系统提交回复。

2)审查人员对反馈问询意见答复进一步审核,结合前次提出的问题、本次回复出现的新情况等进行进一步的反馈问询,直至发行人和保荐机构将有关问题说明清楚、披露完整,并进行充分的风险揭示。审核人员随即提请召开内部审查讨论会议,在确定无新增反馈意见后提请上市委员会秘书处安排上会事宜。

3)上市委员会秘书处将按照规定定期或者不定期组织委员对发行人的上市申请进行审议,一次会议一般安排 5 名委员参会。在发出上市审议会议通知的同时,上市委员会秘书处将公司发行上市申请材料和审查相关文件一并提交委员审议。委员如有进一步审核意见,将在上市审议会召开前将意见反馈至秘书处,由秘书处归集后转公司。

4)上市委会议召开过程中,首先由审查人员汇报公司基本情况、发行情况和审查中重点关注的问题及公司答复情况。会议过程中,委员根据需要要求发行人代表、保荐机构代表等参会现场回答问询。上市委会议审议结束后委员们将对有关发行人的重要问题进行讨论、会商,合议形成审议意见。

5)交易所结合上市审议会议意见,作出同意或者不同意发行人股票公开发行并上市的审核意见。同意发行人股票公开发行并上市的,将审核意见、发行人注册申请文件及相关审核资料报送中国证监会履行发行注册程序;不同意发行人股票公开发行并上市的,作出终止发行上市审核决定。

交易所的审核周期为 3 个月,反馈核查、现场检查时间不计算在内,合计审核周期在 3~6 个月。

(2)信息披露与重大事项报告

根据《科创板审核规则》规定,审核期间,交易场所会在官方网站公开下列审核事项:

1)在审企业名单、企业基本情况及审核工作进度;

2)发行上市审核问询及回复情况;

3)上市委员会会议的时间、参会委员名单、审议的发行人名单、审议结果及现场问询问题;

4)对股票公开发行并上市相关主体采取的自律监管措施或者纪律处

分等。

企业和其他相关主体可以随时关注审核进展情况。市场参与主体或者其他与公司有利害关系的,也可以在这个阶段对他们所了解的涉及公司信息披露问题或者财务造假问题进行投诉和举报,交易所会在反馈问询阶段对相关事项进行核查。举报投诉事项涉及企业公开发行股票和上市条件的交易所将中止对企业上市的审查,待核查无问题后才会进一步推进审核进程。

除此之外,企业还需要在审核期间按照交易所的重大事项报告制度履行信息披露义务。《科创板审核规则》第五十八条规定,交易所受理发行上市申请后至股票上市交易前,发生重大事项的,发行人及其保荐人应当及时向交易所报告,并按要求更新发行上市申请文件。

第五十九条规定,上市委员会审议会议后至股票上市交易前,发生重大事项,对发行人是否符合发行条件、上市条件或者信息披露要求产生重大影响的,发行上市审核机构经重新审核后决定是否重新提交上市委员会审议。

第六十条规定,中国证监会作出注册决定后至股票上市交易前,发生重大事项,可能导致发行人不符合发行条件、上市条件或者信息披露要求的,发行人应当暂停发行;已经发行的,暂缓上市。

上述规定中所述重大事项,包括但不限于审核期间企业发生的重大股权结构变更、董监高变更、主要业务变更、违法违规事项、诉讼仲裁事项、重大市场环境或监管政策变更等可能影响企业公开发行股票条件和上市条件的事项。

(3)中止审核和终止审核事项

根据《科创板首发管理办法》等规定,在审核期间,企业还有可能因为以下原因被中止审核进程,直至相关情形消除:

1)发行人及相关主体被立案调查或者被司法机关侦查、纪委调查,尚未结案;

2)发行人的保荐人,以及律师事务所、会计师事务所等证券服务机构;发行人的签字保荐代表人,以及签字律师、签字会计师等证券服务机构签字人员被行政机关立案调查、司法机关侦查、纪委调查,尚未结案;

3)发行人的保荐人,以及律师事务所、会计师事务所等证券服务机构被中国证监会依法采取限制业务活动、责令停业整顿、指定其他机构托管、接管等监管措施，或者被交易所实施一定期限内不接受其出具的相关文件的纪律处分，尚未解除；

4）发行人的签字保荐代表人、签字律师、签字会计师等中介机构签字人员被中国证监会依法采取限制证券从业资格等监管措施或者证券市场禁入的措施，或者被交易所实施一定期限内不接受其出具的相关文件的纪律处分，尚未解除；

5）申请文件不齐备，包括突发事项涉及对有关法律、行政法规、规章的规定需要请求有关机关作出解释的；

6）发行人及其中介机构未在规定的期限内提交反馈意见回复的；

7）负责本次发行的保荐机构、保荐代表人发生变更，会计师事务所、律师事务所或者签字会计师、律师发生变更，需要履行相关程序的；

8）发行人提交的财务资料已过有效期，或者发行人主动申请中止审核且获得证监会、交易所同意的。

企业被中止审核的，企业及中介机构需及时补充相关材料或提供书面说明。如果中止审查事项已经消除、企业及中介机构已经进行澄清或者采取纠正措施的，则可以申请恢复审查。

审核过程中出现一些特殊情况的，交易场所还有可能会终止审核工作。根据《科创板审核规则》第六十七条规定，终止审核程序主要包括：

①发行上市申请文件内容存在重大缺陷，严重影响投资者理解和本所审核；

②发行人撤回发行上市申请或者保荐人撤销保荐；

③发行人未在规定时限内回复交易所审核问询或者未对发行上市申请文件作出解释说明、补充修改；

④发行上市申请文件被认定存在虚假记载、误导性陈述或者重大遗漏；

⑤发行人阻碍或者拒绝交易所依法实施的检查；

⑥发行人及其关联方以不正当手段严重干扰交易所发行上市审核工作；

⑦发行人的法人资格终止；

⑧中止审核情形未能在 3 个月内消除，或者未能在规定的时限内完成

相关事项；

⑨交易所审核认为发行人不符合发行条件、上市条件或者信息披露要求。

如果交易所对发行人的发行上市申请出具了终止审查的意见，那么发行人可以申请上市委员会复审。复审是由上市委员会重新组织委员对公司上市申请进行二次审议，复审可以推翻前次审议的意见。① 企业针对交易所复审结果仍然不服的，还可以按照交易所上市规则申请复核。

3. 证监会注册

企业通过交易所审核后，交易所出具同意其上市意见，并将企业发行上市申请文件报送证监会注册。中国证监会收到交易所报送的审核意见及发行人注册申请文件后，依照法律规定的发行条件和信息披露要求，在交易所发行上市审核工作的基础上，履行发行注册程序。

证监会认为存在需要企业就有关事项进一步说明、披露，或者需要中介机构就相关事项补充核查的，可以提出反馈意见，通过交易所反馈给发行人及保荐机构。证监会认为交易所对影响发行条件的重大事项未予关注或者交易所的审核意见依据明显不充分的，可以退回交易所补充审核。交易所补充审核后，同意发行人股票公开发行并上市的，重新向中国证监会报送审核意见及相关资料。证监会依照法定条件，在 20 个工作日内对发行人的注册申请作出同意注册或者不予注册的决定。

证监会对企业的发行注册属于独立的行政许可事项，因此，无论交易所是否同意企业上市申请，证监会都可以依法对企业公开发行股票的申请不予注册。实践中，一方面交易所的上市条件涵盖了股票发行注册条件，另一方面证监会在交易所审核过程中已经不同程度地介入审核工作中，所以极少会出现交易所审核同意的申请在证监会无法注册的情形。②

---

① 现行复审机制主要考虑在审核阶段完成对企业申请的救济。境外大部分交易场所都是采用复核机制来解决上市审核中存在的争议问题。以德国证券交易所为例，审核部门作出的决定可以经交易所管理委员会（管理层）进行复核，管理委员会的意见还可以经申请由交易所委员会（理事会、董事会）进行复核，复核机制与决策层的权力递进密切相关。

② 科创板恒安嘉新被否事项是证监会和交易场所一次标志性博弈，向外界传递出重要信息。证监会认为其存在会计基础工作薄弱和内控缺失且未披露前期会计差错更正事项等原因，否决了公司的发行注册申请。

四、发行上市

所谓行百里者半九十,企业拿到证监会公开发行注册文件并不意味着企业成功上市。接下来,公司还要经历股票发行、结算登记和上市交易等几个重要环节,稍有不慎则有可能前功尽弃。[①] 企业正式上市交易前,需要持续更新信息披露文件内容,补充财务审计报告等文件;保荐人及证券服务机构也需要持续履行尽职调查职责。一旦出现可能影响股票发行或上市的重大事项,证监会可以要求发行人暂缓或者暂停发行、上市;相关重大事项导致发行人不符合发行条件的,还可以撤销注册。夜长梦多,大部分企业拿到注册函后都马不停蹄地进行路演和发行,即使资本市场行情不好,也必须要把握时间,抓紧上市。

1. 股票发行

随着注册制改革的深化,上市企业数量越来越多承销商的定价和销售能力越来越重要。对于企业来说,选择一家具有研究和销售能力的券商以及在发行环节主动参与、跟踪路演询价工作也变得越来越重要,切不可做甩手掌柜。

通常情况,从正式启动发行程序到发行完毕大概需要 2 周左右时间,具体发行流程包括:公告正式的招股书和路演文件,进行路演、询价或组织相关机构定价,确定发行日进行线下和线上申购、公告中签名单、缴款核验以及公告发行结果。发行阶段流程复杂,环节较多,涉及多个文件的传递往来,需要有经验的、耐心细致的发行承销团队来主导,往往一个细节出现漏洞,将导致整个发行工作陷入麻烦。

股票的定价是股票发行的关键,无论是采取定价发行方式还是询价发行方式,在正式启动发行程序前,承销商往往会安排公司跟多个机构提前进行接触,各方对发行价格有了一定的默契才会正式启动发行。发行定价过程中,既要考虑到企业的融资目标,还要照顾到机构投资者的退出需要,同时还需要关注到企业上市后的交易走势。定价过程涉及企业家、老股东、承销机构、投资机构和监管机构多方博弈,企业应当慎重确定股票发行价格,尽可能做好各方面的平衡。

---

① 蚂蚁金服在上市前夜被紧急叫停,也反映出公司上市之路任重道远,必须时时谨慎。

为了保证发行的顺利实施,防止上市后出现"破发"——交易价格低于发行价格的情形,企业还有可能采取一系列保护措施。典型的诸如"绿鞋机制",即超额配售选择权,由承销机构在一定发行比例内进行增发股份或者回购股份,以稳定发行后二级市场的股票价格;公司的主要股东也可能作出自愿股票限售或者一定期限内限制减持股票或者特殊情形下增持股票的承诺等稳定股价措施。

2. 股票上市

企业在发行当日顺利完成股票发行认购之后就进入上市流程。在股票上市交易前,企业需要向交易所再提交一份发行情况报告,将发行期间是否存在违规发行情况进行说明,并将老股和新股统一申请在中国结算进行登记。目前北京、上海和深圳分别有三个结算分公司,分别对应上交所、深交所和北交所市场的股票登记结算业务,公司按照规定向结算公司提交登记申请、缴纳托管费用。

在正式上市之前,企业还需要跟交易所签署上市协议。根据协议,交易所应当为公司开展证券交易、证券发行、并购重组、信息披露等活动提供平台及相关设施、接受咨询并提供指导等服务;公司有义务遵守交易所的业务规则并接受其自律管理等。根据企业的申请,交易所会确定一个公司股票正式上市交易的时间,给企业股票进行编码,并提前在交易系统中将公司股票挂牌。

直到公司正式在交易所挂牌交易,上市才算是真正的成功。在此期间,企业及中介机构都应该保持高度警惕,兢兢业业做好各项工作,及时履行信息披露义务,妥善处置重大风险事件。

易经有云,元亨利贞,物极必反。上市不是企业发展的终点也不是企业家事业的终点,能够用平常心看待上市,将企业上市真正当作企业发展、事业成长的途径和方式,才是企业家真正应该有的初心。

第二章　上市审核机构、审核内容与审核方式

从法律的角度,企业公开发行股票的注册和上市交易的审核分别属于行政法规范领域和私法规范领域两个独立事项。

核准制下,证监会负责首次公开发行股票并上市审核工作,交易所就企业上市申请仅履行形式审核。注册制改革后,交易所负责对发行文件和上市文件进行预先审核,审核事项糅合了发行条件和上市条件,既包括对公司治理、合法规范以及信息披露的发行要求,也包括对公司财务状况、经营稳定性、直接面向市场独立持续经营能力等上市要求;证监会则负责对交易所审核工作进行复核,并对发行人的发行申请进行注册审核。注册制改变了企业上市审核流程,一定程度上调整了上市审核权力机制。本章将重点介绍负责注册制审核的交易所和证监会发行审核机构的基本情况以及审核人员和审核的主要工作方式。

第一节　上市审核机构

一、证券交易所

证券交易所是指为证券交易活动提供股票挂牌、交易、结算等服务的综合性交易撮合机构,其本身属于市场组织机构。

1. 证券交易所的演变

证券交易所,特别是股票交易所的诞生源于股份公司的发展。十六世纪中叶,英国的冒险家开始尝试海外探险。与西班牙和葡萄牙远洋船队能够得到皇室资助不同,早期的英国冒险家们更多采用的是民间融资方式,通过将海外冒险所需资金总额拆分成股份出售给投资者,投资者按照比例享有冒险队归来时带回的财富。[1]

---

[1]　最早的股份有限公司是莫斯科股份有限责任公司(Muscovy Company),其船队主要绕经俄罗斯前往印度和中国进行贸易探险。

　　由于早期冒险公司归航时间不确定且风险极大,受阻于信息传递和交通不便,一些持有出资份额的股东因故有变现需求时,那些消息灵通人士则愿意为了未来可能的财富冒险,从公司老股东手中购买股票。为了给股票交易活动进行担保,当地一些权威人士或者银行家们被邀请或主动参与见证或从事中介服务,形成了股票交易的雏形。久而久之,股票交易和股票经纪活动频繁,一些相对固定的证券交易场所也逐渐形成。

　　早期的证券交易所主要采取会员制的方式。市场上几家大的交易中介机构形成信息共享的组织机构,减少相互信息不对称和交易成本。由于技术的限制,早年交易所交易基本上是在固定的场所进行现场报价交易,由各机构代表在固定时间内相互报单、报价,达成交易。为此,场地、茶水、笔墨等都需要有专人提供管理,交易活动的担保机制和纪律维护也由各机构共同承担和决策执行。会员制交易所的核心是所有交易所的日常活动均由交易商来集体管理,以服务会员为目的而不以营利为目的,交易所实际上是会员自有、自治、自律、自我管理的一种交易活动场所。

　　二十世纪九十年代后,随着计算机技术飞速发展,使电子化报价交易、数字化登记结算成为可能。会员们集体凑份子、攒场子的热情逐渐减弱,一些大会员和财团逐渐掌握了交易活动的组织功能,其他交易商若想通过交易所电子化交易系统进行交易,只须花钱购买通道接口就可以,公司制交易所逐渐替代了会员制交易所。典型的美国纳斯达克的大股东就包括瑞典银瑞达集团、马萨诸塞州金融服务公司等境内外机构,港交所的大股东则包括特区政府、JP 摩根等各方主体。

　　公司制下,交易所由运营公司负责承担场所、系统、技术、人力、行政等服务,涉及市场的准入、监管则仍然由各个会员进行自律管理。这样就将交易场所的运营机构和自律组织、监管机构区分开了。即交易所的运营机构是纯市场化的交易服务商,以营利为目的,既服务上市公司,为其提供信息披露服务、结算服务,也服务交易商,为其提供交易对接服务;交易商的自律组织负责对破坏市场共识、市场秩序的违规行为进行集体自我监督和谴责。政府机构则置身事外,负责对上市企业的信息披露文件、内幕交易以及操纵市场等严重损害市场的行为进行监察和处罚,形成了"三位一体"的证券交易市场。

　　以德国证券交易所为例,法兰克福证券交易所和德国证券交易所集团分别是行政法下的证券交易所和公司法下的交易所运营机构,前者具有市场自律管理的权限,后者仅负责提供技术、运维和人力服务。① 通常情况下,上市审批权力被下放到交易所集团的上市审核部门,也就是说上市审核的权力基本赋予交易所运营集团——因为这个集团是营利公司,为了确保公司能够从企业上市后的交易中赚取交易经手费,他们有动力去平衡好如何筛选企业。但是,最终决定权仍然掌握在交易所的管理委员会手中——他们是受交易商代表的委托,为这个自律市场筛选出符合交易商共同利益的上市公司,避免因质地较差的公司或者不规范的公司上市导致整个交易商群体遭受名誉和市场上的损失。

除此之外,交易所集团还要承担市场推广、技术服务、上市咨询,协助公司办理注册核准,提供投资者推荐、研究报告、市场推介宣传、发行仪式等全方位服务。

2. 我国证券交易所

我国现代资本市场始于二十世纪八十年代。1986 年前后,北京、上海等地的一些国企开始股份制试点,并半公开或公开地发行股票。② 1990 年12 月,沪深交易所先后成立。交易所设立初期,地方保护色彩浓厚,甚至在上市公司股票转让所得税率适用上也存在地区差异,引起了各地的不满。因此,沪、深交易所开业初期业务非常惨淡,甚至还比不上成都的"红庙子市场"。③ 不过随着人们投资意识的觉醒,股票市场很快进入了第一个高潮。

1995 年的"327"国债事件打破了资本市场的格局,沪、深交易所的"繁荣竞争"引起了中央的高度重视。1997 年 7 月 2 日,国务院第 150 次总理办公会议决定上海证券交易所和深圳证券交易所归证监会直接管理,其正、副总经理由证监会任命,正、副理事长由证监会提名理事会选举产生。实践中,沪、深交易所的理事长是由中央先任命党委书记,然后再由证监会提名,主要人事任免由中央直接决定。

与沪、深交易所不同,北京证券交易所有限责任公司于 2021 年 9 月 3

---

① 德意志交易所集团(Deutsche Börse AG)官网。
② 中华人民共和国成立后的第一只股票是上海飞乐音响股份有限公司的股票,因为邓小平同志将其赠予美国纽交所的范尔霖而名声远播。
③ 王世昌:《股份制试点在北京》,载《科技潮》1994 年第 2 期。

日正式成立,由全国股转公司独资控股,证监会相关部门主任、全国股转公司高管担任公司董事和管理层。

我国证券交易所的职能包括市场准入、组织交易、市场监管到市场退出等方方面面。具体来说,主要职能包括:

(1)为组织公平的集中交易提供保障,公布证券交易即时行情,并按交易日制作证券市场行情表,予以公布。

(2)依照法律、行政法规,以及国务院证券监督管理机构的规定,办理股票、公司债券的上市,或者终止上市的事务。

(3)因突发性事件而影响证券交易的正常进行时,证券交易所可以采取技术性停牌的措施;因不可抗力的突发性事件或者为维护证券交易的正常秩序,证券交易所可以决定临时停市。

(4)对证券交易实行实时监控,并按照国务院证券监督管理机构的要求,对异常交易的情况提出报告。

(5)根据需要,可以对出现重大异常交易情况的证券账户限制交易,并报国务院证券监督管理机构备案。

(6)对上市公司及相关信息披露义务人披露信息进行监督,督促其依法及时、准确地披露信息。

(7)依照证券法律、行政法规制定上市规则、交易规则、会员管理规则和其他有关规则,并报国务院证券监督管理机构批准。

3. 交易所的审核机构

《证券法》第二十一条第二款规定:"按照国务院的规定,证券交易所等可以审核公开发行证券申请,判断发行人是否符合发行条件、信息披露要求,督促发行人完善信息披露内容。"注册制改革后,证券交易所获得了企业发行上市审核职权。具体审核工作主要由上市审核中心和上市委员会行使。

交易所的上市审核中心是主要审核机构,具体承担企业上市申请材料的审查问询工作。从交易所的利益最大化角度来看,吸引更多质地优良、诚信规范的企业进入市场发行股票、交易股票能够显著提高市场规模和市场影响力。只有好的企业来交易所挂牌交易股票,才有更多的投资者愿意将资金投入市场,才有活跃的二级市场,才有更多的交易经手费收人。因此,审核中心的核心职责是,又快又好地完成审核工作,既要保证放进市场的企业合法、规范,又要尽可能地提高效率,并对明星企业具有一定的包容性。

上市委员会则是交易所中另一个重要的审核机构。要理解上市委员会在股票发行注册制审核中的作用和角色,首先要看上市委员会的机构属性,即由谁产生、对谁负责的问题。以德国证券交易所为例,交易所委员会是由会员推选出的证券公司、投资机构和发行人代表组成,对交易所会员大会负责;我国证券交易所上市委员会是由证券交易所主导遴选的监管机构、投资机构、专家学者和发行人代表组成,其需要对交易所理事会负责(北交所向董事会负责)。其次要看委员会有无实质性权力。根据德国证券交易所的规定,上市审批由审核部门负责,如果企业上市申请被驳回,则申请人可以向交易所管理层和交易所委员会复核;在我国,交易所上市委员会既不是管理机构也不是决策机构,而是咨询机构。上市委员会的意见仅供交易所参考,委员会不享有真正的决策权。

4. 交易所的审核人员

注册制下,交易所审核中心的审核员负责对企业申请材料进行具体审核问询。

从人员来源看,发行上市审核部门一般由具有证监会发行部工作经历的副局级领导分管,由从事过股票发行审核工作(包括曾借调发行部参与审核工作和担任发审委委员)的人员担任主要负责人,从而保证在审核大方向上以及技术层面与传统审核工作保持衔接和一致。在具体审核人员组成方面,以曾经借调证监会参与发行审核的工作人员和内部监管部门、市场发展部门中调配的人员为主,以市场招聘人员为辅。

首先,对于每一个审查人员来说,其从事审核工作的初心都是尽可能地通过其专业工作,使得企业上市申请文件的内容更加"真实、准确和完整"。这是审核人员自我价值实现的重要方面,也是审核人员专业立身的基本要求。

其次,作为证券市场监管干部,审核人员还受到行政激励和约束机制的影响。审核效率和审核质量是其中的主要因素,又好又快地完成审核工作能够得到上级领导对其工作能力的认可,一定程度上将影响审核人员的职业升迁。

再次，避免出现审核风险事项是审核人员的基本行为准则。在股票公开发行并上市审核中，一旦出现企业造假上市或重大信息披露遗漏，审核机构和审核人员都将面临巨大的压力；即使是审核中未发现的一般违法违规或社会舆情，也都敏锐地刺激着监管机构的敏感神经。在发行上市审核注册过程中，审核人员对所有可能涉及的政治风险、社会风险、监管风险和投资风险都希望考虑到、问询到。出于免责的考虑，审核人员会倾向于对审核项目进行风险导向的问询，避免因审核遗漏导致被事后追责。

最后，从审核人员的视角来看，每个申报注册的企业都只是一个工作项目，并没有什么商海巨子、也没有什么创业艰辛，只有摆在桌子上厚厚一摞或者电脑荧幕里令人头晕目眩的申报文件而已，准确快速地完成审核工作是审核人员的基本诉求。

5. 上市委员会委员

交易所上市委员会是企业上市审核的重要决策建议机构。上市委员会的委员是经过精挑细选，来自市场不同参与主体的代表，他们作为交易所的外聘人员，参与企业上市的审核工作，为交易所作出是否同意企业上市的决定提供专家"建议"。

以上交所科创板为例，《上海证券交易所科创板上市委员会管理办法》规定，上交所科创板上市委员会委员选聘的程序包括，相关单位推荐、资格审查、遴选委员会审议、公示等程序，委员主要参与科创板股票发行上市审核工作，侧重于对上交所审核机构出具的审核报告和发行人的申请文件提出审议意见，工作形式以兼职为主，领取少量的津贴报酬。

我们从 2019 年上交所公布的第一届科创板股票上市委员会委员候选人情况来看，上市委员的来源包括：派出机构 4 名，分别来自北京、上海、江苏、浙江证监局，都是上市公司高产地区；证券业协会、基金业协会和上市公司协会各 1 名；高校 4 名，北大、清华加上上海本地的财经和政法院校；来自保险资管 3 名、公募基金 5 名，都是市场的重要机构投资者；上市公司 4 名，分别是中车、中船、三一重工和克来机电，两家国企和两家民企，其中一家上海本地企业；律师事务所 11 名、会计师事务所 11 名，基本上都是常年做上市业务的中介机构;另外还有上交所自己内部人员 3 名。① 从名单中不难看出,相关人员的遴选经过了审慎的酝酿和博弈,充分考虑了各地区、各部门、各领域和各方面的利益平衡。

上市委员作为咨询专家,为交易所管理层作出最终的上市决定提供行业、法律、会计、政策以及监管风险等方面的意见,这些意见最终能否影响交易所的决定、多大程度上影响交易所的决定则是各方力量博弈的结果。

二、证监会及其派出机构

中国证监会是我国证券市场的主要监管机构,其职责范围包括企业上市审核、机构管理、上市公司监管等。中国证监会派出机构则主要从事辖区内证券公司、上市公司等日常监管工作,开展现场检查等具体行政执法工作。

1. 中国证监会

1992 年 10 月,国务院证券委员会成立,成立时间比沪、深交易所晚了差不多 2 年。国务院证券委是一个议事机构,分别由体改委、计委、财政部和人民银行负责人担任委员。这种部委联席会议向来只能做临时议事机构,无法承担长期的监管职责。1997 年到 1998 年,经过一系列的机构调整和职责重新划分,中国证监会正式开始接管中国证券市场。不过时至今日,涉及债券的发行仍然存在多头管理,于是股票市场自然就成了证监会的主要监管市场。

单从企业上市审核来看,证监会主要负责对招股书等申请文件进行审核,对公司是否符合股票发行条件进行判断,并予以注册或不予注册。企业可以对证监会的不予注册行政行为提起行政复议或诉讼予以救济。审核制度先后经历了审批制、核准制和注册制,这三种制度通常代表的是监管机构在市场准入方面的控制力强弱的变化,审批制最为严格、核准制次之、注册制最为宽松。从注册制审核实践来看,证监会发行监管部门在市场准入中发挥的作用逐步收缩,但是仍然掌握着企业能否顺利上市的关键影响力。一方面,证监会加强了对证券交易所的控制力度,通过对相

---

① 参见上海证券交易所科创板上市委员会第一届委员名单。

关人事的任免和规则制定的审批、备案等工作,严格把握市场规则的关键要素;另一方面,在企业上市具体的审核和监管中,通过窗口指导和提前介入,证监会仍然掌握着其中的关键影响力。

注册制的核心要义在于市场化。行政机关不再对信息披露内容的真实性、准确性、财务状况、信誉资产等进行审核,而是对公司披露的信息内容的完整性(是否符合填报要求)、一致性(内容是否前后一致)、可理解性(一般投资者是否可理解)进行审核,只要申请人提交的公开信息完整、不存在明显矛盾和难以理解的情况,行政机关就不得拒绝注册。

但是目前来看,无论从法律法规层面还是审核实践层面,证监会仍然有权对企业申请文件的真实、准确和完整以及公司的经营合规性和财务会计的规范性进行审核。除此之外,证监会还可以通过注册环节的一票否决权来对交易所的审核进行约束。

2. 地方证监局

证监会各派出机构通常被叫作"地方证监局"。在 1997 年证券市场改革之前,证监局也确实属于地方政府,改革之后才纳入证监会的垂直管理。

在公开发行审核工作中,证监局主要负责企业上市前的辅导验收工作。企业启动上市程序后,需要与保荐机构签订辅导协议,并向地方证监局报送辅导备案登记申请及辅导备案材料,备案材料主要包括公司的基本情况、历史沿革和相关中介机构情况。企业备案信息在网上公示后,地方证监局负责接收各方关于企业的举报。辅导完成后,证监局将重点对企业的董事、监事和高级管理人员、持有 5% 以上股份的股东和实际控制人(或其法定代表人)资本市场的诚信意识、自律意识、法制意识培训的效果进行验收,验收通过后将向保荐机构出具《辅导工作无异议函》,保荐机构取得验收函后才可以启动申报工作。

3. 证监会注册审核人员

证监会发行监管部门历来是证监会的一号部门,长期掌握着企业发行上市的生杀大权。即使在注册制下,证监会负责注册审核的人员仍然是决定企业最终能否顺利实现发行注册的关键人士。

证监会发行审核部门的正式编制人员并不多，一般一个处室在 3～5 人。注册制改革前，企业上市发行工作较多由各交易所借调人员配合审核员共同完成审核工作。注册制改革后，借调人员各回各家，在编人员有的外放到交易所领导注册制审核，其他人员就继续办理股票发行注册审核。

从人员总体构成来看，发行部历来属于证监会监管干部中的骨干力量。发行部审核人员的专业构成也是以法律、财务、经济或金融等专业出身为主，审核重心聚焦合规风险；从来源看，主要是通过国考招录、内部轮岗等方式调入，人员相对稳定，鲜有投资机构人士进入发行部门参与审核工作。

注册制改革后，按照相关规定，证监会发行监管部门不再对企业上市申请材料进行实质性审核，工作压力变小了，但总体的工作量却没有变。一方面，各个交易所上市的企业发行股票都要交由证监会进行注册，即使不再对申请材料进行实质性审核，但审核工作压力有所增加；另一方面，注册制实施初期，为确保交易所审核工作平稳有序衔接，证监会与交易场所就申请材料进行同步协调审核，部分实质性审核和重大事项的研判仍然由发行部统筹把关，其工作压力仍然较大。

与交易所审核人员相比，发行部审核人员跳出了交易场的局限性。证监会审核人员在审核工作中更多从市场整体的监管风险防控、市场稳定和投资者保护角度出发，聚焦于企业是否存在重大风险事项，特别是可能影响市场整体发展的风险问题，无须考虑吸引上市公司挂牌上市的市场需求。在注册审核中主要关注交易所在审核工作中有无充分落实证监会部门规章等相关规定，增加了监督职能。对于一些重点项目，发行部往往也会提前介入审核工作，为交易所的审核人员提供意见和建议，指导交易所对重大无先例事项或重大疑难问题进行处理。

注册制改革后，证监会负责注册审核的官员确实面临不小的权力挑战。审核的链条拉长，参与审核的机构和人员增多，实际上使得市场围猎审核人员的难度变大了，一定程度上也减少了寻租的可能性。随着注册制审核工作步入正轨，证监会注册审核人员有望逐渐聚焦对交易所审核工作的监督和复核，将更多权力用在对审核工作的监督和监管中去，切实发挥行政机构的监督职能。

第二节 上市审核内容

《证券法》第二十一条第二款规定:"按照国务院的规定,证券交易所等可以审核公开发行证券申请,判断发行人是否符合发行条件、信息披露要求,督促发行人完善信息披露内容。"《证券法》第四十七条规定:"申请证券上市交易,应当符合证券交易所上市规则规定的上市条件。证券交易所上市规则规定的上市条件,应当对发行人的经营年限、财务状况、最低公开发行比例和公司治理、诚信记录等提出要求。"按照上述规定,注册制审核的内容包括:公司是否符合发行条件、是否满足信息披露要求以及是否符合上市条件。

从《证券法》和《科创板首发管理办法》等部门规章来看,不同交易所有关股票公开发行的条件基本保持一致,特别是在合规性和信息披露要求方面,不存在实质性差异。从《科创板审核规则》等几个交易所层面的上市审核规则来看,不同交易所上市条件存在一定的差异,特别是有关企业的行业和业务等涉及市场定位方面事项,以及企业的财务指标和经营情况方面,不同交易所存在一些差异化的安排。

一、公司是否符合股票公开发行条件

企业公开发行股票涉及公众利益,必须由法律予以规范。《证券法》第十二条规定了企业首次公开发行股票的发行条件:

①具备健全且运行良好的组织机构;

②具有持续经营能力;

③最近3年财务会计报告被出具无保留意见审计报告;

④发行人及其控股股东、实际控制人最近三年不存在贪污、贿赂、侵占财产、挪用财产或者破坏社会主义市场经济秩序的刑事犯罪;

⑤经国务院批准的国务院证券监督管理机构规定的其他条件。

这些原则性的条件分别在《首次公开发行股票并上市管理办法》《科创板首发管理办法》《创业板首次公开发行股票注册管理办法(试行)》(简称《创业板首发管理办法》)《北京证券交易所向不特定合格投资者公开发行股票注册管理办法(试行)》(简称《北交所发行注册管理办法》)等

部门规章中被进一步的细化和完善。

1. 具备健全且运行良好的组织机构

发行人是依法设立且持续经营 3 年以上的股份有限公司，具备健全且运行良好的组织机构，相关机构和人员能够依法履行职责。有限责任公司按原账面净资产值折股整体变更为股份有限公司的，持续经营时间可以从有限责任公司成立之日起计算。

相关部门规章等衍生出来的具体条件包括：公司依法设立、股东出资合规、公司连续经营满 3 个完整会计年度、公司形式为股份公司、公司"三会一层"齐备、公司治理规范、公司经营独立合规，等等。

2. 具有持续经营能力

发行人业务完整，具有直接面向市场独立持续经营的能力：

（1）资产完整，业务及人员、财务、机构独立，与控股股东、实际控制人及其控制的其他企业间不存在对发行人构成重大不利影响的同业竞争，不存在严重影响独立性或者显失公平的关联交易。

（2）发行人主营业务、控制权、管理团队和核心技术人员稳定，最近 2 年内主营业务和董事、高级管理人员及核心技术人员均没有发生重大不利变化；控股股东和受控股股东、实际控制人支配的股东所持发行人的股份权属清晰，最近 2 年实际控制人没有发生变更，不存在导致控制权可能变更的重大权属纠纷。

（3）发行人不存在主要资产、核心技术、商标等重大权属纠纷，重大偿债风险，重大担保、诉讼、仲裁等或有事项，经营环境已经或者将要发生的重大变化等对持续经营有重大不利影响的事项。

相关部门规章等衍生出来的具体条件包括：公司业务明确、真实、独立，业务和现金流可持续、同业竞争和关联交易规范，公司控制权稳定、管理团队稳定、技术人员稳定，股权清晰、资产权属清晰、合法规范经营，公司诉讼纠纷风险可控，等等。

3. 最近三年财务会计报告被出具无保留意见审计报告

发行人会计基础工作规范，财务报表的编制和披露符合企业会计准则和相关信息披露规则的规定,在所有重大方面公允地反映了发行人的财务状况、经营成果和现金流量,并由注册会计师出具无保留意见的审计报告。发行人内部控制制度健全且被有效执行,能够合理保证公司运行效率、合法合规和财务报告的可靠性,并由注册会计师出具无保留结论的内部控制鉴证报告。

相关部门规章等衍生出来的具体条件包括:公司财务会计处理规范、报表的编制和披露规范,会计准则适用准确、处理公允,资产负债表、利润表、现金流量表等完整规范,公司的审计有效、财务内控健全、内控制度执行到位,财务报告真实、可靠,等等。

4. 最近三年不存在重大违法犯罪

发行人生产经营符合法律、行政法规的规定,符合国家产业政策。最近 3 年内,发行人及其控股股东、实际控制人不存在贪污、贿赂、侵占财产、挪用财产或者破坏社会主义市场经济秩序的刑事犯罪,不存在欺诈发行、重大信息披露违法或者其他涉及国家安全、公共安全、生态安全、生产安全、公众健康安全等领域的重大违法行为。董事、监事和高级管理人员不存在最近 3 年内受到中国证监会行政处罚,或者因涉嫌犯罪被司法机关立案侦查或者涉嫌违法违规被中国证监会立案调查,尚未有明确结论意见等情形。

相关部门规章等衍生出来的具体条件包括:公司经营合规、业务符合国家产业政策,公司和控股股东、实际控制人、董监高等诚信守法,合法规范参与证券市场活动,等等。

二、公司是否符合股票上市条件

在注册制下,各家证券交易所可以根据自己的实际情况设定上市条件,这一点与核准制下发行和上市条件由证监会统一把关存在显著不同。理论上,各个交易场所都可以差异化地设置上市门槛以吸引企业上市,但是顶层设计已经从多层次资本市场总体建设的角度绘制了蓝图,每个板块都有各自的定位和使命,各家交易所只能在蓝图之内做文章。

此外,科创板和创业板还专门针对北交所上市公司设置了转板上市条件。即在北交所上市公司,满足连续挂牌 1 年以上、股东人数不少于

1000人、公告前60个交易日股票累计成交量不低于1000万股以及公司市值及财务指标符合相应板块上市标准的,可以直接申请在科创板、创业板上市。

1. 上交所科创板上市条件

根据《科创板首发管理办法》规定,企业在科创板上市需要符合以下条件:

一是发行人应当符合科创板定位。《关于在上海证券交易所设立科创板并试点注册制的实施意见》指出,在上交所新设科创板,坚持面向世界科技前沿、面向经济主战场、面向国家重大需求,主要服务于符合国家战略、突破关键核心技术、市场认可度高的科技创新企业。重点支持新一代信息技术、高端装备、新材料、新能源、节能环保以及生物医药等高新技术产业和战略性新兴产业,推动互联网、大数据、云计算、人工智能和制造业深度融合,引领中高端消费,推动质量变革、效率变革、动力变革。也就是说,科创板的市场定位是具有一定科技和创新属性的企业,这些企业同时还要符合国家关于产业经济战略规划的总体要求和发展方向。

《上海证券交易所科创板企业发行上市申报及推荐暂行规定》第四条进一步明确,申报科创板发行上市的发行人,应当属于下列行业领域的高新技术产业和战略性新兴产业:

(1)新一代信息技术领域,主要包括半导体和集成电路、电子信息、下一代信息网络、人工智能、大数据、云计算、软件、互联网、物联网和智能硬件等;

(2)高端装备领域,主要包括智能制造、航空航天、先进轨道交通、海洋工程装备及相关服务等;

(3)新材料领域,主要包括先进钢铁材料、先进有色金属材料、先进石化化工新材料、先进无机非金属材料、高性能复合材料、前沿新材料及相关服务等;

(4)新能源领域,主要包括先进核电、大型风电、高效光电光热、高效储能及相关服务等;

(5)节能环保领域,主要包括高效节能产品及设备、先进环保技术装备、先进环保产品、资源循环利用、新能源汽车整车、新能源汽车关键零部件、动力电池及相关服务等；

（6）生物医药领域，主要包括生物制品、高端化学药、高端医疗设备与器械及相关服务等；

（7）符合科创板定位的其他领域。

限制金融科技、模式创新企业在科创板发行上市。禁止房地产和主要从事金融、投资类业务的企业在科创板发行上市。

二是满足市值和财务指标的要求。《科创板首发管理办法》规定，发行人申请股票首次发行上市的，应当至少符合下列上市标准中的一项：

（1）预计市值不低于人民币 10 亿元，最近两年净利润均为正且累计净利润不低于人民币 5000 万元，或者预计市值不低于人民币 10 亿元，且最近一年净利润为正且营业收入不低于人民币 1 亿元；

（2）预计市值不低于人民币 15 亿元，最近一年营业收入不低于人民币 2 亿元，且最近三年累计研发投入占最近三年累计营业收入的比例不低于 15%；

（3）预计市值不低于人民币 20 亿元，最近一年营业收入不低于人民币 3 亿元，且最近三年经营活动产生的现金流量净额累计不低于人民币 1 亿元；

（4）预计市值不低于人民币 30 亿元，且最近一年营业收入不低于人民币 3 亿元；

（5）预计市值不低于人民币 40 亿元，主要业务或产品需经国家有关部门批准，市场空间大，目前已取得阶段性成果。医药行业企业需至少有一项核心产品获准开展二期临床试验，其他符合科创板定位的企业需具备明显的技术优势并满足相应条件。

三是满足科创属性的要求。《科创属性评价指引（试行）》明确，支持和鼓励科创板定位规定的相关行业领域企业，同时符合下列四项指标的可以申报科创板上市：

（1）最近三年研发投入占营业收入比例 5% 以上，或最近三年研发投入金额累计在 6000 万元以上；

（2）形成主营业务收入的发明专利 5 项以上；

（3）最近三年营业收入复合增长率达到 20%，或最近一年营业收入金额达到 3 亿元；

（4）研发人员占比超过10%。

上述行业领域中企业虽未达到前述指标，但符合下列情形之一的也可以申报：

（1）发行人拥有的核心技术经国家主管部门认定具有国际领先、引领作用或者对于国家战略具有重大意义；

（2）发行人作为主要参与单位或者发行人的核心技术人员作为主要参与人员，获得国家科技进步奖、国家自然科学奖、国家技术发明奖，并将相关技术运用于公司主营业务；

（3）发行人独立或者牵头承担与主营业务和核心技术相关的"国家重大科技专项"项目；

（4）发行人依靠核心技术形成的主要产品（服务），属于国家鼓励、支持和推动的关键设备、关键产品、关键零部件、关键材料等，并实现了进口替代；

（5）形成核心技术和主营业务收入的发明专利（含国防专利）合计50项以上。

交易所在发行上市审核中，将按照实质重于形式的原则，重点关注发行人的自我评估是否客观，保荐机构对科创属性的核查把关是否充分，并作出综合判断，严防研发投入注水、突击购买专利、夸大科技技术标准和科创技术水准、行业分类不准确的等情形。

2. 深交所创业板上市条件

《创业板首发管理办法》第三条规定，发行人申请首次公开发行股票并在创业板上市，应当符合创业板定位。创业板深入贯彻创新驱动发展战略，适应发展更多依靠创新、创造、创意的大趋势，主要服务成长型创新创业企业，支持传统产业与新技术、新产业、新业态、新模式深度融合。

《深圳证券交易所创业板企业发行上市申报及推荐暂行规定》进一步明确，属于中国证监会公布的《上市公司行业分类指引（2012年修订）》中下列行业的企业，原则上不支持其申报在创业板发行上市，但与互联网、大数据、云计算、自动化、人工智能、新能源等新技术、新产业、新业态、新模式深度融合的创新创业企业除外：

（1）农林牧渔业；（2）采矿业；（3）酒、饮料和精制茶制造业；（4）纺织业;(5)黑色金属冶炼和压延加工业;(6)电力、热力、燃气及水生产和供应业;(7)建筑业;(8)交通运输、仓储和邮政业;(9)住宿和餐饮业;(10)金融业;(11)房地产业;(12)居民服务、修理和其他服务业。

上述行业中与互联网、大数据、云计算、自动化、人工智能、新能源等新技术、新产业、新业态、新模式深度融合的创新创业企业,支持其申报在创业板发行上市。保荐人应当对该发行人与新技术、新产业、新业态、新模式深度融合情况进行尽职调查,说明具体核查过程、依据和结论。深交所在发行上市审核中,将对发行人的业务模式、核心技术、研发优势等情况予以重点关注,并可根据需要向本所行业咨询专家库的专家进行咨询。

此外,在企业市值和财务指标方面,企业申请股票在创业板首次发行上市的,应当至少符合下列上市标准中的一项:

(1)最近两年净利润均为正,且累计净利润(扣除非经常性损益前后的孰低者为准,下同)不低于人民币5000万元;

(2)预计市值不低于人民币10亿元,且最近一年净利润为正且营业收入不低于人民币1亿元;

(3)预计市值不低于人民币50亿元,且最近一年营业收入不低于人民币3亿元。

除此之外,营业收入快速增长,拥有自主研发、国际领先技术,同行业竞争中处于相对优势地位的尚未在境外上市的红筹企业,或者股权结构中存在差异化表决权安排的,申请发行股票或存托凭证并在创业板上市市值及财务指标应当至少符合下列上市标准中的一项:

(1)预计市值不低于人民币100亿元,且最近一年净利润为正;

(2)预计市值不低于人民币50亿元,最近一年净利润为正且营业收入不低于人民币5亿元。

创业板推出的时间晚于科创板和北交所前身新三板精选层,但是在市场定位上却实现了兼容并蓄,上下两头各取一半——从科创板拿走了新技术、新产业、新业态和新模式,从新三板拿走了创新型、创业型和成长型。考虑创业板10万新增投资者门槛和近4000万名的投资者,其对科创板和北交所在市场投资者规模方面具有显著优势。

3. 北交所上市条件

新三板精选层设立伊始,有关法律法规和市场规则就是比照上市公

司的相关制度来设计的。北京证券交易所设立后,有关上市条件未进行重大调整:

一是满足申报主体适格性要求。为了形成阶梯式的企业成长路径,发行人应为在全国股转系统连续挂牌满 12 个月的创新层挂牌公司(排除基础层公司和首次挂牌公司),且挂牌公司或其他相关主体不得存在下列情形:

(1)挂牌公司或其控股股东、实际控制人最近三年内存在重大违法违规情形;

(2)挂牌公司或其控股股东、实际控制人、董事、监事、高级管理人员最近 12 个月内存在行政违法、自律处分等情形;

(3)相关主体存在违法犯罪被立案侦查、失信惩戒或者公司未按时披露定期报告等情形;

(4)最近三年财务会计报告被会计师事务所出具非标准审计意见的审计报告;

(5)中国证监会和全国股转公司规定的,对挂牌公司经营稳定性、直接面向市场独立持续经营的能力具有重大不利影响,或者存在挂牌公司利益受到损害等其他情形。

二是满足企业市值和财务指标要求。企业应当符合下列条件之一:

(1)市值不低于 2 亿元,最近两年净利润均不低于 1500 万元且加权平均净资产收益率不低于 8%,或者最近一年净利润不低于 2500 万元且加权平均净资产收益率不低于 8%;

(2)市值不低于 4 亿元,最近两年营业收入平均不低于 1 亿元,且最近一年营业收入增长率不低于 30%,最近一年经营活动产生的现金流量净额为正;

(3)市值不低于 8 亿元,最近一年营业收入不低于 2 亿元,最近两年研发投入合计占最近两年营业收入合计比例不低于 8%;

(4)市值不低于 15 亿元,最近两年研发投入合计不低于 5000 万元。

三是上市条件。主要包括规模指标的流动性指标:

(1)最近一年期末净资产不低于 5000 万元;

(2)公开发行的股份不少于 100 万股,发行对象不少于 100 人;

(3)公开发行后,公司股本总额不少于 3000 万元;

　　(4)公开发行后,公司股东人数不少于 200 人,公众股东持股比例不低于公司股本总额的 25%;公司股本总额超过 4 亿元的,公众股东持股比例不低于公司股本总额的 10%;

　　(5)中国证监会和全国股转公司规定的其他条件。

三、公司是否满足信息披露要求

　　注册制改革的关键就是以信息披露为核心,审核中重点关注公司披露信息的质量。欧美等地区"注册制"审核主要围绕信息披露的完整性、一致性和可理解性,有关披露信息的真实性、准确性和完整性则由市场机构自行负责。现阶段,为确保注册制改革平稳落地、市场机制稳定推进,企业上市审核中仍然以真实、准确、完整为基本的要求。

　　《证券法》第十九条第一款规定了公开发行股票的信息披露要求:"发行人报送的证券发行申请文件,应当充分披露投资者作出价值判断和投资决策所必需的信息,内容应当真实、准确、完整。"

1. 信息披露规范

　　以科创板为例,《科创板首发管理办法》第三十四条至第四十二条对信息披露要求进行了细化,《公开发行证券的公司信息披露内容与格式准则第 41 号——科创板公司招股说明书》(简称《招股书准则》)则具体规范了信息披露主要文件,招股说明书的内容与格式要求:

　　(1)发行人的信息披露应当真实、准确、完整,符合《招股书准则》的具体规范。所谓真实性,是指公司披露的内容应当是确确实实发生的或者真实存在的,而不是虚构的事项或者虚假的资料。比如说历史沿革中的增资或转让行为,能够有充足证据证明是历史上确实发生的事项而不是事后通过补充制作文件虚构的。所谓准确性,是指公司披露内容应当精准、可靠,描述应当具体、确定,而不是模糊、模棱两可、具有误导性。例如,公司披露的产品有关性能描述应当符合实际,不存在夸大的描述。所谓完整性,则是指披露的内容应当是完完全全的、充分的,所有必要的、对投资者投资活动可能产生影响的信息都应当披露,不存在故意隐瞒或者遗漏重要信息的情形。例如,有关公司产品的缺陷、有关公司违法违规行为的处罚内容等,公司应当完整的予以披露,不能有所遮掩。

（2）信息披露的有效性。发行上市申请文件及信息披露内容应当包含对投资者作出投资决策有重大影响的信息，披露程度应当达到投资者作出投资决策所必需的水平，凡是对投资者作出价值判断和投资决策有重大影响的信息，发行人均应当予以披露。包括但不限于是否充分、全面披露发行人业务、技术、财务、公司治理、投资者保护等方面的信息以及本次发行的情况，是否充分揭示可能对发行人经营状况、财务状况产生重大不利影响的所有因素。

（3）发行上市申请文件及信息披露内容应当一致、合理和具有内在逻辑性。包括但不限于财务数据勾稽合理，符合发行人实际情况，非财务信息与财务信息相互印证，保荐人、证券服务机构核查依据充分，能否对财务数据的变动或者与同行业公司存在的差异作出合理解释。

（4）发行上市申请文件披露的内容应当简明易懂，便于一般投资者阅读和理解。包括但不限于使用浅白语言，简明扼要、重点突出、逻辑清晰，结合企业自身特点进行有针对性的信息披露。

除此之外，发行人还应当披露其募集资金使用管理制度，以及募集资金重点投向科技创新领域的具体安排。存在特别表决权股份的，发行人应当披露并特别提示差异化表决安排的主要内容、相关风险和对公司治理的影响，以及依法落实保护投资者合法权益的各项措施。

发行人还应当披露公开发行股份前已发行股份的锁定期安排，特别是核心技术团队股份的锁定期安排以及尚未盈利情况下发行人控股股东、实际控制人、董事、监事、高级管理人员、核心技术人员股份的锁定期安排等。

2. 信息披露豁免

公开发行股票并上市过程中信息披露是基本要求，信息披露豁免则是特殊安排。公司豁免向公众披露一部分信息主要基于这样一个法律基础：向不特定对象公开发行股票时，公司应当将涉及公司的投资信息真实、准确、完整的进行公开披露，以便于不特定的公众对公司的投资价值进行准确的判断。但是，因为信息披露本身涉及信息公开，对于受国家法律保护的信息公司可以申请豁免其披露的完整性，以保护国家秘密、个人隐私和必要的商业秘密。

《科创板审核规则》第四十四条规定,发行上市申请文件和对发行上市审核机构审核问询的回复中,拟披露的信息属于国家秘密、商业秘密,披露后可能导致其违反国家有关保密的法律法规或者严重损害公司利益的,可以豁免披露。发行人应当说明豁免披露的理由,交易所认为豁免披露理由不成立的,发行人应当按照规定予以披露。

《上海证券交易所科创板股票发行上市审核问答》(以下简称《科创板审核问答》)第十六之问答对此也作出了明确的解读:发行人有充分依据证明拟披露的某些信息涉及国家秘密、商业秘密的,发行人及其保荐机构应当在提交发行上市申请文件或问询回复时,一并提交关于信息豁免披露的申请文件(以下简称豁免申请)。发行人应在豁免申请中逐项说明需要豁免披露的信息,认定国家秘密或商业秘密的依据和理由,并说明相关信息披露文件是否符合《招股书准则》及相关规定要求,豁免披露后的信息是否对投资者决策判断构成重大障碍。

(1)涉及国家秘密的要求。发行人从事军工等涉及国家秘密业务的,应当符合以下要求:

①提供国家主管部门关于发行人申请豁免披露的信息为涉密信息的认定文件;

②提供发行人全体董事、监事、高级管理人员出具的关于首次公开发行股票并上市的申请文件不存在泄密事项且能够持续履行保密义务的声明;

③提供发行人控股股东、实际控制人对其已履行和能够持续履行相关保密义务出具承诺文件;

④在豁免申请中说明相关信息披露文件是否符合《军工企业对外融资特殊财务信息披露管理暂行办法》及有关保密规定;

⑤说明内部保密制度的制定和执行情况,是否符合《保密法》等法律法规的规定,是否存在因违反保密规定受到处罚的情形;

⑥说明中介机构是否根据国防科工局《军工涉密业务咨询服务安全保密监督管理办法》取得军工企业服务资质;

⑦对审核中提出的信息豁免披露或调整意见,发行人应相应回复、补充相关文件的内容,有实质性增减的,应当说明调整后的内容是否符合相关规定、是否存在泄密风险。

（2）涉及商业秘密的要求。发行人因涉及商业秘密提出豁免申请的，应当符合以下要求：

①发行人应当建立相应的内部管理制度，并明确相关内部审核程序，审慎认定信息豁免披露事项；

②发行人的董事长应当在豁免申请文件中签字确认；

③豁免披露的信息应当尚未泄漏。

关于国家秘密和个人隐私比较容易理解，法律法规对于保护国家重要秘密、军事秘密、涉密情报以及消费者个人隐私等均有相应的规定，公司对其掌握的、但是依据相应法律法规规定不能对公众进行披露的信息，可以申请豁免。对于商业秘密，如果公司能够充分论证其豁免的合理性，实践中是可以申请豁免的：

（1）商业活动中有关方签署了保密协议，且在商业活动中确实采取了必要的措施，导致除了相关方之外外界难以获取任何相关信息，且有关活动不涉及违反法律法规的；

（2）重要的、关键的技术细节，公开披露后将导致公司知识产权保护能力的极大削弱，从而对公司经营活动产生重大不利影响的信息，可以对相关细节进行豁免披露。

第三节　上市审核方式

注册制下股票发行上市审核的目的是通过充分的信息披露，让市场主体自主判断上市公司投资风险。上市审核中主要方式是书面反馈问询，即审核人员在审阅企业公开发行股票申请文件的基础上，就发行条件、上市条件、信息披露要求等提出具体的反馈问题，由申请上市公司及相关中介机构予以书面答复，最终将更加真实、准确和完整的信息呈现给市场投资者。

其他审核方式还包括与发行人和保荐机构代表当面沟通问询，以及对发行人、保荐机构进行现场检查或现场督导等。

一、审核反馈问询

书面反馈问询是审核的主要方式。交易所对发行上市申请文件进行审核,通过提出问题、企业等回答问题等多种方式,督促发行人及其保荐人、证券服务机构完善信息披露,真实、准确、完整地披露信息,提高信息披露质量。在反馈问询中,同样一个问题,高效的审核能够抓住核心问题、关键线索、环环相扣,让公司将真正有效的信息予以充分揭示、披露,在此过程中验证公司信息披露的真实性、准确性。根据上交所发布的信息,具体来说审核问询应遵循以下几个逻辑。

全面问询。审核人员通读招股说明书及全部配套文件,首轮问询问题覆盖招股说明书的全部内容,包括财务、法律、行业等不同层面,凡是与投资者投资决策相关、招股说明书又没有讲清楚的重要问题,包括业务、技术、财务、治理以及披露语言的简明性等,都要求发行人予以补充完善,切实提高信息披露的充分性。

突出重点。在问询范围全覆盖的基础上,重点聚焦于发行上市条件、发行人核心技术、发行人业务及经营模式、发行人独立持续经营能力等相关的重大事项,防止不符合发行条件、上市条件的企业蒙混过关。

合理怀疑。着重从信息披露是否充分、是否一致等角度入手,对财务数据是否勾稽合理、财务信息与非财务信息能否相互印证、发行人与同行业可比公司之间差异是否正常等问题,对存在不一致之处予以重点问询,要求发行人作出解释并说明理由和依据。

压实责任。在要求发行人履行信息披露的第一责任的同时,要求保荐机构、证券服务机构对发行人生产经营的合规性、财务信息的真实性及内控制度的有效性等事项,进行充分核查和说明,督促相关中介机构勤勉履行尽职调查和审慎核查职责,切实发挥"看门人"作用。

标准的审核问询意见包括事实和要求两个部分。事实部分通过对发行人申请文件中披露的相关事项进行简单概述或直接引用来阐明具体的问题;要求部分则围绕审核规则依据,按照各主体责任对其提出相应的答复要求。问询意见的主要形式包括:

(1)要求发行人或相关机构解释和说明有关问题及原因;

(2)要求保荐机构或其他中介机构补充核查相关事项;

(3)要求发行人等补充提供新的证据或材料;

(4)要求发行人等修改或更新信息披露内容。

1. 解释说明

解释说明是最常用的问询形式,其对应的是对公司信息披露内容的"一致性、可理解性"的基本要求。即公司在信息披露内容方面存在前后不完全一致或者阅读者难以理解、容易混淆或无法准确重述的内容,审查中可以要求公司对相关信息披露内容作出进一步解释和说明,以帮助审核人员进一步理解公司披露的相关事项的全貌、理解公司业务的本质、理解公司获取收入利润的核心资源要素、理解公司财务会计处理方式的考量等。

以科创板上海柏楚电子科技股份有限公司审核问询意见问题2为例。【事实部分】招股书披露,柏楚有限于2007年9月11日由技术转移中心、代田田、唐晔、卢琳、万章和谢森出资设立,注册资本为20万元,后经历多次股权增资及转让。【解释说明】请发行人说明:(1)上海交大技术转移中心出资及退出的背景、原因及合理性,是否履行必要审批程序,是否合法合规,是否存在纠纷或潜在纠纷;(2)2014年公司第一大股东由代田田变更为唐晔的原因及合理性,此次增资是否已履行必备的程序,发行人历史上是否存在股权代持的情况,是否存在纠纷或潜在纠纷。

以上问询(1),针对上海交大技术转移中心参与公司投资后又退出的原因及相关决策程序的合法性要求发行人进一步解释说明,意在理解公司设立初期的真实创始人及其出资情况,理解上海交大作为教育部直属高校在由技术中心出资后又转让股权退出的过程中是否履行了相应的国有出资、转让审批程序,是否存在国有资产流失情形或跟公司现有股东有关出资纠纷情况,进而判断公司是否存在股权不明晰或者国有资产流失风险。问询(2),关于2014年增资后公司第一大股东由代田田变更为唐晔,要求发行人解释说明上述增资是否履行了内部程序、是否存在代持。由于公司通过增资方式变更控股股东的情形较为少见,可能存在内部纠纷或者股权代持还原的安排,进而判断公司是否存在股权不明晰的风险。

2. 补充核查

对于一些问询问题,保荐机构和律师事务所、会计师事务所根据相应的职责安排需要对其进行补充核查或者根据前期核查情况发表明确意见。保荐机构负有对公司信息披露内容真实性、准确性和完整性的核查验证责任,涉及公司股权、经营合规、公司治理等法律事项的,通常会要求保荐机构和律师事务所一并核查,针对公司财务数据、会计处理、内控规范、持续经营方面问题的,则会要求保荐机构和会计师事务所一并核查。在此基础上,还会要求中介机构对核查的结果,围绕发行条件、上市条件和信息披露要求发表明确的结论性意见。

仍以上案为例,【补充核查】请保荐机构、发行人律师针对公司股权转让、增资活动是否合规,是否存在股权代持或股权纠纷进行核查并发表意见。

针对要求补充核查的问询要求,保荐机构等需要按照问询要求,充分说明核查时间、核查人员、核查方式、核查对象和核查结果,并在核查的基础上对核查事项发表明确的专业意见。

3. 提供文件

审核人员在审核过程中,针对公司相关问题要求公司进行解释说明后仍然无法充分理解的,或者对公司披露内容前后矛盾或前后不一致,需要通过调取相关文件资料进一步确信的,以及需要公司提供有关部门或机构出具的证明、函证、报告、文书等重要文件的,通常会要求公司补充提供相关文件。

实践中,审核要求公司补充提供文件的情况非常少见,这涉及审查的边界以及可能给审核机构带来的延伸风险。一般只有在公司或者保荐机构明显表现出对某个问题无法自圆其说或者前后极度矛盾的情况下才会使用。补充提供的文件主要包括发行人股东签署的相关协议、公司的重要业务合同、主管机构出具的证明文件、个别会计凭证或底稿文件等。

针对要求提供相关文件的审核问询,如果是尽职调查过程中的必要文件资料,企业只需通过核验无误后提交即可,注意相关文件资料的准确性和有效性;如果是需要补充核查或者协调相关机构出具证明文件的,企业中介机构一定要明确文件的内容要求和有权机关,减少沟通成本。

4. 补充披露

要求公司补充披露或者修订披露内容是对信息披露内容"真实、准确和完整"的最终体现。对于审核中发现公司未按照信息披露要求进行充分披露或者公司解释说明后需要完善披露内容的，或者中介机构进行核查后涉及信息披露遗漏或者信息披露的修订及重大风险揭示的，则会要求公司补充披露相关事项，或者对前期披露内容进行更正，或者对重大风险事项进行补充揭示等。

仍以前案为例，【补充披露】请发行人充分披露股权激励的原因、范围、激励对象及其选定依据，激励对象在发行人的任职情况、所任职务及其缴纳出资额之间的关系、是否有利于核心团队稳定，股权激励是否存在纠纷或潜在纠纷。上述问询针对公司股权激励事项，因股权激励涉及公司股权结构的稳定性及人员的稳定性、业务的成长性等，故要求公司作补充披露。针对要求发行人补充披露的内容，发行人需要在招股书等公开披露文件中相应位置明确增列，涉及风险事项的，需要在重大风险提示部分披露。

总的来说，发行人和中介机构应当充分结合反馈问询的内在逻辑，围绕反馈问询内容，言简意赅地进行答复；答复中涉及说明事项的，应当逻辑清晰，论据充分，结论明确；答复中涉及披露事项的，应当依据招股书准则，充分、完整进行披露。

二、审核当面问询

当面问询也是企业上市审核中的重要审核方式，包括审核中当面问询和上市委当面问询。《科创板审核规则》第四十五条、第五十一条规定，在发行上市审核中，可以根据需要，约见问询发行人的董事、监事、高级管理人员、控股股东、实际控制人以及保荐人、证券服务机构及其相关人员。上市委员会进行审议时要求对发行人及其保荐人进行现场问询的，发行人代表及保荐代表人应当到会接受问询，回答委员提出的问题。

1. 审核当面问询

在审查过程中，如果审查人员认为申报文件及相关书面回复文件没有充分说明、解释清楚某些重大事项的，或者中介机构的核查方式和核查结果不充分，难以说明具体情况的，经过书面或电话反复沟通，仍然存在重大疑问的，审核人员可以按照规范程序约见发行人相关人员或中介机构相关人员,通过网络或者现场当面进行问询沟通。

当面问询并非审核常规方式,通常只是作为书面反馈问询的补充,实践中,审核阶段的当面问询很少见。一方面,现代通信技术较为发达,通过电话、邮件等方式可以对相关问题进行有效的沟通;另一方面,审核人员在审查期间直接与发行人等接触还存在一定的廉政风险,因此安排当面问询比较谨慎。

2. 上会当面问询

上市委审核会议的当面问询则有所不同,上会问询是审核的重要方式。上市委审议会议召开前,参会委员需要独立撰写委员工作底稿,并根据需要提交拟向发行人问询的问题。审议会议过程中,上市委员可以对发行人代表及保荐机构代表进行问询,进一步了解公司的主要管理人员对公司的了解程度,对相关问题的陈述是否能与公司信息披露内容相符,关注发行人代表、保荐机构代表能否在短时间内,充分、合理、有据地将有关问题进行解释说明。

参加当面问询的人员应当为公司主要负责人、公司董事长或总经理、财务总监或者董事会秘书,保荐机构则由保荐代表人参加。问询开始后,由上市委审议会议负责人向发行人代表等提问,发行人代表或保荐代表人对问题进行简单沟通后,按照要求回答问题,委员们对问题作进一步询问,经过反复问询及答复后结束问询环节。对于暂时无法回答的问题,还可以通过会后意见的方式要求发行人及保荐机构进一步答复。

从科创板上市问询情况来看,企业是否规范经营、财务会计处理是否规范、公司风险是否充分揭示、关联交易是否合理是上市委审核的重点。此外,具有科创属性和技术先进性的问题也被更多关注,如研发费用及其占比、核心技术人员、专利问题等。与审核中书面问询不同,上市审核会议问询往往更具体、更细节、更加灵活,具有现场问询的一些显著优势。通俗地讲,就好比公司上市前的一次面试,任何简历、笔试环节的各种问题,到了面试的时候都会被现场锤炼。

三、现场检查与现场督导

除了通过书面或者当面的问询外,在股票发行注册审核过程中,证监会和交易所还可以随时启动现场检查或者现场督导。以科创板为例,《科创板首发管理办法》第三十二条规定,中国证监会和交易所可以对发行人进行现场检查,可以要求保荐人、证券服务机构对有关事项进行专项核查并出具意见。《科创板审核规则》第四十六条规定,根据审核情况,交易所可以调阅发行人、保荐人、证券服务机构与发行上市申请相关的资料;可以从发行上市申请已被本所受理的发行人中抽取一定比例,对其信息披露质量进行现场检查;发行上市审核中发现发行上市申请文件存在重大疑问且发行人及其保荐人、证券服务机构回复中无法作出合理解释的,可以对发行人及其保荐人、证券服务机构进行现场检查。

1. 现场检查

现场检查最早从 2017 年在 IPO 审核中开始实施。2017 年全年首发438 家企业,现场检查的比例达到 15%,实施不到 3 个月就有 10 余家企业撤回发行上市申请,震慑效果显著。现场检查的对象,通常情况下是抽签选择,但农林牧渔,以及互联网、影视、游戏等行业会更加关注,特别是审核过程中发现企业可能存在较大风险的企业,更有可能被抽中现场检查。此外,发行人过往有被否或者是有撤材料历史的,主要财务指标和同行业公司显著偏离的,业务模式、盈利模式在行业中没有先例或容易混淆的,或者被多方实名举报的,往往被现场检查的概率也会更大。

2021 年 1 月 29 日,证监会发布《首发企业现场检查规定》,对首发企业的信息披露质量及中介机构执业质量按照问题导向和随机抽取两种方式采取现场检查。随机抽查检查对象在所有未经上市委会议审议或未经发审会审核且未参与过随机抽取的首发企业中由中国证券业协会随机抽取。具体现场检查工作一般由各地证监局或稽查总队带队,沪、深交易所派员参加,此外还会从会计事务所和律师事务所抽调相关专业人士参与。实施现场检查时,检查组可以根据需要采取以下检查方式:

(1)查看检查对象的生产、经营、管理场所及其他相关场所,获取有关工商等资料;

(2)获取有关资金流水,生产、销售、仓储记录,会计凭证,会计账簿,财务报表等文件资料;

(3)就主要业务循环和会计信息系统进行穿行测试;

（4）问询检查对象控股股东和实际控制人、董事、监事、高级管理人员以及销售、采购、生产、仓储、财务等相关人员；

（5）走访检查对象重要客户及供应商等有关单位和人员，核实相关信息；

（6）核查中介机构工作底稿，询问有关人员、进行现场取证等；

（7）检查组认为必要的其他方式。

根据检查对象存在信息披露问题的严重程度，交易所可以依据有关规定对检查对象及其控股股东、实际控制人和相关责任人员采取自律管理措施，中国证监会可以依据法律、行政法规、证监会规章对上述单位和个人采取行政监管措施、给予行政处罚。

在现场检查过程中，企业撤回上市申请的，交易所将终止企业上市审核，但涉及招股说明书披露信息核查不充分、重要事项核查不到位、工作底稿不完善等问题的，仍可以对公司和相关中介机构采取监管措施。

2. 现场督导

与现场检查不同，现场督导工作主要由交易所针对保荐机构开展，而且通常带有具体的问题导向。首先，现场督导是对保荐机构保荐工作进行督导，而非对企业进行督导。这就决定了督导的工作主要针对保荐机构，是对保荐机构是否勤勉尽责履行核查义务、开展保荐业务过程中是否履行了有效的内控措施进行的督促和指导。其次，现场检查时间为1个月左右且并不计入审核期限，现场督导周期仅为2周，且督导时间计入审核问询时间。最后，现场检查主要是在发行人生产经营场所进行，可以采取调取资金流水、监盘、访谈客户供应商等多种手段对发行人进行"全方位、立体式"的扫描，但现场督导是以保荐机构执业质量为重点，以保荐机构工作底稿为主要抓手，地点在保荐机构所在地，主要通过调阅资料、检查底稿、核对证据、约谈人员、补充核查等方式开展工作，但在必要的时候可以要求保荐团队作出说明或者补充核查。

根据《上海证券交易所科创板发行上市审核规则适用指引第1号——保荐业务现场督导》《深圳证券交易所创业板发行上市审核业务指引第1号——保荐业务现场督导》规定，交易所可以根据需要采取以下督导方式：

（1）现场询问；

（2）调阅保荐工作底稿、证券服务机构相关工作底稿；

（3）核对有关证据材料；

（4）访谈有关对象；

（5）要求保荐机构、证券服务机构补充核查；

（6）督导组认为必要的其他方式。

现场督导中发现和核实的问题，交易所将结合审核问询情况进行分类处理：

（1）经过现场督导，发行人及保荐机构、证券服务机构对相关问题作出合理解释或者说明，且未发现异常情况的，在发行人和保荐机构、证券服务机构对发行上市申请文件进行补充、修改后，继续推进审核程序；

（2）现场督导发现保荐机构、证券服务机构存在履职不到位、执业不规范等情形的，将采取监管工作函、谈话提醒等监管工作措施，要求其进行整改；

（3）现场督导发现因保荐机构、证券服务机构未能勤勉尽责，导致发行人信息披露资料不符合真实、准确、完整要求，或者存在其他违规行为的，视情节轻重，给予相应监管措施或者实施纪律处分；

（4）现场督导发现发行人、保荐机构、证券服务机构等涉嫌证券违法行为的，将依法报中国证监会查处。

现场督导过程中企业撤回上市申请的，终止审核工作，但不影响采取监管措施；企业12个月内重新申报的，交易所将在受理后启动现场督导。审核过程中，交易所发现企业存在与发行条件、上市条件和信息披露要求相关的重大疑问或异常，且未能提供合理解释、影响审核判断的，可以提请证监会对企业开展现场检查。

截至2021年6月，上交所共对45家科创板发行上市审核项目的保荐机构启动现场督导，其中37家主动撤回材料，撤回率达到82%。不管是现场检查还是现场督导，名义是督促发行人提高信息披露质量，督促中介机构勤勉尽责，防止带病申报，实际上是监管机构亲自下场，短期来看有助于维护注册制改革的平稳落地，长期来看则不利于培育市场配置资源的能力。

四、舆情和举报核查

企业上市涉及各方重大利益,内部的中小股东、公司高管、核心员工,外部的投资机构、竞争对手、媒体机构对公司上市进展和上市过程中有关信息披露密切关注,一旦出现信息披露违规或存在其他纠纷,就很容易引起举报和负面舆情。

《科创板审核规则》第六十八条规定,交易所受理发行上市申请后至股票上市交易前,发行人及其保荐人应当密切关注公共媒体关于发行人的重大报道、市场传闻。相关报道、传闻与发行人信息披露存在重大差异,所涉事项可能对本次发行上市产生重大影响的,发行人及其保荐人应当作出解释说明,并按规定履行信息披露义务;保荐人、证券服务机构应当进行必要的核查并将核查结果报告。

第六十九条规定,交易所受理发行上市申请后至股票上市交易前,收到与发行人本次发行上市相关的投诉举报的,可以就投诉举报涉及的事项向发行人及其保荐人、证券服务机构进行问询,要求发行人及其保荐人向本所作出解释说明,并按规定履行信息披露义务;要求保荐人、证券服务机构进行必要的核查并将核查结果报告。

1. 举报舆情核查程序

针对公司上市举报的内容较为宽泛,涵盖发行人历史沿革、股权出资、关联方、销售真实性、资产完整性、分红、知识产权等多方面。一方面,企业自身可能确实存在重大问题或者重要风险,中介机构通过正常的核查手段难以核查,而公司内部人和竞争对手比中介机构更了解公司的真实情况,基于自身利益诉求,通过举报的方式提出诉求或者希望通过举报来阻止竞争对手上市。另一方面,注册制下企业发行上市审核以信息披露为核心,全面公开审核问询及回复,企业上市信息和发行上市审核接受广泛的市场监督和舆论监督,鼓励知情人对 IPO 企业虚假信息披露等行为举报,有利于发行人及中介机构履行信息披露义务。实践中还存在部分公司的竞争对手、纠纷对象通过虚构举报内容等实施恶意举报,以达到拖延公司上市进程或解决自身其他诉求的目的。

《证券期货违法违规行为举报工作暂行规定》(2020 年修订)进一步

规范了证券期货违法线索举报工作,各交易所也分别制定了有关举报投诉处理的相关办法。实践中,举报人可以向证监会举报中心、证监局和交易所审核中心等多渠道提交举报材料,各举报受理窗口将根据审核进展,转交易所审核中心或证监会发行部进行办理。

根据上交所官方网站显示,上交所受理同时符合以下条件的举报:

(1)举报事项属于科创板发行上市审核中心监管职责范围;

(2)提供被举报人的姓名(名称)、身份等信息;

(3)提供违反相关法律法规或本所业务规则的具体事实、线索或证据。

举报事项已受理或处理完毕,举报人再次举报时没有提供新的事实或线索的,不再予以受理。

针对举报材料,交易所审核部门将区分实名举报和非实名举报。实名举报人应在举报时提供本人真实姓名、证件号码和有效联系电话、电子邮箱等信息。实名举报并提供违反证券期货法律法规的具体事实、详细线索和客观证据的,将按规定进行核查并反馈;针对非实名举报或者重复举报的,经办部门可存档或根据需要进行核查。针对举报事实清楚、线索明确,经调查属实并实际处罚金额 10 万元以上的,监管部门将给予 1% 的举报奖励;举报人捏造事实、伪造证据、诬告陷害他人的,依法承担相应的法律责任。

就投诉举报的事项和媒体报道质疑,审核机构会根据审核进展情况通过专项核查反馈或者随同审核问询意见一同提出反馈意见,向发行人及其保荐人、证券服务机构进行问询,要求发行人及其保荐人向交易所作出解释说明,并按规定履行信息披露义务,同时要求保荐人、证券服务机构进行必要的核查。

2. 举报舆情核查的影响

无论是在交易所审核环节还是在证监会注册环节,审核过程中都非常重视相关方的正常投诉举报,关注包括自媒体在内的各类新闻媒体对发行人的报道和质疑。

企业被举报或存在负面舆情不必然导致上市失败。如果举报后经过核查,发现举报内容与事实不符,或者举报事项虽然为真实,但是并不构成企业违反发行条件和上市条件,通过进一步信息披露能够满足要求的,不影响公司正常审核进程。对于核查后发现举报内容属实且公司存在违反发行条件或上市条件的,企业只能主动撤回申请材料或者被终止发行上市审核。

在特定环节的举报将影响公司审核进程。在审核反馈阶段,举报和舆情问题通常伴随审核问询一同反馈给公司和中介机构进行核查,不影响公司正常上市审核进度;在企业拟上市审议公告发布后至注册生效前,若相关事项涉及重大事项或重大风险,审核机构将暂停审核进程,对有关事项进行专项核查反馈,待举报舆情事项核查完毕后才重新启动审核程序。因此,举报和重大负面舆情事项有可能会延长企业审核时间,导致企业不得不追加补充审计报告,最终有可能因为业绩变化或意外事项发生导致上市失败。

企业避免被举报或质疑的方法很简单,就是从根源上做到诚信合法经营、真实准确完整地履行信息披露义务。除此之外,在企业上市准备过程中,伴随中介机构在尽职调查发现的各种问题,企业要充分予以重视,积极予以解决或者整改,做到"早发现、早治疗",避免带病申报。

第三章　企业上市关键工作

企业上市审核的重点是审核人员阅读招股书及其他上市申请文件，按照法律法规、业务规则要求就企业上市申请提出反馈问询问题；申请上市企业和中介机构针对审核人员提出的具体反馈问询问题，拟定反馈问询答复；审核人员对企业提交的反馈问询答复进一步审核，直至无须进一步问询。

因此，企业如果想顺利、高效通过上市审核，除了自身经营活动满足发行和上市条件外，还必须高度重视招股书等核心上市申请文件的撰写，以及认真答复审核中提出的反馈问询问题。

第一节　如何写好招股书

招股书是企业最重要的上市文件，其编制首先应当符合《招股书准则》的具体要求。招股书作为证券法规范下的信息披露文件，如果信息披露内容存在虚假陈述(不真实)、误导性陈述(不准确)或者重大遗漏(不完整)，相关主体据此应当承担相应的责任，即欺诈发行的法律责任。除此之外，招股书作为一份具有法律约束力的承诺书和投资合约，如果存在信息不真实、不准确、不完整等瑕疵的，投资者可以据此向发行人主张违约责任和相应的投资损失赔偿。

招股书还是一份商业计划书。作为公司公开发行股票的招股文件，招股书在披露信息方面传递着公司的经营情况、治理情况，公司对上市的态度以及公司未来持续经营能力和发展潜力。通过专业、可靠、清晰易懂的语言和文字可以传递出公司潜在的投资价值，吸引更多投资者的关注，实现较好的发行定价。

一、结构排版清晰

招股书的排版决定了读者的第一印象。所谓长得漂不漂亮是一回事，收拾得干不干净是另外一回事。证监会关于招股书提供了标准的模板,但是目前也只是列明了标题和要点。因此,招股书实际上结构排版算是五花八门。

早年间需要申报纸质文件的时候,荣大财经等一系列打印店基本包揽了上市 IPO 申请文件的后期操作。从排版到格式再到文字检查,坊间甚至流传着打印小哥从容指出某公司实际控制人认定的重要错误。不得不说,专业打印机构确实给市场形成了一种标准化的文字模式,虽然缺乏个性,但整体上还是属于"标准审美"的范畴,便于阅读和理解。

为了节省成本、提高效率、减轻负担,注册制后企业上市的电子化申报成为主流。年轻的券商从业人员已然不知道何为"券商之家"了。因此,审查员看到的申报材料也是五花八门,彩色扫描更是让说明书变得五彩斑斓。在说明书编制上进行丰富和完善,做得好会让人耳目一新、印象深刻;做得不好,则大大增加了阅读难度,让人对公司的专业性产生怀疑。所以,结构清晰、格式标准、文字规范的招股书很是值得花点工夫,最不济也要找公司熟悉广告、销售的专业人士认真校对一遍。

二、文字准确易懂

如果说格式排版是大衣,文字则是衬衣。大衣要彰显格调,衬衣则要整洁纯粹。

一份好的招股书,不管是在哪个模块、哪个部分,一定要用最清楚、简洁的语言把事情和问题说清楚,而且前后逻辑一致。首先,招股书面对的第一轮读者即是审核人员,他们并不都是行业专家,一份标准的招股书应当让审核人员读起来自然、流畅,而不是晦涩难懂。其次,招股书最终要面向市场投资者,他们需要的不是冗长无味的文字,而是准确又清晰的介绍。

任何让招股书信息传递变得更为复杂的处理,要么是公司本身缺少核心竞争力只好拉大虎皮,要么就是虚构造假。好的招股书一定是让人一读即懂、一看即明。

三、业务清晰明了

公司的业务描述最为重要,这是判断公司未来发展潜力的重要方面。关于公司业务,下述五点是必须注意的:(1)简洁、清楚地说明公司填补了目前市场中的何种需求,或者解决了市场中存在的何种问题。(2)公司为此提供了什么样的解决方案。(3)公司的方案或者产品、服务具体是什么，由哪些人、用哪些设备和原材料、通过什么技术或者渠道、形成了什么产品或者服务，最终解决了什么具体问题。(4)公司的产品或者服务面对的用户群是哪些，这个市场有多大，未来会有多大。(5)公司如何获取收入和利润。

业务描述一定要准确。偷换概念、贴傍热点只会让公司业务描述显得不伦不类，反而增加理解的难度、增加审核人员的疑虑。

四、重点核心突出

招股书一定要突出公司的核心和亮点。每一个产品或者服务都不可能尽善尽美，通过对行业、市场、竞争对手的研究和介绍，充分论证公司从事的业务在这个市场里有没有其他人在做，具体做的情况是怎样，通过进行优劣分析，说明公司的优点在哪里。论证为什么这件事情公司能做得好，核心竞争力是什么。是管理人才、技术人才，还是专利技术、商标商号，还是低廉成本、垄断资源、先发优势？

所以，关键不在于所干事情的大小，而在于公司能比别的公司干得好，与其他公司干得不一样。这一点，必须在招股书中明确、具体的予以说明，用关键人物、关键资源、关键数字突出公司的优势和业绩。

五、资金用途靠谱

长期以来，在IPO审核中对募集资金用途方面关注较少，只要满足产业政策规定即可。

注册制改革后，投资者开始重视公司的募集资金用途。投资人要知道公司拿到钱后怎么花，金额和用途要明明白白讲清楚。事实上，这一部分的篇幅应该和前面的所有篇幅一样长，前面介绍历史，后面介绍未来。从中期投资的角度来看，募集资金的项目、资金使用的具体安排和规划、项目是否有可操作性、资金利用是否合理等均需要公司有一个明确的筹划和说明。这也代表着公司未来能否拓展现在的业务和市场，公司管理团队在IPO后是不是准备套现退休，还是准备好了再次奋战、创造新的价值。

六、风险客观全面

招股书要对公司的风险和缺点进行全面披露,既需要公司对自身各方面有着清醒的认识和理解,也需要公司管理层有很大的勇气。考虑充分的风险揭示可以免除公司信息披露责任,相关信息的披露也是非常必要的。

一些风险事项对公司来说可能是未来发展的致命问题。比如,关键资源要素掌握在实际控制人控制的其他企业、公司高度依赖单一大客户、公司的重要专利技术存在纠纷、公司存在非法经营事项,等等。当然,公司面临的风险也并不一定全都是缺点。行业风险、市场风险本来就是应有之义,正是因为有了风险,才有人不敢做或者做不好,从另一个角度反映出公司有能力、有勇气去挑战风险,获得成功。另外,人员风险、研发风险、技术风险则反映出公司重视人才建设、重视技术原创,只有认识到这些风险才能够不断完善,减少风险。

此外,其他诸如控制权过于集中(分散)、客户过于集中(分散)、供应商过于集中(分散)等,更是一些可以辩证来看的问题。控制权集中则有利于公司管理的有效性,控制权分散则现代公司治理更规范;客户集中则存在稳定的市场,客户分散则市场风险较低;供应商集中则反映出公司原材料稳定且可靠,供应商分散则是公司在市场上具有较强的溢价能力。这些风险揭示并非没有意义,投资者可以结合公司的其他信息,辩证地看待对于公司未来发展是利是弊。

第二节 如何答复反馈问题

审核反馈问询答复是审核中企业、中介机构与审核人员交流和互动的主要方式。一份高质量的反馈问询答复可以有效消除审核人员对企业可能存在的诸多风险、疑点的疑虑,帮助企业快速通过上市审核。

一、准确理解反馈问题

注册制实施以来,无论是科创板、创业板还是北交所,在反馈问询意见的结构上和内容上都进行了一定的变革,而且形式上也在不断完善。

目前,审核问询意见在形式上一般为"事实陈述+问询问题"。在同一事实陈述下,可能包括多个子类别的问询问题,既包括合规问题、也包括会计规范问题、还包括业绩真实性问题。在各个子类别下,又会有具体的细分问题,就子问题的某一方面继续展开深入的、有逻辑的问询。

不管问询的形式如何变化,归根到底,审核人员的问询意见总是围绕着某一发行条件、上市条件或者信息披露要求展开,围绕公司某一可能的风险点展开。对此,反馈问询阶段,企业和中介机构在取得反馈意见的时候,第一步应当是准确理解审核问询的核心关切或者说审核问询的意图所在。

通常,在问询意见事实陈述部分即明确反馈意见关注的核心内容。以典型案例120为例,反馈意见明确指出:"发行人应收账款增幅明显大于收入增幅,并且逾期应收账款金额达到9133.8万元,发行人未对逾期应收账款单项计提减值准备。"该问题的核心关切包括三个方面,一是公司应收账款为何大幅增长,是否存在向低信用客户销售商品或者向关联方销售以冲刺业绩的情形。二是公司逾期账款高企,公司能否顺利收回应收账款;如果无法顺利收回,是否对公司经营活动产生重大不利影响。三是公司未对逾期账款计提减值准备是否符合会计规范中的合理性要求,公司报表能否准确反映出公司经营实质。

二、全面细致准备材料

在明确了审核人员的核心关切,精准把握审核问询意图的基础上,企业需要针对问询中提出的问题准备相应的素材和材料。当然,素材的准备也可以与问询答复的草稿撰写同步进行。

(1)问询意见涉及要求公司说明的,公司应当针对问询意见准确、完整地予以论述,涉及的数据、资料、文件等均应当具有具体的底稿支撑;

(2)问询意见涉及要求中介机构补充核查的,中介机构应当按照规定动作做好核查,同时保留好核查的通信文件、核查底稿,核查意见均应当有相应的访谈录音、文件资料等支撑;

(3)问询意见涉及补充提供文件的,公司应当系统整理好所需文件的原件和副本,并请律师出具相应的鉴证意见,按照时间顺序或者论证逻辑整理排版;

（4）问询意见涉及补充披露内容的,公司和中介机构应当按照招股书内容与格式指引要求,在指定位置补充披露相关信息或者进行风险揭示。

三、开篇明确提出意见

在基础材料和问询回复草稿成型后,就是正式编写问询回复了。经过上述分析我们知道,每一个审核问询意见尽管可能包括多个维度问题,但核心关切只有一个。因此,在答复审核问询意见的开篇,企业和中介机构就应当用通俗、简洁、清晰、逻辑严密的一段文字,将该问询问题和核心关切予以系统答复。

例如,典型案例120,审核问询意见要求发行人说明:（1）报告期内应收账款增幅明显大于收入增幅的合理性。（2）逾期应收账款对应的收入确认时点、超期账龄(精确到月),2018年度是否存在提前确认收入的情形,是否存在已了解相关客户不具备按信用期付款能力而向其销售的情形。（3）在应收账款余额大幅增加并且逾期应收账款金额较高情形下,发行人对逾期应收账款坏账计提是否充分。（4）截至目前,上述逾期应收账款的回款情况,逾期应收账款的金额及占比情况,是否存在大额应收账款不能按期或无法回收的情况。

上述问询意见的核心关切是,公司报告期内应收账款大幅增长,逾期账款较大,且公司未就逾期账款计提减值,公司销售收入是否真实合理、公司经营是否存在重大风险、相关会计处理是否规范。对此,公司及中介机构分别针对上述4个问题进行了细致答复,但缺乏从整体上对审核关切问题的答复,导致审核人员无法即时形成一个清晰的认识。

为此,案例评析部分给出一个参考。在问询答复中,公司可以开篇明意:公司报告期内应收账款增长与宏观经济、行业发展路径、公司业务拓展理念密切相关,与同行业上市公司具有一致性,大幅增长具有现实的合理性。鉴于公司客户主要为政府等机构,在账期安排上具有年初立项、年终验收结算的特点,因此公司应收账款具有一定的集中性,不存在(关联方客户)或低信用客户情形。报告期内公司谨慎选择信用客户,尽管逾期账款金额较高但历史上未出现坏账情形。经中介机构核查,重要逾期客户均为政府机构等高信用主体,公司未对逾期账款计提减值具有一定的合理性。

经过开篇明意,审核人员的核心关切有了简洁、清晰、明确的答复,后续答复意见的论证就具有了铺垫,在此基础上,再针对问询意见逐条进行答复。

四、答复论证逻辑严密

开篇明意尽管给出了一个简洁明确的答复意见,但是仍然需要条理清晰、逻辑严密地进行论证,也就是针对问询答复中的各项子问题进行分门别类答复。审核实践中存在部分公司和中介机构通过开篇明意的方式试图引导审核人员的思路,后续具体问题答复中则叙述不清、缺乏逻辑和有效的论证,结果只能是适得其反,令审核人员感到难以信任,甚至增加对公司答复真实性和中介机构执业质量的怀疑。

为此,公司和中介机构在答复各项细分问题的时候一定要紧紧把握问询各个要素,针对各个要素分类、分点予以回应。我们仍然以典型案例120为例。

针对问询第一小问,中介机构答复如下:

报告期内,发行人收入增幅、应收账款增幅、应收账款占收入比例如下:

单位:万元

年度	营业收入	收入增幅	期末应收账款(原值)	应收账款增幅	应收账款占收入比
2016 年度	14938.43	—	11357.19	—	76.03%
2017 年度	31292.49	109.48%	19173.13	68.82%	61.27%
2018 年度	40159.63	28.34%	39754.88	107.35%	98.99%
2019 年 1~6 月	15579.75	87.01%	41672.57	4.82%	—

注:2019 年 1~6 月收入增幅为相较于 2018 年 1~6 月收入(未经审计)的增长率。

(1)报告期内,发行人应收账款整体增幅大于收入增幅,主要原因系:

宏观层面,经济增长放缓,资金面趋紧。报告期内,尤其是 2018 年,我国宏观经济处于新旧增长动能切换阶段,经济增速总体呈现放缓态势,同时伴随去杠杆政策,各行业资金面趋紧,政府部门、企事业单位的资金周转都不同程度受到影响。下游行业资金面趋紧通过回款的方式传导到本行业,影响本行业的经营周转效率。

（2）行业层面，应收账款增长快系行业发展初期的特征。由于发行人所处企业级在存储行业现处于发展期初期，具备高速发展特点，为树立行业标杆项目，形成应用示范效应，谋求长期合作需求等考虑，发行人在充分评估客户信用资质情况的基础上，采取一贯的客户信用政策管理方式，在执行部分合同过程中，往往也被动承担相对较长的回款周期，导致部分客户的回款时间较长，各期末超期应收款的金额增加。报告期各期末，发行人超期应收款的金额及占比如下：

单位:万元

日期	超期应收账款金额	超期应收账款比例
2016 年末	7406.62	65.22%
2017 年末	5682.92	29.64%
2018 年末	8053.72	20.26%
2019 年 6 月末	9133.80	21.92%

2017 年以来，虽然发行人超期应收账款金额随着收入规模增长，但超期应收账款比例趋于稳定。

（3）企业层面，收入规模增长以及第四季度收入增长，导致应收账款增长较快。报告期内，发行人最终用户为政府事业单位的数据中心类项目数量和收入规模增长，该类项目具备上半年立项或选型，下半年采购或建设的特点，发行人下半年以及第四季度收入占比有所提升，第四季度收入金额由 2016 年度的 5250.66 万元增长至 2018 年度的 25996.68 万元，相应各期期末尚在信用期内的应收账款金额增加。

（4）报告期内，发行人应收账款增幅大于收入增幅的情况与同行业上市公司保持一致。报告期内，公司及同行业可比公司均呈现应收账款增幅高于营业收入增幅的情形，具体如下：

年度	发行人		易华录		同有科技	
	收入增幅	应收账款增幅	收入增幅	应收账款增幅	收入增幅	应收账款增幅
2017 年度	109.48%	68.82%	33.75%	46.05%	-19.49%	18.83%
2018 年度	28.34%	107.35%	-1.74%	116.72%	-0.56%	7.98%

续表

年度	发行人		易华录		同有科技	
	收入增幅	应收账款增幅	收入增幅	应收账款增幅	收入增幅	应收账款增幅
2019 年 1~6 月	87.01%	4.82%	8.68%	-15.55%	-38.44%	39.34%

注:以上 2019 年 1~6 月收入增幅均为相较于 2018 年 1~6 月收入的增长率。

（5）从客户类型结构来看,发行人应收账款增长主要来源于数据中心运营商类客户。由于发行人第三方数据中心运营商客户的终端用户以政府事业单位等为主,回款速度相对缓慢。报告期各期末发行人应收账款余额中各客户类型对应的应收账款占比情况如下:

客户类型	2019 年 6 月末	2018 年末	2017 年末	2016 年末
第三方数据中心运营商	60.69%	62.25%	55.59%	14.05%
系统集成商	28.81%	26.49%	26.89%	44.43%
贸易商	6.21%	7.25%	16.30%	41.52%
电信运营商	0.14%	0.13%	—	—
终端客户	4.15%	3.88%	1.22%	—
合计	100.00%	100.00%	100.00%	100.00%

针对问询中提出的公司应收账款增幅较大的问题,公司首先通过列表的形式将报告期各期收入增幅、应收账款增幅、应收账款占收入比例进行列示,在此基础上,分别从宏观经济、中观行业、微观企业层面进行分析其原因,同时借助于同行业上市公司比较、客户结构分类的方式予以进一步佐证,相关答复论证依据较为充分,逻辑较为清晰,结论明确。

五、规范措施靠谱有效

前述分析主要针对公司能够合理解释问询意见的情形,即针对审核人员提出的合理怀疑,公司能够进行充分解释和说明,从而消除怀疑。那么,针对审核问询中确实发现并指出公司存在的风险点或者不规范情形的,又应当如何答复呢?

企业和中介机构针对审核机构提出的问询意见,经过系统梳理、补充核查,发现公司确实存在一定的不规范之处或者业务经营确实存在一定的风险,或者公司治理和内控有效性有一定瑕疵或者财务和会计处理不甚合理的情形,公司和中介机构应当审慎判断,据实答复。

针对确实不满足发行条件、上市条件的较为重大问题,或者通过短期内规范措施难以达到现实效果的,企业和中介机构从为自己负责、为市场负责、为投资者负责的角度来看,都应当审慎推进上市进程;对于问题较为轻微,尚未触及发行条件、上市条件的,企业和中介机构应当积极采取补救措施或规范整改措施,确保公司在上市前后能够持续规范。

以典型案例 16 为例,公司股东拉萨爱力克转让股权,受让方迟迟未支付对价不符合惯常商业逻辑,审核中关注了上述股权转让是否存在纠纷。根据公司说明,拉萨爱力克股权转让未进一步披露背景原因(具体原因可能已经与审核机构沟通),审核过程中受让方鼎晖孚冉、清松稳胜已支付全部股权转让价款,存在纠纷可能性较小,因此审核中未进一步问询。

六、充分揭示风险要素

注册制下,部分审核要点转变为信息披露要求,对此,企业和中介机构应当准确把握审核要求,针对重大风险事项或者或有风险予以充分揭示和披露。在风险揭示过程中,公司应当详细说明风险产生的原因、风险可能导致的后果以及公司针对风险所采取的必要、有效的防控措施或规范措施,从而使风险揭示更为充分。如果公司风险应对措施具有重要作用,一定程度上还能反映出公司的经营活力和经营实力。

以典型案例 83 为例,公司债务融资金额较高,且保理和融资租赁利率达到 10% ~ 17.55%,融资成本较高,期限普遍在 1 ~ 3 年,反映出公司经营风险较高,资金链存在断裂可能。根据公司说明,本次公开发行上市融资成功与否对公司持续经营能力产生决定性影响,公司已对相关风险进行了充分揭示。

以上是针对如何高效答复反馈问询回复的系统阐述。本书第二部分审核要点中提供的典型案例,相关内容按照审查报告撰写规范进行摘要,将为读者就如何高效答复反馈问询进一步提供可靠的、有用的参考和指导。

第二部分　注册制企业上市审核要点解析

我国资本市场从创立之初就是一个融资市场。先是为国有企业疏困服务,后帮助中小企业融资,再致力于推动科技创新产业升级,股票发行上市制度长期被视为一项产业政策,政府机构在资源配置中发挥较大作用。注册制改革希望通过市场作用来配置上市融资资源,减少政府部门对企业上市的干预,由市场主体自行博弈决定企业上市融资活动,提高市场资源配置效率。

虽然审核的重心发生了变化,但是审核的内容却没有变化,核心仍然围绕着"风险"展开,包括企业经营的风险、企业投资风险、市场监管风险等。发行条件、上市条件、信息披露要求转化为审核中的风险点,由审核人员来识别、判断和把握。公司有没有这些风险事项?如果存在这些风险事项,如何通过规范整改和信息披露将其风险充分揭示,满足审核的要求?公司整改或披露的边界如何把握?

考虑科创板、创业板和北交所审核工作中对公司历史沿革与合规情况、公司业务与经营情况、公司治理与内控情况、公司会计和财务情况等方面审核条件和审核要求不存在显著差异,相关业务规则具有内在一致性。从第四章开始,本书将以科创板审核规则和招股书指引为蓝本,以创业板、北交所规则为辅助,围绕审核重点关注事项逐一进行分析和解读。

第四章　公司主体与合规审核要点

"公司"对于人类经济社会发展发挥着不可估量的重要意义。它将具体的、真实的、自然的个体从一项社会活动中抽离出来，用一个法律合约创设出的法律上的"人"来代替。从此，人们的社会生活中、市场交易中便多了一个富有组织性、开拓性和有限责任的参与主体，而个人则可以通过固定的出资承担有限风险，来开拓无限的冒险和价值创造。公司这一创造性的社会发明极大地促进了市场经济的发展。

从经济活动的外部来看，公司是一个独立的"法人"，虽然通过内部决策来指导公司的各种经营活动，但是却由公司来承担经营活动中的有利或者不利后果。但是，从公司内部来看，每一个组织、机构、个体都是公司的重要组成部分，不同利益个体之间的博弈共同决定了组织的意志和行动。因此，无论是股权结构还是治理结构，抑或公司的内部规章制度，都将最终影响公司的经营活动是否稳健、规范、有序，决定着企业能否持续稳定的给投资者带来回报。

审核依据：《科创板首次公开发行股票注册管理办法》

第十条　发行人是依法设立且持续经营 3 年以上的股份有限公司，具备健全且运行良好的组织机构，相关机构和人员能够依法履行职责。

有限责任公司按原账面净资产值折股整体变更为股份有限公司的，持续经营时间可以从有限责任公司成立之日起计算。

第十二条第（二）项　发行人主营业务、控制权、管理团队和核心技术人员稳定，最近 2 年内主营业务和董事、高级管理人员及核心技术人员均没有发生重大不利变化；控股股东和受控股股东、实际控制人支配的股东所持发行人的股份权属清晰，最近 2 年实际控制人没有发生变更，不存在导致控制权可能变更的重大权属纠纷。

第十三条第二款　最近 3 年内，发行人及其控股股东、实际控制人不存在贪污、贿赂、侵占财产、挪用财产或者破坏社会主义市场经济秩序的刑事犯罪,不存在欺诈发行、重大信息披露违法或者其他涉及国家安全、公共安全、生态安全、生产安全、公众健康安全等领域的重大违法行为。

第十三条第三款　董事、监事和高级管理人员不存在最近3年内受到中国证监会行政处罚,或者因涉嫌犯罪被司法机关立案侦查或者涉嫌违法违规被中国证监会立案调查,尚未有明确结论意见等情形。

第三十四条　发行人申请首次公开发行股票并在科创板上市,应当按照中国证监会制定的信息披露规则,编制并披露招股说明书,保证相关信息真实、准确、完整。信息披露内容应当简明易懂,语言应当浅白平实,以便投资者阅读、理解。

中国证监会制定的信息披露规则是信息披露的最低要求。不论上述规则是否有明确规定,凡是对投资者作出价值判断和投资决策有重大影响的信息,发行人均应当予以披露。

第三十九条第一款　发行人应当根据自身特点,有针对性地披露行业特点、业务模式、公司治理、发展战略、经营政策、会计政策,充分披露科研水平、科研人员、科研资金投入等相关信息,并充分揭示可能对公司核心竞争力、经营稳定性以及未来发展产生重大不利影响的风险因素。

第一节　公司的设立及股本和股东的变化情况

历史沿革是指一家公司作为独立的法人机构的发展经历,即公司是从何时起成立、由谁出资、资本的变化情况等。了解一家公司的历史沿革,是了解公司的发展历程和经营现状最好的方式。

一、设立、存续合法合规

历史上,中华人民共和国成立后是先有股份公司,后有证券市场。对于发行人的主体设立合规情况、存续合规情况历来是审核关注事项。发行人设立合法合规,是指公司依据《公司法》等法律、法规及规章的规定向公司登记机关申请登记,并已取得股份有限责任公司的《企业法人营业执照》。

鉴于境内公司公开发行股票的主体必须是股份有限责任公司(境外公司符合境外公司法律即可,典型案例如科创板华润微电子),有限责任公司、全民所有制企业、集体所有制企业和股份合作制企业等形式的企业机构在发行上市前必须改制为股份有限责任公司(或者先改制为有限责任公司后改制为股份有限公司)。公司设立合法合规既包括企业最初成立的合法规范性,也包括改制为股份公司的合法规范性,审核中主要是指股份有限公司的设立或改制符合相关法律法规规定。

股份制公司改造对于企业非常重要。一方面,改革开放后企业创立初期,基本上都是全民所有制企业或集体企业,民营企业大多存在挂靠"红帽子""假集体"等情形,改制是企业对过往历史沿革重新厘清的重要方式;另一方面,股份公司改造过程中,企业可以对资产和利益进行重新评估、重新分配,有助于企业改革创新,构建现代公司治理体系。

《上海证券交易所科创板股票发行上市审核问答(二)》(简称《科创板审核问答(二)》)第三之问答明确指出,对于发行人是国有企业、集体企业改制而来的或历史上存在挂靠集体组织经营的企业,若改制过程中法律依据不明确、相关程序存在瑕疵或与有关法律法规存在明显冲突,原则上发行人应在招股说明书中披露有权部门关于改制程序的合法性、是否造成国有或集体资产流失的意见。国有企业、集体企业改制过程不存在上述情况的,保荐机构、发行人律师应结合当时有效的法律法规等,分析说明有关改制行为是否经有权机关批准、法律依据是否充分、履行的程序是否合法以及对发行人的影响等。

存续满3年是指公司设立至今存续满3个完整的会计年度。有限责任公司按原账面净资产值折股整体变更为股份有限公司的,存续时间可以从有限责任公司成立之日起计算。改变历史成本计价原则或者根据资产评估结果进行账务调整后进行股份公司变更的,存续时间不能连续计算。

1. 国有企业改制设立

国有企业是指国务院和地方人民政府等分别代表国家履行出资人职责的国有独资企业、国有独资公司以及国有资本控股公司,包括中央和地方国有资产监督管理机构和其他部门所监管的企业本级及其逐级投资形成的企业。

根据《企业国有资产监督管理暂行条例》规定,国有资产监督管理机构依照法定程序决定其所出资企业中的国有独资企业、国有独资公司的分立、合并、破产、解散、增减资本、发行公司债券等重大事项。国有控股的公司、国有参股的公司的股东会、董事会决定公司的分立、合并、破产、解散、增减资本、发行公司债券、任免企业负责人等重大事项时,国有资产监督管理机构派出的股东代表、董事,应当按照国有资产监督管理机构的指示发表意见、行使表决权。国有资产监督管理机构可以对所出资企业中具备条件的国有独资企业、国有独资公司进行国有资产授权经营。被授权的国有独资企业、国有独资公司对其全资、控股、参股企业中国家投资形成的国有资产依法进行经营、管理和监督。

对于国有企业监督管理机构来说,推动国有企业公开发行股票上市总体上利大于弊。经过股份制改造和"三会一层"的建立,国有企业的治理机制和治理能力将得到加强;通过公开发行股票融资,将有利于增加国企的融资能力和融资途径;公开市场的信息披露机制则能够帮助国资监管部门更好地对企业进行监管;在上市前进行资产重组和行业调整布局,则有助于调动经济发展活力,提高资源配置效率。

对于国有企业的经营管理层来说,推动企业上市则面临着诸多矛盾。一方面,对于有企业家精神的经营管理层来说,企业上市对于增强国企竞争力具有显著优势,同时也可以通过股份制改造实现经营管理层持股,从而获得金钱上的回报;另一方面,大部分国有企业存在盘根错节的经营网,关联交易、利益输送等情况屡见不鲜,企业上市后的公开信息披露必然要对依附于国企的裙带关系造成影响,利益集团的阻碍使得企业上市变得困难重重。国有企业改制过程中最大的问题是代理人道德风险,也就是国有企业管理层和掌握国有资产管理权限的个人为了谋取私利,很可能损害国家的利益。具体在改制过程中表现为以下三个方面:

(1)对改制企业进行的资产评估不规范,导致国有资产价值严重被低估。国有资产改制前需要对资产进行评估,一些国企改制只注重对房产、设备等固定资产的评估,而对企业的商标、专利、商号、名称等无形资产没有进行评估或评估不足,以达到降低购买股权成本的目的;有的虚增债务或虚减资产,降低所评估的资产价值等情形,最终导致国有资产的大量流失。

（2）在企业改制过程中产权交易不规范，缺乏公开透明度。由于产权交易方面存在产权转让主体模糊、产权交易的流程和规范不够完善、产权交易市场化程度不高、缺乏流动性、没有形成全国统一的产权交易市场、产权交易的价格形成没有市场化等一系列问题，从而导致在企业改制过程中，企业的产权交易往往不进行公开招标和拍卖，而是采用行政手段采取协商转让等方式实现企业的改制。现实中存在部分国有企业的改制、资产出售未经批准擅自进行，直接造成了国有资产的大量流失，损害了国家、集体和广大职工的利益。

（3）企业改制工作缺乏制约机制，逃、漏、废债现象依然严重，职工安置工作不到位。在企业改制过程中没有统一的领导机构和监督机构，特别是对原企业的担保债务尚未得到全部落实的情况下被强行注销登记，新企业虽然接收了资产，但又不承担责任，使债权长期得不到偿还，侵害了债权人的利益；改制过程中未能妥善安置原国有企业职工，可能造成社会矛盾的集聚，在企业申请公开发行并上市过程中集中爆发，影响社会和市场稳定。

国有企业改制需要按照国资监管法律法规履行资产评估、内部决策和审批程序，防止国有资产流失和出现股权纠纷。

> **审核关注要点：**
> （1）改制过程中是否涉及管理层收购或管理层入股情形，关注资产评估方法是否合理、评估价格是否公允，改制过程是否存在国有资产流失；
> （2）改制过程是否按照规定履行必要的评估、备案、审批、确认程序，存在程序瑕疵的，是否依法取得相应主管机构的书面确认；
> （3）改制过程中是否妥善安置职工、处理企业债权债务，是否存在劳动纠纷、债权纠纷或潜在风险；
> （4）公司提交的股权设置批复文件或事后确认意见相关出具主体是否满足适格性要求。①

---

① 根据企业设立时章程规定、国有资产或企业资产监督管理规定等，适格的有权主体包括国务院国资委，地方各级人民政府或其财政部门、国资监管部门，国务院其他部委、投资公司，授权集团公司等。

典型案例1：中国电研国企改制①

中国电器院作为国家首批转制科研院所，前身为始建于1958年的第一机械工业部广州电器科学研究所，长期从事电器产品环境适应性基本规律与机理研究。2009年10月27日，国机集团下发《关于同意中国电器科学研究院改制上市的批复》(国机资[2009]630号)，同意中国电器科学研究院进行资产和业务重组后实行整体改制。2019年3月14日，国机集团下发《国机集团关于中国电器科学研究院股份有限公司(筹)国有股权管理有关问题的批复》(国机战投[2019]185号)，同意中电院有限整体变更设立中国电器科学研究院股份有限公司的国有股权管理方案。

【审核问询意见】

请发行人说明中国电器科学研究院整体改制及整体变更是否履行必要的评估、备案、审批、确认程序，相关过程是否合法合规，是否存在瑕疵，是否构成本次发行的障碍。

【问询回复摘要】

公司说明：

(1)有限公司改制情况。2010年11月19日，北京立信资产评估有限公司出具《资产评估报告》；12月1日，经国机集团《关于同意中国电器科学研究院整体改制实施方案的批复》(国机资[2010]768号)批准，中电院以2010年9月30日经评估后净资产值60569.23万元改制为一人有限公司，评估报告已备案；12月3日，利安达会计师事务所有限责任公司出具《中国电器科学研究院2010验资报告》；12月5日，发行人就有限责任公司改制事宜办理了《企业国有资产变动产权登记表》；12月31日，发行人取得广州市工商局核发的改制后的《企业法人营业执照》。

(2)股份公司改制情况。2019年3月14日，经国机集团《国机集团关于中国电器科学研究院股份有限公司(筹)国有股权管理有关问题的批复》(国机战投[2019]185号)批准，中电院有限以2018年9月30日经安永华明会计师事务所(特殊普通合伙)审计的账面净资产105931.00万元折股，整体变更设立股份公司，并更名为中国电器科学研究院股份有限公司(中联资产评估集团有限公司出具《资产评估报告》(中联评报字

① 中国电器科学研究院股份有限公司。本书典型案例部分按照申请上市的公司简称进行命名，案例内容均来源于公开披露的文件，包括证券交易所和中国证监会出具的审核问询函或其回复文件。

［2019］第 281 号），中电院有限截至 2018 年 9 月 30 日的所有者权益价值为 165564.79 万元，评估报告已备案）。3 月 20 日，发行人取得广州市工商局核发的改制后的《营业执照》；4 月 27 日，安永华明会计师事务所（特殊普通合伙）出具《验资报告》；5 月 13 日，发行人就股份公司改制事宜办理了《企业产权登记表》。

（3）国资审批确认情况。发行人整体改制和整体变更均已履行资产评估程序且《资产评估报告》已经国机集团备案，国机集团已就发行人整体改制和整体变更分别下发了批复文件并向发行人下发了产权登记表。

【案例评析】

公司前身中国电器院系国有企事业单位，改制为有限公司、股份公司。根据公司说明，国机集团有权依照法律的规定及国机集团公司章程、内部制度对发行人行使投资管理职能，2010 年中国电器科学研究院整体改制、2019 年中电院有限整体变更为股份有限公司，均履行了必要的评估、备案、审批、确认程序，改制和整体变更过程合法合规。

2. 集体企业改制设立

集体所有制企业是指部分劳动群众集体拥有生产资料的所有权，共同劳动并实行按劳分配的经济组织，包括城镇集体所有制企业和乡村集体所有制企业。

《城镇集体所有制企业条例》规定，设立集体企业应当经省、自治区、直辖市人民政府规定的审批部门批准。集体企业的合并、分立、停业、迁移或者主要登记事项的变更，必须符合国家的有关规定，由企业提出申请，报经原审批部门批准。集体企业的职工（代表）大会行使以下权力：审议厂长（经理）提交的各项议案，决定企业经营管理的重大问题。

集体企业改制中存在的问题与国有企业很相似，由于缺乏有效的监督制约，集体企业的经营收入经常通过关联交易或者其他方式输送给管理人员及其关联方。因此，集体企业在账面上往往是亏损的，这也导致改制时经常以零对价或者很低的对价转让给经营管理层，刻意忽略集体商誉等无形资产价值和潜在的商业资产价值。历史上还存在不少挂靠集体企业的"红帽子公司"，这些企业设立初期以乡镇或者工商联监管的名义注册，实际上由管理层个人出资并进行经营管理，改制时出资人往往要求集中买断,不支付或支付少量对价。

集体企业改制应当履行必要的评估、决策和审批/备案程序,防止存在集体资产流失和股权纠纷。

> **审核关注要点:**
>
> (1)集体所有制企业的股东是否明确、是否存在挂靠情况,存在挂靠的,是否取得主管机构的书面确认;
>
> (2)集体企业设立及改制过程中是否履行了挂靠及解除挂靠、清产核资、职工代表大会审议、主管部门确认等程序,存在程序瑕疵的,是否采取有效的补救措施并取得有权机关的书面确认文件;
>
> (3)改制过程中是否存在职工安置遗留问题,及是否存在劳动纠纷及潜在的劳动纠纷;
>
> (4)改制过程中资产评估方法是否合理,评估价格是否公允,是否存在集体资产流失情形;
>
> (5)改制后股东出资是否充实,是否存在股权代持情形,如有,是否已经补足出资或者履行相应确认程序。

典型案例2:杭可科技集体企业改制

发行人现有业务主要来源于关联方杭可仪,杭可仪原为集体企业和军工企业,将与锂离子电池生产线后处理系统相关的业务全部移交给公司后,目前主要从事军用特种电源和实验室用老化筛选设备的研发、生产与销售业务。

【审核问询意见】

请发行人说明:(1)杭可仪的历史沿革及集体企业改制的具体情况;(2)相关改制是否履行了法定程序,是否符合当时有效的法律法规的规定,是否存在侵害集体资产权益的情形,是否存在纠纷或潜在纠纷,是否存在有权部门出具的确认文件。

【问询回复摘要】

公司说明:

(1)改制为全民所有制企业情况。杭可仪设立于1984年,1988年改制之前,杭可仪为集体企业。由于全民所有制企业有利于企业开展军工产品业务。因此,曹骥及杭可仪向主管及上级部门提交了变更经济性质为全民所有制的申请。1988 年 8 月 18 日,杭州市江干区人民政府出具《关于同意更改杭州可靠性专用仪器厂企业性质的批复》(江政(88)字111 号),同意杭可仪企业性质变更为全民所有制企业,其他一切按原不变,企业性质改变后仍执行集体企业财务制度。1988 年 8 月 26 日,杭可仪呈递了《工商企业变更登记申请书》,杭可仪向工商主管部门申请变更为全民所有制企业。

(2)改制为股份合作制企业情况。基于产权清晰和规范运作的需要,杭可仪根据杭州市江干区人民政府于 1997 年 12 月 29 日发布的《关于企业改革若干问题的意见》(江政发〔1997〕106 号,以下简称 106 号文)的相关规定,在 1998 年启动了通过企业改制来解除挂靠、实现规范化的"脱帽"程序。根据 106 号文规定,杭可仪依法履行了申请批复、内部决策、清产核资、资产评估、产权界定、股权设置、资产处理等程序。1998 年 10 月 6日,杭州西子会计师事务所出具《验资报告》(杭西会验字〔1998〕第 330号),根据该报告,改制完成后的杭可仪注册资本已到位。1998 年 12 月,杭可仪在杭州工商局办理完成由全民所有制变更为股份合作制的变更登记。

(3)政府部门确认情况。2017 年 10 月 25 日,杭州市江干区人民政府出具《杭州市江干区人民政府关于确认杭州可靠性仪器厂历史沿革中有关事项的复函》(江政函〔2017〕55 号)对以上情况作出了确认,具体为:①杭可仪系由个人投资设立,但挂集体企业牌子并向主管部门上缴管理费的企业,其历史投资及产权中不涉及集体或国有成分;②杭可仪历史上履行的改制程序、资产界定及后续实际执行,符合当时该企业实际情况"合情、合理、合法"的改制原则,符合当时有效的法律、法规的规定,改制过程及实际资产处置合法、合规、真实、有效;③杭可仪改制过程中的债权债务处理及人员安置等事项符合当时有效的法律、法规的规定,债权债务处理及相关人员安置不存在纠纷。2019 年 3 月 20 日,杭州市人民政府向浙江省人民政府呈递《杭州市人民政府关于确认杭州可靠性仪器厂历史沿革有关情况的请示》。2019 年 4 月 26 日,浙江省人民政府办公厅出具《浙江省人民政府办公厅关于浙江杭可科技股份有限公司历史沿革中有关事项确认的函》(浙政办发函〔2019〕21 号),确认同意杭州市政府的确认意见。

【案例评析】

公司现有业务主要来源于关联方杭可仪,杭可仪前身系集体企业。根据公司说明,公司历次改制均履行了相应的程序,不存在侵害国有或集体资产权益的情形,不违反相关法律法规,不存在纠纷或潜在纠纷。杭可仪的改制,已获得有权部门提供的改制合法合规确认文件。

3. 外商投资企业设立

外商投资企业是指依照中国法律在中国境内设立的,由中国投资者与外国投资者共同投资,或者由外国投资者单独投资的企业,包括合资企业、合作企业、外商独资企业等。

《外商投资法》规定,外商投资准入负面清单规定禁止投资的领域,外国投资者不得投资。外商投资准入负面清单以外的领域,按照内外资一致的原则实施管理。外国投资者或者外商投资企业应当通过企业登记系统以及企业信用信息公示系统向商务主管部门报送投资信息。国家建立外商投资安全审查制度,对影响或者可能影响国家安全的外商投资进行安全审查。

改革开放初期,我国经济发展落后,亟须通过吸引外汇资本、国外先进技术和设备以及拓展出口市场来拉动经济增长,吸引外商投资企业进行投资成为重要的地方经济发展方式。对此,外商投资企业在我国多享受税收优惠、投资便利和其他隐性福利。一些实为内资的"假外资"企业出现,这些企业的股东或者借用国外身份,或者通过在境外设立壳公司进行返程投资,假借外资身份获取相关优惠政策。近些年,为了上市很多企业又纷纷外资变内资,涉及补税等事宜。

随着《外商投资法》的颁布,外商投资企业可以依法通过公开发行股票、公司债券等证券和其他方式进行融资。外商投资企业在国内上市也越来越趋同于境内投资企业,在相关审批程序上也逐渐简化。

外商投资企业的设立、改制过程需要符合相关监管规定,并履行必要的审批/备案程序,防止企业因违规设立或税收优惠政策或外汇资金用途等受到外商投资监管部门/税务部门/外汇管理部门等处罚或者存在不符外商投资限制的情形。

> **审核关注要点：**
>
> （1）外商投资企业设立时相关股东及其出资是否符合外商投资企业关于外资股东、内资股东的要求，内外资金来源是否合法，是否满足外汇管理规定；
>
> （2）外商投资企业历次增资、股权转让是否依法履行商务部门审批、备案手续，外商投资企业转为内资企业的，是否依法补缴税费；
>
> （3）外商投资企业改制过程中是否在商务部门履行审批、备案程序，股份公司设立是否符合公司法关于发起人境内股东、境内场所要求等相关法律规定。

典型案例3：松井新材外商投资企业设立

2009年2月25日，公司前身松井有限取得湖南省人民政府颁发的《中华人民共和国外商投资企业批准证书》，登记企业类型为中外合资企业。

【审核问询意见】

请发行人：（1）说明相关外资方出资资金是否符合《中华人民共和国外资企业法》及相关法律法规规定的出资方式；中外合资企业设立及运行是否符合外资、外汇管理、税收等相关规定并履行了相关的审批程序；（2）结合发行人经营业绩情况、中外合资企业享受的税收优惠情况，说明企业性质变更后是否需要按有关规定补缴税收。

【问询回复摘要】

公司说明：

（1）关于外资方出资来源。公司登记注册时的外资股东为BOYANG（当时为美国国籍），根据设立时的公司章程、宁乡县招商合作局出具《关于合资经营"湖南鸿海新材料有限公司"合同、章程的批复》（宁招商发[2009]4号）等文件，BOYANG出资金额为40万元人民币，以美元现汇投入，按照国家外汇管理局公布的当日汇价折算。根据杨波出具的书面说明，上述外汇美元是其在美国取得的个人合法收入，不存在相关税收问题。

（2）关于设立、改制相关程序履行情况。2009年2月18日，宁乡县招商合作局出具《关于合资经营"湖南鸿海新材料有限公司"合同、章程的批复》（宁招商发[2009]4号），2009年2月25日，湖南省人民政府核发了

《中华人民共和国外商投资企业批准证书》(商外资湘长审字[2009]0007号),登记企业类型为中外合资企业(外资比例小于25%)。

2009年3月20日,长沙市工商局核发《企业法人营业执照》(注册号为430100400004719)。2009年4月,公司向宁乡县国家税务局、地方税务局履行设立税务登记程序取得430124685004249号税务登记证,登记注册类型为中外合资经营企业。

2009年4月22日,根据天职国际出具《验资报告》(天职湘核字[2009]290号)及相关的缴款凭证,BOYANG缴纳58848美元,于2009年4月16日由境外汇入中国建设银行长沙铁银支行营业部资本金临时账户,折算人民币401937.72元,达到货币出资要求。会计师事务所已就BOYANG出资情况向国家外汇管理局湖南省分局发函询证,收到该局的确认。公司外资股东BOYANG的出资资金和出资方式符合《中华人民共和国中外合资经营企业法》(2001年修正)及相关法律法规的规定。据此,公司已履行了中外合资企业设立相关外资、外汇管理、税收审批程序。

2017年12月27日,松井新材召开创立大会暨第一次股东大会,审议通过《关于湖南松井新材料有限公司整体变更为湖南松井新材料股份有限公司的议案》等股份公司设立相关议案,同意以有限公司截至审计基准日2017年11月30日经审计的净资产251104085.77元折合股本56600000元,其余部分计入资本公积,整体变更为股份有限公司。2018年1月9日,公司就本次股份公司变更事项向宁乡经济技术开发区提交了外商投资企业变更备案申请,并取得《外商投资企业变更备案回执》。

(3)关于税收优惠补缴情况。公司于2009年3月设立时,登记企业类型为中外合资企业(外资比例低于25%),自公司设立之日起至2019年6月,公司中外合资企业性质未发生相关变动。2019年6月,因自然人BOYANG取得中国香港籍,公司企业类型变更为股份有限公司(台港澳与境内合资),仍属于中外合资企业(外资比例低于25%)。

根据2008年1月1日起施行《中华人民共和国企业所得税法》规定,已废止了原《外商投资企业和外国企业所得税法》,外商投资企业不再享受企业所得税相关优惠政策。根据2002年12月30日对外贸易经济合作部、国家税务总局、国家工商行政管理总局、国家外汇管理局颁布的《关于加强外商投资企业审批、登记、外汇及税收管理有关问题的通知》规定,外国投资者出资比例低于25%的外商投资企业,除法律、行政法规另有规定外,其投资总额项下进口自用设备、物品不享受税收减免待遇,其他税收不享受外商投资企业待遇。公司自2009年3月设立至今外资比例一直低于25%,未因中外合资企业而享受税收优惠的情况,不存在因企业性质变更需要补缴税收情形,亦不会因上述事项对公司经营业绩造成影响。

【案例评析】

公司前身松井新材系外商投资企业。根据公司说明,企业设立过程中符合《外资企业法》及相关法律法规规定的出资方式;中外合资企业设立及运行符合外资、外汇管理、税收等相关规定并履行了相关的审批程序;公司未因中外合资企业而享受相应税收优惠,不存在需要补缴税收情形,不会对公司经营业绩造成影响。公司虽未具体说明外资方出资资金的具体来源,但出资方式符合相关法律法规规定,因此未继续问询。

4. 有限责任公司整体变更股份有限公司

股份有限公司是指依照《公司法》的规定,由2个以上、200个以下股东共同出资设立的,股东以其认购的股份对公司承担责任,公司以其全部资产对公司的债务承担责任的公司法人。《公司法》规定,有限责任公司变更为股份有限公司,应当符合《公司法》规定的设立股份有限公司的条件,并依照《公司法》有关设立股份有限公司的程序办理。有限责任公司依法经批准变更为股份公司时,折合的实收股本总额不得高于公司的净资产额。

净资产额是指公司经审计的净资产或者经评估的净资产。前者以经过审计的净资产整体变更为股份公司,因为未改变公司历史会计处理,保持了财务账面的延续性,所以公司存续时间可以连续计算;后者以评估后资产重新作价出资,改变了原公司的财务数据,则完全按照新设股份公司处理,存续时间不得连续计算。

有限责任公司整体变更股份有限公司应当经审计或评估确认公司净资产,并履行相应的内部决策程序,防止出现改制设立股份公司后股东出资不实情形和股权纠纷。

> **审核关注要点：**
>
> （1）有限责任公司整体变更股份有限公司是否履行了审计、评估、董事会、股东会审议等程序；
>
> （2）整体变更是否以经审计净资产折股，以评估净资产折股的，股份公司设立时间是否满3年；
>
> （3）按原账面净资产值折股整体变更为股份有限公司时存在未弥补亏损，或者因会计差错更正追溯调整报表而致使整体变更时存在未弥补亏损的，关注公司在基准日未分配利润为负的形成原因，该情形是否已消除，是否对未来盈利能力产生影响。

典型案例4：睿创微纳整体变更存在未弥补亏损

招股说明书披露，发行人在整体变更时存在未弥补亏损。2016年4月30日股改基准日，睿创有限经华普天健审计的净资产为31106.69万元，未分配利润为−4282.31万元，经信永中和复核，调减股改基准日未分配利润854.44万元。

【审核问询意见】

请发行人按照《科创板审核问答》第十三之问答的要求，在招股说明书中充分披露股改基准日未分配利润为负的形成原因，该情形是否已消除，整体变更后的变化情况和发展趋势，与报告期内盈利水平变动的匹配关系，对未来盈利能力的影响，整体变更的具体方案及相应的会计处理、整改措施（如有），并充分揭示相关风险。

【问询回复摘要】

公司补充披露：

（1）整体变更时未弥补亏损具体情况。2016年6月15日，华普天健会计师事务所（特殊普通合伙）出具《审计报告》（会审字[2016]3913号），根据该审计报告，以2016年4月30日为审计基准日，睿创有限经审计的净资产为31106.69万元，未分配利润为−4282.31万元。2016年6月16日，睿创有限召开股东会，审议同意公司进行股改，以经审计的截至2016年4月30日的公司净资产31106.69万元作为折合为股份有限公司股本的依据，按照1∶0.8767的比例进行折股，折成股本27270万股，超出部分3836.69万元计入股份有限公司的资本公积。

经信永中和复核，2016年4月30日股改基准日以前期间减少2016年4月30日时点的未分配利润为854.44万元。调整后，改制时点净资产为30511.86万元作为折合为股份有限公司股本的依据，折成股本27270万股，超出部分3241.86万元计入股份有限公司的资本公积。综上，以2016年4月30日为审计基准日进行整体变更成为股份制公司时，公司的未分配利润为-5136.75万元。

（2）整体变更时存在未弥补亏损原因。发行人的核心产品和技术主要体现在芯片研发设计、探测器封装等领域，研发投入大、研发周期长、研发不确定性较高。因此，公司成立初期阶段，未分配利润持续为负，股改基准日（2016年4月30日）时未分配利润仍为负。

（3）公司盈利情况。自2016年开始，随着公司新一代芯片及探测器产品推向市场，公司技术水平和产品质量得到市场认可，订单呈现较快增长的趋势，并逐步进行进口替代，由此导致发行人利润规模较快增长，未分配利润为正，2016年年末、2017年年末和2018年年末，未分配利润分别为1051.77万元、4174.72万元和9356.26万元，与报告期内发行人的盈利水平相匹配。

【案例评析】

有限责任公司整体变更时存在未弥补亏损，可能存在改制出资不实情形。根据公司说明，睿创有限股改时净资产为30511.86万元，调减未分配利润854.44万元，上述金额较小，对股改时出资情况未产生出资不实的影响。睿创有限整体变更为发行人的过程已经睿创有限董事会、股东会及发行人创立大会审议通过。发行人的设立不存在侵害债权人合法权益的情形，亦不存在与债权人的纠纷。发行人的设立过程及整体变更符合当时适用《公司法》及相关法律法规的规定。

二、股东出资

根据《首发业务若干问题解答》，发行人的注册资本应依法足额缴纳，股东用作出资资产的财产权转移手续已办理完毕，历史上存在出资瑕疵的，应当在申报前依法采取补救措施。公司上市后，股东将在二级市场交易其持有的股票，因此相应的出资必须在发行上市前实缴完毕，取得完整的股票权益。

《科创板审核问答(二)》进一步明确:公司历史上存在出资瑕疵的,应当在申报前依法采取补救措施。保荐机构和发行人律师应当对出资瑕疵事项的影响及发行人或相关股东是否因出资瑕疵曾受到行政处罚、是否构成重大违法行为及本次发行的法律障碍,是否存在纠纷或潜在纠纷进行核查并发表明确意见。

审核过程中主要关注公司历史沿革中相关出资主体情况、对价及支付情况、特殊资产出资交付情况。对于公司历史沿革中存在出资瑕疵事项的,包括出资形式或程序不符合相关规定,如以人力资本出资、分期出资、延期出资、首期出资比例不符合规定,出资人的资金来源情况不明或存在股权代持等情形的,关注相关出资瑕疵是否构成重大违法行为,是否采取相应的整改措施,是否存在纠纷或潜在纠纷。

1. 出资程序合规性

根据《企业国有资产监督管理暂行条例》规定,国有企业增减资本等重大事项需要履行国有资产监督管理机构审批程序。根据《城镇集体所有制企业条例》规定,集体企业吸收职工出资等,需按照公司章程依法履行职工代表大会决策程序。根据外商投资企业管理相关法律法规,外商投资企业中外资股东的出资及变动需要根据当时法律法规规定取得商务和外汇管理部门对历次股权变动情况的备案或批复文件。

> **审核关注要点:**
> (1)国有企业出资过程中是否依法履行评估、备案审批程序,审批部门是否具有相应的审批权限;
> (2)国有股权变动过程存在瑕疵的,是否取得有权国有资产管理部门对国有股权的变动情况出具的确认文件;
> (3)对于名义挂靠集体企业,实为个人投资的"红帽子"企业,出资人出资真实性是否取得主管部门的确认文件;
> (4)外商投资企业外资股东出资活动是否按照当时法律法规履行审批备案程序,存在瑕疵的,是否依法取得商务主管部门确认意见。

典型案例5:聚辰半导体国有股投资及退出合规性

发行人前身聚辰上海为原境外公司聚辰开曼通过聚辰香港间接全资

控股的子公司。聚辰开曼历史上曾存在国有股东张江聚科和纽士达香港（浦东科投全资子公司）。

【审核问询意见】

请发行人说明：国有股东对聚辰开曼出资及退出价格的确定依据及其公允性，结合国有资产监管法律法规，核查国有股东出资及退出是否履行了法定程序，是否存在国有资产流失情形。请发行人补充提供浦东国资委2019年1月23日下发的《关于聚辰半导体股份有限公司历史沿革中涉及国有资产相关事宜的复函》（浦国资委［2019］4号）。

【问询回复摘要】

公司说明：

（1）国有股东进入聚辰开曼的定价依据及审核程序。

1）张江科投投资情况。2009年9月14日，张江科投作出临时董事会决议，同意通过上海张江科技投资（香港）有限公司（简称张江科投香港）的下设SPV公司以0.25美元/股的价格购买聚辰开曼公司1500万股A轮优先股。该等增资价格系根据当时聚辰上海的公司经营情况由双方协商确定，与同一时间入股的其他股东ISSI、PuHanhu（浦汉沪）的优先股每股增资价格相同。

根据《浦东新区国有企业投资管理暂行办法》（浦国资委［2008］259号，于2009年1月1日起施行），浦东国资委对企业投资项目实施备案管理和核准管理。对列入直属公司年度投资计划的主业投资项目实行备案管理，对计划外、主业外、境外等"三外"投资项目实行核准管理。2009年11月，浦东国资委作出《关于上海张江科技投资有限公司投资Gian Tec Semiconductor Inc.的批复》，同意张江科投通过张江科投香港下设的SPV投资于英属开曼群岛注册的聚辰开曼。

2）浦东科投投资情况。2010年8月24日，浦东科投召开第三届董事会第三十九次会议，同意浦东科投通过浦科开曼对聚辰开曼投资375万美元，浦科开曼以0.25美元/股的价格购买1500万股聚辰开曼A轮优先股。该等增资价格系根据当时聚辰上海的公司经营情况由双方协商确定，与同一批次入股的其他股东ISSI、PuHanhu（浦汉沪）、张江聚科的优先股每股增资价格相同。根据浦科开曼与聚辰开曼签署的合同，约定相关股份可由浦科开曼指定的第三方进行承接。2010年12月21日，浦东科投召开总经理办公会,同意浦科开曼将其已签署但尚未履行的与投资聚辰开曼有关的所有投资文件项下所享有和承担的所有权利和义务转让给纽士达上海在香港设立的全资子公司纽士达香港。2010 年 12 月 22 日,浦科开曼与纽士达香港签署了 DEED OF ASSIGNMENT,浦科开曼将其在一系列投资协议项下的所有权利及义务由纽士达香港享有并履行。

根据《浦东新区科学技术委员会关于通过浦东科投、张江科投支持高端人才集聚浦东开展科技创业工作的操作细则》(浦府办[2010]73 号),浦东科投相关试点工作由浦东新区科技投资理事会(以下简称浦东新区科投理事会)负责指导,决定该项试点的投资方向、年度投资计划,批准投资收益安排和损失核销,监督和评价投资平台履职情况。根据《浦东新区科技投资理事会 2011 年第一次会议纪要》(2011-1),浦东新区科投理事会第一次会议审议并原则通过了浦东科投作出的《关于浦东科投支持高端人才创业的项目投资进展的情况汇报》,对浦东科投投资聚辰开曼项目不表示异议。

(2)国有股东退出聚辰开曼的定价依据及审核程序。

1)浦东科投退出情况。2013 年初,聚辰开曼股东 ISSI 基于商业因素调整对外投资策略并结合聚辰开曼 2012 年业绩整体情况,决定退出聚辰开曼的持股。纽士达香港也选择提前出让其所持有聚辰开曼的股权。2013 年 2 月 20 日,浦东科投召开投资决策委员会会议并作出《关于退出聚辰公司股份的决议》(投决会[2013]-3-SM),同意由聚辰开曼以 0.28 美元/股的价格回购纽士达香港持有的聚辰开曼 1500 万股 A 轮优先股。2013 年 5 月 8 日,聚辰开曼与纽士达香港、ISSI 签署协议,聚辰开曼以 0.28 美元/股回购纽士达香港和 ISSI 分别持有的全部聚辰开曼 A 轮优先股 1500 万股和 1520 万股。纽士达香港的提前退出虽未触发聚辰开曼公司章程约定的回购情形,但是各方一致同意参照该条款执行,即参照同期银行贷款利率计算得出相应的退出价格。

根据浦东新区政府于 2012 年 3 月 28 日印发《区政府常务会议纪要》(2012-6),会议听取并原则同意《关于浦东科技投资有限公司管理体制调整的汇报》。该份会议纪要所附的《关于浦东科技投资有限公司管理体制调整的汇报》显示,浦东科投提升为浦东新区直属公司,并由浦东新区国资委对浦东科投直接实施出资人管理。根据区政府专题会议纪要(2011-

153)精神,浦东新区政府将投资决策的权利和责任赋予浦东科投,由浦东科投按照投资决策程序自行作出投资决策。根据浦东科投于2012年8月13日印发的《关于调整上海浦东科技投资有限公司组织架构的通知》(沪浦科投[2012]27号),浦东科投投资决策委员会在董事会授权范围内决定与投资相关的决策事项。根据《浦东新区科学技术委员会关于通过浦东科投、张江科投支持高端人才集聚浦东开展科技创业工作的操作细则》的规定,在投资期未满合同约定期(一般三年到五年)时,投资主体可按照"成本加利息"(参照同期商业银行定期贷款利率)的方式将投资股权转让给企业创业团队;在投资期已满合同约定期时,可按协议约定方式退出。

2)张江科投退出情况。2015年7月20日,张江科投董事会作出决议,同意张江聚科以770万美元转让其持有的聚辰开曼1500万股A轮优先股,转让价格约0.51美元/股,转让完成后张江聚科不再持有聚辰开曼股权。根据2012年7月18日颁布的《上海市企业境外国有产权管理实施办法》(沪国资委办[2012]230号),境外企业国有产权转让等涉及企业国有产权变动的事项,由出资监管企业、委托监管单位决定或者批准,并按国家有关法律和法规办理相关手续,并应当依照《企业国有资产评估管理暂行办法》(国务院国有资产监督管理委员会令第12号)等相关规定,聘请具有相应资质的境内评估机构对标的物进行评估,并办理评估备案或者核准。2015年8月,中联资产评估集团有限公司出具《上海张江科技创业投资有限公司拟转让其全资子公司张江聚科有限公司持有的聚辰半导体有限公司股权项目资产估值报告》(中联评咨字[2015]第916号),浦东新区国资委于2015年9月10日出具《上海市浦东新区8-1-19国有资产创投估值项目备案表》(沪浦东评审创投[2015]第007号),对前述评估结果予以备案。

2015年8月2日,张江聚科及其他优先股出售主体与IPV签署协议,张江聚科向IPV出售其持有聚辰开曼1500万股A轮优先股,出售价格为770万美元,对应转让价格约0.51美元/股。该次股权转让整体估值主要基于上述评估结果,并综合考虑聚辰开曼股东历史投资成本、经营业绩情况、资产负债状况及未来发展情况等因素。

根据张江集团党委会于2011年5月24日出具的《关于"授权张江科投股东代表和董事决策"的授权委托书》,对张江科投单个项目累计退出金额不超过 8000 万元人民币的投资退出,张江集团党委会授权张江集团委派张江科投股东代表和董事直接行使决策权,无须再逐项上报。

(3) 国资管理部门相关确认意见。浦东国资委于 2019 年 1 月 23 日出具《关于聚辰半导体股份有限公司历史沿革中涉及国有资产相关事宜的复函》(浦国资委[2019]4 号),该函载明"经核实,张江科投和浦东科投通过聚辰开曼向聚辰半导体投资、退出符合浦东新区印发的《关于通过浦东科投、张江科投支持高端人才集聚浦东开展科技创业工作的操作细则》(浦府办[2010]73 号)等文件的有关规定,均真实、有效"。

【案例评析】

发行人前身聚辰上海为原境外公司聚辰开曼子公司,国有股东张江科投、浦东科投增投资聚辰开曼并退出,关注国有股东投资及退出合规性、是否涉及国有资产流失情形。根据公司说明,聚辰开曼历史上国有股东张江科投、浦东科投的投资入股及转让(回购)退出,符合当时国资监管相关规定,浦东国资委作为上级有权主管部门就国有股东变更事项,亦已经出具明确结论性意见,因此聚辰开曼存续期间的国有股东变更情形真实、合法、有效,不存在国有资产流失情形。

2. 出资价格合理性

股东出资过程中通常采用净资产或收益法等确定出资价格。如果股东出资价格明显低于公司每股净资产或最近 12 个月其他股东出资、股权转让价格,除公司实施股权激励外,很可能涉及利益输送问题;如果股东出资价格较高,则可能涉及与投资机构对赌、明股实债等特殊安排。

《监管规则适用指引——关于申请首发上市企业股东信息披露》(简称《首发企业股东信息披露指引》)第四条规定,发行人的自然人股东入股交易价格明显异常的,中介机构应当核查该股东基本情况、入股背景等信息,并说明是否存在以下情形:(1)股权代持;(2)法律法规规定禁止持股的主体直接或间接持有发行人股份;(3)本次发行的中介机构或其负责人、高级管理人员、经办人员直接或间接持有发行人股份;(4)以发行人股权进行不当利益输送。

公司股东出资价格应当与公司实际资产相符,低价出资有可能存在股权代持或损害公司其他股东的权益,引起股权纠纷。

审核关注要点:

(1)公司历次股东出资过程中认购对象的身份及其资金来源,关注是否存在特殊身份股东或者股权代持情形;

(2)涉及股权激励安排的,公司是否采用了股份支付的会计处理方式;

(3)股东出资价格高于最近 12 个月其他股东出资或股权转让价格的,关注是否存在对赌、回购等特殊安排;

(4)股东出资价格低于最近 12 个月其他股东出资或股权转让价格的,关注相关股东身份情况,中介机构核查情况,是否存在利益输送情形。

典型案例6:科大国盾股东出资价格较低

2014 年 8 月,发行人前身量通有限与云鸿投资约定,云鸿投资以 12250 万元认缴量通有限新增注册资本 245 万元(每股 50 元)。2014 年 12 月,合肥琨腾、彭顷砡等增资入股时,彭承志、彭顷砡等人以直接或间接方式认缴出资的 4028 万元中,有 3234 万元资金为云鸿投资提供的借款,借款期限 20 年。2015 年 2 月 5 日,量通有限与云鸿投资签订了《增资协议书》,确定出资价格为每一元注册资本 36.8 元。

【审核问询意见】

请发行人说明:(1)云鸿投资向彭承志等人提供无息借款的原因及合理性、该笔借款的资金来源、云鸿投资的股权结构及实际控制人等情况;(2)云鸿投资及其实际控制人与彭承志等借款的股东是否存在股权代持或其他利益安排,与发行人是否存在其他协议安排,是否存在利益输送,彭顷砡非发行人管理团队成员却获取该笔借款的原因及合理性;(3)云鸿投资是否明确表示豁免该等债务,如果尚未豁免,彭承志等股东预计何时偿还该笔债务,以及偿还债务的资金来源;(4)云鸿投资对发行人增资时,短期内调整增资价格的原因及具体作价依据,调整出资价格是否履行了必要的决策程序或审批程序,是否损害了发行人及其他股东(包括国资股东)的利益,是否属于利益输送,是否符合《公司法》《贷款通则》等法律法规的规定,云鸿投资是否按期足额缴纳出资额。

【问询回复摘要】

公司说明：

（1）关于云鸿投资向彭承志等人提供无息借款的原因及其合理性。2014年3月27日，量通有限鉴于彭承志、赵勇、彭顷砡等人在公司经营管理、技术研发和市场拓展等方面业已做出的贡献和成绩，以及建立长期激励和约束机制之需要，作出股东会议纪要，一致同意向公司技术团队、管理团队及彭顷砡增发628万元股权，并同意该等人员认购新增注册资本所需资金中的3234万元由公司商请相关方（包括拟引进的新股东）以借款方式提供。2014年9月，量通有限根据股东会议纪要安排，经与拟引进的新股东云鸿投资协商，达成云鸿投资向彭承志等人提供3234万元无息借款意见，并由云鸿投资与彭承志等人签订了《借款协议》。

云鸿投资向彭承志等人提供无息借款，主要原因在于：

1）云鸿投资应量通有限商请而向彭承志、赵勇、彭顷砡等人提供借款。

2）云鸿投资向彭承志、赵勇、彭顷砡等人提供借款前后，与量通有限签订了两份《增资协议书》，对增资价格进行了调整，使云鸿投资获得量通有限245万元新增注册资本的成本没有因该借款事项而增加。

3）云鸿投资作为拟投资量通有限的投资方，考虑了彭承志等人在量子通信产业化发展中的作用，也希望借此鼓励相关借款人为量通有限发展作出长期持续的贡献。综上所述，云鸿投资向彭承志等人提供无息借款有其客观原因，有利于量通有限的持续发展，具有合理性。

（2）关于云鸿投资提供的借款资金来源，是否存在以借款名义实际进行股权代持情形。截至2014年9月，云鸿投资合伙人实缴出资总额达9800万元，根据相关转款凭证，云鸿投资提供的借款来源于云鸿投资自有资金。根据对相关借款人的访谈，彭承志、赵勇、彭顷砡、杨涛、陈庆、张军、冯斯波、张爱辉、何炜等借款人与云鸿投资及其直接或间接出资人胡剑、杭州敦行投资管理合伙企业（普通合伙）、张伟东、陈万翔、臧振福、郑韶辉不存在股权代持或其他利益安排，发行人与云鸿投资及其上述直接或间接出资人不存在其他协议安排，亦不存在利益输送情形。根据对彭顷砡的访谈及其填写的调查表，彭顷砡曾在量通有限设立初期被聘为顾问，帮助发行人进行产品宣传、业务推广，为发行人产品销售及应用作出了贡献,并且量通有限股东会同意彭顷砼按公司技术团队和管理团队的同等条件向相关方借款,彭顷砼因此从云鸿投资获取了 322 万元借款。综上所述,彭顷砼从云鸿投资获取借款具有客观原因和合理性。

（3）关于彭承志等人借款偿还安排。根据云鸿投资与彭承志等人签订的《借款协议》、华普天健出具的《审计报告》（会审字[2019]0353 号）、对相关借款人的访谈,云鸿投资向彭承志等人提供 3234 万元借款时约定,借款期限为 20 年,且在下列条件之一达成时豁免借款人的还款义务:量通有限在国内 A 股市场首次公开发行股票并挂牌上市交易;量通有限设立以来累计净利润达到 1.7 亿元。目前,云鸿投资尚未明确表示豁免彭承志等人的 3234 万元债务,但鉴于发行人截至 2018 年 12 月 31 日累积未分配利润为 23894.40 万元,根据《借款协议》约定的"量通有限设立以来累计净利润达到 1.7 亿元"即豁免借款人的还款义务内容,彭承志等人借款债务的豁免条件已成就。若该等借款债务未能豁免,则彭承志等股东预计在 2034 年 9 月偿还该笔债务,偿还债务的资金来源为彭承志等股东的个人合法收入、家庭积蓄等。

（4）关于云鸿投资增资价格调整合理性。云鸿投资对发行人增资时,短期内调整增资价格的原因为:

1）2015 年 2 月,经评估机构初步评估测算,量通有限每一元注册资本的价值远低于此前约定的 50 元;

2）经量通有限商请,云鸿投资向彭承志等人提供了 3234 万元无息借款。2015 年 2 月 5 日,量通有限与云鸿投资签订了《增资协议书》,确定出资价格为每一元注册资本 36.8 元。2015 年 2 月 7 日,量通有限召开股东会,审议通过云鸿投资以每一元注册资本 36.8 元的价格认缴量通有限 245 万元新增注册资本。上述行为业经全体股东一致同意,且有其合理原因,利于公司长期发展,未损害发行人及其他股东利益,不属于向云鸿投资输送利益,符合《公司法》《贷款通则》等法律法规的规定。根据华普天健出具的《验资报告》（会验字[2015]2642 号）,云鸿投资已于 2015 年 5 月 12 日前缴足 9016 万元出资款。

3）本着审慎原则,相关借款人根据科大控股当时所持量通有限的股权比例进行测算,于 2016 年 10 月向科大控股支付了 782.11 万元补偿款,以避免当时的唯一国有股东科大控股可能受到损失。

【案例评析】

云鸿投资向彭承志等人提供无息借款用于对有限公司进行增资,获得了较低价格入股量通有限的投资机会,存在损害其他股东权益、股权代持、利益输送风险。根据公司说明,相关借款人通过引入云鸿投资取得了一定条件下免除还款义务的借款用于对有限公司进行增资,上述安排履行了内部决策程序。相关股东与云鸿投资不存在股权代持情形,但是客观上可能造成国有股东科大控股的权益损失。对此,相关借款人于2016年10月向科大控股支付了782.11万元补偿款,一定程度上弥补了出资过程中可能造成的国有资产流失风险。

3. 非货币资产出资

非货币资产出资是指公司股东使用实物资产、知识产权、土地使用权、债权等可以用货币估价并可以依法转让的非货币财产作价出资。由于非货币资产价值存在较大的不确定性,不同的估值方法对公司实缴资本影响较大。所以,公司股东采取非货币资产出资的,资产权属应当清晰、资产价值应当合理评估,资产投入使用应当真实,防止出现股东出资不实的情形。

> **审核关注要点:**
>
> (1)实物资产出资中资产的来源是否为股东合法财产、资产权属是否完整、是否存在产权纠纷;
>
> (2)实物出资的资产与公司业务经营是否相关,评估价格是否合理,是否依法办理了产权转移手续或交付公司实际使用;
>
> (3)专利技术、商标、非专利专有技术等知识产权的权属是否归属于出资人,是否涉及职务发明及权属纠纷;
>
> (4)股东取得相关知识产权资产的价格和增资价格是否一致;
>
> (5)按照收益法评估的知识产权与实际经营效果之间是否存在差异,是否需要进行减值或减资安排;
>
> (6)股权出资中股权的评估方法,特别是商誉价格的确定是否合理;
>
> (7)债权出资中债权形成的过程是否真实,债权评估价格是否公允;

（8）以股权、债权出资后相关投资回报情况，是否需要减值、补缴出资。

典型案例7：赛诺医疗股东实物、专利使用权出资

赛诺控股2009年4月将现金出资变更为设备出资208.84万美元，2011年以专利使用权对赛诺医疗进行出资。

【审核问询意见】

请补充说明发行人由现金出资变更为实物出资的原因，历次实物及无形资产出资的情况，包括名称、来源、使用年限、价值情况、是否经过评估、评估结果是否合理公允、实物及无形资产的用途、是否为生产必需等，实际出资情况与验资报告是否存在差异，以专利使用权出资是否符合法律法规的规定。

【问询回复摘要】

公司说明：

（1）现金出资变更为实物出资的原因。赛诺有限设立时赛诺控股于2007年8月6日签署的《赛诺医疗科学技术有限公司章程》中明确赛诺有限投资总额为2000万美元，注册资本为800万美元，出资方式为现金及设备，其中现金出资678.5万美元，设备出资相当于121.5万美元。赛诺有限的商务主管部门天津经济技术开发区管理委员会于2007年9月10日下发《关于外商独资成立赛诺医疗科学技术有限公司的批复》[津开批（2007）486号]予以确认。

因在实际设备采购中，设备费用为142.4万欧元（合计208.84384万美元），上述设备由赛诺控股于2008年4月购置并于2008年10月完成报关手续经天津海关验货放行，故此，赛诺有限根据赛诺控股设备采购的实际情况相应变更了初始出资方式中设备和现金的金额、比例。2009年3月23日，赛诺控股作出股东决定以及赛诺有限召开2009年第一届董事会第一次会议，公司设立时约定注册资本以678.5万美元现金以及121.5万美元设备出资，同意相应修改出资方式为现金出资591.15616万美元，设备出资208.84384万美元，并相应修改了公司章程。

天津经济技术开发区管理委员会于2009年4月2日下发《关于同意赛诺医疗科学技术有限公司增加经营范围等事项的批复》[津开批（2009）

131 号]同意赛诺有限变更出资方式为"注册资本 800 万美元,其中现金出资 591.16 万美元,占注册资本的 73.89%,设备出资 208.84 万美元,占注册资本 26.11%",并同意赛诺有限 2009 年 3 月 23 日签署的《章程修正案》。

（2）实物出资的具体情况。赛诺控股 2009 年 7 月对赛诺有限的实物出资系其在法国购入的生产设备,由北京建信资产评估有限责任公司出具《SINOMEDHOLDINGLTD 资产评估报告》[京建评报字（2009）第 1211号]。该等设备于 2009 年 6 月组装调试后投入使用,在评估基准日前该等设备在在建工程核算,至评估基准日时试运转良好,且投入使用时间较短,未进行折旧。出资设备评估值较账面价值无增值。北京国研会计师事务所有限公司于 2009 年 6 月 30 日出具《验资报告》（国研验字[2009]第0089 号）。

（3）专利使用权出资具体情况。2010 年 12 月 30 日,赛诺控股出具股东决定,将被授权使用的专利技术使用权转让给赛诺有限作为无形资产出资并作价 1300 万美元,该项专利技术名称为"具有附加在电移植底涂层上的可生物降解释放层的药物洗脱支架"（专利公开号:CN101346156A）。经核查,赛诺控股用于出资的无形资产系其于 2007 年 6 月 1 日与 Alchi Medics 签署的《产品开发、技术转让及许可协议》获授的技术授权,赛诺控股合计出资 953 万欧元向 Alchi Medics 购买用于医用植入体的可生物降解药物释放层设计及生产技术,以及获得永久性的在中国地区使用相关专利的授权许可,赛诺控股有权将该等专利授权许可以分授权的形式授予其控股子公司使用。

北京中金浩资产评估有限责任公司于 2011 年 1 月 21 日出具《"具有附加在电移植底涂层上的可生物降解释放层的药物洗脱支架"发明专利技术评估报告书》（中金浩评报字[2011]第 040 号）,按照收益现值法进行评估,该项专利在中国区域独占使用权的投资价值为人民币 8620.56 万元,折合 1301.67 万美元。北京宏信会计师事务所有限公司于 2011 年 11月 9 日出具《验资报告》（宏信验字[2011]C026 号）,对赛诺有限新增注册资本进行了审验,对应的"具有附加在电移植底涂层上的可生物降解释放层的药物洗脱支架"发明专利在中国区域的独占使用权已于 2010 年 12月 30 日投入公司使用。

上述专利独占使用权投入公司使用后，该等技术主要用于载药支架生产过程中配置涂层溶液和涂层生产，为公司载药支架的研发、生产和销售奠定技术基础。因出资当时上述专利独占使用权系按照收益现值法评估，为确保上述评估结果不存在高估的情形，公司聘请开元资产评估有限公司对前述出资的无形资产进行追溯评估，并于 2016 年 9 月 30 日出具《赛诺医疗科学技术有限公司历史出资的无形资产市场价值追溯评估报告》(开元评报字[2016]515 号)，以 2010 年 12 月 31 日作为评估基准日，采用收益法进行追溯评估，评估结果为 8650 万元，折合 1306.11 万美元，高于当时协商作价的金额。

(4)专利使用权出资合规情况。

1)专利的使用许可权具备知识产权出资标的物的一般适格要求，包括确定性、有益性、可转让性和货币可估计性。作为专利权各项权能中主要的、最能直接体现并产生经济价值的部分的专利使用权是"可以依法转让"的。

2)专利使用许可权出资不属于《公司注册资本登记管理规定》列举的不得用于出资的形式，根据当时适用的《公司注册资本登记管理规定》(国家工商行政管理总局于 2005 年 12 月 27 日公布并于 2006 年 1 月 1 日起实施)，明确列举了不得用作出资的几类财产，即"股东或者发起人不得以劳务、信用、自然人姓名、商誉、特许经营权或者设定担保的财产等作价出资"，专利使用许可权不属于上述列举的不得用作出资的财产类型。

3)我国司法判例中，不乏专利使用权或知识产权出资的效力获得审判机关确认的案例。如山西省高级人民法院在就高原、王学娃与山西省清徐县新世代散热器有限公司专利权实施权侵权纠纷案所制发的(2001)晋经一终字第 146 号《民事判决书》中认定"高原以专利技术出资属于专利权独占许可出资"。安徽省淮北市中级人民法院所制发的(2013)淮民二初字第 00050 号《民事判决书》中查明"谢长利以'濉口窖'系列白酒注册商标使用权出资"，另查明"2012 年 5 月 16 日，(商标注册人)淮北宝树堂工贸公司召开股东会，一致同意谢长利以'濉口窖'系列白酒注册商标使用权作为出资与张峰(九丰公司)进行合作"，并认定"张峰与谢长利于2012 年 5 月 18 日签订的合作协议属有效合同"。

4)国内 A 股市场上也早有历史沿革中包含专利使用权出资情形的过

会上市先例,苏州罗普斯金铝业股份有限公司(股票简称:罗普斯金,股票代码:002333),系一家 2010 年 1 月 12 日深圳证券交易所中小板上市的公司,其上市申请过程中历史沿革第四次增资系台湾罗普斯金以独占专利使用权出资。

【案例评析】

公司股东存在以实物和专利使用权出资情形,关注出资真实性和充足性。根据公司说明,赛诺有限股东出资方式变更符合公司当时股东设备采购实际情况,并已依法履行内部决策流程、修改公司章程并取得商务主管部门的审批同意,完成了相应工商变更,符合相关法律法规的要求。赛诺控股以所持"具有附加在电移植底涂层上的可生物降解释放层的药物洗脱支架"发明专利中国区域的独占使用权出资评估作价公允合理,该等专利使用权出资符合赛诺有限当时的现实需要,实际出资情况与验资报告不存在差异,对赛诺有限占有、正常使用该等专利并获取收益未产生任何不利影响和障碍;上述专利使用权出资作价经开元资产评估有限公司追溯评估确认不存在高估、低估等情形;专利使用权具备知识产权出资标的物的要求,符合《公司法》所规定的"可以用货币估价"和"可以依法转让"这两个要件且不属于《注册资本登记管理规定》中列举的不得作为出资的财产,用于出资符合相关法律法规、规范性文件的规定。

4. 资本公积转增股本

资本公积是由资本交易、资产交易及其他原因形成的股东权益,主要来源有资本溢价、资产增值、收购合并等。例如,公司增发股票的价格是 8 元每股,超过票面的 7 元形成了股票发行溢价,计入资本公积。此外,同一控制下企业合并差额、国家拨入的专门用于技术改造与技术研究等的拨款转入、可供出售金融资产的公允价值变动差额、自用房产或存货转为投资性房产公允价值大于账面价值的差额、享有被投资企业所有者权益变动的份额均计入资本公积。

通常情况下,资本公积属于全体股东享有的权益,转增股本应当按照各股东持股比例进行,公司董事会提交增资方案,由股东大会审议通过后即可实施。实践中资本公积定向转增股本主要出现在股权分置改革以及破产重整环节,通常是基于保护流通股小股东,或者是基于破产重整拯救企业的现实需要而向特定股东定向增发股份。公司向特定股东定向转增股本需要取得全体股东的一致同意。

根据《国家税务总局关于贯彻落实企业所得税法若干税收问题的通知》《国家税务总局关于个人投资者收购企业股权后将原盈余积累转增股本个人所得税问题的公告》《财政部 国家税务总局关于将国家自主创新示范区有关税收试点政策推广到全国范围实施的通知》《国家税务总局关于股份制企业转增股本和派发红股征免个人所得税的通知》《国家税务总局关于进一步加强高收入者个人所得税征收管理的通知》等规定,对于法人股东来说,资本溢价形成的资本公积转增资本,不需要缴纳企业所得税。个人股东取得股票发行溢价形成的资本公积转增的股本不征税,个人取得非上市或未挂牌新三板企业的中小高新技术企业以未分配利润、盈余公积、资本公积转增的股本,个人股东需要缴纳个人所得税。股份制企业用资本公积金转增股本不属于股息、红利性质的分配,对个人取得的转增股本数额,不作为个人所得,不征收个人所得税。

此外,并非全部资本公积都可以转增股本。对于企业未实现利得,若转增资本,就会使公司资本虚高,因此,这部分具有预提性质的资本公积通常不允许转增资本。根据《企业会计准则》,不能转增资本的资本公积主要有:

(1)采用权益法核算的长期股权投资因被投资方除净损益以外所有者权益的其他变动产生的资本公积,该项资本公积只能在处置时转入投资收益,计入股权转让所得缴纳企业所得税;

(2)可供出售金融资产在资产负债表日的公允价值大于其账面价值的差额产生的资本公积;

(3)自用房地产或存货转换为采用公允价值模式计量的投资性房地产,转换日的公允价值大于其账面价值的差额产生的资本公积,该项资本公积应于处置该投资性房地产时转入当期损益,故不得用于转增资本;

(4)金融资产重分类时的差额产生的资本公积,在该金融资产被处置时转出,计入当期损益。

公司采取资本公积定向转增股本的,应当符合资本公积转增股本的会计准则,相关股东应当按照税法规定依法纳税,防止出现出资不实或税收违法情形。

审核关注要点：

（1）公司用于转增股本的资本公积是否符合《公司法》《企业会计准则》规定；

（2）公司资本公积转增股本是否履行了相应的内部决策程序，是否存在资本公积定向转增股本的情形，如有，是否取得全部股东同意；

（3）个人取得非挂牌企业以未分配利润、盈余公积、资本公积转增的股本是否依法缴纳个人所得税。

典型案例8：洁特生物资本公积转增股本

发行人2013年和2019年两次资本公积转增股本和2014年整体变更为股份公司过程中股东未缴税。

【审核问询意见】

请发行人简要说明就资本公积转增股本和整体变更事项与税务机关沟通的情况，并请发行人进一步提供关于上述事项无须缴税的依据，说明上述未缴纳税款事项的合法合规性。

【问询回复摘要】

公司说明：

（1）2013年7月资本公积转增股本缴税情况。2013年7月，洁特有限注册资本由13157895.00元增加至30000000.00元，本次增资款16842105.00元由洁特有限的资本公积转增。在资本公积转增过程中，自然人股东袁建华持有的注册资本由6184211元增加至14100000元。截至问询函回复出具之日，袁建华已就洁特有限本次资本公积转增事项缴纳个人所得税1583157.80元。

（2）整体变更缴税情况。2014年9月12日，洁特生物召开创立大会，全体发起人股东一致同意，广州洁特生物过滤制品有限公司依法整体变更设立为广州洁特生物过滤股份有限公司，即以截至2014年5月31日经审计的净资产值83079815.45元，按1：0.4815的比例折为每股面值人民币1元的股份公司普通股40000000股，净资产超出认购股份部分人民币43079815.45元列入公司资本公积。在整体变更过程中，自然人股东袁建华持有的股份由14100000股增加至18800000股。截至问询函回复出具之日，袁建华已就公司整体变更事项缴纳个人所得税940000元。

（3）2019年3月资本公积转增股本缴税情况。2019年3月，公司以资本公积转增股本方式向全体股东每10股转增6.4918股，共计转增29522902股（全部以公司股东溢价增资所形成的资本公积），转增前公司总股本为45477098股，转增后公司总股本为75000000股，各股东持股比例不变。根据国家税务总局发布的《关于股份制企业转增股本和派发红股征免个人所得税的通知》（国税发[1997]198号）第一条规定："股份制企业用资本公积金转增股本不属于股息、红利性质的分配，对个人取得的转增股本数额，不作为个人所得，不征收个人所得税。"国家税务总局发布的《关于原城市信用社在转制为城市合作银行过程中个人股增值所得应纳个人所得税的批复》（国税函[1998]289号）第二条规定，"《国家税务总局关于股份制企业转增股本和派发红股征免个人所得税的通知》（国税发[1997]198号）中所表述的'资本公积金'是指股份制企业股票溢价发行收入所形成的资本公积金"。此外，财政部与国家税务总局于2018年12月29日发布的《关于继续有效的个人所得税优惠政策目录的公告》（财政部 税务总局公告2018年第177号）再次对上述文件的有效性进行了确认。根据上述规范性文件的规定，公司自然人股东袁建华、李明智、陈长溪在此次资本公积金转增注册资本的过程中无须缴纳个人所得税。

（4）税务主管部门确认情况。2019年10月8日，国家税务总局广州市黄埔区税务局、国家税务总局广州开发区税务局向公司出具了书面答复，确认："关于股份制企业以股票溢价发行收入所形成的资本公积金转增股本事项，适用《国家税务总局关于股份制企业转增股本和派发红股征免个人所得税的通知》（国税发[1997]198号）、《国家税务总局关于原城市信用社在转制为城市合作银行过程中个人股增值所得应纳个人所得税的批复》（国税函[1998]289号）等相关规定，对个人取得的转增股本数额，不作为个人所得，不征收个人所得税。"

【案例评析】

公司存在多次以资本公积转增股本情形，且相关股东尚未缴纳相关税费。根据公司说明，发行人股东袁建华已就洁特有限2013年7月资本公积转增股本和2014年9月公司整体变更缴纳相应的个人所得税；2019年3月发行人资本公积转增股本时，发行人股东袁建华、李明智、陈长溪三人未缴纳个人所得税具有法律依据，且发行人已与所在地税务主管机关进行充分沟通,并取得税务主管机关出具的书面回复文件,未缴税事项合法合规。

5. 股权代持

股权代持又称委托持股、隐名投资或假名出资是指实际出资人与他人约定,以该他人名义代实际出资人履行股东权利义务的一种股权或股份处置方式。股权代持是公司历史沿革中涉及股东出资合规性的常见问题。

公司股东在出资环节采取代持模式主要出于以下考虑:

(1)部分股东身份限制,如公务员等,相关规定不允许其对外投资企业,只能通过代持方式予以曲线投资;

(2)涉及行贿或利益输送,即所谓"干股";

(3)公司涉嫌集资或股东超50人(有限责任公司)、超200人(股份有限公司)情形的,通过股权代持予以规避股东人数限制;

(4)公司为了便利办理工商登记及相关事宜,节省成本;

(5)大股东出于股权激励目的,为核心员工等代持股份;

(6)通过代持隐藏关联交易、同业竞争或竞业禁止等相关限制。

综合来看,股权代持主要是基于违规、隐私、成本、关联交易等各种因素的考虑,司法解释和司法实践中普遍对代持相关财产性权利予以支持,股东权益相关权利予以限制,实践中由此引发的纠纷也很常见。

《首发企业股东信息披露指引》规定,发行人历史沿革中存在股份代持等情形的,应当在提交申请前依法解除,并在招股说明书中披露形成原因、演变情况、解除过程、是否存在纠纷或潜在纠纷等。

公司股东间存在股权代持的,上市前应当依法解除,防止出现股权纠纷;但是,仅仅依据代持协议就认定股东间存在代持安排,从而进行实际控制人认定或其他股权转让活动以达到特殊目的的,还应当有转账记录或其他证据予以支持。

审核关注要点:

(1)公司是否充分披露股权代持的原因及其合理性,代持行为是否存在规避监管等重大违法违规行为;

(2)中介机构是否充分核查股东股权代持有关资金来源、代持协议

真实性,股权代持是否真实、是否存在利益输送;

(3)股权代持是否依法解除,相关当事人是否予以确认,是否存在纠纷或潜在纠纷。

典型案例9:恒安嘉新(不予注册)股东股权代持①

发行人历史沿革中存在多次股权代持,包括实际控制人金红委托及受托代持的情形。

【审核问询意见】

请发行人说明:(1)该等股权代持的背景情况,包括代持原因、代持协议的主要内容、是否通过代持规避相关法律法规等;(2)结合相关股东出资的时间、资金来源、代持协议签署时间、具体内容等,说明该等股权代持是否真实;(3)股权代持是否彻底清理,清理过程是否符合法律法规的规定,是否为双方真实意思表示,是否存在纠纷或潜在纠纷;(4)代持形成时,被代持33人的具体身份,是否属于发行人客户或供应商的工作人员,该等33人是否实际出资,出资价格是否公允,是否存在利益输送。请保荐机构、申报会计师进一步提供认定金红对刘长永等16名员工股权转让为解除股权代持的证据材料,并结合取得的各项材料,说明不属于股份支付不确认股份支付费用的依据是否充分,认定过程及结论是否审慎,并发表明确意见。

【问询回复摘要】

公司说明:

(1)阮伟立与金红之间的股权代持。2008年8月7日,恒安嘉新有限由阮伟立、王虹、时忆杰共同出资设立,注册资本为6万元,其中阮伟立所持2万元出资额为代金红持有,阮伟立与金红系夫妻关系。2008年筹划成立恒安嘉新有限时,金红尚在西门子(中国)有限公司(以下简称西门子)任职,由于其正在执行的西门子部分项目工作交接时间不可控,故金红与阮伟立决定暂由阮伟立代持股权。2009年3月,根据实际权益人金红的安排,阮伟立将其代为持有的2万元出资额转让给何家方。

---

① 根据《关于不予同意恒安嘉新(北京)科技股份有限公司首次公开发行股票注册的批复》,发行人对上述股权代持解除过程中涉及会计差错更正未在招股书中披露,另因公司2018年12月底签署的4项重大合同收入确认时点调整涉及会计基础工作薄弱和内控缺陷,不予注册。

2009年3月,因公司业务发展需要扩大公司注册资本,金红委托阮伟立以经评估的无形资产作价700万元对公司进行增资。2010年4月,根据实际权益人金红的安排,阮伟立将其代为持有的股权转让给王全胜等多人。上述股权转让的原因为当时公司处于发展初期,资金有限,很难以高薪资吸引、留住优秀的人才,为了筹建创业团队,提高公司经营效率与凝聚力,金红委托阮伟立进行上述股权转让,希望吸引王全胜等加入公司。上述两次股权转让完成后,金红委托阮伟立代为持有恒安嘉新有限的出资额变更为540万元。

金红于2010年4月正式入职恒安嘉新有限,并担任公司执行董事兼总经理,开始全权负责公司的经营管理。金红与阮伟立经协商,一致决定将阮伟立代持的股权还原至金红名下或转让给其指定的第三人。2010年5月,阮伟立将其代为持有的股权转让给金红等人,至此,阮伟立与金红之间的股权代持关系解除。

……

(2)金红与刘长永等37人之间的股权代持。公司发展初期,为了建设创业团队和吸引人才,金红于2010年10月至2011年7月先后将其所持恒安嘉新有限股权转让给刘长永等33人。恒安嘉新有限在2010年下半年即开始筹划股权融资事宜,为避免在融资过程中可能给投资者造成公司股权过于分散对公司决策和经营不利影响的担忧,并考虑到方便公司股权管理和提高工商登记办理效率的需求,刘长永等33人先后与金红签署了《委托持股协议》,委托金红代为持有公司股权。

……

2014年11月,郭晓燕因个人发展选择从公司辞职,经与金红协商,由原代持人金红回购其持有的恒安嘉新有限全部股权。2014年11月5日,郭晓燕与金红签署《股权转让协议》,将委托金红持有的恒安嘉新40.425532万元出资额全部转让给金红。至此,郭晓燕与金红的股权代持关系全部解除。

……

2017年1月17日,有限公司召开股东会,同意金红进行股权转让,本次股权转让完成后,金红将刘长永等18人(不包括吕雪梅)预留用于员工激励的股权全部转让给员工持股平台华宇博雄和宝惠元基。至此,有限公司历史上的股权代持全部解除。

（3）关于代持是否存在纠纷。公司历史沿革中股权代持系通过将股权转让给实际出资人、其指定的第三方或由名义股东回购的方式清理，其中将股权转让给实际出资人、其指定的第三方的股权代持清理方式已经恒安嘉新有限全体股东同意，公司变更了公司股东并将相关股权受让方记载于股东名册、记载于公司章程并办理了相关工商变更登记手续；代持股权由名义股东回购的方式均由相关方签署了转让协议，相关方确认解除股权代持关系，名义股东金红已足额支付股权转让价款。该等股权代持的清理符合上述《最高人民法院关于适用〈中华人民共和国公司法〉若干问题的规定（三）》的相关规定。

保荐机构和发行人律师认为：

（1）发行人历史沿革中的股权代持不存在通过代持规避相关法律法规的情形。（2）根据股权代持股东出资的时间、资金来源、代持协议签署时间、具体内容等，发行人历史沿革中的股权代持是真实的。（3）发行人历史沿革中的股权代持已经彻底清理、清理过程符合法律法规的规定，是双方真实意思表示，不存在纠纷或潜在纠纷。（4）代持形成时，被代持的刘长永等33人均不属于发行人客户或供应商的工作人员，裴伟杰和王素岚系退休公务人员，委托金红代持恒安嘉新有限股权系为了方便股权管理及提高工商登记办理效率，不存在违反相关公务人员投资持股的禁止性规定的情形。经核查，刘长永等33人与金红形成股权代持关系时，均已按照相关协议约定向金红足额支付股权转让款，出资价格公允，不存在利益输送。

保荐机构和申报会计师认为：

经核查，金红与刘长永等16人之间股份代持是客观存在的，根据《委托代持协议》签署日期，金红与刘长永等16人代持形成时间在2010年至2014年。2016年11月28日，有限公司召开股东会，同意金红向刘长永等16人转让股权，股权转让价格为象征性价格1元。根据中国证监会于2019年3月25日发布的《首发业务若干问题解答》有关解答，通常情况下，解决股份代持等规范措施导致股份变动，家族内部财产分割、继承、赠与等非交易行为导致股权变动，资产重组、业务并购、持股方式转换、向老股东同比例配售新股等导致股权变动等，在有充分证据支持相关股份获取与发行人获得其服务无关的情况下,一般无须作为股份支付处理。

考虑到金红与刘长永等15人形成股权代持时无银行转账记录,金红与吕雪梅形成股权代持的银行转账记录未列明汇款用途,因此,从会计谨慎性考虑,将2016年11月金红对刘长永等16人的股权转让视为股权激励,会计处理上调整为在授予日一次性确认的股份支付。根据2016年授予股份数以及2016年11月引入机构投资者联通创新和谦益投资的综合价格10.5263元/出资额作为公允价值,在2016年度一次性确认股份支付5970.52万元,调减2016年归属于母公司的净利润5970.52万元,调整后2016年度合并净利润将减为-2054.47万元。发行人已对招股说明书中因上述股份支付会计调整引起变动的相关内容进行全面修改。

【案例评析】

公司股东金红曾为刘长永等15人代持股份,关注股权代持的真实性和股权代持解除安排,是否存在纠纷,代持解除是否涉及股份支付安排。根据保荐机构和申报会计师核查意见,金红与刘长永等15人形成股权代持时无银行转账记录,金红与吕雪梅形成股权代持的银行转账记录未列明汇款用途。支撑金红对刘长永等16人股权代持的证据存在一定瑕疵,从会计谨慎性考虑应当按照股份支付进行处理,相关会计处理构成了会计差错更正,需要在招股书中进行披露。

三、股东减资

减资是股份公司减少注册资本额的行为。公司减资主要出于以下因素:(1)前期认缴资本过高、认缴期限到期后股东无力实缴出资,只能通过减资予以解决;(2)公司资本过多或者严重亏损,股东通过减资套现或者平衡注册资本;(3)解决历史上出资瑕疵问题。减资的方式主要包括股东直接减少出资或者公司回购股权注销两种情形。公司减资将导致公司注册资本的减少,公司对外承担责任能力下降;减资还有可能引起公司股权结构的变化,对公司治理产生影响。

1. 股东直接减资

公司股东直接减资是指经过内部决策程序,直接减少股东出资的情形。按照《公司法》规定,公司减资需要履行下列程序:

（1）评估作价,公司减资涉及被投资人、投资人和债权人等多方主体的利益,为公允作价、公平交易,制订减资方案,通常也会进行评估、审计;

（2）董事会制订减资方案,依据《公司法》第四十六条的规定,由董事会制订公司减少注册资本的方案;

（3）股东会作出决议,并修改公司章程,根据《公司法》的规定,对公司的减资事宜需作出股东会决议。股东会对减资作出的决议应由占 2/3 以上表决权的股东表决通过;

（4）编制资产负债表和财产清单;

（5）通知债权人和对外公告、清偿债务或提供担保;

（6）办理工商变更登记。

公司股东减资活动应当按照公司法规定履行相应的资产评估和减资公告,防止侵害公司债权人利益;公司股东前期存在非货币资产出资瑕疵的,通过减资方式予以规范较为常见。

审核关注要点:

（1）公司是否充分披露减资的原因和背景,公司减资过程中是否充分履行相应程序,国有股东减资或者外商投资企业减资是否履行相应的审批程序;

（2）公司减资是否影响公司业务的正常开展,是否影响公司对外参与招投标或承接业务;

（3）减资过程中是否存在股东、债权人纠纷,是否存在定向减资情形,若存在,是否取得被减资对象的同意并签订减资协议。

典型案例 10:天宜上佳股东非专利技术出资及减资

2011 年吴佩芳以"高速列车制动闸片的生产制造技术"非专利技术增资,增资作价为该专利技术按照收益法的评估值 4988 万元。2014 年天宜有限减资,减少该 4988 万元知识产权出资。

【审核问询意见】

请发行人说明:(1)吴佩芳 2011 年用于增资的"高速列车制动闸片的生产制造技术"非专利技术的来源、形成过程、权利人,用于增资资产的合规性;(2)"高速列车制动闸片的生产制造技术"非专利技术在发行人生产经营中的作用,减资原因,减资后相关技术的归属,发行人是否依旧使用,后续核心技术是否与此具有相关性,技术出资减资对发行人生产经营的影响。

【问询回复摘要】

公司说明:

(1)关于股东出资技术来源。吴佩芳1981年自第一机械工业部北京机械学校粉末冶金专业毕业后进入北京摩擦材料厂工作。创建天宜有限前,吴佩芳已拥有20余年的各型粉末冶金类相关产品的研发、生产和销售实践经验,具备丰富的专业知识,且历任北京摩擦材料厂技术员、副厂长、代理厂长、北京超硬材料厂厂长、北京上地硬质合金工具厂厂长、北京上佳合金有限公司(以下简称上佳合金)总经理等职务。吴佩芳2011年用于增资的上述非专利技术系经吴佩芳自主研发取得,用于天宜有限增资之前归属吴佩芳单独所有,不存在损害其他第三方利益的情形;上佳合金、包全为(上述技术出资发生时上佳合金除吴佩芳之外的股东)及冯学理对此均无异议。综上,吴佩芳2011年用于增资的上述非专利技术的来源、形成过程具有合理性,其权利人为吴佩芳。

(2)关于出资技术实际应用情况。天宜有限成立初期,尚处于对高速列车制动闸片产品前期研发探索阶段,吴佩芳以"高速列车制动闸片的生产制造技术"非专利技术出资天宜有限,为天宜有限在产品的配方、工艺、设备和工装方面提供了借鉴,提高了天宜有限试验产品在高速台架试验中的摩擦系数稳定性和运行安全系数,降低了磨损率,并延长了试验场景下的使用寿命。随着研发经验的积累以及技术储备的增加,天宜有限于2013年开始对生产工艺及材料配方进行较大的创新,天宜有限/天宜上佳在实际生产中未再继续使用该技术。

(3)关于减资程序合规情况。2014年6月天宜有限减资的原因主要为:吴佩芳用以出资天宜有限的非专利技术"高速列车制动闸片的生产制造技术"在2012年至2013年所实际实现的收入与《非专利技术评估报告》预测实现的收入存在较大差距,为维护天宜有限长远利益和规范运行,经股东一致同意,天宜有限进行了相关的减资。公司后续核心技术与上述技术在闸片配方、生产工艺等方面均存在较大差异,包括但不限于:由配料系统加混料升级为混配一体附有真空加热功能,混合料加入成型剂混合更加均匀、效率更高;压制成形从容积法布料单纯压制摩擦体升级为称重法布料通过全自动预压、主压并且将摩擦块钢背与摩擦体一并压制完成组合,摩擦体单重公差缩小、减少一道组合工序,压制效率较提高。天宜有限/天宜上佳在实际生产中未再继续使用该技术,前述减资情形对发行人技术研发和生产经营未造成不利影响。

【案例评析】

公司股东曾使用非专利专有技术出资,后公司对股东上述出资进行减资,关注公司资本充足性、减资活动是否存在纠纷。根据公司说明,吴佩芳用以出资的"高速列车制动闸片的生产制造技术"非专利技术归其所有,出资类型符合当时《公司法》的规定,且非专利技术业经连城资产评估有限公司评估。2014年6月天宜有限减资的原因具有合理性,该技术减资后虽归全体股东共有,但天宜有限于2013年开始对生产工艺及材料配方进行了较大的创新,天宜有限/天宜上佳在实际生产中未再继续使用"高速列车制动闸片的生产制造技术",前述减资情形对发行人技术研发和生产经营未造成不利影响。公司实际上未就上述技术的形成过程进行答复,考虑到相关技术实际未对公司经营产生实质影响,且公司已对上述技术出资进行减资处理,审核人员未就相关问题进一步问询。

2. 公司回购股份

股份回购,又称股权的回赎,是指公司依照法律规定从公司股东手中买回自己股权的行为。2018年《公司法》的修订丰富了公司股票回购的内涵,并且明确公司在下列情形可以回购股份:(1)减少公司注册资本;(2)与持有本公司股份的其他公司合并;(3)将股份用于员工持股计划或者股权激励;(4)股东因对股东大会作出的公司合并、分立决议持异议,要求公司收购其股份;(5)将股份用于转换上市公司发行的可转换为股票的公司债券;(6)上市公司为维护公司价值及股东权益所必需。

实践中公司回购股份主要原因包括:

(1)基于协议的公司股权回购。例如,公司上市前引入私募基金等投资机构的,往往会对公司业绩或者上市等作出相应的对赌安排,并约定在特定条件下由公司收回股权,又称对赌协议。或者公司前期融资采用"明股实债"方式,到期后或者一定条件下触发回购义务,投资者收回本金和固定收益。

（2）基于异议股东请求的股权回购。异议股东行使回购请求权是法律对中小股东权益的特殊保护，在符合法定条件下，公司必须收购有关股东的股权。所谓异议股东行使回购请求权，是指当股东会议决议事项与股东有重大利害关系时对股东会决议投反对票的股东有权请求收购其股权，也即退股，它是股权转让的特殊救济途径。异议股东股票回购必须由股东会上投反对票的股东提出，且针对的是公司应分配利润而不分配、应解散而不解散、公司合并、分立或者转让其主要财产，程序上还应当符合相应规定。

（3）出于股权激励的目的回购。2018 年《公司法》对第一百四十二条有关公司股份回购的规定进行了专项修改，其中重要制度安排就是丰富了公司回购股份后用于员工持股计划或者股权激励的方式。

公司回购股东出资应当具有一定的商业合理性，决策程序规范、价格应当公允、资金来源可靠，防止出现利益输送情形或股权纠纷。

审核关注要点：

（1）公司股票回购的原因是否合理，股票回购的价格是否公允，回购的程序以及回购股份的处理安排是否合规，是否存在利益输送安排；

（2）公司对赌回购股票是否履行必要的决策程序，异议股东回购股票是否存在纠纷，用于股权激励的股票回购价格及激励的具体安排是否合理；

（3）公司尚未执行的股权回购安排是否存在明股实债或对赌安排。

典型案例 11：乐鑫信息公司回购股份

发行人实际控制人 Teo Swee Ann 设立 ESP Inc 作为早期境外融资平台及员工股权激励平台，并分别对卢坚、王承周及林豪进行股权激励。报告期内，Teo Swee Ann 回购了卢坚、王承周及林豪夫妇所持激励股份，回购价格分别为 337.44 万美元、629.43 万美元及 980.37 万美元，该三人目前已离职。

【审核问询意见】

请保荐机构及发行人律师核查：（1）上述股权激励的原因，回购对价与前述三人对公司生产经营、核心技术的作用或影响是否匹配；（2）回购股份作价的公允性、是否存在委托持股或其他利益输送安排;(3)回购股份对价支付的资金来源及其合法性;(4)上述回购的资金流转是否符合境内外法律规定,是否存在违反外汇、税收法律规定的情况,如存在,是否可能导致实际控制人的处罚风险。

【问询回复摘要】

保荐机构和发行人律师核查后认为:

(1)实施股权激励的原因。芯片设计行业在招募核心研发人员时,向其提供股权激励是行业普遍做法。2010年,发行人为了业务发展的需要,希望引入卢坚、林豪和王承周三人共同从事芯片设计及研发,鉴于前述三人入职前均有大型公司任职经验,薪资水平较高。发行人为了招募人才,故在其入职时向其提供股权激励。

(2)回购定价的合理性。2016年5月,乐鑫集团在与亚东北辰等投资人协商融资事宜时确定乐鑫集团将在境内上市,并确定乐鑫有限为境内上市主体,因此需要将ESP Tech层面的股东逐步翻至境内。鉴于卢坚、王承周和林豪已先后于2013年、2015年和2016年内从乐鑫集团离职,且该等人员自身有资金变现需求,因此当实际控制人Teo Swee Ann提出回购该等人员所持股份时,三人均表示接受。卢坚、王承周和林豪取得激励股份时并未约定退出价格,当其退出时,Teo Swee Ann也并非根据卢坚、王承周和林豪三人对乐鑫集团的贡献程度、任职年限、技术水平等因素确定相关回购价格,而是以略高于亚东北辰等投资人投资乐鑫有限时适用的价格回购三名离职员工的股份。根据对上述三人的访谈,该等人员已就其当时持有的ESP Tech的股份比例及ESP Tech历次股份变动情况作出确认,其与乐鑫集团及Teo Swee Ann就ESP Tech层面的股份比例均不存在任何潜在的纠纷或争议。基于上述,卢坚、林豪和王承周取得的激励股份的数量与Teo Swee Ann于2018年回购该等人员的股份时的回购对价具有合理性。

本次回购前,卢坚、王承周和林豪均已离职多年,本次回购完成后,三人从乐鑫集团完全退出。根据对前述人员分别进行的访谈,其确认在乐鑫集团中不存在委托持股或其他利益输送安排,其与发行人及其实际控制人Teo Swee Ann之间均不存在任何潜在的纠纷或争议。综上,回购股份作价公允,不存在委托持股或其他利益输送安排。

（3）回购股份对价支付的资金来源及其合法性。Teo Swee Ann 回购三名离职员工所持 ESP Tech 股份的资金系来源于 ESP Tech 于境外向其提供的借款并由 ESP Tech 代为支付，ESP Tech 的资金来源于乐鑫香港向其提供的借款，乐鑫香港的资金则来源其于 2018 年向外部投资者转让乐鑫有限的股权时，取得的股权转让款。2018 年 12 月，乐鑫香港将其未分配利润向其上层股东进行逐级分红，前述 ESP Tech 向乐鑫香港所负债务、Teo Swee Ann 向 ESP Tech 所负债务与此次分红款进行抵消。综上，回购股份对价支付的资金来源合法。

（4）股权回购相关款项支付情况及税收缴纳情况。ESP Tech 已分别代 Teo Swee Ann 向卢坚、王承周和林豪支付完毕全部股份回购款，且相关款项均以美元形式在境外完成支付。ESP Tech 为境外公司，其向有关个人境外账户支付款项无须履行境内外汇管理特殊程序，且其作为一家外国公司，无须就其支付给三名离职员工的股份回购款履行代扣代缴个人所得税义务。根据 Teo Swee Ann 与三名离职员工分别签订的股份转让协议，三名员工均已承诺就所取得的收入根据有税收管辖权的国家或地区有关适用法律和法规的规定各自承担其应当承担的所有税费。综上，前述回购股份涉及的资金流转符合境内外法律规定，不存在违反外汇、税收法律规定的情况，不存在可能导致实际控制人的处罚风险。

【案例评析】

公司上市前，股东 Teo Swee Ann 回购了前员工卢坚、王承周、林豪夫妇所持激励股份，关注上述股权回购是否存在利益输送，是否存在纠纷或潜在纠纷。根据公司说明，公司实施相关股权激励及回购安排、回购价格的确定具有一定的商业合理性，回购资金来源合法，回购相关对价已支付，不涉及税收缴纳及相关纠纷。

四、股东主体

股东，即股份制公司的出资人或投资人，股东作为出资者按出资数额（股东另有约定的除外），享有公司所有者的分享收益、重大决策以及选择管理者等权利。公司股东包括自然人股东和非自然人股东，自然人股东按照国籍又可以分为中国股东和外籍股东；非自然股东则包括公司法人、合伙企业、工会组织，以及契约性基金、信托计划、资产管理计划（又称"三类股东”)等,无论公司股东性质如何,其持有公司的股份都应当符合权属清晰的要求。

《首发企业股东信息披露指引》进一步明确,发行人股东在提交申请前依法清理股权代持,明确发行人应披露其股东主体资格符合国家相关规定,不存在违规持股情形。

1. 自然人股东

自然人股东是相对法人股东而言的,是具有公民身份的个人投资者。根据相关法律法规规定,部分自然人被禁止或限制参与企业投资经营活动或拟上市公司投资活动,具体包括:

(1)公务员。《公务员法》(2017 年修正版)第五十三条第十四项规定,公务员必须遵守纪律,不得从事或者参与营利性活动,在企业或者其他营利性组织中兼任职务。

(2)县以上党和国家机关退(离)休干部。《中共中央办公厅、国务院办公厅关于县以上党和国家机关退(离)休干部经商办企业问题的若干规定》(1988 年 10 月 3 日)第一条规定:“党和国家机关的退休干部,不得兴办商业性企业,不得到这类企业任职,不得在商品买卖中居间取酬,不得以任何形式参与倒卖生产资料和紧俏商品,不得向有关单位索要国家的物资,不得进行金融活动。”

(3)党政机关的干部和职工。《中国共产党党员领导干部廉洁从政若干准则》第二条第一项规定,禁止私自从事营利性活动,不准个人或者借他人名义经商、办企业。

(4)现役军人。《中国人民解放军内务条令》(军发[2010]21 号)第一百二十七条规定:“军人不得经商,不得从事本职以外的其他职业和传销、有偿中介活动,不得参与以营利为目的的文艺演出、商业广告、企业形象代言和教学活动,不得利用工作时间和办公设备从事证券交易、购买彩票,不得擅自提供军人肖像用于制作商品。”

(5)证监会系统离职人员。《监管规则适用指引——发行类第 2 号》规定,中介机构依据《首发企业股东信息披露指引》对公开发行股票并上市股东信息进行核查时,应当关注是否涉及离职人员入股的情况。副处级(中层)及以上离职人员离职后三年内、其他离职人员离职后二年内持有拟上市公司股权的,应当在申报前清理。

公司自然人股东资格应当符合相关法律法规和监管规定,因股东主体资格问题存在股权转让等安排的,应当防止出现股权代持等新的股权纠纷风险。

> **审核关注要点:**
>
> (1)股东的适格性,即股东是否具备完全民事行为能力,无民事行为能力和限制民事行为能力人不得担任公司的发起人;
>
> (2)股东是否存在特殊身份人员,是否有包括公务员、现役军人、证券从业人员、公职人员近亲属、市场禁入者、证监会系统离职人员等情况;
>
> (3)存在外籍股东时,关注是否符合外商投资产业相关政策,是否半数及以上股东在境内有住所,是否存在犯罪记录等;
>
> (4)对于发行人历史上存在股东不适格的情况,重点关注是否存在股权代持或其他安排,相关安排是否解除或存在潜在纠纷。

典型案例12:科大国盾第一大股东适格性

公司技术起源于中国科学技术大学合肥微尺度物质科学国家研究中心的量子信息研究团队,团队核心成员为潘建伟院士。潘建伟作为发行人的创始人之一,在2009年至2016年一直是第一大股东,在2016年12月以后,通过股权转让放弃第一大股东身份,并在2018年10月委托科大控股行使11.01%股份的表决权。

【审核问询意见】

请发行人说明:(1)潘建伟放弃第一大股东、并委托科大控股行使表决权的具体原因;(2)潘建伟持有公司股份、历史上在发行人处任职等情况是否符合《关于进一步规范党政领导干部在企业兼职(任职)问题的意见》《教育部办公厅关于开展党政领导干部在企业兼职情况专项检查的通知》等规范性文件的规定。

【问询回复摘要】

公司说明:

(1)潘建伟转让股权、委托科大控股行使表决权的原因。潘建伟于2016年12月前持有科大国盾18.18%股份,为科大国盾第一大股东。

2016 年 12 月,潘建伟向楼永良、国元直投、国元创投、树华科技依次转让所持科大国盾 200 万股、30 万股、22 万股、18 万股股份。经上述股份转让,潘建伟持有科大国盾股份比例降至 13.68%,不再是科大国盾第一大股东。

潘建伟于 2016 年 12 月转让所持科大国盾股份系因潘建伟担任中科大常务副校长职务,有关组织部门要求其将所持有的科大国盾股份中因现金出资而形成的股份予以转让所致。中科大于 2019 年 5 月 6 日出具《关于潘建伟同志持有及转让科大国盾股份有关情况的说明》,对上述事实进行了确认。

2018 年 10 月 10 日,潘建伟与科大控股签订《委托协议书》,将所持科大国盾股份的表决权委托给科大控股行使,原因系潘建伟担任中科大常务副校长、教授、博士生导师、中国科学院量子信息与量子科技创新研究院院长、中国科学技术大学上海研究院院长等职务,根据所任职务要求,须将主要精力聚焦于科研活动及相关工作,且潘建伟本人也无意亲自行使有关表决权。

(2)潘建伟持股合法合规情况。根据潘建伟的个人履历、中科大出具的《关于潘建伟同志持有及转让科大国盾股份有关情况的说明》等资料,潘建伟系九三学社社员,其 2009 年取得量通有限股权及 2010 年 10 月前任量通有限董事时,为中科大教授,未担任领导职务,潘建伟隶属的中科大不属于依照公务员制度管理的事业单位或具有行政管理职能和行政执法职能的事业单位,亦不属于党政机关。

经对照《中共中央、国务院关于严禁党政机关和党政干部经商、办企业的决定》(中发[1984]27 号)、《中共中央、国务院关于进一步制止党政机关和党政干部经商、办企业的规定》(中发[1986]6 号)、《中国共产党纪律处分条例》、《中华人民共和国公务员法》、《中国共产党党员领导干部廉洁从政若干准则》、《〈中国共产党党员领导干部廉洁从政若干准则〉实施办法》、《中共中央纪委 教育部 监察部关于加强高等学校反腐倡廉建设的意见》(教监[2008]15 号)、《关于进一步规范党政领导干部在企业兼职(任职)问题的意见》(中组发[2013]18 号)、《教育部办公厅关于开展党政领导干部在企业兼职情况专项检查的通知》(教人厅函[2015]11 号)等规范性文件,潘建伟持有科大国盾股份及历史上在发行人处任职不违反上述有关规范性文件的规定。

(3)中科大出具《关于潘建伟同志持有及转让科大国盾股份有关情况的说明》，确认潘建伟持有的科大国盾股份系其2009年担任中科大教师时合法获得，中科大知情并同意。综上所述，潘建伟持有公司股份、历史上在发行人处任职等情况符合《关于进一步规范党政领导干部在企业兼职(任职)问题的意见》《教育部办公厅关于开展党政领导干部在企业兼职情况专项检查的通知》等规范性文件的规定。

【案例评析】

公司第一大股东系高校教师，申报前存在委托投票权等安排，关注其股东身份适格性，上述安排对公司实际控制权和经营活动是否存在不利影响。根据公司说明，潘建伟放弃科大国盾第一大股东权利以及委托科大控股行使表决权具有客观原因，相关表决权委托真实、合法、有效；潘建伟持有公司股份、任职等情况符合《关于进一步规范党政领导干部在企业兼职(任职)问题的意见》《教育部办公厅关于开展党政领导干部在企业兼职情况专项检查的通知》等规范性文件的规定。

2. 机构法人股东

非自然人股东主要指的是法人股，法人股又分为国有法人股和非国有法人股，包括公司法人、合伙企业等主体。实践中，公司股东通过法人持股主要为了投资便利以及集团化管理，通过合伙企业持股则主要为了增加控制权杠杆、避税以及用于员工持股激励。投资机构参与公司股权投资，主要考虑获取未来公司成长以及上市退出溢价。为尽可能降低投资风险，提高投资退出的确定性，一些投资机构会与公司或公司实际控制人等签订"估值调整协议"，也就是对赌协议，就投资后公司业绩表现、上市进展等事项约定补偿、补足或回购等安排。

《首发企业股东信息披露指引》规定，发行人股东的股权架构为两层以上且为无实际经营业务的公司或有限合伙企业的，如该股东入股交易价格明显异常，中介机构应当对该股东层层穿透核查到最终持有人，上市公司、新三板挂牌公司、国有控股或管理主体、集体所有制企业、境外政府投资基金、大学捐赠基金、养老基金、公益基金、公募资产管理产品以及符合一定条件的外资股东等不需穿透核查。

《科创板审核问答(二)》明确,PE、VC等机构在投资时约定估值调整机制情形的,原则上要求发行人在申报前清理对赌协议,但同时满足以下要求的对赌协议可以不清理:(1)发行人不作为对赌协议当事人;(2)对赌协议不存在可能导致公司控制权变化的约定;(3)对赌协议不与市值挂钩;(4)对赌协议不存在严重影响发行人持续经营能力或者其他严重影响投资者权益的情形。

公司持股平台应当满足闭环要求的监管规定,防止公司通过设置股权持股平台规避股东200人监管要求及进行利益输送。

> **审核关注要点:**
> (1)公司通过法人持股设置员工持股平台,相关出资人是否均为公司员工,是否符合"闭环原则",股东人数穿透后是否超200人,增资或入股价格是否公允,是否符合股权激励相关会计处理要求;
> (2)外部投资机构与公司之间是否存在对赌安排,相关对赌协议在申报前是否解除或终止,符合规定的对赌安排是否充分披露,相关风险是否充分揭示;
> (3)公司股权架构为两层以上且为无实际经营业务的公司或有限合伙企业的,中介机构是否对该股东层层穿透核查到最终持有人。

典型案例13:恒誉环保机构股东涉及员工持股平台

发行人股东银晟投资疑似员工持股平台。

【审核问询意见】

请发行人:在主要股东部分,补充披露银晟投资是否为员工持股平台,是否遵循"闭环原则"或在基金业协会依法依规备案,员工持股在平台内部的流转、退出机制以及股权管理机制,持股平台的锁定期是否符合中国证监会及本所的有关规定。

【问询回复摘要】

公司补充披露:

(1)公司持股平台设置具体情况。2019年8月,经公司2019年第二次临时股东大会审议通过《关于公司实施股权激励计划的议案》,股东银晟投资分别与37名恒誉环保员工签署《认购协议》,由37名恒誉环保员工以5.29万元价格新增认购银晟投资5.29万元有限合伙份额,进行股权激励。银晟投资在设立之初即作为员工持股预留平台,银晟投资的全体合伙人中,仅1名合伙人不是发行人员工,银晟投资为发行人的员工持股平台。

(2)持股平台不符合"闭环原则",但股东未超过200人。银晟投资系发行人实际控制人之朋友及发行人员工以自有资金出资,不属于以募集方式设立的私募投资基金,亦未从事私募基金管理业务,无须按照《私募投资基金监督管理暂行办法》和《私募投资基金管理人登记和基金备案办法(试行)》的规定办理私募投资基金管理人登记和私募投资基金备案手续。银晟投资存在1名非员工合伙人,并未完全按照"闭环原则"运行,穿透计算银晟投资的权益持有人数后,直接或间接持有恒誉环保股份的人数为62人,发行人不存在股东超过200人的情形。

(3)持股平台股票限售安排。根据银晟投资出具的承诺:自恒誉环保首次公开发行股票并在上海证券交易所科创板上市之日起三十六个月内,本合伙企业不转让或者委托他人管理本合伙企业本次发行前所持有的恒誉环保股份,也不由恒誉环保回购该等股份。上述锁定期安排符合中国证监会及上海证券交易所的相关规定。

【案例评析】

银晟投资为公司的员工持股平台,关注公司股东人数是否超200人,持股平台是否规范设立运作。根据公司说明,银晟投资不属于以募集方式设立的私募投资基金,亦未从事私募基金管理业务,无须按照《私募投资基金监督管理暂行办法》和《私募投资基金管理人登记和基金备案办法(试行)》的规定办理私募投资基金管理人登记和私募投资基金备案手续;银晟投资存在1名非员工合伙人,并未完全按照"闭环原则"运行穿透计算银晟投资的权益持有人数后,直接或间接持有恒誉环保股份的人数未超过200人;银晟投资的锁定期安排符合《科创板审核问答(二)》等中国证监会及上海证券交易所的相关规定。

3. 职工持股会/工会持股

职工持股会是指依法设立的从事内部职工股的管理,代表持有内部职工股的职工行使股东权利并以公司工会社团法人名义承担民事责任的组织。基层工会组织依法取得社会团体法人资格的,独立享有民事权利,承担民事义务。工会持股或者职工持股会是我国企业股份制改革实践中的产物,历史中大量存在超范围、超比例发行内部职工股等不规范的发行、交易和管理情形。

根据《关于职工持股会及工会能否作为上市公司股东的复函》(法律部[2000]24号)、《关于职工持股会及工会持股有关问题的法律意见》(法协字[2002]第115号)的规定,职工持股会属于单位内部团体,不再由民政部门登记管理。鉴于其股东构成、出资资金来源、管理机制等情况复杂,监管机构认为工会成为上市公司的股东与其设立和活动的宗旨不符。

此外,《科创板审核问答(二)》第一之问答第一项规定,发行人控股股东或实际控制人存在职工持股会或工会持股情形的,应当予以清理。对于间接股东存在职工持股会或工会持股情形的,如不涉及发行人实际控制人控制的各级主体,发行人不需要清理,但应予以充分披露。对于工会或职工持股会持有发行人子公司股份,经保荐机构、发行人律师核查后认为不构成发行人重大违法违规的,发行人不需要清理,但应予以充分披露。

工会持股作为历史遗留问题,相关出资规范解决应当履行必要的评估程序、决策程序和出资人确认程序,防止出现股权纠纷。

审核关注要点：

(1)关注公司是否存在工会、职工持股会股东,是否按照有关规定予以清理规范;

(2)公司历史上存在工会持股或职工持股会持股的,整改过程中是否依法履行评估程序、内部决策程序,是否存在争议或潜在纠纷。

典型案例14：凌志软件历史上存在工会持股

公司成立至2006年12月股权转让期间,南京联创工会持有公司2.6%股权。

【审核问询意见】

请发行人说明:南京联创工会的成立时间、组织架构、关键管理人员、内部决策程序及工会的存续情况,说明南京联创工会代南京联创持股及处分代持股权是否履行必要的审议决策程序。

【问询回复摘要】

公司说明:

（1）南京联创工会设立及存续合法性。苏州联创设立时,南京联创工会持有南京市总工会 2002 年 12 月 20 日核发的《江苏省基层工会社团法人证书》（［宁工］法证字第 02937 号）。根据该证书,南京联创工会系根据《中华人民共和国工会法（2001 年修正）》和《江苏省实施〈中华人民共和国工会法〉办法》成立的社会团体法人,其成立时间为 1998 年 3 月。根据与孙玉志、南京联创法律顾问的沟通,南京联创工会有效存续;南京联创现时有效的《公司章程》（2016 年 1 月签署并生效,2017 年 12 月修改经营范围条款）第五十五条约定"公司职工有权按照《工会法》的规定,建立基层工会组织,开展工会活动",据此,南京联创工会目前应仍处于存续状态。

（2）南京联创工会代南京联创持股及处分代持股权的情况。苏州联创设立时的《公司章程》约定："南京联创科技股份有限公司工会是代苏州工业园区联创国际科技有限公司员工购买股份并持有,待苏州工业园区联创国际科技有限公司成立后,南京联创科技股份有限公司工会会陆续将所持该司股份转让给该公司员工。"

根据孙玉志说明,南京联创工会持有的苏州凌志 2.6% 股权系代南京联创持有。根据对张宝泉、钱学锋（原南京联创董事、原苏州联创股东）、张有根（原南京联创高级副总裁、原苏州联创股东）的访谈,其介绍苏州联创《公司章程》的上述约定系南京联创的统一安排。苏州联创设立时,南京联创工会持有的苏州联创 26% 股权（以下简称该等股权）系南京联创为激励未来苏州联创管理团队而预留。根据钱学锋介绍,该等股权实际系由南京联创出资,先由南京联创工会代为持有,待后续再根据公司相关规定奖励给苏州联创管理团队（员工）。即南京联创工会所持股权的实际出资人及权益人为南京联创苏州联创设立起至 2006 年 12 月该等股权转让给张宝泉期间,该等股权并未实际发生前述股权激励或向苏州联创员工转让的情况,亦不存在任何其他变动直由南京联创工会代持。经核查,苏州联创设立至 2006 年 12 月期间,南京联创工会代持行为不违反当时有关法律法规的规定,该等代持行为真实、有效。

（3）南京联创工会出资设立苏州联创的合法有效性。经核查苏州联创设立时的工商登记资料,2002 年 10 月苏州联创创立大会暨第一次股东大会决议文件及苏州联创章程（草案）中,南京联创工会的股东签章部分均经赵跃进(其时南京联创工会的工会主席)签字并加盖南京联创工会公章,善意第三方有理由相信南京联创工会签署的文件经内部有效授权且合法有效。

国家工商行政管理局颁布的工商企字[1999]第173号《关于企业登记管理若干问题的执行意见》(以下简称《执行意见》)第六条规定:"社会团体(含工会)、事业单位及民办非企业单位,具备法人资格的,可以作为公司股东或投资开办企业法人,但依照中共中央、国务院的规定不得经商办企业的除外。"《执行意见》虽已被2006年6月23日生效的《国家工商行政管理总局关于废止有关工商行政管理规章、规范性文件的决定》予以废止,但在2003年苏州联创设立时依然有效。因此,2003年1月苏州联创设立时,南京联创工会系经依法登记的社团法人,并合法持有社团法人证书,其作为苏州联创的股东并不违背当时法律、法规的规定。2003年1月3日,江苏省工商局向苏州联创核发了《企业法人营业执照》,据此,南京联创工会出资设立苏州联创的行为合法有效。

(4)南京联创工会转让其持有苏州联创股权行为的合法有效性。根据孙玉志2017年12月25日出具的说明:南京联创工会持有的苏州凌志(指发行人,下同)26%股权系代南京联创持有;因系代为持有股就2006年12月南京联创工会转让其持有的苏州凌志26%股权事宜,南京联创工会内部并未履行相关的决策程序,且股权转让价款亦由南京联创收取,南京联创工会未履行内部决策程序并不影响其股权转让事项的成立和有效。

苏州联创股东会特别决议就南京联创工会转让其股权事宜经全体股东审议通过,包括作为股东及出让方的南京联创(南京联创盖章和其法定代表人孙力斌签字)和南京联创工会(南京联创工会盖章和孙燕签字)。即南京联创工会26%股权转让事项业经其名义出资人南京联创工会和实际出资人南京联创的同意。南京联创工会与张宝泉签署的《股权转让协议》约定"本协议自双方盖章或签字后生效",该协议经股权实际持有人南京联创的法定代表人孙力斌签字、南京联创工会盖章及受让方张宝泉签字,该协议已生效。2006年12月18日,由南京联创盖章并经孙力斌签字确认的《苏州联创公司、日本联创公司股权转让款项支付清单》(以下简称《支付清单》)约定,苏州联创公司的股权转让价款统一支付至南京联创账户(包括应付南京联创的31.2万元),由南京联创统一收取。

经核查张宝泉 2006 年 12 月 19 日的银行汇款凭证,张宝泉已按照约定向南京联创指定的账户支付全部股权转让价款,包括南京联创工会的股权转让款 31.2 万元。2006 年 12 月 27 日,苏州工业园区工商局对该次股权转让予以核准,向凌志有限核发了《企业法人营业执照》。

(5)南京联创工会转让其持有苏州联创股权纠纷情况。截至问询函回复出具日,南京联创工会并未就前述股权转让事项提出任何异议,亦未就相关事项向人民法院提出诉讼主张权益。根据张宝泉出具的《承诺函》:2006 年 12 月,其与南京联创工会签署的受让南京联创工会持有的苏州联创 26% 股权的《股权转让协议》系双方真实意思表示,已全部支付完毕 31.2 万元股权转让价款,双方已办理完毕股权转让工商变更登记手续,《股权转让协议》已履行完毕。就上述股权转让事宜,双方无任何现有或潜在的争议、纠纷或其他未了事宜。若因该 26% 股权引起任何争议纠纷,张宝泉将全权负责并承担一切责任,包括履行经生效法律文件确定的给付金钱的义务,不会对公司或公司其他股东造成影响。

发行人系在股转系统挂牌的企业,《苏州工业园区凌志软件股份有限公司公开转让说明书》及其他文件已于 2014 年 7 月 14 日在股转系统进行公告,凌志软件有关历史沿革和上述代持有关信息一直处于公开状态。从上述信息公告至民法总则施行日已超过 2 年,即南京联创及南京联创工会向人民法院提起诉讼应当适用民法通则规定的 2 年诉讼时效;从上述信息公告至今已超过 2 年,南京联创及南京联创工会未提出异议,亦未就相关事项向人民法院提起诉讼,之后其提起诉讼将失去胜诉权。综上,截至问询函回复出具日,南京联创工会向张宝泉转让苏州联创 26% 股权事项不存在纠纷或潜在纠纷,不会导致控股股东持有的发行人股份存在权属纠纷。

【案例评析】

公司原股东南京联创工会曾持有公司股份,上述股份已转让,相关主体及工会成员确权尚未完成,存在股权纠纷风险。根据公司说明,南京联创工会代南京联创持有苏州联创股权的行为不违反当时有关法律法规的规定,南京联创工会出资设立苏州联创及其后续转让苏州联创股权的行为合法有效,南京联创工会的代持行为于 2006 年 12 月股权转让时结束。尽管南京联创工会等主体并未就前述股权转让事项出具书面确认文件,但考虑到公司在全国股转系统挂牌公开转让股份,相关信息在 2014 年就已经公开披露,有关当事人未提出任何异议或存在诉讼纠纷,涉诉风险较低,审核人员未继续问询。

4.“三类股东”

“三类股东”是指银行理财产品、资金信托计划,证券公司、基金公司、基金子公司、期货公司和保险资产管理公司发行的资管产品,公募证券投资基金、私募投资基金等发行的契约型基金等非法人持股金融产品。上述金融产品基于信托法律产生,产品管理人作为受托人执行委托人资金的投资和管理活动,产品财产权益独立于委托人和受托人。“三类股东”发行的金融产品具有产品种类多样化、结构复杂化及透明度低等特点,监管机构很难直接对其进行全流程监控和全覆盖监管,容易形成特殊投资安排或利益输送。

《科创板审核问答(二)》明确:发行人在全国股份转让系统挂牌期间形成“三类股东”持有发行人股份的,中介机构和发行人应从以下方面核查披露相关信息:

(1)核查确认公司控股股东、实际控制人、第一大股东不属于“三类股东”。

(2)中介机构应核查确认发行人的“三类股东”依法设立并有效存续,已纳入国家金融监管部门有效监管,并已按照规定履行审批、备案或报告程序,其管理人也已依法注册登记。

(3)发行人应根据中国人民银行、中国银行保险监督管理委员会、中国证券监督管理委员会、国家外汇管理局于 2018 年 4 月 27 日印发的[2018]106 号《关于规范金融机构资产管理业务的指导意见》(简称《指导意见》)披露“三类股东”相关过渡期安排,以及相关事项对发行人持续经营的影响。中介机构应当对前述事项核查并发表明确意见。

(4)发行人应当按照要求对“三类股东”进行信息披露。保荐机构及律师应对控股股东、实际控制人,董事、监事、高级管理人员及其近亲属,本次发行的中介机构及其签字人员是否直接或间接在“三类股东”中持有权益进行核查并发表明确意见。

(5)中介机构应核查确认“三类股东”已作出合理安排,可确保符合现行锁定期和减持规则要求。

"三类股东"问题本质上是资管产品监管缺失问题,导致公司实际出资人难以核查,存在监管真空和监管套利风险。随着资管新规的落地实施,"三类股东"发行的资管产品监管逐渐到位,公司按照要求履行相应核查及披露即可。

> **审核关注要点:**
>
> (1)公司控股股东、实际控制人、第一大股东是否属于"三类股东";
>
> (2)公司的"三类股东"是否依法设立并有效存续,是否纳入国家金融监管部门有效监管,是否已按规定履行审批、备案或报告程序,其管理人是否已依法注册登记;
>
> (3)控股股东、实际控制人,董事、监事、高级管理人员及其近亲属,本次发行的中介机构及其负责人、高级管理人员、经办人员是否直接或间接在"三类股东"中持有权益;
>
> (4)"三类股东"是否符合现行资产管理产品监管规定要求,相关产品设计安排能否符合锁定期和减持规则要求。

典型案例15:金达莱存在"三类股东"

招股说明书显示,公司股东存在多个"三类股东"。

【审核问询意见】

请发行人及其中介机构按照《科创板审核问答(二)》第九之问答的规定分别做好披露、核查工作。

【问询回复摘要】

发行人及保荐机构回复:

(1)发行人"三类股东"的基本情况。公司股票自2020年2月14日起在股转系统暂停转让。根据中国证券登记结算有限责任公司北京分公司2020年3月23日出具的《全体证券持有人名册》,截至权益登记日2020年3月17日,发行人股东中存在20家"三类股东"(指契约型基金、资产管理计划或信托计划),均系发行人采取股票做市转让方式后形成的新股东,相关股东持股情况如下:

序号	股东名称	持股数量(股)	持股比例(%)
1	博时资本–宁波银行–北京恒天财富投资管理有限公司(恒天财富稳钻 1 号新三板投资基金)	302000	0.1459
2	博时资本–宁波银行–博时资本东兴投资新三板专项资产管理计划	263000	0.1271
3	深圳市泰石投资管理有限公司–泰石红翎 1 号新三板投资基金	139000	0.0671
…	……		

（2）发行人控股股东、实际控制人、第一大股东均为自然人廖志民，不属于"三类股东"。

（3）发行人的"三类股东"依法设立并有效存续，已纳入国家金融监管部门有效监管，并已按照规定履行审批、备案或报告程序，其管理人也已依法注册登记发行人"三类股东"均依法设立并有效存续，已纳入国家金融监管部门有效监管，并已按照规定履行审批、备案或报告程序。

（4）发行人部分"三类股东"存在不符合《指导意见》相关规定的情况。截至回复出具日，发行人共计 20 家"三类股东"，其中 8 家存在不符合《指导意见》相关规定的情形，涉及存在杠杆、分级、嵌套等无法确定事项，合计持有发行人股份数为 247000 股，占发行人股权比例为 0.1193%。除持有发行人 4000 股的上海康橙投资管理股份有限公司–康橙天天向上壹号外，其他 7 家不符合《指导意见》的"三类股东"管理人已就整改事项出具《确认函》。

《指导意见》第二十九条规定："本意见实施后……按照'新老划断'原则设置过渡期，确保平稳过渡。过渡期为本意见发布之日起至 2020 年底，对提前完成整改的机构，给予适当监管激励……金融机构应当制定过渡期内的资产管理业务整改计划，明确时间进度安排，并报送相关金融监督管理部门，由其认可并监督实施，同时报备中国人民银行。过渡期结束后，金融机构的资产管理产品按照本意见进行全面规范（因子公司尚未成立而达不到第三方独立托管要求的情形除外），金融机构不得再发行或存续违反本意见规定的资产管理产品。"2018 年 7 月 20 日发布的《中国人民银行办公厅关于进一步明确规范金融机构资产管理业务指导意见有关事项的通知》规定，"经人民银行、银保监会、证监会共同研究，现将有关事项进一步明确如下：……六、过渡期内，由金融机构按照自主有序方式确定整改计划，经金融监管部门确认后执行"。

根据上述规定，2020年底前均为《指导意见》规定的"三类股东"规范整改过渡期。相关待整改"三类股东"在2020年底前制订整改计划并报备，以及在过渡期结束后进行全面规范，不再发行或存续违反《指导意见》的资管产品均符合《指导意见》等相关规定要求。

尽管上海康橙投资管理股份有限公司–康橙天天向上壹号尚未就整改事项拟订具体整改计划，但因该8家待整改"三类股东"均依法设立并有效存续且其持股比例极低，对公司经营决策无重大影响，"三类股东"过渡期安排以及整改结果对发行人持续经营不会构成重大不利影响。

(5)相关人员在产品中投资情况。发行人"三类股东"管理人已经确认：金达莱的控股股东、实际控制人、董事、监事、高级管理人员及其近亲属以及金达莱本次发行上市聘请的中介机构及其签字人员均未通过相关产品直接或间接持有金达莱股份或享有任何权益。发行人控股股东、实际控制人、董事、监事、高级管理人员以及发行人就本次发行上市聘请的中介机构及项目签字人员亦出具确认函确认未直接或间接在"三类股东"中持有权益。

(6)产品锁定期安排情况。"三类股东"已作出合理安排，可确保符合现行锁定期和减持规则要求。因上述20家"三类股东"均不涉及发行人的控股股东、实际控制人、董事、监事、高级管理人员或核心技术人员，且各自持有发行人股份比例皆未超过1%，未达到《上市公司股东及董监高减持股份实施细则》(简称《减持实施细则》)所规定限制出售的持股比例，故不会出现违反《减持实施细则》有关特殊股东不得超比例减持规定的情形。

【案例评析】

公司股东中存在"三类股东"，个别股东尚未按照资管新规完成整改，存在监管合规风险。根据公司说明，公司控股股东、实际控制人、第一大股东不属于"三类股东"；相关股东已按照规定履行审批、备案或报告程序；控股股东、实际控制人、董事、监事、高级管理人员及其近亲属，本次发行的中介机构及其负责人、高级管理人员、经办人员不在该等"三类股东"中持有权益；相关产品设计安排符合锁定期和减持规则要求。个别"三类股东"未按照监管意见整改完毕,但持股比例极低,对公司上市整体影响较小,因此未继续问询。

五、股东变化

公司设立之后,因为财产分配、创始人分歧或者股东投资意愿的变动,引入外部机构投资者或者上下游供应商、客户,实施股权激励等等会发生多次股权转让及股东变动。公司股东变动有可能影响公司经营稳定性,上市前突击入股还可能存在利益输送,审核中较为关注。

1. 股权转让

股权转让,是公司股东依法将自己的股东权益有偿转让给他人,使他人取得股权的民事法律行为。公司股东正常的股权转让应当具有合理性、真实性和合法性等特征。合理性主要是指公司股东股权转让的背景具有合理性且股权转让的价格公允。真实性是指股权转让为转让双方真实意思表示,且对价支付完毕,不存在股份代持或其他利益输送安排,不存在法律争议或潜在纠纷。合法性是指股权转让依法履行了相应的决策和审批程序,股权转让款的资金来源合法合规。

涉及国有股权转让的,根据《企业国有资产监督管理暂行条例》规定,国有资产监督管理机构决定其所出资企业的国有股权转让。其中,转让全部国有股权或者转让部分国有股权致使国家不再拥有控股地位的,需报本级人民政府批准。

股东间股权转让应当满足双方合意、履行必要内部决策程序、价格公允且对价支付程序,防止出现股东间利益输送和股权纠纷。

> **审核关注要点:**
> (1)公司股东股权转让是否符合公司章程或投资协议的约定,有限公司阶段股权转让是否存在侵害其他股东优先购买权情形,是否存在纠纷;
> (2)公司股东股权转让定价是否合理,对价是否支付,股权转让是否真实,是否存在股权代持情形;
> (3)公司股东转让股权是否符合《公司法》关于股份公司发起人、董监高等股票限售的规定;

（4）国有股权转让是否履行资产评估、国资审批、进场交易等国有股权转让审批程序，存在瑕疵的，是否取得有权部门确认意见；

（5）外商投资企业股权转让的，是否存在违反外汇、税收相关管理规定的情况。

典型案例16：神州细胞股东低价转让股权

2009年2月，神州细胞工程控股股东北京四环将其持有的4100万元出资额以3034万元的价格转让予神州细胞有限，转让价格低于出资额。根据问询回复，鼎晖孕冉、清松稳胜尚未向拉萨爱力克支付股权转让价款。

【审核问询意见】

请发行人说明：（1）北京四环以低于出资额的价格转让所持发行人股份的原因及合理性，上述股权转让是否已履行必要的程序。（2）上述股权转让未支付转让价款的原因，是否存在纠纷或潜在纠纷，是否对发行人的股权清晰构成影响。

【问询回复摘要】

公司说明：

（1）关于转让价格合理性。根据北京四环控股股东四环生物（股票代码：000518.SZ）于2008年12月13日发布的转让公告，"神州细胞工程有限公司自成立以来，一直处于研发阶段，长期亏损""为了规避经济危机带来的潜在风险，收回现金，缩减费用，减少合并入北京四环生物制药有限公司亏损，进一步减少因合并带给上市公司的损失"，北京四环决定将其所持有的神州细胞工程82%股权转让给神州细胞有限。南京立信永华会计师事务所有限公司和江苏中天资产评估事务所有限公司分别出具了审计报告和评估报告，报告显示神州细胞工程截至2008年10月31日净利润为-4120101.66元，净资产账面值为2285.28万元，评估价值为3712.76万元。本次转让神州细胞工程82%股权的价格系参照评估机构对神州细胞工程的评估总价确定为3034万元。

（2）关于转让程序合规性。根据四环生物于2008年12月13日发布的《江苏四环生物股份有限公司第五届董事会第十次会议决议公告》，四环生物董事会五届十次会议审议通过了相关议案。根据转让公告，四环生物独立董事就本次转让发表了独立意见，认为"评估机构聘任程序合法、评估机构的独立性、评估假设和评估结论合理"，其"同意控股子公司的该股权转让方案"。2009 年 1 月 19 日，神州细胞工程召开临时股东会议并作出决议，同意神州细胞有限加入股东会，同意本次股权转让，并同意相应修改公司章程。

（3）关于拉萨爱力克股权转让对价支付情况。根据鼎晖孚冉、清松稳胜与拉萨爱力克签署的相关《股权转让协议》，鼎晖孚冉、清松稳胜分别向拉萨爱力克支付股权转让价款的方式和期限由其分别与拉萨爱力克另行约定。截至目前，鼎晖孚冉已向拉萨爱力克支付股权转让价款 3000 万元，清松稳胜已向拉萨爱力克支付股权转让价款 2000 万元，相关股权转让价款已支付完毕。拉萨爱力克与鼎晖孚冉、清松稳胜就相关股权权属不存在纠纷或潜在纠纷，相关股权权属清晰。

【案例评析】

公司股东北京四环以低于出资额的价格转让所持神州细胞工程股权，可能存在国有资产流失和利益输送风险；拉萨爱力克转让股权，受让方迟迟未支付对价不符合惯常商业逻辑，审核中关注了上述股权转让是否存在纠纷。根据公司说明，北京四环以低于出资额的价格转让所持神州细胞工程股权主要系该公司长期亏损，具有合理性，该等股权转让已履行必要的程序。拉萨爱力克股权转让未进一步披露背景原因（具体原因可能已经与审核机构沟通），考虑鼎晖孚冉、清松稳胜已支付全部股权转让价款，存在纠纷可能性较小，审核中未进一步问询。

2. 突击入股

突击入股主要是指拟上市公司在上市申报材料前的 1 年或半年内，有机构或者个人以低价获得该公司股份的情形。注册制实施以后，部分公司公开发行股票的市盈率高企。按照 2020 年上半年的整体情况来看，科创板的平均市盈率在 100 倍左右，创业板在 70 倍左右，主板约 50 倍，新三板精选层约 40 倍，这意味着在上市前取得公司股票将获得巨大的投资溢价。

《首发企业股东信息披露指引》规定，提交首发上市申请前 12 个月内入股的新股东锁定股份 36 个月，并在招股说明书中充分披露新增股东的基本情况、入股原因、入股价格及定价依据，新股东与发行人其他股东、董事、监事、高级管理人员是否存在关联关系,新股东与本次发行的中介机构及其负责人、高级管理人员、经办人员是否存在关联关系,新增股东是否存在股份代持情形。

对公司股东突击入股进行监管主要为防止出现特定人员利益输送情形,公司按照监管要求履行核查、限售和披露即可。

> **审核关注要点:**
> (1)公司是否充分披露上市前12个月内新增股东的基本情况、引入股东的原因、股权转让或定增股票的价格及其合理性;
> (2)公司新增股东是否与公司控股股东、实际控制人、董事、高管、中介机构、有关主管机构、监管机构人员等存在关联关系;
> (3)突击入股价格是否公允,资金来源是否清晰明确,是否存在委托持股或利益输送情形。

典型案例17:孚能科技股东突击入股

2018年12月15日申报前一年,宁波璟晨以1907.9972万元的价格将其所持2.6248万美元出资额转让给新股东燕园康泰、东方创业、燕园姚商,2018年12月20日,宁波璟晨以货币408.2万元认缴新增注册资本11.5559万美元,2018年12月22日,陆惠萍以48.52万元的价格将其所持1.4017万美元出资额转让给宁波璟晨。

【审核问询意见】

请发行人说明:申报前一年新增合伙企业股东的普通合伙人的股权结构及其股东的基本信息、新增自然人股东近五年的从业经历,突击入股股东的持股锁定期,是否合规。

请保荐机构、发行人律师:核查发行人申报前一年新增股东的基本情况、产生新股东的原因、增资的价格及定价依据,有关股权变动是否为双方真实意思表示,是否存在纠纷或潜在纠纷,新股东与发行人其他股东、董事、监事、高级管理人员、本次发行中介机构负责人及其签字人员、发行人主要供应商是否存在亲属关系、关联关系、委托持股、信托持股或其他利益输送安排,新股东是否具备法律法规规定的股东资格。

【问询回复摘要】

公司说明:

发行人申报前一年新增股东为：苏州博澳、宁波璟晨、JACKIEZEGISH-ENG(盛泽琪)、燕园康泰、东方创业、燕园姚商、德丰嘉润、厦门嘉亨、东吴创新、新余善金。发行人申报前一年新增股东有关股权变动系双方真实意思表示，不存在纠纷或潜在纠纷；除东吴创新为本次发行上市联席主承销商东吴证券股份有限公司的全资子公司、苏州博澳为发行人监事郑俪姮对外投资的企业、宁波璟晨为发行人实际控制人之一陆惠萍控制的企业、JACKIEZEGISHENG(盛泽琪)为发行人控股股东、实际控制人 ZELINSHENG(盛泽林)的近亲属外，新股东与发行人其他股东、董事、监事、高级管理人员、本次发行中介机构负责人及其签字人员、发行人主要供应商不存在亲属关系、关联关系、委托持股、信托持股或其他利益输送安排；新股东均具备法律法规规定的股东资格。

本次申报前六个月内入股的股东为宁波璟晨、燕园康泰、东方创业、燕园姚商、德丰嘉润、厦门嘉亨、东吴创新、新余善金。上述股东均已就持股锁定期出具《关于股份锁定的承诺函》。

【案例评析】

公司申报前一年及六个月均存在新增股东，存在突击入股情形。根据公司说明和中介机构核查，发行人申报前一年新增股东有关股权变动系双方真实意思表示，不存在纠纷或潜在纠纷；除特殊情形外，新股东与发行人其他股东、董事、监事、高级管理人员、本次发行中介机构负责人及其签字人员、发行人主要供应商不存在亲属关系、关联关系、委托持股、信托持股或其他利益输送安排；新股东均具备法律法规规定的股东资格。申报前六个月入股股东宁波璟晨、燕园康泰、东方创业、燕园姚商、德丰嘉润、厦门嘉亨、东吴创新、新余善金均已按照《科创板审核问答(二)》的规定出具持股锁定期承诺，突击入股股东的持股锁定期安排符合相关法律法规和规范性文件的规定。

3. 股东超 200 人

根据《公司法》规定，有限责任公司的股东人数不得超过 50 人，股份公司发起人不得超过 200 人；根据《证券法》规定，公司向特定对象发行证券累计超过 200 人的即为公开发行证券，需报证监会予以批准。《非上市公众公司监管指引第 4 号——股东人数超过 200 人的未上市股份有限公司申请行政许可有关问题的审核指引》（以下简称《非公监管指引4号》）规定，200人公司的设立、历次增资依法需要批准的，应当经过有权部门的批准。存在不规范情形的，应当经过规范整改，并经当地省级人民政府确认（股票依法集中托管的除外）。

实践中公司股东人数超过200人的主要存在下列三种情形：

（1）1994年7月1日《公司法》实施前，依法批准向社会公开发行股票的；

（2）1994年7月1日《公司法》实施前，经过体改部门批准设立的股份公司，存在内部职工股超范围或超比例发行、法人股向社会个人发行等不规范情形的；

（3）按照《国务院办公厅转发证监会关于〈清理整顿场外非法股票交易方案〉的通知》（国办发［1998］10号），清理整顿证券交易场所后"下柜"形成的股东超过200人的。

对于公司历史上存在股东超过200人的，还涉及股东所持股份的确权问题。《非公监管指引4号》规定，申请行政许可的200人公司应当对股份进行确权，通过公证、律师见证等方式明确股份的权属。申请公开发行并在证券交易所上市的，经过确权的股份数量应当达到股份总数的90%以上（含90%）；申请在全国股份转让系统挂牌公开转让的，经过确权的股份数量应当达到股份总数的80%以上（含80%）。未确权的部分应当设立股份托管账户，专户管理，并明确披露有关责任的承担主体。

对于间接持股穿透后导致股东超过200人的，《非公监管指引4号》同样明确，股份公司股权结构中存在工会代持、职工持股会代持、委托持股或信托持股等股份代持关系，或者存在通过"持股平台"间接持股的安排以至于实际股东超过200人的，在依据本指引申请行政许可时，应当已经将代持股份还原至实际股东、将间接持股转为直接持股，并依法履行了相应的法律程序。以私募股权基金、资产管理计划以及其他金融计划进行持股的，如果该金融计划是依据相关法律法规设立并规范运作，且已经接受证券监督管理机构监管的，可不进行股份还原或转为直接持股。

与此同时，《科创板审核问答（一）》又规定，员工持股计划遵循"闭环原则"，在计算发行人股东人数时，按一名股东计算。"闭环原则"，是指发行人上市前及上市后的锁定期内，员工所持相关权益拟转让退出的，只能向员工持股计划内员工或其他符合条件的员工转让。锁定期后,员工所持相关权益拟转让退出的,按照员工持股计划章程或有关协议的约定处理。员工持股计划不在公司首次公开发行股票时转让股份,并承诺自上市之日起至少 36 个月的锁定期。

《科创板审核问答(二)》还规定,对于历史沿革涉及较多自然人股东的发行人,保荐机构、发行人律师应当核查历史上自然人股东入股、退股(含工会、职工持股会清理等事项)是否按照当时有效的法律法规履行了相应程序,入股或股权转让协议、款项收付凭证、工商登记资料等法律文件是否齐备,并抽取一定比例的股东进行访谈,就相关自然人股东股权变动的真实性、所履行程序的合法性,是否存在委托持股或信托持股情形,是否存在争议或潜在纠纷发表明确意见。

公司股东人数超 200 人的,按照法律法规规定需履行证监会核准程序。通过持股平台等方式实现多人持股的,应当符合"闭环原则"。

> **审核关注要点:**
> (1)公司历史上自然人股东入股、退股(含工会、职工持股会清理等事项)是否按照当时有效的法律法规履行了相应程序,公司股东是否存在委托持股或信托持股情形,是否存在争议或潜在纠纷;
> (2)公司历史超 200 人股东入股或股权转让协议、款项收付凭证、工商登记资料等法律文件是否齐备,是否按照《非公监管指引 4 号》规定履行审批程序;
> (3)公司间接持股穿透后导致股东超过 200 人的,是否按照《非公监管指引 4 号》规定履行直接持股和代持还原安排,存在员工持股平台的,是否符合"闭环原则"。

典型案例 18:中国电研股东累计超 200 人

招股说明书披露,根据《中国电器科学研究院有限公司员工持股管理办法》,设立凯天投资作为员工持股平台持有中国电器院股份,设立广州立伟资产管理有限公司为凯天投资的普通合伙人、执行事务合伙人,设立广州中电院投资管理中心(有限合伙)等 13 个有限合伙企业作为凯天投资的有限合伙人。公司员工通过上述 13 个有限合伙企业间接持有公司股权。

【审核问询意见】

请发行人说明：员工持股计划人数、员工持股计划的人员构成（包括任职岗位），穿透后股东人数是否超过200人，如超过，是否遵循"闭环原则"或在基金业协会依法依规备案。

【问询回复摘要】

公司说明：

截至本回复签署之日，共596名自然人通过广州中电院投资管理中心（有限合伙）等13个有限合伙企业间接持有公司股权。中国电器院员工持股计划遵循"闭环原则"，具体情况如下：

（1）员工持股计划锁定期。根据2019年第三次临时股东大会决议，本次发行全部为新股发行，原股东不公开发售股份。因此，员工持股计划不在公司首次公开发行股票时转让股份。针对上市后股份锁定，凯天投资承诺：自公司股票上市之日起36个月内，不转让或者委托他人持有或管理其直接或间接持有的本次发行前公司的股份，也不提议由公司收购该部分股份。

（2）员工所持相关权益转让退出安排。持有人转让的员工股份转让给员工持股管理委员会确定的受让人，受让人的范围为有权认购公司员工股份，在关键岗位工作并对公司经营业绩和持续发展有直接或较大影响的科研人员、经营管理人员和业务骨干，包括已持有股份的员工。持有人持有的有限合伙企业财产份额不得赠予、继承、质押，不得分割。

【案例评析】

公司存在员工持股计划，投资人穿透计算超200人。根据公司说明，公司员工持股计划符合《科创板审核问答》关于"闭环原则"的规定。

第二节　公司的股权结构及组织机构情况

发行人的股权结构图和组织结构图对于快速了解公司的股东及其出资情况、公司对外投资情况、公司内部管理结构和组织机构非常重要，有助于读者从整体上对公司的权益结构、管理机制进行把握。

一、股权结构

股权结构是指股份公司总股本中，不同性质的股份所占的比例及其相互关系。公司股权结构涵盖了公司的最终实际控制人及其与公司之间的投资和控制关系,股东的名称和持股比例,公司对外投资的子公司具体情况等信息。

一家公司的股权结构图越是简单明了,组织机构的运行效率就越高,反映出公司的创始人团队相对稳定且清晰,公司的主要资金来源稳定、明确,公司在主营业务之外的投资相对谨慎。如果公司股权结构复杂,存在多层次、多主体或者交叉持股等情形,往往涉及一些特殊的投资或控制安排,或者是规避投资限制、关联交易、同业竞争、资金用途监管等灰色目的。

《首发企业股东信息披露指引》规定,发行人股东的股权架构为两层以上且为无实际经营业务的公司或有限合伙企业的,如该股东入股交易价格明显异常,中介机构应当对该股东层层穿透核查到最终持有人,上市公司、新三板挂牌公司、国有控股或管理主体、集体所有制企业、境外政府投资基金、大学捐赠基金、养老基金、公益基金、公募资产管理产品以及符合一定条件的外资股东等不需穿透核查。

公司与子公司存在交叉持股安排的,公司可能存在出资不实、关联交易和利益输送等风险。

审核关注要点:

(1)公司是否充分披露股权结构至最终实际控制人,存在多重股权架构的,是否充分披露股东之间关联关系、股东与公司管理层关联关系;

(2)公司是否存在不合理的持股结构安排和交叉持股情形,相关持股安排是否具有商业合理性。

典型案例19:孚能科技股东交叉持股

孚能基金持有北汽蓝谷的股份。发行人股东安鹏行远、建泉安鹏持股的普通合伙人均为北京汽车集团有限公司控制的企业。

【审核问询意见】

请发行人说明:其与北汽集团交叉持股的原因,发行人是否在技术研发与产品销售方面存在对北汽集团的依赖,双方交易价格是否合理,是否存在利益输送。

【问询回复摘要】

(1)发行人与北汽集团交叉持股的原因。出于对新能源汽车产业领域持续发展看好,发行人作为有限合伙人于2016年2月参与设立孚能基金。根据孚能基金的《合伙协议》,孚能基金的合伙目的为专项股权投资新能源产业企业,北汽新能源为国内新能源汽车制造商的龙头企业之一,具有较强的投资价值和上市预期,符合孚能基金的投资要求。孚能基金于2016年4月及2017年7月向北汽新能源增资入股,合计持有3135万股股份,持股比例为0.59%。2018年,孚能基金通过换股的方式成为北汽蓝谷的股东,北汽集团为北汽蓝谷的第一大股东。

安鹏行远、建泉安鹏的普通合伙人由北汽集团的全资子公司北京汽车集团产业投资有限公司实际控制。根据安鹏行远、建泉安鹏的《合伙协议》,其主营业务均为股权投资,重点投资汽车产业、动力电池、新材料等新兴领域。孚能科技是国内三元软包动力电池的龙头企业,契合其投资领域,具有较强的投资价值。因此,2018年5月和2019年2月,安鹏行远、建泉安鹏以增资的方式入股孚能科技,导致北汽集团间接持有发行人股份。

(2)关于是否存在利益输送。2016年,公司对北汽新能源销售价格略低于江铃集团,主要因为公司与北汽新能源2016年起开始合作,考虑北汽新能源在新能源汽车领域的龙头地位,后续销量较为可观,公司向北汽新能源汽车的销售定价较低。2018年,公司对江铃集团销售的部分产品于2017年生产,该部分产品定价较低,导致对江铃集团的整体销售单价低于北汽新能源。2017年、2019年1~9月,公司对北汽新能源和江铃集团的销售价格基本相当。

【案例评析】

公司与北汽集团存在交叉持股,可能涉及利益输送风险。根据公司说明,发行人出于对新能源汽车产业和北汽新能源发展前景的看好通过孚能基金持有北汽蓝谷的股票;孚能科技符合安鹏行远、建泉安鹏的投资范畴,北汽集团通过安鹏行远、建泉安鹏间接持有发行人股份。上述交叉持股均涉及产业基金投资,具有一定的商业合理性。发行人与北汽集团的产品交易价格为双方参考市场价格、通过协商的方式确定,且与采购同种产品的其他主要客户的单价不存在明显差异。因此,发行人与北汽集团的产品交易价格合理,不存在利益输送。

二、红筹架构

红筹架构是指中国境内的公司(不包含港澳台)在境外设立离岸公司,然后将境内公司的资产注入或转移至境外公司,实现境外控股公司海外上市融资目的的结构。红筹架构包括两种不同方式,一种是通过境外公司对境内公司直接的持股控制(即典型的红筹架构),另一种则是通过协议控制(即所谓的 VIE 模式)。此前公司境内上市前都需要拆除红筹架构,2020 年 1 月 20 日,证监会同意华润微电子有限公司科创板首次公开发行股票注册,成为第一家"红筹上市"的企业。

红筹架构搭建过程中涉及外汇、外商投资、税收、国资等多方面合规性问题也是关注重点。上交所发布的《关于红筹企业申报科创板发行上市有关事项的通知》明确:

(1)红筹企业上市之前对赌协议中普遍采用向投资人发行带有特殊权利的优先股等对赌方式,如承诺申报和发行过程中不行使相关权利,可以将优先股保留至上市前转换为普通股,且对转换后的股份不按突击入股对待。

(2)针对红筹企业法定股本较小、每股面值较低的情况,明确在适用科创板上市条件中"股本总额"相关规定时,按照发行后的股份总数或者存托凭证总数计算,不再按照总金额计算。

(3)对红筹企业境内发行上市相关条件中的"营业收入快速增长"这一原则性要求,从营业收入、复合增长率、同行业比较等维度,明确三项具体判断标准,三项具备一项即可。"处于研发阶段的红筹企业和对国家创新驱动发展战略有重大意义的红筹企业",不适用营业收入快速增长的上述具体要求,充分落实科创板优先支持硬科技企业的定位要求。

红筹架构企业上市主体在境外,相关监管要求主要为防止因域外法律和监管导致监管真空和监管套利情形。

审核关注要点:

(1)公司是否充分披露红筹架构搭建过程、背景、原因及其合理性;

(2)公司红筹架构设置过程中涉及境外融资、股权转让、分红等是

> 否符合相关监管规定;
>   (3)公司是否充分披露境内外投资者权益保护安排情况。

典型案例20:华润微电子红筹上市

发行人为境外有限公司。

【审核问询意见】

请发行人说明:(1)结合《企业所得税法》及其实施条例、《国家税务总局关于境外注册中资控股企业依据实际管理机构标准认定为居民企业有关问题的通知》(国税发〔2009〕82号)等规定,目前所执行的税率是否符合相关税收法律法规,是否存在行政处罚风险,是否取得有权税务主管部门的确认;结合《国家税务总局关于境外注册中资控股企业依据实际管理机构标准认定为居民企业有关问题的通知》(国税发〔2009〕82号)第三条规定,说明发行人是否存在被按照实质重于形式的原则认定为非境内注册居民企业的风险……(2)历次境外融资、股权转让、分红的外汇资金跨境调动情况,是否属于返程投资并办理外汇登记及变更登记等必备手续,是否符合外汇管理法律法规。(3)其投资者权益保护水平,包括资产收益、参与重大决策、剩余财产分配等权益,是否总体上不低于境内法律法规规定的要求,境外律师是否就上述事项发表明确意见。(4)发行人在境内上市是否依法履行有关程序;本次发行以港元作为面值是否符合《证券法》及《关于在上海证券交易所设立科创板并试点注册制的实施意见》等相关规定……(5)本次发行前股票是否需要在中国证券登记结算有限公司集中存管……

【问询回复摘要】

公司说明:

(1)发行人及下属境外公司的税收居民身份认定问题。

1)由于发行人的主要财产、会计账簿、公司印章、董事会和股东会议纪要档案等位于或存放于中国香港,并不同时满足《国家税务总局关于境外注册中资控股企业依据实际管理机构标准认定为居民企业有关问题的通知》(国税发〔2009〕82号)第二条关于认定非境内注册居民企业的四个条件,因此,发行人不应被视为实际管理机构在中国境内的居民企业。

2)在"中国居民企业"的认定上,结合《企业所得税法》及其实施条例、香港税务条例及税务条例释义及执行指引以及《内地和香港特别行政区关于对所得避免双重征税和防止偷漏税的安排》,应在考虑实际管理机构所在地、是否属于香港中央管理及控制等相关因素的基础上,确定是哪一方的居民。由于发行人实际管理机构在中国香港,属于香港中央管理及控制,且香港律师行出具法律意见书明确发行人属于香港税务居民,因而发行人不属于中国居民企业。

3)发行人律师走访了主管税务机关上海市静安区税务局所得税科室,主管税务机关确认发行人不应被认定为中国居民企业,目前所执行的税率符合相关税收法律法规的规定。

(2)境外融资、股权转让、分红所涉外汇登记问题。中介机构对以下事项进行了核查:

1)核查每笔境外融资(包括股权融资和债务融资)、股权转让、分红的具体事项,以及外汇资金的跨境使用情况;

2)核查发行人历次境外债务融资资金入境是否办理外汇登记及(或)外债登记,并对相关登记信息进行披露;

3)核查发行人历次股权转让是否办理相应跨境资金调动外汇登记手续,如"FDI 境内机构转股外转中"登记、"FDI 对内义务出资"登记等;

4)根据2015年《国家外汇管理局关于进一步简化和改进直接投资外汇管理政策的通知》规定,外国投资者利润、红利汇出外汇登记事项可直接在银行办理,核查公司境内子公司资金出境(主要为分红等)是否于银行办理外汇登记并取得《服务贸易等项目对外支付税务备案》;

5)与国家外汇管理局当地中心支局进行访谈确认,是否存在外汇违规记录。

(3)境内外投资者权益保护问题。

1)从投资者获取投资收益、参与决策和剩余财产分配权三个角度比较发行人公司治理制度中关于境内外投资者权益的平等保护与一般 A 股上市公司的差异。

2)就上述事项,开曼律师 Conyers Dill & Pearman 出具了法律意见,认为发行人的投资者权益保护水平,包括资产收益、参与重大决策、剩余财产分配等权益,总体上不低于境内法律法规规定的要求。

(4)股票以港元作为 A 股股票面值。

1) 我国《证券法》《关于在上海证券交易所设立科创板并试点注册制的实施意见》等法律、行政法规并未规定公司发行的股票必须以人民币标明面值。因此，我国现行法律、行政法规并未禁止股票面值以人民币以外的货币作为计量单位。

2) 根据《关于开展创新企业境内发行股票或存托凭证试点的若干意见》《上海证券交易所科创板股票上市规则》(以下简称《科创板上市规则》)的规定，红筹企业在满足中国证监会关于信息披露及投资人权益保护要求的前提下，可根据自身实际情况选择股票面值币种。因此，我国现行规则允许红筹企业根据自身实际情况选择股票面值币种。

3) 根据开曼律师出具的境外法律意见，开曼群岛不存在任何外汇管制，发行人可根据《开曼群岛公司法》选择港元作为股票面值币种。

(5) 发行前发行人股东境外股份的境内登记存管。

1) 中国证券登记结算有限公司尚未就科创板红筹企业的首发前股份是否应当在境内证券登记结算机构进行登记存管作出明确规定。但上交所主板上市发行人须将其首次公开发行前的原始股东持有的股份在中国结算上海分公司进行电子化登记。科创板股票登记结算业务指南未规定的，原则上按照中国结算上海分公司关于沪市人民币普通股票的相关规定。

2) 为落实科创板相关规则中关于上市公司控股股东限售、减持安排的相关规定，强化上市公司信息披露，保护境内中小投资者的权益，发行人控股股东在本次发行前所持有的发行人股份需要在中国结算上海分公司进行登记与存管。

【案例评析】

公司系境外红筹架构企业。根据公司说明，公司不属于居民企业，境外融资、股权转让、分红等均符合外汇管理相关规定，公司采取了必要措施对境内外股东权益进行保护，且控股股东股权已在中国结算登记，符合《关于开展创新企业境内发行股票或存托凭证试点的若干意见》《科创板上市规则》的规定。

三、拆除红筹架构

"拆除"红筹架构是指境内上市主体，通过适当方式使在境外融资主体层面持股的股东"回落"到境内上市主体,实现控制权转移回境内,并将相关业务资产整合纳入境内上市主体或其子公司,满足公司上市要求。实践中,公司拆除红筹架构主要有两种模式,股权转让和增资模式。其中股权转让方式拆除红筹架构是指外资股东参照境外特殊目的公司的股权架构及各股东通过境外特殊目的公司间接持有发行人的股权比例,将所持发行人股权分别转让给境内持股主体、境外投资者或其设立的境外持股主体。增资方式拆除红筹架构,是指原通过境外特殊目的公司间接持有发行人股权的出资人,在境内设立境内持股公司,该境内持股公司对发行人增资取得股权,并摊薄境外特殊目的公司持有的发行人的外资股权。同时,出资人通过股权回购、转让等方式相应放弃通过境外特殊目的公司持有的发行人部分股权,实现控制权转回境内。

无论采用哪种方式,红筹拆除过程都需要大量资金,资金来源须合法合规。此外,拆除红筹架构后境外关联公司应当予以清理,未清理的,发行人与境外关联公司在人员、资金和费用方面应当相互独立。

公司拆除红筹架构过程需要满足外汇、外商投资、税收要求,防止出现外商投资、外汇管理和税收监管等处罚以及出现股权纠纷。

> **审核关注要点:**
> (1)公司境外上市计划实施进展,终止原因;
> (2)拆除红筹架构时,价款支付情况以及资金来源的合法合规情况;
> (3)拆除红筹架构时,外汇进出是否合法,是否存在行政处罚风险;
> (4)海外红筹架构搭建、存续及解除过程中涉及的相关税收事项是否已缴纳,是否存在行政处罚风险;
> (5)标的资产的生产经营是否符合国家产业政策以及外商投资管理规定。

典型案例 21:恒誉环保拆除红筹架构

2006 年公司前身拟实施海外上市,建立了海外上市架构,2015 年公司终止海外上市计划,并解除了相应海外上市架构。

【审核问询意见】

请发行人说明:(1)红筹架构搭建是否涉及外汇使用,是否取得外汇管理部门的批准,是否符合我国有关税收、外资、外汇管理等方面的法律法规规定、是否符合境外法律规定;(2)发行人拆除红筹架构是否已履行完毕境内外的税收申报和缴纳义务,是否存在被追缴税款的风险;(3)发行人在拆除红筹架构前的股权结构情况及各股东持股情况、持股比例是否有变化、是否涉及股份支付处理;(4)发行人红筹架构拆除过程中相关实体的资金来源及资金支付情况,是否存在向控股股东及其关联方进行利益输送的情形;(5)红筹架构终止后,发行人控股股东、实际控制人是否存在大额债务、是否存在质押发行人股份等影响发行人控制权稳定的事项;(6)投资人 Origo 及自然人李腾飞的退出过程,是否存在与发行人、主要股东之间的纠纷或潜在纠纷;(7)发行人历史上红筹架构的搭建及终止对发行人的本次发行及上市是否构成障碍。

【问询回复摘要】

发行人说明:

(1)关于红筹架构搭建合规性。发行人红筹架构搭建过程包括:2005 年 Niutech 向牛斌等境内自然人发行股份,2006 年牛斌等境内自然人将世纪华泰有限的 100% 股权转让给 Niutech,2010 年 Niutech 将世纪华泰有限的 100% 股权转让给 Niutech 的全资子公司香港华泰。

1)红筹架构搭建外汇使用合规情况。2005 年 3 月 Niutech 向牛斌及其他六位中国境内居民发行普通股共计 100 股,每股面值 1 美元。根据国家外汇管理局山东省分局出具的《境内居民个人境外投资外汇登记表》,牛斌等已就其初始认购 Niutech 的股份办理了外汇登记。经与牛斌、钟穗丽等相关人士确认,上述人士认缴 Niutech 股份后并未实缴出资,不涉及办理外汇资金汇出。2010 年 4 月,为解决股份代持,牛小川、于绍明、谭聪向牛斌、钟穗丽无偿转让其所持 Niutech 的所有股份。2010 年 6 月、2011 年 1 月、2011 年 12 月,Niutech 进行海外私募融资。根据国家外汇管理局山东省分局出具的《境内居民个人境外投资外汇登记表》,牛斌、王新明、钟穗丽、牛晓璐就上述募资后股东权益变动办理了境内居民个人境外投资外汇登记,该等股东权益变动不涉及办理外汇资金汇出。

2)红筹架构搭建有关税收、外资、外汇管理合规性。2006 年 6 月 2

日,世纪华泰有限召开股东会,同意全体股东牛斌、钟穗丽、王新明、于绍明、谭聪、牛晓璐、牛小川向 Niutech 转让其所持世纪华泰有限的全部股权,公司性质变更为外商独资企业。2006 年 6 月 19 日,济南市对外贸易经济合作局出具《关于"济南世纪华泰科技有限公司"合同章程的批复及颁发批准证书的通知》(济外经贸外资字[2006]145 号),批准本次股权转让和公司性质变更。世纪华泰有限系 2006 年 4 月设立的新公司,本次股权转让的目的系牛斌等境内自然人搭建海外上市架构,本次股权转让系同一控制下股权无偿划转,转让方不涉及缴纳个人所得税。

2010 年 4 月 2 日,世纪华泰有限召开董事会,同意 Niutech 向香港华泰转让其所持世纪华泰有限的全部股权。2010 年 5 月 25 日,济南市商务局出具《关于济南世纪华泰科技有限公司股权转让等事项的批复》(济商务外资字[2010]10 号),批准本次股权转让。本次股权转让系为搭建海外上市架构目的,转让方将同一控制下的股权进行无偿划转,本次股权转让并非以减少转让方应纳税收入或者所得额为主要目的实施,具有合理的商业目的;本次股权转让未取得收益,转让方不涉及缴纳企业所得税。针对本次股权转让,Niutech 当时的股东牛斌、钟穗丽、王新明、牛晓璐已出具或有补偿承诺函。

3)红筹架构搭建合法性。根据 Ogier 律师事务所于 2015 年 11 月出具的法律意见书,Niutech Energy Limited 系根据英属维尔京群岛 BVI 商业公司法(第 291 章)注册成立的有限责任公司,并根据英属维尔京群岛的法律有效存续且无纠纷和诉讼。根据徐伯鸣、陈鸿远、刘永强律师行于 2015 年 11 月出具的法律意见书,香港华泰系依据香港法例第 32 章公司条例注册成立的有限公司,并根据香港法律有效存续且无纠纷和诉讼。

(2)拆除红筹架构合规性。2015 年 8 月 10 日,香港华泰与筠龙投资、荣隆投资及银晟投资签署《股权转让协议》,约定香港华泰将牛斌、钟穗丽、王新明通过其间接持有世纪华泰有限共计 74.37%的股权(包括员工期权股份)以 1000 港元的对价转让给牛斌、钟穗丽、王新明设立的三家持股主体(筠龙投资、荣隆投资及银晟投资)。根据济南市天桥国家税务局出具的《税收缴款书》,筠龙投资、荣隆投资及银晟投资已分别于 2015 年 9 月 17 日向济南市天桥国家税务局代扣代缴本次股权转让企业所得税 90.9095 万元、19.1433 万元及 16.2726 万元。由于本次股权转让未在香港境内发生,香港华泰无须就本次股权转让所得在香港缴纳资本利得税。

2015 年 9 月 30 日,Niutech 对牛斌、王新明、钟穗丽、牛晓璐所持 Niutech 股份进行无偿回购,境内自然人未取得收益,不涉及境内缴纳个人所得税。根据《英属维尔京群岛 BVI 商业公司法(2004)》,BVI 商业公司及其支付的所有股息、利息、租金、特许权使用费、补偿及其他款项,就 BVI 商业公司的任何股份、债务或其他证券所取得的任何资本收益,均可免除英属维尔京群岛所得税法规定的纳税义务。

(3)红筹架构拆除前后股东持股比例变化情况。2015 年 8 月 10 日,香港华泰与筠龙投资、荣隆投资及银晟投资签署《股权转让协议》,将牛斌、钟穗丽、王新明通过香港华泰间接持有世纪华泰有限共计 74.37%的股份(包括员工期权股份)转让给牛斌、钟穗丽、王新明设立的三家持股主体(筠龙投资、荣隆投资及银晟投资)。2015 年 9 月 30 日,Niutech 回购境内自然人股东牛斌、钟穗丽、牛晓璐及王新明所持 Niutech 全部股份,并终止员工期权激励计划;境外投资人 Origo 及李腾飞所持 A 系列优先股全部转换为普通股。

拆除红筹架构前牛斌及配偶王新明、牛晓璐、钟穗丽分别间接持有世纪华泰有限 53.52%、5.63%、11.27%股权,并预留 9.58%员工期权;拆除红筹架构时,除家庭成员内部持股结构调整外,牛斌及配偶王新明、牛晓璐、钟穗丽间接持有世纪华泰有限的股权比例与拆除红筹架构前一致,未发生变化;9.58%的期权由预留持股平台银晟投资持有,银晟投资的合伙份额按照牛斌家族与钟穗丽的初始投资比例 84%：16%分配,未发生变化。本次拆除红筹架构时,除家庭成员内部持股结构调整外,原有股东的持股比例未发生变化,9.58%的预留股权由预留持股平台持有,不涉及发行人将股份作为权益工具向董监高及员工进行支付的情况,根据《企业会计准则第 11 号——股份支付》的相关规定,无须进行股份支付处理。

(4)红筹架构拆除过程中资金来源及资金支付情况。本次红筹架构拆除系通过同一控制下股权转让方式进行,交易对价为象征价格 1000 港元。筠龙投资、荣隆投资及银晟投资分别以各方的自有资金支付股权转让款及税款,相关款项已经支付完毕;本次股权转让目的系拆除海外红筹架构,不存在向控股股东及其关联方进行利益输送的情形。

本次红筹架构拆除不涉及大额资金支付,红筹架构终止后,发行人控股股东、实际控制人不存在大额债务、不存在质押发行人股份等影响发行人控制权稳定的事项。

（5）投资人退出情况，是否存在纠纷。红筹架构拆除前，投资人 Origo、李腾飞分别持有 Niutech 1073978 股 A 系列优先股、53022 股 A 系列优先股。2015 年 9 月 30 日，Niutech 回购境内自然人股东牛斌、钟穗丽、牛晓璐及王新明所持 Niutech 全部股份，并终止员工期权激励计划；境外投资人 Origo 及李腾飞所持 A 系列优先股全部转换为普通股。

红筹架构拆除时，Origo 及李腾飞持有发行人的股份数未发生变化。2018 年 4 月，李腾飞将所持 Niutech 全部股份转让给 Origo，李腾飞不再通过 Niutech 间接持有发行人任何股份。2019 年 9 月李腾飞出具承诺函，确认已收到 Origo 股权转让款，股权转让行为真实有效，无纠纷或潜在纠纷。

投资人 Origo 通过 Niutech 间接持有发行人股份，2018 年 11 月，Niutech 与牛晓璐签订股权转让协议，Niutech 将所持香港华泰全部股份转让给牛晓璐，Origo 不再通过 Niutech 间接持有发行人任何股份。根据牛晓璐于 2019 年 9 月出具的承诺函，其与 Niutech 之间的股权转让价款已结清，股权转让行为真实有效，无纠纷或潜在纠纷。①

【案例评析】

公司上市前拆除红筹架构。根据公司说明，发行人红筹架构搭建不涉及外汇使用，符合我国有关税收、外资、外汇管理等方面的法律法规规定，境外主体 Niutech 及香港华泰均依据当地法律合法设立，符合境外法律规定；发行人拆除红筹架构已履行完毕境内的税收申报和缴纳义务，不存在被追缴税款的风险；本次红筹架构拆除不涉及大额资金支付，红筹架构终止后，发行人控股股东、实际控制人不存在大额债务、不存在质押发行人股份等影响发行人控制权稳定的事项；投资人 Origo 及自然人李腾飞的退出过程清晰，与发行人、主要股东之间不存在纠纷或潜在纠纷；发行人历史上红筹架构的搭建及终止符合我国有关外商投资、外汇管理、税收等方面的法律法规规定。

---

① 公司未就李腾飞和 Origo 退出的原因，退出时相关股价合理性进行说明，中介机构未对 Origo 相关退出事宜进行确认或者就核查相关股权转让文件及资金流水情况进行核查。

四、上市公司子公司

我国对于上市公司的子公司能否再次在其他证券交易所公开发行股票并上市的问题一直存在争议，核心焦点在于同一资产的二次发售问题、风险联动问题以及交易所市场保护问题。《上市公司分拆所属子公司境内上市试点若干规定》(简称《分拆规定》)的出台明确了分拆上市条件，要求上市公司具备一定的盈利能力和规范运作水平，分拆后母公司与子公司符合证监会、证券交易所关于独立性的基本规定；上市公司分拆应及时披露信息，并经董事会、股东大会审议通过，子公司发行上市须履行首发上市或重组上市程序；中介机构就分拆是否合规等发表意见，独立财务顾问还应对分拆后的上市公司进行持续督导。

《科创板审核问答(二)》进一步明确，如发行人部分资产来自上市公司，保荐机构和发行人律师应当针对以下事项进行核查并发表意见：

(1)发行人取得上市公司资产的背景、所履行的决策程序、审批程序与信息披露情况，是否符合法律法规、交易双方公司章程以及证监会和证券交易所有关上市公司监管和信息披露要求，是否存在争议或潜在纠纷。

(2)发行人及其关联方的董事、监事和高级管理人员在上市公司及其控制公司的历史任职情况及合法合规性，是否存在违反竞业禁止义务的情形；上述资产转让时，发行人的董事、监事和高级管理人员在上市公司的任职情况，与上市公司及其董事、监事和高级管理人员是否存在亲属及其他密切关系。如存在上述关系，在相关决策程序履行过程中，上述人员是否回避表决或采取保护非关联股东利益的有效措施。

(3)资产转让完成后，发行人及其关联方与上市公司之间是否就上述转让资产存在纠纷或诉讼。

(4)发行人及其关联方的董事、监事、高级管理人员以及上市公司在转让上述资产时是否存在损害上市公司及其中小投资者合法利益的情形。

(5)发行人来自上市公司的资产置入发行人的时间，在发行人资产中的占比情况，对发行人生产经营的作用。

(6)境内外上市公司分拆子公司在科创板上市，是否符合相关规定。

上市公司分拆子公司重新上市涉及二次上市等问题，需要满足相关资产、收入、人员、管理等监管要求，防止公司通过资产二次上市进行套利和产生较大市场联动风险。

审核关注要点：

（1）公司是否充分披露取得上市公司资产的背景、所履行的决策程序、审批程序与信息披露情况；

（2）公司是否充分披露公司及其关联方的董事、监事和高级管理人员在上市公司及其关联方的历史任职情况及合法合规性，是否存在违反竞业禁止义务的情形，与上市公司及其董事、监事和高级管理人员是否存在亲属及其他密切关系，如存在，在相关决策程序履行过程中，相关人员是否回避表决或采取保护非关联股东利益的有效措施；

（3）公司是否充分披露来自上市公司的资产置入的时间，占上市公司资产比重情况，对公司生产经营的作用，资产转让过程中是否存在损害上市公司及其中小投资者合法利益的情形。

典型案例22：成大生物系上市公司子公司①

公司控股股东辽宁成大系上交所上市公司，公司本次上市涉及分拆上市。

【审核问询意见】

请发行人说明：（1）发行人是否满足《分拆规定》明确的分拆条件，详细说明本次分拆是否有利于上市公司突出主业、增强独立性，是否符合同业竞争、关联交易的监管要求，且资产、财务、机构方面相互独立，高级管理人员、财务人员不存在交叉任职，独立性方面不存在其他严重缺陷；（2）上市公司辽宁成大是否已根据《分拆规定》的相关要求，履行分拆的信息披露和决策程序要求，是否合法合规；（3）辽宁成大是否已取得证券交易所、上市公司所在地证监局就上市公司是否符合《分拆规定》第一条规定的相关条件的持续监管意见。

【问询回复摘要】

公司说明：

（1）公司满足分拆条件，具体如下：

1）公司母公司辽宁成大成立于1993年9月2日，1996年8月6日，经

---

① 2021年4月9日，该企业发行上市申请时正在注册中。

中国证监会批准,首次向社会公众发行普通股1200万股,并于同年8月19日在上交所挂牌上市交易,辽宁成大股票境内上市已满3年。

2)根据容诚会计师事务所出具的审计报告,辽宁成大最近3个会计年度连续盈利,扣除按权益享有的公司净利润后,归属于辽宁成大股东的净利润累计为人民币18.39亿元(净利润以扣除非经常性损益前后孰低值计算),不低于6亿元人民币。

3)根据容诚会计师事务所出具的审计报告,公司2019年度归属于母公司所有者的净利润(净利润以扣除非经常性损益前后孰低值计算)为6.67亿元,辽宁成大最近1个会计年度合并报表中按权益享有的公司净利润占归属于辽宁成大股东的净利润的百分比为36.97%,未超过归属于辽宁成大股东的净利润的50%;公司2019年度归属于母公司所有者的净资产约为34.25亿元,辽宁成大最近1个会计年度合并报表中按权益享有的公司净资产占归属于辽宁成大股东的净资产的百分比为9.65%,未超过归属于辽宁成大股东的净资产的30%。

4)辽宁成大不存在资金、资产被控股股东、实际控制人及其关联方占用的情形,不存在其他损害辽宁成大利益的重大关联交易。辽宁成大及其控股股东、实际控制人最近36个月内未受到过中国证监会的行政处罚;辽宁成大及其控股股东、实际控制人最近12个月内未受到过证券交易所的公开谴责。容诚所已为辽宁成大出具标准无保留意见的《审计报告》(容诚审字[2020]110Z0003号)。

5)辽宁成大不存在使用最近3个会计年度内发行股份及募集资金投向的业务和资产、最近3个会计年度内通过重大资产重组购买的业务和资产作为公司的主要业务和资产的情形。公司的主营业务为人用疫苗的研发、生产与销售,不属于主要从事金融业务的公司。

6)根据中国证券登记结算有限责任公司北京分公司提供的公司《全体证券持有人名册(合并同一持有人多个账户)》,辽宁成大的董事、高级管理人员及其关联方持有公司的股份合计为0.0086%,不超过本次分拆前公司总股本的10%;公司的董事、高级管理人员及其关联方持有公司的股份合计为3.91%,不超过本次分拆前公司总股本的30%。

7)本次分拆有利于辽宁成大突出主业、增强独立性,符合同业竞争、关联交易的监管要求,且资产、财务、机构方面相互独立,高级管理人员、财务人员不存在交叉任职,独立性方面不存在其他严重缺陷。

(2)辽宁成大已严格履行分拆的信息披露和决策程序要求。

1)辽宁成大已充分披露本次分拆对投资者决策和上市公司证券及其衍生品种交易价格可能产生较大影响的所有信息。

2)辽宁成大已充分披露了本次分拆的背景、目的、商业合理性、必要性;本次分拆对辽宁成大的影响;本次分拆对各方股东特别是中小股东、债权人和其他利益相关方的影响;本次分拆的可行性;本次分拆发行方案及本次分拆决策过程;重大风险提示、风险因素;保护投资者合法权益的相关安排;各方重要承诺、说明等,严格履行了信息披露义务。

3)辽宁成大董事会已就所属子公司分拆是否符合相关法律法规和《分拆规定》、是否有利于维护股东和债权人合法权益,辽宁成大本次分拆后能否保持独立性及持续经营能力,公司是否具备相应的规范运作能力等作出决议。

4)2019年度股东大会已就董事会提案中有关本次分拆有利于维护股东和债权人合法权益、辽宁成大分拆后保持独立性及持续经营能力等进行逐项审议并表决。涉及本次分拆议案已经出席会议股东所持表决权的2/3以上通过,且经出席会议的中小股东所持表决权的2/3以上通过。本次分拆未安排辽宁成大董事、高级管理人员持股计划。

5)辽宁成大聘请招商证券作为独立财务顾问就本次分拆事宜进行核查并持续督导,招商证券出具了《招商证券股份有限公司关于辽宁成大股份有限公司分拆子公司辽宁成大生物股份有限公司至科创板上市之核查意见》。恒信律所及容诚所已就辽宁成大本次分拆事项出具核查意见。

(3)辽宁成大已取得监管部门意见。上交所、中国证监会大连监管局已就上市公司符合《分拆规定》第一条规定的相关条件出具了持续监管意见。

【案例评析】

公司系上市公司辽宁成大子公司。根据公司说明,公司满足《分拆规定》明确的分拆条件,本次分拆有利于辽宁成大突出主业、增强独立性,符合同业竞争、关联交易的监管要求,且资产、财务、机构方面相互独立,高级管理人员、财务人员不存在交叉任职,独立性方面不存在其他严重缺陷;上市公司已根据《分拆规定》的相关要求,履行分拆的信息披露和决策程序;上交所、中国证监会大连监管局已就上市公司符合《分拆规定》第一条规定的相关条件出具了持续监管意见。

五、组织结构

组织结构是组织的全体成员为实现组织目标,在管理工作中进行分工协作,在职务范围、责任、权利方面所形成的结构体系。公司的组织结构与公司的管理机制、业务经营具有直接的联系。具体而言,一个以生产产品为主要业务的公司,必然会围绕生产设置采购部、生产部、销售部、维保部、研发部等生产性部门;一个以提供服务为主要业务的公司,主要机构则包括企划部、市场部、销售部等。公司组织结构决定着组织内部能否高效运转、相互配合,以实现尽可能降低内部交易成本和管理费用,同时对外产生协同效应,创造收入。

公司组织结构应当符合公司业务开展实际,避免出现虚假陈述和与公司实际业务不符的信息披露,误导投资者。

> **审核关注要点:**
> (1)公司组织机构设置是否符合《公司法》有关公司治理和内部控制的基本要求;
> (2)公司的组织机构的设置、安排与公司实际业务开展情况是否匹配一致;
> (3)公司是否充分披露重要组织机构及其职能、人员组成、机构协作等要素信息。

典型案例23:九号公司境外组织机构信息披露

招股说明书显示,公司报告期内各期境外收入占比分别为35.70%、26.11%、37.07%和45.18%。

【审核问询意见】

请发行人说明:公司组织结构与境外子公司之间的关系,在机构、人员、业务方面实现境外经营的安排。

【问询回复摘要】

公司说明:

公司境外子公司共有11家,包括九号机器人(香港)、纳恩博收购公司、纳恩博公司、赛格威机器人公司、赛格威、赛格威（德国）、赛格威发现（开曼）、赛格威发现（美国）、九号机器人（新加坡）、赛格威（欧洲）和赛格威（首尔）。境外子公司在机构、人员、业务方面实现境外经营的具体安排如下：

序号	公司名称	注册地	授权资本（股本）/注册资本（资本）	机构、人员、业务方面实现境外经营的安排
1	九号机器人（香港）	香港	10000 港元/10000 港元	未设置机构部门；当地未派驻人员，由境内公司人员对接业务；主要用于境外业务对接及签订业务合同
2	纳恩博收购公司	美国	100 股/100 股	未设置机构部门；目前没有人员；报告期内，未开展过实际经营业务
3	纳恩博公司	美国	1 美元/1 美元	未设置机构部门；目前没有人员；报告期内，未开展过实际经营业务
4	赛格威机器人公司	美国	100 股/1 股	未设置机构部门；目前没有人员；报告期内开展过路萌机器人销售业务，目前未开展实际经营业务
5	赛格威	美国	1000 股/100 股	设置了生产、销售、法务、行政、财务等部门；目前在岗员工各司其职，分别负责生产、销售、法务、行政、财务等；主要经营平衡车生产，及主要面向美洲地区开展销售业务
6	赛格威（德国）	德国	10000 股/1 股	设置了售后部门；目前在岗员工主要负责欧洲地区的售后服务的协调
7	赛格威发现（开曼）	开曼	500000000 股/1 股	未设置机构部门；目前没有人员；报告期内，未开展过实际经营业务
8	赛格威发现（美国）	美国	5000 股/5000 股	未设置机构部门；由赛格威委派人员负责具体业务对接；主要负责美国地区滑板车及操作系统的销售
9	九号机器人（新加坡）	新加坡	1000000 美元/1000000 美元	未设置机构部门；目前没有人员；报告期内，未开展过实际经营业务
10	赛格威（欧洲）	荷兰	500000 欧元/0 欧元	设置了销售、法务、行政、财务等部门；目前在岗员工各司其职，分别负责销售、法务、行政、财务等；主要面向欧洲地区开展销售业务

续表

序号	公司名称	注册地	授权资本(股本)/注册资本(资本)	机构、人员、业务方面实现境外经营的安排
11	赛格威(首尔)	首尔	1000000股/65000股	未设置机构部门;当地未派驻人员,由境内公司人员对接业务;主要面向韩国地区开展销售业务

对于业务量较大的境外子公司,是在总部统一协调下独立运营,根据其各自职能设置了相应的机构部门并招聘或派驻相关人员,其各职能部门和公司总部对应部门具体对接日常业务,其主要负责人通过不定期的视频例会、电话会议或现场会议向总部汇报工作;对于业务量较小的境外子公司,目前由总部相关职能部门负责对接和开展业务;部分海外子公司设立后尚未开展业务,尚未设置机构部门和招聘人员。

【案例评析】

公司境外收入占比较高,未披露说明境外子公司组织结构和经营活动中主要作用,不利于投资者理解业务开展实际。根据公司说明,公司境外子公司机构、人员、业务方面安排较为合理,符合公司业务开展实际。

第三节　公司控股子公司、分公司及参股公司情况

公司在经营发展过程中,为了拓展区域市场、推出新的产品和服务,或者为了税务筹划、员工属地管理以及业务延伸、风险隔离等方面的考虑,往往需要设立分公司或子公司或者参股部分公司。

从组织形式上看,子公司具有独立法人资格,以自己的名义开展经营活动;分公司不具有独立法人资格,必须以总公司分支机构的名义开展经营活动。从公司控制的角度来看,控股子公司与母公司连接的纽带是股权或协议,母公司基于所持股权或协议而对子公司进行控制,主要通过任免董事会成员或者批准投资决策等方式进行;参股公司则往往通过派驻董事的方式参与决策,不形成控制关系;分公司是总公司的分支机构,总公司通过财产、业务以及人事绝对控制。

一、控股子公司

控股子公司是指其公司出资或股份的50%以上被另一家公司所控制（包含全资子公司）。控股子公司作为发行人控制的重要经营主体，在业务上具有较强的独立性，在财务上则一般统一纳入公司财务报表。因此，涉及控股子公司的有关经营活动规范性等事项同样需要纳入审核范畴。按照控股子公司对公司净利润贡献情况，又可以分为重要子公司、主要子公司和普通子公司。

根据《科创板审核问答》等相关规定，子公司产生的净利润对上市公司净利润的影响达到或超过50%，一般认定为重要子公司；子公司产生的净利润对上市公司净利润的影响达到或超过10%，一般认定为主要子公司；子公司产生的净利润对上市公司净利润的影响低于5%以下，一般认定为普通子公司。

1. 重要子公司

对于资产、收入、利润占母公司比重较大的重要子公司，审核中通常将其视同发行人进行审核。

> **审核关注要点：**
> （1）公司对重要子公司、控股子公司、纳入合并报表的重要子公司的认定是否准确、全面；
> （2）公司是否充分披露重要子公司的基本情况、实收资本、股权结构、公司持股比例，设立该公司的原因及与母公司业务上的关系；
> （3）公司是否充分披露重要子公司的主要业务、商业模式、主要资产、主要财务数据及相关经营资质情况，重要子公司报告期内是否合法合规经营；
> （4）公司重要子公司存在亏损的，是否充分披露子公司亏损的原因，亏损可能带来的对公司持续经营能力和业绩下滑风险；
> （5）公司控股多家子公司的，是否充分说明相关投资安排的商业合理性、管理有效性，各子公司之间业务协同关系、竞争关系；
> （6）公司报告期内存在注销子公司情形的，相关子公司是否存在违反法律法规被吊销营业执照的情形，是否存在破产或者清算纠纷；

（7）公司报告期内转让子公司的，交易定价是否公允、对价是否支付，是否影响公司的资产与业务完整性。

典型案例 24：拓璞数控（终止审核）子公司未纳入报表①

招股说明书披露，公司基于 EEW 在超大规格、超高速碳纤维五轴数控机床领域的技术优势，希望通过收购 EEW 部分股份，强化双方联系，吸收其在碳纤维数控机床的技术和制造经验，并计划通过自主研发，改进碳纤维结构移动部件设计结构和制造工艺，将产品应用领域从高速低精度提升到高速高精度加工领域，补足公司现有产品在大尺寸加工方面的局限性。2017 年 12 月 5 日，公司与 Gain Science Technology Ltd. , Taiwan 签订《股权转让协议》，约定向其购买其持有的 EEW 的 61% 股份，协商作价500 万元。公司未向 EEW 派出董事、监事、高级管理人员以及财务人员，EEW 仍由 Joachim Knapp 等原有管理层进行经营。公司委托 EEW 研制碳纤维五轴机床结构移动部件，并将其应用于公司产品中，双方业务已产生初步协同效应。

【审核问询意见】

请发行人说明：（1）报告期内，EEW 董事、监事、高级管理人员等主要人员是否发生变化，变化的具体情况及原因；（2）公司未向 EEW 派出董事、监事、高级管理人员以及财务人员的原因，公司是否具有向其提名或派出相关人员的权利；（3）提供股权转让协议、公司章程（包括原件及翻译件），并结合股权转让协议、公司章程等，说明公司股东会的决策机制、决策事项等，以及 EEW 不纳入合并范围的原因和依据；认定 EEW 为联营公司的原因及依据；（4）EEW 的主要业务情况；在碳纤维数控机床拥有的知识产权及技术的具体情况；与发行人业务的关系；（5）公司在碳纤维五轴机床领域是否存在对 EEW 技术或产品的依赖及具体情况。

【问询回复摘要】

公司说明：

（1）EEW 公司主要管理人员变动情况。根据 Schalast&Partner Recht-sanwalte mbB 出具的《法律意见书》，EEW 未设监事，报告期内，EEW 总经

---

① 公司两次申报科创板，2019 年 12 月 3 日及 2021 年 1 月 12 日均因主动撤回申请终止上市审核，终止的原因或与公司存在重大知识产权诉讼纠纷、收入确认政策及联营公司未纳入合并报表等问题相关。

理、执行董事一直系 Knapp Joachim Ernst,未发生变更。发行人收购 EEW 61%股权后,在对其实施重大影响的同时,不向 EEW 派出董事、监事、高级管理人员以及财务人员,亦不参与其实际的经营管理,主要为保证 EEW 生产、研发及管理模式的稳定。

(2)公司对 EEW 不存在控制权的原因。发行人持有 EEW 61%的股份,根据 Schalast&Partner Rechtsanwalte mbB 出具的《法律意见书》,发行人具有向 EEW 提名相关重要人员的权利,但无法向 EEW 单方面委派相关重要人员。发行人对 EEW 的研发、销售、采购以及管理层人员的任命不具有控制权,另外,发行人对 EEW 也无控制的预期。发行人未将 EEW 纳入合并报表,并将其认定为联营公司的具体原因包括以下几个方面:

1)发行人对 EEW 股东会无法实施控制。结合 EEW 的《公司章程》,其对于需要股东会表决的特殊事项,如公司章程的变更、股东权利的变更、增资或减资事项、公司地址变更、公司经营范围变更、公司清算等,需经全体股东所持表决权的 75%以上一致同意通过;对于其他股东会表决的一般事项,需经全体股东所持表决权的 65%以上一致通过。目前,发行人合计持有 EEW 61%股权,发行人无法单独通过其持有股份表决权批准一项议案,无法对 EEW"三重一大"(即重大事项决策、重要人员任免、重要项目安排、大额资金使用)等事项实施控制。

2)发行人未实际参与 EEW 日常经营。EEW 由总经理、执行董事 Knapp Joachim Ernst 经营管理,发行人未指派人员参与 EEW 的日常经营管理,未向 EEW 委派董事。发行人对 EEW 的研发、销售、采购以及管理层人员的任命不具有控制权。同时,公司对 EEW 也无控制的预期。

3)EEW 公司在决策过程中,若有关决议由于股东所持表决权未达到 65%或 75%而导致无法达成最终一致的,由各股东基于相关事项另行协商,并根据协商形成的意见,再行表决。

发行人已经根据要求整理股权转让协议、德国公证文件及公司章程(包括原件及翻译件),回复时一并提交上述文件。

(3)公司与 EEW 公司业务协同情况。EEW 主要从事碳纤维结构的机床、配件生产、技术服务等业务,其产品及业务系发行人业务的横向延伸,与发行人业务具有协同效应。EEW 核心技术在于其碳纤维材料五轴联动数控机床的研制、开发及生产,其用碳纤维材料代替龙门机床传统的钢结构横梁、滑鞍、滑枕部件,有效提高了机床的加工尺寸及加工效率。

但由于EEW此前研发碳纤维材料龙门机床主要应用于风电、船模、车模等非金属加工领域,对于加工速度和加工行程要求较高,但对精度及刚性要求较低,因此,公司无法直接采购EEW的成熟产品用于解决超大跨度加工方案。故公司向其采购定制适用的碳纤维材料部件,由其负责结构部分的设计、改进与制造,采购完成后,公司负责整体工艺设计、结构设计、改进分析、总装调试、软件配套工作。目前,碳纤维结构在航空制造装配装备领域应用为发行人首创,且世界范围内可以成功将碳纤维结构应用于五轴龙门机床设备上的成功案例较少,仅EEW成功应用于非金属加工领域。因此,发行人没有其他渠道获得此类产品,在上述合作过程中,目前而言,公司对EEW存在一定依赖。

在和EEW的合作过程中,发行人已经逐渐掌握了碳纤维结构机床结构设计、制造、装配的一些关键核心技术,后续将实现复合材料结构机床的自主设计与制造,有效降低对EEW在碳纤维结构技术上的依赖性。同时,发行人在航空飞行器超大跨度加工领域也储备了充足的替代技术方案及技术手段(例如柔性轨设备、温度变形补偿技术等),也可在一定程度上降低对EEW在碳纤维结构技术上的依赖。

【案例评析】

公司持有EEW 61%股权,却未将该公司纳入合并报表,可能影响公司财务数据的完整性。根据公司说明,发行人合计持有EEW 61%股权,对于股东会表决的一般事项,需经全体股东所持表决权的65%以上一致通过。因此,发行人对EEW"三重一大"等事项无法实施控制,发行人未指派人员参与EEW的日常经营管理,EEW主要经营管理层未由发行人指派,发行人未将EEW纳入合并报表具有其合理性。EEW主要从事碳纤维结构的机床、配件生产、技术服务等业务,其产品及业务系发行人业务的横向延伸,与发行人业务具有协同效应,发行人与EEW之间的合作主要系采购和销售往来,除此之外,发行人与EEW不存在合作研发等情况,不存在合作形成知识产权的情形。

2. 境外子公司

公司在境外设立子公司往往出于开拓境外市场的考虑,或者满足稳定控制境外产品供给的需要,也存在部分公司在境外收购研发公司以弥补境内研发人才不足的问题。实践中,在境外开展业务往往需要公司足够的外语管理人才、资金实力,但是仍然面临来自当地法律政策、劳工管理、运输汇兑等多方面的风险。

若公司境外收入占比较大,境外子公司经营合规性对公司持续经营能力存在重大影响。

审核关注要点:

(1)公司是否充分披露其在境外设立、收购子公司的原因、公司对境外子公司的管理制度及公司控制安排和实际控制能力情况;

(2)公司是否充分披露境外子公司的主要业务、商业模式,境外子公司业务开展的合法合规情况是否取得境外律师事务所法律意见;

(3)如果公司主要利润、收入来源于境外子公司,重点关注公司是否充分披露分红机制、境外地区对于分红、税收的相关规定及其风险。

典型案例25:九号公司境外子公司信息披露

招股说明书披露,公司在境外有11家控股子公司,区域遍布香港、美国、荷兰、首尔、新加坡等国家或地区。

【审核问询意见】

请发行人说明:(1)按照《招股书准则》补充披露发行人境外子公司管理制度及实施情况;发行人在境外经营的总体情况,并对有关业务活动进行地域性分析;(2)结合发展战略和业务拓展计划,补充披露管理人员境外管理的经验,如何应对规模扩张引发的管理风险,说明对境外子公司的内部控制是否健全有效。

【问询回复摘要】

公司按照要求补充披露了境外子公司管理制度及实施情况。公司说明:

(1)公司境外业务开展情况。发行人系根据开曼群岛法律设立的豁免有限公司,总部设置于中国北京市,公司在境外有11家控股子公司,区域遍布香港、美国、荷兰、首尔、新加坡等国家或地区。报告期内,公司来自境外的营业收入分别为41153.65万元、36059.04万元、157459.69万元及100268.89万元,占总营业收入的比例分别为35.70%、26.11%、37.07%及

45.18%,总体呈现不断上升的趋势。

（2）境外子公司职能安排及内控有效性。目前公司境外子公司以销售职能为主,仅赛格威保留少量的生产能力。公司对境外人员采取矩阵式管理的策略,对于欧洲业务大区及美洲业务大区,其大区总经理由总部直接任命,向总部全球业务管理中心汇报。海外区域总监及以上职级人员由海外大区总经理提名后向公司总部报备,海外总监以下的人员可由海外大区总经理根据业务需要负责任命,同时向全球业务管理中心 HR 备案。

全球业务管理中心对口管理各海外业务大区核心管理团队的日常激励、考核和培训,确保海外团队在业务扩张时的组织效率提升和防范海外团队系统性风险。亚太业务大区由九号联合负责,九号联合为九号机器人（香港）之全资子公司,由总部直接进行管理。

根据对公司相关人员的访谈及查阅境外法律意见书,报告期内公司境外子公司未发生违反公司《子公司管理制度》的重大事件,发行人对境外子公司的内部控制健全有效。

【案例评析】

公司主要依靠境外子公司开展销售业务,公司未详细披露境外子公司管理情况,不利于投资者充分了解公司业务开展实际。公司补充披露了境外子公司管理制度及实施情况,公司境外业务开展情况和境外子公司控制有效性情况。针对公司境外子公司管理机制,公司目前仅从组织机构、人事管理方面进行了说明,缺少对业务流程及管控、财务账务管理以及海外法律事务统筹等方面的详细说明,仍存在进一步披露的空间。

3. 共同投资子公司

共同投资子公司是指公司与其控股股东、实际控制人、董事、监事、高级管理人员及其亲属或关联机构直接或者间接共同设立子公司的情形。公司与关联方共同投资设立子公司可能涉及战略规划、市场拓展、经营激励或者融资性安排。共同投资公司主要风险包括同业竞争和利益输送。

《科创板审核问答（二）》进一步明确,发行人如存在与其控股股东、实际控制人、董事、监事、高级管理人员及其亲属直接或者间接共同设立公司情形,发行人及中介机构应主要披露及核查以下事项:

（1）发行人应当披露相关公司的基本情况,包括但不限于公司名称、成立时间、注册资本、住所、经营范围、股权结构、最近一年又一期主要财务数据及简要历史沿革。

（2）中介机构应当核查发行人与上述主体共同设立公司的背景、原因和必要性,说明发行人出资是否合法合规、出资价格是否公允。

（3）如发行人与共同设立的公司存在业务或资金往来的,还应当披露相关交易的交易内容、交易金额、交易背景以及相关交易与发行人主营业务之间的关系。中介机构应当核查相关交易的真实性、合法性、必要性、合理性及公允性,是否存在损害发行人利益的行为。

（4）如公司共同投资方为董事、高级管理人员及其近亲属,中介机构应核查说明公司是否符合《公司法》第一百四十八条规定,即董事、高级管理人员未经股东会或者股东大会同意,不得利用职务便利为自己或者他人谋取属于公司的商业机会,自营或者为他人经营与所任职公司同类的业务。

公司控股股东、实际控制人、董事、监事、高级管理人员与公司共同设立子公司,导致利益冲突,可能对相关主体勤勉尽责产生影响。

> **审核关注要点:**
>
> （1）公司是否充分披露共同设立公司的基本情况,公司与有关主体共同设立子公司的背景、原因和必要性;
>
> （2）公司与相关子公司是否存在业务或资金往来,关联交易是否真实、合法、必要、合理及公允,是否存在损害公司利益的行为;
>
> （3）公司共同投资方是否为董事、高级管理人员及其近亲属,是否符合《公司法》第一百四十八条规定。

典型案例 26:敏芯股份公司董事等与公司共同设立子公司

公司董事胡维,核心员工朱潇挺与发行人共同设立苏州芯仪微电子科技有限公司。

【审核问询意见】

请发行人说明:苏州芯仪微电子科技有限公司自设立以来的历史沿革情况,胡维、朱潇挺与发行人共同设立该公司的背景与原因,参股股东朱潇挺的工作经历,朱潇挺与公司的控股股东、实际控制人、董事及高级管理人员是否存在关联关系、委托持股、共同投资等其他特殊利益关系，履历上是否存在交集；与发行人的主要供应商与客户是否存在关联关系；朱潇挺认缴的出资于 2019 年实缴的原因，资金的来源，朱潇挺在芯仪微电子担任的职务与具体贡献。

【问询回复摘要】

公司说明：

(1)公司与公司董事共同设立子公司的原因。2012 年发行人 MEMS 麦克风成品开始小批量出货之后，作为 MEMS 麦克风辅助芯片的 ASIC 芯片的供应稳定性和与 MEMS 芯片研发的契合程度逐渐成为影响发行人进一步扩大业务的因素。在 2013 年发行人引入华芯创投等新一轮投资人后，公司拥有较为充分的资金并为创建自主的 ASIC 芯片研发体系创造了条件。为了充分发挥管理团队的能动性，公司也计划让管理人员在 ASIC 研发子公司中持股，胡维作为 MEMS 芯片的行业专家对 ASIC 芯片具有较为深入的理解与产品设计思路，朱潇挺具有丰富的 ASIC 研发团队管理能力和工业化生产解决方案的应对能力，在上述背景下，公司、胡维和朱潇挺三方共同投资设立了芯仪微电子。

(2)公司共同投资规范措施。为规范发行人与董事共同投资情形，作为发行人实际控制人的一致行动人及公司董事的胡维不适宜继续持有发行人子公司芯仪微电子股权，且胡维尚未对芯仪微电子实缴出资，因此发行人于 2018 年 11 月无偿受让了胡维持有的芯仪微电子认缴出资；朱潇挺主要负责芯仪微电子的 ASIC 研发团队管理工作，对芯仪微电子项目开发具有突出作用，发行人希望通过其持有芯仪微电子股权的方式提高朱潇挺的积极性，朱潇挺本人也确认希望继续持有芯仪微电子少数股权。

根据朱潇挺的调查表，以及查询发行人报告期内各期的前 10 大客户、供应商的工商登记情况并对主要客户及供应商进行了走访，并经发行人报告期内各期的前五大客户、主要供应商的书面确认，朱潇挺与发行人的控股股东、实际控制人、董事及高级管理人员不存在关联关系、委托持股、共同投资等其他特殊利益关系，朱潇挺与发行人报告期内的主要供应商与客户不存在关联关系。

除 2013 年 2 月朱潇挺与胡维共同投资及任职苏州妙芯微电子技术有限公司外，朱潇挺与发行人的控股股东、实际控制人、董事及高级管理人员履历上不存在交集的情况。

【案例评析】

公司董事、核心员工与公司存在共同出资设立子公司情形。根据公司说明,公司董事胡维持有的共同投资子公司股权已经转让至公司;核心员工朱潇挺与发行人共同设立子公司主要为对核心员工和管理人员进行激励,经中介机构核查,朱潇挺与发行人的控股股东、实际控制人、董事及高级管理人员,公司主要供应商和客户不存在关联关系,上述共同投资具有一定的商业合理性和必要性。

二、分公司

分公司是指在业务、资金、人事等方面受总公司管辖而不具有法人资格的分支机构。公司设立分公司往往是基于区域性业务开展便利性的考虑,各分公司主要负责本区域业务的拓展、市场信息的收集、人员与资源的调配、业务的组织实施、客户关系的管理与维护等。以区域直销为主导的公司通常会在各区域设置网点地推,实践中存在部分企业通过网点虚构销售、网点违规开展业务等情形。

公司存在分公司或较多销售网点的,可能存在一定的销售真实性风险、管理风险,进而影响公司的品牌声誉和持续经营能力。

> **审核关注要点:**
> (1)公司是否充分披露各分公司的基本情况,包括主要经营场所、展业范围、人员结构、激励机制等,报告期内收入、利润贡献情况;
> (2)各分公司日常经营是否合法合规,公司对各分公司内控是否有效;
> (3)公司是否对个别分公司存在重大依赖,相关分公司业务是否具有稳定性。

典型案例27:佛朗斯(终止审核)分公司数量较多①

发行人以80家分、子公司为中心,在全国范围内布局了百余个服务

---

① 2019年11月18日,广州佛朗斯股份有限公司因发行人撤回发行上市申请或者保荐人撤销保荐根据《科创板审核规则》第六十七条第二项,上交所终止其发行上市审核。公司撤回申请主要原因可能包括,公司系以网点销售为驱动的物流设备租赁服务企业,核心技术和研发能力方面不符合科创板定位,收购资产及对赌安排存在潜在资本运作风险等。

网点。

【审核问询意见】

请发行人说明:(1)发行人各地网点的基本情况,包括但不限于所处省市、所属分公司或子公司、从事的主要业务类型、人员数量和职能构成、设立时间,以及网点的租赁是否与报告期内的资产收购相关等;(2)各分、子公司和服务网点的管理模式,包括但不限于业务指标考核及奖励方法、成本费用管理考核方法、资金管理制度、直接采购管理制度、维修配件领用和库存管理方法、租赁设备调配方式、暂未对外租赁设备的存放管理方法、维修人员调配方法等;(3)具体说明公司各项业务的销售定价方法和折扣返利政策,并结合该等情况说明分、子公司和服务网点的定价权限;(4)列表说明报告期各期各服务网点的业务量(租赁客户数量、租赁设备数量、维修客户数量、维修单数、配件销售数量等)、各类型业务收入金额、成本构成、网点盈利情况;(5)分析网点数量变动、各网点业务量变动与发行人整体收入增长的匹配关系;(6)分析各网点成本与收入、盈利的匹配关系;(7)分别列表分析报告期各期各网点管理费用构成、销售费用构成,并说明各网点人员薪酬中利润提成部分的具体金额及其在财务上的归集科目,分析各网点管理费用、销售费用构成与收入、盈利的匹配关系;(8)说明公司关于分、子公司和服务网点的主要内控措施及执行情况,分析公司能否有效控制各分、子公司和服务网点、公司管理制度能够有效执行、相关内控是否有效运行。

【问询回复摘要】

公司补充披露:

各子公司、分公司网点情况。发行人补充披露了各省市、所属分公司或子公司、从事的主要业务类型、人员数量和职能构成、设立时间以及与资产收购之间的关系;发行人各分、子公司的管理模式;销售定价方法和折扣返利政策;分、子公司的定价权限;报告期内公司各分、子公司的业务量情况,各类型业务收入金额、成本构成情况,各服务网点盈利情况。

公司说明:

(1)网点收入、成本与公司业务匹配情况。报告期内,发行人服务网点数量分别为73、76、84、83个,2017年和2018年增长率分别为4.11%和10.53%,网点数量整体上呈增长趋势。报告期内,发行人各网点收入、成本整体上均呈增长趋势。最近三年,网点合计收入复合增长率为25.10%,

对应成本的复合增长率为24.39%,成本增长与整体收入增长趋势一致。发行人主营业务分为场内物流设备租赁、场内物流设备维修、场内物流设备销售及场内物流配件销售。其中,场内物流设备租赁为发行人主要核心业务,毛利率相对其他业务较高,报告期分别为50.39%、46.81%、47.10%、38.86%;场内物流配件销售分为外贸配件和内销配件销售,由于配件类型结构的差异,外贸配件毛利率相对较高,内销配件毛利率相对其他业务偏低,报告期其毛利率水平为16.44%~33.55%。

由于各网点业务类型的结构不同,各网点毛利率之间存在差异。报告期内,发行人各网点毛利率为18.59%~54.14%,其中,天津武清分公司、南京分公司等网点毛利率较高,报告期内分别为53.07%、52.98%、54.14%、43.60%和41.14%、45.31%、46.53%、46.04%,系因为该等网点主要以租赁业务为主;惠山分公司2019年毛利率仅为18.59%,主要系由于其2019年主要经营内销配件导致。综上,发行人各网点毛利率水平均在发行人整体毛利率水平的合理范围内,各网点的成本与收入相匹配。

(2)各子公司、分公司网点费用与收入、利润匹配情况。报告期内,发行人销售费用主要为职工薪酬、运输费、业务招待费以及房屋租赁费;管理费用主要为职工薪酬以及办公费。各分、子公司的销售费用、管理费用整体上随着收入以及利润总额的增长呈现整体上升的趋势。报告期内,发行人总部和部分分、子公司存在利润较低或亏损的情况,原因主要系:

1)发行人总部主要进行配件外贸销售业务,占发行人整体收入比例不高,而发行人总部承担了发行人集团管理人员的费用,因此发行人总部报告期内的利润总额为亏损;

2)部分分、子公司存在利润较低主要系该等分、子公司业务量较少导致,该等分、子公司由于设立时间不长,业务量尚未提升。整体而言,报告期内公司分、子公司数量逐步增加,各分、子公司的平均业务量增长。

(3)各子公司、分公司内控情况。公司为了加强对分、子公司和服务网点的管理,在销售、采购、费用、资产、人员和资金方面制定了相关内控措施。报告期内,发行人对各分、子公司的销售、采购和费用、资产、人员、资金管理等各方面严格依据相关制度和内控措施等规定执行,发行人对各分、子公司的内部控制措施完善,各项内部控制措施能够得到有效运行。

【案例评析】

公司报告期内服务网点数量较多,公司未充分披露各网点具体情况,不利于投资者充分了解公司业务开展实际。根据公司回复,公司已经补充披露了下属各分、子公司的基本情况和管理模式,各项业务的销售定价方法和折扣返利政策以及分、子公司的定价权限符合发行人的实际情况,具有商业合理性;各分、子公司业务量、收入情况、成本情况、管理费用、销售费用、盈利情况具有一定的匹配关系,符合发行人实际情况;公司已如实披露各分、子公司的主要内控措施及执行情况,发行人对分、子公司的相关内部控制可以有效执行。

三、参股公司

参股子公司是指公司出于非控制为目的的对外投资子公司。公司对这类子公司没有控股权,其控制是为了稳定关系或获取财务投资收益,参股子公司和公司以及其他子公司的关联度不大。实践中,公司对外投资参股公司往往出于业务链条延伸的需求,通过跟上游供应商或者下游分销商进行联合,增强业务链条的稳定性,也有部分企业参股部分地方银行、小贷公司等谋求获取投资收益。

公司参股公司作为公司对外投资,通常与公司业务具有一定的相关性,充分披露参股公司基本情况与业务开展情况有利于投资者了解公司业务实质,存在关联交易、利益输送等风险。

> **审核关注要点:**
>
> (1)公司是否充分披露参股公司的基本情况,包括但不限于股权结构、控股股东、董监高及核心管理人员、发行人参股设立的背景及原因,公司参股公司的实际控制人、其他股东、董监高及其他核心技术人员与发行人及其关联方是否存在关联关系;
>
> (2)公司参股公司的主营业务情况,是否与发行人的业务具有相关性,报告期内是否存在关联交易及资金往来情况、是否持与公司存在交叉持股情形;
>
> (3)公司入股的原因,投资参股子公司的商业合理性与投资价格公允性,公司是否能够实际控制参股子公司。

典型案例28：铂力特低价转让参股公司股权

报告期内,发行人曾拥有2家参股公司,分别是江苏佩恩及西安增材制造研究院。江苏佩恩的主营业务为激光成形、三维打印技术研究、3D打印设备生产销售,西安增材制造研究院的主营业务为增材制造。2017年11月29日,发行人将其持有的江苏佩恩480万元的股权(占注册资本的20%)无偿转让给股东智光环保。

【审核问询意见】

请发行人说明:(1)披露两家参股公司的主营业务及主要产品,与发行人在业务、采购及销售渠道上是否存在关系,重组前后与发行人发生的交易、技术开发、资金往来或其他合作情况,参股期间是否形成核心技术或专利成果,发行人是否授权参股公司使用其核心技术;(2)披露公司参股两家公司后又均无偿转让所持有股权的原因及合理性,转让是否影响发行人资产与业务完整性;(3)披露两次转让分别的受让方智光环保与陕西煤业化工新型能源有限公司与发行人是否存在其他利益关系,本次转让是否损害发行人利益;(4)说明业务重组中资产交付和过户情况、交易有关当事人是否作出承诺;(5)说明发行人子公司铂力特(江苏)与江苏佩恩的关系。

【问询回复摘要】

公司说明:

(1)公司参股子公司业务开展情况。江苏佩恩暂未从事增材制造相关业务,西安增材制造研究院拥有独立的业务、采购及销售渠道,其业务、采购及销售渠道的开拓与发行人不存在关系,不存在与发行人共用业务、采购及销售渠道等影响发行人独立性的情形。公司在参股江苏佩恩期间,未形成核心技术或专利成果,未授权参股公司使用其核心技术。公司在参股西安增材制造研究院期间,西安增材制造研究院形成了的专利成果均为西安增材制造研究院自身所有,与公司不存在权属纠纷。公司不存在授权西安增材制造研究院使用公司核心技术的情况。

(2)公司无偿转让参股子公司股权原因。

1)公司参股江苏佩恩后又无偿转让所持有股权的原因。2013年1月,江苏省科技厅发布《江苏省三维打印技术发展及产业化推进方案(2013—2015年)》,三维打印成为江苏省重要战略性新兴产业。铂力特基于公司在长三角地区的发展战略和规划,与江苏省泰兴市高新技术产业开发区管理委员会下属企业智光环保在 2014 年 6 月共同投资设立了江苏佩恩(原名:江苏铂力特)。

江苏佩恩设立后,发展未及预期,其独立面向市场的能力相对较弱,主要业务大部分来自铂力特。铂力特因发展战略调整及拟进行 A 股上市满足独立性等要求,故转让所持有的佩恩股权。2017 年 11 月 29 日,江苏省泰兴高新技术产业开发区管理委员会、铂力特及智光环保达成《关于江苏铂力特激光成形技术有限公司相关事项的会谈纪要》,一致同意铂力特将其持有的江苏佩恩 480 万元的股权(占注册资本的 20%)无偿转让给股东智光环保。此次股转转让定价主要基于双方协商谈判,同时考虑智光环保对国有资产管理的相关要求,兼顾各方利益,智光环保与铂力特协商一致,铂力特以零对价将所持江苏佩恩 20% 股权转让给智光环保。公司转让所持有的江苏铂力特股权系从公司发展战略考虑,具有合理性。

2)公司无偿转让西安增材制造研究院股权的原因。西安增材制造研究院由国内增材制造领域装备、材料、软件生产及研发的多家企业及科研院所于 2016 年组建,公司参股西安增材制造研究院主要系为了拓展公司在增材制造领域的研发能力,提升科研成果的转化效率,促进国内增材制造产业化的进一步发展。

公司启动 A 股上市进程后,考虑 IPO 对拟上市主体在独立性及关联交易等方面的要求。2018 年 6 月,铂力特与陕西煤业化工新型能源有限公司签署股权转让协议,因铂力特持有的西安增材制造研究院 7.41% 的股权实缴出资为 0 元,故此次股权转让对价为 0 元。公司转让所持有的西安增材制造研究院股权系从公司发展战略考虑,具有合理性。

(3)转让参股子公司股权对公司业务影响。公司资产独立完整、权属清晰,具备与生产经营有关的主要生产系统、辅助生产系统和配套设施。公司主营业务为向客户提供金属增材制造与再制造全套解决方案,拥有从事该等业务完整独立的研发、采购、生产和销售体系,公司相关业务活动的开展并不依赖于江苏佩恩及西安增材制造研究院,上述股权转让不影响公司资产与业务完整性。

【案例评析】

公司曾参股两家子公司,后又无偿转让参股子公司股权,可能存在利益输送或损害公司利益情形。根据公司说明,公司转让江苏佩恩、西安增材制造研究院股权的对价系双方协商一致确定,并已根据公司章程履行了必要的内部程序和外部程序,系真实的意思表示;公司转让所持有的江苏佩恩、西安增材制造研究院股权未损害发行人利益。公司未充分说明无偿转让江苏佩恩参股股权的具体原因以及上述行为未损害公司利益的依据。审核中可能考虑上述投资、退出过程中均涉及地方产业投资管理,且股份转让时全体股东一致同意,转让金额及参股公司收入、利润占发行人资产和收入、利润比重较低,审核中未进一步问询。

第四节 公司主要股东及实际控制人基本情况

股东,即股份制公司的出资人或投资人,股东作为出资者按出资数额(股东另有约定的除外),享有所有者的分享收益、重大决策以及选择管理者等权利。根据出资金额和比例的多寡,股东对公司经营活动的关切程度也不同,出资较少者通常抱有搭便车或者投机的成分,而出资较多者则将获得参与重大事务管理的权力,但也可能借机损害中小投资股东利益。

除了通过直接投资来取得对公司的控制权的,还有一部分主体隐藏在投资主体的背后,通过多重股权、协议管理、人员任命、下达指令等方式实现对公司的实际操控管理,也被称为公司的"实际控制人"。公司实际控制人对公司的生产经营活动具有较大的控制能力,对于企业的治理、业务、财务和发展方向都具有决定性作用,同样需要关注其自身合法合规情况、诚信情况等。

一、控股股东

按照《公司法》的规定,公司控股股东是依据所持股份所享有的表决权能够对公司经营产生重大影响的股东,包括持股三分之二以上的绝对控股,持股半数以上的相对控股两种情形。严格意义上讲,持股比例低于50%但是高于30%的股东虽然享有否决权,对公司经营产生重要影响的股东,但很难被认定为控股股东。实践中存在多个股东持股30%以上,如果没有相应的表决权安排,很可能导致公司治理僵局。

公司控股股东涉及公司经营管理、相关主体合规性、同业竞争和关联交易、资金占用、股票限售等多方面审核要求,准确认定和充分披露控股股东基本情况至关重要。

> **审核关注要点:**
> (1)公司控股股东的认定是否准确,是否符合公司法相关规定;
> (2)公司是否充分披露控股股东的基本情况,法人股东是否披露其投资者、经营业务及与公司业务的相关性;自然人股东是否披露其基本身份情况、教育信息、工作履历等信息等。

典型案例 29:科大国盾无控股股东

公司股权较为分散,无控股股东。法人股东科大控股与自然人股东彭承志、程大涛、柳志伟、于晓风、费草胜、冯辉为一致行动人,系公司实际控制人。公司技术起源于中国科学技术大学合肥微尺度物质科学国家研究中心的量子信息研究团队,团队核心成员为潘建伟院士。潘建伟作为发行人的创始人之一,在 2009 年至 2016 年一直是发行人的第一大股东,在 2016 年 12 月以后,通过股权转让放弃第一大股东身份,并在 2018 年 10月委托科大控股行使 11.01%股份的表决权。

【审核问询意见】

请发行人说明:(1)潘建伟放弃第一大股东、并委托科大控股行使表决权的具体原因,相关表决权委托的具体内容、委托期限、行使条件等;(2)潘建伟的个人履历、历史上在发行人处的任职情况,与发行人董事、高级管理人员、核心技术人员、研发团队的关系,对于发行人的核心技术、生产经营方面的作用,潘建伟放弃表决权且不在发行人处任职对于发行人的生产经营及技术研发是否存在重大不利影响……(4)2018 年 10 月之前,潘建伟尚未放弃表决权时,是否应当列为发行人的实际控制人,2018年 10 月前后发行人的实际控制人是否发生变更,发行人以表决权委托认定潘建伟不属于实际控制人、公司控制权未发生变动的依据是否充分。

【问询回复摘要】

公司说明:

(1)潘建伟放弃第一大股东身份的原因。潘建伟于 2016 年 12 月前持有科大国盾 18.18%股份,为科大国盾第一大股东。2016 年 12 月,潘建伟向楼永良、国元直投、国元创投、树华科技依次转让所持科大国盾 200 万股、30 万股、22 万股、18 万股股份。经上述股份转让,潘建伟持有科大国盾股份比例降至 13.68%,不再是科大国盾第一大股东。潘建伟于 2016 年 12 月转让所持科大国盾股份系因潘建伟担任中科大常务副校长职务,有关组织部门要求其将所持有的科大国盾股份中因现金出资而形成的股份予以转让所致。中科大于 2019 年 5 月 6 日出具了《关于潘建伟同志持有及转让科大国盾股份有关情况的说明》,对上述事实进行了确认。

(2)潘建伟委托科大控股行使表决权的原因。2018 年 10 月 10 日,潘建伟与科大控股签订《委托协议书》,将所持科大国盾股份的表决权委托给科大控股行使,原因系潘建伟担任中科大常务副校长、教授、博士生导师、中国科学院量子信息与量子科技创新研究院院长、中国科学技术大学上海研究院院长等职务,根据所任职务要求,须将主要精力聚焦于科研活动及相关工作,且潘建伟本人也无意亲自行使有关表决权。《委托协议书》约定:潘建伟自愿将依法享有的科大国盾股东权利中的提案权、表决权及提名权等共益权委托科大控股行使,未经科大控股同意,该委托不可撤销;潘建伟委托科大控股行使上述股东权利及于潘建伟持有的全部科大国盾股份;协议有效期间,未经科大控股同意,对于已委托给科大控股行使的上述股东权利,潘建伟不再自行行使,也不得再委托给科大控股以外的其他方行使;协议自双方签署之日起生效,至潘建伟不再持有科大国盾股份之日终止。综上所述,潘建伟放弃科大国盾第一大股东以及委托科大控股行使表决权具有客观原因,相关表决权委托真实、合法、有效。

(3)潘建伟对公司经营管理影响情况。在人事管理方面,潘建伟是发行人董事长彭承志、董事暨总裁赵勇的博士研究生导师,与发行人常务副总裁陈庆系本科同学,与发行人董事长彭承志、董事王兵及应勇同为中科大在编人员。除上述情况外,潘建伟与发行人董事、高级管理人员、核心技术人员及研发团队不存在其他关系。

在技术研发方面,公司在 2010 年向中科大购买了"一次一密加密方式的实时语音量子通信系统"和"用于量子通信的 QPQI-100 型光量子程控开关"两项非专利技术,该两项非专利技术系中科大合肥微尺度物质科学国家研究中心的量子信息研究团队研发。上述两项非专利技术对公司的核心技术起到了源头作用。公司从中科大购买上述非专利技术后,投入大量资金、人力等资源,陆续设立了总工办、前沿技术研究院、QKD 产品线及应用产品线等研发部门,建立了独立的研发体系,持续进行研发投入,独立自主开展技术研发活动,形成了独立的持续创新研发能力和自身的核心技术。除上述两项非专利技术外,潘建伟及其团队在中科大取得的科研成果与科大国盾没有关系。潘建伟未参与科大国盾的技术研发工作。

在经营管理方面,潘建伟除 2010 年 10 月前在量通有限任董事长、董事职务外,未在发行人处担任过其他职务,未参与过发行人生产经营管理等方面的工作。综上,潘建伟放弃表决权且不在科大国盾任职,对科大国盾的生产经营及技术研发不存在重大不利影响。

(4)关于公司控股股东、实际控制人认定问题。根据科大控股及彭承志、程大涛、柳志伟、于晓风、费革胜、冯辉等 7 名一致行动人于 2009 年 10 月、2015 年 12 月和 2018 年 6 月分别签订的《一致行动协议》《一致行动协议书》及《一致行动协议书之补充协议》、科大国盾设立以来历次股权及董事变化情况、科大控股与潘建伟签订的《委托协议书》、对潘建伟的访谈,潘建伟于 2018 年 10 月之前不应列为发行人实际控制人,2018 年 10 月前后发行人实际控制人未发生变更,相关认定依据充分,具体理由如下:

1)潘建伟始终没有与他人共同控制发行人的意愿,未与科大控股等一致行动人达成保持一致行动的意思表示,也认可科大控股等 7 名一致行动人对发行人的控制权。

2)最近两年来,科大控股等 7 名一致行动人始终控制科大国盾 39.25%以上股份的表决权,对科大国盾股东大会决议具有实质性影响;潘建伟持有科大国盾股份比例最高为 13.68%,远低于科大控股等 7 名一致行动人控制的科大国盾表决权比例,其亦未担任或提名他人担任科大国盾董事,对发行人股东大会、董事会决议及董事、高级管理人员的提名和任免没有重大影响。

3)自 2010 年 10 月起,潘建伟未在发行人处担任过任何职务,除通过参加公司股东(大)会等方式行使股东权利外,未参与公司日常经营管理,也未参与公司技术研发工作,对科大国盾的经营管理没有重大影响。同时,潘建伟根据所任职务要求,须将主要精力聚焦于科研活动及相关工作,且其本人也无意亲自行使有关股东权利,业已将所持科大国盾表决权委托给科大控股行使。

4)不考虑潘建伟委托表决权因素,科大控股等 7 名一致行动人在

2018年10月控制的科大国盾表决权比例已达42.57%,足以对科大国盾形成有效控制,潘建伟是否将所持科大国盾股份的表决权委托给科大控股行使,不影响科大控股等7名一致行动人对科大国盾的控制权。因此,潘建伟将所持科大国盾股份的表决权委托给科大控股行使,虽增加了7名一致行动人控制的科大国盾表决权比例,但不会导致科大国盾的控制权产生变化。

【案例评析】

公司控股股东潘建伟系大学教授,其投票权委托科大控股行使,关注相关表决权安排是否真实合理。根据公司说明,潘建伟放弃科大国盾第一大股东以及委托科大控股行使表决权具有客观原因;潘建伟放弃表决权且不在科大国盾任职,对科大国盾的生产经营及技术研发不存在重大不利影响;潘建伟于2018年10月之前不应列为发行人实际控制人,2018年10月前后发行人实际控制人未发生变更,相关认定依据较为充分。

二、其他重要股东

公司持股5%以上的股东被认定为公司的主要股东。因其出资比例相对较高,与公司大股东之间联系密切,对公司经营活动也可能产生一定的影响,实践中,公司其他重要股东主要包括以下几种类型:(1)公司实际控制人控制的其他持股平台;(2)公司创始合伙人;(3)公司发展前期引入的机构投资者;(4)公司核心人员或员工持股平台;(5)公司具有合作关系的供应商或客户;(6)实际控制人的利益相关方或其他关键资源方。

公司主要股东持股比例较高,日常参与公司经营管理较为密切,上市后其股份减持等活动对二级市场影响较大。

审核关注要点:

(1)公司是否充分披露重要法人股东的投资者和基本业务情况,自然人股东的基本信息,是否依法依规作出上市后减持承诺;

(2)公司是否充分披露持股平台的投资、控制具体安排情况;

(3)公司创始合伙人是否与实际控制人存在一致行动安排,如有,是否充分披露;

(4)持股比例较高的机构投资者是否与公司、公司控股股东、实际控制人存在对赌情况。

典型案例 30:石头世纪其他重要股东信息披露

公司主要股东 shunwei(顺为,持股 12.85%)由顺为三期基金出资,顺为三期基金顾问公司为顺为三期提供投资咨询及相关服务。许达来和雷军在顺为三期基金顾问公司均任董事。

【审核问询意见】

请发行人说明:(1)顺为三期基金顾问公司的股权结构、董事会构成、内部决策机制,在向顺为三期基金提供服务时需履行的决策程序;(2)顺为及其相关基金、天津金米及其相关基金共同投资的案例简况,投资资金来源,是否存在股权代持等利益安排。

请保荐机构和发行人律师结合上述事项核查雷军是否能够共同控制顺为及其相关基金或能对其施加重大影响并发表明确意见。

【问询回复摘要】

公司说明:

(1)顺为三期基金及顾问公司基本情况。顺为三期基金最终权益人为雷军、许达来及其家族为受益人的信托持有。顺为三期基金顾问公司的董事会由雷军和 TuckLyeKoh(许达来)组成。顺为三期基金顾问公司向顺为三期基金提供的投资机会推荐、投资架构设计、投资项目评估、投资项目退出建议等咨询服务,实践中均需由其董事会一致同意。

(2)天津金米公司基本情况。公司补充披露了天津金米公司持股结构,天津金米为在中国证券投资基金业协会备案的创业投资基金,基金编号为 S83952,备案时间为 2016 年 5 月 19 日。

顺为及顺为三期基金与天津金米共同投资了杭州玺匠文化创意股份有限公司等企业。顺为、天津金米的投资资金来源合法,不存在相互股权代持等利益安排。

保荐机构和律师核查认为:

(1)许达来对公司股东顺为实施控制。公司股东顺为是顺为三期基金的全资子公司,顺为三期基金逐层向上追溯的最终普通合伙人为 Shunwei Capital,其中雷军通过 Grand Energy 持有 25%的权益、许达来通过 Silver Unicorn 持有 75%的权益,雷军、许达来在顺为最终普通合伙人层面按照各自持股比例行使表决权、进行收益分配。顺为最终普通合伙人的董事会成员为 4 人,分别为雷军、许达来、R 先生和 D 先生,其中 R 先生和

D 先生由许达来提名。顺为最终普通合伙人的董事会作出决议，须经出席会议的董事的过半数通过。同时，许达来作为持有顺为最终普通合伙人 75% 权益的股东，有权根据顺为最终普通合伙人章程约定委派董事、撤销对该董事的任命或者委任其他人士替代该董事。许达来最终持股比例超过 50% 且提名过半数董事，能够控制顺为最终普通合伙人，并通过顺为最终普通合伙人控制发行人股东顺为。

许达来自顺为设立以来一直担任顺为的董事及授权代表，有权决定顺为的业务运营和重大事项决策并代表顺为签字，雷军未在顺为层面任职。在发行人股东顺为及顺为三期基金本身及其管理人或投决会中，雷军、许达来均在顺为最终普通合伙人中担任董事，参与顺为三期基金对外投资及退出的决策，并在顺为最终普通合伙人委托的顺为三期基金顾问公司中担任董事。

(2)顺为三期基金顾问公司参与公司股东顺为经营情况。顺为三期基金顾问公司除向顺为三期基金提供投资机会推荐、投资架构设计、投资项目评估、投资项目退出建议等咨询服务，亦为顺为资本旗下其他美元基金提供顾问咨询服务。顺为三期基金顾问公司向顺为三期基金提供投资咨询服务建议以供参考，但并非顺为三期基金对外投资及退出的最终决策机构，顺为三期基金对外投资及退出的最终决策机构是顺为最终普通合伙人的董事会。

综上所述，许达来实际控制发行人股东顺为及顺为三期基金的业务运营和重大事项决策，为发行人股东顺为的实际控制人。由于雷军持有发行人股东顺为最终普通合伙人的权益，在发行人股东顺为最终普通合伙人的董事会及其委托向顺为三期基金提供投资咨询服务的顺为三期基金顾问公司的董事会中均担任董事，并参与顺为三期基金对外投资及退出的决策，因此，雷军不是发行人股东顺为的实际控制人但能够对发行人股东顺为及顺为三期基金施加重大影响。

【案例评析】

公司未披露持股 12.85% 股东顺为公司、持股 11.85% 股东天津金米的具体信息，可能影响公司实际控制权的认定。公司补充披露了持股 12.85% 股东顺为公司、持股 11.85% 股东天津金米的最终投资人、相关股权结构、投资控制安排以及对外投资情况。根据公司说明，顺为公司的实际控制人为许达来。

三、实际控制人

现行公司法律制度采用的是"资本—代理"模式,公司法对预设的公司控制人——董事,进行了非常明确的规定,作为公司的受托人,董事承担着信托义务,在违反义务时要承担起相应的责任。但是在公司控制权旁落于非董事的其他控制人时,法律却往往没有给他们预设与其权利相应的义务和责任,这就造成公司经营实践中公司实际控制人滥用权力、侵吞公司利益的现象频频出现。

由《公司法》第二百一十六条的定义可以看出"实际控制人"是一个功能性的概念,是一个从结果、从行为外观推导出的公司控制权的实际行使主体,具体而言,就是"通过投资关系、协议或者其他安排,能够实际支配公司行为的人"。实践中,控股股东掌控董事会、家族企业原始创业者或是家族的核心人物通过其他方式掌握公司人事、财务和业务经营活动的情况并不少见。

《科创板审核问答(二)》明确:实际控制人是拥有公司控制权的主体。在确定公司控制权归属时,应当本着实事求是的原则,尊重企业的实际情况,以发行人自身的认定为主,由发行人股东予以确认。保荐机构、发行人律师应通过对公司章程、协议或其他安排以及发行人股东大会(股东出席会议情况、表决过程、审议结果、董事提名和任命等)、董事会(重大决策的提议和表决过程等)、监事会及发行人经营管理的实际运作情况的核查对实际控制人认定发表明确意见。

发行人股权较为分散但存在单一股东控制比例达到30%的情形的,若无相反的证据,原则上应将该股东认定为控股股东或实际控制人。存在下列情形之一的,保荐机构应进一步说明是否通过实际控制人认定而规避发行条件或监管并发表专项意见:(1)公司认定存在实际控制人,但其他股东持股比例较高与实际控制人持股比例接近的,且该股东控制的企业与发行人之间存在竞争或潜在竞争的;(2)第一大股东持股接近30%,其他股东比例不高且较为分散,公司认定无实际控制人的。

1. 单一实际控制人

通过直接或者间接持有公司股份、接受表决权委托等方式实际可支配公司表决权比例超过50%的主体,应当认定为公司实际控制人。公司股权分散但存在单一股东控制表决权比例虽未达到50%,但是达到30%的,能够单独或通过其他安排决定发行人的人事任免、业务经营和财务决策,若无相反的证据,原则上应将该股东认定为控股股东或实际控制人。实践中存在一些较为特殊的实际控制人类型,主要包括:

(1)国有资产监督管理机构。根据国资监管授权安排,相应的国有资产监督管理机构或集团公司通常被认定为国有企业的实际控制人,一些地方国企也将本级政府财政部门列为实际控制人;

(2)大学、研究院所。部分公司系大学的第三产业或者科研机构出资设立的企业,根据教育部门或者高效主管部门的授权安排,通常认定相关主管部门或者高校、科院所为实际控制人;

(3)职工持股会。职工持股会作为实际控制人是历史遗留的产物,目前典型案例包括大众交通和大众公用的实际控制人为职工持股会;

(4)居民(村民)委员会。通常情况下,将集体所有制企业的实际控制人认定为相应的集体组织,如南山铝业的实际控制人为南山村村民委员会。

公司实际控制人的认定关系到公司报告期内相关主体的合法合规性、同业竞争及关联交易的规范性问题,关系到公司上市后相关主体持有的股票在二级市场减持和限售安排,关系到公司经营活动在上市前后能否持续保持稳定。因此,准确认定公司的实际控制人至关重要。

> **审核关注要点:**
> (1)公司实际控制人的认定依据是否充分,存在委托投票权的,相关主体是否为真实意思表示,关于投票权委托的内容、期限、方式是否清晰、明确,与历史决策情况是否相符;
> (2)公司实际控制人通过其他持股平台间接取得公司表决权的,关注相关持股平台持股情况、决策情况是否明确。

典型案例31:开普云单一实际控制人认定

招股说明书披露,北京卿晗直接持有公司12.58%的股份,汪敏持有北京卿晗53.33%的股权,严妍持有北京卿晗46.67%的股权,严妍分别通过东莞政通和北京卿晗间接持有公司1.47%和5.87%的股份。刘轩山任公司董事,直接持有公司 5.52% 的股份,汪敏及刘轩山对发行人发展有重要影响,为公司创始人。公司将实际控制人认定为汪敏。

【审核问询意见】

请发行人说明:(1)汪敏与严妍通过北京卿晗持有发行人股份、严妍同时通过东莞政通和北京卿晗持有发行人股份的原因,严妍与汪敏是否存在股份代持、一致行动关系或其他利益安排;(2)刘轩山与汪敏作为公司创始人,是否与汪敏存在股份代持、一致行动关系或其他利益安排;(3)汪敏是否可以控制东莞政通、北京卿晗两个持股平台,发行人对于实际控制人的认定是否准确,是否符合公司实际经营情况,严妍与刘轩山是否应当认定为共同实际控制人或汪敏的一致行动人,其股份锁定及减持是否符合相关法律法规的规定;(4)提供表决权委托的支持性证据,说明各方是否知晓表决权委托关系的存在,是否存在纠纷或争议。

【问询回复摘要】

公司说明:

(1)关于严妍持股情况。2016 年 1 月,发行人以东莞政通作为持股平台进行股权激励。考虑到预留部分股权用于未来员工的股权激励以及对严妍在开拓省部级及以上客户、中央级大型企业客户以及大数据服务市场等方面作出了重大的贡献。汪敏与刘轩山于 2016 年 5 月分别将 12%、3% 的发行人股权转让给东莞政通,以此作为新的员工持股计划的股权来源。东莞政通受让 15% 的股权后,持股比例变更为 45%。

在上述股权转让完成后,发行人的实际控制人汪敏进一步认识到:有限责任公司的股东不得超过 50 名,而东莞政通股东已有 40 余名,无法继续容纳较多的持股员工;另外,如由东莞政通作为唯一的持股平台持有发行人 45% 的股权,不便于未来对持股平台的管理,也不便于区分不同的持股者并平衡权益分配,可能影响未来员工持股方案的实施效果。因此,东莞政通作为现有员工持股平台的地位维持不变,但其已从汪敏和刘轩山处受让取得的 15% 股权转让给新设的持股平台北京卿晗。鉴于汪敏拟对北京卿晗进行控制从而保障员工持股计划的顺利实施,以及拟兑现对严妍的股权激励承诺,北京卿晗由汪敏持股 53.33%、严妍持股 46.67%,汪敏、严妍因此分别间接持有发行人 8% 和 7% 的股份。

严妍真实持有东莞政通及北京卿晗的股权,与汪敏不存在股权代持关系;严妍未直接持有发行人股份,仅通过东莞政通、北京卿晗间接持有发行人股份,汪敏个人对东莞政通、北京卿晗实施控制,并进而控制东莞政通、北京卿晗所持发行人股份的表决权,故严妍与汪敏不存在一致行动关系;严妍与汪敏也不存在其他利益安排。

（2）关于刘轩山与汪敏是否为共同实际控制人。刘轩山真实持有发行人的股份,与汪敏不存在股份代持关系;刘轩山为发行人持股 5% 以上的股东,并担任发行人的董事,但长期以来独立行使股东和董事表决权,与汪敏不存在表决权委托、一致行动的任何安排,与汪敏不存在一致行动关系;刘轩山与汪敏也不存在其他利益安排。

（3）东莞政通股东表决权委托情况。2016 年 8 月,东莞政通股东签署的增资协议约定:自东莞政通的工商变更办理完毕之日起至其对外转让东莞政通股权之日止,增资的新股东同意将其持有的东莞政通的全部股权的表决权委托给汪敏行使。上述表决权委托安排未经东莞政通的股东会决议通过,但在东莞政通全体新旧股东签署的增资协议中,已对表决权委托事宜作了明确、具体的安排,系增资时全体股东的真实意思表示。持股员工自始知晓表决权委托关系的存在,并出具书面声明,确认不存在表决权委托相关的纠纷或争议。

【案例评析】

严妍持有北京卿晗 46.67% 的股权,北京卿晗直接持有公司 12.58% 的股份,公司实际控制人认定为汪敏。根据公司说明,汪敏于报告期内通过直接持有东莞政通的股权并接受其他股东的表决权委托保持了对东莞政通的控制,通过持有北京卿晗 50% 以上的股权保持了对北京卿晗的控制,汪敏可以控制东莞政通、北京卿晗两个持股平台,从而间接控制公司。严妍未直接持有发行人股份,其虽通过东莞政通和北京卿晗持有发行人股份,但东莞政通和北京卿晗由汪敏控制,严妍与汪敏不存在一致行动的任何安排。刘轩山长期以来作为公司股东和董事独立行使表决权,与汪敏不存在表决权委托、一致行动的任何安排。汪敏、刘轩山、严妍不构成公司共同实际控制人的认定具有一定的合理性。

2. 共同实际控制人

当公司不存在某个单一主体能够单独决定发行人的人事任免、业务经营和财务决策,必须通过与其他主体联合的方式才能决定发行人的人事任免、业务经营和财务决策时,公司的实际控制人有可能会被认定为多人。实践中,以股东之间存在夫妻或其他亲属关系或者一致行动关系而被认定为共同控制的情形最为多见。但是,一致行动关系不必然导致共同控制,为扩大履行实际多人控制人义务的主体范围或满足发行条件而作出违背事实的认定并非审核鼓励事项。实际控制人的配偶、直系亲属,如持股达 5%以上或虽未超 5%但担任董事、高级管理人员并在公司经营决策中发挥重要作用,除非有相反证据,原则上应认定为共同实际控制人。

《科创板审核问答(二)》进一步明确,法定或约定形成的一致行动关系并不必然导致多人共同拥有公司控制权的情况,发行人及中介机构不应为扩大履行实际控制人义务的主体范围或满足发行条件而作出违背事实的认定。通过一致行动协议主张共同控制的,无合理理由的(如第一大股东为纯财务投资人),一般不能排除第一大股东为共同控制人。

共同实际控制人签署一致行动协议的,应当在协议中明确发生意见分歧或纠纷时的解决机制。对于作为实际控制人亲属的股东所持的股份,应当比照实际控制人自发行人上市之日起锁定 36 个月。

共同实际控制人关系到公司在股票限售、减持,关联交易、同业竞争、资金占用等多维度监管考量,相关认定应当符合公司经营管理实际情况。

> **审核关注要点:**
> (1)公司章程、协议等有关共同控制的约定情况是否清晰、明确,是否存在条件或者期限安排是否合理;
> (2)公司历次股东大会、董事会中一致行动协议的执行情况是否与协议约定相符;
> (3)实际控制人的一致行动人持有的股份数量是否按照实际控制人能够实际控制的股权比例进行披露,并作出股票限售安排。

典型案例 32:恒誉环保家庭成员共同实际控制人认定

招股说明书披露,发行人实际控制人为牛斌,牛斌通过筠龙投资、银晟投资间接持有公司 44.30%的股份。王新明为牛斌之妻,与牛斌共同设立发行人前身世纪华泰,目前持有发行人控股股东筠龙投资 10.53%的份额。牛晓璐为牛斌之女,直接持有公司 4.18%的股份,并担任公司董事。

【审核问询意见】

请发行人说明：(1)结合筠龙投资、银晟投资的合伙协议、内部约定等文件，说明牛斌是否能够实际控制筠龙投资、银晟投资，如是，补充披露牛斌能够实际控制的公司股权比例；(2)说明未将王新明认定为共同实际控制人的原因及合理性，说明未将牛晓璐认定为共同实际控制人的原因及合理性，是否符合《科创板审核问答(二)》第五之问答的规定。

【问询回复摘要】

公司说明：

(1)关于牛斌控制筠龙投资、银晟投资的说明。牛斌作为筠龙投资和银晟投资的执行事务合伙人，负责筠龙投资和银晟投资的日常运营；其他合伙人除进行合伙协议约定的特殊事项表决外，不参与合伙企业的任何事务；筠龙投资、银晟投资入股发行人以来的历次股东(大)会会议均由牛斌代表出席并表决。牛斌能够通过筠龙投资和银晟投资间接合计控制发行人54.23%的股份。

(2)未将王新明认定为共同实际控制人的原因及合理性。

1)王新明并未在发行人层面直接持股，仅作为筠龙投资的有限合伙人间接持有发行人股份，王新明持有筠龙投资10.53%的合伙份额，间接持有发行人4.83%的股份，所持发行人股份比例未超过5%，且其仅作为筠龙投资的有限合伙人并不代表筠龙投资行使股东表决权，因此其无法对发行人股东大会决策产生重要影响。

2)自2006年4月世纪华泰有限设立至2010年6月红筹架构搭建期间，王新明分别担任公司监事、董事，自2010年6月以来，王新明未实际参与发行人的任何业务经营管理及重大决策，其无法对发行人的经营管理决策产生重要影响。

3)王新明持有的发行人股份已比照实际控制人牛斌进行锁定和履行减持承诺，不存在通过实际控制人认定来规避发行条件或实际控制人锁定和减持义务的情形。

综上所述，王新明持有发行人股份未超过5%，且未担任公司董事、高级管理人员并在公司经营决策中发挥重要作用，因此，发行人未将王新明认定为共同实际控制人符合公司的实际情况，具有合理性，符合《科创板审核问答(二)》第五之问答的规定。

（3）公司将牛斌、牛晓璐认定为共同实际控制人。发行人最近两年的共同实际控制人为牛斌与牛晓璐,发行人的实际控制人最近两年未发生变更。牛斌通过筠龙投资、银晟投资间接持有公司 44.30% 的股份。筠龙投资持有发行人 27514586 股股份、占发行人总股本的 45.85%,银晟投资持有发行人 5026601 股股份、占发行人总股本的 8.38%,牛斌能够通过筠龙投资和银晟投资间接合计控制发行人 54.23% 的股份,为公司的实际控制人。牛晓璐为牛斌之女,直接持有公司 4.18% 股权,同时担任公司董事,为公司的共同实际控制人。

【案例评析】

公司系家族企业,公司仅认定大股东牛斌及其女为公司实际控制人,未将其妻认定为实际控制人,相关理由需进一步说明。根据公司说明,牛斌为筠龙投资和银晟投资的执行事务合伙人,能够实际控制筠龙投资和银晟投资;牛晓璐为牛斌之女,直接持有公司 4.18% 股权,同时担任公司董事,为公司的共同实际控制人。公司未将王新明认定为共同实际控制人符合公司的实际情况,具有一定的合理性。作为公司实际控制人的直系亲属,公司还应进一步说明王新明对外投资企业情况,是否涉及同业竞争及关联交易情况。

3. 无实际控制人

当公司任何一个股东依据所持股份享有的表决权或其他安排都无法单独控制公司股东会或董事会决策(第一大股东持股比例低于 30%),且股东之间也没有亲属关系或者签署一致行动协议时,公司也无其他协议或安排存在实际控制人的,可以认定为无实际控制人。

《科创板审核问答(二)》规定,对于发行人没有或难以认定实际控制人的,为确保发行人股权结构稳定、正常生产经营不因发行人控制权发生变化而受到影响,要求发行人的股东按持股比例从高到低依次承诺其所持股份自上市之日起锁定 36 个月,直至锁定股份的总数不低于发行前 A 股股份总数的 51%。员工持股计划、持股 5% 以下的股东、非发行人第一大股东且符合一定条件的创业投资基金股东不适用上述锁定 36 个月的规定。

公司不存在实际控制人的情况将影响公司治理的稳定性、公司经营的持续性以及相关主体涉及合规性、关联交易、同业竞争、资金占用、股票限售等核查及安排。

> **审核关注要点:**
>
> (1)公司第一大股东和主要股东参与公司决策、治理情况,公司认定无实际控制人的理由依据是否合理充分;
>
> (2)公司无实际控制人下公司是否能够有效治理,公司是否存在管理层实质控制的情形;
>
> (3)公司持股10%以上主要股东是否存在与公司同业竞争、关联交易情况;
>
> (4)公司股东是否按规定就股票限售、欺诈发行上市的股份购回和赔偿、上市后3年内稳定股价的措施、避免同业竞争、减少和规范关联交易等事项出具相应承诺。

典型案例33:锦州神工不存在实际控制人

招股说明书披露,更多亮、矽康和北京创投基金分别持有公司30.84%、29.63%和29.28%的股份,如合并计算一致行动人持有的公司股份,本次发行前矽康及其一致行动人、更多亮、北京创投基金分别持有公司33.04%、30.84%、29.28%的股份。谭永强截至2018年7月在更多亮实际控制人庄坚毅控制的企业佑昌(杭州)照明电器有限公司担任监事。王苒、葛楠、主浪野均为北京创投基金的GP科工基金管理公司的员工。由北京创投基金提名的非独立董事占公司非独立董事数量的比例为1/3,由北京创投基金提名的董事占公司全体董事数量的比例亦为1/3,均未超过半数。

【审核问询意见】

请发行人说明:(1)进一步提供公司不属于股权较为分散但存在单一股东控制比例达到30%的情形,不适用《科创板审核问答(二)》第五之问答规定的依据;(2)结合公司重要股东矽康、更多亮的股东潘连胜、庄坚毅等对公司客户资源、生产技术、投融资决策等的影响,进一步说明发行人是否由矽康、更多亮共同控制,双方是否存在关于公司经营决策的特殊约定……

【问询回复摘要】

公司说明：

（1）公司不存在单一股东控制情形。更多亮、矽康和北京创投基金分别持有公司 30.84%、29.63% 和 29.28% 的股份，在不考虑一致行动人控制的股份的情况下，虽然单一股东更多亮控制比例达到 30%，但更多亮持股比例与公司第二大股东矽康、第三大股东北京创投基金持股比例差距分别为 1.21% 和 1.56%，三名主要股东持股比例接近，更多亮通过其实际支配的公司股份表决权无法决定公司董事会半数以上成员选任或对公司股东大会的决议产生重大影响，将更多亮认定为控股股东不符合公司控制结构的实际情况。此外，更多亮、矽康、北京创投基金持有的公司股份比例合计占公司股份总数的 89.75%，公司股份相对集中，不属于股权较为分散的情形。

如合并计算一致行动人持有的公司股份，矽康及其一致行动人、更多亮、北京创投基金分别控制公司 33.04%、30.84%、29.28% 的股份表决权，矽康及其一致行动人、更多亮二方投资者分别控制的公司股份表决权比例均超过 30%，且北京创投基金控制的公司股份表决权比例接近 30%。矽康及其一致行动人、更多亮、北京创投基金控制的公司股份表决权比例接近，矽康及其一致行动人或更多亮通过其实际支配的公司股份表决权均无法决定公司董事会半数以上成员选任或对公司股东大会的决议产生重大影响，将矽康及其一致行动人或更多亮认定为控股股东不符合公司控制结构的实际情况。此外，矽康及其一致行动人、更多亮、北京创投基金合计占公司表决权总数的 93.16%，公司股份表决权相对集中，不属于股权较为分散的情形。

公司不存在通过实际控制人认定而规避发行条件或监管的情况。合计持有公司 63.87% 股份的公司股东矽康及其一致行动人、更多亮及其实际控制人庄坚毅已承诺所持股份自公司上市之日起锁定 36 个月，矽康、更多亮比照控股股东的监管要求就欺诈发行上市的股份购回和赔偿、上市后三年内稳定股价的措施、避免同业竞争、减少和规范关联交易等事项出具了相应承诺，并承诺对报告期内公司社会保险和住房公积金缴纳、建设项目和房产可能导致公司受到的损失进行全额补偿；相关承诺符合监管规定，能够有效保护中小投资者的利益。

（2）关于公司是否由矽康、更多亮共同控制。公司重大投融资决策由董事会、股东大会按照内部治理制度规定的决策程序集体决策，不存在由个人或部分董事、股东越过董事会、股东大会决策程序自行决定公司重大投融资事项的情况。除潘连胜、袁欣作出的具有一致行动安排的承诺和矽康、旭捷投资、晶励投资、潘连胜、袁欣签订的一致行动协议外，矽康及其股东潘连胜、袁欣与更多亮及其股东庄坚毅之间不存在关于共同控制公司的协议或其他安排，亦不存在关于公司经营决策的其他特殊约定。

潘连胜、庄坚毅相互独立行使公司董事职权、在公司董事会上相互独立发表意见并投票，报告期内不存在共同行使董事提案权、表决权或相互委托出席公司董事会会议的情况；矽康及其一致行动人、更多亮独立行使各自拥有的股东权利，独立提名公司董事候选人，在公司股东大会上独立行使表决权，报告期内不存在共同提名公司董事候选人、共同提出提案、共同行使表决权或相互委托出席公司股东大会会议的情况。

【案例评析】

公司主要股东持股比例较为接近，公司不存在实际控制人。根据公司说明，更多亮、矽康和北京创投基金分别持有公司 30.84%、29.63% 和 29.28% 的股份，主要股东持股比例接近，公司不属于股权较为分散但存在单一股东控制比例达到 30% 的情形；矽康及其一致行动人、更多亮不存在关于公司经营决策的特殊约定，两者不构成共同控制，公司不存在实际控制人。相关股东已按照规定履行相应的股票限售等承诺。

四、实际控制权的稳定性

公司实际控制权的稳定性，是指公司在报告期内及上市后一定期限内，公司实际控制权未发生重大变化，公司经营管理和生产活动保持稳定。创业板发行条件中明确规定，公司最近 2 年实际控制人没有发生变更，不存在导致控制权可能变更的重大权属纠纷。

《科创板审核问答（二）》进一步明确，实际控制人为单名自然人或有亲属关系多名自然人，实际控制人去世导致股权变动，股权受让人为继承人的，通常不视为公司控制权发生变更。其他多名自然人为实际控制人，实际控制人之一去世的，保荐机构及发行人律师应结合股权结构、去世自然人在股东大会或董事会决策中的作用、对发行人持续经营的影响等因素综合判断。发行人及中介机构通常不应以股东间存在代持关系为由，认定公司控制权未发生变动。对于以表决权让与协议、一致行动协议等方式认定实际控制人的，比照代持关系进行处理。

公司实际控制权的稳定性关系到公司报告期内及上市后公司治理和经营活动的稳定性。

> **审核关注要点：**
> (1)公司报告期内实际控制人变动情况与公司章程、协议约定和公司董事会、股东大会实际决策情况是否保持一致；
> (2)公司报告期内调整实际控制人认定范围的，变更人员是否为原实际控制人亲属或因股份继承等取得相关股份；
> (3)公司是否以股东间存在代持关系、表决权让与协议、一致行动协议等为由，认定公司控制权未发生变动；
> (4)公司实际控制人现有股份及其控制关系是否稳定，上市后或股份减持、股票质押行权等原因是否将导致公司实际控制权发生变更。

典型案例34：亿华通实际控制人存在股权质押

招股说明书披露，发行人实际控制人张国强持有1326.44万股公司股票，占发行人总股本的比例为25.09%，其中500万股股票处于质押状态，占发行人总股本的比例为9.46%。

【审核问询意见】

请发行人说明：(1)结合最近2年内公司章程、协议或其他安排以及发行人股东大会(股东出席会议情况、表决过程、审议结果、董事提名和任命等)、董事会(重大决策的提议和表决过程等)、监事会及发行人经营管理的实际运作情况，说明将张国强认定为公司实际控制人的合理性，张国强实施实际控制权的具体方式，报告期内张国强执行的决策程序、结果与公司章程、股东大会、董事会等是否一致，张国强是否可以实质控制发行人，其他股东是否存在控制发行人的可能性……(3)最近两年内公司控制权是否发生变化，是否存在导致控制权可能变更的重大权属纠纷，上市后发行人的实际控制权是否稳定；(4)实际控制人股权质押的具体情况，是否可能导致发行人控股权发生变更；(5)实际控制人的认定及股权质押是否符合《科创板首发管理办法》第十二条和《科创板审核问答(二)》第五之问答等相关规定。

【问询回复摘要】

公司说明：

(1)关于实际控制人认定合理性。

1)张国强是发行人的创始人，长期担任发行人董事长、总经理，对公司战略发展方向、重要人事任免、业务开展等重大事项决策均具有决定性影响。此外，发行人董事会设战略委员会负责制定长期发展战略、监督并核实重大投资决策等，张国强作为战略委员会主任委员，负责召集并主持战略委员会会议，对于发展战略相关事项的决策具有重要影响力。

2)张国强自发行人设立以来即为第一大股东，其目前持股比例为25.09%，且发行人股权结构较为分散，第二大股东及其一致行动人目前持股比例合计为12.13%，张国强持股比例远超第二大股东及其一致行动人。根据公司章程规定，张国强依其可实际支配的表决权足以对股东大会决议产生重大影响。

3)张国强对于董事会构成及运作、高级管理人员任免具有重大影响力。发行人董事会设非独立董事5名，其中4名由张国强提名。发行人所有董事会会议均由张国强召集并主持，董事会审议的除股东提案外的全部议案均由张国强以董事长或总经理的身份组织起草并提交董事会审议，历次董事会决议均不存在与张国强表决结果不一致的情形。发行人董事会在审议聘用高级管理人员过程中，高级管理人员候选人均由张国强依据《公司章程》规定实施提名并获得董事会审议通过。

4)其余股东对张国强实际控制人地位无异议，除张国强外其他持股2%以上的股东均已承诺不通过任何方式谋求发行人实际控制权或对张国强的实际控制人地位形成威胁，该等股东合计持股比例达到36.38%。

报告期内张国强执行的决策程序、结果均与章程、股东大会、董事会等保持一致。故张国强可以实质控制发行人，其他股东当前不存在控制发行人的可能性。

(2)关于公司控制权稳定性。张国强自发行人成立以来即为发行人控股股东和实际控制人，并在发行人担任董事长、总经理，其任职地位至今未发生变化。当前不存在可能导致其控制权变更的重大权属纠纷。张国强目前持股比例为25.09%，发行人本次拟发行不超过22650523股新增股份,预计本次发行完成后,张国强持股比例不低于 17.56%,仍将远超过第二大股东及其一致行动人的持股比例 8.49%,且张国强承诺在本次发行上市后 60 个月内不主动放弃对发行人的实际控制权,同时其他持股 2%以上股东承诺在本次发行及上市后 60 个月内不以任何方式谋求发行人的实际控制权,故本次发行及上市不会对张国强的控股股东和实际控制人地位、控制权稳定性及公司治理产生实质性影响。

发行人于 2018 年与广发银行股份有限公司北京东四环支行签订额度贷款合同,授信额度为 1000 万元,该项贷款合同由北京中关村科技融资担保有限公司提供担保,张国强以其持有的 500 万股股份向北京中关村科技融资担保有限公司提供反担保。目前,张国强上述股权质押均已解除,不存在股权质押或其他权属争议情形,不会导致发行人控制权变更的情形。

【案例评析】

公司实际控制人持有的股票存在质押,相关质押权行权可能影响公司控制权稳定性。根据公司说明,张国强是发行人的创始人,作为第一大股东长期担任发行人董事长、总经理,且对董事会成员具有提名权;公司其他股东持股比例较为分散,对其控制公司不构成重大威胁;张国强股票质押比例较低,且在审核过程中已解除质押,公司实际控制权变动风险较低。

第五节　公司股票发行安排情况

企业上市最重要的一环就是公开发行股票,公司股票发行安排情况主要披露公司本次发行前总股本,本次拟公开发行的股份数量、价格或定价方式,本次发行股份占总股本的比例,发行后股票限售安排等信息。

一、发行前后股本变化

公司发行股票的数量将直接影响公司发行前股东所享有的表决权和公司分红收益变化。对于持股比例接近的股东,公开发行股票的数量对于其投票权的权重影响更加复杂。例如,公司创始股东持股比例比较接近,大股东可能更倾向于发售更多股份,一方面进一步稀释其他股东持股比例,另一方面企业上市后通过二级市场买入股份有利于增强大股东的控制权。对于投资者而言,公司公开发行的股票是企业上市初期市场上主要的流通股,从供给和需求的角度来看,本次发行股票数量越少则二级市场炒作空间更大。

公司发行股票的数量将直接影响公司发行前股东所享有的表决权和公司分红收益变化,公司应当准确披露发行前后股本变化情况及相关影响。

> **审核关注要点:**
> (1)公司是否充分披露现有股本结构、发行后股本结构变化情况以及对公司控制权的影响;
> (2)公司本次发行股票前后涉及优先股、差异化表决权股份的,相关特殊股票权益变动情况及影响。

典型案例35:天奈科技发行后控股股东持股比例较低

据招股说明书披露,发行人的控股股东为郑涛、张美杰、新奈共成、新奈智汇、新奈众诚、新奈联享以及佳茂杰科技。

【审核问询意见】

请发行人披露:(1)控股股东的持股比例,认定前述主体为控股股东的依据;(2)结合本次发行后对控股股东持股的稀释情况,进一步说明公司控制权是否稳定以及针对保持控制权稳定所采取的相关安排或措施。

【问询回复摘要】

公司说明:

(1)公司发行前实际控制人认定情况。由于发行人股权结构分散,不存在单一股东持股比例超过30%或控制发行人的表决权比例超过30%的情形,同时根据实际控制人签署的一致行动协议及其补充协议,郑涛、张美杰、新奈共成、新奈智汇、新奈众诚、新奈联享、佳茂杰科技存在一致行动关系,合计持有30.3690%的表决权,足以对股东大会的决议产生重大影响。综上,认定郑涛、张美杰、新奈共成、新奈智汇、新奈众诚、新奈联享、佳茂杰科技为公司的控股股东、实际控制人。

(2)发行后公司控制权变动影响分析。按本次发行新股占公司总股本的25%测算,本次发行后控股股东持股的稀释情况具体如下:

序号	名称/姓名	发行前		发行后	
		持股数(股)	持股比例	持股数(股)	持股比例
1	郑涛	23479002	13.5019%	23479002	10.1265%
2	新奈共成	9616975	5.5301%	9616975	4.1478%
3	新奈智汇	9023300	5.1890%	9023300	3.8917%
4	张美杰	4756169	2.7351%	4756169	2.0513%
5	新奈众诚	2934024	1.6873%	2934024	1.2654%
6	新奈联享	2117889	1.2179%	2117889	0.9134%
7	佳茂杰科技	882838	0.5077%	882838	0.3808%
	合计	52810197	30.3690%	52810197	22.7769%

为维持公司控制权的稳定,同时针对天奈科技现有股东中财务投资人持股比例较高的现状,发行人所采取的相关安排及措施如下:

1)实际控制人签署的一致行动协议及补充协议约定天奈科技上市后60个月内,实际控制人均不得退出一致行动、解除本协议或主动辞去天奈科技董事、监事或高级管理人员职务。

2)发行人股东中的主要财务投资人 GRC Sino Green 及其关联方 GVT Fund、中金佳泰、Asset Focus 承诺如下:"本企业不直接或间接谋求成为发行人的实际控制人。自发行人股票上市之日起,在本企业实施增持行为(包括但不限于通过证券交易所的竞价交易、通过证券交易所的大宗交易、协议转让、认购非公开发行股票、认购可转换公司债券或认股权证等方式)时,应确保该等增持行为不会对发行人高级管理人员团队持有发行人控制权的状态造成重大影响,并承诺该等增持行为后,本企业合计直接或间接控制的发行人股权比例不超过发行人高级管理人员团队合计直接或间接控制的发行人股权比例。本企业独立行使所持发行人股份的表决权,且不实施如下行为:主动放弃、限制所持发行人股份的表决权、提案权;通过与他人签署一致行动协议、征集投票权、投票权委托、对外让渡对应表决权等方式谋求或协助他人谋求对发行人的实际控制。"

【案例评析】

公司实际控制人控制股权比例较低,本次发行后将进一步稀释其持股比例,可能影响公司实际控制权稳定性。根据公司说明,公司发行股票前,郑涛、张美杰、新奈共成、新奈智汇、新奈众诚、新奈联享、佳茂杰科技存在一致行动关系,合计持有30.3690%的表决权,足以对股东大会的决议产生重大影响;本次发行股票后,公司实际控制人控制的股权比例进一步稀释,对此,公司实际控制人进一步完善一致行动协议,公司财务投资人出具了不谋求控制权承诺,公司在保持控制权稳定方面所采取的安排及措施一定程度上能够保障公司发行股票后的控制权得以稳定。除此之外,公司实际控制人等还可以进一步承诺上市后采取增持股票等方式稳定控制权。

二、特殊"股票"

公司股票代表股东对公司享有的权利,一是参与公司治理的权利,二是对公司剩余财产的索取权——包括当期和未来的分红收益和公司破产清算时剩余财产的分配请求权。不同类型的股票代表着股东所享有的不同权力,所谓特殊"股票"主要是指优先股、AB股等类别股或者可转换债券、股票存托凭证 CDR 等证券。持有这几种形式的股票或证券的投资者,在公司剩余财产索取权、表决权、权利行使机制、行使期限等方面与普通股票投资者存在一定的差异。

1. 优先股及可转债

优先股是指在公司股本中一种享有优先权的股票,优先股的股东对公司资产、利润分配等享有优先分配权,通常情况下有相对固定的股息分配机制,但是优先股股东对公司事务无表决权。对于企业而言,优先股比债券减轻了发行人还本压力,增加了资本金;对投资者而言,相对于股票增加了投资者的收益稳定性,减少了投资的不确定性。因此优先股长期以来在银行领域被广泛使用,用于充实资本金账户,投资者也多为需要稳健收益的企业年金、社保基金等机构。

可转债又叫作可转换债券,是一种在到期日投资者可以选择将其按照特定价格转换为公司股票的证券。因此,某种意义上看,就好比公司提前已经发行了一部分股票,只是尚未计入股本,所以必须要纳入公司股本的总体考量。从投资者角度,可转债相对而言风险有限、收益无限,这也迎合了市场中一部分风险偏好比较稳健的投资者,能够吸引他们参与投资。

从公司角度,公司可转债发行时,发行人须对可转换公司债券发行价进行拆分,分别确认负债与权益的初始确认金额,发行时按照未来现金流贴现算出纯债价值,面值与纯债价值之差为权益部分价值,并采取相应的会计处理方法。在可转债转股时,除了把转股的部分计入"股本"和"资本公积——股本溢价"之外,还需要同时将转债发行时计入"资本公积——其他资本公积"的权益部分转入"资本公积——股本溢价"。

2020 年 6 月 5 日,上交所发布关于红筹企业申报科创板发行上市有关事项的通知明确规定了优先股(可转债)上市转换相关安排:

(1)红筹企业向 PE、VC 等投资人发行带有约定赎回权等优先权利的股份或可转换债券(以下统称优先股),发行人和投资人应当约定并承诺在申报和发行过程中不行使优先权利,并于上市前终止优先权利、转换为普通股。投资人按照其取得优先股的时点适用相应的锁定期要求。

(2)行人应当在招股说明书中披露优先股的入股和权利约定情况、转股安排及股东权利变化情况,转股对发行人股本结构、公司治理及财务报表等的影响,股份锁定安排和承诺等,并进行充分的风险提示。

(3)保荐人、发行人律师及申报会计师应当对优先股投资人入股的背景及相关权利约定进行核查,并就转股安排和转股前后股东权利的变化,转股对发行人的具体影响,相关承诺及股份锁定期是否符合要求等发表专项核查意见。

(4)发行人获准发行上市后,应当与投资人按照约定和承诺及时终止优先权利、转换为普通股。发行人应当在向本所提交的股票或者存托凭证上市申请中,说明转股结果及其对发行人股本结构、公司治理及财务报表等的实际影响。保荐人、发行人律师及会计师应当对优先股转股完成情况及其影响进行核查并发表意见。

公司优先股、可转债等类股票发行情况及管理情况可能影响公司未来的股权结构变动情况。

审核关注要点:

(1)公司是否充分披露已经发行的优先股、可转债数量及占比情况,发行合规情况,优先股、可转债等特殊权利条款,历年分红/支付利息情况;

（2）公司优先股股东是否存在参与公司治理的情形；

（3）公司可转换债券的转股安排、转股后限售安排、转股后对公司股权结构的影响，历史转换情况；

（4）公司优先股、可转债的会计处理是否规范。

典型案例 36：依图科技存在优先股转换[①]

发行人在历史沿革过程中存在通过发行附有特殊权利的优先股进行融资的情况，该等优先股的特殊权利包括优先清算权、转换权、赎回权、优先认购权、优先购买权、共同出售权等。根据公司与优先股股东之间的协议约定，如果公司在约定时间内没有实现合格上市，优先股股东有权要求公司赎回其持有的优先股。根据公司章程的约定，"合格上市"的上市地限定于香港证券交易所、上海证券交易所科创板以及其他取得大部分优先股股东认可的国际化证券交易所，且要求公司上市时的估值达到一定水平。根据发行人的公司章程、发行人的董事会和股东大会于 2020 年 9 月 30 日作出的书面决议以及所有优先股股东出具的书面承诺，公司拟将股东持有的全部优先股转换为普通股，前述转换于本次发行上市通过中国证监会注册之日起立即生效，所有附着于优先股的优先权利同时终止。本次发行上市的申报和发行过程中，全体优先股股东不行使任何优先权利。

【审核问询意见】

请发行人披露：（1）上述特殊权利条款的主要内容，"合格上市"所要求的估值水平。（2）公司在约定时间内没有实现合格上市，优先股股东有权要求公司赎回其持有的优先股与本次发行上市通过中国证监会注册之日起全部优先股转换为普通股，所有附着于优先股的优先权利同时终止是否矛盾；如存在矛盾，请予以明确并修改相关表述；发行人设置上述转换方案的具体考虑，优先股转换为普通股后的股份变动情况。（3）上述特殊权利条款存续期间，相关股东是否提出转换权、赎回权、优先认购权等诉求，相关股东与发行人、发行人的控股股东、实际控制人是否存在纠纷或潜在纠纷。（4）发行人公司章程及相关协议中是否存在反收购条款等

---

① 2021 年 3 月 11 日，依图科技有限公司因发行人及保荐人主动要求中止审核，理由正当并经上交所同意。根据《科创板审核规则》第六十四条第七项，上交所中止其发行上市审核。

特殊条款或类似安排,如有,请披露相关安排的具体内容,以及对存托凭证持有人权益的影响。(5)除上述相关条款外,是否存在其他特殊权利条款,如有,请披露相关条款的主要内容。

请保荐机构、发行人律师对上述事项以及发行人上述特殊权利条款是否符合《科创板审核问答(二)》第十之问答的规定、《上海证券交易所关于红筹企业申报科创板发行上市有关事项的通知》等要求进行核查,并发表明确意见。

【问询回复摘要】

公司补充披露:

(1)公司发行优先股特殊权利条款的主要内容。发行人 A-1 轮、A-2 轮(A-1 轮、A-2 轮合称 A 轮)、B 轮、C-1 轮、C-2 轮、C-3 轮、C-4 轮、C-5 轮、C-6 轮(C-1 轮、C-2 轮、C3 轮、C-4 轮、C-5 轮、C-6 轮合称 C 轮)、D 轮、D-1 轮、D-2 轮(D 轮、D-1 轮、D-2 轮合称 D+轮)、E-1 轮、E-2 轮、E-3 轮(E-1 轮、E-2 轮、E-3 轮合称 E 轮)优先股股东享有相应的股东优先权利,具体如下:

1)优先清算权。每一优先股股东因拥有相关优先股股份,可就所持各轮次优先股按优先顺序优先于其他系列优先股及普通股股东取得发行人任何资产或盈余资金分派。如可供分派的发行人资产及资金不足以向相关股东支付全部优先清算价款,发行人应按以下顺序向优先股股东支付优先清算价款:第一次序为 E 轮优先股股东;⋯⋯向所有优先股股东分派或全部支付优先清算价款后,发行人可供分派予股东的剩余资产(如有)须基于各股东当时按经转换基准所持普通股数目,按比例分派予优先股及普通股股东。

2)转换权。每一优先股股东有权选择在发行日后以经调整后的初始发行价将其持有的优先股转换成普通股。一旦发行人在特定交易所完成合格的首次公开发行或者多数 A 轮优先股股东、多数 B 轮优先股股东、多数 C 轮优先股股东、多数 E 轮优先股股东书面同意孰早发生的情况下,发行人的优先股触发"自动转换条款",优先股转换为普通股。

3)赎回权。如发行人未在 2023 年 6 月 30 日之前内完成首次公开发售或触发其他事项,发行人应按优先股股东选择,自开始赎回日期 2023 年 6 月 30 日起任何时间,赎回该优先股股东所持全部已发行但未赎回之优先股。如发行人无足额资金在赎回价款支付日支付赎回价款,发行人应当按以下顺序向优先股股东支付赎回价款:第一为 E 轮优先股股东……

4)优先认购权。每一优先股股东享有优先按各自的持股比例认购发行人发行的任何新证券的权利。

5)优先购买权。如发行人在一定条件下未能行使其购买任何普通股股东拟议转让的全部股份的权利,则在符合一定条件的情况下,每一优先股股东有权在一定期限内按各自的持股比例选择以转让通知中载明的价格和条件购买全部或任何部分公司未购买的剩余股份。

6)共同出售权。如发行人和优先股股东未按照其各自的持股比例就实际控制人及/或控股股东拟向第三方转让的所有股份行使优先购买权,实际控制人及控股股东应向未行使任何优先购买权的优先股股东发出共同出售通知,该等优先股股东有权在一定期限内按各自的持股比例选择以转让通知中载明的价格和条件向转让通知中载明的第三方出售其持有的发行人股份。

(2)公司优先股股东特殊权利行使情况。根据发行人优先股股东出具的确认函及发行人的说明,发行人股东未曾提出行使转换权、赎回权、优先认购权等诉求,其与发行人、发行人的控股股东、实际控制人不存在与前述权利诉求相关的纠纷或潜在纠纷。根据发行人现行有效的《公司章程》《股东协议》及《公司章程(草案)》,并经发行人、控股股东及实际控制人确认,现行有效的《公司章程》《股东协议》及《公司章程(草案)》中不存在任何反收购条款或类似安排。

(3)公司优先股转普通股条件及实现情况。根据发行人现行有效的《公司章程》,持有优先股的股东享有赎回权,如优先股于本次发行上市通过中国证监会注册之日起转换为普通股,则发行人任何股东均不持有优先股,亦不再享有持有优先股股东的任何权利(包括赎回权)。根据发行人现有优先股股东出具的《关于优先股转普通股的承诺》:"同意将本单位持有的公司的全部优先股转换为普通股(每一股优先股转换为一股普通股),且除非中国证券监管机构另有明确要求,否则前述转换于本次发行上市通过中国证券监督管理委员会注册之日起立即生效,所有附着于优先股的优先权利同时终止。本次发行上市的申报和发行过程中,本单位不行使任何优先权利。"

基于前述,本次发行上市通过中国证监会注册之日起全部优先股转换为普通股,原优先股股东均不持有优先股,前述转换完成后,即使发行人本次发行上市未达到现行有效的《公司章程》约定的"合格上市"的估值标准,发行人股东亦不再享有任何股东特殊权利,无权要求公司赎回其持有的优先股。

鉴于发行人为红筹企业,为确保发行人优先股股东在上市前终止优先权利并转换为普通股以符合上述规定,同时考虑到优先股转换为普通股后,还须预留时间供中国证券登记结算有限责任公司上海分公司办理存托凭证的登记等手续,因此发行人优先股股东承诺于本次发行上市通过中国证监会注册之日起,将其持有的优先股转换为普通股,每一股优先股转换为一股普通股,发行人的总股本、发行人股东持有的股份数量均不发生变化。

保荐人、发行人律师及申报会计师认为:

(1)根据发行人现有优先股股东出具的《说明及承诺函》,优先股转为普通股后,原持有优先股股东将不再享有任何股东特殊权利(包括但不限于投资协议、股东协议及其他相关协议中的优先清算权、转换权、赎回权、优先认购权、优先购买权、共同出售权等特殊权利),相关权利自动终止,不再具有法律效力。

(2)优先股转为普通股后,发行人的总股本、发行人股东持有的股份数量均不发生变化。根据发行人的测算,发行人所有类别的优先股转换为普通股后,发行人的净资产将由-730565.99万元变更为353545.21万元,负债总额将由1210330.84万元变更为126219.64万元,资产总额未发生变化(假设该等转股事项发生于2020年6月30日)。所有类别的优先股转换为普通股后,转换后的会计期间公司将不再受到优先股公允价值变动损益影响。

(3)根据《红筹企业有关通知》的规定,优先股股东按照其取得优先股的时点适用相应的锁定期要求,发行人的所有优先股股东均已按照前述要求出具了相关的股份锁定承诺。

【案例评析】

公司属于红筹企业,公司曾发行优先股。根据公司说明,现有优先股股东按照《红筹企业有关通知》,承诺在申报和发行过程中不行使优先权利,并于本次发行上市通过中国证监会注册之日起,将其持有的优先股转换为普通股。发行人上述特殊权利条款符合《红筹企业有关通知》的规定。

2. AB 股/差异化表决权股份

差异化表决权结构,即表决权差异安排,在域外又称为双层股权架构(dual class share structure),是相对于单一股权架构而言的一种特殊股权架构。在差异化表决权结构下,每一特别表决权股份拥有的表决权数量大于每一普通表决权股份拥有的表决权数量。一般情况下,存在差异化表决权结构的公司是向创始股东发行特别表决权股份,向公众发行普通表决权股份,达到创始股东用少量股份锁定公司多数表决权即控制权的效果。特别表决权股份(一般被称为高表决权股份,A 类股份)与普通表决权股份(一般被称为低表决权股份,B 类股份)除了表决权不同,在其他股东权利方面几乎不存在差异。

特别表决权股份主要是由公司创始人团队持有,目的是在融资过程中,特别是股权被稀释的情况下创始人仍然能够保持对公司的控制。特别表决权股份享有的表决权比例一般为普通股表决权的 1~10 倍,取决于公司其他股东对公司主要股东能力、贡献的认可和博弈。

《科创板上市规则》等对上市公司设置差异化表决权设置的条件进行了规范:

(1)发行人作出的表决权差异安排必须经出席股东大会的股东所持 2/3 以上表决权通过;

(2)表决权差异安排在上市前至少稳定运行 1 个完整会计年度;

(3)发行人须具有相对较高的市值规模;

(4)相关股东应当对公司发展或者业绩增长作出重大贡献,并且在公司上市前及上市后持续担任公司董事;

(5)特别表决权股份不得在二级市场进行交易;

(6)持有人不符合主体资格或者特别表决权股份一经转让即永久转换为普通股份;

(7)企业上市后不得提高特别表决权的既定比例;

(8)普通股份表决权应当达到最低比例。

差异化表决权股份的设置、运行应当符合相关监管规定,公司应当充分披露差异化表决权的设置和执行情况。

> **审核关注要点:**
>
> (1)公司特别表决权设置的股东大会程序、持有人资格、公司章程关于表决权差异安排的设置、锁定及转让限制、权利灭失情形等的规定是否规范;
>
> (2)公司是否充分披露持有特别表决权股份的股东具体情况及其持续贡献情况;
>
> (3)公司是否充分披露差异化表决权设置后历史执行情况,是否存在修订完善或执行纠纷。

典型案例 37:优刻得设置差异化表决权安排

招股说明书披露,2019 年 3 月 17 日,发行人召开 2019 年第一次临时股东大会,表决通过《关于〈优刻得科技股份有限公司关于设置特别表决权股份的方案〉的议案》,设置特别表决权股份。季昕华、莫显峰、华琨所持有的每份 A 类股份拥有的表决权数量为每份 B 类股份拥有的表决权的 5 倍。

【审核问询意见】

请发行人:(1)说明发行人设置特别表决权股份是否符合《公司法》《关于在上海证券交易所设立科创板并试点注册制的实施意见》等相关规定;(2)发行人的表决权差异安排于 2019 年 3 月 17 日设置,运行时间较短,说明上述特殊公司治理结构是否稳定、有效,是否符合《科创板首发管理办法》第十二条关于控制权和实际控制人的发行条件规定;(3)对照《科创板上市规则》第四章第五节关于特别表决权设置的股东大会程序、持有人资格、公司章程关于表决权差异安排的具体规定、锁定安排及转让限制等,逐条说明发行人上述安排是否符合规定;(4)结合季昕华、莫显峰、华琨对公司创立、发展或者业务增长及日常经营管理等的作用和贡献,以及本次可能发行的最大股数及超额配售选择权未行使或全额行使后的股本结构变动情况、其他股东的持股比例情况,说明上述人员持有特别表决权的必要性和合理性;(5)2015 年优刻得(开曼)进行 C 轮融资时,季昕华、莫显峰、华琨作为唯一股东的持股平台 T,M 及 L 所持股份被指定为 B 类普通股,每股享有 3 票投票权,说明本次设置的表决权比例高于优刻得

(开曼)之前设置的表决权比例的原因,并结合优刻得(开曼)特别表决权设置以来的运行时间、相关主体表决权比例及公司治理情况、公司运行状况,说明本次特别表决权比例与优刻得(开曼)存在差异的原因及合理性……(7)提供本次差异化表决安排涉及的协议(如有)。

请发行人充分披露表决权差异安排的主要内容、对公司治理和其他投资者股东权利的影响,并对上述特别表决权股份设置及特殊公司治理结构作充分风险揭示和重大事项提示。

【问询回复摘要】

公司说明:

(1)关于公司设置差异化表决权的主体合规性。发行人系一家合法设立并有效存续的股份有限公司,且为一家符合科创板定位的科技创新企业,符合国务院《关于推动创新创业高质量发展打造"双创"升级版的意见》(简称《双创意见》)有关实行"同股不同权"治理结构的企业应当为一家"科技企业",以及《关于在上海证券交易所设立科创板并试点注册制的实施意见》(简称《注册制实施意见》)有关设置特别表决权安排的企业应当为一家"科技创新企业"的要求。

发行人预计市值不低于人民币50亿元,且设置表决权差异安排前发行人最近一年营业收入不低于人民币5亿元,符合《科创板上市规则》有关发行人可以设置表决权差异制度的基本前提要求。基于上述,发行人有权根据《公司法》《双创意见》及《注册制实施意见》的规定设置特别表决权股份。

发行人已于2019年3月17日召开2019年第一次临时股东大会通过《公司章程》及《公司章程(草案)》,并在《公司章程(草案)》中为发行人规定了设置特别表决权安排的各项要求及公司治理准则,符合《注册实施意见》《科创板上市规则》和2019年4月17日修订的《上市公司章程指引》有关发行人设置特别表决权安排的决策程序、持有人资格、公司章程规定等相关要求。

发行人已在招股说明书中充分披露并特别提示有关差异化表决安排的主要内容、相关风险及对公司治理的影响,以及依法落实保护投资人合法权益的各项措施。

(2)关于公司表决权差异化安排的稳定性。发行人于2019年3月17

日设置特别表决权前的最近 2 年内,季昕华、莫显峰及华琨三人具体管理发行人并共同对发行人的业务经营及发展起到决定性的作用,在发行人层面合计持股比例最高且一直处于控股地位,在发行人历届股东会/股东大会中均表决一致,且能够在发行人层面共同决定董事会半数以上成员,并在历次董事选举上保持一致决策,并经发行人股东在《公司章程》中确定为发行人的共同实际控制人,因此最近两年内发行人持续且稳定地由季昕华、莫显峰及华琨共同进行控制。

2019 年 3 月 17 日,发行人设置特别表决权后,三名共同实际控制人合计持有发行人表决权的比例上升为 64.71%,进一步强化了其对发行人的控制能力。因此,发行人设置特别表决权,允许季昕华、莫显峰及华琨增加其在发行人层面的表决权,是对由季昕华、莫显峰及华琨持续、稳定地对发行人形成共同控制关系的进一步加强,季昕华、莫显峰及华琨对发行人的共同控制权继续稳定、有效。

(3)关于公司差异化表决权设置决策程序合规性。2019 年 3 月 2 日,发行人召开首届董事会第五次会议,审议通过了《关于〈优刻得科技股份有限公司关于设置特别表决权股份的方案〉的议案》等议案,并于同日向发行人全体股东发出《2019 年第一次临时股东大会会议通知》。

2019 年 3 月 17 日,发行人召开 2019 年第一次临时股东大会,审议通过了《关于〈优刻得科技股份有限公司关于设置特别表决权股份的方案〉的议案》等议案,并通过了《优刻得科技股份有限公司 2019 年第一次临时股东大会决议》。发行人全部 29 名股东表决通过关于在发行人层面设置特别表决权的安排,占出席发行人股东大会的股东所持表决权的 100%。

发行人关于特别表决权设置的股东大会程序,符合《科创板上市规则》的相关规定。

(4)关于特别表决权股份的持有人资格合规性。公司全体股东同意公司仅有共同实际控制人季昕华、莫显峰及华琨为 A 类股份持有者,其所持公司股份为 A 类股份,公司其他股东所持公司股份为 B 类股份(即普通股份,下同)。作为特别表决权持有人的三名实际控制人季昕华、莫显峰和华琨对公司发展或者业务增长等作出重大贡献,且得到发行人全体股东的确认;根据 2018 年 7 月 18 日发行人第一次股东大会所通过的《关于选举优刻得科技股份有限公司第一届董事会董事的议案》,三名实际控制人季昕华、莫显峰和华琨在发行人上市前担任董事,且将于发行人上市后继续担任公司董事;三名实际控制人季昕华、莫显峰和华琨在发行人设置特别表决权前,在发行人中直接持有权益的份额合计达到发行人已发行有表决权股份的 26.8347%(另通过西藏云显、西藏云华、西藏云能、堆龙云优及堆龙云巨间接持有发行人 2.8958%股份),超过《科创板上市规则》所规定的 10%的要求。

发行人关于特别表决权的持有人资格的安排,符合《科创板上市规则》的相关规定。

(5)《公司章程》关于表决权差异安排的具体规定。根据发行人《公司章程》第十五条的规定,发行人公司股份的发行,实行公开、公平、公正的原则,同种类的每一股份应当具有同等权利;根据发行人《公司章程》第七十七条的规定,除特定事项中每一 A 类股份享有的表决权数量应当与每一 B 类股份的表决权数量相同,即均可投一票以外,A 类股份及 B 类股份持有人就所有提交公司股东大会表决的决议案进行表决时,A 类股份持有人每股可投五票,而 B 类股份持有人每股可投一票。基于上述,发行人每份特别表决权股份的表决权数量相同,且符合《科创板上市规则》有关每份特别表决权股份不超过每份普通股份的表决权数量的 10 倍的要求。

根据发行人《公司章程》第二十一条的规定,除《公司章程》规定的表决权差异外,发行人 A 类股份与 B 类股份具有的其他股东权利应当完全相同;持有 A 类股份的股东应当按照所适用的法律法规以及《公司章程》行使权利,不得滥用特别表决权,不得利用特别表决权损害其他股东的合法权益。

根据发行人《公司章程》第七十七条的规定,股东大会就下述事宜的议案进行表决时,每一 A 类股份享有的表决权数量应当与每一 B 类股份的表决权数量相同,即均可投一票:(a)对《公司章程》作出修改;(b)改变 A 类股份享有的表决权数量;(c)聘请或者解聘公司的独立董事;(d)聘请或者解聘为公司定期报告出具审计意见的会计师事务所;(e)公司合并、分立、解散或者变更公司形式。股东大会对上述第(b)项作出决议,应当经过不低于出席会议的股东所持表决权的 2/3 以上通过,但根据发行人《公司章程》第十九条(有关发行人上市后发行特别表决权股份的要求)、第二十条(有关 A 类股份需转换为 B 类股份的要求)的规定,将相应数量

A 类股份转换为 B 类股份的不受前述需要 2/3 表决权以上通过的约束。发行人《公司章程》中的该等安排,符合《科创板上市规则》第四章第五节第 4.5.10 条的相关规定。

《公司章程》关于表决权差异安排的具体规定,符合《科创板上市规则》的相关规定。

(6) 关于特别表决权股份的锁定安排及转让限制。根据发行人《公司章程》第二十条的规定,持有 A 类股份的股东向他人转让所持有的相应 A 类股份,或者将相应 A 类股份的表决权委托他人行使的,则 A 类股份应当按照 1:1 的比例转换为 B 类股份。根据发行人《公司章程》第二十七条的规定,发行人的股份可以依法转让(包括依据《科创板上市规则》的相关规定进行转让),其中发起人持有的发行人股份,自发行人成立之日起 1 年内不得转让。发行人公开发行股份前已发行的股份,自发行人股票在证券交易所上市交易之日起 1 年内不得转让。发行人董事、监事和高级管理人员应当向发行人申报所持有的发行人的股份及其变动情况,在任职期间每年转让的股份不得超过其所持有发行人同一类股份总数的 25%;所持发行人股份自发行人股票上市交易之日起 1 年内不得转让。上述人员离职后半年内,不得转让其所持有的发行人股份。季昕华、莫显峰及华琨作为持有特别表决权的共同控股股东及实际控制人,对所持股份的锁定安排及转让限制已经作出承诺。

发行人有关特别表决权的锁定安排及转让限制,符合《科创板上市规则》的相关规定。

(7) 季昕华、莫显峰及华琨持有特别表决权股份的必要性。2012 年年初,季昕华、莫显峰及华琨联合筹建优刻得科技股份有限公司。在公司的发展历程中,季昕华作为公司董事长兼首席执行官全面负责公司的经营管理,莫显峰作为董事兼首席技术官领导公司技术团队,华琨作为董事兼首席运营官领导公司运营团队。在发行人发展的过程中,季昕华、莫显峰及华琨作为发行人的共同实际控制人,对于公司的稳定及快速发展发挥了重要作用。

本次发行前,季昕华、莫显峰及华琨合计直接持有发行人 26.8347% 的股份,间接持有发行人 2.8958% 的股份,共持有发行人 29.7305% 的股份,系发行人的共同控股股东及实际控制人。按照本次可能发行的最大股数(含全额行使超额配售选择权)计算,季昕华、莫显峰及华琨在本次发行完成后将合计直接持有发行人 19.3964% 的股份。在发行人本次发行并上市后,控股股东及共同实际控制人季昕华、莫显峰及华琨在发行人层面的持股比例相较发行前将有所下降。本次特别表决权的引入系为了保证发行人的控股股东及共同实际控制人季昕华、莫显峰及华琨对公司整体的控制权,从而确保发行人在上市后不会因实际控制权在增发股份后减弱对公司的生产经营产生重大不利影响,从而保护发行人及其全体股东的利益。

(8)本次设置的表决权比例高于优刻得(开曼)之前设置的表决权比例的原因。优刻得(开曼)层面设置特别表决权后,三名共同实际控制人季昕华、莫显峰及华琨在优刻得(开曼)层面合计持有 41.08% 的股份,按照每 1 份特别表决权股份对应 3 份普通表决权股份的规定,三名共同实际控制人季昕华、莫显峰及华琨合计持有表决权比例合计为 67.65%。该等安排增强了公司股权结构和控制权结构的稳定性,公司决策及运行良好。发行人决定终止红筹架构后,先后经历了多次增资,三名共同实际控制人季昕华、莫显峰及华琨在发行人中直接持有权益的份额合计降为发行人已发行有表决权股份的 26.8347%。本次发行及上市前,在发行人设置特别表决权安排的前提下,按照每 1 份特别表决权股份对应 5 份普通表决权股份的规定,三名实际控制人合计持有发行人表决权的比例上升为 64.71%。

虽然本次设置的表决权比例(5∶1)高于优刻得(开曼)之前设置的表决权比例(3∶1),但季昕华、莫显峰、华琨所持发行人表决权的比例(64.71%)基本保持与优刻得(开曼)历史上股东会层面表决权比例(67.65%)相似的比例安排,没有高于优刻得(开曼)历史上三名共同实际控制人季昕华、莫显峰及华琨通过特别表决权安排所取得表决权比例,该等安排承继了优刻得(开曼)历史上存在特别表决权的比例情况,有利于增强公司股权结构和控制权结构的稳定性,具有合理性。

公司补充披露了设置差异化表决权安排的相关风险:

公司采用特别表决权结构,共同实际控制人季昕华、莫显峰及华琨持有的 A 类股份每股拥有的表决权数量为其他股东(包括本次公开发行对象)所持有的 B 类股份每股拥有的表决权的 5 倍。季昕华、莫显峰及华琨对公司的经营管理以及对需要股东大会决议的事项具有绝对控制权。由于季昕华、莫显峰及华琨能够直接影响股东大会决策,中小股东的表决能力将受到限制。在特殊情况下,季昕华、莫显峰及华琨的利益可能与公司其他股东,特别是中小股东利益不一致,存在损害中小股东利益的可能。

【案例评析】

公司设置有差异化表决权安排。根据公司说明,季昕华、莫显峰及华琨作为发行人的共同实际控制人在历史上对于发行人具有保稳定及促发展的意义,且对于发行人未来的稳定及快速发展仍将具有重要意义,本次发行若大幅度降低三名共同实际控制人对发行人的表决权比例,将实质性影响发行人控制权的稳定,因此为季昕华、莫显峰及华琨设置特别表决权安排具有必要性。发行人经全体股东表决同意,为三名共同实际控制人设置具有特别表决权的股份,使得三名共同实际控制人进一步强化了控制权,并不导致发行人的控制权发生变化。发行人有关特别表决权的设置安排,符合《科创板上市规则》的相关规定。

3. CDR/存托凭证

CDR,又叫作股票存托凭证,是一种股票衍生品。发行 CDR 的公司实质上是在境外发行股票,发行后股票寄存在银行托管,银行以这些托管的股票为基础按照一定比例在境内发行相应的股票存托凭证,境内投资者可以投资交易 CDR。CDR 所代表的基于公司境外发行股票的剩余资产索取权和表决权,全部由投资者委托托管行来行使。因此,CDR 本质上并不是公司股票,因此,投资者即使拥有了大量的 CDR,也仍然不是公司的股东。发行 CDR 的公司为境外公司,有关经营活动受境外法律规制,与国内监管要求存在一定的差异,投资者在信息收集和效用方面需要额外付出一定的成本。

证监会《关于开展创新企业境内发行股票或存托凭证试点的若干意见》明确,申请发行存托凭证企业应当是符合国家战略、掌握核心技术、市场认可度高,属于互联网、大数据、云计算、人工智能、软件和集成电路、高端装备制造、生物医药等高新技术产业和战略性新兴产业,且达到相当规模的创新企业。其中,已在境外上市的大型红筹企业,市值不低于 2000 亿元人民币;尚未在境外上市的创新企业(包括红筹企业和境内注册企业),最近一年营业收入不低于 30 亿元人民币且估值不低于 200 亿元人民币,或者营业收入快速增长,拥有自主研发、国际领先技术,同行业竞争中处于相对优势地位。

作为一种特殊的金融产品,公司发行 CDR 需要遵守《存托凭证发行与交易管理办法(试行)》(简称《存托凭证管理办法》)相关规定。

> **审核关注要点:**
> (1)CDR 的发行程序是否符合《注册办法》相关规定;
> (2)公司是否充分披露存托凭证持有人在提名和选举公司董事、参与公司决策等方面的限制和影响,是否充分披露特有投资风险;
> (3)公司是否充分披露保护存托凭证持有人合法权益的保障性措施。

典型案例 38:九号公司发行 CDR 上市

招股说明书披露,发行人本次拟向存托人发行不超过 7040917 股 A 类普通股股票,作为拟转换为 CDR 的基础股票。

【审核问询意见】

请保荐人、发行人律师就发行人是否符合《注册办法》"具备健全且运行良好的组织机构"的规定发表明确意见。

【问询回复摘要】

保荐机构及发行人律师认为:

(1)公司属于开曼群岛注册的红筹企业。根据《开曼法律意见书》,发行人公司章程中有关股东大会及董事会会议及其召开的条文是按照开曼群岛法律可接受的格式,而且不抵触也不违反任何适用于发行人的开曼群岛现行法律、公共规则或规例。发行人自设立以来,以一致书面决议或电话会议、现场会议的形式通过股东大会决议及董事会决议,该等会议的召集、召开、决议的内容及签署合法有效。

(2)公司具备健全的组织机构。为符合境内上市公司对公司治理的要求,并在遵循《开曼公司法》的前提下,公司于 2019 年 4 月 2 日召开的董事会、股东大会审议通过了《公司章程(草案)》《股东大会议事规则》《董事会议事规则》《董事会战略委员会议事规则》《董事会薪酬与考核委员会议事规则》《董事会提名委员会议事规则》《董事会审计委员会议事规则》《独立董事工作制度》等相关制度,上述制度符合《监管办法》《科创板上市规则》的适用规定,并参考《章程指引》《上市公司股东大会规则(2016 年修订)》的相关规定制定,以最大程度维护境内投资者的合法权益。

发行人已经根据上述内部制度建立股东大会、董事会(下设战略委员会、审计委员会、薪酬与考核委员会和提名委员会)、独立董事、董事会秘书兼信息披露境内代表、CEO、总裁、副总裁、财务总监等法人治理结构,且各组织机构及董事、高级管理人员均能依据法律法规、《公司章程》和其他各项规章制度履行职责,具备健全且运行良好的组织机构。

根据《开曼公司法》及《公司章程》,发行人未设置监事会,但发行人已设置独立董事制度,由独立董事对公司关联交易、对外担保、募集资金使用、并购重组、重大投融资活动、高管薪酬和利润分配等与中小股东利益密切相关的事项予以重点关注。独立董事可以提议召开董事会、股东大会,以及聘请会计师事务所、律师事务所等证券服务机构对相关事项进行审计、核查或者发表意见。因此,独立董事制度亦在重要事项上起到了监督公司规范运作的作用。

综上所述,保荐机构、发行人律师认为:发行人符合《注册办法》"具备健全且运行良好的组织机构"之规定。

【案例评析】

CDR作为一种特殊的股票衍生品,并非境内资本市场的主流投资产品。从监管规定不难看出,申请发行存托凭证企业应当是符合国家战略、掌握核心技术、市场认可度高,属于互联网、大数据、云计算、人工智能、软件和集成电路、高端装备制造、生物医药等高新技术产业和战略性新兴产业,且达到相当规模的创新企业。在具体申报和审核工作中,更多需按照"一企一议"的方式进行。

三、股票限售(减持)安排

限售股原指股权分置改革前未流通股本在股改后获得流通权,并承诺在一定的时期内不上市流通或在一定的时期内不完全上市流通的股票,现在泛指公司上市后公司实际控制人等主体按照规定或自愿锁定交易时间的股票。股票限售(减持)安排则是指公司实际控制人等对其持有股票进行非强制性锁定的出售安排。

股票限售(减持)安排对于二级市场交易和一级市场发行认购影响较大。按照经济学基本的供给和需求理论,公司上市后流通股数量的多少直接决定着股票在市场的稀缺性,短期内股票越稀缺,其市场价格相对越高。对于监管机构而言,公司大股东、实际控制人等相关主体所持股份的限售、减持规定,一方面为了防止大股东上市后大量减持套现,确保二级市场稳定有序,另一方面也考虑保持公司经营活动的稳定性,防止公司上市后迅速业绩变脸(如表5所示)。

表5　科创板上市股票限售、减持概览①

事项		对象	限售条件	备注
非公开转让、配售方式转让首发前股份		上市公司股东	另行规定	
减持限售一般规定		发起人、董监高	上市交易之日起1年内	1. 公司法第一百四十一条; 2. 同时受"上交所董监高减持细则"与"创投基金减持细则"限制; 3. 董监高离职后限售要求同其他板块。
		董监高	每年转让的股份不得超过其所持有本公司股份总数的25%	
		控股股东、实际控制人	股票上市之日起36个月	控制关系或者受同一实际控制人控制的,自发行人股票上市之日起12个月后,可豁免。
		核心技术人员	上市之日起12个月内和离职后6个月内	限售期满之日起4年内,每年转让的首发前股份不得超过上市时所持公司首发前股份总数的25%,减持比例可以累计使用。
公司上市时未盈利的	盈利前	控股股东、实际控制人	股票上市之日起3个完整会计年度内,不得减持首发前股份	第4个会计年度和第5个会计年度内,每年减持的首发前股份不得超过公司股份总数的2%。
		董事、监事、高级管理人员及核心技术人员	同上	在前述期间内离职的,应当继续遵守本款规定。
	实现盈利后	控股股东、实际控制人、董监高及核心技术人员	当年年度报告披露后次日起减持首发前股份	受上交所减持细则限制。

---

① 截至2021年3月科创板上市股票限售、减持相关要求概览。

续表

事项	对象	限售条件	备注
上市申报前 12 个月新增股东	投资者	股票上市之日起36 个月	

对于发行人没有实际控制人的，为确保发行人股权结构稳定、正常生产经营不因发行人控制权发生变化而受到影响，一般要求发行人的股东按持股比例从高到低依次承诺其所持股份自上市之日起锁定 36 个月，直至锁定股份的总数不低于发行前股份总数的 51%，但是员工持股计划，持股 5%以下的股东和符合条件的创投基金可以不予限售。

《科创板首发管理办法》第四十二条规定，发行人应当在招股说明书中披露公开发行股份前已发行股份的锁定期安排，特别是核心技术人员股份的锁定期安排以及尚未盈利情况下发行人控股股东、实际控制人、董事、监事、高级管理人员股份的锁定期安排。

《发行监管问答——关于相关责任主体承诺事项的问答》关于提高大股东持股意向的透明度明确，发行前持股 5%及其以上的股东必须至少披露限售期结束后两年内的减持意向，减持意向应说明减持的价格预期、减持股数，不可以"根据市场情况减持"等语句敷衍。

有关公司股票限售、减持的规定较为细碎，且涉及合并计算等口径。公司应当严格按照规定在招股书中如实披露限售或减持相关情况。

> **审核关注要点：**
> 　　（1）公司股东、实际控制人及其控制的其他持股主体、公司董监高等是否按照相关法律法规、业务规则规定披露股票限售安排；
> 　　（2）公司股东、实际控制人等主体限售股份的数量和期限计算是否准确，是否按照同一主体归口进行计算；
> 　　（3）公司股东有无其他自愿限售或股票减持安排，相应自愿限售、减持安排承诺是否具体、明确，是否符合《发行监管问答——关于相关责任主体承诺事项的问答》等规定。

典型案例 39：鸿泉物联核心技术人员减持承诺

《科创板上市规则》规定，核心技术人员自所持首发前股份限售期满之日起 4 年内，每年转让的首发前股份不得超过上市时所持公司首发前股份总数的 25%,减持比例可以累计使用。发行人 6 名核心技术人员中仅赵胜贤 1 人作出该等承诺。

【审核问询意见】

请发行人督促其他核心技术人员严格按照《科创板上市规则》规定出具股份锁定承诺书,并在招股说明书中披露。

【问询回复摘要】

公司披露:

公司核心技术人员补充披露减持承诺。2019 年 4 月 25 日,公司的核心技术人员赵胜贤、刘浩森、季华、刘沾林、叶飞虎、严智承诺如下:"(1)对于公司公开发行股票前本人所持有的合伙企业权益[在杭州鸿显投资管理合伙企业(有限合伙)、杭州鸿尔投资管理合伙企业(有限合伙)、杭州鸿吉投资合伙企业(有限合伙)、上海禹成森企业管理合伙企业(有限合伙)中所享有的权益或财产份额],自公司股票上市之日起 12 个月内和离职后 6 个月内不得转让;锁定期届满后 4 年内,每年转让的权益不超过公司上市时本人所持权益总额的 25%,减持比例可以累计使用。(2)本人不因职务变更或离职等原因而终止履行上述承诺。(3)若法律、法规或监管部门、证券交易所规定或要求股份锁定期长于本承诺的,则股份锁定期自动按该等规定或要求执行。"

【案例评析】

公司部分核心技术人员未按照要求进行股票减持承诺。公司相关核心技术人员补充出具相关承诺书,承诺事项已在招股说明书中披露。

四、股息红利分配机制

股利分配也就是分红,是公司股东对盈利进行分配或留存用于再投资的决策安排。通常情况下公司可以采取现金、股票或者现金与股票相结合的方式进行利润分配,但是利润分配不得超过累计可分配利润的范围,不得损害公司持续经营能力。

对于发行前公司滚存利润是否分配的问题,则是一个平衡博弈的过程。如果利润在发行前分配了,则发行价格必然要减去净资产中未分配利润的部分;如果利润留到发行后新老股东共享,则有可能会略微抬高股价。总体来看,现有净资产对于公司估值的影响很小,所以对于公司股东而言,及早分配、落袋为安可能更符合投资的基本逻辑。

公司股利分配对投资者投资收益影响较大,应当符合公司法和公司章程约定,公司应当充分披露股利分配政策。

> **审核关注要点:**
>
> (1)公司股利分配是否符合公司法相关规定,是否履行公司内部决策程序,是否依法提取了相关公积金;
>
> (2)公司股利分配当年财务报表是否存在差错更正,相关更正是否影响公司前期的股利分配安排,是否采取相关弥补措施;
>
> (3)公司股利分配政策的变动情况、再投资情况与公司业务发展的匹配性,关注公司成长性;
>
> (4)公司是否存在亏损情况下的股利分配,是否损害公司持续经营能力。

典型案例 40:杭可科技报告期超额股利分配

2016 年 6 月 26 日,根据公司 2015 年年度股东大会审议批准的利润分配方案,公司分配 2015 年度现金股利 3000.00 万元(含税)。2017 年 6 月 16 日,公司 2017 年第四次临时股东大会将 2015 年度分配的现金股利金额调整为 1527.33 万元(含税),各股东就超分利润按同期银行贷款利率 4.75% 支付占用期间的相应利息。公司于 2017 年收回超分的股利 1472.67 万元及相应利息 53.00 万元。

【审核问询意见】

请发行人说明:(1)2017 年临时股东大会调整 2015 年度分配的现金股利金额的原因,是否符合发行人制定的股利分配政策,是否履行了必要的决策程序,是否损害了股东的利益;(2)发行人报告期内的股利分配情况,是否存在纠纷或潜在纠纷。

【问询回复摘要】

公司说明:

(1)2017 年临时股东大会调整 2015 年度分配的现金股利金额的原因。因 2015 年财务数据重新厘定,即发行人在 2015 年 6 月至 12 月期间实现净利润为人民币约 1697.03 万元,提取法定公积金 10%(人民币约 169.70 万元),提取后的可分配利润为人民币约 1527.33 万元,与 2015 年实际已分配利润 3000 万元存在差额,超分利润合计人民币约 1472.67 万元;上述超分利润支付占用期间的相应利息合计人民币约 53.00 万元。

(2)发行人通过 2017 年临时股东大会调整 2015 年度分配的现金股利金额符合发行人制定的股利分配政策;上述利润分配经董事会、监事会审议通过后提交股东大会批准,独立董事发表了明确意见,履行了必要的决策程序,未损害股东利益;发行人报告期内的股利分配不存在纠纷或潜在纠纷。

【案例评析】

公司因财务数据调整原因,2016 年存在超分股利情况。根据公司说明,公司于 2017 年收回超分的股利及相应利息,相关程序履行了内部决策程序,不存在纠纷。

五、股权质押

股票权属存在质押、冻结等不确定性事项影响公司股票权属是否明晰,公司股权结构是否稳定。

> **审核关注要点:**
>
> (1)公司是否充分披露控股股东、实际控制人持有的股权出现质押、冻结或诉讼仲裁的原因,相关股权比例,质权人、申请人或其他利益相关方的基本情况;
>
> (2)公司是否充分披露相关股权质押约定的质权实现情形,控股股东、实际控制人的财务状况和清偿能力,以及是否存在股份被强制处分的可能性、是否存在影响发行人控制权稳定的情形;
>
> (3)公司是否存在控股股东、实际控制人被冻结/质押或涉诉的股权比例较高,可能导致发行人控制权变动的情形。

典型案例 41:亿华通大股东存在股权质押

招股说明书披露,发行人实际控制人张国强持有 1326.44 万股公司股票,占发行人总股本的比例为 25.09%,其中 500 万股股票处于质押状态,占发行人总股本的比例为 9.46%。

【审核问询意见】

请发行人说明:……(4)实际控制人股权质押的具体情况,是否可能导致发行人控股权发生变更;(5)实际控制人的认定及股权质押是否符合《科创板首发管理办法》第十二条和《科创板审核问答(二)》第五之问答等相关规定。

【问询回复摘要】

公司说明:

(1)发行人于2018年与广发银行股份有限公司北京东四环支行签订额度贷款合同,授信额度为1000万元,该项贷款合同由北京中关村科技融资担保有限公司提供担保,张国强以其持有的500万股股份向北京中关村科技融资担保有限公司提供反担保。截至问询函回复签署日,张国强上述股权质押均已解除,不存在股权质押或其他权属争议情形,不会导致发行人控制权变更的情形。

(2)张国强自发行人成立以来为发行人控股股东和实际控制人,发行人最近2年实际控制人没有发生变更;张国强任发行人董事长、总经理且其职务长期未发生变化,其据此对公司股东大会、董事会及日常经营管理的实质控制权长期处于稳定状态。张国强的股权质押现已解除,实际控制人所持发行人股份权属清晰;当前不存在可能导致发行人控制权变更的情形。

【案例评析】

公开控股股东持有股票质押行权可能影响公司实际控制权稳定性,关注质押原因及行权可能性。根据公司说明,上述质押系为公司融资提供担保,且张国强上述股权质押均已解除,不存在股权质押或其他权属争议情形。

第六节 公司董事、监事、高级管理人员及核心员工情况

股份公司围绕"资本—代理"模式,形成了以公司董事会为核心的公司管理机制。股东通过出资和制定章程来组建公司,然后将公司管理的权力让渡给代理机构董事会,通过董事会实现公司的集中和专业化管理。董事会可以行使公司的一切权力,包括聘用职业经理人团队来进行具体的运营计划、决策和实施。监事会则负责对公司董事会和管理层的工作进行监督。因此,公司的董事、高级管理人员和监事就构成了公司治理和

公司运营中的核心成员。

对于科技创新企业来说,技术决定着公司的产品、业务、市场以及未来的收益和市场竞争力,核心技术人员等核心员工作为资本以外的关键资源要素,对于企业的发展和成长也具有决定性的作用。

一、董事、监事、高级管理人员

作为公司治理体系中的关键成员,公司法等相关法律法规对公司董事、监事和高级管理人员的任职资格提出了基本的要求。

《公司法》第一百四十六条规定,有下列情形之一的,不得担任公司的董事、监事、高级管理人员:

(1)无民事行为能力或者限制民事行为能力;

(2)因贪污、贿赂、侵占财产、挪用财产或者破坏社会主义市场经济秩序,被判处刑罚,执行期满未逾五年,或者因犯罪被剥夺政治权利,执行期满未逾五年;

(3)担任破产清算的公司、企业的董事或者厂长、经理,对该公司、企业的破产负有个人责任的,自该公司、企业破产清算完结之日起未逾三年;

(4)担任因违法被吊销营业执照、责令关闭的公司、企业的法定代表人,并负有个人责任的,自该公司、企业被吊销营业执照之日起未逾三年;

(5)个人所负数额较大的债务到期未清偿。公司违反前款规定选举、委派董事、监事或者聘任高级管理人员的,该选举、委派或者聘任无效。董事、监事、高级管理人员在任职期间出现上述情形的,公司应当解除其职务。

上市公司因涉及公众股东,所以对其董事、监事和高级管理人员的任职资格有着更为严格的要求。以《深圳证券交易所创业板上市公司规范运作指引(2020年修订)》为例,董事、监事、高级管理人员候选人除应符合《公司法》的相关规定外,还不得存在下列情形:

(1)被中国证监会宣布为市场禁入者且尚在禁入期;

(2)被证券交易所公开认定为不适合担任上市公司董事、监事和高级管理人员。

1. 董事

我国上市公司董事包括两个类型,一种是内部董事,另一种是独立董事。公司的内部董事通常由各个股东根据出资比例协商确定出提名数量,按照 5 名内部董事的一般配置标准,一般情况下持股比例每达到 20% 的,可以提名一名董事人选;持股比较分散的,多名股东也可以联合提名一名董事,董事也可以由股东亲自出任。在我国的民营企业中,大部分的公司董事都是由股东亲自担任。独立董事则是指不持有公司股份,既不与公司股东、董事、监事、高级管理人员等存在关联关系,也不与公司之间存在业务往来的第三方专业人士。

(1)公司内部董事。公司内部董事作为股东的代表参与公司日常重大决策的审议和决定,对公司的人事、财务、业务、管理等各方面都发挥着根本性的作用。因此,董事自身的教育经历、工作经验、管理能力是了解公司投资价值的重要途径,尤其是董事长,作为团队的核心人物,其自身是否具有带领团队创造价值的能力和意愿很大程度上决定着公司未来的发展前景。

审核中重点关注公司董事的任职资格、教育经历、工作履历、薪酬情况,特别是专业能力方面与公司业务、行业发展的契合程度等问题。

公司董事作为股东的代理人可能为了自身利益而损害股东的利益,这一点既需要相关人员具有诚信的良好品质,也需要通过相应的激励和约束措施对相关风险进行管控。如果公司的董事或者高管在公司任职或参与管理的同时,还在其他同行业或者同领域的企业投资、任职、领薪,其投入公司的精力、代表公司的利益程度都将受到严重的影响。特别是上述人员从事与公司业务相互竞争的业务,或者与公司业务存在上下游关系的业务,则有可能基于自身利益而做出损害公司股东,特别是中小股东利益的行为。

(2)公司独立董事。公司独立董事又称作外部董事,即与公司、股东、其他董事、高级管理人员等均无投资或者亲属关系的人员,作为专业人士和中小投资者利益的代表出席公司董事会,参与重大事项的决策。独立董事制度在《公司法》中并无规定,仅在资本市场上专有,来源于美国资本市场。独立董事制度设置的初衷是通过引入独立于公司大股东的专业人士,为资本市场中小股东的权益发声。合格的独立董事对维护上市公司长远利益和整体利益,防范关联交易、保护中小股东的合法权益不受损害具有重要意义。

独立董事的职责要求其必须具有丰富专业知识、经营管理的经验和良好的道德水准,而且独立董事的产生不能受大股东的操纵或由经营管理层来左右。按照规定,上市公司的董事会、监事会可以提名独立董事候选人,单独或者合并持有上市公司已发行股份1%以上的股东也可以提名,是否当选还需要经过股东大会选举决定。现实的问题是,我国资本市场中公司独立董事的最终选择权仍然掌握在大股东、董事长手中,而不是由中小投资者来选任,这就导致独立董事不管是出于利益协同还是知恩图报的考虑,在公司治理过程中不得不睁一只眼闭一只眼,无法切实保障中小股东的利益。

证监会对于上市公司独立董事的任职资格还有特殊的规定。除不得有《公司法》和《证券市场禁入规定》中有关不得担任公司董事、监事、高级管理人员的情形外,根据《关于在上市公司建立独立董事制度的指导意见》,独立董事还需要符合以下条件:

(1)根据法律、行政法规及其他有关规定,具备担任上市公司董事的资格,并取得交易场所颁发的独立董事任职资格证书;

(2)具有所要求的独立性,即独立董事必须在人格、经济利益、产生程序、行权等方面独立,不受控股股东和公司管理层的限制;

(3)具备上市公司运作的基本知识,熟悉相关法律、行政法规、规章及规则;

(4)具有五年以上法律、经济或者其他履行独立董事职责所必需的工作经验;

(5)公司章程规定的其他条件。

此外,交易所相关业务规则同样规定,下列人员不得担任独立董事:

(1)在上市公司或者其附属企业任职的人员及其直系亲属、主要社会关系(直系亲属是指配偶、父母、子女等;主要社会关系是指兄弟姐妹、岳父母、儿媳女婿、兄弟姐妹的配偶、配偶的兄弟姐妹等);

(2)直接或间接持有上市公司已发行股份1%以上或者是上市公司前十名股东中的自然人股东及其直系亲属;

(3)在直接或间接持有上市公司已发行股份5%以上的股东单位或者在上市公司前五名股东单位任职的人员及其直系亲属;

(4)最近一年内曾经具有前三项所列举情形的人员;

(5)为上市公司或者其附属企业提供财务、法律、咨询等服务的人员；

(6)符合相关规定的公职人员或中管干部等。

公司董事系参与公司经营管理的主要人员，其自身专业能力、履职能力、勤勉尽责和独立性等对公司经营活动影响较大。

> **审核关注要点：**
> (1)公司董事是否符合法律法规和市场规则规定的任职资格，是否存在违法违规情形或失信情形；
> (2)公司是否充分披露董事履历和专业能力，与公司业务经营活动是否契合；
> (3)公司董事是否存在从事与公司利益冲突的其他业务或行为，相关薪酬设置是否合理；
> (4)独立董事任职资格、任职期限、兼职情况是否符合相关规定；
> (5)公司是否充分披露独立董事相关专业能力、独立性以及历史上勤勉尽责履职情况。

2. 监事

与独立董事制度不同，公司监事制度来源于欧洲。在德国，公司由股东大会选举产生监事会，再由监事会任命董事会，监事会为董事及董事会的上级机关，对董事会有很强的监督、制约作用。监事会的权力重点在于监督而非决策，而董事会相当于经营管理部门。美国式的治理结构中董事会由股东大会选举，董事会是集业务的经营与业务的监督于一身的机关。但美国上市公司的董事会成员中，外部独立董事的比例通常在 2/3，外部独立董事事实上起到了监督的作用。

作为国有企业为主要经济主体的国家，我国在改革初期主要吸收了德国的经验，并引入了职工代表进入监事会，以期对公司管理层进行监督。《公司法》第一百一十七条规定股份有限公司设监事会，其成员不得少于三人。监事会应当包括股东代表和适当比例的公司职工代表，其中职工代表的比例不得低于 1/3，具体比例由公司章程规定。监事会中的职工代表由公司职工通过职工代表大会、职工大会或者其他形式民主选举产生。

现实中,企业的公司监事主要包括公司的核心技术人员、公司大股东的亲戚或者其他受到公司董事长赏识的人士,几乎无法对公司董事会和管理层进行监督。审核中主要关注监事任职资格及相关关联交易事项。

3. 高级管理人员

公司高级管理人员主要包括公司总经理、副总经理、财务总监和董事会秘书,也是公司日常管理中的主要参与成员,其专业能力、工作经历对于公司业务开展的作用不言而喻,关于财务总监和董事会秘书在公司上市前后的重要作用前文已作详细介绍。鉴于公司高级管理人员是由公司聘任的工作人员,其与公司之间是建立劳动关系的,因此拟上市公司的高管一般不得在控股股东、实际控制人及其控制的其他企业担任董事以外的职务,不得在控股股东、实际控制人及其控制的其他企业领薪,上市公司的财务人员不得在控股股东、实际控制人及其控制的其他企业中兼职。

公司高级管理人员是参与公司经营管理的主要人员,其履职能力、勤勉尽责和独立性对公司经营活动影响较大。

> **审核关注要点:**
> (1)公司是否充分披露高级管理人员的任职资格、履历和经验以及外部兼职、投资情况;
> (2)公司高级管理人员作为公司的聘任员工,其过往的工作履历是否与公司经营业务存在相关性、是否存在竞业禁止等情形。

典型案例42:和舰芯片董监高等主体独立性[①]

招股说明书披露,发行人董监高多数有联华电子从业背景,且多名董事仍在联华电子或其关联方处任职并领薪;9名董事中,除3名独立董事外的其余6名董事中的4名(包括董事长在内)依然在联华电子任职并领取薪酬;此外,董监高及核心技术人员薪酬总额从2017年的582.80万元上涨至2018年的918.80万元,增幅57.65%。

---

① 2019年7月23日,和舰芯片制造(苏州)股份有限公司因发行人撤回发行上市申请或者保荐人撤销保荐。根据《科创板审核规则》第六十七条第二项,上交所终止其发行上市审核。公司撤回申请的主要原因可能包括:发行人和联华电子在独立性、同业竞争以及独立面向市场持续经营能力方面存在一定障碍。

【审核问询意见】

请发行人披露:(1)报告期内董监高及核心技术人员的薪酬情况,及薪酬变化较大的原因;(2)报告期内董监高及核心技术人员在联华电子及其关联方处领薪情况;(3)除董监高及核心技术人员外,发行人其他人员在联华电子及其关联方任职或领薪情况;(4)结合多数董监高、核心技术人员及其他人员曾在或仍在联华电子任职或领薪的情况,披露发行人能否人员独立于联华电子,是否建立保证公司独立性的具体措施及制度安排。

【问询回复摘要】

公司说明:

(1)2018年公司董事、监事、高级管理人员及核心技术人员薪酬较2017年变动较大的主要原因如下:

1)在公司任职的董事、监事及高级管理人员和核心技术人员的工资、奖金随着公司业绩增长而提升。

2)2018年6月20日,公司由有限公司改制为股份公司时选举了新的董事会和监事会成员,公司董事人数由3人增加至9人,监事由1人增加3人,同时确定每位董事的津贴为2万/月,监事津贴为0.5万元/月,而在2018年6月20日之前,公司的董事、监事无相应的津贴。

3)公司的监事朱名均、吕宜政分别于2017年6月和2018年7月在公司任职,核心技术人员华寿崧于2018年3月底在公司任职。在2017年,上述人员中只有一人领取了和舰芯片制造(苏州)股份有限公司半年薪酬,其余两人完全没有领薪。而在2018年,上述三人有一人领取整年薪酬,有一人领取九个月薪酬,还有一人领取半年薪酬。

报告期发行人董事、监事、高级管理人员、核心技术人员薪酬总额变化的主要原因是报告期公司经过股份制改造,董事、监事、高级管理人员、核心技术人员范围及薪酬待遇变化所致。

(2)报告期内董监高及核心技术人员在联华电子及其关联方处领薪情况。报告期内董事洪嘉聪、刘启东、郑婉伶,监事王文杰、朱名均、吕宜政存在联华电子及其关联方处领薪情况,其中朱名均、吕宜政在和舰芯片任职后均不在联华电子及其关联方领薪。除此之外,发行人其他董事、高级管理人员和核心技术人员未曾在联华电子及其关联方处领薪。

(3)发行人的人员独立于联华电子,公司已建立保证公司独立性的具

体措施及制度安排,具体理由如下:

1)除董事洪嘉聪、刘启东、郑婉伶、林俊宏和监事王文杰、朱名均、吕宜政外,公司的独立董事、高级管理人员、核心技术人员报告期内均未在联华电子任职或者领薪;

2)公司已与生产经营相关的管理、研发、生产、采购和销售等人员签订劳动合同。公司董事、监事、高级管理人员均按照《公司法》《公司章程》等有关规定通过合法程序产生,公司与其均签署了聘任协议或劳动合同。公司的总经理、副总经理、财务负责人和董事会秘书等高级管理人员不在控股股东及其控制的其他企业中担任除董事、监事以外的其他职务,不在控股股东及其控制的其他企业领薪。公司的财务人员不在控股股东及其控制的其他企业中兼职,发行人的人员独立于联华电子。

3)公司已建立较为完善的法人治理结构和健全的内部控制制度,贯穿于公司经营活动的各层面和各环节并有效实施。公司内部控制制度建设时充分考虑内部环境、风险对策、控制活动、信息沟通、检查监督等要素,控制活动涵盖公司财务管理、固定资产管理、投资融资管理、物资采购、信息披露等方面。公司制定并完善了《股东大会议事规则》等一系列公司治理基本制度,以及生产及质量管理、资产管理、成本费用控制、产品销售管理等业务层面管理制度。公司各项管理制度齐全配套,公司股东大会、董事会、监事会、经理层之间职责分工明确,依法规范运作,管理效率不断提高,保障了公司各项生产经营活动的有序进行,公司已建立保证独立性的具体措施及制度安排。

综上,发行人董监高、核心技术人员及其他人员在发行人担任行政职务期间均未在联华电子及其关联方任职或领薪,发行人人员独立于联华电子,建立了保证公司独立性的具体措施及制度安排。

【案例评析】

发行人董监高多数有联华电子从业背景,且存在领薪情况,可能影响公司经营管理的独立性。根据公司说明,发行人董监高、核心技术人员及其他人员在发行人担任行政职务期间均未在联华电子及其关联方任职或领薪,发行人人员独立于联华电子。公司与联华电子联系密切,尽管公司就相关事项进行了说明,但基于潜在的影响,应当要求公司就相关事项进行充分风险揭示。

二、核心员工

在以生存和研发为主要业务的公司,公司的核心技术人员至关重要,甚至决定着公司的未来。因此,在技术公司中,公司的股东、高管往往必须亲自掌握核心技术或具有较高的技术水平,否则技术人员很可能在熟悉公司相关业务后独立创业。在非技术类公司,比如专业服务类、销售类等,其核心人员则主要为公司的关键销售代表、公司掌握大客户资源的重要人士或者经验和人脉丰富的专业人士。因此,公司核心技术人员的认定标准,核心技术人员的专业和技术实力,核心技术人员的稳定性等问题极为关键。

《科创板审核问答》明确,原则上,核心技术人员通常包括公司技术负责人、研发负责人、研发部门主要成员、主要知识产权和非专利技术的发明人或设计人、主要技术标准的起草者等。

公司可以根据企业生产经营需要和相关人员对企业生产经营发挥的实际作用,确定核心技术人员和核心员工范围。

> **审核关注要点:**
> (1)公司是否充分披露核心技术人员的有关教育、工作经历情况,关注认定其为核心技术人员的合理性、程序的合规性;
> (2)公司是否充分披露核心技术人员的业务能力、主要岗位和负责的主要工作及其责任、股权激励、工资待遇及可替代性;
> (3)公司核心技术人员的任职经历中是否存在违反与原单位的竞业禁止的协议或承诺的情形,是否会导致发行人出现知识产权纠纷或技术争议。

典型案例43:当虹科技核心员工认定及变动情况

发行人董事长孙彦龙曾担任虹软(杭州)副总裁,董事、副总经理陈勇曾担任虹软(杭州)研发总监、副总经理,核心技术人员黄进、谢亚光均曾任职虹软(杭州),分别担任架构师、技术总监。最近两年,发行人董事变动较大。公司核心技术人员仅由黄进、谢亚光2人组成。

【审核问询意见】

请发行人披露:(1)按照《科创板审核问答》第六之问答的要求,披露核心技术人员的界定依据,结合公司研发部门主要成员、主要专利发明人、主要研发项目参与人、员工持股数量及变化等情况充分、恰当地认定核心技术人员;(2)核心技术人员在公司研发、取得专利、软件著作权、主要核心技术等方面发挥的具体作用;(3)知识产权是否涉及研发人员在原单位的职务成果,研发人员是否违反竞业禁止的有关规定,是否存在违反保密协议的情形;(4)报告期内研发人员的变动情况、研发人员的教育背景、学历构成、研发经历、薪酬水平以及与同行业上市公司的对比情况;(5)报告期内核心技术人员的变化情况,最近2年内是否发生重大不利变化。

【问询回复摘要】

公司说明:

(1)核心技术人员的认定情况。根据《科创板审核问答》第六之问答的要求"原则上,核心技术人员通常包括公司技术负责人、研发负责人、研发部门主要成员、主要知识产权和非专利技术的发明人或设计人、主要技术标准的起草者等"。

黄进自2015年加入公司以来担任首席技术官,在2017年开始兼任公共安全产品研发部负责人。黄进作为发明人参与13项发明专利的申请,其中包括2项国外授权专利,专利数在公司内排名前列。黄进作为负责人组织基于流媒体集群及仿真实验比较算法的移动教育直播、点播发布系统、人像识别分析软件的研发等研发项目的开发。在公司持股平台大连虹途中,黄进出资份额占比达到8.04%,仅低于孙彦龙、汪本义和陈勇。综上,黄进认定为核心技术人员恰当。

谢亚光自2015年加入公司以来担任音视频高级技术研究部研发总监,音视频高级技术研究部为公司的核心研发部门。谢亚光作为发明人参与14项发明专利的申请,其中包括3项国外授权专利,专利数在公司内排名前列。谢亚光作为负责人组织快速视频编码及系统问题排查方法的研究、HDR视频编码技术的研究、H.265视频编码技术的研发等研发项目的开发。在公司持股平台大连虹途中,谢亚光出资份额占比达到7.72%,仅低于孙彦龙、汪本义、陈勇和黄进。综上,谢亚光认定为核心技术人员恰当。

同时,陈勇和孙彦龙对公司研发亦具有重要的作用。但孙彦龙和陈勇目前更多参与公司日常的管理或销售工作,因此将上述二人在董事会成员和高级管理人员章节中列示,未披露为核心技术人员。

(2)核心技术人员在公司研发、取得专利、软件著作权、主要核心技术等方面发挥的具体作用。黄进自2003年至2015年,于虹软(杭州)科技有限公司任架构师;2015年至今,于公司任首席技术官。现任公司首席技术官。黄进取得发明专利4项,另有9项知识产权专利申请已被受理,对公司研发的具体贡献在广电产品硬件架构定型、第三方硬件合作和优化、4KHDR以及公共安全产品等方面。

谢亚光自2003年至2015年,于虹软(杭州)科技有限公司任技术总监;2015年至今,于公司任技术总监。现任公司音视频高级技术研究部研发总监。谢亚光在《计算机应用研究》发表文章1篇,取得4项发明专利,另有10项知识产权专利申请已被受理,在视频编转码算法方面有突出技术贡献,带领团队攻克在线、离线转码引擎等多个项目。

针对上述知识产权中,发行人自主研发、原始取得的专利、软件著作权及域名,经保荐机构核查上述知识产权的权属证书、涉及研发人员的工作履历、发行人与其在职技术、研发人员签署的《当虹商业、技术保密及竞业禁止协议书》,并经研发人员书面确认,该等知识产权未涉及研发人员在原单位的职务成果,研发人员不存在违反原单位竞业禁止有关规定及保密协议的情形。

(3)关于研发人员薪酬情况。根据可比公司公开披露的信息,公司研发人员人均薪酬高于数码科技和佳创视讯两家同比公司,主要原因包括:第一,公司研发人员占比高于其他两家公司;第二,数码科技人均薪酬为研发人员和生产人员合并后的水平,生产人员薪酬水平低,拉低了研发人员薪酬。第三,鉴于其他两家公司的系统集成业务占比较高,公司研发人员以中高端的算法研究人才为主,薪酬水平较高。

(4)公司核心人员变动情况。公司报告期内核心技术人员经认定后未发生变化,且公司应用技术部、音视频高级技术研究部、移动终端技术部、视频云技术部、质量保证部等主要部门的负责人在报告期内均未发生变动。

【案例评析】

公司核心技术人员是公司技术实力的关键支撑,公司应当在说明书中充分披露相关人员的认定依据,核心技术人员的主要作用以及是否涉及相应技术侵权风险。根据公司说明,公司核心技术人员的认定具有合理性,相关人员对公司技术发展具有重要作用,公司技术不存在纠纷,核心技术人员未发生变动。

三、核心人员变动

作为公司的核心团队,公司董监高及核心员工的变动情况直接关系公司经营的稳定性、公司治理的有效性、公司技术的先进性,财务总监等人员的变动还可能预示公司的财务真实性存在一定的风险。

《科创板首发管理办法》第十二条规定,发行人主营业务、控制权、管理团队和核心技术人员稳定,最近 2 年内主营业务和董事、高级管理人员及核心技术人员均没有发生重大不利变化。

《科创板审核问答》第六之问答进一步明确:一是最近 2 年内的变动人数及比例,在计算人数比例时,以发行人的董事、高级管理人员及核心技术人员合计总数作为基数;二是发行人的董事、高级管理人员及核心技术人员离职或无法正常参与发行人的生产经营是否对发行人生产经营产生重大不利影响。

变动后新增的发行人的董事、高级管理人员及核心技术人员来自原股东委派或发行人内部培养产生的,原则上不构成重大不利变化。发行人管理层因退休、调任等原因发生岗位变化的,原则上不构成重大不利变化,但发行人应当披露相关人员变动对公司生产经营的影响。

如果最近 2 年内发行人的董事、高级管理人员及核心技术人员变动人数比例较大或发行人的董事、高级管理人员及核心技术人员中的核心人员发生变化,进而对发行人的生产经营产生重大不利影响的,应视为发生重大不利变化。

> **审核关注要点:**
> (1)公司最近 2 年是否存在董事、高级管理人员及核心技术人员变动情形;
> (2)公司是否充分披露上述人员变动对公司经营活动的影响,是否属于重大不利影响;
> (3)公司高级管理人员及核心技术人员等离职原因是否充分披露,重点关注相关企业内控有效性和财务真实性。

典型案例44：海尔生物董事、高管人员变动较大

2018年6月，公司董事会成员除刘占杰外，人员变动较大；新聘首席财务官王飞2019年1月离职，由莫瑞娟接任；副总经理陈海涛、王广生亦系2019年1月新聘。

【审核问询意见】

请发行人说明：(1)董事会人员变动情况对公司生产经营的影响；(2)王飞基本情况和从业经历，对公司的主要贡献、离职原因及对公司的影响等；(3)现任首席财务官莫瑞娟2018年度未在公司及关联企业领薪的具体原因。请保荐机构、发行人律师对上述事项进行核查，就发行人最近2年董事、高级管理人员是否发生重大不利变化发表意见，说明依据和理由。

【问询回复摘要】

公司说明：

(1)关于公司董事变动情况说明。截至2017年1月1日，公司董事会由7名董事组成，分别为梁海山、马坚、宫伟、刘占杰、LOHKOKKIEN、桂昭宇、张淑国。2017年1月1日至今，发行人董事变动的主要原因如下：

1)股东自身提名的董事发生变化，仍属于原股东委派，原股东在董事会所占席位未发生变化；

2)非控股股东凯雷投资、青岛海尔股权转让，导致提名董事变化；

3)股份公司整体变更设立后，为规范公司治理，公司选举独立董事。

2017年1月1日至今，海尔生物医疗控股作为发行人控股股东，始终向发行人提名包括刘占杰在内的4名董事，海尔生物医疗控股提名的董事变化属于控股股东内部提名董事的调整。公司董事、总经理、核心技术人员刘占杰自2005年以来，始终在发行人处任职。

(2)关于财务总监变动情况说明。2019年1月，王飞先生因个人原因工作变动，不再担任公司首席财务官。王飞先生离任后，公司于2019年1月16日召开第一届董事会第五次会议，聘任莫瑞娟女士为公司首席财务官。莫瑞娟女士自2003年加入海尔集团以来一直从事财务管理相关工作，具备丰富的会计专业知识和财务管理经验，能够胜任首席财务官职责要求。王飞先生离任后，积极配合完成了财务管理工作的交接，保证公司相关工作的接续开展，王飞先生离任未对公司财务及经营相关工作构成

不利影响。

莫瑞娟女士于2018年担任海尔集团全球财务计划与分析总监,领薪来源于海尔集团公司,未在发行人处任职与领薪;于2019年1月起专职担任发行人首席财务官,开始在发行人处领薪,不再从海尔集团公司及其他关联方领薪。

【案例评析】

公司董事、高管、财务总监均发生重大变化,可能影响公司经营活动。根据公司说明,发行人董事会成员变动主要系原股东自身提名董事发生变化、非控股股东股权转让导致提名董事变化以及新选举独立董事等原因,且涉及变动的董事均未在发行人处担任除董事之外的其他职务,相关董事的变动并未对发行人生产、经营产生构成重大不利影响。公司财务总监系内部选派,相关人员离职不影响公司财务工作正常运转。

第七节　公司员工持股计划及其实施情况

俗话说,一个好汉三个帮,一个篱笆三个桩。公司上市前通过股权激励的方式,可以捆绑一部分公司经营发展的核心人员、公司上市的关键人员共同参与公司扩大经营业绩、做好公司上市的各方面工作中。从长远的角度来看,安排公司的管理层和核心员工持股,可以有效降低代理风险,更好地凝聚公司员工。从技术层面,公司实施股权激励前需要认真研究和计算公司股权的投票权重和实际的投票权利,充分考虑公司当前的股权结构、核心股东的人数及其博弈力量、公司控制权的稳定、公司未来募集资金安排和股权结构安排等多方面因素;从艺术层面,则要求公司大股东做好股权激励的安排时点、股权激励的对象和股权激励的具体实施安排,充分发挥股权激励的优势。

注册制改革后,上市前企业股权激励方式及具体安排非常灵活、多样,如按"闭环原则"运行或在基金业协会备案的前提下股东人数可突破200人的限制,员工持股计划也可通过资产管理计划实施,允许公司符合特定条件下带着未实施完毕的期权激励计划上市等,较大限度地给企业实施股权激励措施的自由,有助于高新技术企业通过实施股权激励稳定人才。

　　实践中公司对员工实行股权激励的模式主要包括限制性股票和期权。限制性股票,即在实施股权激励计划伊始,就将相应的股权授予员工,但员工所持股份并未获得完整的所有权,在一定期限内(通常为3~5年)不得随意处置(包括不得转让、设定质押等),只有在通过一定的业绩考核后,员工方可获得完整的所有权。限制性股票的授予包括大股东转让、定向增发以及通过设立员工持股平台(如有限合伙企业)由员工间接持股。期权则是公司向激励对象授予的在未来一定期限内以特定价格购买公司股票的权利,只有在激励对象通过特定业绩考核后方可行权。

一、限制性股票/持股平台

　　公司大股东通过直接向管理层、核心员工转让限制性股权的方式进行股权激励较为简单,但存在稀释公司投票权以及员工持股承诺难以有效实施控制等缺点。实践中,公司实施员工持股计划,多采用持股平台的方式进行。即公司通过设立普通合伙企业持有公司大股东转让或定向增发的股份,公司大股东作为普通合伙人控制持股平台的管理和决策,激励员工作为有限合伙人享受分红收益及退出收益。

　　实施员工持股计划,一般须经过董事会、监事会、职工代表大会、股东会、股东大会等审议决策程序,确保程序合规。另外,员工持股计划管理办法或持股平台的协议或章程中需要对员工所持股份的转让、退出等作出明确约定,确保员工持股管理规范。如需激励的员工人数超过200人,可根据实际情况选择遵循"闭环原则"运行条件或在基金业协会对员工持股计划进行备案。

审核关注要点:

　　(1)公司是否充分披露员工持股计划人数及人员构成(任职岗位),是否存在非员工持股的情形;

　　(2)公司员工持股计划穿透后公司出资人人数是否超过200人,如是,是否遵循"闭环原则"运行规则或在基金业协会依法备案;

　　(3)公司员工是否按照约定及时足额缴纳出资或办理财产权转移手续,员工入股的出资价格是否公允、会计处理方式是否准确、资金来源是否合规;

（4）公司是否充分披露员工持股在平台内部的流转、退出机制，以及股权管理机制、人员离职后的股份处理、股份锁定期等内容。

典型案例45：传音控股持股平台存在股权激励

公司股东传音投资、传力投资、传承创业、传力创业及传音创业为员工持股平台。2016年度，公司对骨干员工进行股权激励，通过员工持股平台间接向骨干员工转让公司股份，涉及确认股份支付费用55352.70万元。

【审核问询意见】

请发行人披露：（1）员工持股计划人数、员工持股计划的人员构成（包括任职岗位），穿透后股东人数是否超过200人，如超过，是否遵循"闭环原则"或在基金业协会依法依规备案；（2）员工持股在平台内部的流转、退出机制，以及股权管理机制；（3）实际控制人是否可以控制传音投资、传力投资、传承创业、传力创业及传音创业，上述持股平台的锁定期是否符合中国证监会及上交所的有关规定。

请发行人根据《招股书准则》第四十七条第二款，补充披露本次公开发行申报前已经制定或实施的股权激励及相关安排，披露股权激励对公司经营状况、财务状况、控制权变化等方面的影响，以及上市后的行权安排。请发行人在招股说明书及报表附注中披露：（1）股份支付的形成原因、权益工具的公允价值及确认方法。股份支付的具体构成及计算过程、主要参数及制定依据等；（2）股份支付的会计处理情况，是否符合《企业会计准则》的规定。

【问询回复摘要】

公司补充披露：

（1）持股平台基本情况。发行人股东中，传音投资及传力投资为创始股东持股平台，组织形式为公司法人；传承创业、传力创业及传音创业为员工持股平台，传承实业、传力实业、传音实业及传世实业通过传承创业、传力创业及传音创业间接持有发行人股份，为员工间接持股平台，组织形式为合伙企业。

公司补充披露了各持股平台员工持股情况，公司员工持股平台穿透后，剔除重复人员，数量为116人，未超过200人。

（2）持股平台管理机制。根据传音投资及传力投资的《股权管理办

法》,创始股东持股的流转、退出及管理机制如下:

1)除非经公司股东会批准,公司股东持有的公司股权不得向股东以外的第三方转让或与任何第三方就公司股权的处置作出任何约定。

2)因劳动者过错而解除劳动合同的,该股东在离职时须无条件地同意将其持有公司的股权全部转让给竺兆江先生或其指定的人。

3)若因退休开始依法享受基本养老保险待遇,或因伤、因病终止劳动合同,或死亡,或被人民法院宣告死亡或者宣告失踪而解除劳动合同的,离职股东或其继承人可以继续持股,但必须不可撤销的书面授权竺兆江先生代为行使除处置权、分红权、剩余财产分配权以外的股东权利,包括但不限于投票权、提案权等,离职股东或其继承人只享有处置权、分红权、剩余财产分配权。如离职股东或其继承人提出处置股权的,须经公司股东会批准。

4)因除上述情形外的原因解除劳动合同的,根据公司股东服务期限的长短确定员工可保留的股权比例。

根据传承实业、传力实业、传音实业及传世实业的《财产份额管理办法》,员工持股的流转、退出及管理机制如下:

1)除非经合伙企业合伙人会议批准,合伙人持有的合伙企业财产份额不得向合伙人以外的第三方转让或与任何第三方就合伙企业财产份额的处置作出任何约定。

2)因劳动者过错而解除劳动合同的,该合伙人在离职时须无条件地同意将其持有的合伙企业财产份额全部转让给执行事务合伙人指定的人。

3)若因退休开始依法享受基本养老保险待遇,或因伤、因病终止劳动合同,或死亡,或被人民法院宣告死亡或者宣告失踪而解除劳动合同,离职合伙人或其继承人可以继续持有财产份额,但必须不可撤销的书面授权执行事务合伙人代为行使除处置权、收益权等具有财产性质的权利以外的合伙人权利,包括但不限于表决权等,离职合伙人或其继承人只享有处置权、收益权等具有财产性权利。如离职合伙人或其继承人提出处置财产份额的,须经合伙企业合伙人会议批准。

4)因除上述情形外的原因解除劳动合同的,根据合伙企业合伙人服务期限的长短确定员工可保留的权益比例。

(3)实际控制人控制持股平台情况。

1) 传音投资持有公司 408425276 股股份,占公司股本总额的 56.7258%,为公司的控股股东。竺兆江持有传音投资 20.6750% 的股权,为传音投资第一大股东,根据《一致行动协议》及《表决权委托协议》,竺兆江能够控制的传音投资的股权比例达 78.3304%,为传音投资的控股股东。

2) 传力投资持有公司 60705526 股股份,占公司股本总额的 8.4313%,为公司的第三大股东。传力投资的股东共 19 名,均为自然人股东,且均在传音控股及其附属公司任职。鉴于竺兆江在传力投资持股比例较低,其享有的表决权无法决定传力投资股东会审议的重大事项,故竺兆江不控制传力投资。

3) 传承创业、传力创业、传音创业分别持有公司 4.5533%、4.5384%、4.5384% 的股份。根据传承创业、传力创业、传音创业、深圳市传承实业投资合伙企业(有限合伙)、深圳市传世实业投资合伙企业(有限合伙)、深圳市传力实业投资合伙企业(有限合伙)、深圳市传音实业投资合伙企业(有限合伙)的《合伙协议》,前述合伙企业普通合伙人权限及合伙事务的执行机制如下:

①普通合伙人的权限。上述合伙企业的合伙事务由普通合伙人执行,普通合伙人在执行重大合伙事务时,如以合伙企业身份开展经营活动等,需根据合伙人会议决策结果进行,执行事务合伙人由全体合伙人委派产生,并经全体合伙人 2/3 以上同意。

②合伙人会议决议。上述合伙企业的合伙人会议实行合伙人一人一票制,重大事项,如变更合伙企业名称、经营范围、主要经营场所的地点、合作企业解散清算事宜等由全体合伙人一致同意通过,一般事项由全体合伙人过半数表决同意通过。根据上述企业的《合伙协议》,上述合伙企业的合伙人会议实行一人一票的表决机制,每位合伙人仅享有一票表决权,任何一名合伙人均无法控制合伙人会议表决事项;普通合伙人在执行重大合伙事务时应根据合伙人会议决策结果进行,普通合伙人亦无法控制合伙企业的主要事项,故,上述合伙企业无实际控制人,发行人实际控制人竺兆江无法控制传承创业、传力创业、传音创业。

基于上述,发行人的实际控制人竺兆江能够控制传音投资,但不能控制传力投资、传承创业、传力创业、传音创业。

(4)持股平台股权锁定情况。传音投资已作出承诺,承诺自公司股票上市之日起 36 个月内,不转让或者委托他人管理本公司直接或间接持有的公司首发前股份,也不提议由公司回购本公司持有的该部分股份。公司的其他股东传力投资、传承创业、传力创业、传音创业已作出承诺,承诺自公司股票上市之日起 12 个月内,不转让或者委托他人管理本单位/公司直接或间接持有的公司首发前股份,也不提议由公司回购本单位/公司持有的该部分股份。基于上述,传音投资、传力投资、传承创业、传力创业、传音创业的锁定期符合相关规定。

(5)关于股份支付安排。2016 年度,公司确认股份支付费用 55352.70 万元,股份支付系因公司前身传音有限对核心骨干员工进行股权激励,向骨干员工转让传承创业、传音创业、传力创业合伙份额,对应传音有限股权转让价格低于权益工具公允价值的差额而形成。本次股份支付权益工具的公允价值参照同期外部投资人增资入股价格确定,为 79.43 元/股。

本次股权激励员工入股实际入股成本为 39000607.00 元,涉及股份支付数量 7459746.00 股,对应股权的公允价值为:7459746.00 股×79.43 元/股＝592527624.78 元。前述股权公允价值与员工实际入股成本的差额确认为股份支付费用,即股份支付金额＝股权公允价值－实际入股成本＝592527624.78 元－39000607.00 元＝553527017.78 元。

本次股权激励员工间接取得传音有限股权的成本低于公允价值,且均为直接授予股票,不存在等待期,不存在与股权所有权或收益权相关的限制性条件,属于授予后立即可行权的换取职工服务的以权益结算的股份支付,故不需进行股份支付摊销,而是公司在授予日按照权益工具的公允价值计入相关成本或费用,相应调整资本公积,股份支付的公允价值依据同期外部投资人入股价格确定,公允价值确定的依据合理,符合《企业会计准则》有关的规定。

【案例评析】

公司股东存在多个持股平台,关注持股平台规范性。根据公司说明,公司补充披露了相关持股平台基本情况、穿透持股人数、管理机制,公司实际控制人控制持股平台情况,持股平台股票限售安排情况。公司补充说明了员工持股激励安排相关会计处理安排。

二、期权计划

期权计划是一种员工未来持股安排协议。长期以来,监管中对于公司实施期权激励比较谨慎,要求拟上市公司在提交上市申请前实施完毕期权激励计划或者加速行权,或者终止期权激励计划后再提交上市申请。

《科创板审核问答》明确,发行人存在首发申报前制定、上市后实施的期权激励计划的,应体现增强公司凝聚力、维护公司长期稳定发展的导向。原则上应符合下列要求:

(1)激励对象应当符合《科创板上市规则》第10.4条相关规定;

(2)激励计划的必备内容与基本要求,激励工具的定义与权利限制、行权安排,回购或终止行权,实施程序等内容,应参考《上市公司股权激励管理办法》的相关规定予以执行;

(3)期权的行权价格由股东自行商定确定,但原则上不应低于最近一年经审计的净资产或评估值;

(4)发行人全部在有效期内的期权激励计划所对应股票数量占上市前总股本的比例原则上不得超过15%,且不得设置预留权益;

(5)在审期间,发行人不应新增期权激励计划,相关激励对象不得行权;

(6)在制定期权激励计划时应充分考虑实际控制人稳定,避免上市后期权行权导致实际控制人发生变化;

(7)激励对象在发行人上市后行权认购的股票,应承诺自行权日起三年内不减持,同时承诺上述期限届满后比照董事、监事及高级管理人员的相关减持规定执行。

由于期权激励计划可能对公司未来的股权结构产生重大影响,需要关注公司期权激励计划的安排情况。

审核关注要点:

(1)公司是否充分披露期权激励计划的基本情况,相关权利限制、行权安排、回购或终止行权、实施程序等;

(2)公司实施期权激励的行权价格是否合理,涉及股份支付等会计处理方法是否规范;

(3)公司全部在有效期内的期权激励计划所对应股票数量占上市前总股本的比例是否超过15%,是否设置预留权益,全部期权行权后是否可能导致实际控制人发生变化;

(4)激励对象是否承诺在发行人上市后行权认购的股票,自行权日起 3 年内不减持,同时承诺上述期限届满后比照董事、监事及高级管理人员的相关减持规定执行。

典型案例46:天智航存在期权计划实施

公司招股书披露了期权计划安排。

【审核问询意见】

请发行人补充披露:(1)股票期权授予情况,包括本次权益授予已履行的审批程序、董事会关于符合授权条件的说明、股票期权授予的具体情况;(2)关于本次授予的激励对象名单和授予股票期权数量与股东大会审议通过的激励计划存在差异的说明;(3)股票期权授予后对公司财务状况的影响;(4)激励对象的资金安排;(5)监事会对激励对象名单核实的情况;(6)独立董事意见;(7)保荐机构、发行人律师的结论性意见;(8)对股票期权授予日、授予数量、行权价格等信息进行重要内容提示。

请发行人以招股说明书附件形式,完整披露股票期权计划授予日激励对象姓名、职务等信息。请保荐机构核查并督促发行人在招股说明书中充分披露期权激励计划的有关信息,并就激励计划的授权与批准,权益授予条件成就情况、激励计划的授予情况是否符合相关要求、实施激励计划对相关年度财务状况和经营成果影响等发表明确意见。

【问询回复摘要】

公司说明:

(1)股票期权授予情况。2019 年 3 月 30 日,发行人召开董事会、监事会审议通过了《关于公司发行股票期权激励计划的议案》。2019 年 4 月 20 日,发行人召开 2018 年度股东大会,审议通过了《关于公司发行股票期权激励计划的议案》。同日,经本次股东大会选举产生的独立董事及监事会就激励对象授予股票期权事项发表明确意见。发行人董事会认为公司 2019 年股票期权激励计划(以下简称公司期权激励计划)规定的授予条件均已满足。股票期权具体安排如下:

授予日	2019 年 4 月 20 日	授予数量	1882 万份
授予人数	110 人	行权价格	5 元/股
股票来源	定向发行公司普通股	激励对象名单及授予情况	详见招股说明书附件
激励计划的有效期、等待期和行权安排情况	公司期权激励计划有效期自股票期权授予日起至激励对象获授的股票期权全部行权、作废或注销之日止，最长不超过 10 年。公司期权激励计划授予的股票期权等待期分别为自授予之日起至各期可行权之日，股票期权授予日与获授股票期权首次可行权日之间的间隔不得少于 12 个月。等待期内激励对象获授的股票期权不得转让、用于担保或偿还债务。		
股票期权的行权条件	行权期内，同时满足下列条件时，激励对象获授的股票期权方可行权： (1)公司未发生以下任一情形：最近一个会计年度财务会计报告被注册会计师出具否定意见或者无法表示意见的审计报告；最近一个会计年度财务报告内部控制被注册会计师出具否定意见或者无法表示意见的审计报告；上市后最近 36 个月内出现过未按法律法规、公司章程、公开承诺进行利润分配的情形；法律法规规定不得实行股权激励的；中国证监会认定的其他情形。 (2)激励对象未发生以下任一情形：最近 12 个月内被证券交易所认定为不适当人选；最近 12 个月内被中国证监会及其派出机构认定为不适当人选；最近 12 个月内因重大违法违规行为被中国证监会及其派出机构行政处罚或者采取市场禁入措施；具有之一的，该激励对象根据本激励计划已获授但尚未行权的股票期权应当作废或注销。 (3)公司已完成 IPO。 (4)公司层面业绩考核要求。 (5)个人层面绩效考核要求		

　　上述行权价格综合考虑公司经营财务情况、终止挂牌前市场交易价格、发挥激励作用等因素，由董事会、股东大会审议确定，高于截至 2018 年年末的每股净资产 2.93 元。在激励对象行权前，若公司发生资本公积转增股本、派发股票红利、股份拆细或缩股、配股、派息等事宜，股票期权的行权价格将做相应的调整。公司全部在有效期内的期权激励计划所对应股票数量未超过公司现有股本总额的 15%。

　　本激励计划的激励对象不存在《上市公司股权激励管理办法》第八条第二款所述的情况，本激励计划的激励对象符合《科创板上市规则》第10.4 条的规定。公司期权激励计划授予的激励对象名单和授予股票期权数量与股东大会审议通过的激励计划不存在差异的情况。

　　激励对象承诺自行权日起三年内不减持，同时承诺上述期限届满后比照董事、监事及高级管理人员的相关减持规定执行，在前述期间内离职的,应当继续遵守本款规定。激励对象减持公司股票需遵守相关规定。

（2）股票期权授予后对公司财务状况的影响。发行人以终止挂牌前20个交易日（剔除无交易量）均价为基础,均价为19.06元/股,转增后调整为9.53元/股,考虑期权行权后禁售期流动性折扣后,采用B-S模型对授予的股票期权的公允价值进行计量。授予1882万股股票期权应确认的总费用预计为7769.95万元,前述总费用由公司在实施股票期权激励计划的等待期,在相应的年度内按每次行权比例分摊,预计2019年、2020年、2021年和2022年确认的股份支付费用分别为3192.48万元、2918.23万元、1359.54万元和299.70万元。

（3）激励对象的资金安排。激励对象行权时认购公司的股票及缴纳个人所得税的资金全部为自筹,公司承诺不为激励对象依激励计划获取标的股票提供贷款以及其他任何形式的财务资助,包括为其贷款提供担保。

（4）监事会对激励对象名单核实的情况。发行人监事会对公司《激励计划》确定的激励对象是否符合授予条件进行核实后,监事会认为:公司期权激励计划授予的110名激励对象与公司2018年度股东大会审议通过的《激励计划》中规定的激励对象相符。本次授予激励对象符合《公司法》《上市公司股权激励管理办法》《科创板审核问答》和本次激励计划等有关规定,激励对象主体资格合规、有效。

（5）独立董事就公司期权计划实施安排发表正面意见。

【案例评析】

公司申报期间拟进行股权期权授予安排,公司进行期权激励计划应当符合相关监管规定。根据公司说明:(1)公司不存在法律法规和规范性文件规定的禁止实施股权激励计划的情形,公司具备实施股票期权激励计划的主体资格。(2)公司股票期权激励计划的激励对象均具备《公司法》《公司章程》等法律法规和规范性文件的任职资格;不存在《上市公司股权激励管理办法》规定的禁止成为股权激励对象的情形,激励对象主体资格合法、有效。(3)《激励计划》的内容符合《公司法》《科创板审核问答》等有关法律法规及规范性文件的规定,对各激励对象股票期权行权安排(包括授予额度、授予日期、行权价格、等待期、行权期、行权条件等事项)未违反有关法律法规和规范性文件的规定,不存在损害公司及全体股东利益的情形。(4)公司不存在向激励对象提供贷款、担保或其他财务资助的计划或安排。(5)公司实施股票期权激励计划有利于进一步完善公司治理结构,建立、健全公司长效激励约束机制,调动公司董事、高级管理人员、核心技术人员及核心业务人员、其他骨干人员的积极性和创造性,有效地将股东、公司和核心团队等各方利益结合在一起,有利于公司的持续发展,不会损害公司及全体股东的利益。(6)公司董事会在审议相关议案时,关联董事已根据《公司法》《上市公司股权激励管理办法》等法律法规和规范性文件以及《公司章程》的有关规定回避表决。(7)公司期权激励计划已经公司董事会、监事会及股东大会审议通过,且相关议案审议、表决程序符合《公司法》《公司章程》等相关规定。

第八节　公司及相关主体合法合规情况

发行人及其控股股东、实际控制人、董监高等人员守法规范经营、遵守资本市场规则、诚实守信是公开发行股票上市的基础。公司及相关主体生产经营行为应当规范符合法律、行政法规的规定,不存在重大违法犯罪,不存在被立案侦查或调查等情形;公司及相关主体要符合证券监管相关要求,遵守市场规范,不存在被证监会及派出机构行政处罚、立案调查或者证券交易场所的重大纪律处分等事项;公司及相关主体还应当诚实守信,不存在严重失信行为或者违反公开承诺等资本市场诚信管理规定。发行人是国有企业的,相关主体还受到党纪、党规的约束。

一、重大违法、犯罪

《科创板首发管理办法》第十三条第一款规定,最近3年内,发行人及其控股股东、实际控制人不存在贪污、贿赂、侵占财产、挪用财产或者破坏社会主义市场经济秩序的刑事犯罪,不存在欺诈发行、重大信息披露违法或者其他涉及国家安全、公共安全、生态安全、生产安全、公众健康安全等领域的重大违法行为。

《首发业务若干问题解答》明确,“重大违法行为”是指发行人及其控股股东、实际控制人违反国家法律、行政法规,受到刑事处罚或情节严重行政处罚的行为。在认定重大违法行为时主要考虑以下因素:

（1）存在贪污、贿赂、侵占财产、挪用财产或者破坏社会主义市场经济秩序等刑事犯罪，原则上应认定为重大违法行为。

（2）被处以罚款以上行政处罚的违法行为，如有以下情形之一且中介机构出具明确核查结论的，可以不认定为重大违法：①违法行为显著轻微、罚款数额较小；②相关处罚依据未认定该行为属于情节严重；③有权机关证明该行为不属于重大违法。但违法行为导致严重环境污染、重大人员伤亡、社会影响恶劣等并被处以罚款以上行政处罚的，不适用上述情形。

（3）发行人合并报表范围内的各级子公司或者相关主体系收购前被处罚且执行完毕的，若对发行人主营业务收入或净利润不具有重要影响（占比不超过5%），其违法行为可不视为发行人本身存在相关情形，但其违法行为导致严重环境污染、重大人员伤亡或社会影响恶劣的除外。

《科创板审核问答》第三之问答进一步明确：最近3年内，发行人及其控股股东、实际控制人在国家安全、公共安全、生态安全、生产安全、公众健康安全等领域，存在以下违法行为之一的，原则上视为重大违法行为：被处以罚款等处罚且情节严重；导致严重环境污染、重大人员伤亡、社会影响恶劣等。

有以下情形之一且中介机构出具明确核查结论的，可以不认定为重大违法：

（1）违法行为显著轻微、罚款数额较小；

（2）相关规定或处罚决定未认定该行为属于情节严重；

（3）有权机关证明该行为不属于重大违法。但违法行为导致严重环境污染、重大人员伤亡、社会影响恶劣等并被处以罚款等处罚的，不适用上述情形。

合法规范经营是企业发展的基石，也是企业上市的重要条件。

审核关注要点：

（1）公司及相关主体是否存在重大违法违规或犯罪行为，是否按照要求取得有权机构的证明文件或由中介机构依法发表意见；

（2）公司及相关主体报告期内是否多次、连续出现非重大违法违规行为，关注公司及相关主体整改措施是否有效，公司治理及内控是否有效；

> （3）关注公司实际控制人控制的其他企业违法违规行为，实际控制人是否负有相应的责任，是否可能影响公司的生产经营活动。

典型案例 47：洁特生物存在海关行政处罚

报告期内，公司存在未经海关许可并办理相关手续，擅自将部分保税货物外发消毒，同时存在溢余保税料件的情形。2017 年广州保税区海关对公司出具《行政处罚决定书》，科处罚款人民币 163100.00 元；并出具《责令办理海关手续通知书》，责令公司办理上述溢余保税料件的相关海关手续。

【审核问询意见】

请发行人结合《科创板审核问答》第三之问答的相关规定，就收到《行政处罚决定书》和《责令办理海关手续通知书》事项分别进一步说明：上述事项是否属于重大违法违规行为，相关认定依据以及认定依据是否充分。

【问询回复摘要】

发行人说明：

公司于 2017 年 10 月 24 日收到中华人民共和国广州保税区海关作出的《行政处罚决定书》和《责令办理海关手续通知书》。根据《行政处罚决定书》记载，2015 年 1 月 1 日至 2017 年 1 月 19 日，公司在未依照规定办理外发加工保税货物手续的情况下，擅自将合同项下部分保税料件制成品细胞培养板、细胞培养皿、细胞培养瓶、液体离心管、酶标板等外发给深圳市金鹏源辐照技术有限公司进行消毒，经计核，上述保税货物折算成保税料件为聚苯乙烯 964320.65 千克、聚丙烯 429948.57 千克。经计核，上述货物价值人民币 16309320.56 元。截至 2017 年 1 月 19 日，公司已将上述外发加工保税货物全部收回。

经中华人民共和国广州保税区海关认定，根据《海关行政处罚实施条例》第十八条第一款第四项之规定，公司的上述行为构成违反海关监管规定行为，但鉴于公司已将外发保税货物全部收回，消除危害后果，决定对公司减轻处罚，科处罚款人民币 163100.00 元。

保荐机构、发行人律师认为：

（1）报告期内，公司擅自将部分保税货物外发消毒的违规情形不属于《科创板审核问答》第三之问答中规定的涉及"国家安全、公共安全、生态安全、生产安全、公众健康安全等领域"的违法行为；

（2）《行政处罚决定书》中未认定公司上述违规行为属于情节严重事项；

（3）广州保税区海关的上级单位黄埔海关于2019年3月6日对于公司上述违规行为出具了《证明》文件，证明："上述违规案件属于程序性违规，对公司在海关的信用等级认定不构成影响，不属于重大违法违规行为。"

【案例评析】

公司存在海关处罚情形。根据公司说明，相关处罚不属于重大违法违规，且情节较轻，公司已经履行整改程序，处罚机关（上级）已经出具不构成重大违法违规的证明。

二、证监会行政处罚、立案调查

根据《科创板首发管理办法》第十三条第三款规定，公司董事、监事和高级管理人员不存在最近3年内受到中国证监会行政处罚，或者因涉嫌犯罪被司法机关立案侦查或者涉嫌违法违规被中国证监会立案调查，尚未有明确结论意见等情形。与此同时，涉嫌犯罪被司法机关立案侦查的，则往往会结合是否涉及公司治理和经营活动、是否对公司持续经营产生重大不利影响等方面进行分析，特殊情况下公司通过更换相关人员也可以继续审核。

作为公司公开发行股票上市的主管机构，申请上市企业及其相关人员、有关中介机构及相关人员存在被证监会行政处罚或立案调查的，反映出公司及相关主体已经或者可能违反证券市场规定，在相关处罚或调查结论出具前，公司难以满足市场准入的基本要求。公司或相关主体涉嫌违法犯罪等被立案调查的，因为相关调查结论尚不明确，难以确定公司及相关主体涉及违法犯罪行为严重程度及其对公司经营活动影响，因此也将被中止审核或暂停上市进程，直至相关调查结论明确。

> **审核关注要点：**
>
> （1）关注公司、公司控股股东、实际控制人、董事、监事、高级管理人员以及证券公司、律师事务所、会计师事务所及具体经办人员是否存在被证监会行政处罚或立案调查情形，是否存在违法犯罪或因违法犯罪被立案侦查情形；

（2）关注公司是否充分披露上述人员涉嫌违法犯罪行为具体情况及进展情况。

典型案例48：微众信科涉嫌违法犯罪

根据审核信息披露：

2021年2月1日，微众信科因公司及其控股股东、实际控制人涉嫌贪污、贿赂、侵占财产、挪用财产或者破坏社会主义市场经济秩序的犯罪，或者涉嫌欺诈发行、重大信息披露违法或其他涉及国家安全、公共安全、生态安全、生产安全、公众健康等领域的重大违法行为，被立案调查或者被司法机关立案侦查，尚未结案。根据《科创板审核规则》第六十四条第一款第一项的规定，上交所中止其发行上市审核。

【案例评析】

公司及相关人员因涉嫌违法犯罪被中止审核，公司未进一步披露违法犯罪具体调查情况。2021年4月15日，公司主动撤回上市申请。

三、其他违法、违纪、失信情形

发行人及相关主体存在一般违法违规的，或者相关违法违规行为与公司经营、公司治理、市场规范关系不大的，审核中会给予关注，但一般不影响公司的发行上市进程。除此之外，如果公司此前在其他证券市场挂牌或上市的，还会关注公司及实际控制人、董事、监事、高级管理人员最近12个月是否存在被交易场所、自律组织实施严重纪律处分（公开谴责以上）的情形。

发行人及相关主体存在失信情形的，例如被人民法院列入失信被执行人名单等情形的，按照最高人民法院等44部门《关于对失信被执行人实施联合惩戒的合作备忘录》规定，在公开发行股票审核中将审慎关注。国有企业的董事、监事和高级管理人员还受到党的纪律的约束，如果相关人员存在违纪行为被调查的，审核中也会重点关注是否影响公司经营稳定性，公司是否存在其他违法犯罪行为等。

审核关注要点：

（1）关注公司及其控股股东、实际控制人、董事、监事、高级管理人员是否存在其他行政处罚情形，相关情形是否影响公司经营活动；

（2）关注公司及相关人员最近 12 个月是否存在被证券交易场所采取自律监管措施或纪律处分，相关主体参与证券市场是否规范；

（3）关注公司及其相关人员是否存在被纳入失信被执行人情形，报告期内存在的，是否已移除，公司是否充分披露有关失信信息及失信原因；

（4）关注公司相关人员是否存在违纪情形。

典型案例 49：西部超导被新三板市场采取自律监管措施

2016 年 4 月 25 日，股转公司印发《关于给予西部超导材料科技股份有限公司自律监管措施的决定》（股转系统〔2016〕109 号），对公司处以责令改正和要求提交书面承诺的自律监管措施。

【审核问询意见】

请发行人说明被股转公司采取自律监管措施的事项，公司的整改措施。

【问询回复摘要】

公司说明：

2016 年 4 月 25 日，股转公司印发《关于给予西部超导材料科技股份有限公司自律监管措施的决定》（股转系统〔2016〕109 号），对发行人处以责令改正和要求提交书面承诺的自律监管措施。本次被股转公司采取自律监管措施的事项和公司的整改措施如下：

（1）公司信息披露不规范情况说明。公司 2015 年半年报存在合并报表财务附注资产负债表中应收票据、开发支出项目注释披露不完整，损益表中期间费用、主营业务税金及附加项目注释披露不完整，现金流量表中经营活动、筹资活动、投资活动部分渐进流量项目注释披露不完整，关联交易披露不完整等问题。

公司已在会计师事务所的督导下重新进行 2015 年半年度报告的编制工作，避免信息遗漏及错误的发生，已于 2016 年 5 月 9 日在全国中小企业股份转让系统指定信息披露平台（http://www.neeq.com.cn/）发布更正公告以及更正后的 2015 年半年度报告。

（2）会计核算及财务管理不规范情况说明。

1）2015 年度，公司按实际使用列支工会经费和职工教育经费 58.68

万元,导致当期少计提工会经费和职工教育经费230.47万元,不符合《企业会计准备第9号——职工薪酬》第七条的规定。

公司工会经费通过控股股东西北有色金属研究院向上级机关按规定缴纳,返还活动经费部分据实列支,其余职工教育经费在实际发生时直接计入当期损益,均未予计提。公司现已纠正过往不规范的核算方式,并规范相关会计处理,通过应付职工薪酬科目进行核算,并且该年度相关费用已足额计提。

2)2015年1月,公司计提应计入2014年度的销售人员奖金33.99万元,属于费用跨期,不符合《企业会计准则——基本准则》第十九条、第三十五条的规定。

公司2015年1月计提销售人员2014年奖金33.99万元计入销售费用,存在费用跨期的情况,不符合《企业会计准则——基本准则》第七条第一款"企业应当划分会计期间,分期结算账目和编制财务会计报告"的规定,公司财务核算工作存在疏漏。公司年报审计机构中审众环认为,该事宜涉及金额未达到重要性水平,故未进行审计调整。

3)2015年8月,公司计提应收账款坏账准备200万元,但缺少计提依据等原始凭证材料,不符合《会计基础工作规范》第四十七条的规定。

公司2015年8月计提应收账款坏账准备200万元,未对应收款项进行减值测试和账龄分析,仅根据月末应收账款的总额进行了估算,且未附计提依据等原始凭证,不符合公司应收款项坏账准备的确认和计提政策及会计核算要求。公司已补充上述应收账款计提依据相关凭证,并且在2015年年末已按照规定提取了坏账准备,上述问题相关影响在公司披露2015年度报告时已消除。

(3)内控机制不完善情况说明。

1)西部超导《董事会议事规则》及《股东大会议事规则》对公司购买或出售资产、对外投资、签订合同等方面的审批权限与公司《章程》规定不一致。

在公司接受检查期间,工作人员由于疏忽误将旧版本的议事规则提供给检查工作人员,导致检查人员认为公司存在《董事会议事规则》《股东大会议事规则》对购买或出售资产、对外投资、签订合同等方面的审批权限与公司《章程》规定不一致。经公司核对及公司法律顾问确认后,公司认为现行《董事会议事规则》《股东大会议事规则》及《章程》对购买或出售资产、对外投资、签订合同等方面的审批权限作出了明确规定。并且，公司在股转系统挂牌前已对相关制度进行了适应性修订，目前不存在相关事项审批权限相抵触的情况。公司已对相关人员进行培训，明确公司现在执行的《章程》及各项议事规则的内容，经批准开始生效日期等重要信息，并明确要求公司相关部门按照最新版本的各类制度开展业务审批工作。

2）公司资金管控风险说明。公司从部分银行的贷款，因借款合同限定款项用途为原材料采购，公司根据贷款条件，累计将借款 6.89 亿元转给 5 家供应商，再由供应商退回，款项支付均未见审批程序，存在公司资金失控和损失的风险。

公司承诺今后将严格执行公司相关资金审批权限及审批流程，加强对相关工作人员的培训工作，避免审批失当。

3）公司购买理财产品管控缺失情况说明。公司未制定理财管理办法，其子公司西安聚能高温合金材料科技有限公司于 2015 年 12 月 31 日购买中国银行理财产品 2000 万元，未履行审批程序。

公司子公司西安聚能高温合金材料科技有限公司在 2015 年 12 月 31 日购买中国银行保本理财产品 2000 万元，相关款项已于 2016 年 1 月 4 日连本带息返回公司账户，实际未发生公司资金损失。公司在此业务流程中，存在审批不完整的问题，同时缺少购买理财产品相应的风险评估及审批制度。目前，公司已完成《委托理财管理制度》的编写工作，已在 2016 年 5 月 9 日召开的第二届董事会第九次会议审议通过，相关议案已在全国中小企业股份转让系统指定信息披露平台（http://www. neeq. com. cn/）发布临时公告。

4）公司大额支付款项审批程序未严格执行情况说明。根据 2015 年 12 月 29 日付款凭证，公司支付西北院稀有金属材料公司加工费 519.72 万元，未按照公司资金划转审批权限经总经理审批。

公司现有制度中包含《资金管理办法》，但实际执行中存在疏漏。该笔业务发生时，公司总经理外出，因情况紧急遂采取了电话授权方式，财务部得到授权后支付了相关款项，上述业务审批人已将授权手续补充完毕。

【案例评析】

公司因信息披露不规范、财务会计不规范和内控有效性不足等问题于 2016 年被全国股转公司采取自律监管措施。根据公司说明,相关事项发生于 2015 年,公司对有关事项进行了整改。公司未进一步说明报告期内是否持续存在信息披露不规范、财务会计不规范及内控缺失的情形。审核中可能考虑到上述处罚系报告期初期,所涉及事项在报告期外,未进一步审核问询。

第九节　公司在其他证券市场的上市/挂牌情况

公司在其他证券交易场所公开发行股票上市或者挂牌交易后,通过私有化退市或者摘牌后再次申请公开发行股票并在证券交易场所上市的,我们称其为二次上市;对于已经在其他证券交易场所上市交易股票的公司,再次申请在新的证券交易场所上市的,我们称其为双重上市。审核中对二次上市企业和双重上市企业在其他市场的发行、上市情况较为关注。

一、二次上市、挂牌

公司在其他证券交易场所上市后或者在新三板挂牌后,通过退市或摘牌的方式从某一市场退出,并再次申请公开发行股票上市的,历史上市、挂牌及退市摘牌活动的规范性,相关信息披露一致性是关注重点。

1. 其他交易所上市

一般境外上市公司私有化退市后于境内再次上市需要完成拆除红筹结构或去 VIE 的重组步骤,包括但不限于终止 VIE 协议、境内实际运营公司重组、境外员工激励计划终止、境内外关联公司注销等程序。华润微电子有限公司可以说是境外红筹上市公司回归 A 股的典型案例。早在 2004 年华润微电子就已经在港交所主板上市,2011 年华润微电子以私有化的方式从港股退市,2019 年再次申报科创板上市并于 2020 年正式拿到证监会注册批文。华润微电子从多个维度突破了我国资本市场的第一次,包括上市公司形式为有限公司、公司未拆除红筹即回归、股票以港币计价等。

公司在其他交易所上市后退市又重新申请上市的,需要关注退市原因及退市过程是否存在纠纷。

> **审核关注要点:**
> (1)公司私有化退市是否履行了法定程序,私有化过程中与相关股东是否存在纠纷或潜在纠纷;
> (2)公司涉及境外退市或境外上市公司资产出售、股权转让的,关注相关外汇资金流转及使用的合法合规性。

典型案例50:华润微电子港交所退市后申请上市

2011年9月5日,发行人控股股东CRH(Micro)与发行人发布通函,计划以协议方式对发行人实施私有化,发行人的全体股东可以选择现金对价(0.48港元/股)或股份对价[每一股发行人股份对应一股CRH(Micro)股份]。根据协议,所有附属公司的股份(由公司与主要股东所持有的除外)将会于换取现金代价后被注销。协议生效后,所有协议股份会被注销,未在有关纪录日期或之前行使的有效购股权亦将失效。

2011年9月28日,私有化计划在法院会议上获得批准,并于同日举行的发行人特别股东大会上获得股东批准,其中邀约人及其董事、一致行动人等不会视为独立股东,因而不能在股东大会上投票且取得无利害关系股份的投票权至少75%的票数投票批准且反对票不得超过无利害关系的股份的投票权的10%。2011年10月7日,香港联交所出具书面确认文件,发行人将根据其本次私有化相关的协议安排于2011年11月2日从香港联交所退市。2011年10月28日,开曼群岛大法院批准发行人私有化计划。

对此,境外的香港律师及开曼律师均出具了关于发行人的境外法律意见,表示发行人私有化退市已经履行了必要的法定程序,发行人私有化过程中与相关股东不存在纠纷或潜在纠纷。同时,发行人中国律师也对私有化的程序合法性、不存在纠纷等情形发表了肯定的法律意见。

【案例评析】

公司在境外上市后退市重新在境内上市的情形较为少见。近年来,随着中美关系的跌宕起伏,部分境外上市的中概股存在退市后重新上市的可能性。境外退市、境内上市涉及证券市场的转换,对企业在市场环境、监管政策等方面都提出了较高的适应要求。

2. 新三板市场挂牌

2020 年共有 396 家公司在沪深交易所上市,其中新三板成功转板上市企业达 105 家,占全年 A 股 IPO 上市企业 26.52%。[①] 从成长历程看,这些 IPO 企业平均在新三板挂牌时长达 3.20 年,在新三板期间平均融资 1 亿,获得了规模成长,很多公司从中小型企业成长为中大型企业。从转板前后看,转板后平均涨幅 2.32 倍;转板公司在新三板摘牌平均市值为 19.46 亿元,平均市盈率为 20.93 倍。其当期在 A 股市场平均市值为 78.19 亿元,为新三板摘牌平均市值的 4.02 倍;平均市盈率为 62.31 倍,为新三板摘牌平均市盈率的 2.97 倍。

新三板挂牌公司摘牌或者挂牌期间申请公开发行股票并上市,涉及挂牌期间的合规情况和信息披露的一致性问题。

> **审核关注要点:**
> (1)挂牌期间公司市场合规情况,是否存在被新三板或证监会采取自律监管措施、纪律处分或者行政处罚的情形;
> (2)挂牌期间信息披露规范情况,公司是否按照新三板有关定期报告、临时报告的规定,规范、及时履行信息披露义务;
> (3)公司股东在新三板挂牌期间的交易合规情况,是否存在操纵市场或者内幕交易等情形;
> (4)融资活动、重组活动的合规情况,是否存在违法违规融资或者重大资产重组违规情形;
> (5)公司挂牌期间会计政策、会计准则调整情况,财务报表会计差错情况,是否存在财务不规范的情形或者财务造假情况;
> (6)公开发行上市申报文件与新三板市场挂牌期间公开披露文件在信息披露上的差异情况,是否存在不一致情形,是否存在虚假记载、误导性陈述或者重大遗漏。

---

① 山西证券、王磊等:《山西新三板挂牌公司动态》,2021 年 1 月 22 日。

典型案例51：安博通新三板摘牌后申请上市

发行人股票自2019年3月5日起在全国中小企业股份转让系统终止挂牌。

【审核问询意见】

请发行人披露：(1)终止挂牌履行的相应审议程序和信息披露义务，是否经出席股东大会的股东所持表决权的2/3以上通过；(2)对异议股东保护措施的相关安排及其执行情况；(3)本次发行的招股说明书与其公开转让说明书、挂牌期间信息披露内容是否存在重大差异，关键事项的会计政策及处理是否存在变更或调整；(4)挂牌期间是否存在信息披露违规、募集资金使用违规、违反公开承诺等情形；(5)发行人及其控股股东、实际控制人、董事、监事和高级管理人员(包括挂牌期间任职的董事、监事、高级管理人员)是否受到中国证监会的行政处罚、行政监管措施以及全国股转公司的自律监管措施或纪律处分等。请发行人说明本次申报的财务信息披露与在挂牌转让期间的信息披露是否存在差异、是否符合《企业会计准则》的规定。

【问询回复摘要】

公司说明：

(1)终止挂牌履行的审议程序和信息披露情况。2019年1月31日，安博通召开第一届董事会第十六次会议，审议通过《关于申请公司股票在全国中小企业股份转让系统终止挂牌》等终止挂牌的相关议案。2019年2月15日，安博通召开2019年第二次临时股东大会，全体股东一致通过《关于申请公司股票在全国中小企业股份转让系统终止挂牌》等终止挂牌的相关议案，上述董事会及股东大会会议决议均于会议召开当日在股转系统进行披露。

(2)对异议股东保护措施的相关安排及其执行情况。根据2019年第二次临时股东大会审议通过的《关于申请公司股票终止挂牌对异议股东权益保护措施》的议案，对2019年第二次临时股东大会股权登记日中在册，但未出席公司审议终止挂牌事项股东大会的股东或已参加该次股东大会但未投赞成票的股东，控股股东、实际控制人或其指定的第三方愿意对异议股东所持有的公司股份进行回购，回购价格不低于异议股东取得所持公司股份时的成本价，具体价格及回购方式以双方协商确定为准。

由于所有股东均在股东大会上对终止挂牌的相关议案投赞成票,因此异议股东权益保护措施未启动。

(3)本次发行的招股说明书与其公开转让说明书、挂牌期间信息披露内容差异情况。

招股说明书相关章节	招股说明书披露的相关内容与公开转让说明书、挂牌期间信息披露的差异	差异说明
第六节业务与技术/一、发行人的主营业务、主要产品和服务的情况/(一)发行人的主营业务关于主营业务的描述	招股说明书披露为:网络安全核心软件产品的研究、开发、销售以及相关技术服务,是国内领先的网络安全系统平台与安全服务提供商;公开转让说明书披露为:基于新一代可视化应用层网络安全与数据分析的产品开发、生产、销售,以及相关技术服务,并提供嵌入式网络安全专用系统开发合作与特征库安全服务;2017年年报和2018年半年报披露为:网络安全基础软件与网络安全管理软件的产品研究、开发、销售,以及相关技术服务。	招股说明书中的表述更简练,与公开转让说明书与信息披露文件中的表述无本质差别。
第七节公司治理与独立性/六、同业竞争/(一)发行人与控股股东、实际控制人及其关系密切的家庭成员控制或投资的其他企业不存在同业竞争情况	关于控股股东、实际控制人投资的企业,招股说明书中补充披露北京迦蓝道文化传播有限公司。	招股说明书披露更加准确。
……	……	……

(4)挂牌期间合规性情况。2017年,厚扬天灏对发行人增资,募集资金总额为7552.50万元,根据股票发行方案,募集资金用于补充流动资金2900万元、安全大数据分析与可视化系统2000万元、安全威胁感知平台项目3650万元。在实际使用过程中,部分募集资金实际用于武汉研发中心建设,发行人分别于2019年4月12日召开第一届董事会第十九次会议、第一届监事会第十一次会议,于2019年4月27日召开2019年第四次临时股东大会,审议通过了《关于追认募集资金使用用途变更的议案》,对公司募集资金用途变更事宜进行了确认,将安全威胁感知平台项目变更

为武汉研发中心建设项目。

挂牌期间,除上述事项外,发行人不存在信息披露违规、募集资金使用违规、违反公开承诺等情形。

(5)公司及相关主体遵循市场规范情况。发行人及其控股股东、实际控制人、董事、监事和高级管理人员(包括挂牌期间任职的董事、监事、高级管理人员)未受到中国证监会的行政处罚、行政监管措施以及股转公司的自律监管措施或纪律处分。

(6)公司挂牌期间与本次申报财务及会计差异情况。因追溯调整2016年度因股权激励引起的股份支付事项,2017年度股东大会审议通过原股东按2016年度利润分配时的持股比例退回超分利润500万元,财务报表中将2017年度实际支付金额大于调减后应分配金额的差异500万元计入其他应收款,并相应调整坏账准备计提、递延所得税资产计算、盈余公积计提。合并财务报表体现的差异:调整2017年度股利分配金额,实际支付金额大于调整后应分配金额的差异500万元计入其他应收款,并相应计提坏账准备50万元;补提资产减值损失50万元;补提递延所得税资产7.5万元;冲减盈余公积4.25万元;减少所得税费用7.5万元;调增未分配利润461.75万元。

除前述事项外,发行人本次申报材料关键事项的会计政策及处理没有变更或调整。此外,发行人在公开转让说明书和挂牌期间披露的信息与本次招股说明书存在一些细节差异……相关差异不属于重大差异,相关审计调整符合《企业会计准则》的规定。

【案例评析】

公司系新三板挂牌公司。由于新三板挂牌期间公司治理处于持续规范阶段,公司尚无法完全比照上市公司进行信息披露和规范治理。对此,除非公司存在重大信息披露不一致、内控缺失或重大会计差错更正,否则公司申请上市阶段将对公司挂牌期间存在的违反市场规则的情形具有一定包容性。

二、双重上市

双重上市是指公司在不同交易所分别交易当地公开发行的股票,不存在股票混同交易的情形。因此,从准入角度而言,不同交易所均按照各自市场公开发行股票和上市条件审核即可;从后续持续监管角度而言,两地上市公司在信息披的一致性、监管的协同性、财务会计处理的规范性以及设计二级市场波动、投资者保护等事宜,需要两地交易所密切联系,紧密沟通。对于公司而言,则要针对不同的交易场所制定不同的信息披露制度和内部管理制度,分别满足两地上市各项监管规定。

> **审核关注要点:**
> (1)公司信息披露内容与在其他证券交易所披露信息是否一致;
> (2)公司在治理、内控、财务和表决权安排、投资者保护、上市后信息披露等方面协同安排措施是否切实可行,相关风险是否充分披露;
> (3)公司是否在其他交易场所存在重大违规情形;
> (4)公司两地上市募集资金用途是否规范,是否存在重复募资情形。

典型案例 52:君实生物存在新三板、港交所二地上市

公司股票于2015年8月13日在股转系统挂牌并公开转让,发行 H 股并于香港联交所上市。

【审核问询意见】

请发行人补充披露:公司同时在香港联交所和 A 股挂牌上市的特殊风险。

【问询回复摘要】

公司补充披露:

本次公开发行股票上市后,公司股票将同时在上交所和香港联交所挂牌上市,由于中国大陆和香港两地监管规则的差异,公司在治理结构、规范运作、信息披露、内部控制、投资者保护等方面所需遵守的相关法律法规存在一定程度的不同,发行人需同时符合两地监管机构的上市监管规则,这对发行人合规运行和投资者关系管理提出更大挑战。

本次发行的 A 股股票上市后,A 股投资者和 H 股投资者分属不同的类别股东,并将根据相关规定对需履行类别股东分别表决的特定事项(如增加或者减少该类别股份的数量,取消或减少该类别股份所具有的、取得已产生的股利或者累积股利的权利等)进行分类表决。H 股类别股东大会的召集、召开及表决结果,可能对 A 股类别股东产生一定影响。

发行人于香港联交所 H 股和上交所 A 股同时挂牌上市后,将同时受

到香港和中国境内两地市场联动的影响。H股和A股投资者对公司的理解和评估可能存在不同,公司于两个市场的股票价格可能存在差异,股价受到影响的因素和对影响因素的敏感程度也存在不同,境外资本市场的系统风险、公司H股股价的波动可能对A股投资者产生不利影响。

【案例评析】

公司原系港交所、新三板两地挂牌/上市企业,在应对双重上市方面存在一定的实践操作难度。双重上市要求公司需同时遵守两地监管机构的上市监管规则,在信息披露、投资者保护方面要更加慎重。

第十节　公司在报告期内的资产重组情况

公司出于业务整合、解决同业竞争或关联交易问题或者做大资产、营收规模的目的,往往会在改制前后进行重大资产重组,包括收购子公司或者关键资产等。对于公司报告期内发生的业务重组行为,应在招股说明书中披露公司业务重组的原因、合理性以及重组后的整合情况,并披露被收购企业收购前一年的财务报表。

一、同一控制下合并重组

根据中国证监会《首发业务若干问题解答》,发行人在报告期内发生业务重组,要依据被重组业务与发行人是否受同一控制分别进行判断。同一控制下合并,主要是指发行人报告期内存在对同一公司控制权人下相同、类似或相关业务进行的重组。同一公司控制权人的认定主要依据是《公司法》第二百一十六条对控股股东、实际控制人的解释以及《企业会计准则第33号——合并财务报表》中关于控制的认定,即直接或间接拥有企业半数以上表决权,或虽不拥有半数以上表决权,但能够支配企业的经营、财务、人事、技术等重要事项。

根据《〈首次公开发行股票并上市管理办法〉第十二条发行人最近3年内主营业务没有发生重大变化的适用意见——证券期货法律适用意见第3号》(中国证券监督管理委员会公告〔2008〕22号)相关规定,同一实际控制下重组需满足下列要求:

(1)被重组方重组前一个会计年度末的资产总额或前一个会计年度

的营业收入或利润总额达到或超过重组前发行人相应项目100%的,发行人重组后运行一个会计年度后方可申请发行;

(2)达到或超过50%但不超过100%的,保荐机构和发行人律师应按照相关法律法规对首次公开发行主体的要求,将被重组方纳入尽职调查范围并发表相关意见,发行申请文件还应提交会计师关于被重组方的有关文件以及与财务会计资料相关的其他文件;

(3)达到或超过20%的,申报财务报表至少须包含重组完成后的最近一期资产负债表。被重组方重组前一会计年度与重组前发行人存在关联交易的,资产总额、营业收入或利润总额按照扣除该等交易后的口径计算。发行人提交首发申请文件前一个会计年度或一期内发生多次重组行为的,重组对发行人资产总额、营业收入或利润总额的影响应累计计算。

同一控制下合并将追溯调整公司的财务报表,对公司报告期内的财务数据影响较大。

审核关注要点:

(1)公司关于同一实际控制人的认定是否准确,特别是非股权控制下的同一实际控制认定是否规范;

(2)公司重组时间是否合理,是否存在规避监管的情形;

(3)公司是否充分披露重组资产业务与公司业务的相关性,重组后对相关人员/资产整合情况,对公司资产总额、营业收入、利润总额的影响,公司重组后是否满足相应的运行期限要求;

(4)公司是否充分披露资产的交付和过户情况、交易当事人的承诺情况、盈利预测或业绩对赌情况,收购资产价格是否合理,是否存在高估或低估情形,是否存在利益输送的情形;

(5)公司重组的双方决策程序是否合法合规,是否存在纠纷或潜在纠纷。

典型案例53:视联动力子公司存在股权代持①

2011年5月上海乾廷设立时,贺铮和陆宏成持股比例均为42%,其中

---

① 2019年8月30日,视联动力信息技术股份有限公司因发行人撤回发行上市申请或者保荐人撤销保荐。根据《科创板审核规则》第六十七条第二项,上交所终止其发行上市审核。公司终止审核的原因可能包括,报告期内收入、合同、存货等真实性存疑,中介机构核查不充分。

贺铮系替杨春晖代持。2017年9月,贺铮将其所持上海乾廷42%股权转让给杨春晖,解除代持关系。2017年12月,发行人前身视联有限收购上海乾廷100%股权。2010年6月,北京乾唐设立时,贺铮和陆宏成各自持股50%,其中贺铮系替杨春晖代持。2017年9月,贺铮将其所持北京乾唐50%股权转让给杨春晖,解除代持关系。2017年12月,发行人前身视联有限收购北京乾唐100%股权。

【审核问询意见】

请发行人:(1)结合杨春晖设立上海乾廷、北京乾唐、视联有限时的外籍身份、上述企业的主营业务及当时有效的《外商投资产业指导目录(2007年修订)》,说明上述企业是否涉及基础电信业务和增值电信业务,所处行业是否属于《限制外商投资产业目录》,是否存在通过代持规避外资持股比例限制的情形;(2)说明上述股权收购价格的确定依据及其公允性,相关纳税义务的履行情况,结合《科创板审核问答(二)》第五之问答和第十一之问答的规定,说明将上海乾廷和北京乾唐的实际控制人认定为杨春晖以及将上述收购认定为同一控制下合并的依据是否充分,相关会计处理是否符合《企业会计准则》的规定;(3)结合上海乾廷和北京乾唐被收购前一个会计年度末的资产总额、资产净额或前一个年度的营业收入或利润总额占发行人相应项目的比例,说明最近两年主营业务是否发生重大变化。请发行人提供与上述控制权归属认定相关的充分证据和依据,请保荐机构、申报会计师对上述控制权归属认定事项的真实性、证据充分性及最近两年主营业务是否发生重大变化进行核查,并发表明确意见。

【问询回复摘要】

公司说明:

(1)公司收购子公司股权代持原因。发行人在业务发展初期,杨春晖等公司创始人为了保护公司核心技术,先后设立了北京乾唐和上海乾廷,将部分核心知识产权和核心业务环节交由不同主体实施,北京乾唐主要从事部分视联网技术知识产权申请、管理等工作,不涉及具体产品的生产、销售等具体业务;上海乾廷主要从事视联网相关技术研发、部分产品的"V2V"协议及核心软件的灌装和测试工作,不存在视联网产品的对外销售。

北京乾唐、上海乾廷设立时，杨春晖为美国国籍，基于在境内设立公司的操作便利考量，杨春晖当时在北京乾唐、上海乾廷所持股权均由贺铮代持。2017 年 9 月，杨春晖与贺铮通过股权转让解除了在上述公司的代持关系。发行人改制设立股份公司前，为保证公司业务、资产的完整性，于 2017 年 12 月受让上海乾廷和北京乾唐 100% 股权。

上述两家公司均不涉及基础电信业务和增值电信业务，该等公司所经营业务不属于《限制外商投资产业目录》之列，不存在通过代持规避外资持股比例限制的情形。

（2）收购价格的公允性。2017 年 12 月，杨春晖将其所持北京乾唐 50% 的股权作价 5 万元转让给视联有限，陆宏成将其所持北京乾唐 50% 的股权作价 5 万元转让给视联有限。上述股权转让价格系根据"毕马威华振审字第 1703024 号"《审计报告》审定的北京乾唐 2017 年 9 月 30 日净资产 -131.42 万元作为定价参考，并充分考虑出让方的历史成本及北京乾唐对发行人持续经营的作用，经交易各方充分协商，最终确定以北京乾唐实缴注册资本 10 万元作为北京乾唐 100% 股权的交易作价。

2017 年 12 月，杨春晖将其所持上海乾廷 42% 的股权作价 21 万元转让给视联有限，陆宏成将其所持上海乾廷 42% 的股权作价 21 万元转让给视联有限……上述股权转让价格系根据"毕马威华振审字第 1703026 号"《审计报告》审定的上海乾廷 2017 年 9 月 30 日净资产 -155.45 万元作为定价参考，并充分考虑出让方的历史成本及上海乾廷对发行人持续经营的作用，经交易各方充分协商，最终确定以上海乾廷实缴注册资本 50 万元作为上海乾廷 100% 股权的交易作价。

视联动力于 2019 年 3 月 8 日召开的第一届董事会第十四次会议、第一届监事会第四次会议及于 2019 年 3 月 24 日召开的 2019 年第二次临时股东大会，审议通过了《关于公司最近三年关联交易情况的议案》，对上述股权转让的公允性进行了确认。2019 年 3 月 8 日，视联动力独立董事出具了《独立董事关于视联动力信息技术股份有限公司关联交易的意见》，认为"公司报告期内与关联方之间的各项关联交易均履行了相关审议程序，前述关联交易的价格或定价方法合理、公允，不存在损害公司或其他股东利益的情形"。

综上所述，上述股权转让价格系经交易各方充分协商确定，经公司董事会、监事会和股东大会审议确认,并由独立董事对价格公允性出具了意见,转让价格具有公允性。

(3)关于杨春晖是否实际控制两公司。2017年12月视联有限收购北京乾唐和上海乾廷之前,杨春晖作为北京乾唐和上海乾廷的实际控制人,能够直接指派或直接担任上述公司的执行董事,能够决定公司的经营方针、重大决策及管理层人员的任免;陆宏成在北京乾唐和上海乾廷的重大事项上,均与杨春晖保持一致,且出于对杨春晖的认可,于2018年9月21日与杨春晖签订一致行动协议,进一步明确陆宏成作为杨春晖的一致行动人,在两人投资、管理北京乾唐、上海乾廷期间,陆宏成就治理过程中涉及的重大事项均与杨春晖保持一致意见,并在北京乾唐、上海乾廷的历次股东会会议中均按杨春晖意见进行表决。因此认定杨春晖为北京乾唐和上海乾廷的实际控制人,符合上述公司的实际情况。

发行人已对北京乾唐和上海乾廷历史沿革中的股权代持情况进行如实披露,北京乾唐和上海乾廷原股东之间知晓代持关系的存在,且对代持关系没有异议、代持的股东之间没有纠纷和争议,代持股份已还原至实际持有人。

综上所述,将北京乾唐和上海乾廷的实际控制人认定为杨春晖符合《科创板审核问答(二)》第五之问答的规定。发行人随本回复一并提供的关于北京乾唐和上海乾廷控制权归属认定的证据和依据如下:

1)杨春晖和贺铮关于北京乾唐和上海乾廷股权代持与解除股权代持的协议;

2)北京乾唐和上海乾廷原股东关于知晓代持关系的存在且对代持关系没有异议、代持的股东之间没有纠纷和争议、代持股份已还原至实际持有人以及股东之间一致行动关系的说明;

3)2017年12月视联有限收购北京乾唐和上海乾廷之前,北京乾唐和上海乾廷历次股东会决议。

(4)关于同一控制下合并的依据充分性。2017年12月视联有限收购北京乾唐和上海乾廷之前,视联有限、北京乾唐和上海乾廷均受杨春晖的实际控制,且该控制自上述公司设立之日起至收购行为发生时持续存在,控制时间超过一年,并非暂时的,因此将视联有限收购北京乾唐和上海乾廷认定为同一控制下合并符合《企业会计准则第20号——企业合并》及

《〈企业会计准则第20号——企业合并〉应用指南》的规定。

视联有限收购北京乾唐和上海乾廷属于同一控制下的企业合并,与同一集团内部企业之间的合并适用相同会计处理原则,符合《企业会计准则实施问题专家工作组意见》的解释要求。

对于视联有限收购北京乾唐和上海乾廷之前,视联有限、北京乾唐和上海乾廷历史上曾存在贺铮代持杨春晖股份的情况,发行人已作充分披露并提供了相关股权代持与解除股权代持的协议,上述公司的实际控制人均按照控制权的实际归属进行认定。

综上所述,视联有限收购北京乾唐和上海乾廷认定为同一控制下合并的依据是充分的,且符合《科创板审核问答(二)》第十一之问答关于同一控制下的企业合并的规定。

(5)合并后对公司业务、财务影响情况。北京乾唐和上海乾廷2016年12月31日的资产总额、资产净额以及2016年度的营业收入、利润总额合计均未超过视联有限同期项目的20%,并且视联有限收购北京乾唐和上海乾廷符合《〈首次公开发行股票并上市管理办法〉第十二条发行人最近3年内主营业务没有发生重大变化的适用意见——证券期货法律适用意见第3号》关于发行人报告期内存在对同一公司控制权下相同、类似或相关业务进行重组的条件,发行人最近两年主营业务未发生重大变化。

【案例评析】

公司报告期内收购两家子公司,两家子公司均以报告期内股东间存在股权代持为由,认定为同一实际控制下合并,对此,公司提供了相关证据予以说明。可能考虑上述两公司资产规模较小,对公司报告期内生产经营影响不大,且收购价格具有一定的合理性,收购过程履行了相应程序,审核中未进一步问询。

二、非同一控制下合并重组

非同一控制下的企业合并,是指参与合并各方在合并前后不受同一方或相同的多方最终控制的交易合并。非同一控制下的合并往往存在故意做大资产规模和业绩规模的嫌疑,关注非同一控制下合并公司业务、财务是否发生重大变化。

具体来说,对于重组新增资产业务与发行人重组前业务具有高度相关性的,被重组方重组前一个会计年度末的资产总额、资产净额或前一个会计年度的营业收入或利润总额,达到或超过重组前发行人相应项目100%,则视为发行人主营业务发生重大变化;对于重组资产新增业务与发行人重组前业务不具有高度相关性的,被重组方重组前一个会计年度末的资产总额、资产净额或前一个会计年度的营业收入或利润总额,达到或超过重组前发行人相应项目50%,则视为发行人主营业务发生重大变化。对公司重组后主营业务发生重大变化的,申报前通常要有一定的运行期限要求。

公司报告期内存在多次收购、参股公司股权情况,特别是存在以小吃大、重组后业务协同性不明显的情况,可能涉嫌资本运作。公司实际控制人等为了拼凑资产和业绩,与关联方或其他主体之间开展合作,通过收购相关子公司的方式,将有关资产装入拟上市公司中来增加公司资产和业绩。通常情况下公司会与对方签署对赌回购协议——一旦无法顺利上市,则将相关子公司重新转回原所有者。

> **审核关注要点:**
>
> (1)公司是否充分披露报告期内进行子公司收购、出售交易的背景及原因,交易时点、价格及确定依据,价款及其支付情况,收购后相关人员整合情况、公司治理运行情况;
>
> (2)公司重组资产的权属是否清晰、评估作价是否公允、资产是否交付且运行稳定;
>
> (3)交易对手方与公司、公司控股股东、实际控制人、董监高之间是否存在关联关系,是否存在对赌安排;
>
> (4)公司是否充分披露收购、出售子公司对报告期内各期公司业务、财务状况及经营业绩的影响,相关影响是否导致公司业务发生较大变更;
>
> (5)公司通过发行股份购买资产的,关注股票发行的合规情况。

典型案例54:九号公司收购子公司形成大额商誉

公司于2015年收购赛格威。2019年6月30日,合并报表中确认的与赛格威收购相关的商誉余额1.31亿元。

【审核问询意见】

请发行人:(1)扼要披露 2015 年收购赛格威的有关情况,包括有关承诺履行情况及资金来源,如有并购贷款的,请说明偿还情况;(2)披露重组后在人员、资产、财务、业务和技术等方面的整合情况,披露报告期内收购资产对发行人财务数据上的贡献;(3)披露报告期内是否承担与重组有关的员工遣散费用或高管薪酬补偿费用;(4)披露对赛格威业务及品牌的发展计划;(5)说明因赛格威收购编制合并报表中新确认的资产、负债情况以及企业合并会计处理对报告期内财务报表的影响,并结合前述事项说明报告期末对于赛格威收购形成商誉的减值复核情况。

【问询回复摘要】

公司说明:

(1)收购赛格威概况。2015 年 3 月 11 日,发行人董事会、股东大会一致书面决议通过经修订的公司章程,公司计划与赛格威签署股份购买协议。2015 年 3 月 12 日,公司、SSI-SEGWAY,INC(赛格威原股东)、赛格威签署《股份购买协议》,公司收购赛格威的原价为 6100 万美元(根据安永对赛格威 2015 年 3 月 31 日资产评估报告,评估值为 6043 万美元),同时公司《股份购买协议》约定的交割日价格调整条款,若交割日公司现金或现金等价物公允价值少于 200 万美元或评估的营运资本少于目标值,则交割日支付价款将会减少相应的金额,公司向出售方最终支付 6042.10 万美元,其中公司自有资金 1792.10 万美元、A-3 轮投资者投入资金 3000.00 万美元及硅谷银行借款 1250 万美元(该笔借款已于 2017 年 8 月偿还)。公司收购赛格威事宜已于 2015 年 2 月 27 日获得美国外资投资委员会(CFIUS)核准。

(2)重组后在人员、资产、财务、业务和技术等方面的整合情况。

1)人员方面:公司收购赛格威时保留了大多数原赛格威的管理层及员工,后续几年内,存在管理层和其他员工主动选择离开公司的情况,属正常人员流动;目前赛格威的人员由公司统一协调安排。

2)资产方面:公司收购赛格威时,其主要资产包括存货、土地、房屋、在建工程、商标、专利等,收购赛格威后公司将其原有的资产尤其是商标、专利等无形资产纳入自身体系,形成了良好的协同效应。

3)财务方面:公司收购赛格威时,其财务状况处于微盈利状态,后因

ITC 知识产权及其他法务保险的投入，以及传统商用平衡车产品 Segway PT 业务在全球范围出现下滑，报告期内一直处于略微亏损状态。收购赛格威后，其财务会计政策与母公司保持一致，会计报表接受母公司委托的审计机构的审计。

4）业务方面：赛格威的业务主要面向美洲和欧洲 B2B 客户，产品包括两轮 Segway PT、三轮 SE3 以及 RMP 机器人自动平台，收购前后产品无大的变动。就销售区域而言，收购前公司销售区域覆盖全球，收购后主要负责美国地区的销售，除少量自有生产外，大部分产品从国内生产基地进口，实现了销售区域的细化。

5）技术方面：赛格威的主要技术是平衡车的开发及生产，拥有自行研发产品的专利和 DEKA 平衡车技术的专利授权，公司收购赛格威后利用其积累的技术优势，并将商标、专利纳入自身体系，实现了良好的技术整合。

（3）针对高管薪酬补偿费用部分，公司分别于 2017 年 2 月、2018 年 2 月向 2 名高管支付薪酬补偿费用 179999.95 美元、6520.00 美元，合计支付 186519.95 美元。针对员工遣散费用部分，公司分别于 2016 年度、2017 年度、2018 年度向 24 名员工支付 102224.55 美元、154660.52 美元、56387.16 美元，合计支付 313272.23 美元。

（4）收购后对公司财务数据影响及商誉减值情况。根据企业会计准则关于非同一控制下企业合并的相关要求，公司以购买日确定的各项可辨认资产、负债及或有负债的公允价值为基础对被购买方的财务报表进行调整；购买日初始投资成本超过投资时应享有被购买方可辨认净资产公允价值的份额部分在编制合并报表中体现为商誉，收购后公司资产、收入和利润变化情况如下：

单位：万元

项目	2019 年 6 月 30 日/ 2019 年 1~6 月		2018 年 12 月 31 日/ 2018 年度		2017 年 12 月 31 日/ 2017 年度		2016 年 12 月 31 日/ 2016 年度	
	合并前	合并后	合并前	合并后	合并前	合并后	合并前	合并后
总资产	413945.53	470647.39	312859.37	370114.28	147983.84	195293.49	59165.04	128273.43
净资产	192275.00	214587.06	-348205.80	-323049.02	-151969.38	-126498.13	-103357.25	-72033.34
营业收入	208319.87	221908.87	407925.57	424764.87	116782.45	138130.14	81802.56	115287.77
净利润	-34085.39	-35899.99	-177512.04	-179927.81	-59839.51	-62726.81	-16418.38	-15760.42

公司于各资产负债表日进行商誉减值测试，就减值测试而言，公司将收购 Segway 产生的商誉分配至公司整体进行减值测试，商誉的测试情况

如下:商誉减值复核情况是依据独立第三方估值机构出具的评估报告。公司的可收回金额依据其预计未来现金流量现值确定,而预计未来现金流量现值的确定是根据公司管理层批准的未来5年财务预算确定。

其中,2019年6月30日采用13%的折现率,2018年12月31日采用13%的折现率,2017年12月31日采用15%的折现率及2016年12月31日采用17.5%的折现率,超过5年的现金流量按照递增3%的永续增长率为基础计算。该递增的增长率基于相关行业的增长预测确定,并且不超过该行业的长期平均增长率。在预计未来现金流量时使用的其他关键假设还有:基于过去的业绩和管理层对市场发展的预期估计预计销售和毛利。管理层认为上述假设发生的任何合理变化均不会导致公司的账面价值合计超过其可收回金额。于各报告期末,公司评估了上述资产组相关商誉的可收回金额,确定商誉无须计提减值准备。

【案例评析】

公司收购非同一控制下子公司。根据公司说明,公司补充披露2015年收购赛格威的有关情况,并严格遵守《股份购买协议》约定的各项承诺;公司收购赛格威时,曾向硅谷银行借款,并于2017年8月偿还;公司已补充披露公司收购赛格威后在人员、资产、财务、业务和技术等方面的整合情况,公司收购资产后,报告期内,公司营业收入取得了快速的增长;未来公司仍将持续使用赛格威品牌效应,扩大全球市场影响力,并已披露对赛格威业务及品牌的发展计划;各报告期末,公司对赛格威收购形成商誉的减值进行了复核,确定商誉无须计提减值准备。

三、出售资产或转让股权

公司出售资产包括转让子公司股权,也包括直接将某项业务或生产线相关资产出售,虽然不一定构成重大资产重组,但涉及公司业务转型,对公司的业务、财务状况和经营业绩影响较大。

公司将生产设备、存货产品、技术土地等固定资产、无形资产进行对外转让的,原因主要为相关业务生产环节或生产场所毛利低或受到环保、安全生产等多方面因素的影响,将生产外包或者外协,变更生产模式或业务模式。公司对外投资的部分企业与公司难以形成协同作用或者投资收益较低,也会通过出售子公司的部分或全部股权等方式回收现金流。

审核关注要点：

（1）公司是否充分披露对外出售设备等资产的原因，相关原因是否合理，评估定价是否公允；

（2）公司是否充分披露交易对手方的基本情况，公司与交易对手方是否存在关联关系，交易对价是否支付、相关资产是否交付，是否存在利益输送或者虚假出售的情况；

（3）公司是否充分披露资产出售后相关生产员工的安置情况、业务开展情况，是否涉及劳动纠纷或重大业务变更；

（4）公司是否存在通过出售长期股权投资对相关资产重新估值，进而美化财务报表；

（5）公司是否存在通过转让股权进行关联方非关联化处理，相关转让是否存在代持等情形。

典型案例 55：慧辰资道多次收购和出售资产

招股说明书披露，发行人报告期内存在多次资产出售和收购。

【审核问询意见】

请发行人说明：（1）各项资产出售和收购的原因、背景，相关公司与发行人主营业务的关系，发行人未全部收购信唐普华、慧思拓的原因，该等资产出售和收购对于发行人主营业务及经营业绩的影响，发行人对收购的公司是否具备充足的管理控制能力……

【问询回复摘要】

公司说明：

（1）各项资产出售和收购的原因、背景，相关公司与发行人主营业务的关系。报告期前，公司进行了产业链布局，参股或控股了部分与公司存在业务互补的企业。报告期内，公司对该等企业进行了适度调整，出售了慧思拓 32.5% 股权、上海慧骋 51% 股权、广州威纳 30% 股权、数猿科技 19% 股权，收购了慧经知行剩余 35% 股权、信唐普华 48% 股权、汇知意德剩余 49% 股权及上海瑞斡 100% 股权。公司出售/收购该等资产的进程及该等出售/收购发生之时，该等企业的主要财务数据如下：

序号	企业名称	出售/收购进程	出售/收购前一会计年度的业绩情况
1	慧思拓	2014 年 1 月慧思拓设立,公司持股 51.5%; 2016 年 8 月,公司出售慧思拓 32.5%的股权; 目前,公司持有慧思拓 19%股权	截至 2015 年 12 月 31 日,慧思拓的总资产为 21952019.57 元,净资产为 6460870.86 元,2015 年净利润为-1591684.05 元(经审计)。
……	……	……	……

报告期内,各项资产出售和收购的原因、背景,相关公司与公司主营业务的关系如下:

关于慧思拓 32.5%的股权	2014 年 1 月持有 51.5%股权原因/背景	公司与拓尔思信息技术股份有限公司均看好舆情监测服务业务,且发行人具备客户资源优势,拓尔思拥有技术和系统优势,故经二者协商,共同出资设立慧思拓。2014 年 1 月,慧思拓设立,公司股权比例为 51.5%,拓尔思信息技术股份有限公司股权比例为 48.5%。
	2016 年 8 月出售 32.5%股权原因/背景	慧思拓一直从事舆情监测服务业务,考虑到公司的部分客户存在对该类业务的长期需求,为保证服务的持续性及公司与慧思拓的稳定合作,公司保留部分慧思拓股权,慧思拓团队也希望借助股权关系强化与慧辰资讯的合作关系,故经各方协商,公司出售慧思拓 32.5%的股权。
	相关公司与公司主营业务的关系	公司的部分客户有舆情监测服务的需求,公司与客户签署相关服务合同后向慧思拓采购该等服务。
……	……	……

(2)公司未全部收购信唐普华、慧思拓的原因。公司未全部收购信唐普华 100%股权的原因是基于收益判断及商业考量等因素综合考虑。信唐普华业务与大数据相关,且拟进一步转型大数据,同时拥有较好客户资源,与公司业务契合度高,公司看好其未来发展前景及相关领域的客户资源积累,但其未来发展、业务稳定性存在一定的不确定性,为了有效防范投资风险,故公司决议暂不收购信唐普华全部股权,只收购其 48%的股权,以实现业务互补与协同,增强在政府及公共服务行业客户方面的资源及优势。

公司在《股权购买协议》中与信唐普华的原股东及实际控制人约定了业绩承诺,继续投入业务,在业绩承诺期满后,公司有权选择收购信唐普华剩余52%的股权。

公司出售慧思拓32.5%股权的原因如下：慧思拓一直从事舆情监测服务业务，考虑到公司的部分客户存在对该类业务的长期需求，为保证服务的持续性及公司与慧思拓的稳定合作，公司保留部分慧思拓股权，慧思拓团队也希望借助股权关系强化与慧辰资讯的合作关系，故经各方协商，公司出售慧思拓32.5%的股权。

(3)该等资产出售和收购对于公司主营业务及经营业绩的影响。

1)公司主要系因业务规划调整或与少数股东经营理念存在分歧等而出售慧思拓、上海慧骋、广州威纳、数猿科技等相应资产，该等资产均非公司的核心业务，该等出售对公司的主营业务及经营业绩不构成重大不利影响，公司的主营业务未因该等出售而发生重大变化。

2)信唐普华、汇知意德、上海瑞翰、慧经知行均属于数据分析、市场调查、信息服务领域内的企业，该等公司的业务与公司具有协同性，收购完成后，对于拓展公司业务规模，提升业务质量与竞争优势，扩大品牌影响力均起到了积极作用。公司的主营业务未因该等收购而发生重大变化。

(4)公司对收购公司的控制能力情况。公司作为股东向信唐普华的董事会委派了一名董事，通过行使股东权利及董事权利对信唐普华具有重大影响，信唐普华构成公司的联营企业；公司系慧经知行、汇知意德、上海瑞翰的唯一股东，且完全控制慧经知行、汇知意德、上海瑞翰的经营管理层，慧经知行、汇知意德、上海瑞翰构成公司的子公司，对其具备充足的管理控制能力。

【案例评析】

报告期前，公司为进行产业布局，参股或控股了部分与公司存在业务互补的企业，报告期内公司根据业务实际发展情况又重新调整了产业链布局和相关子公司持股比例，具有一定的商业合理性。根据公司说明，相关子公司资产、业务对公司主营业务影响不大，目前公司对收购资产具有一定的掌控力。

第五章　公司业务与行业审核要点

公司的业务和经营模式反映出企业通过提供何种产品或者服务,解决了社会生产、生活中的哪些问题或者满足了人民群众的何种需求,从而为社会发展创造价值。只有真正促进技术进步、降低市场交易成本、提高人民生活质量的企业才具有持续的成长性和投资价值。

审核依据:《科创板首次公开发行股票注册管理办法》

第十二条　发行人业务完整,具有直接面向市场独立持续经营的能力:(一)资产完整,业务及人员、财务、机构独立,与控股股东、实际控制人及其控制的其他企业间不存在对发行人构成重大不利影响的同业竞争,不存在严重影响独立性或者显失公平的关联交易。

……

(三)发行人不存在主要资产、核心技术、商标等的重大权属纠纷,重大偿债风险,重大担保、诉讼、仲裁等或有事项,经营环境已经或者将要发生重大变化等对持续经营有重大不利影响的事项。

第十三条　发行人生产经营符合法律、行政法规的规定,符合国家产业政策。

最近3年内,发行人及其控股股东、实际控制人不存在贪污、贿赂、侵占财产、挪用财产或者破坏社会主义市场经济秩序的刑事犯罪,不存在欺诈发行、重大信息披露违法或者其他涉及国家安全、公共安全、生态安全、生产安全、公众健康安全等领域的重大违法行为。

……

第三十四条　发行人申请首次公开发行股票并在科创板上市,应当按照中国证监会制定的信息披露规则,编制并披露招股说明书,保证相关信息真实、准确、完整。信息披露内容应当简明易懂,语言应当浅白平实,以便投资者阅读、理解。

中国证监会制定的信息披露规则是信息披露的最低要求。不论上述规则是否有明确规定,凡是对投资者作出价值判断和投资决策有重大影响的信息,发行人均应当予以披露。

> 第三十九条第一款　发行人应当根据自身特点,有针对性地披露行业特点、业务模式、公司治理、发展战略、经营政策、会计政策,充分披露科研水平、科研人员、科研资金投入等相关信息,并充分揭示可能对公司核心竞争力、经营稳定性以及未来发展产生重大不利影响的风险因素。

第一节　公司主要业务、主要服务或产品的情况

公司的业务、产品或服务是企业的核心要素。在日常经营活动中,受制于有限的资源要素,公司往往只能聚焦于几项主要业务,该项业务可能是提供某种产品或者提供某项服务,或者既包括产品也包含服务。

按照通用的分类标准,公司对外销售的产品可以分为,软件、硬件和流程性材料。软件主要指计算机程序、字典、信息记录等,具有一定结构的应用程序,通常没有具体的形态;硬件则是有形产品,如电视机、元器件、建筑物、机械零部件、矿泉水等;流程性材料则包括电力、热力等能源消耗品。公司提供服务的,交付物一般是无形的,比如医疗、运输、咨询、金融贸易、旅游、教育等。为便于理解,我们将服务和软件、流程性材料等无形产品统称为"服务",实践中关于公司提供的产品、服务的区分往往并非那么严格。

一、主营业务

公司的业务,又称作公司的业务模式或者说商业模式,是指公司生产、销售产品或提供服务最终获取收入的方式。公司主营业务则是指为公司创造收入或利润的主要产品或服务。

企业从事什么业务、提供什么产品或服务、如何组织生产和销售、如何获取收入和盈利、依靠的主要技术或要素,是发行人需要向投资者披露清楚的重要信息。具体来说,公司应当回答以下问题,企业集合了哪些人力、物力、技术和财力,用什么方式来生产产品或者提供服务?企业的产品或者服务如何解决客户的需求?主要是哪些客户?客户是否有能力并且有意愿支付对价?从何处采购?是否有持续获利的基础?考虑公司生产

产品和提供服务两类业务在商业模式、关键资源要素等方面的差异较大，我们对其分别进行分析。

1. 生产业务模式

从事产品生产制造业务的企业，审核中主要围绕产品从原材料到产成品的整个生产流程，关注公司业务模式、商业模式的披露是否准确、逻辑是否自洽，有无夸大公司产品用途、功效、市场规模的情况。

> **审核关注要点：**
>
> （1）原料情况。公司是否充分披露生产产品的主要原材料、零部件、能源情况，主要供应商情况及其依赖情况；采购方式、运输方式、验收方式、账期安排情况；库存仓储的设置、管理、备货情况；原材料供应商相应的许可资质取得情况。关注公司原材料供给是否充足，原材料采购与生产成本是否匹配。
>
> （2）生产情况。公司是否充分披露产品的生产流程、生产工艺、生产周期和产能情况；订单安排及生产安排情况，是否涉及外协生产；生产经营的场所是自有土地房产还是租赁取得，相关土地使用权、房屋所有权权属及建设规划用途情况，抵押情况、替代性及其成本；生产中使用的主要设备、成新率及其用途，主要设备抵押情况，设备来源是购买还是租赁取得，是否涉及融资租赁；生产技术人员的岗位、分工、数量情况；关键核心生产工艺技术及其专利、软件著作权的取得和使用情况；生产许可及资质取得情况；生产过程中涉及安全、环保等执行情况；产品的质量检测、包装、入库、存货管理情况。关注公司生产活动与公司资产、人员、组织、收入、成本、管理费用是否匹配。
>
> （3）销售情况。公司是否充分披露主要客户构成、客户类型、客户使用产品方式；公司产品销售方式是直销还是经销，获取订单方式及其关键要素；公司销售机构、销售人员结构、数量及其销售激励措施；公司重要商标取得和使用情况；公司销售产品的运输方式、交付方式、验收方式，销售回款的结算方式，账期情况。关注公司产品销售稳定性、持续性、收入、销售费用之间是否匹配。
>
> （4）研发情况。公司是否充分披露主要研发方式，自主研发、合作

研发还是研发外包;公司研发成果、在研项目及其进展情况;研发场所、研发设备、研发人员、研发费用的具体构成;公司研发资金来源情况、可持续情况。关注公司是否具备核心研发能力,产品、技术与资产、人员、研发费用是否匹配。

典型案例56:睿创微纳产品生产模式信息披露

公司披露,公司已具备先进的集成电路设计、传感器设计、器件封测、图像算法开发、系统集成等研发与制造能力,同时披露了晶圆、红外 MEMS 芯片、探测器、机芯及整机的生产流程。根据原材料采购表,报告期晶圆采购额占当期采购总额的比例分别为 36.19%、39.03%、19.75%,其中晶圆采购额包括对晶圆进行流片的加工费,各期末存货中的委托加工物资账面余额分别为 742.91 万元、1525.81 万元和 3005.58 万元。

【审核问询意见】

请发行人披露:(1)晶圆、红外 MEMS 芯片、探测器、机芯及整机的生产流程,并充分披露报告期内的具体生产模式,是否完全自主生产,哪些环节存在委托加工,如存在委托加工的,请说明委托加工的具体内容、合作模式;(2)主要生产经营主体及所在地,设计、研发、生产人员的配备情况,主要厂房设备与生产工艺、流程的匹配情况;(3)报告期晶圆采购费用,以及晶圆加工服务费的金额、占比及变化情况;(4)标准化产品与定制化产品的销售收入比例、生产周期、备货政策以及对发行人资金、收入、存货等方面的影响。

【问询回复摘要】

公司说明并补充披露:

(1)公司产品的生产流程情况。从 CMOS 读出电路晶圆流片开始,CMOS 读出电路晶圆由供应商依据公司提供的读出电路设计图为公司定制生产。CMOS 读出电路晶圆制造完毕后,发货给 MEMS 晶圆代工厂进行 MEMS 传感器晶圆委托加工,然后由公司进行划片切割成为红外 MEMS 芯片,将红外 MEMS 芯片封装之后形成非制冷红外探测器,探测器与图像处理电路组装后形成机芯,将机芯与智能处理电路、镜头、机械结构件、显示屏等组装成为整机。

各类产品的生产流程具体如下：

1）晶圆生产流程。晶圆包括 CMOS 读出电路晶圆和 MEMS 传感器晶圆。其中 CMOS 读出电路由晶圆供应商根据发行人提供的 CMOS 读出电路设计图为公司定制化生产。MEMS 传感器晶圆以 CMOS 读出电路晶圆为衬底，采用部分工序委托加工的方式生产。其中氧化钒相关的核心工艺自主加工，其他通用工艺委托代工厂加工。

报告期内，晶圆生产流程中需用到的主要设备为热敏薄膜生长设备，共计 2 台，设备净值合计 1104.00 万元。2018 年末，公司新增热敏薄膜生长设备等八英寸线设备 11 台，设备净值合计 5703.49 万元。

……

（2）公司生产场地、设备、人员等情况。公司生产经营主体为睿创微纳，主要生产经营所在地为烟台。公司补充披露了设计、研发、生产人员的配备情况，主要厂房与生产工艺、流程的匹配情况。

（3）公司补充披露了报告期内公司采购晶圆费用及晶圆加工服务费的金额、占采购总额比重情况。其中，2017 年公司晶圆采购费用和晶圆加工服务费金额较 2016 年大幅上升的原因在于 2017 年公司与军品客户 K0009 进行预沟通，预计其 2018 年将有较大规模军品订单，因此由备货所致。2018 年晶圆采购费用和晶圆加工服务费占比较 2017 年降幅较大，主要原因是 2018 年公司机芯、整机销量上升较快，因此电子元器件、镜头等原材料采购金额和数量增长较快，同时客户 K0009 的订单所需晶圆已在 2017 年采购备货。

（4）生产安排情况。由于产品制造工艺复杂，生产周期较长，同时公司客户主要为央企集团下属企业、科研院所，军品整机系统厂商以及海康威视等上市公司，其对交付周期要求严格，因此公司会结合客户预计订单情况、市场预测及历史淡旺季情况提前采购原材料进行生产备货。提前生产备货使得公司经营现金流出金额较大，给公司带来一定资金压力，同时会导致公司存货尤其是原材料和自制半成品金额较大。但公司的备货政策对收入不会产生较大影响。

【案例评析】

公司产品包括晶圆、红外 MEMS 芯片、探测器、机芯及整机等，公司生产过程涉及委托加工。公司补充披露了各项产品的具体生产流程、生产场地、设备和人员情况，委托加工的主要环节及相关费用情况，生产安排的具体情况。进一步说明了公司各项产品的生产过程以及公司生产业务模式。

2. 服务业务模式

公司主要从事服务业务的，审核中主要围绕服务的流程，重点关注公司服务内容、服务方式和服务关键要素披露是否准确、完整。

审核关注要点：

（1）服务对象及服务需求情况。公司是否充分披露其提供服务的主要客户情况，客户对服务内容的主要需求及公司服务具体解决客户需求的主要方式，服务提供的周期情况。关注公司服务的内容与客户需求是否匹配。

（2）服务场所、平台情况。公司是否充分披露业务开展的主要场所地址、权属，获取服务场所的方式，服务场所的优势及可替代性分析，公司对服务区位、位置的依赖情况；公司服务平台的基本情况、运营机构，公司获取服务平台的方式，公司对服务平台的依赖性情况。关注公司服务场所与服务内容的相关性，收入与资产、成本的匹配性。

（3）服务许可资质情况。公司是否充分披露公司开展的具体各项服务业务对应的许可、资质取得、使用情况，公司相关服务业务是否对许可、资质具有依赖性或相关竞争优势。关注公司服务业务开展的合规性。

（4）服务人员情况。公司是否充分披露主要服务人员、技术人员的数量、结构、来源，人员专业能力、技术能力或相关资质情况。关注公司是否存在外协服务，业务与人员结构、成本费用的匹配性。

（5）技术设备情况。公司是否充分披露提供服务过程中使用的技术、设备情况，商标、专利、特许经营权等知识产权情况。关注公司收入、业务与技术、设备等匹配情况。

典型案例57:卓易信息服务模式信息披露

发行人主要业务收入来自政企云服务业务,业务主要集中于江苏宜兴地区,应用领域广泛,涵盖安防、智慧政务、环保监测、企业管理等各个方面,发行人披露其具备大数据、云计算、云存储能力。

【审核问询意见】

请发行人披露:(1)发行人"云服务"的具体含义,经营模式与其他提供云计算企业经营模式有何异同、发行人是否在数据量、人才、技术、应用经验等方面具备开展"大数据""云计算"相关业务的基础;(2)在人员、资金、项目有限的情况下,涵盖众多下游领域的合理性,是否存在业务分包的情况,是否能够深刻理解下游客户需求,与各垂直领域其他竞争对手相比的核心竞争力……(4)发行人云服务业务主要资产的规模、成新率、所在地、占地面积、机柜数量、存储规模、产能利用率,提供存储服务的具体模式(公有云、私有云、混合云),具体技术参数和竞争力,相关服务能否满足客户在安全、运算、实效、稳定性等方面的需求;(5)发行人现有客户中,运用发行人所提供云存储等平台和使用自有硬件计算存储系统的比例,发行人是否仅为客户提供终端软件和维护服务……(7)发行人对核心技术的具体认定标准及各业务涉及的具体核心技术名称、专利等的取得情况、有效期等,相关核心技术占发行人成本的金额、比例,与核心技术相关的收入认定标准,该类收入、毛利金额和占比,发行人的收入是否主要来源于核心技术,是否具有核心竞争力;(8)发行人目前拥有的资质是否足够支撑其云服务业务的开展。

【问询回复摘要】

公司充分披露:

(1)公司"云服务"的具体含义。公司经营的云服务业务是在公司自主研发云平台架构核心技术之上,面向政企客户提供IaaS层、PaaS层、SaaS层的整体解决方案。具体而言,在以SaaS层应用的快速开发与部署为核心产品的基础上,可根据用户的具体需求,配套提供云端计算能力,云存储,数据交换、挖掘和分析服务以及物联网前端设备布设等服务,由此形成综合解决方案。根据该业务的应用场景不同,总体可区分为政企云服务和物联网云服务。

		云服务	
		政企云应用场景	物联网云应用场景
		主要为政务服务、企业管理等	主要为安防、环保等
公司云服务平台架构	用户及服务层（SaaS 层）	向客户提供相关的定制化或者产品化的软件	向客户提供相关的定制化或者产品化的软件
	应用支撑层（PaaS 层）	开发平台工具，目前自用，以支撑公司 SaaS 层各类应用的快速开发及部署	
	基础设施层（IaaS 层）	计算存储资源租赁、托管和运维服务	计算存储资源租赁、托管和运维服务

（2）公司云服务业务开展基础。发行人经过多年的技术完善，及不同应用场景的时间，目前具备相应的业务基础。

1）技术基础。公司以自主研发的 PaaS 平台为核心的云服务平台架构为向客户提供云服务储备了多种多样的技术手段。①自主开发的 PaaS 平台可有效提升 SaaS 开发效率。在具备完整云平台架构的基础上，发行人已完成了 PaaS 平台的开发。该自主 PaaS 平台不仅可通过集成 IT 开发模块、插件、模型等，实现减少重复工作，尤其是低附加值工作，有效提升效率、降低成本；而且具备 SaaS 集成功能，为向客户提供统一的云平台、消除应用"孤岛"奠定基础。②大数据技术已成功为客户提供大数据服务。公司的"大数据"应用目前以数据挖掘和分析技术为核心，可不依赖于自身云平台所沉淀的数据量，便能对外提供服务。公司大数据技术已成功为宜兴市开发了大数据平台和公安预警平台。③IaaS 服务已安全、稳定运行多年。公司自 2015 年起对外提供 IaaS 层的云资源租赁服务。公司的 IaaS 层多年来持续安全、稳定运行。同时，公司亦掌握了超融合技术，为云资源的快速扩展做好了技术储备。④承担的国家项目。在云服务方面，公司承担了国家"863 计划"、国家创新基金等国家项目，目前拥有 123 项软件著作权，为后续发展提供了保障。

2）应用经验基础。公司成立以来就为区域内的各类型、各行业的客户提供特定场景的应用产品。在区域内实现了包括安防、智慧政务、环保监测、企业管理等 120 多个场景的应用，开发出了政企通平台等多个平台应用，具备良好的实践基础。其中，宜兴政企通平台已成熟运行了近 3 年；南京江北新区软件园政企通平台已上线；江苏省工信厅软件行业政企通试运行中；南京江北新区政企通和安全可靠工作委员会行业政企通已签约开发中。

3)人才及技术储备基础。报告期内,在"千人计划"特聘专家谢乾的带领下,公司从事云服务的研发人员规模快速增长。

(3)公司服务业务分包。报告期内,公司由于研发人员数量相对紧张,存在通过购买技术服务的方式完成部分非核心的开发工作。随着公司PaaS平台的不断成熟,研发人员数量在报告期内不断增长,公司云服务业务使用技术服务的金额呈现逐年下降趋势。

(4)公司云存储等相关设备。报告期内,公司的云服务侧重于向客户提供SaaS应用软件开发。IaaS层所提供的各类存储、托管、运维作为配套服务向客户提供,规模较小。用户可根据自身需求,将公司提供的SaaS应用和应用平台部署于自身的机房或使用的第三方云,也可以选择租赁公司的IaaS层资源用以部署应用。

(5)公司业务核心技术。公司补充披露了对核心技术的具体认定标准及各业务涉及的具体核心技术名称、专利等的取得情况、有效期等,相关核心技术占发行人成本的金额、比例,与核心技术相关的收入认定标准,该类收入、毛利金额和占比情况。

公司目前虽然资金人员有限,但是在自主开发的PaaS平台上开发软件以及区域化经营发展策略下,能够保持较好的自主发展。发行人围绕区域客户,实现区域应用场景集约化开发能够满足区域用户多样化、互联互通需要。PaaS平台可以使得多样化的应用软件实现快速开发,且由于采用统一平台开发,应用互联互通性好。平台内各应用之间的互联互通性能越好,便越容易形成对客户的黏性,从而为公司后续业务拓展创造机会。公司推出的云平台产品"政企通"已陆续收到宜兴、南京江北新区和安全可靠工作委员会的订单。通过对本地市场集约化的开发,公司已积累了100余项政企云场景,20余项物联网云场景。在未来向外市场拓展时,相比做垂直领域的竞争对手,发行人可以快速实现多场景的开发部署,形成相对的竞争优势。

(6)公司服务业务资质。根据工业和信息化部颁布的《电信业务分类目录(2015年版)》的规定,目前在国内开展云计算业务,需要拥有的主要资质为中华人民共和国增值电信业务经营许可证,并可加注是否包含互联网资源协作业务。该资质主要用于规范IaaS层的云中心经营和PaaS

层向客户开放平台来提供开发、测试环境等服务。报告期内，公司云服务的主要收入来源为向客户提供 SaaS 层的应用产品与云平台的开发和销售，并为江苏省内客户配套以 IaaS 层的云中心服务。因此，根据《电信业务分类目录（2015 年版）》的规定，公司拥有的中华人民共和国增值电信业务经营许可证（苏 B1-20150074）足以满足公司现有云服务业务的开展。

公司正申请全国范围并加注包含互联网资源协作的牌照。随着公司云服务平台的日趋完善，尤其是 PaaS 平台已具备成熟的应用开发能力，公司已着手准备未来业务向省外拓展、对开发者提供开发测试环境服务所需的资质。目前，该资质的申请已在工业和信息化部审核当中。综上，发行人现有资质足以满足公司现有业务的发展，且公司正在申请新的业务资质以便今后的业务发展。

【案例评析】

公司披露其具备大数据、云计算、云存储能力。根据公司说明，在大数据、云计算、云存储能力方面，公司无论在设备、技术、人员和实际业务开展方面，仍仅限于小规模基础服务，尚未形成相应能力。审核中可能考虑到公司主要业务为云计算设备核心固件（BIOS、BMC）技术与云平台技术，因此未进一步问询。

3. 主营业务变动

公司主要业务或者业务模式可能在生产经营活动中发生一系列变化，这些变化有可能顺应经济发展趋势从而获得成功，也有可能导致公司经营活动陷入险境。公司产品、服务、生产、销售等调整变动，短期内存在较大的不确定性。目前《科创板首发管理办法》等上市规则中明确要求公司最近 2 年内主营业务没有发生重大不利变化，其中包含两层含义：一是允许公司主营业务发生变动；二是变动应当是有利的变化，核心是公司业务应当是稳定的、可持续的。

公司主营业务发生变动，主要包括以下几种情形：

（1）公司从提供产品变为提供服务或者相反；

（2）公司出售现有业务重要资产、设备，或转让重要子公司；

（3）公司提供的产品从原材料、生产技术、生产工艺、销售客户等发生显著变化，新老产品联系度较差；

(4)公司提供的服务涉及主要技术、主要人员、主要用户群体发生显著变化,新老服务联系度较差;

(5)公司在报告期内突然开展某项业务,但是又很快退出;

(6)因重大资产重组导致主营业务变动。

> **审核关注要点:**
>
> (1)报告期内公司主要产品或服务,原材料、生产工艺、主要供应商、主要客户、重大业务合同、核心技术、核心资产设备、核心人员、公司主要收入来源等情况是否发生重大变化;
>
> (2)报告期内公司主营业务发生变动的,重点关注该变动是有利变动还是不利变动。即新产品、服务是否比旧产品、服务更加具有竞争力,公司是否结合营业收入情况、毛利率情况、市场空间情况、行业发展情况等进行综合分析说明;
>
> (3)公司业务变动涉及资产重组,对于重组新增业务与发行人重组前业务具有高度相关性的,被重组方重组前一个会计年度末的资产总额、资产净额或前一个会计年度的营业收入或利润总额,是否达到或超过重组前发行人相应项目100%;对于重组新增业务与发行人重组前业务不具有高度相关性的,被重组方重组前一个会计年度末的资产总额、资产净额或前一个会计年度的营业收入或利润总额,是否达到或超过重组前发行人相应项目50%。

典型案例58:微创医学报告期收购子公司

发行人2018年1月收购MTE剩余80%股权,经过非同一控制下企业合并,MTE成为发行人全资子公司。

【审核问询意见】

请发行人充分披露:收购MTE的具体方式、交易对手方、资金来源等,MTE占发行人重组前资产总额、资产净额、营业收入或利润总额的比例,重组对发行人主营业务变化的影响情况,主营业务是否发生重大变化。

【问询回复摘要】

公司披露:

MTE成立于2007年,由DanielKuhn和南微医学共同出资设立,双方持股比例分别为80%和20%。DanielKuhn,男,1960年出生,德国国籍,是一名资深医疗器械销售人员,拥有多年行业营销及管理经验。MTE 设立后主要从事发行人产品的直销和分销,以德国为中心,辐射欧洲其他国家。2017 年 12 月 22 日,发行人全资子公司 MTH 与 DanielKuhn 签署股权购买协议,约定由控股子公司 MTH 以现金 752 万欧元收购 DanielKuhn 持有的 MTE 剩余 80% 股权。收购资金来源包括自有资金 354 万欧元,银行贷款 398 万欧元。2018 年 1 月,发行人完成本次收购。收购完成后,MTE 成为发行人 100% 控制的子公司。

MTE 占发行人重组前资产总额、资产净额、营业收入和利润总额的比例分别为 6.36%、5.91%、16.53% 和 11.61%。2017 年度 MTE 的资产总额、资产净额、营业收入、净利润均未超过发行人 2017 年度相应指标的 20%,收购 MTE 剩余 80% 股权对发行人的主营业务没有产生重大影响。MTE 系发行人产品在欧洲的经销商,收购 MTE 完成后,发行人将完全获取 MTE 在欧洲的销售资源,增强公司产品在欧洲的销售能力,发行人的主营业务并未因该收购而发生变化。

【案例评析】

报告期内,公司存在重大资产收购,可能导致业务发生变更。根据公司说明,公司收购 MTE 剩余股份是为了获得 MTE 在欧洲直销资源和分销渠道,同时能够更好地将发行人发展战略贯彻到欧洲市场。2017 年度 MTE 的资产总额、资产净额、营业收入、净利润均未超过公司 2017 年度相应指标的 20%,收购 MTE 股权对发行人的主营业务没有产生重大影响。

二、产品和服务

公司的产品或服务是公司直接面向客户的交付物,是公司解决社会需求的最终价值体现,是了解公司经营活动和未来发展的关键。公司生产、销售多个产品的,需按照产品分类进行披露;公司提供多种服务的,需按照各细分服务内容进行拆分披露。

现实中,公司业务往往既包括提供产品也包括提供服务。比如手表、汽车等产品销售价格中既包含产品所有权,还包括产品质保期内的售后维修服务;装修装饰服务业务中,通常还包含一定的建筑辅料。有的产品和服务内容及收费可以在合同中予以拆分,有的则难以拆除,属于一揽子产品销售服务。公司既生产产品又提供服务的,如果合同报价构成可以拆分,则需要拆分予以披露,如果无法拆分,则按照附加值最高的产品或服务类别进行披露。

1. 公司的产品

有形产品,又称货物,它是企业以原材料或半成品为加工对象进行生产活动所获得的一种新的产品。有形产品包括:农业生产的粮食、棉、油、蔬菜等;工业生产的煤、钢、机器设备、食品、服装等;建筑业生产的房屋、道路、桥梁等。

公司生产的某项产品要么作为终端产品面向最终消费者,要么作为半成品销往其他生产厂家。对此,公司需要区分产品的用途详细披露满足消费者的哪方面需求,具体的用途如何;作为零部件、原材料提供给下游生产厂家主要应用于何种下游具体产品,下游具体产品的最终用途是什么,公司提供的产品在下游产品中的作用如何。

产品的信息披露不同于产品说明书,其目的不在于介绍产品的性能、用途和使用方法,而是展现公司业务的价值。具体来说,公司在披露主要产品的时候,需要重点披露以下内容:

(1)公司报告期内主要产品的名称、型号、市场价格,性能与特点,用途与功效,主要应用场景及客户,产品质保及售后安排,报告期内销量情况、收入占比情况;

(2)公司报告期内产品的迭代情况,不同型号产品的差异化特点,公司现阶段主要产品及未来发展规划;

(3)公司产品的核心技术、关键零配件、主要原材料;

(4)公司产品的主要市场竞品及公司产品的创新、竞争优势。

审核关注要点:

(1)公司报告期内获取收入的产品的信息披露是否全面、可理解;

(2)公司产品是否具备核心技术,是否对关键原材料、零配件具有重大依赖;

(3)公司产品的市场竞品信息披露是否可靠,是否具有参考价值。

典型案例59:科大国盾主要产品作用信息披露

公司产品主要应用于构建量子保密骨干网、城域网、局域网及行业信息安全应用。

【审核问询意见】

请发行人补充披露:发行人产品或服务在上述领域中的具体作用、上述各领域对发行人业绩的贡献等情况。

【问询回复摘要】

公司补充披露:

发行人产品主要用于量子保密通信骨干网、城域网、局域网,以及以量子保密通信网络为基础的行业应用,在上述领域应用中的具体作用如下:

主要产品	具体作用
QKD 产品	量子密钥分发
信道与密钥组网交换产品	减少所需光纤,进行量子密钥的存储、调度、使用以及网络扩容
管控软件	量子保密通信网络的网络管理和控制
其他相关产品	使用量子密钥对数据和信息进行加密通信,提供量子信息产品的核心组件等

报告期内,各产品收入占比情况如下:

项目	2018 年度		2017 年度		2016 年度	
	主营业务收入金额	占比	主营业务收入金额	占比	主营业务收入金额	占比
骨干网	14266.35	55.53%	1994.20	7.32%	12794.62	60.84%
城域网	7257.05	28.25%	21933.31	80.49%	2122.70	10.09%
局域网及其他	4167.48	16.22%	3320.65	12.19%	6111.96	29.06%
合计	25690.88	100.00%	27248.16	100.00%	21029.28	100.00%

【案例评析】

公司所提供产品性能、用途具有一定的专业属性,普通投资者较难理解。根据公司补充披露,公司产品的作用方面补充了有关信息,但是缺乏专业知识的投资者仍然很难理解和把握公司产品的作用及价值。建议专业性较强产品公司可以进一步通过类比、举例等方式,用通俗语言对相关产品和技术进一步予以说明和披露。

2. 公司的服务

服务是无形产品,如贸易业提供的商品购销服务、运输业提供的运输服务、邮电业提供的邮政服务、通信业提供的通信服务、金融保险业提供的金融保险服务、信息技术公司提供的解决方案等都是服务产品。

受托加工服务和代购(销)业务是一类特殊的服务产品。具体来说,受托加工是指由委托方提供原材料和主要技术工艺,受托方按照委托方的要求制造货物并收取加工费的业务。从形式上看,双方一般签订委托加工合同,合同价款表现为加工费,相关材料、产品的所有权不发生转移,且加工费与受托方持有的主要材料价格变动无关。实务中,公司由客户提供或指定原材料供应,或向加工商提供原材料,加工后予以购回,应根据其交易业务实质区别购销业务或委托加工业务进行会计处理。

代购服务与此类似。根据双方签订合同的属性类别,合同中主要条款,如价款确定基础和定价方式、产品所有权转移、风险转移归属的具体规定,受托方是否完全或主要承担了商品的保管和灭失、价格波动等风险确定受托方是按照代购佣金确认收入还是以总额法确认收入。

服务业务与公司提供服务的人员、技术或场所等具有重大联系。公司各个服务项目的开展周期,资金、人员调配安排对于公司经营活动的资源利用率影响较大。

> **审核关注要点:**
> (1)公司是否结合报告期内具体的服务项目充分披露报告期内提供服务的周期、服务的内容、服务的方式、服务涉及的关键技术或关键人员;
> (2)公司是否充分披露服务销售方式、销售人员情况及其激励安排;
> (3)公司是否充分披露服务的费用标准及其支付方式、账期情况,服务质量的控制方式及其执行情况等必要信息。

典型案例60:卓易信息主要服务内容信息披露

发行人业务包括固件业务、云服务业务。其中固件业务收入来源于固件技术服务、固件定制化开发服务和固件授权使用费收入,云服务业务收入主要来源于项目开发收入。

【审核问询意见】

请发行人以简明易懂的语言披露:(1)固件业务发行人提供服务的具体形式,固件技术服务、固件定制化开发服务和固件授权使用费收入在服务范围、服务对象、服务期限、服务内容、服务收款情况等方面的具体区别,发行人提供软件服务还是嵌入软件的硬件产品;(2)云服务项目的具体销售模式、销售对象、项目组织模式、项目服务内容、执行周期、项目成本的主要构成、发行人承担的主要责任,并列表披露前五大云服务项目的具体情况。

【问询回复摘要】

公司补充披露:

(1)关于固件业务服务。公司从事的云计算设备核心固件,是指一组固化到计算设备主板上一个存储芯片中的系统程序。该类软件因有别于安装在计算设备硬盘上的软件,通常又被称为固件。固件业务服务形式包括:

1)向客户提供固件的技术及开发服务,主要成果体现在为客户提供解决固件技术或完整固件代码。

2)向客户销售固件产品(即固件授权使用费)。

(2)固件技术及开发服务和固件销售(即固件授权使用费)的异同点。

	技术及开发服务	固件销售
服务范围	以国内市场为主、向国际市场发展	暂为国内市场
服务对象	CPU 厂商、计算设备厂商	计算设备厂商
服务期限	通常为 1 年以内	通常与时间无关,取决于出货数量
服务内容	(1)根据客户要求,提供技术支持,以解决某一具体的固件相关问题; (2)完整地开发具备客户所要求的特定功能的可独立运行固件。	销售成熟的固件产品。
服务收款情况	(1)在服务完成后收款; (2)于合同签订后会收取部分预收款,剩余部分按合同约定收款。	小批量的销售通常会在客户收货后收款;大批量的销售则会定期根据出货量结算固件授权使用费收款。

(3)关于政企云服务业务和物联网云服务业务。

	政企云服务	物联网云服务
销售模式	销售模式为直销模式,面向最终客户	
项目服务内容与承担的主要责任	(1)向客户提供政企云应用相关的定制化或者产品化SaaS软件;收入体现为软件销售收。 (2)同时,为满足客户政企云的基础设施(IaaS)的资源租赁、托管和运维服务;收入为IaaS层的服务收。	(1)向客户提供物联网云软硬件整体解决方案。方案实施内容包括:A.软件方面,物联网应用相关的定制化或者产品化的SaaS软件;B.硬件方面,前端感知设备(包括摄像监控、空气水文监测器等感知设备安装、综合布线)、后端机房等;C.软硬件的整体集成服务;收入体现为整体工程项目收。 (2)同时,为满足客户物联网云的基础设施(IaaS)的资源租赁、托管和运维服务;收入为IaaS层的服务收。
执行周期	通常为1年以内	大型项目的执行期限通常为1~2年,其余为1年以内
项目的主要成本	人工成本	硬件成本和人工成本

【案例解析】

公司主要业务为云计算设备核心固件(BIOS、BMC)技术与云平台技术。其中固件技术,主要面向CPU厂商、计算设备厂商等客户,为其提供BIOS、BMC固件定制开发及固件产品销售。上述专业名词对于投资者而言具有一定的理解障碍。对此,公司通过列表方式,从服务对象、内容、期限、范围以及账期等角度对相关业务进行了进一步分析、说明,降低了投资者理解门槛。

三、业务与市场定位

企业公开发行股票上市制度历来被视为一项产业政策工具——政府通过调控不同行业企业上市的门槛及上市节奏,刺激相关产业投资活动。注册制改革后,产业政策转化为交易所的市场/板块定位,科创板、创业板和北交所主要服务成长型创新创业企业,支持传统产业与新技术、新产业、新业态、模式深度融合发展。对服务实体经济、推动经济高质量发展转变、实现供给侧结构性改革具有重要意义的行业、产业、企业予以重点支持,限制或淘汰落后产能以及房地产、金融等行业企业上市融资。

《科创板审核规则》第十九条规定,发行人应当根据中国证监会和本所相关规定,结合科创板定位,就是否符合相关行业范围和科创属性要求等事项进行审慎评估,并提交符合科创板定位的专项说明;保荐人应当就发行人是否符合相关行业范围和科创属性要求等事项进行专业判断,并出具发行人符合科创板定位的专项意见。

> **审核关注要点:**
>
> (1)公司主要产品(收入或利润占比 10% 以上)是否涉及淘汰落后产能。落后淘汰产能属于国民经济中需要逐步消化、调整的行业。发改委 2019 年《产业结构调整指导目录》涉及的限制类、淘汰类行业共计 30 余大类、600 余小类,主要的限制、淘汰类行业类型如下:传统型的农林业、煤炭、石化、电力、钢铁、建材,黄金及有色金属冶炼,传统型纺织、轻工类产品,烟草、民用爆炸物、大型休闲娱乐(广场、别墅、高尔夫、赛马),部分落后医药品、机械工具,老式印刷设备,剧毒有害农药以及其他不符合环保、节能、安全、职业病管理的行业。
>
> (2)公司对自身符合市场定位的评估是否客观,保荐人的判断依据是否充分。
>
> (3)公司业务是否涉及重大国际敏感事件、政治活动。例如,公司业务涉及向政治敏感方、政治敏感机构采购、销售商品,提供政治活动服务或相关产品(横幅、字条等),接受相关主体投资或资助等。

典型案例 61:博拉网络数字营销业务信息披露①

发行人主业定位于企业大数据服务提供商,而目前发行人主要营收集中在营销应用领域,包括"大数据营销及运营"和"数字媒体投放",并且发行人在市场上的主要竞争对手也是利用大数据技术从事数字营销和媒体投放的上市公司。

【审核问询意见】

请发行人根据同行业可比公司主要开展数字营销业务的实际情况,

---

① 2019 年 11 月 14 日,科创板上市委员会审议认为:发行人业务模式和业务实质、核心技术及技术先进性以及核心技术在主营业务中的应用情况披露不充分、不准确、不一致,根据《科创板审核规则》第六十七条第九项规定,上交所终止其发行上市审核。

结合与发行人业务的相似度，说明发行人的业务实质是否为数字营销，是否实为广告投放业务，将公司定位于"大数据服务提供商"是否准确，是否容易误导投资者。

请保荐机构对上述事项进行核查并发表明确意见，对照《上海证券交易所科创板企业上市推荐指引》及《科创板审核问答》的核查要求将发行人与同行业可比公司（包括已上市和未上市）在技术先进性、行业地位、成长性等各方面进行对比分析，并就发行人是否符合科创板的推荐领域，是否符合科创板定位的相关规定发表明确意见。

【问询回复摘要】略。

【案例评析】

根据上交所审核决定意见：

（1）发行人定位为企业大数据服务提供商，基于自主研发的 E2C（E-service to Company）数字商业大数据云平台，通过"大数据+技术产品+应用服务"的业务模式，为企业客户提供技术开发服务和大数据应用服务，但发行人未充分披露大数据在其提供的大数据营销及运营、数字媒体投放、电商及其他三类服务中的应用过程及具体表征，未能清晰、准确地披露其为企业提供大数据服务全过程的相关内容，发行人定位为企业大数据服务提供商的依据披露不充分，发行人披露的业务模式未充分体现其大数据服务提供商的定位。

（2）报告期各期，发行人"大数据应用服务"的收入占主营业务收入的比重分别为 65.20%、70.50%、80.35%、90.04%，由大数据营销及运营、数字媒体投放、电商及其他三类业务组成。其中：

1）数字媒体投放业务分为提供广告运营服务和提供充值服务两种，充值、运营操作、广告投放等均通过第三方平台实现，发行人未充分披露该业务如何应用了大数据、应用了何种大数据。发行人 2018 年与上海衣页信息科技有限公司及广州信翔信息科技有限公司签署《媒体平台推广合作合同》，约定发行人向其提供腾讯朋友圈广告平台代充值服务，未约定发行人提供运营服务，发行人披露对提供充值服务的客户按净额法确认收入，但发行人对上述两家公司按照提供运营服务以全额法确认收入，涉及收入金额为 3221.96 万元，占主营业务收入的比重为 10.54%，与其合同约定及收入确认政策不一致；

2）电商及其他业务主要包括"荣事达"品牌炊具系列产品在京东商城自营平台的独家经销、根据授权向京东商城销售从北京润泰嘉尚商贸有限公司所采购的美妆商品、作为 Oracle 金牌代理服务商向华油阳光（北京）科技股份有限公司等客户销售 Oracle 数据库服务，发行人未充分披露该等业务与大数据应用之间有何联系、如何运用了大数据，发行人将电商及其他业务披露为大数据应用服务与该等业务的相关销售合同内容和收入确认凭据不一致，该等业务实质披露不准确。

（3）招股说明书披露，发行人目前已取得的 21 项发明专利均从第三方受让取得，其互联网和大数据主要核心技术相关的 3 项发明专利亦为受让取得，发行人披露其核心技术为自主研发及具有技术先进性和技术优势的依据不充分。

（4）招股说明书披露，发行人为客户提供各类大数据应用服务是基于其 E2C 平台展开，而该平台均依托发行人的核心技术，因此发行人的生产经营均是依靠核心技术开展，核心技术产品服务收入占主营业务收入的比例均为 100%。但发行人未充分披露其核心技术如何具体应用在各项业务特别是数字媒体投放、电商及其他业务中，亦未能准确区分和披露自有数据、第三方数据及公开数据在大数据应用服务中的具体使用情况，发行人披露其"经营的各项服务（细分产品）均应用了大数据技术"依据不充分，依靠核心技术开展生产经营所产生收入的占比披露不准确。

第二节　公司所处行业的基本情况

在国民经济发展和宏观经济周期的不同阶段，各个行业面临不同的发展机遇，呈现出不同的发展态势，对公司行业进行研究分析是投资的必要前提。行业分析遵循长期看需求、短期看政策（资金）的基本逻辑。

所谓长期看需求，即行业发展遵循市场供给和需求的逻辑。一切商业活动归根结底是满足人的需求，在某个特定的市场中，消费人群的结构、消费能力、消费偏好决定着"市场消费力"，市场消费力变化情况构成了行业发展的周期特征。公司产品和服务内容，即公司提供的社会特定问题、特定需求解决方案，决定了公司产品或服务的市场需求空间。例如，随着国内市场人口老龄化加剧和物质生产的快速发展，养老和医疗方面的市场消费力逐渐增强。相应的,从事相关产品和服务业务的行业就具有了长期发展的需求基础。

短期看政策,也就是观察政府在市场中的作用。政府这只看得见的手通过对市场组织、货币供给进行调整来平抑市场的波动或促进市场的发展,货币政策、财政政策、产业政策和监管政策将直接对行业的短期发展产生巨大的影响。货币政策的宽松或者收紧,将影响市场上资金的总量和投资周期;财政政策的积极或者消极变化将对投资和消费直接产生拉动或者削弱的影响;产业政策中的鼓励和限制更是直接影响了行业的生命力;监管政策的从严或者宽松也同样决定着行业的短期生存空间。

投资者通过招股书了解企业所处行业的基本情况来决策是否投资公司股票,并对股票进行估值。通常情况下,该部分内容由证券公司行业分析师负责撰写,他们从卖方的角度对公司行业情况进行分析,并得出"这是一只不错的股票"的结论。审核中通常不会对分析师的意见进行干预,但是会重点关注行业分析内容的准确性和可靠性,防止对投资者构成误导。

一、行业及监管政策

行业研究分析的前提是确定研究对象,并对相关外部条件进行约束。正确确定企业所属行业分类及市场监管体系,是开展行业研究分析的前提。

1. 行业分类

发行人所属行业分类是了解公司所处行业整体情况的基础。按照招股书信息披露要求,公司需要按照《国民经济行业分类》《上市公司行业分类指引》将业务归属划入细分行业领域,并以此为基础收集和整理行业相关信息,进而对公司行业情况和监管政策、对公司所处行业的发展趋势、市场竞争结构进行分析。因此,准确地对公司所处行业进行分类至关重要。

按照《国民经济行业分类》(GB/T 4754—2017),行业类别共计 20 个门类、97 个大类、473 个中类、1380 个小类。中国证监会发布的《上市公司行业分类指引》将上市公司的经济活动分为 19 个门类和 90 个大类,包括农林牧渔、采矿、制造业、水电煤、建筑施工、批发零售、交运仓储、住宿餐饮、信息通信、金融、房地产、租赁商业、科技服务、公共水利、维修服务、教育、卫生、文体娱乐、公共管理等。

公司应当以其报告期内贡献收入或利润最高的产品或服务为基础划分行业类别，同时还要考虑具体产品或服务的市场类别进行合理调整分类。按照《上市公司行业分类指引》规定，当公司某类业务的营业收入比重大于或等于50%，则将其划入该业务相对应的行业；公司没有一类业务的营业收入比重大于或等于50%，但某类业务的收入和利润均在所有业务中最高，而且均占到公司总收入和总利润的30%以上（包含本数），则该公司归属该业务对应的行业类别。

对公司所处行业准确分类建立在公司真实、准确披露业务情况的基础之上。一些公司在招股书业务描述部分披露信息不完整、不准确，在收入、利润分类方面存在瑕疵，导致行业分类发生错误归集的情况。还有一些公司为了与市场追逐概念挂钩，强行与相关行业、技术联系，可能对投资者造成误导。

> **审核关注要点：**
> （1）公司是否准确披露业务、产品或服务信息，各项产品、服务是否具有相应的资产、技术或收入支撑，行业分类依据是否充分；
> （2）公司是否已经按照要求拆分披露不同产品或服务的收入、利润，公司行业分类是否与主要业务收入、主要利润贡献业务匹配。

典型案例62：京源环保行业分类准确性

发行人选取中电环保、巴安水务和环能科技作为可比公司，称协作集成的生产模式为行业惯例，在该模式下发行人核心技术的输出途径是提供协作集成关键生产要素，包括产品设计图纸、技术人员和监造管理人员的现场技术指导等。

【审核问询意见】

请发行人：结合业务流程及生产模式，说明在不从事生产的情况下，行业分类为"专业设备制造业"是否符合实际情况。

【问询回复摘要】

公司说明：

（1）公司主要产品或服务内容。公司的主要业务环节包括拟订方案、工艺选择、系统设计、设备选型、采购通用设备和材料（如泵、电气仪表、脱水机、阀门等）、定制非标设备（如本体设备、控制柜等），并成套销售给客户集成组装成一个能完成特定功能的系统（工程承包业务提供安装施工服务）。在业务流程中，产品开发设计和系统方案设计为关键环节，为公司核心技术的集中输出阶段。在这个阶段中，公司根据前期考察的各项参数，如废污水的水质情况、技术指标、现场地质情况等，设计出符合项目特征、能够发挥核心作用的专业设备，并通过协作集成的方式实现，成为公司核心技术的载体。

公司以设备销售为主，设备销售收入占比高于服务收入占比，销售的设备以水处理设备为主，专注于排放污水的搜集和治理，针对性较强，并非对已有的水污染进行治理，与环境治理存在区别。

（2）公司产品系外部生产情况。公司的产品虽然由协作集成厂家或外协厂商进行生产，但依据的是公司提供的个性化产品设计方案，即使不同项目的同类型产品依然存在较大差别。在生产中，工艺相对成熟，生产流程标准化，技术水平不高，附加值较低，不涉及关键的技术要素。

（3）同行业可比公司情况分析。同行业可比上市公司目前有两种行业分类，分别为"C35专用设备制造业"和"N77生态保护和环境治理业"。"C35专用设备制造业"中的"环境保护专用设备制造（3591）"，包括用于大气污染防治、水污染防治、固体废弃物处理、土壤修复和抽样、噪声与振动控制、环境应急等环境污染防治专用设备制造，其中，水污染防治专用设备制造与公司业务的实际情况相近。"N77生态保护和环境治理业"主要侧重于对污染的综合治理活动，其下的"环境治理业"又包括"水污染治理""大气污染治理""固体废物治理"等，"水污染治理"包括对江、河、湖泊、水库及地下水、地表水的污染综合治理活动，不包括排放污水的搜集和治理活动，更适用于对环境治理服务的提供商而不是环保设备的提供商，与公司所从事业务的实际情况存在差异。

具体来说，中电环保和巴安水务的主要业务中，除设备销售、工程承包业务以外，还包括运营等服务业务，且服务业务收入占比高于设备销售占比，行业分类为"N77生态保护和环境治理业"。中建环能和久吾高科主要以设备销售为主，行业分类为"C35专用设备制造业"。公司的业务模式构成与其相似,设备销售收入占比高于服务收入占比,且公司没有运营等服务业务。

因此,公司虽不直接从事生产,但产品设计图纸、技术人员和监造管理人员的现场技术指导等关键生产要素均由公司提供,公司在产品的生产环节发挥了重要的主导作用。因公司现有业务不涉及BOT、PPP等运营服务,相较于"N77生态保护和环境治理业",公司行业分类更接近"C35专用设备制造业"。综上,公司行业分类为"专业设备制造业"符合实际情况。

【案例评析】

公司不从事生产的情况下,行业分类为"专业设备制造业"。根据公司说明,公司虽不直接从事生产,但产品开发设计和系统方案设计、技术人员和监造管理人员的现场技术指导等关键生产要素均由公司提供,在产品的生产环节发挥了重要的主导作用,其中产品开发设计和系统方案设计是核心技术的集中输出阶段。公司行业分类为"专业设备制造业"符合实际情况。

2. 行业监管体系及监管政策

公司在正确进行行业分类基础上,需要系统阐述市场情况、行业监管体系和监管政策。企业需要结合具体业务开展区域,按照全球市场、境内市场、区域市场分层次进行描述。

行业监管体系是指不同行业企业在经营活动中需要遵循的管理机构体系。各监管机构负责相关行业领域的政策研究、制定和执行工作,对企业从事相关业务开展事前审批、许可、备案以及事中、事后的监管。以境内市场为例,市场监督管理部门和税务部门对公司日常组织运行、经营活动等开展日常监管;公司从事产品生产业务的,根据具体产品的不同,涉及国土、环保、安监、消防、工信、农林、卫生、海关等监管范畴;公司从事服务提供业务的,涉及工信、城建、交运、卫生、教育、文化、旅游、广电、银保证监等监管领域。

行业监管政策是指相关监管机构针对行业内企业经营活动提出的行为规范。包括主体经营活动管理相关法律法规、国家和区域的产业政策、财税政策、国际贸易政策、财政补贴、税收优惠政策、行业标准及惩罚性措施等。这些监管政策有的是具体的、明确的、可操作的,如减税降费或者取消限制以及相应的违规惩罚措施等;有的则是虚化的,仅仅表明一个监管态度,如鼓励支持、积极培育、大力发展等。行业监管政策一定程度上反映出国家对哪些行业、哪些产品进行鼓励和支持,对哪些行业和哪些产品业务进行限制或者规范,从而影响行业的发展前景和公司未来发展空间。

> **审核关注要点:**
> (1)公司是否按照不同市场区分和产品、服务类别,分别披露相关行业监管体系以及监管法律法规、监管主体机构和违反监管要求的处罚后果等信息;
> (2)公司是否结合报告期内具体开展业务情况充分分析公司现有业务及未来拟开展业务受行业监管政策的影响情况。

典型案例63:天奈科技政策影响风险提示

发行人仅笼统的就新能源汽车补贴退坡政策的影响作风险提示。

【审核问询意见】

请发行人补充说明并披露:2019年3月26日,财政部等四部委发布《关于进一步完善新能源汽车推广应用财政补贴政策的通知》(财建[2019]138号)对发行人主要产品的价格、竞争格局、市场容量、主要客户的资信状况及回款能力、发行人业绩的具体影响,是否构成发行人所处行业经营环境的重大变化,是否对发行人的持续经营能力构成重大不利影响。

【问询回复摘要】

公司补充说明并披露:

(1)公司所处行业政策情况。公司行业最新政策主要指《关于进一步完善新能源汽车推广应用财政补贴政策的通知》。该通知主要内容是稳步提高新能源汽车动力电池系统能量密度门槛要求,适度提高新能源汽车整车能耗要求,提高纯电动乘用车续驶里程门槛要求。在新的补贴政策框架下,续航里程决定了财政补助的基数,而电池能量密度、整车能耗水平则决定了补贴系数;另外,补贴新政兼顾技术进步与安全,鼓励新能源整车全面发展。

(2)新行业政策对发行人主要产品的价格的影响。新行业政策实施将影响新能源汽车消费者的购车价格及其购车热情,导致新能源汽车产品销售价格下降,价格下降将由汽车厂商和汽车产业链供应商共同承担,补贴政策的退坡可能会对公司目前产品的销售价格产生不利影响。

(3)新行业政策对竞争格局的影响。公司目前收入主要来源于动力锂电池领域,动力电池行业与新能源汽车行业息息相关。动力电池的采购成本一般占到新能源汽车整车成本的30%左右,而且新能源汽车续航距离、最高时速、电池车重比、能量密度等技术指标均与动力电池密切相关。国家补贴政策的引导以及消费者需求标准的不断提升,也对动力电池生产商的生产能力提出了更高要求,需要在控制成本的前提下,不断优化工艺、提升能量转换效率、提升能量密度、减轻重量。无法达到整车厂技术要求的动力电池生产商可能面临订单获取不稳定、产能过剩、毛利率降低,进而导致资金压力、扩产放缓,甚至是被淘汰。

导电剂作为动力电池的关键辅材,可以增加活性物质之间的导电接触,提升锂电池中电子在电极中的传输速率,从而提升锂电池的倍率性能和改善循环寿命。随着新行业政策的实施,动力电池向高能量密度等高端需求快速发展,规模和竞争力较小的中小动力电池生产商将会被逐步淘汰,而大中型动力电池生产商倾向于购买具有一定市场知名度和技术实力优势明显的厂商生产的导电剂。因此碳纳米管导电剂行业的市场份额会持续向规模较大并且掌握核心技术的企业集中。

(4)新行业政策对市场容量的影响。新行业政策主要从两方面影响发行人产品的市场容量。一方面,补贴退坡对新能源汽车市场需求和盈利水平带来一定影响,进而会减少下游动力电池以及导电剂市场的需求,短期内会减小公司产品的市场容量;另一方面,如前所述,在新的补贴政策下能量密度越高的动力电池需求会增加,而碳纳米管导电剂可以有效提升动力锂电池能量密度及改善循环寿命。因此,随着补贴新政的实施,长期来看碳纳米管导电剂对传统导电剂的替代将进一步加速,市场容量也会随之增长。

(5)新行业政策对主要客户的资信状况及回款能力的影响。公司主要客户为比亚迪、新能源科技(ATL)、宁德时代(CATL)、孚能科技、天津力神、卡耐新能源等国内一流锂电池生产厂商。目前上述客户资信状况及回款能力较好,但随着新行业政策的实施,可能会在短期内对一些动力锂电池客户的盈利水平和资金状况带来影响,从而影响其资信状况和回款能力。

(6)新行业政策对发行人业绩的影响。短期来看,补贴退坡将直接导致消费者购用车成本下限不同程度的提升,进而影响消费者购买决策和车企利润;如果公司下游主要客户未能及时有效应对新能源汽车补贴政策调整,将会对其经营业绩造成不利影响,并向锂电池上游行业传导,继而影响公司经营业绩。但长期来看,补贴退坡将新能源汽车行业由政策驱动向市场驱动转变,有利于行业的长期健康发展。此外,补贴退坡将进一步促进行业的优胜劣汰,拥有核心竞争力的车企及动力电池厂商有望在补贴退坡的过程中持续提升市场份额,实现更快增长。

公司动力锂电池主要客户为比亚迪、宁德时代(CATL)、孚能科技、天津力神、卡耐新能源等国内一流生产厂商,该类电池生产厂商的技术优势、资金实力优势较为明显,受新能源汽车补贴下滑的影响较小,并且随着新能源汽车补贴政策的调整,有望进一步提升市场份额和销量,从而向公司采购碳纳米管导电剂的数量也会随之增长。因此,长期来看,新行业政策的实施对公司业绩具有积极的影响。综上所述,国内新能源汽车补贴新政策不构成发行人所处行业经营环境的重大变化,不会对发行人的持续经营能力构成重大不利影响。

【案例评析】

公司从事锂电池导电剂生产、销售业务,公司行业受到新能源汽车补贴退坡政策影响。公司进一步分析了最新行业政策要求、公司下游新能源汽车客户、新能源汽车电池客户等受政策影响情况以及公司产品受上述政策传导影响。

二、行业发展现状及特征

行业分析首先需要界定行业当下所处的行业发展阶段,这个界定是正确地分析行业竞争格局,行业发展现状及特征,行业核心竞争力,以及发现推动市场预期变化的"核心驱动要素"的前提条件。

1. 行业历史及现状

行业研究应该有历史的视角。事物的发展总是要经历从无到有、从小到大的过程。理解行业的现状和展望未来发展前景,首先要了解行业的发展历程,才能对价值源泉有更深刻的理解,即提供了什么产品、解决了什么问题、满足了什么需求。与此同时,行业发展的历史和现状有助于投资者了解当期行业发展所处的生命周期阶段、行业格局形成的内在原因和关键资源要素,进而判断行业未来的发展潜力、行业竞争格局和行业核心竞争力。

产业生命周期理论为我们判断行业发展前景提供了有效的帮助。产业生命周期理论把一个行业的发展分为四个阶段:导入期、成长期、成熟期和衰退期。导入期的行业成长潜力大,但风险高;成长期的行业已经形成稳定可行的商业模式,并且已经初具规模,具备竞争优势的公司开始形成明确的竞争壁垒;成熟期行业的产品和服务标准化程度极高,规模优势和成本控制成为核心竞争点,行业龙头的地位日益稳固;衰退期行业的产品和服务面临替代品的威胁,行业面临衰退的压力。公司行业所处的生命周期阶段构成了各行业估值水平高低的关键前提。

审核关注要点:

(1)公司是否充分、完整揭示行业发展的历程和关键节点,相关数据来源是否准确、可靠;

(2)公司是否充分披露行业当前的发展现状,是否存在产能过剩情形,行业所处生命周期阶段及其判断依据;

(3)公司是否充分披露行业竞争格局及其演变情况,涉及细分市场领域的,是否进一步披露细分市场竞争格局;

(4)公司是否充分披露行业关键技术要素、商业模式、客户结构变化情况,是否准确揭示行业发展的核心竞争力。

典型案例64:三友医疗行业历史信息披露

招股说明书"发行人所处行业基本情况"仅就医疗器械行业作粗略说明,未针对发行人所处行业,尤其未针对发行人主要产品脊柱类植入耗材产品作针对性、量化披露,信息披露简略且缺乏针对性,投资者难以依据披露信息确切判断行业发展趋势、状况、景气程度及对发行人的影响,不利于投资者依据信息披露作出投资判断。

【审核问询意见】

请发行人对照《招股书准则》的要求,并以投资者需求为导向,重新撰写相应章节,并重点补充披露:发行人所属行业,尤其是脊柱类植入耗材产品的发展过程、主要疾病及病人规模、主流产品及发展趋势、技术特点及要求、关键影响因素等。

【问询回复摘要】

公司补充披露了公司所处行业的发展历程等信息:

(1)行业发展历程。脊柱类植入耗材产品的发展历程中的脊柱骨科的发展可追溯数百年历史,现代脊柱骨外科起源于二十世纪八十年代,代表性事件有两位法国骨科医生 Cotrel 和 Dubousset 发明了 CD 技术(三维畸形矫正技术)、法国医生 Roy-Camille 发明了椎弓根螺钉技术以及瑞士医生 Dick 发明了内固定技术,这些划时代技术的核心是通过植入内固定三维空间内的矫形和固定,从此奠定了现代脊柱骨科一系列沿用至今的外科疗法手段,如矫正、稳定、复位和重建等。此后,新材料的应用和固定器械的设计优化使得内固定器械运用于越来越广泛的手术之中。

材料应用上,早期的脊柱内固定系统主要以不锈钢材料为主,九十年代以后钛合金材料开始被广泛运用,2010 年以后钴铬钼合金也被逐步应用于连接棒等部分内固定组件;设计上,早期脊柱内固定器主要为胸腰椎后路内固定器,随着医师对脊柱疾病理解的不断深化,临床上对不同细分病种的专用器械的需求不断上升,对内固定器械的设计提出更高要求。以胸腰椎脊柱内固定系统为例,目前市场上最先进产品除实现普通脊柱内固定外,还能够同时实现脊柱矫正、重度畸形矫正、脊柱肿瘤治疗、青少年/幼年脊柱矫正等功能。由于单独的内固定系统无法有效治疗椎间盘退变造成的脊柱失稳和椎体滑脱,骨科医师曾尝试使用椎体间植骨的方式促进脊柱融合,然而在随后的临床应用中,单纯椎间植骨暴露出诸多缺陷,如椎体不融合率高且易形成假关节等。为了克服这些不足,骨科医师开始寻求一种专用的椎间融合器使退变的椎间盘与两端椎体融合为一体。1979 年,Badgy 开发出不锈钢中空带孔柱状体,用于马的颈椎椎间融合术。1986 年,Badgy 和 Kuslich 将该技术运用于人的腰椎椎间融合手术,并增加了表面螺纹,材料使用钛合金,即为 BAK 融合器,术后取得了较好的融合效果。

但在临床运用后期，钛合金类椎间融合器不足之处逐渐表现出来，如不能从 X 线片判断其内部骨融合情况、存在应力遮挡、异物感、金属结构松脱等并发症。为此，1997 年 Scient'x 通过实验后将 PEEK 椎间融合器应用于临床，相比于金属类融合器，该类融合器具有透光性好，弹性模量较好，抗腐蚀性及生物相容性好的特点，目前 PEEK 已经发展成为椎间融合器的最常用材料。

发展至今，脊柱类植入物主流产品主要为两大类，一类为由接骨板、固定棒、螺钉等单独或组合而成的脊柱内固定系统，另一类为椎间融合器。脊柱骨科领域发展到今天相对比较成熟，新技术新疗法不断涌现，疾病诊断、治疗和评估手段逐步提高。脊柱外科未来发展趋势是手术的精准化、微创化和智能化，然而对于老年脊柱疼痛，脊柱功能性障碍，脊柱骨质疏松、失稳以及脊柱医源性退变等脊柱疾病，临床治疗方法尚未形成共识。对新疾病的认识催生新的疗法需求，疗法创新推动新技术新产品的研发。

因此，骨科植入物行业的发展依赖于骨科临床领域的创新，而脊柱骨科新技术的出现主要来源于临床医师对脊柱疾病更深入的发现和理解，对疾病种类、部位、病源和进展更精细的划分，对现有疗法效果和风险的评估，对提高手术操作体验和患者长期综合治疗效果的追求。

……

【案例评析】

公司未对主要产品脊柱类植入耗材产品作针对性、量化披露，信息披露简略且缺乏有效性，投资者难以依据披露信息确切判断行业发展趋势、状况、景气程度及对公司的影响。公司针对上述方面作了进一步信息披露。

2. 行业特征及壁垒

每一个行业都有其自身的经营特点和行业周期，了解公司所处行业特征有利于投资者更加准确的把握公司的业务和经营情况。以乘用车经销与服务行业为例，其业务主要包括汽车销售、汽车保险中介、汽车贷款中介、售后保养、维修等服务。公司通过直接面向消费者，销售品牌授权汽车，提供保险、贷款中介代理服务，提供维修保养服务获取收入。随着汽车市场竞争加剧、部分新能源汽车去经销商化增速,大部分经销商的收入来源主要依靠保险、贷款中介服务和维修保养服务,而汽车销售则成为"导流"业务,利润往往并不高,但是现金流需求较大;该行业具有一定的周期性,随着经济的快速发展、人民生活水平的日益提高,进入行业发展旺盛期,随着人均汽车拥有量达到一定的水平,将进入下降阶段;该行业几乎没有区域性销售的特点,个别车型根据品牌和价格的原因可能有销售区域的差异,但差别不大;该行业具有季节性特征,每年的元旦、春节、五一、十一假期是销售旺季,与国人消费习惯关系较大,且在销售旺季往往存在不同店铺之间"调货"等安排。

行业的壁垒和门槛主要指的是市场准入的难易程度。一些行业的准入需要取得特殊的行政许可或者资质,本身就对市场竞争进行了一定程度的限制,比如金融行业、建筑行业。有的行业要开展业务需要专门的技术人员或专业人才,比如法律服务或者软件开发。还有的行业需要大量的资金投入,比如批发贸易等。还有的行业需要前期大量的积累和投入,比如大数据或互联网平台。

公司需要结合行业的准入限制、行业准入的基础和市场竞争优势地位的决定性因素综合进行分析,并说明这些壁垒存在的原因和合理性,相关行业壁垒未来是否稳定可持续。典型的行业壁垒包括许可资质、资金壁垒、技术壁垒、人才壁垒、经验积累等。通常情况下,行业的壁垒、门槛越高,说明公司的竞争力越强,未来市场空间的可预期性就越高。

> **审核关注要点:**
>
> (1)公司关于行业特征和特定商业模式的描述是否合理、是否具有同行业企业的类比分析;
>
> (2)公司披露的行业特征情况与公司日常经营合规性、会计处理合理性、现金流的稳定性和可持续性,销售业绩的波动性等分析是否相匹配;
>
> (3)公司是否客观、全面分析披露行业的真实壁垒情况,并结合自身特点披露公司竞争优势和不足,是否针对不足提出了具体应对措施;
>
> (4)对于企业存在特殊的依赖关系或者特定人际关系的市场壁垒的,关注公司的控股股东、实际控制人等与客户等是否存在利益输送情形或存在持续经营能力风险。

典型案例65：赛伦生物（二次申报）反垄断及竞争规范合规情况①

赛伦生物的主要产品有抗蛇毒血清、马破伤风免疫球蛋白、抗狂犬病毒血清，作为国内为数不多的生产销售抗蛇毒血清的企业，报告期内存在产品多次提价情形。

【审核问询意见】

请发行人：结合产品行业政策、市场容量、上下游供需、技术门槛、业务模式等披露公司独家生产该产品、形成垄断的原因，发行人独家生产并持续涨价是否符合《反垄断法》《反不正当竞争法》等相关法律法规或规范性文件的规定。

【问询回复摘要】

公司说明：

（1）公司独家生产抗蛇毒血清的原因。抗蛇毒血清在国内应用于蛇伤急救的时间已经超过20年，是毒蛇咬伤临床急救的必备特效药。在中国境内市场，该产品至今仍为公司独家产品，主要受行业领域高度细分、存在诸多壁垒等因素影响，具体分析如下：

1）抗蛇毒血清属于生物制品行业下的抗血清抗毒素细分领域，该领域主要涵盖破伤风抗毒素、肉毒抗毒素、抗蛇毒血清、抗狂犬病血清四类产品，属于高度专业的细分领域。根据公开渠道查询结果，目前该领域全国仅有6家企业，具有较高的细分行业壁垒。

2）抗蛇毒血清属于生物制品行业的抗血清抗毒素细分领域，产品的研发周期长、规模化生产的工艺和技术要求高，产品的安全性要求突出。公司通过长期的生产积累和技术研发，在主要生产工艺包括抗原制备、马匹免疫、采浆、产品生产、产品检测等各个环节均积累了先进的技术，公司抗蛇毒血清产品存在较高的技术壁垒。

3）抗蛇毒血清领域属于生物制药行业高度专业的细分领域，业内企业仅发行人一家，专业人才特别是具有实践经验的来源极为有限。新进入行业的企业如果没有足够的人才储备，很难在短时间内打造出一支在研发、生产、销售等各环节都经验丰富、素质过硬的队伍，因此本行业存在较高的人才壁垒。

---

① 2019年11月11日，上海赛伦生物技术股份有限公司撤回发行上市申请，上交所终止其发行上市审核。终止审核原因或包括提前备货确认收入不规范。

4)抗蛇毒血清行业的终端客户地域分布广阔,拓展渠道并搭建服务网络需要较长的周期。作为国内抗蛇毒血清的独家供应商,公司通过与医药配送商的长期合作,建立了能够覆盖上千家医疗机构的销售渠道。不同于一般药物,蛇伤人群在农村和偏远山区等更为集中,对于渠道下沉要求更高,具有较高的市场壁垒。

5)品牌知名度在一定程度上能够体现药品生产企业的质量水平,医疗机构在做选择时,知名度高、美誉度好的产品较受青睐,品牌形象已成为企业市场竞争力的集中体现。多年来公司一直是抗蛇毒血清的独家供应商,产品质量稳定,赢得了广大客户的认可,建立了良好的品牌形象和较高的市场美誉度。行业新进企业往往需要在产品研发、质量管理、市场推广等方面进行长期的投入,一般难以在短时间内树立良好的品牌形象,故而行业品牌壁垒较高。

(2)公司涨价行为是否违反反垄断法律规定。公司认为,公司独家生产并持续涨价行为未违反《反垄断法》《反不正当竞争法》等相关法律法规或规范性文件的规定,具体如下:

1)发行人不具有《反垄断法》所称市场支配地位。根据《反垄断法》第十八条,认定经营者具有市场支配地位,应当依据下列因素:

①根据《反垄断法》第十九条第一款第一项规定,一个经营者在相关市场的市场份额达到1/2的,可以推定经营者具有市场支配地位。根据相关报道,我国每年发生毒蛇咬伤约30万人次,根据《2018年中国蛇伤救治专家共识》,我国蛇伤患者使用抗蛇毒血清合理的初始用药剂量为2~4支。因此,按照最保守的估算方式,如按每位患者需使用2支左右,发行人2018年抗蛇毒血清产品销量8.21万支,每年仅不足5万人次毒蛇咬伤患者使用了抗蛇毒血清,发行人在相关市场的市场占有率未达到1/2。综上所述,发行人不具有《反垄断法》所称的市场支配地位。

②发行人的抗蛇毒血清产品在抗蛇毒血清类药品中为独家产品,但在治疗蛇伤领域非唯一药品。在我国,一些中药及中成药也常用于蛇伤治疗,比较常见的有季德胜蛇药片等,发行人对该等产品的销售无控制能力。发行人所采购的主要原材料包括马匹、试剂和耗材、饲料等,发行人对相关产品采购不具有控制力。因此,发行人不具有控制销售市场或原材料采购市场的能力。

③发行人的财力和技术条件尚未达到可以控制相关市场的水平。

④生产治疗蛇伤产品的其他经营者在交易上对发行人不存在依赖。

⑤发行人对其他经营者进入相关市场不具有控制能力,亦未采取任何限制性措施。

2)发行人不存在滥用市场支配地位的行为。

①发行人不存在以不公平高价销售商品或者以不公平的低价购买商品的行为;发行人涨价行为系多因素综合考虑后的结果,具备合理性;

②发行人未以低于成本的价格销售商品;

③发行人不存在没有正当理由,拒绝与具备相关资质的交易相对人进行交易的行为;

④发行人不存在没有正当理由,限定交易相对人只能与其进行交易或者只能与其指定的经营者进行交易的行为;

⑤发行人不存在没有正当理由,强制向交易相对人搭售商品,或在交易时附加其他不合理的交易条件的行为;

⑥发行人不存在没有正当理由,对条件相同的交易相对人在交易价格等交易条件上实行差别待遇的行为。

3)发行人不存在《反不正当竞争法》规定的不正当竞争行为。发行人不存在《反不正当竞争法》规定的引人误认为是他人商品或者与他人存在特定联系,商业贿赂,虚假宣传,侵犯商业秘密,欺骗性有奖销售,编造、传播虚假信息或误导性信息,妨碍破坏其他经营者合法提供的网络产品或者服务正常运行等不正当竞争行为,未违反《反不正当竞争法》。

【案例评析】

作为国内为数不多的生产销售抗蛇毒血清的企业,公司报告期内存在产品多次提价情形,可能涉嫌违反反垄断相关法律规定。根据公司说明,抗蛇毒血清行业本身属于高度细分领域,业内企业极少,且抗蛇毒血清在技术、人才、市场、品牌等方面存在诸多壁垒,限制了竞争对手的进入。公司在相关市场的市场占有率未达到1/2,不具有《反垄断法》所称的市场支配地位,也未涉及不正当竞争行为。

三、产业链及竞争格局

企业从事业务活动,无论是生产产品还是提供服务,也无论其产品是否直接面向消费者,其最终目的是要满足人的需求,其最终产品也是要被人所消费。因此,企业需要从最终消费需求往前倒推,详细披露公司行业所处的产业链条,在此基础上对公司所处行业在产业链中的地位和相关市场的供给和需求结构进行分析。与此同时,公司在市场上面对客户或者最终消费者时,还要应对来自市场竞争对手的压力,能否在市场竞争中胜出并最终实现超额利润收入反映出公司是否具有持续的竞争力。产业链分析和竞争格局分析分别从纵向和横向角度,对公司所处行业状况和公司的市场地位进行分析。

1. 产业链分析

产业链是指不同产业的企业之间的关联,而这种产业关联的实质则是各产业中的企业之间的供给与需求的关系。简单地说,就是某一行业企业与其上下游企业或消费者之间的联系。就某项产品而言,其上游产业链可以追溯到农林牧副渔矿等基础材料行业、原材料初加工行业、零配件制造行业等,其下游产业链可以延伸到产成品制造企业、系统集成企业、商业应用企业直至最终消费者。由于产业链条错综复杂且有可能相当长,实践中主要关注行业的直接上下游行业以及对行业发展具有决定性作用的原材料或消费者群体的情况。

以光伏焊带的生产企业为例。公司产品的最终用途是面向企业或者居民的光伏发电产品,为企业及居民提供清洁能源。光伏发电产品受到产业政策、电力市场和环保等政策影响较大,最终市场空间目前处于下滑阶段。公司的直接下游就是光伏发电设备生产企业,其直接面向最终客户。公司产品主要用于光伏发电设备生产环节中电力的导流、汇流,工艺是直接焊接在相关设备上。公司产品技术含量不高,可替代性较强,主要依靠规模经济发展。公司上游原材料分别是铜、锡以及电力和人工成本,主要受金属价格变动和经验技术人才工资波动的影响,原材料及人工供应市场较为充分。

企业生产的产品在产业链中是否具有替代性,决定着企业在产业链中的位置是否重要,关系到该行业是否具有较好的发展前景或者较稳定的市场地位。判断企业的产品或服务在业务链条上的位置是否重要,则主要考察以下几个方面:

（1）公司提供的产品或者服务是否处于关键环节或者关键部位，是否对最终商品的用途、功效发挥重要作用，相应的技术水平是否具有显著优势，是否具有市场替代性；

（2）公司产品毛利率是否较高，账期是否较长，报告期内现金流净额是否为正。产品毛利率由毛利除以成本，反映的是公司生产环节的附加值情况，毛利率较高，代表公司生产环节附加值较高，具有显著的市场竞争地位；毛利率较低则说明公司谈判地位较差，难以获取高额回报；

（3）公司的应收款、应付款账龄情况长短、现金流净额也反映出公司的议价能力。公司产品具有竞争力，则在供求关系中处于优势地位，合同谈判中可以较好地控制账期，比如说较短的应收款账期和较长的应付款账期；而应收款账期长、应付款账期短或者没有应付款则说明公司对下游客户没有谈判力或者严重依赖上游供货商。

> **审核关注要点：**
> （1）公司产业链分析是否准确、完整；
> （2）公司是否充分披露供应商行业基本情况，供应商的定价能力、分析供应商行业的集中度、行业内重要供应商代表情况；
> （3）公司是否充分分析披露本行业对供应商的依赖度情况（行业需要的技能、资源、利润来源是否与供应商关系密切）或者供应商行业对本行业的依赖情况；
> （4）公司是否充分分析披露下游客户行业的基本情况，行业集中度、行业中重要客户情况；
> （5）公司是否充分披露所处行业对下游客户行业的依赖度分析（行业需要的技能、资源、利润来源是否与客户行业关系密切，行业产品的替代性）或者客户行业对本行业的依赖情况。

典型案例66：木瓜移动（终止审核）产业链及市场定位

公司披露，公司主要从事大数据产业营销服务。

【审核问询意见】

请发行人：清晰、准确的披露公司在产业链中的业务定位，避免对投资者形成误导。

【问询回复摘要】

公司说明：

（1）公司在全球大数据营销价值链中所处的位置为DSP+DMP技术环节。国内的传统营销行业将媒体资源直接打包卖给广告代理和广告主，中间没有互联网技术和大数据技术参与的环节。而在今日，国外绝大多数的互联网媒体已经将每个广告展示都放在Ad Exchange（广告营销交易平台）上进行公开实时竞价，由此衍生出对应的技术平台专门为广告主和代理进行实时竞价。

（2）全球大数据营销产业价值链包括以下产业机构：

1）广告主：有推广需求的一方。

2）广告代理：对数字营销行业不熟悉的广告主会通过广告代理进行广告投放。广告代理主要用人力承担创意策划、创意制作和媒介采购。

3）DsP（买方平台）：在海量的互联网流量中自动进行实时竞价（RTB），自动化选取最精准的展示机会和展示受众的技术平台。

4）DmP（数据管理平台）：将用户数据透行收集、存储、管理、分析和标签化处理，形成巨大的数据仓库。

5）Ad Exchange（营销交易平台）：以实时竞价（RTB）为基础的广告交易技术平台。

6）Ad Network（网盟）：将互联网流量库存集合起来再分销给买方的技术平台。

7）ssP（卖方平台）：媒体用来进行流量库存管理，在流量上填充广告，并获得收益的技术平台。

8）媒体：海量互联网和移动互联网流量的拥有者。

（3）公司在产业链中的主要价值。发行人不从事任何以人力为核心的素材创意和素材制作以及人工媒介采购的工作，广告代理商为发行人下游客户，目前发行人约30%的客户为广告代理商。发行人在上图营销价值链中参与的环节是DSP/DMP，即将上亿用户级别（目前发行人覆盖超过20亿用户终端）的数据透行收集、存储、管理、分析和标签化，建立决策模型，在全球的互联网流量中自动选行实时竞价，并自动化选取最精准的展示机会和展示受众，为中国企业低成本、高精准度、高效率的获得全球用户。

(4)全球大数据营销价值链中的 DSP+DP 环节具有以下的技术特点：

1)处理上亿级的用户数据，并对每一个用户的行为做出精准预测。

2)须克服洲际网络延迟对数据和交易进行 24×7 同步管理。

3)每一次竞价决策必须要在 100 毫秒内做出，每秒钟要做出至少几十万次的数据查询和上万次的投放决策，需要在全球分布的服务器和数据库中并发完。

【案例评析】

根据公司披露的产品、服务信息以及公司主要收入构成情况。公司行业定位及归类的准确性，特别是公司具体从事的经营活动内容、大数据的来源及获取方式、技术的应用场景等相关信息披露缺乏有效性和准确性。公司业务在产业链中的重要性和相关大数据分析业务能力的披露还存在不足，缺乏较强的科技属性。

2. 竞争格局分析

公司的市场地位是指在某一市场环境中公司与其竞争对手相比，其所具有的市场定价能力和营销能力。具体而言，一是将公司与同行业公司进行比较，说明公司与同行业公司相比在业务经营方面的异同和主要竞争力；二是从公司所在行业的市场容量、公司的市场份额以及行业平均利润率角度，考察公司所在行业的市场容量是否足够庞大，公司是否占据主要市场份额等。

就同业公司竞争情况而言，公司需要按照所从事的具体业务，即产品或服务的细分领域寻找并分析市场竞争对手。这些竞争对手很容易在招投标、交易磋商以及公开信息披露文件中获取，对比的对象一般为同行业上市公司、公众公司或同一地域市场中的直接竞争对手。对比主要内容则包括产品或服务、技术、人员、经验和市场份额或市场规模、业务模式，以及企业的资产、营收、利润和毛利率等财务指标和相关会计处理政策。

通过对同行业可比公司情况进行比较和分析，一方面可以进一步观察行业的基本特征，另一方面可以了解公司的竞争优势和劣势，进而判断公司的未来市场发展空间。

审核关注要点：

（1）公司可比同业公司的选择是否准确，除了同行业细分领域的上市公司外，同一地域市场中直接竞争对手的情况分析更能够说明公司业务的经营实质以及公司的竞争优势或者劣势；

（2）公司是否准确披露同业公司中主要竞争对手的规模占行业规模的比重（销售额、资产、人员）；

（3）公司是否分析披露行业产品替代品的种类、涉及行业（及行业编号）、替代品的规模、增长率、替代品与行业产品的优劣比较、替代性分析；

（4）公司招股书涉及对行业未来的市场空间进行预测的，关注有关市场空间预测的假设、模型、变量、风险因子的选择、权重和分析是否全面、准确，是否充分考虑历史数据、消费结构、消费习惯、政策影响等因素，是否存在片面的、误导性的分析。

典型案例67：优刻得市场竞争格局信息披露

招股说明书披露，2018年上半年发行人在中国公有云IaaS市场中占比4.8%，位列阿里云、腾讯云、中国电信、AWS、金山云之后，排名第六位。

【审核问询意见】

请发行人：结合阿里云、腾讯云、中国电信、AWS、金山云的市场份额及云计算行业的行业特征，客观披露发行人的行业地位、竞争优势及劣势。

【问询回复摘要】

公司补充披露：

（1）公司产品市场份额情况。根据IDC发布的2018年上半年公有云IaaS调研报告，2018年上半年国内公有云IaaS市场份额情况如下：

云计算服务商	市场份额
阿里云	43.2%
腾讯云	11.1%
中国电信	8.5%
AWS	6.1%
金山云	5.2%
优刻得	4.8%

续表

云计算服务商	市场份额
百度云	3.7%
微软 Azure	3.6%

数据来源：IDC。

2018年上半年阿里云市场份额为43.2%保持领先。发行人的市场份额为4.8%，当前国内云计算行业市场竞争激烈。由于行业特性，早期布局云计算行业的一些大型企业如上述阿里云、腾讯云等，基于多年的经营，其自身产品线也较为丰富，技术服务不断提升，并凭借自身的规模效应，议价能力显著增强，已共同占据大部分市场份额。

（2）公司主要竞争优势分析。相比阿里云、腾讯云、中国电信、AWS、金山云，发行人主要优势如下：

1）定位中立。阿里云、腾讯云、中国电信、AWS、金山云都为大型集团公司控制下的子公司或者下属业务部门，而上述集团公司的业务范围超过了云计算范畴，比如电商、网络社交、游戏、软件等，均属于云计算的下游行业。而发行人专注于云计算领域，不从事下游客户的业务，因此不会与客户发生业务上的竞争，从而更专注于给客户提供优质的产品和服务。

2）发行人从研发、产品到服务始终秉持"客户为先"的理念，研发根据客户反馈向下贴近底层技术，向上提供差异化产品靠近客户需求。即使是中小客户，也能根据客户的需求推出适合行业特定及客户自身业务特性的专业解决方案。服务层面，公司通过前端业务部门"销售人员、架构师、服务经理"铁三角组合，以及后端技术支持部门对客户提供一对一工程师支持服务，而竞争对手主要为大型企业集团下属子公司或者业务部门，相比之下发行人更加注重以客户为先，响应客户需求的速度更快，提供灵活且定制化的服务。

3）销售模式上，发行人公有云产品的销售以直销为主。根据客户消费体量的不同，公司将客户分成规模以上客户和中小型客户两种类别，规模以上客户重点切入几个细分领域提供定制化销售和服务，中小型客户主要提供标准的产品和服务。阿里云其分销渠道包括与分销商、托管服务提供商、虚拟云商等建立合作关系；腾讯云也通过代理合作的方式推广及销售腾讯云产品及服务。相比上述采用直销与非直销并用方式的云计算厂商，发行人在客户管理及对客户提供定制化服务的统筹兼顾上更容易。

4）产品类别上，发行人除了提供云主机、云数据库、云硬盘等通用云计算产品外，还先后研发了数据方舟、罗马、Ustack、数据安全屋、PATHX等差异化产品，上述差异化产品基于发行人领先的技术和对客户需求的深度理解，成为发行人产品体系中的标杆产品。

（3）公司竞争劣势分析。相比阿里云、腾讯云、中国电信、AWS、金山云，发行人主要劣势如下：

1）上述竞争对手依托自身集团资源优势，一方面可以为集团内其他业务主体提供云计算服务，另一方面集团公司也可以为上述竞争对手提供其他渠道导流。相比之下发行人获客渠道的丰富度处于劣势。

2）产品层面以阿里云为代表的云计算服务商提供从云计算基础到物联网等多维度的产品线，发行人目前在专注 IaaS 层的同时逐渐向私有云、下一代 PaaS、人工智能领域拓展，但现阶段产品体系丰富度相比阿里云等行业巨头仍有一定劣势。

3）发行人客户结构与上述可比公司存在差异，当前发行人下游客户仍主要来自互联网领域，且规模以上客户是发行人收入的主要来源。而阿里云和腾讯云等除了服务大中型企业客户外，长尾客户也较多，传统企业客户涉入时点也相对较早。因此相比之下上述竞争对手经营抗风险能力也更强。由于行业马太效应较强，集中度高，阿里云在市场中已占据43.2%的份额，规模效应带来的成本、资源等优势也较明显，议价能力也更强。规模上的差距是发行人与阿里云、腾讯云等市场份额较高的云计算服务商的竞争劣势之一。

【案例评析】

根据反馈要求，公司补充披露了公司产品的市场份额，公司与同业竞争对手的优劣势及其分析。通过上述分析，投资者可以更好地对公司业务发展前景进行预测和判断。

第三节　公司销售情况和主要客户

公司报告期内的主要客户、销售收入的金额、收入比例情况能够直观反映出公司主要服务的对象、获取收入的来源及其重要性程度。通过了解公司的客户及客户的需求、需求量,有助于投资者进一步掌握公司的业务实质,了解公司产品或服务的价值、市场地位、市场空间和市场发展前景。

一、销售模式

公司的销售方式及其变动情况反映出公司主要通过何种途径将产品或者服务提供给客户并获取收入。公司能否顺畅地将产品或服务提供给客户,并及时收回货款或收入,决定着公司的赢利能力。

按照公司是否直接面向最终客户,可以将一家企业的销售模式分为直销模式、代销模式和经销模式。直销模式即公司直接通过销售人员或销售终端向最终客户销售商品并获取收入,包括厂家直销、直营店、参与投标、团购、互联网 APP 直销等方式;代销模式是公司将销售服务委托他人或代理商进行,公司支付给代理商代销费用;经销模式则是公司将产品销售给经销商并直接确认收入,产品由经销商二次销售给最终客户。

按照公司销售活动是否涉及互联网线上营销,又可以将销售方式分为线上销售模式和线下销售模式;按照销售市场是否涉及境外市场,还可以分为境外销售和境内销售等不同类型。公司根据不同产品、服务或面向的最终客户,科学合理选择不同的销售模式。

审核中主要关注不同销售模式下有关信息披露的真实性、准确性和完整性,关注不同销售模式下相关销售活动的合规性以及相应财务会计处理的规范性。

1. 直销模式

公司直销模式下,客户获取方式通常包括参与招投标、竞争性谈判、谈判协商、线上营销等。直销模式对公司的销售能力要求很高,即公司能够通过自身的销售人员或者销售渠道获得客户和订单,从而取得收入。公司直销模式下需要重点关注的是"关系订单"和"安利模式"。

对于大量区域性中小企业而言,其销售活动更多依赖"关系订单",即公司实际控制人或者相关销售人员因为与某个企业、某个机构的相关决策或采购负责人之间存在一定的"社会关系",从而取得了相关产品或服务订单。某些业务名义上是通过招投标等方式取得的,但实际上却存在私下勾兑。尤其是涉及国有企事业单位或大型企业的采购活动和医药领域、建筑工程领域、计算机通信设备等暴利行业,公司销售过程中存在违规操作、商业贿赂等风险较高。而且,关系订单对于公司而言是一把双刃剑,一方面短期内具有可观的收入来源,另一方面公司业务缺乏独立性和市场竞争力,依靠关系取得的业务往往很容易被取代,持续经营能力不足。

对于"安利模式"下的直销、分销模式,则很容易跟"传销业务"混同。判断企业直销与传销的区别主要在于,一是看产品销售层级,即公司产品经过3级销售是否能够到达真正的消费者;二是看产品销售结算方式,是代理模式还是买断式销售;三是看销售人员的激励模式,相关销售收入提成是否与销售下线人数挂钩。

> **审核关注要点:**
> (1)公司是否充分披露大额订单来源、订单获取方式,关注其相应的销售人员、销售政策、销售费用情况与订单情况的匹配性;
> (2)公司是否充分披露直销大客户之间毛利率差异情况,关注是否存在重大客户依赖;
> (3)公司开展业务存在分包、外包、设备供应商、劳务供应商的,关注相关主体是否与公司客户、客户的相关负责人等存在关联关系,是否向有关主体输送利益或存在商业贿赂等违法违规情形;
> (4)公司主要通过投标获取业务的,关注公司的业务属于必须招标的范围及规模标准,关注是否存在未按要求进行招投标的情形;
> (5)公司存在多级分销模式的,关注是否存在传销相关特点,公司销售行为是否合法合规;
> (6)公司涉及贴牌销售模式的,公司是否充分披露贴牌销售的主要客户、所处地域、品牌及产品类型、合作历史等,关注公司贴牌业务的收入确认方式是否准确、合作的稳定性和公司持续经营能力情况。

典型案例68:视联动力直销模式信息披露①

发行人客户主要集中在政府机构、运营商及大型集成商。结合行业

---

① 2019年8月30日,视联动力信息技术股份有限公司因发行人撤回发行上市申请或者保荐人撤销保荐,上交所终止其发行上市审核。公司撤回申请原因或与公司业务高度依赖地方政府及国有运营商,在具体业务开展过程中普遍采取直销模式,且采用与最终用户所在地相关企业合作模式开展业务,在业务真实性、销售规范性、收入确认、存货、应收账款等方面存在一些特殊情形有关。

特点,发行人采取直销模式开展业务。

【审核问询意见】

请发行人披露:(1)区分政府机构、集成商和运营商等不同客户类型,说明发行人获取上述客户的方式,发行人如何通过自有销售团队销售产品;(2)针对集成商和运营商客户的销售,是否存在最终业主方指定发行人产品的情况,是否存在通过集成商客户向政府机构、运营商或其他企业进行销售的情况,与同行业可比公司的销售模式是否存在显著差异,发行人所采取的直销模式与通常意义上的直销模式有何异同。

【问询回复摘要】

公司说明:

(1)发行人所在行业主要参与方介绍。发行人所处行业为高清视频通信行业,主要参与方可以分类为最终用户、运营商、集成商和产品商。

公司近年来投入大量资源深耕的"雪亮工程"、社会治安综合治理、电子政务市场,用户大部分为政府部门,其通常采购流程包括:公开招投标、单一来源采购、竞争性谈判、商务谈判等。最终用户是整个项目的采购方和使用方,是产品和服务的最终需求方和使用部门,作为最终使用方提出需求,包括:应用需求和技术需求。

运营商指拥有工信部颁发的运营执照架设网络并提供网络服务的公司,同时大部分运营商都具有集成资质。运营商的资源主要在于拥有网络资源、方案设计能力、实施能力、运维服务能力和销售能力,同时具备提供相关技术及集成服务的能力。在很多项目中,运营商同时扮演着提供网络资源以及系统集成商的角色。

集成商具有专业集成资质,工作主要包括方案设计、提供集成服务、项目实施。集成商通常掌握被集成产品的技术特点,集成商通过取得产品商授权等方式将具体产品做入其集成方案中,从而向最终使用方提交其整体方案。

发行人属于产品商,为最终客户提供满足其应用需求的软/硬件产品的供应商。产品商掌握自己产品的技术、研发、生产和销售,同时取得产品所需的各项资质,并且保证自身提供的所有产品销售的合法性。

政府部门会综合考虑项目规模、复杂程度、运营及维护的具体要求等多方面因素,在有些项目中会直接与符合项目需求的运营商、集成商及产品商分别签订合同。但政府部门多数情况下会选择能够满足其需求的运营商、集成商，与其签订系统集成及运营合同，由运营商和集成商设计并提供完整解决方案，包括实施、安装、调试、验收、交付等多种服务内容，并约定在项目交付完成后提供日常的运维服务。这种情况下，运营商或集成商会选择并与符合其整体设计和需求的各类产品商签订设备买卖合同，项目中往往涉及的设备种类繁多，例如硬件环境、显示设备、传输设备、存储设备、采集设备等。基于上述原因，报告期发行人的客户中既有政府部门，也有运营商和集成商。无论上述哪种客户类型，发行人的销售内容均为自主研发的视联网相关产品及服务，并按照双方所约定之条款签订具体销售合同。

（2）公司主要销售方式。公司目前已在全国绝大部分地区设立了分支机构，为客户提供7×24小时全方位实时保障。这些分支机构有利于公司提升客户满意度，及时掌握客户需求，掌握新项目信息，对获取未来订单发挥重要作用。

从区域角度出发，公司结合各地"雪亮工程"、社会治安综合治理、电子政务的推广情况、建设进度等，在全国设立了7个子公司、22个分公司，并在重要的计划单列市、地级市成立办事处，建立完整的销售、服务支撑体系，在各个分子公司、办事处建立视联网技术及应用体验中心，让客户更加快速的获得直观的体验。从垂直角度出发，发行人内部设立了承担销售职能的商务拓展中心、大客户销售部、区域销售部、设计院销售部，同时还有负责行业垂直推广的医疗事业部以及工业事业部。公司主要获客方式包括，新客户主动拜访、老客户日常拜访、互联网信息发布、参加行业展会、公司主动宣传等多种方式。

（3）公司销售流程。鉴于公司业务特点，公司通过自身渠道与客户建立良好关系，得到客户对产品的认可，并通过新客户主动拜访、现有客户日常拜访、互联网信息发布及主动宣传、参加行业协会及展会、邀请潜在客户对成功案例进行考察等渠道沟通了解用户的最新动态。如现阶段无法和客户确认购买意向，则公司会有针对性地持续跟进，将产品提供给客户进行试用并取得用户认可，最终在客户采购时形成较强的竞争优势。发行人销售职能部门在获取订单线索后，会申请由发行人解决方案中心介入，为潜在用户设计一套完整的基于发行人产品应用的方案。发行人销售职能部门会就该方案与潜在用户进行必要的沟通和修订,最终由双方确认该方案能够满足需求。在此基础上,潜在用户将履行相应的采购程序,如公开招标、单一来源、竞争性谈判、商业谈判等。

目前,政府机构、运营商及集成商客户采购形式主要包括公开招标、单一来源采购、竞争性谈判、商业谈判等形式。各大运营商较多采用招标和商务谈判的形式进行采购。因此公司在形成销售部门牵头、多部门参与配合的工作方式,依据各项目不同的客户采购方式,进行标准化的工作流程,完成对客户采购工作的规范化响应。

公司在日常销售活动中,会与最终用户直接接触并向其展示"视联网"技术、发行人产品,同时通过直接体验的方式让最终用户对发行人技术及产品有直观了解。最终用户在作出采购决定时,会统一考虑其项目规模、项目预算、建设方案等多种因素决定其采购流程。在采购过程中,最终用户因已直接体验发行人产品效果,会在采购要求中明确提出需要达到的技术指标和最终效果,但不会明确指定发行人产品。

最终客户如通过运营商或集成商进行采购,运营商和集成商会根据项目具体情况结合其人员配置、资金流转、其他项目安排等自身情况制订切实可行的实施计划,可能存在将物料采购、弱电集成、基建施工等具体工作再次进行分项采购的情况。发行人报告期内部分集成商客户及其他客户即作为项目中标运营商、集成商的下级分项承包单位而向发行人进行采购的情况。该种情况下,发行人对此类客户销售商品会对应到具体实施项目,也会根据最终用户、项目中标运营商、集成商及下级分项承包单位的具体要求签署相应销售合同,最终根据相关合同条款取得相应凭证后确认收入。

(4)可比上市公司销售模式。

1)苏州科达采取"品牌导入+代理销售"组合模式的销售网络,对重要客户乃至行业从需求、产品、营销、客户关系、技术方案等方面进行品牌导入和市场维护,协同代理商进行项目运作;对一般客户通过代理商进行销售;其云会议业务采取"大客户直销+一般客户渠道销售"的模式。

2)中兴通讯目前的销售模式主要为直销模式,即通过打包销售或定制的方式将产品直接销售给运营商。

3)华平股份整体销售策略为:①通过直销方式,形成公司与用户长期稳定的互动合作关系;②采用代理分销方式,利用公司产品优势扩大品牌影响,以获取更多的市场份额。

【案例评析】

公司主要为地方政府道路亮化工程、监控系统等提供产品,主要客户既包括地方政府,也包括工程集成商(施工)和运营商,公司未能充分说明各类客户的获取方式、合作模式。从反馈问询回复内容来看,尽管中介机构进行了较为繁杂的核查工作,但仍未能条理清晰、逻辑严密、言简意赅地将公司销售情况准确披露。出现这种情况,一方面与地方政府道路施工工程、监控系统工程等多涉及较为复杂的承包和分包体系,个别地方还涉及"关系户"等廉政风险,无论是核查过程还是披露内容方面对企业来说都存在一定的困难;另一方面中介机构在对公司客户分类、销售方式分类披露方面还存在较大的改进空间,通常而言,清晰地描述和分析逻辑将减少审核机构的疑虑。

2. 经销模式

经销模式是一种典型的买断式销售方式,其销售客户并非最终用户而是代理商或者经销商。经销模式与代销模式的区别在于,代理商是否买断商品所有权。这种模式在市场拓展初期具有明显的优势,主要体现在营业费用较低、销售网络建设投入较小、对销售管理能力的要求不高,而且可以快速回笼资金,有利于处在快速发展时期的公司迅速打开销售市场,提高市场占有率。但是经销模式下也存在一些问题,包括公司对销售渠道的控制能力较差,对市场需求信息的反应不够快捷,对品牌形象的统一策划、维护较难得到彻底贯彻执行等。

经销模式下公司产品并非直接面向最终客户,且产品向经销商销售后即直接确认收入,因此很容易通过关联方经销商或者其他安排来虚增收入或者提前确认收入。《科创板审核问答》明确,发行人采取经销商销售模式的,发行人应就经销商模式的相关情况进行充分披露,主要包括:

(1)经销商和发行人是否存在实质和潜在关联关系;

(2)发行人同行业可比上市公司采用经销商模式的情况;

(3)发行人通过经销商模式实现的销售比例和毛利是否显著大于同行业可比上市公司;

（4）经销商是否专门销售发行人产品；经销商的终端销售及期末存货情况；

（5）报告期内经销商是否存在较多新增与退出情况；

（6）经销商是否存在大量个人等非法人实体；

（7）经销商回款是否存在大量现金和第三方回款。

出现下述情况时，发行人应充分披露相关情况：

（1）发行人通过经销商模式实现的销售毛利率和其他销售模式实现的毛利率的差异较大；

（2）给予经销商的信用政策显著宽松于其他销售方式，对经销商的应收账款显著增大；海外经销商毛利率与国内经销商毛利率差异较大。

审核关注要点：

（1）公司是否充分披露经销商体系、经销商授权类型、层级设置、经销商的区域划分及分布情况，经销商选取标准、日常管理、定价机制（包括营销、运输费用承担和补贴等）、物流安排（是否直接发货给终端客户）、退换货机制、销售存货信息系统等方面的内控是否健全并有效执行；

（2）公司是否充分披露报告期内经销商数量及变化情况、撤销的经销商数量及原因，关注公司经销系统是否稳定可靠；

（3）公司是否充分披露经销商资格标准及审核情况，合同履行是否发生过纠纷以及纠纷的处理结果，经销合同权利义务的约定及实际执行情况，经销商库存等信息共享和管理情况，关注公司对经销商的控制能力或依赖情况；

（4）公司是否充分披露主要经销商的股权结构、主要股东以及实际控制人情况，与企业及企业股东、实际控制人、董监高是否存在关联关系；

（5）公司是否充分披露主要最终客户情况，最终客户购买产品的用途及其合理性，中介机构关于公司产品最终销售核查是否规范可靠，重点关注其收入实现的真实性，采取经销商模式的必要性，经销商模式下收入确认是否符合企业会计准则的规定，是否存在提前确认收入、提前备货等情形。

典型案例69:沃尔德经销商收入占比较高

发行人2018年收入较2017年增长2877万元,主要源于经销收入增长2421万元。根据2017年、2018年发行人前五大经销商销售额分析,发行人向经销商烟台康汇系的销售收入增长1132万元。2016年至2018年,发行人向该经销商的销售收入分别为802万元、589万元、1721万元,该经销商分别为发行人各年的第二、第三和第一大经销商。

【审核问询意见】

请发行人:(1)说明烟台康汇系的基本情况,该经销商是否专门销售发行人产品;(2)结合发行人近三年向烟台康汇系销售的产品结构是否发生重大变化、2018年向该经销商销售的产品类型、各类产品毛利率与直销模式、其他经销模式下的产品类型、毛利率是否存在重大差异、最近一期向该经销商的销售金额,说明2018年发行人向该经销商销售额较2016年、2017年大幅增长的原因及合理性,并在招股说明书中披露上述原因及合理性;(3)说明发行人与该经销商的退换货政策、信用政策、销售返利或补贴政策与其他经销商有无显著差异;2018年以及2019年以来发行人、控股股东或实际控制人对该经销商有无财务支持(如借款、担保);(4)说明发行人2018年经销模式下的产品结构较前两年是否发生重大变化,如是,请说明原因;最近三年发行人对经销商的退换货政策、信用政策、销售返利或补贴政策是否发生重大调整;(5)按产品类型补充披露直销和经销价格及毛利率水平的差异,存在异常情况的,如同类产品的经销售价高于直销售价,应进一步披露原因及合理性。

请保荐机构和申报会计师核查上述事项并发表意见,且就发行人向烟台康汇系销售的真实性、合理性发表意见。针对报告期内经销最终销售实现情况,请保荐机构和申报会计师说明是否进行核查以及核查方式、核查标准、核查比例、核查证据并发表意见。

【问询回复摘要】

公司说明:

(1)烟台康汇系基本情况。烟台康汇系包括受同一实际控制人范青原控制的烟台康汇金属材料有限公司、烟台翼轮金刚石工具有限公司、烟台信源光电材料有限公司和烟台唐韩商贸有限责任公司四家公司,其中烟台康汇金属材料有限公司、烟台唐韩商贸有限公司和烟台翼轮金刚石工具有限公司主要经营销售北京沃尔德公司的钻石刀轮、磨轮、刀具等产品;烟台信源光电材料有限公司除经营销售北京沃尔德公司的钻石刀轮、磨轮、刀具等产品外,还主要经营销售橡胶密封件产品、紫外线 UV 灯管产品,主要应用于 TFT-LCD 面板制造的相关制程、滤芯产品、TFT 液晶材料系列产品等。

(2)公司 2018 年有关客户经销收入较高的原因。2016—2018 年,公司销售给烟台康汇系的产品主要系超高精密刀具和高精密刀具。2016、2017 年销售的产品结构整体保持稳定。2018 年,公司对其销售收入中高精密刀具的销售额增长较多,导致销售占比相应上升,主要系 2018 年 6 月,韩国 LG Display 总部主导的苹果手机"刘海屏"加工磨轮产品论证会上,公司高精密磨轮以精度高、稳定性好、寿命长、加工良率高,综合性价比高等优势,击败其他竞争对手,成为 LG Display 苹果手机"刘海屏"加工磨轮首选产品,并从 2018 年下半年开始批量供货,导致磨轮产品销售大幅增长。其他收入主要系刀轮修磨收入,报告期内逐年减少,主要系公司刀轮产品,使用寿命延长,产品使用寿命到期后,客户更多选择直接购买新产品替换,导致刀轮修磨收入相应下降。

(3)公司与烟台康汇系经销商销售差异情况。2018 年,公司销售给烟台康汇系的产品结构和其他经销商一样,主要以超高精密刀具和高精密刀具为主。其中销售给烟台康汇系、直销客户以及其他经销商的超高精密刀具产品的毛利率分别为 69.93%、70.59% 和 64.29%,销售给烟台康汇系的超高精密刀具毛利率略高于其他经销商低于直销客户,主要系 2018 年,公司销售给烟台康汇系毛利率超过 70% 的新产品 T 型齿钻石刀轮占比较高所致;销售给烟台康汇系、直销客户以及其他经销商的高精密刀具毛利率分别为 26.55%、47.32% 和 47.08%,其中销售给烟台康汇系的高精密刀具产品毛利率低于直销客户和其他经销客户,主要系销售给直销客户和其他经销客户的高精密刀具主要用于汽车发动机、变速箱以及航空、汽车用密封件等领域零部件加工,而销售给烟台康汇系的高精密刀具均系用于手机屏加工的磨轮产品,用途和其他高精密刀具不同,且由于该磨轮产品客户相对集中,单一型号产品供货量大,整体毛利率相对较低。

公司制定了统一的《销售管理制度》《经销商管理办法》等相关制度,对经销商的退换货政策、信用政策等进行了规定。报告期内,公司对烟台康汇系以及其他经销商执行公司统一的退换货政策;公司对主要经销商的信用期一般为3~6个月,其中烟台康汇系的信用期为4个月,不存在显著差异;公司对经销商不存在返利或补贴政策。报告期内以及2019年以来,公司、控股股东或实际控制人不存在对该经销商任何形式的财务支持。

保荐机构、申报会计师认为:

1)烟台康汇系除销售公司产品外,还存在其他产品销售。

2)报告期内,公司向烟台康汇系销售的产品结构未发生重大变化。

3)2018年,公司向该经销商销售的产品类型和直销模式下产品类型、其他经销模式下不存在重大差异,向该经销商销售产品与直销模式、其他经销商模式下毛利率的差异主要系产品结构以及具体产品型号不同所致。

4)2019年1~4月,公司向其不含税销售额为393.73万元(未经审计);报告期内以及2019年以来,公司、控股股东或实际控制人不存在对烟台康汇系任何形式的财务支持。

5)报告期内,公司退换货政策、信用政策未发生重大调整,公司对烟台康汇系的退换货政策、信用政策和其他经销商相比,不存在显著差异。

6)公司对经销商不存在返利或补贴政策。

7)报告期内,公司经销模式下产品结构发生了一定变化,主要系高精密刀具应用领域更广,收入增幅高于超高精密刀具所致。直销和经销模式下,各类产品价格和毛利率差异主要系具体产品型号不同导致,不存在重大异常情况;报告期内,公司向烟台康汇系的销售是真实、合理的。

8)报告期内,公司销售给经销商产品最终销售实现情况。保荐机构和申报会计师选取各期销售额覆盖经销收入70%以上的经销商进行实地走访,访谈程序以访谈问卷为基础展开,结合核查要求以及公司经营特点设计重点关注问题,逐题与受访人员完成问答之后,请受访人员签字确认记录内容的准确性与完整性。报告期内,发行人经销收入规模不断扩大,经销商为保证基本备货,各期末的存货余额亦随销售规模的扩大而增长,但根据公司产品特点,经销商一般根据终端用户的需求向公司下达采购订单,公司根据订单需求,生产完工交货后,经销商除对一般常用型号产品进行一定的基本备货外,其他产品一般在收货后,就会销售给下游终端用户。根据进销存核查结果,报告期内占公司经销售收入比重为77.47%、80.39%和81.96%的样本经销商各期完成对外销售额(以发行人采购成本计算)占当期向发行人采购额的比例分别为 98.09%、98.96% 和 95.79%，保荐机构、申报会计师认为：报告期内经销基本实现了最终销售。

【案例评析】

公司 2018 年销售收入大幅增长，且主要来源于经销商。烟台康汇系经销商系公司重要合作客户，关注公司与该经销商合作情况，是否存在依赖，相关销售是否真实。根据公司说明及中介机构核查，公司与该经销商合作基本正常，报告期收入增长具有一定的商业合理性，经销基本实现最终销售。

3. 其他销售模式

线上销售主要是指公司通过互联网向客户进行销售的方式，包括通过 PC 端和手机 APP 移动端销售。与线下销售相比，线上销售比较明显的特征在于获客方式较为开放、交易合同格式化明显、交付方式以物流快递为主、结算方式主要通过电子支付系统。实践中，因无法当面确认商品真实信息，电商销售通常设置有七天无理由退换货等安排，在收入确认方面需要关注是否存在提前确认的情形；另外，线上销售放大了销售真实性问题，特别是刷单等行为几乎已经成为虚拟服务等行业惯例，审核中主要关注销售数据的真实性、可靠性。

境外销售模式主要是指公司产品销往境外的，因为境外客户及销售真实性较难以核查，且涉及出口报关、物流运输、外汇结算和出口退税等多方面特殊安排，审核中对存在大量境外销售关注较高。

审核关注要点：

(1)公司是否充分披露线上销售模式下的实际销售情况、销售风险，中介机构是否就公司是否存在刷单、竞价排名等情况进行核查，关注销售真实性；

(2)公司是否充分披露线上销售与各平台的合作模式异同以及各平台的平台收费情况、结算方式及周期、收入确认时点及方法，相关合作是否符合行业惯例，公司收入确认的会计处理是否符合《企业会计准则》有关网络销售规定；

(3)公司是否充分披露境外销售的具体模式(经销、ODM 或 OEM 等)和物流运输模式(CIF 和 FOB 模式)，中介机构是否针对大额境外

订单合同、出库单、运输费用、报关单、出口退税、出口保险、发票及银行汇款单等信息进行有效核查,关注境外销售的真实性;

(4)公司通过境外子公司进行销售的,关注境外子公司的收入确认政策是否合理,境外库存及盘点是否有效,境外经营活动是否合法合规;

(5)公司是否充分披露主要境外销售地区的政治、经济、法律因素对公司境外业务开展的影响等。

典型案例70:九号公司境外收入占比较高

招股说明书显示,公司报告期内各期境外收入占比分别为35.70%、26.11%、37.07%和45.18%。

【审核问询意见】

请发行人:(1)明确说明境外收入的统计口径;(2)说明公司组织结构与境外子公司之间的关系,在机构、人员、业务方面实现境外经营的安排;(3)说明主要境外客户的情况、销售内容、运输方式、运费承担方式、结算方式等;(4)按主要境外销售国家或地区、主要结算币种列示说明境外收入情况;(5)说明报告期内境外销售金额显著变动的原因,分析说明贸易摩擦对公司境外收入的影响;(6)结合前述问题,对"公司国际化业务风险"这一因素进行客观、具体的补充披露;(7)请发行人结合海外销售地区的政治、经济、环境等因素以及与中国的政治、贸易等关系,综合分析发行人在上述地区业务的可持续性,发行人境外经营是否符合当地的法律法规,是否取得了经营所必要的许可、认证,是否存在被当地有权机构处罚的情况;如存在影响发行人持续经营能力的情况,请充分揭示风险。

【问询回复摘要】

公司说明:

(1)公司境外销售业务开展情况。公司境外子公司共有11家,包括九号机器人(香港)、纳恩博收购公司、纳恩博公司、赛格威机器人公司、赛格威、赛格威(德国)、赛格威发现(开曼)、赛格威发现(美国)、九号机器人(新加坡)、赛格威(欧洲)和赛格威(首尔)。

对于业务量较大的境外子公司,是在总部统一协调下独立运营,根据其各自职能设置了相应的机构部门并招聘或派驻相关人员,其各职能部门和公司总部对应部门具体对接日常业务,其主要负责人通过不定期的视频例会、电话会议或现场会议向总部汇报工作;对于业务量较小的境外子公司,目前由总部相关职能部门负责对接和开展业务;部分海外子公司设立后尚未开展业务,尚未设置机构部门和招聘人员。

公司主要境外客户为 Voi、Uber、Skinny、Encosta 等共享业务客户和 SDONA、KSR、Personal Transportation Systems Limited 等线下经销商,公司主要向上述境外客户销售公司智能电动平衡车和智能电动滑板车产品。公司向境外客户销售主要采取海运方式,运费承担方式主要有:客户承担全部运费、公司与客户分别承担运送至码头的运费和后续运费。公司与主要境外客户的结算方式为银行电汇。

报告期内,发行人主要海外销售地区为美国及欧盟等经济发达地区,该等地区不存在重大的政治动荡问题;经济方面,该等地区经济较为发达,具备较强的消费能力;环境方面,发行人产品不涉及重大环境污染、环境安全问题,对发行人于上述地区的销售业务不构成重大影响。

(2)境外销售与海关单据等之间的勾稽关系。报告期内,公司境内主体实现的境外销售收入为纳恩博(常州)、纳恩博(天津)及九号联合通过一般贸易模式实现的外销收入。海关统计数据为针对境内主体出口数据进行统计。

(3)物流信息与海关单据之间的勾稽关系。公司物流提单包含打包日期、发货公司、收货公司及地址、商品名称、商品重量、托盘数量等信息。经核查,提单上发货公司与报关单上境内收发货人及生产销售单位一致,提单上收货地址国家与报关单上运抵国一致,提单上商品名称与报关单上商品名称、商品重量、托盘数量一致,提单上打包日期比报关单上申报日期早1~2天。

(4)境外销售与增值税免抵退税申报表之间的勾稽关系。报告期各期,公司外销收入(包括公司境内主体销售给境外主体的收入)以出口报关为收入确认时点,出口退税通常在单证齐备后方可获得相应的退税,公司收入确认时点与出口退税存在一定的时间间隔,通常为1~3个月,时间性差异导致公司出口收入与申报的免抵退出口货物计税额存在差异。报告期内,公司各年对外销售金额同免抵退出口货物销售金额的差异均较小。

【案例评析】

公司境外收入占比较高。对此,公司就境外销售相关情况进行了补充披露,中介机构进行了核查认为:

(1)公司境外子公司机构、人员、业务方面安排合理,公司主要境外客户的说明情况与事实一致;

(2)公司对报告期内不同境外地区销售金额显著变动的原因真实、合理。贸易摩擦对公司境外收入不产生重大不利影响;

(3)公司在主要海外销售地区业务具有可持续性,除上述披露的情形外,发行人在美国、荷兰、德国、香港、新加坡以及韩国等境外地区经营取得了必要的资质,不存在被当地有权机构处罚的情况;

(4)公司境外销售与海关单据、物流信息、增值税申报表之间具有合理的勾稽关系,未发现境外销售与海关单据、物流信息、增值税申报表之间的勾稽关系存在异常。

二、公司客户

公司客户是公司提供产品或服务从而获取收入、利润的直接对象,公司报告期内的客户情况反映出公司的主要收入来源和市场情况。公司需要按照公司开展的各项业务分别分类披露公司报告期内主要客户信息、收入构成和毛利率情况,不同业务对应的不同客户的收入、毛利率情况,可以进一步了解公司的主要利润来源,判断公司收入规模是否与利润具有直接相关性。

1. 重大客户依赖

重大客户依赖是指公司报告期内从部分客户处获取的收入、利润等占当期收入或利润比例过半的情形。公司存在重大客户依赖情形的,其获取客户方式的合规性,与相关客户合作的持续性决定着公司业务开展是否稳定、可持续。一些特殊行业例如电力、电信、铁路、燃气等自然垄断行业,其供应商对上述客户存在较大集中的情况则具有一定的合理性。

《科创板审核问答(二)》明确:发行人存在客户集中度较高情形的,保荐机构应重点关注该情形的合理性、客户的稳定性和业务的持续性,督促发行人做好信息披露和风险揭示。对于非因行业特殊性、行业普遍性导致客户集中度偏高的,保荐机构在执业过程中,应充分考虑该单一大客户是否为关联方或者存在重大不确定性客户;该集中是否可能导致其未来持续经营能力存在重大不确定性。

对于发行人由于下游客户的行业分布集中而导致的客户集中具备合理性的特殊行业(如电力、电网、电信、石油、银行、军工等行业),发行人应与同行业可比上市公司进行比较,充分说明客户集中是否符合行业特性,发行人与客户的合作关系是否具有一定的历史基础,是否有充分的证据表明发行人采用公开、公平的手段或方式独立获取业务,相关的业务是否具有稳定性以及可持续性,并予以充分的信息披露。

审核关注要点:

(1)公司是否充分披露获取主要客户的方式、合作历史和合作基础,是否有充分的证据表明公司采用公开、公平的手段或方式独立获取客户及业务,公司与主要客户的合作是否稳定、可持续;

(2)公司与主要客户之间是否存在关联关系,相关交易定价是否公允,公司是否具备独立面向市场获取客户、开展业务的能力;

(3)公司客户集中的原因与行业经营特点是否一致,公司客户在其行业中的地位、透明度与经营状况是否存在重大不确定性风险。

典型案例71:燕麦科技第一大客户收入占比较高

招股说明书披露,2019年1~3月,发行人第一大客户维信集团合计贡献销售收入2032.36万元,占发行人营业收入的比例为57.04%。公开资料显示,盐城维信电子有限公司成立于2017年6月,2018年即成为发行人第一大客户,贡献销售收入5328.60万元,占比21.85%,2019年一季度贡献销售收入658.47万元,占比18.48%。

【审核问询意见】

请发行人说明:(1)对维信集团是否存在大客户依赖;(2)盐城维信电子有限公司的基本情况,成立第二年即成为发行人第一大客户的原因及合理性,与发行人是否存在关联关系、利益输送或其他利益安排。

【问询回复摘要】

公司说明:

(1)报告期内维信集团收入贡献情况。2019年1~3月,发行人第一大客户维信集团合计贡献销售收入 2032.36 万元,占发行人营业收入的比例为 57.04%。第一季度通常为公司销售的淡季,第一季度的收入占全年的比例较低,第一季度维信集团占比较高主要是 2018 年下半年发货的维信集团订单部分在 2019 年第一季度确认收入所致。

最近三年一期,发行人对维信集团的销售金额及占比呈逐年上升的趋势。报告期内公司对前五大客户的销售收入占当期营业收入的比例分别为 88.01%、84.24%、85.88% 和 92.03%,前五大客户主要包括鹏鼎控股、日本旗胜、维信集团、住友电工、日本藤仓全球领先的 FPC 生产企业。公司客户集中度较高,主要系下游 FPC 行业集中度较高的竞争格局及公司产能不足情况下优先满足优质客户需求所致。报告期内,发行人对维信集团的销售收入占比未超过各期销售收入的 50%,发行人并没有形成单独对维信集团依赖的情况。

(2)维信集团与公司关系。公司与维信集团的合作始于 2014 年,其内部设置为集团统一采购。根据中介机构对维信的访谈,维信集团进行战略定位调整,将苏州维信一部分产品延伸到盐城维信进行大规模生产。盐城维信是新工厂且投资金额较大,2018 年采购公司 FPC 自动化测试设备大幅增加具有合理性。发行人与维信集团不存在关联关系、利益输送或其他利益安排。

【案例评析】

公司客户较为集中,其中第一大客户维信集团与公司合作密切。根据公司说明,公司客户集中度较高主要与下游 FPC 行业集中度较高的竞争格局及公司产能不足情况下优先满足优质客户需求所致。盐城维信的主营业务为柔性电路板生产,该公司投资规模较大,报告期内向发行人采购的自动化测试设备具有合理性。中介机构经核查后认为,公司与维信集团不存在关联关系、利益输送或其他利益安排。公司未就与相关客户合作基础、合作可持续性、交易公允性等方面进一步说明,相关信息披露存在一定改进空间。

2. 关联方客户

公司与关联方存在上下游关系或者在同一行业中开展业务的,在日常经营活动中可能出现合作关系。公司与关联方之间的往来一方面可以为公司带来可靠、稳定的收入,另一方面也可能导致公司实际控制人调节公司收入、利润。特别是关联方之间提供定制化产品或者非标准化服务的,几乎难以对其成本进行核查,很容易存在收入、利润调节空间。除此之外,公司与关联方客户之间还可能通过相互调节账期或者存货来达到资金占用或者虚构收入的目的。

> **审核关注要点:**
> (1)公司是否充分披露与其他客户、同行业其他公司在定价方面的差异情况,与关联方合作的原因,关注关联交易是否公允、合理;
> (2)公司是否充分披露对关联方客户的账期与其他客户账期的差异情况,销往关联方客户的商品最终销售情况,定制化产品或者服务相关成本的匹配性和一致性,关注关联交易的真实性。

典型案例 72:晶晨集团半导体存在关联方客户

招股说明书披露,2016 年、2017 年和 2018 年,发行人与 TCL 电子(香港)有限公司发生的关联销售业务金额分别为 6036.87 万元、7339.90 万元和 8562.40 万元,占每年的主营业务收入比重分别为 5.25%、4.35% 和 3.60%,整体呈现下降趋势。

【审核问询意见】

请发行人补充披露:(1)发行人、晶晨集团与 TCL 王牌电器(惠州)有限公司及其关联方开展合作的时间、原因、双方业务合作方式、上述业务获取方式。(2)关联交易的合理性、必要性、公允性,是否存在关联交易进行利益输送的情况。(3)报告期 P220 芯片销售价格定价低于其他客户的原因,销售单价、销售数量与独立第三方客户的对比情况,各期价格优惠的合计金额;除 P220 芯片之外,公司对 TCL 销售产品与其他客户之间的价格差异情况分析;公司对 TCL 的返利政策、返利金额及占比,返利比例与其他客户是否存在重大差异。

【问询回复摘要】

公司补充披露:

(1)公司与 TCL 合作背景。2013 年,公司因业务发展亟须向市场进行融资,TCL 也同时在积极寻找优质芯片供应商。鉴于对公司发展战略的认可和公司在多媒体智能终端领域的市场潜力,TCL 决定通过昇隆有限入股晶晨 DE。2015 年 11 月,昇隆有限将股份转为在境内拟上市公司层面持有,并改以 TCL 王牌电器(惠州)有限公司进行持股。经过多次产品测试和实地考察,TCL 于 2015 年开始向公司大规模采购智能机顶盒和智能电视芯片,公司与 TCL 一直保持稳定的合作关系。

(2)公司与 TCL 集团关联销售的合理性及公允性。晶晨集团及其控制的相关企业早在 2008 年 8 月即向 TCL 电子销售视频类系统芯片。鉴于公司在视频、音频相关系统芯片领域具有突出的研发能力,符合 TCL 电子控股有限公司围绕其主业相关上下游企业的产业投资理念,TCL 王牌的关联企业昇隆有限与晶晨集团于 2013 年 7 月达成投资意向,成为晶晨集团股东。此外,智能电视相关系统芯片的技术门槛较高,市场上具备相应芯片供货能力的企业较少,TCL 电子出于智能电视产品采购的实际需求在报告期内向公司进行采购。综上,上述关联交易具有真实的交易背景和商业合理性。

报告期内,公司主要向 TCL 电子销售智能电视芯片,其中 A 型号芯片单价较其他客户略低,主要原因系 TCL 电子是智能电视芯片第一大直销客户,根据"量大从优"的原则公司对其给予一定的价格优惠;B 型号芯片在 2017 年亦由于 TCL 电子"量大价优"原因定价较低,2018 年与其他客户价格基本一致;C 型号芯片因 TCL 电子用于研发在 2016 年度仅采购 35 颗,因此销售单价较高,之后并未再采购该芯片。

公司对采购规模较大的客户会给予一定力度的价格优惠,出于商业秘密的考虑,公司一般通过返利的形式以实现价格保护。报告期内,公司与 TCL 电子签署的《返利合作框架协议》对返利产品、采购价格、返利金额、返利期间、返利期间采购量等条款进行约定。2018 年度,公司对 TCL 电子的返利金额为 1408.67 万元,占公司全部返利金额的 32.68%。根据不同型号的芯片产品,公司向 TCL 电子返利价格分为 0.6 美元/颗和 1.06 美元/颗两种,向其他客户同类型号的返利价格为 0.2 美元/颗至 0.3 美元/颗。公司的返利政策受客户的采购规模、芯片产品种类、同行业竞争者对同类产品的售价等多种因素影响,不具有规律性。

【案例评析】

发行人已补充披露与 TCL 王牌电器(惠州)有限公司及其关联方开展合作的相关情况,以及芯片产品的关联销售情况。中介机构核查认为,报告期内,公司的关联交易具有真实的交易背景和商业合理性,且已经履行了关联交易审议程序,关联董事和关联股东均已回避表决,独立董事已发表独立意见,关联交易定价公允,不存在利益输送的情况。

3. 互为购销

互为购销是指公司在报告期内既存在向某一主体销售产品的情形,也存在向同一主体或其关联方采购原材料或服务的情形。通常情况下,如果两主体分别提供不同的产品或服务,相互采购具有一定的商业合理性。对于两主体从事相同产品或服务的,则存在"同业拆兑"的可能性,批发业务、软件和信息技术服务业、建筑服务业以及其他专业技术服务业,在产能不足或者业务较为繁重的时候,通过同业企业进行周转也较为正常,这种合作往往具有详尽的项目背景、明显的商业合理性。但是,一些关联方或者利益相关方之间通过相互购销,还存在调节业务收入或者成本,以实现粉饰报表。

> **审核关注要点:**
> (1)公司是否充分披露报告期内互为购销的供应商、客户的基本情况,与公司及相关主体之间是否存在关联关系;
> (2)公司是否充分披露报告期内相关购销业务开展的商业背景,价格与市场情况比较情况、款项结算情况、货物交付安排,关注相关业务是否真实、合理;
> (3)对于公司长期与某些特定主体之间互为购销的,关注业务体量的大小以及对公司业务开展的独立性和可持续性的影响情况。

典型案例73:威胜信息与关联方之间存在互为购销情形

报告期内,公司与关联方之间经常性关联销售产品及原材料金额分别为17045.65万元、12806.21万元、8757.53万元,占营业收入比分别为25.06%、12.87%、8.43%;公司与关联方之间的关联采购金额分别为33621.90万元、4329.84万元、3876.78万元,占当期采购额比例分别为57.57%、6.38%、5.86%。

【审核问询意见】

请发行人补充披露:(1)报告期发行人与威胜集团、施维智能等关联方既存在关联采购又存在关联销售的交易背景、必要性及商业合理性,关联销售、关联采购数据与威胜控股公开文件披露内容是否一致、关联方的认定依据是否存在差异;(2)报告期威胜控股的主要财务数据、发行人的财务占比及重要性,扣除发行人的经营贡献后,威胜控股的主要产品、客户及财务数据情况,威胜控股财务数据与发行人财务数据的匹配情况分析;(3)报告期发行人与威胜集团等关联方后续关联交易金额大幅降低采取的具体措施及未来关联交易的可持续性,发行人不向威胜集团等关联方采购、销售而向其他方交易的可替代性,威胜集团等关联方不向发行人采购、销售而向其他方交易的可替代性,前后交易金额、交易价格的对比情况分析;(4)上述关联交易的定价机制、交易价格的公允性,交易价格与市场公允价格、独立第三方客户的价格、关联方与其他交易方的价格相比是否存在重大差异,是否存在对发行人或关联方的利益输送;(5)发行人是否完全独立运营、是否存在相互代垫费用的情况、是否存在关联关系或其他利益安排。

【问询回复摘要】

公司说明:

(1)关联交易的合理性及公允性。发行人主营业务产品为电监测终端、水气热传感终端、通信模块、通信网关及智慧公用事业管理系统等,威胜集团、施维智能等关联方主营业务产品为电表、电气产品、软件及运维服务等。报告期内,发行人向威胜集团、施维智能等关联方销售电监测终端、水气热传感终端、通信模块、通信网关及智慧公用事业管理系统等产品和少量原材料。为满足部分客户打包产品采购需求,关联方向公司采购上述产品,与其他自产产品一起销售给客户。关联方一般获取订单后再向公司采购,其最终销售客户主要为国家电网、南方电网、地方电力公司,以及大型公建、石油石化、交通运输等工商业企业等,因此关联销售具有合理商业背景和必要性。

公司向关联方采购电表、电气产品、运维服务等产品的主要原因系为满足部分客户打包产品采购需求,关联方威胜集团、威科仪表、威胜电气的电表和电气产品能满足公司和客户要求,而施维智能在相关运维服务领域具有技术优势,因此发行人基于提升客户服务能力及行业综合竞争力、缩短交货周期等考虑,向关联方采购电表、电气产品和运维服务等产品,具有合理的商业背景和必要性。此外,报告期初,公司与部分关联方存在关联采购和关联销售原材料的情况,主要原因系基于采购便利性考虑,关联方之间采购临时性生产所需要的通用原材料,为避免不必要的关联交易行为,自2017年开始,该类关联交易金额已显著降低,报告期内公司与关联方之间的关联采购占比分别为57.57%、6.38%、5.86%。报告期内,公司关联销售定价以市场价格为参考,通过双方协商确定,交易价格公允。

(2)关联客户的依赖性。威胜控股及其附属企业生产销售的电能表产品为法制计量器具,是电网的基础设施;而公司所生产销售的电监测终端、通信网关等产品是泛在电力物联网框架下的重要构成部分,其中电监测终端属于泛在电力物联网的感知层产品,功能为感知泛在电力物联网底层的环境信息、位置信息、用电质量信息等综合信息,通信网关属于泛在电力物联网的网络层产品,主要负责对上述信息进行传输、暂存和解析。公司与威胜控股业务和产品类型不同,无配套或配比关系。

报告期内公司关联销售占比分别为25.06%、12.87%、8.43%,在关联销售大幅下降的情况下,公司营业收入呈增长趋势,主要系公司产品竞争力强,且与国家电网、南方电网各网省公司或地方电力公司、各省水务公司等主要客户保持良好的合作关系,公司对威胜集团等关联方关联销售金额的下降对公司经营业绩影响较小。

(3)关联交易规范情况。2016年以来公司为增强独立性、突出公司主要业务,减少不必要的关联交易,公司逐渐不再承接部分涉及电表、电气产品占比较大的打包订单业务。同时威胜集团等关联方亦不再承接部分涉及电监测终端、水气热传感终端、通信网关及智慧公用事业管理系统等占比较大的打包订单业务需求。尽量避免基于便利性考虑导致的关联方之间采购临时性生产所需要通用原材料的交易事项。同时公司积极进一步优化和完善供应商结构,丰富公司原材料和外协加工服务的供应渠道以降低关联采购的交易金额。此外,公司子公司威铭能源于2017年6月收购珠海中慧,此后双方的交易不属于关联交易,为合并报表范围之内的交易。

公司与威胜集团等关联方分别属于电水气热物联网行业和电能表及电气等行业,基于部分客户打包产品要求,为最大程度满足客户需求,公司与威胜集团等关联方之间仍将持续发生部分关联销售和采购交易,但公司已制定完善的关联交易制度,未来将尽量减少不必要的关联交易并持续规范关联交易。

【案例评析】

报告期内公司与关联方之间存在购销业务往来,且占比较高。根据公司说明,公司关联交易具有合理商业背景且定价公允,报告期内关联交易占比持续下降,公司对关联方不存在依赖,关联交易持续规范。

第四节　公司采购情况和主要供应商

公司采购情况和主要供应商情况反映出公司如何获取原材料和上游服务。通过对公司原材料及产成品、采购内容和服务内容进行对比,可以直观感受到公司的生产加工能力和服务增值能力。

一、采购模式

从事产品生产制造的,涉及原材料、零部件的采购和外协加工采购;从事建设施工业务的,则对劳务、设备以及部分业务分包商进行采购;从事批发贸易业务的,通常需要采购商品、仓储和物流服务;从事研发服务的,则需要采购研发器材及研发服务;提供专业服务的,需要进行软件或技术、广告、咨询服务采购;等等。公司采购的内容、采购的金额和比例情况对于进一步了解公司产品和业务的构成具有重要意义,如公司是否对某些零部件、原材料或主要供应商具有重大依赖,公司是否掌握产品的核心技术、关键等。

1. 原料采购

从事生产业务的企业需要进行大量的原材料或零配件采购,在生产过程中还涉及生产设备、生产辅料、能源动力等采购安排。观察公司的原材料采购可以很好地理解公司的产品特点、公司产品的附加价值以及公司生产业务的真实性。公司的原材料、零配件、能源动力耗用情况与产能和销量具有很强的线性关系,"克强指数"即很好的利用了用电量等指标来对工业生产情况进行评判。结合公司报告期内各项原材料的价格、成本以及相互之间的线性或非线性关系,可以进一步把握公司的主要成本、支出内容和对象,以及业务增长的真实性、合理性。除此之外,如果公司采购的原料中主要为标准零部件产品的,则表明公司很有可能是组装公司或者系统集成商,重点考察公司最终产品是否具备核心技术或者掌握关键销售渠道。

审核关注要点:

(1)公司是否充分披露生产经营过程中采购的原材料名称、功能、用途,采购的价格及其波动情况,采购的周期、存储和使用安排情况,关注公司原材料采购计划与公司生产计划是否相匹配,原材料来源是否可靠且稳定,原材料与产成品是否匹配;

(2)公司是否充分披露境外采购的供应商、代理商基本情况,相关供应商、代理商是否与公司具有关联关系或其他利益安排,关注境外采购的真实性,关注公司对境外供应商的依赖情况,是否受到国际贸易相关政策的影响,关注公司境外采购的可靠性和稳定性;

(3)关注公司主要生产设备、生产人员与原材料采购情况的一致性和匹配性,关注中介机构的核查方式是否可靠、到位。

典型案例74:容百新能源原材料采购信息披露

招股说明书披露,发行人主要原材料包括硫酸镍、硫酸锰、硫酸钴、金属镍、电池级碳酸锂、电池级氢氧化锂等,且报告期内原材料价格有所波动。

【审核问询意见】

请发行人补充披露:(1)主要原材料和能源的采购流程、采购数量及采购价格,发行人主要原材料和能源的价格及其变动趋势与市场上相同或相近原材料和能源的价格信息及其走势相比是否一致;(2)主要原材料采购价格波动对发行人产品售价及经营业绩的影响,说明发行人的应对措施,并对照《招股书准则》第二章第四节风险因素的相关规定,充分披露相关风险;(3)影响原材料价格变动的重要因素;(4)报告期各期原材料采购和消耗情况,与各年度产量的匹配关系。

【问询回复摘要】

公司补充披露:

(1)公司原材料采购流程情况。

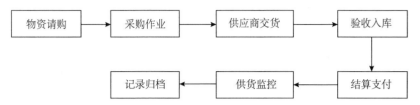

生产部门根据订单需求、原材料库存情况及生产能力编制物料需求计划,经原材料需求部门负责人审批后上报采购部门;采购部门与选定的合格供应商进行商务条件确认,签订采购合同或提交采购订单;供应商根据采购合同或采购订单的要求送货;按照技术标准对采购产品进行检验,检验合格后入库;供应商开具发票并随附对账单或送货单后,采购人员与财务人员核对无误后,货款到期时由采购部门提出申请,经批准后给予付款;采购部门根据供货质量、交期、超额运费、特殊状态、售后服务等情况对供应商进行评价;采购过程所形成记录资料归档保存。公司生产过程中耗用的主要能源为电力,由当地供电部门直接供应。

(2)原材料价格波动风险及应对措施。公司生产经营所需主要原材料包括碳酸锂、氢氧化锂、硫酸钴、硫酸镍与金属镍、硫酸锰等原材料。受有关大宗商品价格变动及市场供需情况的影响,公司原材料的采购价格及供应状况也会出现一定波动。尽管公司已建立了较为完善的原材料采购管理体系、战略供应商合作关系,但宏观经济形势变化及突发性事件仍有可能对原材料供应及价格产生不利影响。如果发生主要原材料供应短缺,或内部采购管理制度未能有效执行,将可能导致公司不能及时采购生产所需的主要原材料,从而影响公司交货周期。如果原材料价格大幅上涨,而公司产品销售价格未能及时上涨,将会对公司经营业绩产生不利影响。

供需平衡为影响原材料价格波动的主要因素,供需关系失衡将导致原材料价格的大幅波动。此外,金融机构推出的各种与金属原材料挂钩的结构化衍生品也将导致原材料价格的波动。经过多年经验积累,公司已初步建立针对原材料价格波动风险的防控体系。首先,公司主要采用以销定产的生产销售模式,根据在手订单情况提前采购主要原材料,以降低主要原材料价格波动对公司经营业绩的影响;其次,公司与主要客户约定了产品价格调整机制,基于原材料二级市场公开价格调整产品销售价格;再次,公司会适量采购部分主要原材料作为安全库存;最后,公司将继续在废旧锂电池材料回收再利用业务领域进行积极布局,通过循环利用业务降低原材料成本。

(3)公司原材料与产量匹配情况。前驱体生产的主要原材料为硫酸镍、硫酸钴和硫酸锰,公司的硫酸钴和硫酸锰大都为直接外购;硫酸镍部分直接外购,部分通过金属镍溶制。报告期内,随着高镍产品产量占比的提高,硫酸镍的用量占比逐年提高、硫酸锰及硫酸钴的用量占比逐年降低。生产单位数量前驱体所消耗或采购的原材料比例变化趋势,与公司产品结构变化趋势基本一致。

正极材料系由前驱体混合锂盐(碳酸锂或氢氧化锂)经过烧结、细碎、洗涤、脱水、包覆等工序加工而成。单晶622、NCM811及NCA使用的锂盐为氢氧化锂,其他正极材料使用的锂盐为碳酸锂。报告期内,锂盐的消耗量/采购量与对应正极材料的产量之间的比例关系基本保持稳定。

【案例评析】

公司采购的原材料主要为化学品,价格和成本管理较难。根据公司说明及中介机构核查,公司报告期内主要原材料和能源的采购价格及其变动趋势与市场价格及其走势基本一致,公司已披露关于原材料市场供求及价格波动的相关风险,公司报告期内各期原材料的采购和消耗与各年度产量的匹配关系基本一致。

2. 劳务采购

公司的劳务采购广泛存在于建设施工行业、专业技术服务行业和生活服务业领域,一般采用承包制、计件工资制或者计时工资制。一般情况下,公司采购劳务主要是出于忙季临时用工、节约生产成本等考虑,针对临时性、辅助性的非关键岗位进行采购或劳务外包。公司进行劳务采购主要存在以下三个方面的风险:

(1)劳务采购可能涉及劳动用工的合法合规问题,比如将核心和关键岗位进行外包,采购的劳务派遣机构不具备相应的业务资质;

(2)劳务本身作为一项不能可靠计算的生产要素,在公司成本的核算和成本的真实性方面存在不确定性;

（3）大量的劳务采购对公司的生产经营稳定性和产品质量可靠性存在一定的影响。

> **审核关注要点：**
>
> （1）公司是否充分披露报告期内劳务采购的金额及其成本占比情况，劳务提供方的基本情况及资质情况，关注劳务采购方与公司是否存在关联关系；
>
> （2）公司是否充分披露劳务采购的主要岗位、人员数量、采购单价情况，关注其与采购金额的匹配情况，关注劳务采购的合理性和稳定性；
>
> （3）对于建设施工企业、信息技术服务行业企业，重点关注公司对采购劳务的用工管理机制、考勤情况是否规范、健全；
>
> （4）关注劳务采购的产出与投入是否匹配，关注中介机构是否采取了可靠、持续、有效的核查手段确认公司劳务采购的真实性。

典型案例75：博汇科技劳务外包金额较高

公司报告期内劳务外包金额增长较快，劳务外包金额分别为194.44万元、805.22万元、1280.06万元和425.01万元，占采购总额比例分别为2.48%、6.79%、14.16%和18.92%。

【审核问询意见】

请发行人说明：（1）劳务外包的主要情况及外购原因，是否涉及关键工序或关键技术；报告期各期劳务外购厂商的基本情况，公司采购金额占其营业收入比例、合作历史，报告期内采购金额发生变动的原因及合理性；发行人与劳务外包方关于劳务质量责任分摊的具体安排；（2）对比产品市场价格或第三方可比价格，劳务分包定价的公允性和劳务人工成本的合理性，相关务工人员的工资福利和社会保险是否符合有关规定，是否存在利用劳务外包方式降低成本的情形；（3）报告期内上述劳务外包供应商与发行人及其关联方是否存在关联关系，有无业务、资金往来；（4）发行人及关联方是否存在以其他方式向劳务公司或其技工人员进行体外支付的情形。

【问询回复摘要】

公司披露说明：

（1）公司采购劳务的原因及其合理性。公司致力于通过整合运用数据采集、编解码、智能分析、可视化展现等技术手段，为目标客户提供视听信息技术整体解决方案。受项目类型、地理位置、项目数量等多种因素影响，公司从运营效率整体管控角度出发，自身主要专注于项目方案设计和核心软件研发等研发工作。为便于快速响应客户需求，将基础作业、设备安装、维修保养等不涉及关键工序或关键技术的基础性工作采取劳务外包的方式实施，降低运营成本。报告期内公司有多家合作的劳务外包厂家，且市场上可供选择的劳务外包厂家，不存在依赖劳务外包供应商的情况。

报告期内，公司涉及劳务外包的项目呈上升趋势，因此劳务外包金额及占比逐年增加。

（2）公司劳务采购管理。公司劳务外包主要是根据公司项目实施的地点、项目环境区域、施工安装的难易程度等因素综合考虑，与劳务外包厂商按照市场化方式确定项目的劳务外包整体金额。劳务外包涉及售后服务的，则根据市场价格采取包干制的原则，并主要由劳务外包厂商负责响应客户的需求。报告期内，公司制定了《采购管理制度》，根据规定，采购部门对10万以上的劳务采购应询价并比对多家的劳务外包供应商，劳务外包的金额主要根据项目地点、具体外包内容和工作量、当地工资水平确定，并结合供应商实施能力、团队规模、过往经验、口碑等因素，选择最为合适的供应商。公司将基础作业、设备安装、维修保养等不涉及关键工序或关键技术的基础性工作采取劳务外包的方式，根据合同约定，相关务工人员的工资、社会保险和公积金一切费用均由劳务外包方承担，公司不存在利用劳务外包方式降低成本的情形。

（3）公司与劳务采购方之间关联关系情况。报告期内上述劳务外包供应商与发行人及其关联方均不存在关联关系，不存在业务、资金往来。发行人向劳务外包供应商采购劳务的价格公允，属于市场价格，采购劳务外包服务的主要项目毛利率与发行人同类业务项目毛利率水平相近，发行人劳务外包成本归集完整，发行人及关联方不存在以其他方式向劳务公司或其技工人员进行体外支付的情形。

【案例评析】

公司主要从事视听信息技术整体解决方案及施工业务，报告期内存在劳务采购情形。根据公司说明，上述施工过程中需要就地采购施工人员，具有一定的商业合理性，公司与各劳务提供方之间不存在关联关系或其他合作方式，劳务采购真实。

3. 业务外协

业务外协或者外包主要指的是公司将生产经营的部分环节或部分项目通过外协或者分包的方式交给第三方进行生产或服务。从事生产类的企业因为生产经营场地、环保、消防、安全生产等方面的成本限制，会将部分生产环节或者售后服务、售后维修等业务环节交给外协方进行生产或服务以降低生产成本或管理成本。通过外协进行生产或服务的，公司通常统一管理原材料采购和工艺标准，安排专人进行技术指导和质量监督等方式来确保核心技术的保密和产品质量的可靠性。现实中还存在一类特殊的业务分包，其目的在于规避行业监管要求，此类业务外包商通常被称为"通道商"，除了金融类企业常见的"信托通道"外，在医药销售、建筑设计等领域也存在不同类型的通道服务商。

业务分包主要集中在建设施工领域、专业技术服务领域以及其他服务领域。公司通过总承包或者集中承揽的方式获取合同订单，将其中部分项目、部分环节通过选择合格的供应商进行分包，以降低相应的经营成本。对于一些从事特定业务的公司，其取得的许可和资质中对其业务范围是否可以进行分包具有一定限制。

以建筑工程施工业务为例，根据《住房和城乡建设部关于印发建筑工程施工发包与承包违法行为认定查处管理办法的通知》相关规定，下列行为属于违法分包：(1)施工单位将工程分包给个人的；(2)施工单位将工程分包给不具备相应资质或安全生产许可的单位的；(3)施工合同中没有约定，又未经建设单位认可，施工单位将其承包的部分工程交由其他单位施工的；(4)施工总承包单位将房屋建筑工程的主体结构的施工分包给其他单位的，钢结构工程除外；(5)专业分包单位将其承包的专业工程中非劳务作业部分再分包的；(6)劳务分包单位将其承包的劳务再分包的；(7)劳务分包单位除计取劳务作业费用外，还计取主要建筑材料款、周转材料款和大中型施工机械设备费用的；等等。

审核关注要点：

（1）公司是否充分披露外协厂商或外包服务商的基本情况，外协采购的价格，外协产品或服务的质量控制、存货管理情况；

（2）公司是否掌握相关业务或产品的核心技术，是否对外协厂商存在重大依赖；

（3）公司与外协厂商、外部服务商之间是否存在关联关系，是否存在对外输送利益或调节收入、成本等情况；

（4）关注公司是否存在违法分包、违规转包等情形，外协厂商经营是否合规，存在违规情形的，是否对公司业务开展存在重大不利影响。

典型案例76：恒誉环保外协生产占比较高

招股说明书披露，公司采取外协生产为主、自主生产为辅的生产模式。公司仅进行设计，提供制造图纸，委托外协供应商具体从事生产。报告期内，委托外协供应商加工的定制设备及定制件金额占公司采购总额的比例分别为89.91%、79.22%、80.82%及90.65%。公司的生产环节主要为组装、指导安装（在客户现场指导客户聘请的安装机构对已制造完成的各类设备部件及线缆、管道进行安装）及运行调试（空负荷试车、负荷试车）过程，因而公司没有严格意义上的产能的概念，制约公司经营规模的因素除市场需求外，主要为设计人员和安装服务人员的数量。

【审核问询意见】

请发行人披露：(1)外协厂商的选择标准，主要外协厂商的基本情况、外协内容、金额及占发行人同类产品或业务的比例、与发行人的合作历史以及是否与发行人及其关联方存在关联关系，是否存在单一产品向单一外协厂商采购的情况，是否存在对单一外协厂商的依赖；(2)与外协厂商签订的合同属性类别，结合主要合同条款说明与外协厂商的权利义务划分、定价机制及付款政策、交易价格的公允性，并披露委托加工相关的会计处理原则；(3)产品质量的责任划分与承担机制，不良品的具体处置方式以及报告期内的具体处置情况；(4)是否有存放在外协厂商处的存货及相关保管、毁损、灭失等风险承担机制；(5)报告期内外协厂商的主要经营数据、发行人委托加工采购占其收入的比例，是否主要为发行人服务，是否存在为发行人代垫成本费用的情况；(6)外协厂商在安全生产、环保等方面的业务资质是否齐备,是否存在违规排放或其他生产经营违法违规情况,如因环保等问题被勒令停产,是否会对发行人的生产经营造成重大不利影响,发行人是否具备相应的防范应对措施。

请发行人说明:(1)与外协加工相关的内部控制制度的建立与运行情况;(2)说明在以外协生产方式为主的模式下,完工百分比法的具体应用,以及相关的内部控制制度的建立和运行情况;(3)在以"以外协生产方式为主、自主生产方式为辅"的业务模式下,公司交付能力存在瓶颈并有倾向性地选择订单的原因和合理性;(4)同行业可比公司生产模式,并披露发行人生产模式是否符合行业趋势,产品工艺水平相对于同行业公司是否具备技术含量。

【问询回复摘要】

公司补充说明、披露:

(1)公司外协厂商的合作模式。发行人作为各类裂解生产线的整线制造商,定位于以技术研发、项目设计、项目管理为主的经营机制,负责生产线的整体设计、指导安装/运行调试、软件嵌入等环节并向客户提供品牌产品。与此同时,发行人深度参与外协厂商的整个生产过程,并按照质量控制计划对其生产过程的关键节点进行监督、检查,以确保产品质量符合图纸设计要求及具体参数设定。

报告期内,发行人主要外协件为裂解器主框架、取料装置、电控设备、输送设备、风机、脱硫脱硝设备、各类罐体等;其中裂解器主框架全部从山东华迈环保科技有限公司采购(2016年之后),取料装置全部从江苏赛诺常矿起重机械有限公司(含浙江赛诺起重机械有限公司)采购,电控设备全部从济南晶程电器有限公司采购,烟气脱硝系统全部从山东岛林能源环境科技有限公司采购,罐体类设备全部从山东汇丰工业设备有限公司采购(仅2016年)。

发行人与上述公司不存在关联关系。

(2)公司单一产品外协原因及其依赖情况。发行人单一产品外协的原因包括:在发行人经营规模仍相对较小的情况下,若对外协部件均采取多家外协厂商同时生产的模式,则会大大增加发行人与外协厂商的沟通成本、管理成本,不利于提高发行人生产经营的效率;发行人外协设备相关技术参数和图纸信息较为敏感,属于核心技术的一部分,单一外协符合保密需要;发行人外协设备虽然种类较多,但单一品种的采购数量及金额不高,集中采购有利于提高发行人的合作地位;发行人对于外协设备的质量有着严格的质量要求,对于合作多年的外协厂商,其设备加工质量不仅长期通过发行人严格的质量检验,同时也能在发行人裂解生产线上连续稳定运行。因此,部分外协部件在满足发行人采购需求的前提下向单一外协厂商处采购,有利于保持外协设备以及整套裂解生产线的质量稳定。

发行人不存在对单一外协厂商的依赖,具体原因包括:

1)外协厂商根据发行人的技术要求和制造图纸进行部件生产,不掌握发行人相关部件的核心技术。

2)针对向单一外协厂商采购的外协件,发行人均具有备选方案。

3)发行人定期对外协厂商的履约能力进行评估,形成合格供应商名录的动态调整机制,以提高发行人短期内对外协厂商不利变动的反应速度。综上所述,发行人存在单一产品向单一外协厂商采购的情形符合发行人目前发展状态,不存在对单一外协厂商依赖的情形。

(3)外协定价的公允性。发行人与外协厂商总体采取市场公允价值方式进行定价,但发行人外协部件基本均为定制,由外协厂商根据图纸与技术要求进行定制化生产,市场上通常缺少同类产品进行直接比价。为此,发行人在综合考虑设备加工质量、生产效率、服务质量等因素的前提下,发行人通常采取以下措施以确保交易价格的公允性并降低生产成本:

1)估算外协加工成本。外协厂商制造过程主要为机械加工过程,加工技术难度较低,加工人员工资、加工设备价格较为透明。发行人会根据外协件所需加工工序类型、工作量估算其人工费用、加工设备损耗、加工工时、原材料价格等因素估算外协供应商的加工成本,加上合理利润空间估算出外协部件的价格范围。

2)合格供应商间询价。发行人通过对市场上具备加工能力的同类供应商进行调查和筛选,建立了丰富的合格供应商名录,对于同一类产品,通常具有三家以上合格供应商可以选择。为确保价格公允,针对同一外协件,发行人一般会向三个以上合格供应商发送设备图纸及技术参数进行询价,并在综合考虑外协厂商的加工能力、企业信誉状况等因素的基础上,确定最终的采购对象。

3)特殊设备定价。对于发行人各类裂解生产线的核心部件,其加工图纸及技术参数属于发行人核心机密,不便对多个供应商进行询价。因此针对该类外协件发行人在估算的价格范围内与相关外协厂商直接协商定价。

(4)外协质量管理与存货管理机制。对于外协加工相关的业务,公司专门制定了《外协管理办法》,且同时适用于公司建立的《存货管理办法》《采购管理办法》《合同管理办法》等相关内控制度。公司《外协管理办法》对组织机构及职责、供应商管理、外协加工计划管理、供应商的选择、外协加工合同管理、外协加工实施管理、专利权和保密等关键业务环节和操作流程进行明确的规定和约束;《存货管理办法》对外协产品验收入库做出了明确的要求,《采购管理办法》《合同管理办法》对整个外协加工业务做了进一步完善。报告期内,发行人严格按照上述相关内控制度的规定开展外协加工业务,内控制度健全并得到了有效执行。

根据发行人与外协厂商签订的委托加工合同、购销合同等,发行人与外协厂商通常会约定质保期(一般为一年),质保期通常以自验收合格出厂之日、工程验收合格签署工程交接单之日、货物取得当地特种设备检验部门的使用许可证并取得甲方验收合格之日等日期开始计算。在质保期内,外协厂商具有维修、更换配件等义务。发行人报告期内未产生不良品,亦不存在相关处置情况。

当货物制造完成并验收合格后,根据具体情况需要暂存于外协供应商仓库时,发行人通常与外协厂商签订《货物暂存说明》,详细列示了暂存货物的名称、型号、数量,明确了相关货物已由公司验收并签收确认,先暂存外协厂商仓库,待发行人通知后再予以发运。相关外协厂商有妥善保管义务,若因故意或重大过失,致保管物毁损灭失的,外协厂商应当承担赔偿责任。

(5)外协厂商经营合规情况。因济南晨昊机械有限公司未办理环评手续,发行人已出具承诺:除继续执行与济南晨昊机械有限公司签订的原有合同外,发行人将不再与济南晨昊机械有限公司签订新的采购合同。输送机属于通用设备,发行人停止向济南晨昊机械有限公司采购不会对发行人的正常生产经营产生不利影响。发行人已完善外协厂供应商准入制度,要求外协厂商在签署合同的同时提供有关生产、环保、安全资质证明及守法承诺,外协厂商违反承诺的,发行人可单方对其进行更换。

【案例评析】

公司仅进行设计,提供制造图纸,委托外协供应商具体从事生产。报告期内,委托外协供应商加工的定制设备及定制件金额占公司采购总额的比例较高。根据公司说明,公司通过外协方式进行生产具有一定的商业合理性,公司与各外协厂商不存在关联关系,日常合作中主要采用单一产品外协方式进行,但因为公司掌握核心技术和图纸,因此对外协厂商不存在重大依赖。公司对外协产品质量和存货有效开展管理,部分外协厂商存在违规经营情况,但不影响公司业务开展。

4. 研发采购

公司对外采购研发技术或者研发服务的情况比较少见,通常情况下研发技术都作为关键核心领域由公司自主掌握,只有部分诸如实验、测试、校验等非核心部分或者一般内部管理系统等才会进行外部研发采购,常见的包括医药临床测试研发、软件开发、材料研发等。此外,一些公司的研发项目通过合作研发的方式进行,例如与高校、医学中心、研发机构等进行合作促进研发成果转化等。也有部分企业通过关联方或者利益相关方进行合作研发,进而实现利益输送。

> **审核关注要点:**
> (1)公司是否充分披露研发采购或者合作研发机构的基本情况,研发机构开展相关研发服务的人员、设备、技术、资金等投入情况及前期研发成果,关注外部研发机构与公司及相关主体是否存在关联关系,研发采购的真实性;
> (2)公司是否充分披露重大研发采购、合作研发协议的具体内容,包括对专利技术权属及使用的相关约定,关注是否存在纠纷或者潜在纠纷;
> (3)关注公司核心技术是否为外部研发取得,公司对外部研发机构是否具有严重依赖,是否具备独立研发能力。

典型案例77:赛诺医疗存在CRO研发采购

招股书披露,药品及医疗器械行业临床研究委托CRO公司实施具体试验项目是现阶段的主流方式。

【审核问询意见】

请发行人说明:(1)发行人与CRO公司签订委托协议的主要条款,聘用的主要CRO公司的身份、背景和运营规模,公司未来是否考虑继续聘用该等研发外包机构;(2)CRO公司对发行人主要产品及在研产品的研发贡献程度,是否存在在研产品的知识产权归属CRO公司的情况,发行人对CRO公司是否存在重大依赖;(3)发行人评估CRO公司的方式,包括主要定量和定性指标;(4)报告期内发行人研发投入中由CRO公司产生的费用比例。

【问询回复摘要】

公司说明:

(1)公司与CRO公司合作模式。CRO作为临床研究外包的专业服务机构,其优势在于短时间内可迅速组织起一个高效率的临床研究队伍,加快产品上市时间,从而降低医药研发企业的管理和研发费用。同时,相对独立的第三方监查也为临床研究项目数据质量提供了较高保障。CRO服务内容主要包括项目管理、临床监查、数据管理、统计分析等方面。发行人聘用的CRO公司均为专业的临床研究服务机构,不涉及产品技术研发等方面,所产生的知识产权归公司所有。发行人结合行业经验及现状,将持续使用CRO公司提供临床研究服务。

发行人聘用CRO公司均会签署相应服务协议,明确规定双方权利与义务。发行人聘用的CRO公司均不参与公司产品技术研发业务,仅为临床试验项目提供专业服务,发行人具有对产品及临床试验数据、信息的全部知识产权,不存在在研产品知识产权归属CRO公司的情况。

(2)公司对CRO公司选择及依赖情况。发行人依据临床研究项目规模、临床中心医院数量、临床试验开展国家或地区、CRO公司业务规模及能力、临床服务价格、CRO公司合作历史等相应指标进行CRO公司评估和筛选。发行人同CRO公司签署协议后,发行人依据临床试验项目服务协议及临床项目管理方案对CRO公司的服务进行检查及评价,主要指标包括项目进展是否如期达成、项目监查频次是否按照监查计划开展、临床研究过程中不良事件汇报是否按照相应国家或地区法律法规进行、项目是否进行阶段质量控制、项目原始文件溯源检查是否按照约定完成等。

临床研究 CRO 行业为成熟的市场模式，发行人可依据具体临床研究项目特点，选择合适服务公司，通过竞价、评估等方式决定最终服务机构，发行人有权利依据服务质量更换 CRO 公司，发行人对 CRO 公司不存在重大依赖情况。

（3）报告期内发行人研发投入中由 CRO 公司产生的费用比例平均在40%左右。

单位：万元

项目	2018 年	2017 年	2016 年
研发投入	13000.06	10238.74	9366.77
CRO 公司产生的费用	5000.99	4693.31	3275.80
CRO 公司费用占研发投入比例	38.47%	45.84%	34.97%

【案例评析】

CRO 公司为临床研究外包服务机构，医药及医疗器械公司采用 CRO 提供临床研究服务为行业主流模式，尤其适用于多中心、跨区域、全球性临床研究项目。根据公司说明，公司与相关机构合作模式比较成熟。关于公司主要合作机构、相关机构资质、声誉情况等关系到公司研发业务的发展情况，可以进一步进行信息披露。

二、公司供应商

公司采购的原材料、劳务、服务、外协、技术和能源，对应的就是不同的供应商，包括原材料供应商、劳务供应商、研发服务提供方、技术服务提供方、广告、咨询服务提供方、在建工程的工程承包商、外购固定资产的出售方、劳务派遣或分包方等。将公司不同采购内容分别披露报告期内主要供应商情况，可以直观了解公司的主要上游供给方，了解公司的综合"加工"或"服务"能力。

1. 供应商依赖

公司在生产经营过程中，对一些关键原材料、核心零部件可能存在供应商依赖的情形。供应商依赖通常情况下反映出公司对关键核心原材料或核心技术、服务缺乏掌控能力，关系到公司业务的稳定性和持续经营能力。

审核关注要点：

(1)公司是否充分披露报告期内采购占比较大的供应商基本情况,公司采购的原材料、零配件、技术或服务的主要内容、相关账期长短情况;

(2)公司是否充分分析相关采购内容的市场可替代性情况、是否是公司生产经营的核心原材料或零部件、关键技术或服务环节,公司是否对供应商存在重大依赖,如存在,公司采取的应对措施是否可靠;

(3)关注公司与核心供应商之间是否存在关联关系,相关合作是否持续稳定,是否影响公司持续经营能力。

典型案例78:天准科技第一大供应商采购占比较高

招股书披露,视觉传感器是整个机器视觉系统信息的直接来源,是机器视觉行业的关键要素。视觉传感器的技术水平及单价较高,供应商较为集中。发行人已具备先进视觉传感器的整体研发能力,掌握了先进视觉传感器等核心部件的关键技术和设计能力,自行研发的3D视觉传感器应用于自身产品,在部分应用上可以有效替代基恩士等知名企业提供的视觉传感器,并通过提供技术参数委托定制等方式向基恩士采购满足自身技术需求的传感器。但报告期内财务数据显示,传感器类产品是公司采购金额最大的原材料,报告期内基恩士为公司的第一大供应商,采购金额分别为810万元、2601万元、3629万元,占当期材料采购总额的比例分别为11%、11.24%、10.96%。而基恩士是机器视觉行业全球领先的企业。

【审核问询意见】

请发行人披露:(1)主要产品的生产过程,核心零部件的种类;(2)报告期内从基恩士采购的原材料种类、数量,是否为核心零部件;(3)发行人视觉传感器及其他核心零部件外采及自产的各自比例;(4)视觉传感器的分类,发行人自行研发的3D视觉传感器的技术水平是否具备先进性;(5)向基恩士定制传感器的原因、金额,是否计算在向基恩士的采购金额中;(6)可以有效替代基恩士等知名企业提供的视觉传感器"部分应用"的具体内容,该部分应用的占比;(7)是否存在核心原材料或核心部件的进口依赖及供应商依赖。

【问询回复摘要】

公司说明:

(1)公司采购核心零部件情况。天准科技采购的零部件主要分为传感器类、电气件和机械件三大类,其中核心零部件包括:传感器类中的激光传感器、颜色传感器和光谱共焦传感器,电气类中的运动控制器以及机械类中的运动模组。报告期内从基恩士采购的原材料种类较多,包括激光传感器、其他传感器类、电气件、机械件和其他零配件。其中激光传感器及组件功能先进、单价高,为核心零部件。

(2)公司自研视觉传感器使用情况。发行人自行研发的智能 3D 视觉传感器已实现 12 套试用,并有 75 套已投入生产,将应用于供应商无法满足公司技术要求的应用场景。报告期内,基恩士等传感器供应商由于生产规模大,规模效应明显,单位生产成本较低,导致公司向基恩士、TKH 集团等企业采购较公司自行生产更具经济性,因此报告期内未使用自产传感器。其他核心零部件包括运动控制器和运动模组,发行人具备精密驱控技术的核心技术,能够独立生产部分高性能运动控制器和运动模组。

(3)公司供应商依赖情况。发行人存在部分核心原材料的进口依赖。颜色传感器、光谱共焦传感器两类核心零部件目前尚未出现满足公司技术需求的国产成熟产品,主要向美国 Flux Data Inc. 普雷茨特激光技术(上海)有限公司等公司进口。公司供应商分散,除基恩士、TKH 集团和 Flux Data Inc. 外,各供应商当期采购金额的占比均小于 5%。其中,TKH 集团为基恩士的替代供应商,TKH 集团包括 LMI Technologies Inc. 和乐姆迈(上海)贸易有限公司。

1)对基恩士不存在供应商依赖。

①在传感器领域,公司积极寻找新的合作伙伴,避免产生供应商依赖的情况。2017 年度公司与 LMI Technologies Inc. 及其在中国设立的子公司乐姆迈(上海)贸易有限公司达成合作。

②公司自主研发的智能 3D 视觉传感器和基恩士公司对应型号的线激光 3D 位移传感器性能相当,可实现替代。该部分应用主要为 3D 视觉检测,公司自主研发的智能 3D 视觉传感器已经投入批量生产。

③随着机器视觉行业的整体发展,国内上游厂商日益发展。公司拟在国产产品技术成熟并达到公司技术要求后,提高国产产品的使用比例,

有望进一步降低生产成本同时减少供应商集中度。例如,国内的海康威视和华睿科技,已开始布局传感器市场并取得一定的知名度。

2)对 Flux Data Inc. 不存在供应商依赖。公司对 Flux Data Inc. 主要采购颜色传感器,功能先进、单价较高,目前国内尚未出现满足公司技术需求的国产成熟产品。但颜色传感器在国际上有其他供应商可供公司选择,公司对 Flux Data Inc. 不存在供应商依赖。

3)对普雷茨特激光技术(上海)有限公司不存在供应商依赖。公司对普雷茨特激光技术(上海)有限公司主要采购光谱共焦传感器,功能先进、单价较高,目前国内尚未出现满足公司技术需求的国产成熟产品。但光谱共焦传感器在国际上有其他供应商可供公司选择,公司对普雷茨特激光技术(上海)有限公司不存在供应商依赖。

【案例评析】

视觉传感器是整个机器视觉系统信息的直接来源,是机器视觉行业的关键要素,公司视觉传感器零部件可能对境外供应商存在一定依赖。根据公司说明,公司存在部分核心原材料的进口依赖,但不存在供应商依赖的情况。考虑在部分高精尖制造领域,我国大部分生产厂商还处在集成装配阶段或者说应用阶段,关键硬件、软件等仍然缺乏国内替代产品,对境外供应商的依赖具有一定的阶段性和合理性。与此同时,国际贸易合作分工下,更加接近市场的中国企业一定程度上也是境外供应商的可靠合作伙伴,双方在短期内处于合作共赢状态。

2. 关联方供应商

公司长期从关联方处采购商品、原材料、零配件或者服务需要引起特别的重视,这种情况往往是公司实际控制人将其控制的某一个产业中的多个环节业务进行拆分,或者安排独立上市或者仅将优质资产纳入上市主体,以体现业务的先进性和良好的财务质量。但是这其中也存在交易价格不公允、对关联方的重大依赖以及可能的收入、利润调节情况。

审核关注要点:

(1)公司是否充分披露报告期内公司供应商的基本情况,与公司及相关主体之间的关联关系;

（2）关注公司关联交易的决策程序是否规范,关注关联采购的价格公允性、合理性;

（3）关注公司对关联方供应商是否存在预付账款的情况,预付账款安排与其他供应商是否一致;

（4）关注公司对关联方供应商是否存在严重依赖,是否具有独立面向市场的持续经营能力。

典型案例 79:微创心脉关联采购占比较高

报告期内,发行人向关联方采购覆膜、管材的金额占同类原材料采购金额的比例在 50% 左右。

【审核问询意见】

请发行人:(1)说明覆膜、管材是否构成发行人产品的关键原材料,发行人所需覆膜、管材等原材料的供应市场情况,境内是否具有合格的关键材料生产商,及发行人除关联采购外未向境内生产商采购的原因;(2)对比关联供应商与其他供应商的交货期、产品质量和工艺,说明替代供应商能否保质保量保期的交付原材料,是否存在供货不及时或者断供的风险;(3)进一步说明发行人的关联采购是否严重影响发行人独立性、发行人是否具备独立的采购渠道及依据。

【问询回复摘要】

公司说明:

（1）公司关联采购的原因。覆膜和管材广泛使用在发行人生产的主动脉支架类产品和术中支架类产品中,外周介入产品如下肢球囊、药物球囊等产品也需要使用管材。覆膜和管材性能对最终产品性能影响较大,构成发行人产品的关键原材料。其中,覆膜加工工艺较为复杂,境内外能够供应合格产品的供应商数量较少,管材作为介入医疗器械通用原材料,加工工艺较为成熟,能够提供合格产品的供应商数量相对覆膜而言较多。

覆膜和管材属于主动脉及外周介入医疗器械产品的关键原材料,对生产工艺要求较高。欧美等发达国家和地区由于医疗技术相对先进,产业化时间较长,原材料技术更加成熟,因此采购境外供应商生产的覆膜和管材仍是行业主流方式。近年来,随着国内医疗器械行业的快速发展,部分国内企业也在尝试进入介入医疗器械原材料领域,希望能够逐步实现进口替代,但总体而言,国内介入医疗器械原材料产业化水平仍处于早期阶段。

除脉通医疗外,目前尚无其他国内供方进入发行人覆膜材料的合格供应商目录。普霖医疗、法尔胜已通过发行人管材供应商考核,能够提供符合要求的原材料产品,并已在报告期内与发行人展开合作。另外,发行人也在持续开发其他国内供方,希望进一步丰富供应商储备。

报告期内,发行人基于以下原因向关联方采购部分关键原材料:

1)覆膜和管材属于关键原材料,供应商数量有限,且境内合格供应商较少,将脉通医疗作为供应商可以有效丰富发行人供应商储备,分散采购风险,一定程度上避免国际贸易政策变化可能导致的原材料供应风险;

2)上海微创和脉通医疗系国内较早开展介入医疗器械原材料研发、生产和销售的企业,与其他境内供应商相比,技术相对成熟,已经与多家境内医疗器械生产企业开展合作,在产品质量和交付能力方面具有先发优势;

3)发行人生产基地位于上海,上海微创和脉通医疗生产基地位于上海和嘉兴,向脉通医疗采购原材料可以缩短原材料运输物理距离,降低运输成本;

4)发行人与上海微创和脉通医疗合作时间较长,交易沟通成本较低,且脉通医疗对订单相应速度快,服务质量较好,能够满足发行人的采购需求。上述关联采购具有真实的交易背景和正常的商业理由,交易价格公允,具有合理的商业理由。

(2)关联供应商与其他供应商交货期、产品质量和工艺的对比情况。在交货周期方面,境外供应商从订单下达到原材料入库通常需要16周至20周,交货周期较长,成本较高。境内供应商交货周期通常为4周至8周,其中关联供应商由于生产基地位于上海和嘉兴,距离发行人较近,具有一定区位优势,交货周期短于其他境内供应商。

在产品质量和工艺方面,关联供应商与其他供应商在产品质量和工艺上不存在显著差异。考虑关联供应商对订单的沟通效率更高,产品无须长途运输或进口报关,交货周期短,因此发行人向关联供应商采购了部分原材料;如向其他替代供应商采购,在合理安排采购周期的前提下,同样能够保证如期交货,不会造成因更换供应商影响正常生产经营的情况。

报告期内,发行人与境内外合格供应商合作情况良好,不存在供货不及时或断供的情况。

(3)关联采购成本同比较高的原因。发行人关联采购占营业成本的比例高于同行业可比公司,主要系发行人基于提高采购效率和保证原材料稳定供应等目的,向关联方上海微创和脉通医疗采购覆膜和管材等原材料。上述发行人关联采购占比虽然相对较高,但报告期关联采购绝对金额较小,且能够分散境外采购的风险,降低发行人的采购成本和经营风险。同时,由于关联方并非原材料唯一供应商,发行人具有多元化的采购渠道,对关联采购亦不存在依赖。通过访谈得知,作为国内少数能够提供高端医疗器械原材料的供应商之一,上海微创和脉通医疗在向发行人供应部分原材料的同时,也向同行业可比公司供应同类材料。因此,发行人关联采购占比相对较高存在商业合理性。

(4)公司对关联方依赖及其他合作情况。

1)发行人已建立独立完整的采购体系。发行人与微创医疗及其下属其他企业在采购业务、机构设置、人员安排、财务核算等方面相互独立。发行人建立了独立的采购体系,设置采购部实施采购管理,上述采购流程相关核心人员均已在公司服务多年,具有丰富的介入医疗器械采购经验。

2)发行人具备独立开发供应商的能力。发行人主要通过参加国内外产品展会、行业交流会等方式了解原材料供应市场情况,并与供应商进行接触。此外,发行人作为主动脉及外周介入医疗器械领域领先的生产企业,部分供应商亦会主动寻求合作。

3)发行人独立管理采购全过程。由于发行人与微创医疗下属其他企业采购的主要原材料均系定制化原材料,种类、规格、性能均存在较大差异,客观上发行人需要就定制化原材料独立进行供应商准入评估、技术验证、价格谈判、采购下单与货款结算等采购管理全过程,与微创医疗及其关联方不存在统一采购或相互代垫成本费用的情形。

【案例评析】

公司存在一定的关联采购情况。根据公司说明,公司根据自身产品的工艺特点选择合格供应商,对原材料性能、生产工艺及质量稳定性的要求较高。在覆膜领域,除脉通医疗外,国内尚无能够稳定供应合格产品的境内供应商,所以发行人未向除关联方以外的境内生产商采购覆膜,相关关联采购具有一定的商业合理性。

3. 新增供应商

为了保障公司经营的稳定性和产品、服务质量的一致性、可靠性，与公司合作的供应商通常情况下会比较稳定，变动情况较少。在公司产品、服务变化或者市场地域变化或者客户群体变化等情况下，有可能会导致公司的供应商发生较大变化，报告期内出现新增的供应商。

> **审核关注要点：**
> （1）公司是否充分披露报告期内新增供应商的设立背景及其业务开展情况，采购和结算的具体方式是否与其他供应商一致，是否存在公司通过新增供应商进行利益输送的情形；
> （2）关注公司新增供应商向公司提供的具体产品或服务内容是否与公司业务发展变化相匹配，是否具备与公司开展业务合作的基础；
> （3）对于成立时间较短即成为公司重要供应商的公司，关注相关企业业务开展能力、公司对其预付账款金额及比例，关注公司是否存在利益输送安排。

典型案例80：宝兰德报告期内前五大供应商变动较大

报告期内，发行人前五大供应商变动较大，且2016年供应商信息与前次申报招股书披露不一致。

【审核问询意见】

请发行人补充披露：（1）报告期各期前五大供应商的基本情况，包括成立时间、注册资本、控股股东及实际控制人、合作历史、采购内容、采购产品或服务的用途、与发行人是否存在关联关系；（2）根据公开信息，西安华普金创成立于2017年，但在2016年就是发行人第一大供应商的原因；（3）2016年供应商信息在前后申报中存在差异的原因。

【问询回复摘要】

公司补充披露：

（1）供应商基本情况及与公司关联关系。报告期内，发行人的采购内容分为产品和技术服务两大类。其中产品采购主要为公司根据客户需求采购非自主的软硬件产品；采购技术服务主要为公司将部分初级的技术服务外包给供应商,由供应商向客户提供相应的技术支持服务。公司补充披露了报告期内供应商基本情况。保荐机构通过核查发行人报告期前五大供应商采购协议、往来资金流水,发票、相关供应商查册资料,并对相关供应商进行走访,报告期各期前五大供应商与发行人不存在关联关系。

报告期发行人前五大供应商中,西安华普金创实际控制人贾振华为发行人子公司西安宝兰德的少数股东、总经理,持有西安宝兰德40%的股权。经核查,西安宝兰德成立时间较短,其2018年营业收入为503.51万元,净利润为-123.63万元,对发行人的经营影响很小,不属于对发行人有重要影响的控股子公司。发行人未将贾振华认定为其关联方。

发行人与贾振华控制的西安华普金创在报告期内的主要交易为发行人向其采购硬件设备用于榆林市智慧政务平台与综合电子监察平台建设项目,该交易系发行人根据客户需求由陕西当地企业提供产品并经过合理的商业形式选择的西安华普金创。因此,报告期内发行人与西安华普金创交易的发生有合理的商业背景,且交易价格亦是在参考市场价格的基础上协商确定,该等交易未导致发行人资源或义务向西安华普金创的倾斜或转移。

(2)向西安华普金创采购时间与其成立时间不符问题。根据公开信息,西安华普金创成立于2017年,但在2016年就是发行人第一大供应商的原因在于发行人西安分公司成立前,发行人在西安当地并没有派驻固定的人员,考虑到成本及响应的及时性,发行人对于部分初级的技术服务,往往通过外包给当地服务商的形式进行。2015年11月公司与陕西华业科技资讯有限公司签署采购合同,公司向其采购总价值44.91万元的技术服务,用于向中国联合通信网络有限公司陕西省分公司提供技术服务。2017年由于陕西华业科技资讯有限公司业务调整,无法继续提供相应的业务,故将其与公司签署的采购合同中所约定的权利与义务全部转交由西安华普金创科技有限公司负责。

(3)公司有关报告期供应商信息更正情况。2016年供应商由西安华普金创调整为陕西华业科技资讯有限公司,并补充披露陕西华业科技资讯有限公司与西安华普金创的业务承接情况。删除南京明网信息技术有限公司相关内容,通过核查相关采购协议、发行人验收单据,交易发票,经核查,南京明网信息技术有限公司本次交易的采购行为实际发生在2015

年,本次予以更正。

【案例评析】

公司报告期内前五大供应商变动较大,且2016年供应商信息与前次申报招股书披露不一致。根据公司说明,公司从事与地方政府市政相关业务,较多存在地方采购产品、施工等情形,因此供应商变动较大。公司2016年供应商信息变动系合同变动导致。公司针对上述事项的信息披露不充分,前期会计处理亦存在不规范之处,可能考虑相关情况发生在报告期初,审核未进一步问询。

第五节　公司主要土地、设备、资金情况

按照索洛的经济增长模型,经济活动产出的关键要素包括资本投入、劳动力投入和技术水平。此三项要素构成了宏观经济增长的源泉,也是企业经营的关键要素。其中资本投入主要指土地厂房、生产设备以及资金资本投入,也是企业进行生产经营的重要物质基础。

《科创板审核问答(二)》明确:生产型企业生产经营所必需的主要厂房、机器设备等固定资产系向控股股东、实际控制人租赁使用,中介机构应结合相关资产的具体用途、对发行人的重要程度、未投入发行人的原因、租赁或授权使用费用的公允性、是否能确保发行人长期使用、今后的处置方案等,充分论证该等情况是否对发行人资产完整和独立性构成重大不利影响。

一、土地房屋

对于生产企业来说,拥有长期稳定的生产经营场所非常重要,既可以确保大额的固定资产投资不会随时损耗,也可以获得稳定的持续资产升值。特别是生产企业,办公场所、科研场所、生产车间、仓库、相关设施等厂房建筑物是公司的主要固定资产。合法、稳定的生产经营场所是公司持续稳定生产经营的重要保障,相应的固定资产也是公司资产的重要组成部分,对于公司对外获取贷款、持续保值增值具有重要意义,公司的相关厂房建筑应当取得合法的建设手续并办理相关产权证书。

根据《首发业务若干问题解答》,发行人存在使用或租赁使用集体建

设用地、划拨地、农用地、耕地、基本农田及其上建造的房产等情形的,保荐机构和发行人律师应对其取得和使用是否符合《土地管理法》等法律法规的规定、是否依法办理了必要的审批或租赁备案手续、有关房产是否为合法建筑、是否可能被行政处罚、是否构成重大违法行为出具明确意见,说明具体理由和依据。发行人募投用地尚未取得的,须披露募投用地的计划、取得土地的具体安排、进度等。保荐机构、发行人律师需对募投用地是否符合土地政策、城市规划、募投用地落实的风险等进行核查并发表明确意见。

如果公司自有土地或者租赁土地上的厂房建筑存在不规范情形且短期内无法整改,保荐机构和发行人应结合该土地或房产的面积占发行人全部土地或房产面积的比例、使用上述土地或房产产生的收入、毛利、利润情况,评估其对于发行人的重要性。如面积占比较低、对生产经营影响不大,应披露将来如因土地问题被处罚的责任承担主体、搬迁的费用及承担主体、有无下一步解决措施等,并对该等事项做重大风险提示。

> **审核关注要点:**
>
> (1)公司是否充分披露占有或使用的土地使用权、林权、水面养殖权、探矿权、采矿权等公司生产经营活动涉及的主要场地的基本情况,相关权属是否明晰,使用是否合规;
>
> (2)公司现有生产经营涉及的土地、房产与公司产能、销售或服务范围是否匹配,能否满足公司持续生产经营活动需要;
>
> (3)公司是否充分披露通过租赁形式取得土地房产的租赁价格、期限,出租方与公司是否存在关联关系,关注租赁土地房产的持续性和稳定性;
>
> (4)公司长期租用控股股东或关联方土地、厂房的,关注关联交易的公允性以及公司的资产完整性、独立性;
>
> (5)公司生产经营活动涉及土地、房产等存在权属或用途瑕疵的,关注公司相关整改进展情况,是否对公司持续经营活动产生重大不利影响。

典型案例81：利元亨主要生产场所不稳定①

发行人自有房产仅为2间住宅，主要生产经营场地为临时厂房及租赁厂房。其中，位于马安镇马安中心区新乐村的临时厂房未办理产权登记，仅获取"惠市规水临[2018]024号"批复。

【审核问询意见】

请发行人：(1)补充说明发行人"粤(2018)惠州市不动产权第0114962号"自有工业用地上未建自有房产，仅建设并使用两间临时厂房的原因及合理性。发行人拥有的3块土地博府国用(2015)第100017号、粤(2018)惠州市不动产权第0114964号、粤(2018)惠州市不动产权第0114962号的现状，均未建设自有房产的原因；(2)补充说明发行人生产流程及对应的主要场地，施行智能设备开发、制造、组装等环节的具体场地，现有场地能否满足发行人生产经营的需要；(3)上述临时厂房未能正式办理房屋产权证书的原因，上述临时厂房是否已全部取得必备的权属证书，报告期内未取得登记使用是否存在违法违规的情况。仅有2年有效使用期是否能够保证发行人持续稳定经营，临时厂房未来延期是否存在障碍；(4)发行人大量使用租赁厂房是否存在无法持续使用的风险，请补充测算搬迁可能造成的费用；(5)请发行人补充披露大量使用租赁厂房用于生产经营的合理性，就租赁行为是否可能对生产经营稳定造成不利影响作出分析，并说明相应的风险控制措施。

【问询回复摘要】

公司说明：

(1)公司生产经营场所使用情况。公司采用"以销定产"的生产模式，工程中心执行产品设计、供应链中心采购物料、制造中心组织核心零件生产加工和产品的组装调试，待产品发出后在客户现场进一步组装调试完成，正式投产并经客户验收后完成公司产品的生产。公司生产流程中，对场地需求较大的环节为核心零件生产加工和产品组装调试，其主要场所为位于马安镇新乐村鹿岗、东江职路2号和统昇东路5号的租赁厂房及位于马安镇新乐村的两个自建临时厂房。按照公司目前生产经营状况，现

---

① 利元亨公司因主动撤回注册申请材料，于2019年10月15日终止发行注册审核；公司于2020年9月22日再次提及发行注册申请，于2021年5月25日获得注册批复文件。公司首次申报撤回材料原因或与公司生产经营场所为临时厂房、租赁取得且存在不确定性，公司对大客户存在依赖等原因有关。

有场地可以满足公司生产经营需要。

（2）公司租赁房产情况。报告期内，公司收入、利润的生产场所基本来自租赁厂房。公司大量使用租赁厂房用于生产经营主要考虑：

1）自建厂房通常需要1~2年。公司生产对场地的要求不高，周边可租赁房源充足，相较自建厂房，租赁厂房可实现产能快速扩张。

2）自建厂房短期内需要大量资金，而租赁厂房为每期支付租金，短期占用资金较少。将资金优先满足日常经营所需，有利于公司长期发展。

按照公司与出租方签订的租赁协议，除发生不可抗力、政府征收（征用）或者发行人违约等情形外，出租方不得解除合同，否则应承担违约责任，合同履行期间内，公司不存在违约情形，出租方亦未提出提前解除合同的要求。同时，除公司向惠州市翀兴实业有限公司租赁的钢架构厂房和子公司索沃科技向惠州市鸿伟实业有限公司租赁的办公场所外，公司与其他出租方签订的相关协议均约定，租赁期限届满后发行人在同等条件下有优先承租权。翀兴实业相关厂房目前仅用于存放部分临时物料，索沃科技租赁场所面积为120平方米，仅用于办公及注册地址。

假设公司目前无法使用现有租赁厂房而发生搬迁，由于搬迁造成的费用主要是设备运输的搬迁费，公司非重资产企业，需要搬迁机器设备及办公设备不多，且会优先考虑周边厂房，参考历史搬迁费用预计若搬迁将发生搬迁费约15万元，考虑其他不可预测费用5万元，公司搬迁可能造成的费用预计不超过20万元。因此，公司如因无法使用现有租赁厂房而需搬迁，其搬迁费用较小。

公司已制订了搬迁或续租计划，公司将于租赁期限届满前将惠州市惠城区的租赁厂房陆续搬迁至新建厂房或新租赁厂房。搬迁之后，公司厂房将以自有厂房为主。

（3）公司自有土地厂房情况。粤（2018）惠州市不动产权第0114962号地块位于马安工业园，属于募集资金项目"工业机器人智能装备生产项目"和"工业机器人智能装备研发中心项目"规划用地。公司对厂房需求较大，但资金较为紧张，在该土地上自建临时厂房可以较低成本快速满足厂房需求，故暂未在募投用地上自建房产。

上述临时厂房未正式办理房屋产权证书。建设临时厂房，需要向当地城乡规划主管部门申请临时建设工程规划许可证。公司第一处临时厂房于 2018 年 10 月 17 日取得了广东省惠州市住房和城乡规划建设局出具的"惠市规水临[2018]024 号"批复,2019 年因政府机构改革,惠州市城乡规划权限由惠州市住房和城乡规划建设局转移至惠州市自然资源局,同时,该临时建筑申请建筑面积变更,因此公司于 2019 年 2 月 19 日申请并取得了惠州市自然资源局出具的"惠市自然资[2019]95 号"临时厂房规划许可批复。公司第二处临时厂房于 2019 年 4 月 11 日取得了惠州市自然资源局出具的"惠市自然资函[2019]597 号"临时厂房规划许可批复。

公司目前正在建设正式厂房。博府国用(2015)第 100017 号地块位于柏塘工业园,为公司"高端智能成套设备建设工程"项目用地,该项目正在建设中;粤(2018)惠州市不动产权第 0114964 号地块位于马安工业园,其属于公司"智能协作机器人及成套装备生产项目"用地,该项目正在建设中,截至报告期末,两个地块在建工程余额分别为 336.55 万元和 5414.48 万元。

公司依照批复合法合规建设、使用临时厂房,不存在无法办理延期手续的情况。按照公司搬迁计划,临时厂房将于 2020 年 10 月(即在有效使用期内)完成搬迁至新建厂房的工作,不申请延期,故不存在因仅有 2 年有效期而影响发行人持续稳定经营的情形,亦不存在涉及延期障碍的问题。

【案例评析】

公司现阶段主要生产场所系租赁厂房及自建临时厂房,生产场所存在较大不稳定性。根据公司说明,现有场地可以满足公司生产经营需要,公司主要生产经营用租赁厂房不存在无法持续使用的风险,公司租赁行为不会对生产经营稳定造成不利影响。公司自有临时厂房已经按照相关法律法规办理了临时厂房建设手续,其建设过程合法合规。按照公司搬迁计划,自建厂房将于一年内投入使用,后续生产活动将以自有厂房为主,生产活动更加稳定。

二、生产或服务设备

对于生产企业和提供建设、施工、测绘、检测、维修等服务业务的企业来说,生产、服务中涉及的相关设备情况对于了解公司经营活动和业务实质也非常重要。一是设备的功能和性能反映出公司生产、服务、研发模式信息披露的准确性;二是设备的数量和使用情况反映出公司产能和业绩的合理性;三是设备的成新率和抵押情况分别反映出公司的技术先进性和财务状况是否良好。

> **审核关注要点:**
>
> (1)公司是否充分披露主要生产设备、服务设备的基本情况,价格、性能、用途、产能及使用情况,关注公司技术与设备之间的匹配性,公司收入与设备利用率、产能的匹配性;
>
> (2)关注公司主要资产设备的摊销、减值处理是否符合会计规范;
>
> (3)关注公司主要资产设备的抵押情况,是否存在抵押物行权风险,是否可能影响公司的正常生产经营活动;
>
> (4)公司重要设备为融资租赁方式取得的,关注相关融资租赁合同的履行情况。

典型案例82:金博碳素固定资产占比较高

公司固定资产主要为房屋建筑物、机器设备。报告期各期末,公司固定资产价值分别为5362.47万元、5760.60万元和6787.23万元和7901.33万元,是公司非流动资产的重要组成部分。

【审核问询意见】

请发行人说明:报告期各期末机器设备的主要构成、数量及金额,与发行人各期产能和产量的匹配性。

【问询回复摘要】

公司说明:

(1)公司主要生产设备情况。目前,发行人的主要产品应用于晶硅制造热场系统,伴随着下游硅片制造企业、晶体生长设备制造企业的产能(或销量)扩增,发行人的产能也逐步扩增。报告期各期末机器设备的构成、数量及金额如下:

单位:台、万元

机器设备名称	2019年6月30日		2018年12月31日		2017年12月31日		2016年12月31日	
	数量	设备原值	数量	设备原值	数量	设备原值	数量	设备原值
高温热处理炉	24	4319.91	22	3827.99	29	3256.18	27	2576.76

机器设备名称	2019年6月30日		2018年12月31日		2017年12月31日		2016年12月31日	
	数量	设备原值	数量	设备原值	数量	设备原值	数量	设备原值
机加工设备	28	361.08	27	354.54	23	286.91	20	220.49
电力设备	6	1219.97	6	1219.97	6	1219.97	6	1219.97
其他设备	112	964.67	107	903.55	92	787.15	79	691.08
合计	170	6865.63	162	6306.05	150	5550.21	132	4708.30

报告期内,发行人产能随着机器设备的增加而增加。

项目	2019年1~6月	2018年度	2017年度	2016年度
产能(吨)	91.39	187.87	110.82	77.25
产能较上年增加(吨)	—	77.05	33.57	—
产能较上年增幅(%)	—	69.53	43.46	—
期末机器设备原值(万元)	—	6306.06	5550.21	4708.30

(2)公司产能利用率情况。报告期内公司各年度产能利用率基本保持稳定,产能利用率均超过90%。影响公司产量的固定资产主要是气相沉积炉设备。发行人产能增幅大于机器设备原值增幅的主要原因如下:

1)机器设备投入时间的因素影响。2017年8月31日,发行人新投入使用了5台气相沉积炉,其原值合计为829.84万元。上述5台气相沉积炉计入2017年产能计算的月数为4个月,计入2018年产能计算的月数为11个月(考虑法定节假日因素后)。

2)设备更先进和大型化,机器设备单位投入所贡献的产能增加随着发行人的生产设备更为先进和大型化,发行人对机器设备单位投入所贡献的产能随之增加。报告期内,影响公司产能的固定资产主要是气相沉积炉设备。气相沉积炉的容量决定了单炉沉积产品的数量,直接决定了设备的产能。随着设备容量的扩大,机器设备单位投入带来的容量空间增加,所贡献的产能也随之增加。

【案例评析】

公司业务和产能高度依赖公司生产设备。公司补充披露了相关生产设备情况、报告期内产能利用率情况以及产能增幅高于机器设备资产价格增幅的原因。

三、主要资金来源

资金是除了土地房产和设备外公司生产经营活动的主要物质基础。对于任何一家企业来说,持续、稳定的现金流入是企业能够持续存活、发展的命脉,犹如人体中的血液,是一切经营活动开展的重要基础。

企业创立之初,主要的经营资金来源于股东的出资投入。随着公司取得办公场所、建设生产线、雇用员工、采购原材料等,公司的资金需求越来越大,此时便需要股东追加投资,或者从外部进行融资。对于重资产企业来说,通过获取银行贷款或其他债权类资金是主要融资方式,轻资产企业则多通过朋友亲戚借贷或者引入 VC/PE 等机构进行融资。资金的来源和资金的成本对于公司持续经营能力至关重要,尤其是对于初创期企业、长期处于研发状态或业务尚未获取利润的企业,现金流断裂的风险是经营的最大风险。

> **审核关注要点:**
>
> (1)公司报告期内大额融资情况,是否为老股东投入、新股东股权融资、银行借贷、保理公司或者小贷公司借贷或者是客户预付、公众吸收等,关注公司资金来源的合法性、稳定性,关注公司大额外部融资资金使用是否合法合规;
>
> (2)关注公司报告期内大额融资的资金成本,相关贷款利率、抵押或者质押情况,关注公司可持续融资渠道是否通畅,是否存在资金链断裂风险。

典型案例 83:紫晶信息保理融资成本较高

报告期末,发行人通过应付票据、短期借款、长期借款、应收账款保理、融资租赁方式进行融资,相关融资金额已与发行人全部固定资产金额相当,且保理和融资租赁利率达到 10%~17.55%,融资成本较高,期限普遍在 1~3 年,期限普遍较短。2018 年 11 月,发行人进行了大额股权融资,但相关股权融资存在业绩对赌和发行人实际控制人的回购条款,若发行人无法顺利完成上市,可能存在需要集中兑付大额到期债务的重大风险。

【审核问询意见】

请发行人披露:(1)固定资产的抵押状况,是否存在重复抵押,是否具备持续融资能力;(2)发行人与股权投资方的具体业绩承诺和股权回购条款,如无法完成业绩承诺,实际控制人是否具有回购能力,是否会对发行人的经营和资金状况产生重大不利影响;(3)发行人的后期资产开支计划、营运资金需求计划、在未上市的情况下,发行人现有资金可覆盖的运营期限;(4)发行人是否存在其他表外融资的情况;(5)结合前述投融资情况,对其偿债风险进行重大风险揭示。

【问询回复摘要】

公司补充披露:

(1)公司不存在固定资产重复抵押的情形,公司具备股权方面、债权方面持续融资能力;

(2)目前公司股权融资对赌协议已全部终止,实际控制人回购义务已解除,因此不会对发行人的经营和资金状况产生重大不利影响;

(3)公司后期资本开支计划主要为本次发行相关募投项目,考虑募投项目按照效益测算自身能够产生的现金流,预计2019年至2021年资金缺口为5.63亿元,经测算公司2019年至2021年营运资金缺口为3.63亿元。截至2018年12月31日,公司账面银行存款及银行理财合计3.90亿元,速动资产8.14亿元。在未上市的情况下,公司现有资金及银行授信基本可覆盖未来三年营运支出,公司亦将积极通过股权融资及银行融资等渠道,确保公司本次研发及产业化相关募投项目顺利实施;

(4)发行人不存在其他表外融资的情况;

(5)发行人已经对于偿债风险进行重大风险揭示。

【案例评析】

公司债务融资金额较高,且保理和融资租赁利率达到10%~17.55%,融资成本较高,期限普遍在1~3年,反映出公司经营风险较高,资金链存在断裂可能。根据公司说明,本次公开发行上市融资成功与否对公司持续经营能力产生决定性影响,公司已对相关风险进行了充分揭示。

第六节 公司员工情况

劳动是生产的重要投入,技术和服务同样要依附于劳动者来实现。不管是生产企业还是服务企业,人才永远是公司的核心资产。通过了解公司的人员结构和人才构成,可以进一步掌握公司的经营能力、技术实力和发展潜力。

一、员工结构

公司的员工结构,包括公司管理人才、研发人才、销售人才和生产人才等。公司员工的构成反映出公司在管理效能、研发能力、销售水平、生产能力方面是否具有较强的竞争优势。

1. 业务匹配性

公司员工的数量和结构与公司的经营活动密切相关。公司的管理人员、生产人员、服务人员、技术人员、研发人员、财务人员的组成和占比情况反映出公司相关业务开展的人力支撑;公司员工的学历结构、工作经验、技术实力和年龄分布则进一步说明了公司在相关业务方面的人才实力和可持续性。对于从事科研或者高新技术的企业,公司研发人员的教育经历、数量则相对关键;对于以生产加工、技术服务为主要业务的企业,生产或技术人员的年龄结构、工作经验则是品质产品和品质服务的保障;对于依赖销售的批发、零售等企业,销售人员的数量、经验和薪酬模式则至关重要。

> **审核关注要点:**
> (1)公司是否充分披露员工数量、结构、专业、学历、经验、薪酬情况及其与公司业务匹配情况,相关人员情况能否真实反映出公司在研发、生产、服务、销售等方面的能力和可持续性;
> (2)公司是否充分披露公司核心员工的认定、核心员工的基本情况,重点关注核心技术人员的教育背景、研发经历,公司研发人员的数量、结构及组成,相关人员是否具备相应的能力,公司是否为其提供了有效的激励措施来防范人才的流失。

典型案例84:前沿生物生产人员占比较高

招股说明书披露,发行人是一家创新型生物医药企业,报告期内存在大额CMO采购的情况下,截至2019年3月31日,发行人员工结构中生产人员和质量控制人员合计占比为51%,研发人员占比17%。

【审核问询意见】

请发行人说明:(1)发行人存在大额 CMO 采购的情况下,生产型员工占比超过一半的原因;(2)发行人的研发人员数量和占比是否能支撑发行人在研产品管线的研发。

【问询回复摘要】

公司说明:

(1)发行人生产人员与业务的匹配性。2018 年 5 月,艾可宁获批上市,发行人利用乾德路的研发产线资源改造为艾可宁的小规模 GMP 生产线,以保障艾可宁上市后早期市场的供应。报告期内,发行人与 CMO 公司合作主要是为了完成艾可宁原料药的生产工艺转移,并开展试生产和工艺验证生产,以满足产品质量和 MAH 注册管理的要求。目前,注射用艾博韦泰(制剂)仍需自行生产,艾可宁上市早期的商业化生产仍由发行人乾德路生产基地完成。因此,发行人需要按照 GMP 规范及艾可宁生产工艺需求,配置多肽原料药合成、纯化生产,冻干制剂生产及质控、设备动力、物控等配套岗位满员员工。

1)GMP 法规对于质量控制、质量保证人数的要求。截至 2019 年 3 月 31 日,发行人共有质量控制人员 17 人,其中质量控制主管 1 人,理化检测组 6 人,仪器检测组 4 人,微生物和环境检测组 5 人,记录、样品管理 1 人;发行人共有质量保证人员 12 人,质量负责人 1 人。

2)艾博韦泰生产工艺对于生产线人数的要求。艾博韦泰原料药生产分三个工序:合成、裂解、纯化转盐冻干包装。报告期内,乾德路生产基地原料药车间按照连续生产配备员工(7 天 24 小时排班),合成工序每班 3 人;裂解工序每班 3 人,机动 1~2 人;纯化转盐冻干包装工序每班 8 人(含中控检测)。截至 2019 年 3 月 31 日,乾德路原料药车间生产员工合计 26 人。

注射用艾博韦泰(制剂)的生产计划根据原料药的产出量确定,按照工艺的要求员工在不同区域岗位工作,包括 D 级洁净区:洗瓶岗位;C 级洁净区:配液、胶塞和铝盖清洗灭菌;B 级洁净区:灌装、冻干出箱轧盖;一般区:灯检贴签包装。这些岗位人员的配置数量与设备自动化操作程度及工艺操作流程匹配。截至 2019 年 3 月 31 日,乾德路制剂车间生产员工合计 23 人。

此外,发行人共有生产管理和物料管理人员 10 人,设备工程部人员 9 人,负责乾德路车间的生产管理、物料管理和设备维护工作。综上,发行人生产部门员工数量与 GMP 法规要求、艾博韦泰生产工艺要求相匹配,不存在冗余人员。

(2)发行人研发人员与研发工作的匹配性。发行人始终以自主研发、开发具有自主知识产权的产品为核心,自主完成新药项目选题、候选药物的制备及筛选、临床前研究、临床开发路径及药事法规路径的确定、临床试验方案设计、药物监管部门申请与审批、临床试验的开展及数据分析、生产工艺及质量控制、向药物监管部门申报上市许可的全过程。同时,在新药研发过程中,由 CRO 公司协助提供部分研发服务,如临床前研究、临床试验开展、病例报告表的设计与咨询、临床试验监查、临床数据管理与统计分析、临床报告总结及撰写等。

发行人对新药研发过程高度分工,在新药发现、药学研究、临床前研究、临床试验、药品生产和新药审核等方面均有相应的人才储备。新药研发过程由少数有丰富新药开发经验、专业互补人员主导。

发行人已建立了一支配置完整、专业互补、经验丰富的核心技术及研发团队。截至 2019 年 3 月 31 日,公司的核心技术人员 3 人,均拥有博士及博士以上学位。研发人员合计 35 人,其中共有 5 名博士、12 名硕士。公司拥有多位具有海外背景的专家,该等人员拥有丰富的生物药研发和生物技术企业管理经验。

【案例评析】

根据公司披露信息,公司存在大额 CMO 采购的情况下生产人员数量仍然较多,疑似与业务不匹配。根据公司说明,公司部分产品仍需自主生产,按照监管要求,须配备必要的生产质控等人员,因此存在较多生产人员。

2. 人员变动

随着公司业务、规模的变化,公司员工的数量和结构也会相应发生变更。报告期内公司员工发生大幅变动往往与公司业务变化相关。比如,生产型企业将相关生产业务剥离,采用 OEM 或者外协等方式进行,则生产人员则需要大幅减少;技术服务企业原本是通过项目现场采购劳务等方式开展业务,后续发现自己的员工在相关业务开展的稳定性和一致性方面更有保障而扩大人员规模等,这种变动情况通常具有一定的商业基础和合理性。

> **审核关注要点:**
> (1)公司报告期内人员变动情况是否较大,相关变动是否与公司业务变动、规模变动相一致,是否涉及核心人员的流失,是否存在高级管理人员的重大变动;
> (2)公司员工变动的方式是公司主动裁员还是员工离职,关注公司业务是否存在转型,公司裁员安排是否妥善,是否存在劳动用工纠纷。

典型案例85:当虹科技研发与销售人员变动较大

2017年、2018年公司研发部门人员增减人数变动较大,2018年销售部门人数减少10人。

【审核问询意见】

请发行人进一步说明:(1)离职的研发人员职级,是否涉及重要研发人员的离职、是否涉及核心技术泄密,并作风险因素提示;(2)说明2018年销售人员大量离职同时销售收入大幅增长的原因,销售人员和销售费用未大幅增长的情况下,销售模式大幅转变的合理性。

【问询回复摘要】

公司说明:

(1)研发人员离职情况。智能视频技术的软件开发行业属于典型的人才和技术密集型行业,产品的研究开发和技术的突破创新依赖经验丰富、结构稳定的研发团队。目前国内市场对新技术新产品的需求不断增加,但专业的智能视频技术研发人员相对不足,且基本集中于国际巨头公司和国内少数领先厂商。公司的竞争优势正体现在核心创始团队是国内视频技术领域研发经验最为丰富的技术团队之一。截至报告期末,公司的研发人员为128人,占员工总数的比例为65.64%。未来,随着智能视频市场规模和公司市场份额的稳步扩大,公司将进一步增加研究开发的投入和研发人员的培养。但在报告期内,公司研发人员离职人数在2016年至2018年分别为6人、17人、22人,存在一定流动性。

上述人员均为基础技术人员,公司与该等人员均签订了《保密协议》,就知识产权保密和竞业禁止作出了约定,以防止公司知识产权泄密。公司与核心技术人员签订了《特殊保密协议》,并在早期对核心技术人员予以股权激励,报告期内,核心技术人员稳定。公司通过贯彻良好的企业文化和建立科学的员工激励制度等方式保证较高的员工留存率,但如果由于不可预计的因素导致公司研发人员流失,可能会造成公司研发能力减弱及经营业绩下滑等不利影响。

(2)2018年销售人员大量离职同时销售收入大幅增长的原因。2018年公司对销售团队分区域管理,并加强了考核,制定了各自的销售目标。在销售分区后,公司加强了本地大客户的互动频率和服务,年底大部分区域团队超额完成销售业绩,促进当年销售收入增长。但个别区域团队未完成业绩考核目标,公司对于考核不合格的销售人员进行了淘汰,因此2018年销售人员离职人数较多。

(3)销售人员和销售费用未大幅增长的情况下,销售模式大幅转变的合理性。公司深耕广电行业多年,在2016年已覆盖了较大比例的省级广电IPTV业务运营商,通过业务的开展,公司已与终端广电客户建立了深厚的合作关系,并拥有独立面向市场开拓业务的销售体系。公司在各区域均派驻销售人员和技术支持人员,通过驻点客户单位、挖掘客户需求着手,获取商机,通过公开渠道完成商务流程。2017年公司已具备业务模式调整的条件,因此公司并不需要大规模增加区域布局,进而也无须大规模扩建销售团队,现有销售布局已能支撑公司完成销售模式的转变。

公司销售费用主要归集销售部门人员的薪酬、差旅费、招待费等支出,因销售人员数量未大幅增长,故销售费用也未大幅增长。公司主要依靠技术驱动和优质服务开拓市场,而非营销驱动,故公司不采用大比例销售提成等方式激励销售人员。而公司的技术支撑部、研发部人员,为获取业务,在前期方案咨询、技术洽谈中一并承担了较多的工作,该部分人员的薪酬、差旅等支出,一般在管理费用中核算,而不是销售费用。因此,转变销售模式并不会带来公司销售费用的大幅增长。

【案例评析】

报告期内公司研发人员、销售人员存在一定变动,关注人员变动与业务变化一致性。根据公司说明,公司研发人员变动比例较低,销售人员变动系考核导致,且公司销售模式存在转变,对公司整体业务开展影响较小。

二、用工合规

公司劳动用工合规要求的对象既包括签订正式劳动合同的职工,也包括劳务派遣、实习生或临时工,在具体合规要求方面主要包括依法与劳动者签订劳动合同或用工合同,依法缴纳基本社会保险、支付薪酬,为劳动者提供安全的劳动环境等。

1. 劳动用工合规性

我国的《劳动合同法》对公司正式员工的权益进行保护,五险一金是我们通常情况下所理解的基本保障措施。实践中,出于节省公司经营成本的目的,一些公司存在不给员工缴纳社保、公积金或者通过设置不同的薪酬结构来少交社保、公积金等情况。根据《首发业务若干问题解答》,发行人报告期内存在应缴未缴社会保险和住房公积金情形的,应当在招股说明书中披露应缴未缴的具体情况及形成原因,如补缴对发行人的持续经营可能造成的影响,揭示相关风险,并披露应对方案。保荐机构、发行人律师应对前述事项进行核查,并对是否属于重大违法行为出具明确意见。

审核关注要点:

(1)关注公司报告期内用工合规情况,是否依法签订劳动合同并为员工缴纳社保、公积金;

(2)关注公司报告期内是否存在生产安全事故、劳动纠纷,公司核心技术人员、财务人员等是否与公司存在劳动争议纠纷。

典型案例86:利元亨报告期内未缴纳住房公积金[①]

报告期前期发行人未为员工缴纳住房公积金。

【审核问询意见】

请发行人说明对于应当缴纳社保和公积金而放弃缴纳的部分员工,是否取得员工本人的认可或者同意;如按照规定缴纳社保公积金,对发行人财务数据可能产生的影响。

---

① 根据《关于广东利元亨智能装备股份有限公司发行注册程序终止通知书》,公司首次申报后于2019年10月15日撤回注册申请,撤回申请原因或与公司经营场所不稳定相关。

【问询回复摘要】

公司说明：

报告期内，公司存在未为部分员工缴纳社会保险费的情况，主要原因是其已在户籍所在地购买了新农合保险，主动选择放弃在公司参保。报告期前期，公司未为员工缴纳住房公积金，主要原因是公司已为员工提供员工宿舍，且公司员工主要为农村户籍，在惠州当地购房需求较小，更加在意到手收入，主动放弃缴纳住房公积金。报告期内，对于应当缴纳社保和住房公积金而放弃缴纳，且仍在职的员工，已取得该员工本人的认可或同意；对于应当缴纳社保和住房公积金而放弃缴纳，但已离职的，公司未取得该员工本人的认可或同意，公司与该等离职员工就社保和住房公积金问题不存在未决的争议、纠纷、诉讼或仲裁事项。

报告期内，随着公司对社保和公积金缴纳的逐步规范，应缴未缴的社会保险和住房公积金的金额占净利润的比例逐年下降。公司控股股东、实际控制人已出具承诺承担公司因社会保险和住房公积金缴纳事宜可能产生的全部费用和损失，公司不会因被追缴社保和住房公积金影响公司持续经营。

【案例评析】

随着我国劳动法律的逐渐健全，现阶段公司主要劳动用工问题集中在社保和公积金缴纳安排以及劳动合同签署安排。审核中逐渐降低了对相关合规问题的关注力度，重点聚焦是否存在大规模劳动用工纠纷情况、外籍人士从业合规情况等。

2. 劳务用工合规性

劳务派遣通常情况下是将公司常设的，但是替代性比较强的、辅助性或者临时性的岗位进行外包，由专门的劳务派遣公司负责招聘和薪酬管理，但在具体工作中接受公司的管理。这一点需要与劳务外包进行区分，劳务外包是指劳动用工人员及其日常管理均由外包服务商负责管理。实习生则主要是从高校学生中进行短期招募，协助处理日常杂务或者为校园招聘进行人才储备，实践中也存在企业通过与大中专院校合作，以实习生的名义招聘短期劳务用工。

通常情况下，开展施工服务、技术服务、会展服务等业务的企业往往大量采用劳务派遣人员、实习生等开展业务,以减少在不同地区项目上调配员工等相关成本费用。劳务派遣一般由专业派遣机构负责按需招聘,并派驻到公司开展相关工作。实习生一般通过学校招聘或者校企合作等方式进行招募。不管是劳务外部、劳务派遣还是实习生用工,企业都应当遵守劳动法等相关法律法规,保障劳动人员安全,按时足额支付报酬。部分企业通过关联方劳务外包等方式进行利益输送,相关用工的真实性也需要关注。

《科创板审核问答》明确,公司存在较多劳务外包情况的,中介机构应当关注:

(1)劳务公司的经营合法合规性等情况,比如是否为独立经营的实体,是否具备必要的专业资质,业务实施及人员管理是否符合相关法律法规规定,发行人与其发生业务交易的背景及是否存在重大风险;

(2)劳务公司是否专门或主要为发行人服务,如存在主要为发行人服务的情形的,应关注其合理性及必要性、关联关系的认定及披露是否真实、准确、完整。中介机构对于该类情形应当从实质重于形式角度按关联方的相关要求进行核查,并特别考虑其按规范运行的经营成果对发行人财务数据的影响,以及对发行人是否符合发行条件的影响;

(3)劳务公司的构成及变动情况,劳务外包合同的主要内容,劳务数量及费用变动是否与发行人经营业绩相匹配,劳务费用定价是否公允,是否存在跨期核算情形。

> **审核关注要点:**
>
> (1)公司业务开展情况与公司劳务用工是否相匹配,劳务用工是否合理;
>
> (2)劳务派遣机构是否具备相应的业务许可资质,相关人员是否从事临时性、辅助性工作,是否存在以劳务外包形式规避劳务派遣管理的情形;
>
> (3)公司对劳务派遣人员的管理是否有效,相关劳务采购支出是否真实;
>
> (4)校企合作中实习生招募管理是否合规,是否存在违规使用实习生、非全日制用工的情况,是否存在劳务用工纠纷。

典型案例 87：东方基因报告期内劳务派遣存在违规情形

关于用工情况根据问询回复，2018 年 12 月 31 日，发行人劳务派遣员工占用工总量比例为 17%，超过了《劳务派遣暂行规定》规定的 10% 上限。

【审核问询意见】

请发行人进一步说明：(1) 报告期内之前年份未出现而 2018 年劳务派遣占比超过 10% 上限的原因；(2) 2018 年劳务派遣用工占比超过规则规定事项是否导致发行人受到相关行政处罚，该事项是否构成重大违法行为，并提供相关认定依据，说明认定依据是否充分；并说明劳务派遣用工占比超过规则规定事项对本次发行上市的影响；(3) 除回复中提供的年末时点数外，报告期内发行人是否存在其他劳务派遣用工占比超过规定上限的情况；(4) 劳务派遣员工的具体工作岗位；劳务派遣整改的时点和整改的措施，以及整改后的运行期限是否符合相关规定；(5) 结合发行人员工学历情况、劳务派遣用工情况、研发人员情况等，说明发行人是否为劳动密集型企业，是否具备核心技术能力。

【问询回复摘要】

公司说明：

(1) 劳务派遣用工合法合规情况。发行人于 2017 年 12 月开始使用劳务派遣用工，除回复中提供的 2018 年年末时点数外，发行人自 2018 年 1 月至 2019 年 2 月，各月末劳务派遣员工占比均超过规定上限。截至 2019 年 3 月 31 日，发行人劳务派遣用工占比已降至 8.26%，符合《劳务派遣暂行规定》等法律、法规及规范性文件的规定。

发行人采用劳务派遣用工方式的岗位主要为包装操作等部分辅助性岗位，因岗位流动性较大，可替代性较高，且对于工作技能的要求较低，符合《劳动法》《劳务派遣暂行规定》等法律、法规及规范性文件的规定。针对报告期内发行人使用劳务派遣用工人数超过用工总数 10% 的情况，发行人已通过将部分劳务派遣人员转正并签订正式劳动合同的方式解决劳务派遣用工比例超标问题，自行规范劳务派遣用工违规情形。

根据发行人报告期各期营业外支出明细，发行人未因劳务派遣用工占比超过规则规定事项受到处罚或罚款的情形。此外，安吉县人力资源和社会保障局已于 2019 年 7 月 15 日出具证明："(1) 东方基因 2018 年 1 月至 2019 年 2 月期间，劳务派遣人员数量占其用工总量超过 10%。2019

年3月起至今,东方基因已自行降低劳务派遣人数占比至10%以内并规范运行。我局认为东方基因劳务派遣人数占比超过10%的情况,不属于重大违法行为,鉴于其违法行为已自行纠正,后续东方基因劳务派遣持续规范运行,我局不会因此事项对公司进行行政处罚。(2)自2016年1月1日至今,东方基因没有被本局处罚的情形。"因此,发行人劳务派遣用工占比超过规则规定事项未导致其受到相关行政处罚的情形,且不构成重大违法行为,认定依据充分。

(2)发行人生产人员较多原因。POCT行业是一个多学科交叉、技术密集、资金密集型的高技术产业,涉及临床检验学、生物化学、免疫学、分子生物学、分析化学、应用化学、有机化学、生物医学工程、基因工程、机电一体化等众多学科领域。截至2018年12月31日,发行人技术人员共有110人,占员工总数的比例为13.78%,本科及以上学历的技术人员有68名,占技术人员数量的比例达到61.82%,发行人技术人员均拥有较为丰富的研发经验及研发能力。

发行人的POCT即时诊断平台的科技含量主要体现在生产前段的抗原抗体的选取,纳米金制备及标记等,生产前段是发行人核心技术先进性程度的主要体现。经过多年的研发积累,发行人已形成了一系列的核心技术,包括高浓度纳米金制备、不同颗粒大小纳米金标记、多项联检等核心技术,并广泛应用于生产前段。依托自身的核心技术,发行人自主研发的疟疾即时检测产品、HIV抗体即时检测试剂、丙型肝炎病毒抗体检测试剂等POCT产品的性能已达到国际领先水平,展现了一定的竞争优势。目前,发行人已取得中国、欧盟、美国、加拿大、墨西哥等多国的医疗器械产品备案、注册或认证证书,并已获得多个大型国际客户的认可,成为国内主要的体外诊断试剂出口商。发行人已具备核心技术能力。

报告期内,发行人的生产人员数量占比较高,主要有以下三个原因:

1)发行人的产品具有单人份包装的特点,生产工艺要求大量生产后端的包装人员。

2)报告期内,由于发行人的产品销往全球一百多个国家且销售模式以ODM为主,客户对产品的包装规格要求不同,导致发行人销售的POCT产品的种类多达上千种,无法使用普通的自动包装装置进行标准化包装处理,而进口设备的成本较高,若无法形成规模效应,性价比相对较低。

3) 报告期内,发行人仍处于快速发展阶段,融资渠道有限,在加快新产品研发、扩大产品供应能力、引进先进技术和优秀人才、拓展营销服务网络等方面需要大量资金支持。因此,报告期内,发行人对生产后端自动化设备投入较少。随着发行人业绩的快速增长,发行人需要保持较高比例的生产人员以满足销售订单的需求,这也是 2018 年发行人存在一定数量劳务派遣员工的主要原因。

综合考虑发行人所处的行业、研发人员情况、技术水平以及国际竞争力等因素,发行人属于技术密集型行业,不属于劳动密集型行业。未来随着发行人的资本实力增强、募投项目的实施及自动化设备的投入以及自主品牌销售占比的逐步提升,发行人将会逐步使用后端包装自动化产线替代部分人工。

【案例评析】

公司产品生产过程中需要大规模生产辅助人员,报告期内存在较高比例劳务用工,且存在不规范情形。根据公司说明及公司提供的相关主管机构证明文件,公司针对劳务用工违规事项已经采取了必要的整改措施,且未受到行政处罚,亦不构成重大违法违规。公司后续将通过更新生产设备等不断提高生产效率。

第七节　公司技术、知识产权情况

公司的技术是产品或业务创新力、市场竞争力的重要体现,决定着公司是否具有核心增长潜力。尽管大部分投资者对公司的技术实力缺乏专业的认知能力,但是仍然值得对公司的技术情况进行认真的研读,判断其信息披露有无夸大的情形。而知识产权作为现代经济社会中保护技术、商誉的重要手段,一方面体现出公司的技术先进性或者商誉的可靠性,另一方面反映出公司管理层对于通过利用现代产权制度保护公司权益、开拓市场的认识和决心。

企业的核心技术通常是以专利等知识产权的方式进行保护,个别企业将主要技术通过商业秘密方法予以保护,典型如可口可乐的配方。但是现代企业中通过保密方式垄断核心技术存在较大的风险——生产或服务规模化后导致泄密将对公司的生产经营造成致命的打击。随着我国对知识产权的保护力度逐渐加大,企业对于专利技术、商标商号、软件著作权等保护意识也不断增强。通过在公司内部建立起知识产权管理体系,统筹研发、生产、销售、财务、法律等部门,从项目研发立项到日常生产、销售等各个环节产生的技术、标识进行专利化、商标化,形成系统的、前瞻的、合理的知识产权布局,对现代企业发展至关重要。

《科创板审核问答(二)》明确:发行人的核心商标、专利、主要技术等无形资产是由控股股东、实际控制人授权使用,中介机构应结合相关资产的具体用途、对发行人的重要程度、未投入发行人的原因、租赁或授权使用费用的公允性、是否能确保发行人长期使用、今后的处置方案等,充分论证该等情况是否对发行人资产完整和独立性构成重大不利影响。

一、专利技术

核心技术、研发人员、研发投入等事项是科创企业的重要特征,是投资者了解和判断发行人是否具有科技创新能力的重要依据。

专利技术是公司对核心技术进行保护的主要形式,包括发明专利、实用新型专利和外观设计专利三种类型。三种不同的专利技术代表有关创新的领域以及公司创新能力的强弱,发明专利主要是指对产品、方法或其改进所提出的新的技术方案,体现最高的创新能力;实用新型专利是指对产品的形状、结构的改进或者新的技术方案,是一种常见的结构改造能力,壁垒较低;外观设计是指对产品的形状、图案、色彩或者其结合作出的富有美感的并适于工业上应用的新设计,通常情况下不具有核心技术方面的改进或创造。发明专利代表公司具有更强的技术研发能力,是最值得关注的技术实力体现。

公司技术、知识产权的主要取得方式包括自主研发、受让取得和授权使用取得,公司取得的专利技术权属是否明晰关系着公司相关产品生产、销售是否稳定,公司业务开展是否可持续。其中自主研发最能反映公司的技术实力和持续研发能力;受让取得相比授权使用则更加具有稳定性,但是在购买价格以及资产处置等方面则较为复杂;授权取得则通常涉及关联交易,对公司经营的独立性及稳定性存在一定影响。

对于通过自主研发获取相关产品或服务核心技术的,公司必须具备相应的技术人才、技术储备或积累、研发设备及材料以及相应的研发资金支持,稳定的研发能力是公司保持技术先进性的保障。通过将核心技术转化为专利,并在相关领域中持续保护,有利于提高公司的核心竞争力。

> **审核关注要点:**
>
> (1)公司是否充分披露专利技术的取得时间、取得方式,权属是否明晰、是否存在争议纠纷,是否属于发明人的过往或其他任职单位的职务发明,如有权属纠纷,相关侵权赔偿或业务终止对公司的生产经营影响是否重大;
>
> (2)关注公司专利与公司核心技术、核心产品之间的相关性,公司主要技术、知识产权在行业内是否具有创新性和领先性;
>
> (3)关注公司研发设备与研发成果的一致性,公司报告期内研发投入、研发设备、研发损耗与研发成果的匹配性,关注公司核心技术是否为自主研发取得,公司研发能力是否真实、合理;
>
> (4)公司是否充分披露通过受让方式取得的专利技术的具体情况、交易方与公司等是否存在关联关系,定价的公允性、对价及其支付情况,相关专利技术的应用情况,资产减值测试情况;
>
> (5)结合相关专业领域知识,关注公司专利技术是否具有市场竞争力,是否具有市场价值,公司不同类型专利是否准确披露,有无夸大公司技术实力的情形。

典型案例88:拓璞数控涉及专利侵权诉讼①

2019年12月,迪菲厄工业公司(Dufieux SAS)以发行人侵犯其专利权为由,向上海知识产权法院提起诉讼。2020年9月2日,公司收到上海知识产权法律民事裁定书[(2019)沪73知民初843号之一]驳回原告迪菲厄工业公司的起诉。迪菲厄在裁定书送达之日起30日内可就裁定提起上诉。2020年8月5日,国家知识产权局专利局复审和无效审理部发布无效宣告请求审查决定书,依据《专利法》第二十二条第三款,迪菲厄的专利(ZL200480038387.4)被宣告专利权全部无效。根据《专利法》第四十六条第二款的规定,迪菲厄可在收到《无效宣告请求审查决定书》之日起三个月内向北京知识产权法院就专利无效的决定提起行政诉讼,公司将作为

---

① 公司两次申报科创板,2019年12月3日及2021年1月12日均因主动撤回申请终止上市审核,终止的原因主要包括重大知识产权诉讼纠纷、收入确认政策及联营公司的合并报表问题。

第三人参加诉讼。报告期各期,公司涉诉产品收入占比分别为0%、16.24%、0%和51.49%;涉诉产品占截至2020年7月末在手订单比重为35.24%。若相关专利诉讼败诉,将对公司未来生产经营产生重大不利影响。

【审核问询意见】

请发行人说明:(1)相关诉讼的最新情况;(2)迪菲厄工业公司是否向北京知识产权法院就专利无效的决定提起行政诉讼,若迪菲厄工业公司胜诉对发行人生产经营的影响。

【问询回复摘要】

公司说明:

(1)相关诉讼进展情况。目前,上海知识产权法院已于2020年10月28日出具《结案证明》,证明上海知识产权法院于2020年9月2日出具的《中华人民共和国上海知识产权法院民事裁定书》[(2019)沪73知民初843号之一]已生效,相关诉讼请求已被驳回。

若迪菲厄向北京知识产权法院就专利无效的决定提起行政诉讼,根据《行政诉讼法》第七十条的规定,北京知识产权法院认为国家知识产权局作出的《无效宣告请求审查决定书》存在主要证据不足的,适用法律、法规错误的,违反法定程序的,超越职权的,滥用职权的,明显不当的等情况,可以判决撤销或者部分撤销国家知识产权局作出的专利无效决定并可以判决国家知识产权局重新作出审查决定,或根据《行政诉讼法》第七十五条,认为国家知识产权局存在不具有行政主体资格或者没有依据等重大且明显违法情形,判决国家知识产权局作出的专利无效决定无效。因此,迪菲厄可能通过行政诉讼并取得法院支持性判决,并由国家知识产权局就专利有效性重新作出裁判,最终存在原专利侵权诉讼中的相关诉讼请求全部得到法院支持的可能性。

由于《中华人民共和国上海知识产权法院民事裁定书》[(2019)沪73知民初843号之一]已生效,迪菲厄无权要求发行人赔偿迪菲厄2736.82万元,同时,停止一切侵害迪菲厄发明专利的行为,即销毁所有尚未交付的镜像铣产品(包括发出商品、在产品等)。若迪菲厄上述行政诉讼胜诉,其可重新向上海知识产权法院提起民事诉讼,重新主张索赔金额,其主张的赔偿要求存在一定不确定性。

2020 年 8 月 5 日，国家知识产权局宣告涉诉发明专利权全部无效并出具了《无效宣告请求审查决定书》(2020073101635240)，迪菲厄在收到《无效宣告请求审查决定书》之日起 3 个月内，有权提起上诉，发行人目前未收到迪菲厄就专利无效提起行政诉讼的相关通知。

(2)上述诉讼对公司影响。参考迪菲厄原主张，若迪菲厄提起行政诉讼且发行人在上述诉讼中败诉，公司 2020 年 1～6 月利润总额将减少7435.76 万元，将对发行人未来生产经营产生重大不利影响。

根据段和段律师事务所出具的《专利侵权分析法律意见书(四)》[段和段法律意见书(2020)048 号]："鉴于涉案专利被国家知识产权局宣告全部无效，且专利复审和无效审理部评述的理由充分，因此，涉案专利的权利稳定性差，即使迪菲厄工业公司提起行政诉讼，国家知识产权局重新作出涉案专利有效的几率极低。"目前，发行人各项生产经营活动正常开展，未受相关专利纠纷影响。同时，公司实际控制人王宇晗亦已出具书面承诺："如果公司在迪菲厄工业公司(Dufieux SAS)起诉公司专利侵权的案件中最终败诉，并因此需要支付任何侵权赔偿金、相关诉讼费用，或因上述诉讼导致公司的生产、经营遭受损失，本人将承担公司因本次诉讼产生的侵权赔偿金、案件费用及生产、经营损失。"

综上，若迪菲厄向北京知识产权法院就专利无效的决定提起行政诉讼，北京知识产权法院或国家知识产权局重新作出维持涉案专利专利权有效的判决或审查决定的可能性较低。公司认为，相关知识产权纠纷事项对公司生产经营不构成重大不利影响，不构成本次发行上市的实质性障碍。

【案例评析】

公司关键产品相关专利涉诉，目前相关诉讼活动仍在进行中，若公司败诉，将对公司未来生产经营产生重大不利影响。根据公司说明，相关专利诉讼尚未二审终审，且原告方专利无效行政行为仍存在诉讼可能性，公司关键产品涉诉风险尚不确定。由于涉诉专利对公司主要生产经营活动产生重大影响，仅仅依靠公司实际控制人出具补偿承诺无法解决公司经营风险问题。

二、商标商号

商标商号作为企业及其产品或服务面向市场的主要符号标识，对于公司进行市场开拓、打击假冒商品具有重要意义。特别是对于主要从事面向终端客户和消费者的消费品或相关服务的企业,商标有助于客户识别公司的产品或服务,有利于公司通过广告和市场推广来扩大商品或服务的知名度和品质担保功能。在此基础上,知名商标还能作为一项商誉进行资产上的增值和进行融资。

除此之外,公司的商标和商号还可以授权他人使用以获取特许经营收入。一种典型的业务模式就是特许经营服务,公司通过创造、维护、推广某项商标、商号,使其具有显著的广告效应、市场效应,并在此基础上授权他人在一定期限或一定区域内进行使用,从而获取授权使用费。尽管这种操作本质上将商标"商品化",违背了其保护创造的初心,但是仍然在保健品等多个领域受到追捧。

审核关注要点:

(1)公司是否充分披露商标在产品或服务销售过程中具体使用情况,公司主要产品或服务使用的商标是否存在侵权情况或诉讼纠纷,公司核心商标的保护是否充分、完整;

(2)公司商标的取得是否符合商标法等法律法规,受让取得的商标对公司经营活动的重要程度、取得时间,相关转让是否价格公允,是否存在纠纷或潜在纠纷;

(3)公司拥有境外注册商标的,关注公司境外业务活动的开展情况;

(4)存在公司使用商标商号授权经营获取收入的,关注公司特许经营服务开展是否合规,针对被授权方相关管理制度是否规范、有效。

典型案例89:热景生物报告期存在商标纠纷

2016年度公司与深圳市新产业生物医学工程股份有限公司就全自动免疫分析仪MQ60侵害商标权纠纷一案达成和解。

【审核问询意见】

请发行人说明:(1)发生纠纷的具体原因和详细过程;(2)该事项对发行人生产经营的具体影响;(3)是否存在其他的商标、专利、软件著作权方面的纠纷或潜在争议。

【问询回复摘要】

公司说明：

(1)商标纠纷具体情况。2016年11月4日,深圳市新产业生物医学工程股份有限公司(以下简称新产业)向深圳市福田区人员法院(以下简称福田法院)提交《民事起诉状》,新产业称其作为商标注册号为"5633490",商标名称为"MAGLUMI",核定使用商品为医疗分析仪等第10类医疗器械的注册商标(以下简称引证商标)权利人。自2010年起开始将引证商标应用于其产品上,且经过各种渠道的宣传及使用,已使引证商标在行业内具有很高的知名度。2016年10月29日,新产业在深圳市会展中心举办的中国国际医疗器械博览会上发现热景生物在博览会上展出了标注字样,申请号为"16198046",商标名称为"MAGLUMIQUIK MQ60",核定使用商品为医疗分析仪等第10类医疗器械的商标(以下简称诉争商标)的全自动化学发光免疫分析系统。新产业认为热景生物未经许可,在同一种商品上使用与引证商标相近似的商标,已经侵犯了新产业对引证商标享有的合法权利。因此向福田法院提起诉讼,请求法院判决热景生物立即停止侵害新产业享有的引证商标的注册商标专用权的行为、赔偿新产业经济损失200万元、维权费用5.85万元,案件诉讼费用由热景生物承担。

2016年12月20日,热景生物与新产业达成和解,并签署《和解协议书》,热景生物放弃诉争商标的注册申请,不再使用含有"MAGLUMI"字样的标识,并承诺在产品标识和宣传资料上删除诉争商标,并且不再以任何方式推广和宣传使用"MAGLUMI"标识。热景生物承担新产业已经发生的法院立案受理诉讼费(23268元)和律师代理费(调查取证阶段律师代理费用38000元、诉讼阶段律师代理费20000元),且承诺在和解协议签署后5个工作日内一次性向新产业支付上述全部费用,合计81268元;新产业在和解协议签署后5个工作日内向福田法院撤回对热景生物的起诉;新产业与热景生物关于诉争商标的纠纷彻底解决。新产业承诺在和解协议签署后不会再提起关于诉争商标的诉讼。

2016年12月30日,热景生物向新产业支付了案件和解费用,合计81268元。2016年12月30日,福田法院作出《民事裁定书》[(2016)粤0304民初24548号],裁定准予新产业撤诉。

(2)商标纠纷对公司生产经营的具体影响。该事项发生的原因系新产业认为热景生物使用的诉争商标非显著识别部分含有"MAGLUMI"字样标识,并因此侵犯了新产业注册商标专用权。之所以使用"MAGLUMI"字样作为诉争商标系因磁微粒化学发光是目前化学发光方法的主流模式,"MAG"为英文字母"Magnetic"的缩写,在行业内意为"磁微粒","LUMI"为英文字母"Luminol"的缩写,在行业内意为"化学发光底物"。因此,字母"MAG"以及"LUMI"在行业得到普遍使用。热景生物对诉争商标"MAGLUMI"字样的使用并非故意侵犯他人商标权利。

新产业与热景生物关于诉争商标争议部分为诉争商标非显著识别部分的"MAGLUMI"标识,双方对诉争商标的显著识别部分"MQ60"并未产生争议。通过与新产业和解,热景生物已放弃诉争商标的注册及使用,并取得了不包括诉争商标中的争议部分"MAGLUMIQUIK"字样的新注册商标(注册号为16198047,核定使用商品为医疗分析仪器等第10类医疗器械的注册商标),并应用于MQ60及MQ60plus系列产品。新注册商标未产生相关争议或潜在争议。

(3)公司其他知识产权纠纷情况。2018年12月3日,国家工商行政管理总局商标局(以下简称商标局)公告,收到相关申请人以《商标法》第四十九条规定的"没有正当理由连续三年停止使用注册商标"为由对发行人拥有的注册号为第6342494号"Q-tube"的注册商标提起的撤销申请。目前,发行人尚未收到商标局核发的答辩通知书。

对于上述撤销商标的申请,如果发行人提交的证据不能被商标局采纳,则发行人上述商标存在被撤销的风险。发行人不存在连续三年未在离心管上使用上述商标的情形,申请撤销发行人上述商标在离心管上注册的理由较大概率不能被商标局认可。报告期内,"Q-tube"商标涉及的离心管产品的占比较小。发行人终端客户为医院等客户,该行业相关客户对产品商标的黏连度并不高,相关客户对产品认知更关注的是产品品牌,如"热景生物"及"HOTGEN"等相关商号及字样,且"Q-tube"商标自身知名度较低,即使"Q-tube"商标最终被撤销而不能使用,热景生物可以选择与其品牌更具有黏连度,且更具有知名度的注册号为"6342495",名称为"HOTGEN"已注册商标应用于离心管,作为替代措施。因此,"Q-tube"商标撤销纠纷不会对发行人持续盈利能力造成重大不利影响。

【案例评析】

公司报告期内商标涉及纠纷,公司已经与原告方达成和解,相关商标纠纷争议已结束。根据公司说明,相关商标对公司市场业务开展产生影响较小,公司具有相应的替代措施。

三、软件著作权

软件著作权是指软件的开发者等将软件登记后,取得的发表权、开发者身份权、使用权、使用许可权和获得报酬权。对于从事软件开发和互联网信息技术服务的企业来说,软件著作权具有重要的意义,特别是在申请高新技术企业、双软认证等方面也是必不可少。不过现实的情况是,能够真正开发制作具有特别先进性的软件企业并不多,大部分软件企业使用的多是开源代码。进行软件著作权的登记除了享受税收优惠、政策补贴外,在一定程度上可以预防侵权,提升企业影响力,增加企业无形资产等。

> **审核关注要点:**
> (1)公司是否充分披露持有的软件著作权的取得方式,登记状况,关注报告期内公司主要软件著作权与产品服务的匹配情况;
> (2)关注公司软件著作权是否存在权属纠纷,关键软件著作权是否为自主创作取得;
> (3)关注公司外购软件著作权的使用情况,定价的公允性,资产减值测试情况是否规范合理。

典型案例90:泽达易盛报告期收购软件著作权

2015年6月,网新易盛将其拥有的13项软件著作权转让给易盛有限,转让价格从30万元到550万元不等。

【审核问询意见】

请发行人进一步说明:(1)上述软件著作权对发行人产品和生产经营的作用,报告期内贡献的收入、利润具体金额和占比情况;(2)发行人于2015年购买上述软件著作权的原因;(3)网新易盛与发行人及其实际控制人的关系;(4)发行人的核心技术和生产经营是否依赖于外购的软件著作权。

【问询回复摘要】

公司说明：

（1）公司补充说明了相关软件著作权报告期内贡献的收入、利润具体金额和占比情况。2016 年度、2017 年度、2018 年度及 2019 年 1～6 月，公司外购的软件著作权相关产品对公司营业收入贡献分别为 725.26 万元、688.35 万元、789.93 万元及 321.92 万元，占公司同期营业收入比重分别为 10.05%、5.56%、3.91% 及 3.12%；对公司毛利贡献分别为 447.19 万元、482.06 万元、537.13 万元及 217.97 万元，占公司同期毛利比重分别为 11.65%、7.90%、5.65% 及 4.48%，呈下降趋势。

（2）公司构成软件著作权的原因。公司于设立之初，收购网新易盛 64.29% 的股权，成为其控股股东。公司收购网新易盛主要目的系收购其食药监管信息化业务，在完成业务重组后，将网新易盛的股权转让给浙江联趣信息科技有限公司。因公司已承接的网新易盛的食药监管信息化业务与网新易盛持有的部分软件著作权相关，因此公司向网新易盛购买上述软件著作权。

上述软件著作权主要应用于公司医药流通信息化产品，公司通过受让上述软件著作权，使得公司医药流通信息化产品可实现的功能更为丰富，以适用不同类型客户的需求。

（3）公司的生产经营不依赖外购软件著作权。公司现有核心技术均为公司业务发展过程中多年积累，由相关技术的主要研发人员在公司任职期间利用公司设备、资源及个人知识、技术储备研发形成。目前，公司已取得发明专利 18 项，实用新型 3 项，软件和软件著作权 120 项，商标 11 个，上述知识产权构成了目前公司技术中心的知识产权体系，公司核心技术的形成不依赖于外购软件著作权。外购软件著作权采用的技术与目前核心技术的研发工作关联度较低，但借助公司核心技术的应用，可以使得外购软件著作权的技术框架得到优化提升，从而更好地与公司目前产品体系相结合。

【案例评析】

公司报告期内购入多项软件著作权。根据公司说明，上述著作权购入原因主要系食药监管信息化业务产生，公司的生产经营及核心技术均不依赖外购软件著作权。

第八节 公司经营许可、资质取得情况

从事某些特定产品生产或服务的公司可能需要取得相应的经营许可和资质。许可和资质作为一种前置的市场准入审批模式,一方面有利于筛选出具备从事某类特定产品或服务业务能力的企业,控制市场风险和进行行政管制,另一方面也导致事后监管乏力。常见的,从事食品、药品、金融产品、交通运输、广播出版、增值电信等经营活动都需要取得特定的行政许可方可开展业务;从事建筑设计、施工服务等需要根据具体业务的规模、要求等取得不同等级的资质方能参与相关业务的投标和承揽。

一、行政许可

业务许可是公司生产特定产品或从事特定业务的必要前提,通过对生产活动设置许可证制度,其根本目的在于加强事前监管,通过对相关的注册资本、人员资质、机器设备、安全措施等各方面提出一定的限制性要求,只有满足了相关生产条件的企业才可以申请生产许可证并进而从事相关活动,一定程度上有助于减少生产事故的发生,保障产品的质量。在正式开展业务前,公司通常需要取得相应的业务许可,否则就处于违规经营的状态。

常见的在生产、运输、销售过程中需要取得专门的许可的产品包括:(1)乳制品、肉制品、饮料、米、面、食用油、酒类等直接关系人体健康的加工食品;(2)电热毯、压力锅、燃气热水器等可能危及人身、财产安全的产品;(3)税控收款机、防伪验钞仪、卫星电视广播地面接收设备、无线广播电视发射设备等关系金融安全和通信质量安全的产品;(4)安全网、安全帽、建筑扣件等保障劳动安全的产品;(5)电力铁塔、桥梁支座、铁路工业产品、水工金属结构、危险化学品及其包装物、容器等影响生产安全、公共安全的产品;(6)药品、医疗器械;(7)其他对产品质量要求比较高的产品。

一些经营风险较高或者涉及意识形态领域的业务,公司开展业务前同样需要取得相应的许可,典型的包括:(1)金融服务;(2)医疗卫生服务;(3)教育活动;(4)测绘建筑服务;(5)电信网络;(6)文化传媒等。

> **审核关注要点：**
>
> （1）公司在业务描述、产品用途、行业信息、商业模式介绍以及相关收入构成、成本构成、费用组成等方面是否反映出公司的业务实质，公司相关业务是否存在行业准入限制，公司产品或服务的生产、销售是否需要进行事前的审批注册；
>
> （2）公司是否充分披露已经取得的业务许可、认证等范围、内容、期限等要素，相关许可、认证是否与公司实际开展业务相匹配，报告期内是否存在违规经营的法律风险。

典型案例91：财富趋势证券信息服务业务许可资质合规情况

发行人主要从事面向机构客户的证券行情交易系统软件销售及面向终端投资者的证券信息服务业务，其中发行人面向终端投资者的证券信息服务业务依托发行人的网站、PC端产品和APP端产品实施。根据《电信条例》，经营电信业务，必须取得国务院信息产业主管部门或者省、自治区、直辖市电信管理机构颁发的电信业务经营许可证。根据《互联网信息服务管理办法》，国家对经营性互联网信息服务实行许可制度；对非经营性互联网信息服务实行备案制度。未取得许可或者未履行备案手续的，不得从事互联网信息服务。发行人认为，其目前经营的网站和软件产品不需要办理增值电信业务经营许可。

【审核问询意见】

请发行人补充说明：其无须取得增值电信业务许可证（仅限互联网信息服务）的原因，向行业主管部门提出咨询或访谈的情况，是否因未取得相应资质受到处罚及对发行人生产经营的影响，并作风险揭示。

【问询回复摘要】

公司说明：

根据《电信业务分类目录（2015年版）》关于信息服务业务的界定，以及"工业和信息化部政务服务行政许可业务受理系统"中关于信息服务业务（仅限互联网信息服务）申请需要填写的专用表格内容，发行人不需要取得增值电信许可证（仅限互联网信息服务），具体原因如下：

（1）信息发布平台和递送服务主管部门申请表格中不包含公司业务。主管部门申请表格中"信息发布平台和递送服务"项下包括"应用商店、门户网站和其他"三项,其中应用商店举例为"应用宝""手机助手",门户网站举例为"新浪"。根据《电信业务分类目录(2015年版)》关于"信息发布平台和递送服务"的界定及行政许可申请表格内容和举例,发行人目前从事的业务中不涉及经营应用商店和门户网站的情况;发行人网站、PC端和APP客户端均为发行人自身业务,不存在为其他单位或个人用户发布信息提供平台服务的情况。因此,发行人不需要办理"信息发布平台和递送服务"项下的《增值电信业务经营许可证(仅限互联网信息服务)》。

(2)信息搜索查询服务业务申请表格中不包含公司业务。主管部门申请表格中"信息搜索查询服务"项下包括"搜索引擎、网页导航和其他"三项,其中搜索引擎举例为"百度",网页导航举例为"hao123"。根据《电信业务分类目录(2015年版)》关于"信息搜索查询服务"的界定及行政许可申请表格内容和举例,发行人目前从事的业务中不涉及面向互联网的搜索引擎业务,不从事网页导航业务。发行人软件产品中的"问达"功能模块实现的是便利终端投资者快速调取发行人软件产品的相应功能,或为投资者检索发行人软件产品的数据资讯服务,相关检索信息的内容未超过发行人软件产品自身拥有的数据资讯库,未通过互联网及公用通信网提供检索服务。因此,发行人不需要办理"信息搜索查询服务"项下的《增值电信业务经营许可证(仅限互联网信息服务)》。

(3)信息社区平台服务业务申请表格不包含公司业务。主管部门申请表格中"信息社区服务"项下包括"论坛、社交平台和其他"三项,其中论坛举例为"天涯",社交平台举例为"人人网"。根据《电信业务分类目录(2015年版)》关于"信息社区平台服务"的界定及行政许可申请表格内容和举例,发行人网站、PC端和APP客户端目前未开展论坛、社交平台功能等相应的功能。因此,发行人不需要办理"信息社区平台服务"项下的《增值电信业务经营许可证(仅限互联网信息服务)》。

(4)信息即时交互服务业务申请表格不包含公司业务。主管部门申请表格中"信息即时交互服务"项下包括"即时通信、互联网交互式语音和其他"三项,其中即时通信举例为"微信",互联网交互式语音举例为"QQ语音"。发行人网站、PC端和APP客户端未提供使用者之间的即时通信、语音等交互服务功能,发行人网站、PC端和APP客户端的使用者只能实现相应的信息查阅、行情浏览等功能,不具备与其他使用者即时交互等功能。因此,发行人不需要办理"信息即时交互服务"项下的《增值电信业务经营许可证(仅限互联网信息服务)》。

(5)信息保护和加工处理服务业务申请表格不包含公司业务。主管部门申请表格中"信息保护和加工处理服务"项下包括"防病毒平台、垃圾信息拦截平台和其他"三项,其中防病毒平台举例为"360在线杀毒",垃圾信息拦截平台举例为"手机管家"。发行人网站、PC端和APP客户端均不从事杀毒软件或垃圾信息拦截等信息保护及加工处理服务业务,未向客户提供终端病毒查询、删除,终端信息内容保护、加工处理以及垃圾信息拦截、免打扰等服务。因此,发行人不需要办理"信息搜索查询服务"项下的《增值电信业务经营许可证(仅限互联网信息服务)》。

(6)主管机构相关监管意见情况。2019年6月,发行人向工业和信息化部电信业务市场综合管理信息系统提交办理"信息服务业务(仅限互联网信息服务)经营许可证"申请,申请项目包括发行人网站、PC和手机客户端。2019年6月4日,主管部门出具了《行政许可不予受理通知书》(粤许可20191067号):"经初步核查,发现你公司网站内容及申请的事项不需要获得增值电信业务经营许可证,只需做好网站备案即可。"

2019年11月6日,发行人及中介机构向深圳市通信管理局进行了现场咨询,主管部门认为相关产品不提供第三方商家入驻、不存在广告业务、不存在面向互联网的搜索功能的,不需要办理增值电信业务经营许可(仅限互联网信息服务)。根据前述分析,发行人"问达"产品不存在提供上述功能或服务的情况,因此不需要办理增值电信业务经营许可。2019年11月15日,发行人及中介机构再次向深圳市通信管理局进行了现场咨询,向主管部门经办人员介绍了发行人官网及软件产品的模式、类型和功能,并现场展示了发行人官网的相关信息及实现的功能、"问达"功能模块等,主管部门的经办人员现场查看后确认发行人目前经营的业务不需要办理增值电信业务经营许可证(仅限互联网信息服务)。

保荐机构核查了发行人的审计报告、银行流水记录、营业外支出明细表,查询了相关主管机关网站信息,对发行人的合法经营情况进行了互联网查询。发行人历史上不存在因未取得相应资质而受到处罚的情况,不存在因未取得相应资质而对发行人生产经营带来不利影响的情况。

【案例评析】

公司面向终端投资者的证券信息服务业务依托发行人的网站、PC端产品和APP端产品实施,关注公司是否取得互联网信息增值服务相关许可。根据公司说明,公司相关业务不属于各项许可办理申请表格中所列情形,当地主管机构就公司业务出具了《行政许可不予受理通知书》,中介机构就相关业务是否需要办理许可事项进行了核查、走访,认为公司业务无须办理相关许可资质。

二、业务资质

与业务许可或产品注册不同,业务资质重点规范公司是否有能力承担某些特定的业务并有效控制生产经营风险,或者对企业从事某种特定业务的能力进行分级评价。典型的业务资质就是建筑设计、承包、施工、监理等业务资质,其对企业从事具体建设相关业务经营实力进行了划分,并相应规定了对应的可以从事的业务种类或规模。未取得相应资质或者超出资质范围开展业务活动的,有可能受到主管机构的处罚或者客户的违约责任追究,对公司生产经营活动的合规性和稳定性造成一定的影响。

> **审核关注要点:**
> (1)公司及子公司是否取得所从事业务的必要资质,是否存在超越已取得资质范围开展业务的情形;
> (2)公司相关资质取得的合规性,资质维持是否存在障碍,相关资质若不能继续维持对公司生产经营是否产生重大不利影响。

典型案例92:世纪空间测绘业务资质范围情况[1]

发行人2018年6月取得的《测绘资质证书》(证书编号:乙测资字1112989)对原业务资质核准的专业范围进行增加,包括摄影测量与遥感外业等。

【审核问询意见】

请发行人根据国家测绘资质管理及分级标准相关规定,说明报告期

---

[1]　公司于2019年3月27日申报,因主动撤回注册申请文件,于2019年10月25日终止发行注册程序。公司撤回申请的或与研发支出资本化、商誉减值以及公司申报审核期间将卫星资产由固定资产调整为无形资产有关。

内是否存在超出资质范围开展业务的情形,是否构成重大违法行为或存在受到行政处罚。

【问询回复摘要】

公司说明:

《测绘资质管理规定》第二条规定:"从事测绘活动的单位,应当依法取得测绘资质证书,并在测绘资质等级许可的范围内从事测绘活动。"第四条规定:"测绘资质分为甲、乙、丙、丁四级。测绘资质的专业范围划分为:大地测量、测绘航空摄影、摄影测量与遥感、地理信息系统工程、工程测量、不动产测绘、海洋测绘、地图编制、导航电子地图制作、互联网地图服务。测绘资质各专业范围的等级划分及其考核条件由《测绘资质分级标准》规定。"

发行人主营业务为基于自主运控遥感卫星的数据获取、处理分析及销售和空间信息综合应用服务,发行人基于自主运控的"北京二号"遥感卫星星座能够获取高分辨率卫星影像,并对相关卫星影像进行处理分析,从而形成数据产品或将处理后的卫星影像数据应用于空间信息综合应用服务中(包括影像应用服务、软件应用服务和综合应用服务)。因此,发行人开展其主营业务需按照《测绘资质管理规定》和《测绘资质分级标准》的相关规定,取得摄影测量与遥感内业专业子项的测绘资质和地理信息数据采集、地理信息数据处理、地理信息系统及数据库建设、地理信息软件开发等相关地理信息系统工程测绘资质。

根据发行人于 2015 年 1 月 29 日取得的《测绘资质证书》(证书编号:乙测资字 1110016),该资质证书专业范围已包括发行人开展其主营业务所需的摄影测量与遥感内业资质和地理信息数据采集、地理信息数据处理、地理信息系统及数据库建设、地理信息软件开发等地理信息系统工程测绘资质。

根据发行人于 2016 年 6 月 21 日取得的《测绘资质证书》(证书编号:甲测资字 1101227)以及于 2018 年 6 月 14 日取得的《测绘资质证书》(证书编号:乙测资字 1112989),发行人新取得的测绘资质证书的核准内容仍包括上述发行人开展主营业务所需的各专业范围和专业子项。

因此,发行人报告期内持续具备开展主营业务所需的相关测绘资质。

发行人于 2018 年 6 月 14 日取得的《测绘资质证书》(证书编号:乙测

资字1112989)对原《测绘资质证书》(证书编号:乙测资字1110016)核准的专业范围进行了增加,增加内容有"摄影测量与遥感外业""摄影测量与遥感监理""工程测量:控制测量、地形测量、建筑工程测量、市政工程测量"。摄影测量与遥感外业的业务内容与发行人主营业务基于自主运控遥感卫星的数据获取、处理分析及销售和空间信息综合应用服务的业务内容不同,但发行人报告期内尚未开展上述业务,亦未获得上述业务服务的收入,不存在超出资质范围开展业务的情形。

经保荐机构核查,发行人报告期内不存在受到测绘地理信息行政主管部门处罚的情形。

【案例评析】

从事测绘活动的单位,应当依法取得测绘资质证书,并在测绘资质等级许可的范围内从事测绘活动。根据公司说明,公司报告期内均在相关资质范围内开展业务,新增资质范围相关业务尚未开展。

三、特许经营权

在我国,特许经营又叫特许经营权,通常有两种形式:一是由政府机构授权,准许特定企业使用公共财产,或在一定地区享有经营某种特许业务的权利,如准许航空公司在政府规定的航线上,利用国有的机场设施经营客货运输业务,运营环保设施等;二是一家企业有期限地或永久地授予另一家企业使用其商标、商号、专利权、专有技术等专有权利,按照合同规定,在特许者统一的业务模式下从事经营活动,并向特许人支付相应费用。

特许经营权作为无形资产入账后是否要在其有效期限内分期摊销的问题,主要集中在摊销年限、摊销方法及账务处理。特许经营合同如果规定了期限,则根据合同约定的期限进行摊销。摊销方法采用直线法,摊销的账务处理要设置无形资产、累计摊销和无形资产净值,参照固定资产折旧方法分别反映无形资产原值、摊销金额和摊余价值;特许经营合同如果是永久的,则采用挂账法不予摊销。

> **审核关注要点:**
> (1)公司的核心商标、专利、主要技术等无形资产是由控股股东、实际控制人授权使用的,公司是否充分披露相关资产的具体用途、对公司经营的重要程度、未投入公司的原因、授权使用费用的公允性、是

否能确保公司长期使用、今后的处置方案等,关注是否对公司资产完整和独立性构成重大不利影响;

(2)公司通过授权取得其他主体相关知识产权的,公司是否充分披露授权使用的具体知识产权、期限、地域,是否为排他性权利,相关知识产权的具体使用情况,收入占比情况,关注相关授权是否稳定、可持续;

(3)公司取得公共财产管理运营权利的,公司是否充分披露特许经营权的取得方式、来源、对价及支付情况、期限以及相关特许经营权与公司业务之间的相关性,关注公司相关权利取得是否合法,有关经营活动是否稳定、持续;

(4)关注公司取得特许经营权入账、摊销、减值情况是否符合会计规范。

典型案例93:金达莱特许经营权相关情况信息披露

招股说明书披露,公司特许经营权为公司以 BOT、PPP 模式开展的水污染治理运营项目,报告期末,计入无形资产的特许经营权合计 15388.64 万元。

【审核问询意见】

请发行人补充披露:(1)公司取得特许经营权所履行的程序,公司需履行的义务,相关设施的权属与到期后的处置安排;(2)公司在相关区域取得的特许经营权是否具有排他性,是否存在争议或潜在纠纷;(3)特许经营权收入确认的政策、情况,特许经营权的计价、减值情况,是否符合相关规定。

【问询回复摘要】

公司补充披露:

(1)公司取得特许经营权所履行的程序。根据《政府采购法》《基础设施和公用事业特许经营管理办法》(中华人民共和国国家发展和改革委员会、中华人民共和国财政部、中华人民共和国住房和城乡建设部、中华人民共和国交通运输部、中华人民共和国水利部、中国人民银行令第25号)规定,"实施机构根据经审定的特许经营项目实施方案,应当通过招标、竞争性谈判等竞争方式选择特许经营者"。根据发行人取得5个特许经营权项目所履行的程序性文件、相关业主方出具的说明以及所签署的特许经营权协议，发行人补充披露了取得相关特许经营权项目所履行的程序、公司需履行的义务、相关设施的权属与到期后的处置安排、特许经营权协议的排他性条款。目前公司的特许经营权项目均正常履行中，不存在争议或潜在纠纷。

（2）特许经营权收入确认的政策及计价减值情况。公司的特许经营权项目按照合同约定的收费时间和方法确认为服务运营收入，于提供服务时按照实际发生情况结算。公司按月计算当月所提供的污水运营服务收入，以客户签认的污水运营费结算单作为收入确认依据。

公司的特许经营权由于在有关基础设施建成后，有权利向服务的对象收取费用，但收取的费用金额是不确定的，按照《企业会计准则解释第2号》①的规定，不构成一项无条件收取货币资金的权利，应将该 BOT 特许经营权项目初始投资成本确认为无形资产，并按照合同约定的特许经营期限平均摊销。因此公司的特许经营权初始计价即为公司为建立该运营设施所投入的所有成本。

（3）特许经营权的会计处理情况。对于特许经营权项目形成的无形资产，公司每个资产负债表日都会根据会计准则对无形资产的减值测试要求进行减值测试。公司特许经营权资产预计未来现金流量均高于资产价值，未发现减值的迹象，故报告期内未发生减值。特许经营权收入确认的政策、情况，特许经营权的计价、减值情况符合《企业会计准则》及相关规定。

【案例评析】

公司通过获取特许经营权开展水污染治理运营服务。根据公司说明，公司相关特许经营权取得符合法律法规规定，公司按照规定将特许经营权项目计入无形资产，并按合同期限进行摊销、在报告期基准日进行减值测试，未发现减值迹象。

---

① 本案例中所涉事项适用"企业采用建设经营移交方式（BOT）参与公共基础设施建设业务应当如何处理"规则，已经在 2021 年 1 月 26 日财政部发布的《企业会计准则解释第 14 号》中予以废止。

第九节　公司合规经营情况

公司合规经营是企业持续经营的基础。公开发行条件包括,公司经营应当符合国家安全、公共安全、生态安全、生产安全和公众健康安全要求。具体包括,公司业务是否符合国家保密、国家安全相关规定,比如从事军工涉密业务;公司产品或服务活动是否涉及公共活动和安全,比如展会组织、涉众服务等;公司产品生产、提供服务过程中是否损害环境,比如产品生产过程涉及环境污染或者施工过程涉及环境破坏等;公司生产、施工过程中是否存在安全生产事故或隐患,比如生产过程涉及热、电、危险品以及建设施工等;公司产品或服务是否存在危害人们的身体健康情况,比如食品、药品的生产销售。公司或董事、高管、实际控制人等因为经营活动触犯法律,构成刑事犯罪或者重大行政处罚的,将构成公司公开发行的障碍。

从实际的审核问询中可以发现,监管机构对发行人合规经营活动仍然保持密切关注,拟上市主体的合法性论证也没有仅限于上述五大安全领域。随着部分新兴行业的快速发展,一些新兴业务模式的合规性也受到广泛关注,比如是否涉及金融业务、是否侵害个人隐私等。

一、合规经营

从事产品生产业务的企业,在生产过程中多涉及国土、环保、安监、消防、工信、农林、卫生等监管要求,其中安全生产、环保合规以及质量合规是合规经营的重点方面。公司从事服务提供业务的,则根据所提供服务所涉及的领域不同,多涉及工信、城建、交运(运输)、卫生、教育、文化、旅游、广电、银保证监等,重点关注公司相关业务开展符合监管规定。除此之外,近年来涉及 ICO(首次代币发行)业务、供应链金融业务以及互联网平台、大数据应用业务等新型模式、新兴业态触及监管空白,审查中对此比较审慎,倾向于甄别公司的业务实质,与现行相关监管业务进行比对,以作出合规性风险判断。

审核关注要点：

（1）公司报告期内日常经营活动是否存在违法违规情形，是否存在行政处罚、立案调查情形，是否存在商业贿赂或其他违法行为；

（2）对于生产过程存在较大安全风险的，关注安全生产制度是否完善，安全生产设施的运行情况是否稳定持续；报告期内是否发生重大安全生产事故，如有，事故发生的原因、经过、相关善后及补救措施、规范措施是否到位，是否构成重大违法违规；

（3）对于生产过程中可能存在较多污染物排放的，关注生产经营中涉及环境污染的具体环节、主要污染物名称及排放量、主要处理设施及处理能力，环保设施实际运行情况，报告期内环保投入、环保相关成本费用与处理公司生产经营所产生的污染是否相匹配；公司若发生环保事故或受到行政处罚的，应披露原因、经过等具体情况，是否构成重大违法行为，整改措施及整改后是否符合环保法律法规的有关规定；

（4）对于生产产品质量涉及关键设备、食品药品等人们正常生活、身体健康的产品，关注产品的质量是否符合相应的标准，公司是否建立健全质控体系并严格执行，公司报告期内是否存在涉及产品质量的纠纷或因公司产品质量造成人身损害等情况，关注是否构成重大违法违规；

（5）公司业务涉及涉密数据和拥护隐私数据的拓展使用问题，重点关注数据的获取本身是否取得特殊利用许可，有无明确使用用途，公司改造加工数据用于其他商业活动是否合法，是否存在侵权情形；数据是否属于国家秘密，是否涉及个人隐私，数据是否涉及商业秘密且合同双方对其使用权有明确约定。

典型案例94：康鹏科技报告期存在安全事故和环保违法[①]

发行人报告期内发生多起安全事故和环保违法事项，相关内控存在缺陷。

[①] 2021年3月17日，上海康鹏科技股份有限公司因审核不通过，上交所终止其发行上市审核。科创板上市委员会审议认为：根据申请文件，报告期内发行人及其子公司存在较多行政处罚，在审期间频繁出现安全事故和环保违法事项，导致重要子公司停工停产，进而导致公司重要业务及经营业绩大幅下滑，发行人在内控方面存在缺陷，不符合《科创板首发管理办法》第十一条的规定。

【审核问询意见】

请发行人按照《招股书准则》的规定,全面梳理"重大事项提示"各项内容,突出重大性,增强针对性,强化风险导向,删除冗余表述,按重要性进行排序,并补充、完善相关内容。

【问询回复摘要】

公司补充披露:

(1)关于安全生产事故。报告期内的两起生产安全事故为发行人子公司衢州康鹏发生的两起安全生产事故,其中"224事故"系因精馏回收溶剂的过程中加热蒸汽管控不当且操作工人未按规定收集物料所致,"422事故"系因工人在打开滴加阀门后未及时关闭阀门所致。上述两起事故的原因较为独立且事故环节为非核心生产环节,发行人已完成整改工作。

2020年8月,衢州市应急管理局出具《行政处罚决定书》,认定"224事故"为一般生产安全责任事故,对衢州康鹏及相关负责人处以罚款的行政处罚,罚款均已缴纳完毕。2020年9月,衢州市应急管理局出具情况说明,说明"422事故"已调查处理完毕,其不会就该事故对衢州康鹏作出处罚。

此外,受两起事故影响,衢州康鹏2020年存在停工停产的情形并于2020年8月复产,自复产以来衢州康鹏持续保持安全稳定生产运行。因衢州康鹏停工停产影响,同时叠加当年度LiFSI单价下滑,2020年LiFSI销售收入自2019年15069.11万元下降至12055.26万元,2020年产量自2019年320.20吨下降至277.22吨,使得报告期内公司新能源电池材料及电子化学品主要产品LiFSI收入存在波动。

(2)关于公司环保违法。报告期内的一起环保违法事项为发行人子公司浙江华晶发生一起排放超标相关环境违法事项,经相关主管部门确认,该事件系设备底阀内漏及员工处置不当造成,并非公司主观行为,且浙江华晶已及时完成整改,经复测排口排放符合相关标准,未造成重大环境影响,不构成重大环境违法行为。

发行人报告期内发生的上述安全生产事故及环保违法事项主要系由员工疏忽、设备故障及员工处置不当等原因造成,公司相关内控存在一定缺陷,发行人已及时进行了整改,梳理了内控流程、进一步完善了内部控制制度、规范了相关内控问题,并对公司内部管理制度及管理措施进行了全面梳理与升级加强,上述整改已经主管部门复查或第三方专家组确认。

综上,发行人已建立健全了内部控制制度且内部控制制度能够有效执行,能够合理保证公司运行效率、合法合规和财务报告的可靠性,并已由毕马威会计师出具《内部控制审核报告》(毕马威华振专字第2100044号)。自上述事项整改完成后,发行人持续保持了安全稳定生产运行及良好的生产经营状态。

【案例评析】

公司报告期内存在多起安全生产事故及环保违法行为,反映出公司管理缺陷及内控有效性不足。根据公司说明,上述事故及违法均系轻微,不构成重大违法违规,对公司生产经营情况影响较小。公司内控整改时间较短,仍具有一定的改进空间。

二、军工涉密

公司从事军工产品生产或军工服务等涉及国家秘密业务的,指的是公司从事的研发、生产、服务活动涉及军方或国家保密单位采购、使用等情况。从事军工业务,按照规定须采取保密管理并取得"军工四证"。所谓军工四证也就是军工业务资质,包括军工质量管理体系认证,武器装备科研生产单位保密资格认定,武器装备科研生产许可证认证和装备承制单位资格名录认证。

但是并非全部军工类企业都要取得四证,通常情况下军品承制单位资格分为三类。一类企业承担武器装备总体、重要分系统、核心配套等任务,需要"四证齐全",认证过程最严格、最复杂;二类企业承担技术简单的军品生产,在一定条件下,可只与采购方签署保密协议,而不需要申领保密资质;三类企业生产"军选民用产品",除了武器装备承制单位资格证外,不需要其他认证。

> **审核关注要点:**
> (1)公司申请豁免披露信息是否取得有关主管机构明确其为涉密信息的意见;
> (2)公司相关信息披露文件是否符合《军工企业对外融资特殊财务信息披露管理暂行办法》及有关保密规定;

（3）公司内部保密制度的制定和执行情况是否符合《保密法》等法律法规的规定，是否存在因违反保密规定受到处罚的情形；

（4）审核过程中，公司对信息披露文件进行调整是否存在泄密风险。

典型案例95：国科环宇存在军工涉密信息披露豁免①

发行人主要从事军品业务，部分信息涉及国家秘密，涉密信息主要包括客户具体名称、武器生产许可资质、相关项目的真实名称等内容。发行人已取得国防科工局下发的信息豁免披露批复文件。招股说明书提示，部分信息豁免披露或脱密披露可能存在影响投资者对公司价值的正确判断、造成投资决策失误的风险。保荐机构、发行人律师、申报会计师关于信息披露豁免的专项核查意见认为，发行人本次申请信息豁免披露不会对投资者决策判断构成重大障碍，但部分信息豁免披露或脱密披露不可避免地存在可能影响投资者对公司价值的正确判断、造成投资决策失误的风险。

【审核问询意见】

请发行人：（1）说明内部保密制度的制定和执行情况，是否符合《保密法》等相关法律法规的规定，是否存在因违反保密规定受到处罚的情形；（2）补充说明中介机构及相关项目人员是否具有从事涉及军品业务的相关资格，是否符合《中介机构参与军工企事业单位改制上市管理暂行规定》《军工涉密业务咨询服务安全保密监督管理办法》等相关规定，其中，为发行人出具法律意见的北京君合律师事务所总所是否具有从事涉及军品业务的相关资格，如有，请在相关文件中补充提供资格证明文件，如无，请说明是否符合相关规定；（3）补充说明主管部门出具确认意见后，发行人招股说明书及申请文件对涉密信息和披露豁免是否存在实质性增减，如有，是否已取得行业主管部门的补充确认意见。

请保荐机构和发行人律师对前述事项核查并发表明确意见，并按照《科创板审核问答》第十六之问答的要求，对发行人信息豁免披露符合相关规定、不影响投资者决策判断、不存在泄密风险以及发行人是否适合发

---

① 2019年9月5日，国科环宇公司未通过上市委审核，上交所终止其发行上市审核。终止审核的原因包括：公司关联交易较多且高度依赖非市场化业务，缺乏独立面向市场持续经营能力；公司前期在北交所挂牌转让资产相关财务审计数据与申报数据存在重大差异，内控制度不健全，会计基础工作薄弱。

行上市,出具意见明确、依据充分的核查意见。请申报会计师对发行人信息披露豁免不影响会计师对发行人财务报表的审计、发行人关于军品的信息披露豁免不影响获取审计证据、审计范围未受到限制、申报财务报表在所有重大方面公允反映了发行人财务状况和经营成果出具专项核查意见,请发行人在招股说明书中补充披露上述结论性意见。

【问询回复摘要】

公司说明:

(1)公司保密制度及保密合规情况。根据《武器装备科研生产单位保密资格认定办法》(国保发〔2016〕15号)等规定,发行人建立健全保密制度,设置保密委员会和保密办公室作为保密工作领导机构和工作机构,设置了多层级的保密责任体系。发行人建立了较为完整的保密制度,制定了17项基本制度,包括《保密教育培训管理》《新闻宣传报道与信息发布管理》《协作配套管理》等,并针对每一制度编制了配套的申请、审批、建档等流程表格。发行人设立保密委员会,为发行人日常保密工作领导机构。

根据北京市国家保密局于2019年4月30日出具的《关于未发现北京国科环宇科技股份有限公司存在违反保密法律法规的证明》,发行人自2015年1月以来,该局未发现其存在违反保密法律法规的行为,不存在因违反保密规定受到处罚的情形。

(2)中介机构从事涉军涉密业务资质。根据《中介机构参与军工企事业单位改制上市管理暂行规定》《军工涉密业务咨询服务安全保密监督管理办法》等法律法规的相关规定,军工企事业单位委托涉密业务应当与咨询服务单位(指从事军工涉密业务咨询服务的法人单位或者其他组织)签订委托协议和安全保密协议,明确安全保密要求。为完成本次发行及上市工作,发行人与中泰证券股份有限公司、北京君合律师事务所大连分所、瑞华会计师事务所(特殊普通合伙)和北京中同华资产评估有限公司分别签署了委托服务协议和保密协议,根据各中介机构提供的文件,各中介机构均已取得《军工涉密业务咨询服务安全保密条件备案证书》,具备参与军工企事业单位改制及上市项目的相关资质,并为本次发行及上市项目配备有参加过军工涉密业务咨询服务单位安全保密监督管理培训并考核合格的人员。

根据国家国防科技工业局于2019年4月1日出具的《国防科工局关

于北京国科环宇科技股份有限公司改制后上市涉及军工事项审查的意见》(科工计〔2019〕312号),国防科工局已通过了对发行人改制及上市的军工事项审查,并原则同意发行人改制后上市。

(3)公司信息披露豁免合规情况。2019年4月3日,发行人取得了国防科工局下发《国防科工局关于北京国科环宇科技股份有限公司上市特殊财务信息豁免披露有关事项的批复》(科工财审〔2019〕328号)的信息豁免批复文件。2019年4月12日,发行人向上海证券交易所报送首次公开发行股票并在科创板上市项目申请文件并获得受理。2019年4月22日,发行人收到上海证券交易所出具的审核问询函。就审核问询函中提出的问询意见及内容回复,发行人已根据国家主管部门出具的关于特殊财务信息豁免披露的批复文件及相关法律法规的规定进行处理,不存在对信息披露豁免进行调整的情形。

综上,主管部门出具确认意见后,发行人招股说明书及申请文件对涉密信息和披露豁免不存在实质性增减。

保荐机构和发行人律师认为:

1)2019年4月3日,发行人取得《国防科工局关于北京国科环宇科技股份有限公司上市特殊财务信息豁免披露有关事项的批复》(科工财审〔2019〕328号)的信息豁免披露批复文件。因此,发行人已取得国家主管部门关于发行人申请豁免披露的信息为涉密信息的认定文件,符合《科创板审核规则》《招股书准则》等相关法规的规定。

2)发行人本次发行上市申请文件的信息豁免披露已取得主管部门的认定,在本次发行上市申请文件中,发行人实际豁免披露内容共计2项,其余涉及国家秘密信息主要是采用代称、打包或汇总等方式进行披露,发行人本次信息豁免披露涉及的内容有限,不涉及对投资者作出投资决策有重大影响的信息,披露程度能够达到投资者作出投资决策所必需的水平,满足监管部门对发行人发行上市申请文件的信息披露要求。因此,发行人信息豁免披露不会影响投资者对公司价值的决策判断,但信息豁免披露客观上存在投资者无法完整了解发行人信息的情形,发行人已在"北京国科环宇科技股份有限公司首次公开发行股票并在科创板上市招股说明书(申报稿)"之"第四节风险因素"中进行风险提示。

3)发行人本次发行上市申请文件的信息豁免披露已获得国防科工局

的批复文件,发行人、发行人保密办公室以及董事、监事、高级管理人员对首次公开发行股票并上市申请文件已审核并出具关于不存在泄密风险的声明,本次信息豁免披露不存在泄密风险。

4)根据《军工企业对外融资特殊财务信息披露管理暂行办法》以及上市审核的相关法律法规的规定,发行人已履行国家秘密信息的认定程序并取得主管部门的批复文件,符合军工企业上市申请中的信息披露惯例,不影响发行人本次发行上市申请,满足发行上市的条件。

瑞华会计师事务所认为:

按照《军工涉密业务咨询服务安全保密监督管理办法》及瑞华会计师事务所下发的《涉密业务管理制度》执行国科环宇的审计业务,在执业过程中可以接触到与审计业务相关的涉密资料与信息,审计范围并没有受到限制,不影响在审计过程中收集充分适当的审计证据和执行必要的审计程序,也不影响发表的审计意见。经过信息脱密后,发行人的信息披露仍符合《招股书准则》的要求,不会影响投资者的决策判断。

【案例评析】

公司系涉军涉密企业,公司对部分信息申请了披露豁免。根据公司说明,公司建立了保密相关制度且报告期内未受到有关部门处罚,相关中介机构获得涉密业务从业资格,信息披露豁免取得主管机构证明,会计师等认为审计过程信息充分,公司豁免披露的信息不影响投资者决策判断。

第十节　重大合同、对外担保、诉讼仲裁

公司重大合同、对外担保和诉讼仲裁情况与公司日常经营活动密切相关,能够直接反映出公司的经营能力和经营风险,无论是在审核中还是投融资活动中都是密切关注的风险事项。

一、重大合同

公司对外签订的正在执行的重大经营合同主要包括投资合同、融资合同、采购合同、销售合同几种类型,但未有明确规定何为"重大"。一般认为,单个合同标的或者同一主体系列合同标的累计超过公司最近一期净资产或营业收入5%的,应该算作重大合同,上述合同的签署及其执行

情况直接影响公司未来的收入、成本以及财务现金流方面的持续性。除此之外,某些对公司重要资产、核心技术或者现金流可能产生较大影响的合同也应当纳入重大经营合同的范畴。公司重大经营合同主要用于对公司信息披露内容,尤其是经营业务、收入确认等方面事项进行交叉印证;公司正在履行的合同同时反映出公司未来持续经营能力情况。

审核关注要点:

对于投资合同,审核中需要重点关注以下几个方面:

(1)公司是否充分披露对外投资的时点、金额、投资项目以及合同签订日期及其实际执行情况;

(2)关注公司投资标的与公司现有业务是否具有协同性,是否具有创造回报的合理性;

(3)关注对外投资的相关财务处理是否规范,是否存在与关联方共同投资的情形。

对于融资合同,审核中需要重点关注以下几个方面:

(1)公司是否充分披露出借款人情况、借款金额、期限、利率、担保方式以及合同签订日期及其履约执行情况;

(2)关注公司是否能够从银行等持牌金融机构获取资金,相关资金成本是否正常,公司现金流是否满足利息支出;

(3)关注公司报告期内股权融资的合规性,是否存在对赌或明股实债等安排。

对于采购合同,审核中需要重点关注以下几个方面:

(1)公司是否充分披露采购的供应商、采购内容、交付方式、采购金额、支付方式以及合同的签订日期及其执行情况;

(2)关注公司业务与采购合同是否匹配,公司采购内容是否满足公司现有业务开展需要,公司采购原材料或劳务等交付方式是否与公司生产模式或服务模式相匹配,公司支付方式是否与公司成本确认相匹配;

(3)对于公司通过单独磋商进行采购的重大合同,关注合同的合理性。

对于销售合同,审核中需要重点关注以下几个方面:

（1）公司是否充分披露合同的取得方式、销售的客户、销售产品或服务内容、产品或交付方式、产品或服务后续维保安排、销售金额、货款收取方式、合同违约安排以及合同签订日期及其执行进展情况；

（2）关注公司业务、公司产品或服务与公司合同是否匹配，公司产品交付方式、后续维保安排与公司收入确认方式是否一致；

（3）公司货款收取安排与公司应收账款、坏账计提是否一致，公司业务周期性与合同是否匹配；

（4）关注公司在手订单合同情况与公司持续经营能力；

（5）对于公司通过招投标方式取得的重大合同，关注其与招投标等公开信息的一致性。

典型案例96：龙软科技重大合同信息披露

根据招股说明书和历次问询回复，发行人的收入构成分别按照基于Long Ruan GIS的专业应用软件开发、Long Ruan GIS软件销售、基于Long Ruan GIS的技术服务、系统集成的业务类型标准，和按照Long Ruan GIS软件、智能矿山工业软件、智慧安监、应急救援系统、虚拟仿真系统等产品标准进行了划分。其中定制软件是根据用户的实际需求进行个性化的软件设计与开发，公司基于Long Ruan GIS的专业应用软件开发业务属于定制软件业务。发行人从事的技术服务业务主要是向客户提供技术开发服务，此业务实质上属于向客户提供劳务，采用收入准则中提供劳务收入的确认原则。

【审核问询意见】

请发行人：（1）说明与阳煤集团报告期内收入达到1亿以上的情况下，仅提供一单1349万元合同的原因，请说明申请文件提供重大合同的选择标准；（2）公司已提供的部分合同中有项目技术支持、培训和运行维护服务的约定，说明技术支持、培训和运行维护服务的会计处理、是否应单独确认收入，上述约定对发行人收入确认的影响；（3）公司已提供的部分合同中有合同延迟需履约保证金和违约金的条款，请说明报告期内支付履约保证金、违约金情况、相关会计处理，是否应确认预计负债，上述条款对发行人收入确认的影响；（4）公司已提供的合同中有免费升级、维护条款，说明免费升级、维护服务的会计处理，上述事项对发行人收入确认、成本计量的影响。

【问询回复摘要】

公司说明：

（1）关于重大合同选取标准。公司首次申报时，因阳煤集团安全生产运营管理平台研发与应用项目一期及二期等重大合同均已实施完毕并验收，相关项目信息已在首次申报的招股说明书中披露，公司首次申报文件中上传的重大合同选择标准为截至公司首次申报的招股说明书签署之日，正在履行的标的金额500万元以上的销售合同，因此公司当时未申报已履行完毕的相关合同。公司补充披露、提交了截至目前已签订的对报告期经营业绩产生重要影响履行完毕和正在履行的标的金额500万元以上的销售合同。

（2）合同特殊条款的影响。公司销售合同中有项目技术支持、培训和运行维护服务的约定，是合同内容的一个整体组成部分，有助于保障客户顺利使用软件。但技术支持、培训和运行维护服务属于服务保障条款，未在合同中单独约定价格，故不单独确认收入。一般在项目试运行后、验收前，公司会对软件使用人员进行系统的培训，该部分成本计入项目成本；在质保期内发生的相关支出与公司向客户提供免费升级、维护服务发生的相关支出一起计入销售费用中的售后服务费，金额较小。2016年度至2019年1~6月，公司发生的售后服务费分别为34.57万元、32.36万元、60.27万元、16.78万元，占营业收入的比例分别为0.44%、0.30%、0.48%、0.26%。如发生超出合同约定的培训等服务，发行人将另行签订合同并作为一项新业务单独确认收入。上述约定属于正常商业销售条款，对发行人收入确认不产生影响。

公司在日常经营过程中，少部分客户在签订合同时会要求公司提供履约保证金，以保障公司履行合同项下的责任和义务，如发行人发生违约情况可以扣减发行人支付的履约保证金作为补偿款。履约保证金的形式可以为现汇、银行保函等。履约保证金一般在项目验收合格后一段时间或质保期满后退还公司。报告期内，公司不存在因违反合同约定无法收回履约保证金的情况。公司在向客户交纳履约保证金时，通过其他应收款科目进行核算。参考同行业上市公司超图软件、数字政通、安控科技、梅安森、天地科技、精英数智的公开披露信息，履约保证金均作为其他应收款进行账务处理。

公司已提供的合同中有免费升级、维护条款,公司提供免费升级的范围通常是同产品同版本内的更新服务。例如,公司对龙软地测管理信息系统 V3.2 版本内的部分功能完善视为免费升级;如发生龙软地测管理信息系统 V3.0 升级为 V3.2 版本此类全新功能版本的变化,则需要单独签署合同,不属于免费升级的范围。公司向客户提供免费升级、维护服务,发生的相关支出计入销售费用中的售后服务费。2016 年度至 2019 年 1~6 月,公司发生的售后服务费分别为 34.57 万元、32.36 万元、60.27 万元、16.78 万元,占营业收入的比例分别为 0.44%、0.30%、0.48%、0.26%。上述事项对发行人的收入确认、成本计量不产生影响。

【案例评析】

公司披露的重大合同较少,标准不清晰。根据公司说明,公司补充说明了重大合同选择标准并相应补充披露了部分重大合同。针对部分合同中有关保证金、免费升级等特殊条款,公司结合历史情况进行了分析说明,认为对公司正常业务及收入、成本计量影响较小。

二、对外担保

公司对外担保往往基于同业或者实际控制人个人关系,为正在进行贷款的其他企业提供担保,以便在公司需要融资时能获得对方的支持。大部分情况下企业的对外担保属于企业群体间相互抱团取暖的正常经济行为。但是,实践中也存在违规为关联方进行担保,或者担保金额较大、担保方式可能让公司背负巨额或有债务的情形,影响公司的正常生产经营活动。

> **审核关注要点:**
> (1)公司是否充分披露对外担保的对象、担保对象与公司之间关联关系,担保事项、涉及金额、担保方式、担保期限以及担保合同签订时间及执行情况;
> (2)关注公司对外担保是否涉及关联方担保,是否履行相应的回避审批程序;
> (3)关注担保事项是否存在行权风险,公司承担的相应担保责任

是否为连带责任,公司是否合理计提预计负债,公司担保金额是否影响公司业务经营,相关保证措施或者风险是否可控。

典型案例97:威胜信息报告期内关联担保金额较大

报告期内,发行人向威胜集团提供两笔合计15500.00万元的关联担保。

【审核问询意见】

请发行人补充披露:(1)为控股股东威胜集团提供担保的形成原因,威胜集团是否提供相应的反担保或其他确保发行人利益的措施;(2)发行人、威胜集团、威胜控股是否履行了相应的关联担保程序及信息披露义务;(3)担保期间,是否存在威胜集团未履行还款义务或其他影响其还款能力的情形,是否存在发行人代偿义务履行的情形。

【问询回复摘要】

公司补充披露:

(1)公司对外担保的原因及其合理性。报告期内,出于企业正常经营活动需求,威胜集团向兴业银行分别申请办理最高本金余额不超过10000万元、5500万元的信用业务或授信。为支持威胜集团的上述信用业务或授信,公司分别于2014年7月7日和2015年10月14日与兴业银行股份有限公司长沙分行签订《最高额保证合同》,为威胜集团上述信用业务或授信提供最高本金限额分别为10000万元、5500万元保证担保,保证额度有效期分别自2014年7月7日至2017年12月31日、2015年10月14日至2016年12月31日。在向威胜集团提供担保时,发行人及威胜集团均为威胜控股下属全资子公司,威胜集团未提供相应的反担保。但发行人向威胜集团提供上述担保已履行了当时必要的内部审批程序,上述担保已履行完毕,担保期内亦不存在发行人履行担保义务的情形。

(2)关联担保程序及信息披露义务的履行情况。针对10000万元、5500万元担保事项,公司已分别召开董事会并做出决议,同意公司为威胜集团向兴业银行申请办理最高本金余额(风险敞口)不超过10000万元、5500万元的信用业务或授信提供担保。根据威胜集团当时有效的公司章程,威胜集团接受上述担保无须履行内部审批程序。公司及威胜集团属于威胜控股公司合并范围内的公司,根据盛德律师事务所出具的备忘录及威胜控股的说明,威胜控股就上述关联担保事宜无须履行内部审批程序或信息披露义务。

(3)威胜集团履行还款义务的情况。担保期内,就 10000 万元的授信额度,威胜集团于 2015 年度合计开具了 5880.62 万元的银行承兑票据,并于 2015 年度全部承兑完毕。就 5500 万元授信额度,威胜集团于 2015 年及 2016 年合计开具了 4995.35 万元的银行承兑票据,并于 2016 年度全部承兑。上述银行承兑票据相关合同项下的债务均已由威胜集团按照合同约定全部还清,不存在公司代偿还的情形。担保期内,威胜集团生产经营情况及财务偿债情况良好,不存在其他影响其还债能力的情况。

【案例评析】

公司存在关联担保情形。公司对担保具体情况、关联担保程序履行情况及被担保方偿债能力风险进行了分析说明,公司认为关联担保合规且代偿风险较低。

三、诉讼或仲裁

公司作为法人主体,在公司经营管理和业务开展过程中有可能涉及多方面的诉讼纠纷。典型的包括公司出资纠纷、股东股权纠纷、公司治理纠纷、劳动用工纠纷、采购销售合同纠纷、产品或服务责任纠纷、知识产权纠纷等。其中有关出资纠纷、股权纠纷等有可能涉及公司股权是否明晰等发行条件,公司治理纠纷等可能关系到公司治理的有效性,大量的劳动纠纷或者大额的业务合同纠纷则反映出公司在用工管理和持续经营方面可能存在重大不确定性,产品或服务责任纠纷则容易引起对公司产品质量保障产生质疑,涉及核心技术或商标争议,则公司的竞争优势面临不确定性,影响公司的持续经营。

对此,《首发业务若干问题解答》要求,公司应当在招股说明书中披露对股权结构、生产经营、财务状况、未来发展等可能产生较大影响的诉讼或仲裁事项,包括案件受理情况和基本案情,诉讼或仲裁请求,判决、裁决结果及执行情况,诉讼或仲裁事项对发行人的影响等。如诉讼或仲裁事项可能对发行人产生重大影响,应当充分披露发行人涉及诉讼或仲裁的有关风险。

审核关注要点：

（1）公司是否充分披露涉及主要产品、核心商标、专利、技术等方面的诉讼或仲裁，以及可能导致公司实际控制人变更、股权存在纠纷或公司治理陷入僵局的诉讼或仲裁事项，关注公司经营的合规性和稳定性；

（2）对于公司报告期内发生的司法诉讼、仲裁案件，关注公司在内部治理、劳动用工、业务经营等方面披露的信息与司法查明的信息是否一致，与公司财务数据是否匹配，关注公司经营稳定性、业务准确性、财务真实性。

典型案例98：敏芯微电子存在专利侵权诉讼纠纷

根据申报材料，发行人涉及无效宣告请求的16项专利中，有7项系发行人核心技术体系的组成部分，专利所述的部分技术特征运用于发行人在售产品中，9项为发行人储备专利。发行人使用上述技术体系的产品收入占比分别为92.00%、94.29%和74.68%。

【审核问询意见】

请保荐机构、发行人律师提出明确依据，进一步详细说明"发行人不存在主要资产、核心技术等的重大权属纠纷，不存在重大诉讼等或有事项，涉及的诉讼或无效申请事项不会对持续经营有重大不利影响"的相关核查过程、核查依据，相关意见的理由是否充分；充分论证相关诉讼是否构成法律障碍并审慎发表意见。关于诉讼对发行人财务状况的影响，请保荐机构、发行人律师、会计师审慎核查并发表意见，说明核查过程及依据。

【问询回复摘要】

保荐机构、发行人律师认为：

（1）发行人针对相关诉讼无效采取了有效应对措施。歌尔针对发行人实施的专利事项包括专利侵权诉讼、专利权属诉讼两种专利诉讼方式，以及向国家知识产权局专利复审部申请发行人拥有的专利无效的行政行为。其中，专利侵权诉讼的权利基础为歌尔自有专利，主张发行人侵犯上述专利并承担赔偿责任，不涉及发行人核心技术，潜在的赔偿风险较低；专利权属诉讼系歌尔主张发行人相关专利或专利申请应归属于歌尔，不涉及发行人核心技术,不涉及赔偿责任;专利无效申请不属于专利纠纷或专利诉讼,上述无效申请涉及发行人核心技术,但不会因此对发行人持续经营造成重大不利影响。

1)针对专利侵权诉讼:首先对涉诉专利分析归类,对于实用新型专利,可申请该专利无效配合诉讼程序,2019年7月侵权诉讼涉及歌尔的三项实用新型专利已被宣告整体或核心权利要求无效;对于发明专利,准备第三方鉴定报告或不侵权分析报告等关键证据为不侵权抗辩做准备。发行人自设立至今未曾出现过被认定为专利侵权的情形,歌尔提起的已有初步结果的诉讼中,发行人也均取得了有利结果。

2)针对专利权属诉讼:发行人研发流程记录制度保证可有效举证相关专利技术的产生过程及发行人团队的智力投入情况;在员工聘用层面,禁止录用存在竞业禁止限制的员工,禁止员工泄露原单位商业秘密或以原单位技术成果投入发行人研发工作中,有效避免因内控缺失而可能侵犯竞争对手权益的情况。

3)针对专利无效申请:发行人研发过程中的专利检索程序,确保发行人专利技术与现有技术具有显著区别及实质性改进,保证专利的新颖性和创造性;通过国家知识产权局下属机构进行专利检索,再次论证专利的稳定性;针对无效请求人的举证进行逐条比对与技术分析;发行人知识产权团队对于专利保护范围具有较为深入的研究,在极端情况下能够通过修改专利权利要求保有相关专利的有效性。

(2)10项专利侵权诉讼不构成主要资产、核心技术等的重大权属纠纷,不属于重大诉讼等或有事项,不会对持续经营有重大不利影响。

1)上述专利侵权诉讼不涉及发行人专利,不属于资产或核心技术权属纠纷作为专利侵权诉讼,涉诉专利为歌尔自有专利,不涉及发行人的专利。专利侵权诉讼的主张为认定发行人侵权、要求发行人停止侵权及承担赔偿责任,不涉及资产或核心技术的权属纠纷。

2)上述专利侵权诉讼涉诉产品销售金额极小,不构成重大诉讼,不会对发行人持续经营造成重大不利影响。发行人构建了知识产权体系以防范风险,保护自身权益,发行人在歌尔现有专利侵权诉讼中败诉的可能性很小,且2017年至2020年1~3月,歌尔在上述侵权诉讼中涉诉编码对应产品截至2020年3月31日累计销售收入合计为61.19万元,按照《专利法》及其实施细则测算的预计赔偿金额为 12.69 万元,占发行人 2019 年净利润的 0.21%。即使败诉,涉诉产品对发行人财务报表的影响和发行人因此承担的赔偿金额都非常有限,不构成重大诉讼,不会对发行人持续经营造成重大不利影响。

3) 发行人产品不侵权,上述诉讼的败诉风险极低,即使败诉造成的赔偿风险及或有影响极小。歌尔就有限数量的涉诉产品重复起诉不会因此增加发行人赔偿责任。歌尔在对发行人提起的侵权诉讼中,存在明显的就同一举证产品进行重复诉讼的情况,例如前 6 起诉讼对应索赔金额合计 8500 万元,但均系主张歌尔同一次购买的音箱所含发行人产品侵权,对应发行人 3 个产品编码的产品,涉及收入 40.59 万元;另外 4 起诉讼对应索赔金额合计 5000 万元,但均系主张歌尔同一次购买的耳机、音箱所含发行人产品侵权,对应发行人 3 个产品编码的产品,涉及收入 20.60 万元。根据《专利法》规定的任何一种侵权赔偿责任计算方式,即使产生对发行人不利的诉讼结果,发行人因此承担的赔偿责任均极小,也不会因歌尔就相同产品增加诉讼数量及索赔金额而导致赔偿责任风险发生实质性增加。

综上,歌尔提起的专利侵权诉讼不涉及发行人主要资产、核心技术等的重大权属纠纷,不属于重大诉讼等或有事项,不会对发行人持续经营造成重大不利影响。

(3) 7 项专利权属诉讼不构成主要资产、核心技术等的重大权属纠纷,不属于重大诉讼等或有事项,不会对持续经营有重大不利影响。上述专利权属诉讼的涉诉专利不涉及发行人核心技术,不属于主要资产、核心技术等的重大权属纠纷。上述权属纠纷标的中,1 项已授权专利为发行人 2007 年申请并已获授权的专利,该专利申请及公开时间已超过十年,因其自身设计不符合产品实际应用需求而未曾投入应用;另外 6 项中,其中 1 项作为下游电子烟产品相关的压力传感器技术,其余 5 项对应的技术均为 MEMS 麦克风产品的防尘部件,均具有多条技术路线,系发行人的技术储备内容,尚未投入实际应用。因此,涉诉专利涉及的收入金额很低,即使最终判决结果对发行人不利,也不会因此对发行人生产经营产生重大不利影响,上述专利及专利申请均不涉及发行人核心技术或在研项目。

(4) 专利无效申请不构成主要资产、核心技术等重大权属纠纷,不属于重大诉讼等或有事项,不会对持续经营有重大不利影响。发行人分别于2020年1月、2020年2月、2020年4月、2020年5月与2020年6月收到歌尔及相关自然人就发行人及其子公司的18项发明专利与1项实用新型专利向专利复审部提起无效宣告请求。专利无效申请不属于关于专利的权属纠纷，上述专利无效申请也不会对发行人持续经营能力构成重大不利影响，具体分析如下：

1) 被申请无效的专利和尚未被申请无效的核心专利均具有稳定性。发行人的核心技术体系是基础技术、技术诀窍与专利等的集成，专利无效后不会导致发行人核心技术的丧失或被模仿，因此专利无效申请及其或有的不利结果不会对发行人核心技术造成重大不利影响。发行人构建了基础技术、技术诀窍、现有专利与专利申请组成的多层次核心技术体系，从多个层次对公司的核心技术进行了保护。在研发与生产过程中，发行人采用技术秘密与申请专利结合的方式对研发成果进行了保护。对于不适合进行公开以及不适合申请专利的技术诀窍，如设计细节、工艺细节、软件支持、设备选择、参数设置、材料选择等，发行人建立了保密制度，保证该等技术秘密不被泄露或模仿。发行人9项核心技术中，3项不涉及专利技术而仅以技术诀窍的形式存在，其余6项也均包含多项非专利技术或技术诀窍。

MEMS芯片是利用半导体技术制造微米级或纳米级的机械系统，本质上是一种超高难度的制造技术。产品实现量产的关键技术包括产品结构设计、生产工艺、材料选取、生产参数、品质管理等，公司对上述技术采用技术秘密的方式进行保护。根据中国半导体行业协会的说明与MEMS产业链上下游企业的访谈，MEMS传感器是极微小型机械系统与电路的集合体，生产工艺高度定制化，MEMS传感器的芯片设计和工艺研发必须紧密配合。专利仅是企业技术体系的构成部分之一，生产工艺、材料选取、设备选取、生产参数、品质管理等都是MEMS厂商的重要技术秘密。

2) MEMS厂商面临自主研发能力、核心技术体系、持续创新能力、供应链体系等多个维度的竞争，专利对核心竞争力的影响较小。发行人的核心竞争力体现在自主研发能力、核心技术体系、持续创新能力、全本土化生产体系等多个维度。MEMS传感器的研发与生产需要综合运用全产业链的技术工艺，发行人经过多年研发，在MEMS传感器芯片设计、芯片仿真模型搭建、芯片制造工艺、封装结构设计、封装技术、测试设备系统设计、测试技术等生产环节均拥有了自主研发能力,并从中总结归纳出9项核心技术体系。与国内主要依靠外购英飞凌等国外厂商芯片的声学器件厂商相比,发行人依靠自主研发能力与核心技术体系在顺应市场趋势、成本管控等方面均拥有竞争优势。

3)发行人依靠技术迭代而非专利抢占市场。MEMS传感器更新迭代速度较快,发行人报告期各期新增MEMS麦克风型号均超过50个,上市时间超过3年的型号收入占比不足2%。相关专利无效后,竞争对手仅能模仿发行人多年前在专利中公开的技术特征,却无法掌握发行人最新产品的核心技术点。发行人依靠技术迭代而非专利优势抢占市场。发行人应用于消费电子的MEMS产品的迭代周期通常在3年以内,而发行人自成立以来发明专利的平均授予周期为3.21年,专利更多地是逼迫竞争对手寻找其他技术路线,拖延其产品研发上市时间。专利在市场竞争中提供了保护作用而非支持作用。

4)司法机关及专利主管部门均认定专利无效申请不属于专利权属纠纷。根据《最高人民法院关于审理专利纠纷案件若干问题的解答》[①],专利无效申请属于验证专利质量的再审查行政程序,不涉及专利技术归属的争议,也不涉及赔偿责任的判定,其结果仅是根据专利质量对该等技术是否仍受《专利法》保护做出行政决策,不涉及申请人与专利权人责任的认定,亦不会因此转移原有技术的归属,不属于专利纠纷。发行人专利涉及无效宣告请求不构成发行人主要资产或核心技术相关的重大权属纠纷,不会对持续经营有重大不利影响。

(5)不正当竞争诉讼的情况与影响。2020年5月23日,歌尔向寿光市人民法院提起不正当竞争诉讼,主张发行人及其子公司涉嫌"商业诋毁",主张其对发行人的诉讼行为是正常且不容诋毁的。上述主张将第三方媒体报道指认为发行人及其子公司行为,且认为独立媒体对双方诉讼问题的客观描述与分析构成了对歌尔的"诋毁"。上述诉讼主张缺乏事实依据,且歌尔在本案中未主张经济赔偿,此外,鉴于本案主审法院寿光市人民法院受理的本类案件的诉讼标的额应在人民币50万元以下,本次诉讼即使被主审法院支持,也不会因此造成发行人的重大损失。

---

① 此解答已被2001年6月22日发布的《最高人民法院关于审理专利纠纷案件适用法律问题的若干规定》(法释[2001]21号)废止。

因此,歌尔在本案中未主张经济赔偿,其主张的诉讼请求和对发行人的指控不具有事实和法律依据,不会因此对本次发行上市构成重大不利影响,不会构成法律障碍。

(6)专利侵权诉讼对发行人财务状况的影响。

1)或有的侵权赔偿责任。根据《专利法》规定:侵犯专利权的赔偿数额按照权利人因被侵权所受到的实际损失确定;实际损失难以确定的,可以按照侵权人因侵权所获得的利益确定。根据《最高人民法院关于审理专利纠纷案件适用法律问题的若干规定》规定:《专利法》第六十五条规定的侵权人因侵权所获得的利益可以根据该侵权产品在市场上销售的总数乘以每件侵权产品的合理利润所得之积计算。侵权人因侵权所获得的利益一般按照侵权人的营业利润计算,对于完全以侵权为业的侵权人,可以按照销售利润计算。鉴于歌尔所诉产品对应的发行人客户均未向歌尔采购相应产品,因此歌尔未因发行人的销售行为产生实际损失;如认定发行人侵权,发行人因销售所获利益金额极低。无论以《专利法》规定的任何一种侵权赔偿责任计算方式,即使产生对发行人不利的诉讼结果,发行人因此承担的赔偿责任均极小,也不会因歌尔就相同产品增加诉讼数量及索赔金额而导致赔偿责任风险实质性增加。

2)对发行人未来收入的影响。专利侵权诉讼涉诉产品均已基本销售完毕,发行人已投入迭代后的型号,侵权诉讼的不利后果不会影响发行人持续经营能力;权属诉讼涉诉标的均不属于发行人核心技术,不涉及发行人在研项目,涉及收入金额极小,不会因此影响发行人持续经营能力。报告期内公司3年内绝大部分产品已实现更新迭代,因此歌尔即使提起侵权诉讼每次能够主张发行人侵权的产品数量与金额也会很低,不构成对公司持续经营能力的影响。

(7)专利权属诉讼对发行人财务状况的影响。发行人与歌尔的专利权属诉讼不会对其构成重大不利影响。依据发明人的具体工作内容、证人证言等一系列证据,发行人所涉专利权属诉讼,无论专利权和专利申请权均不会被认定为职务发明。即使败诉,也只有一项尚未授权的专利申请对应技术应用于发行人产品,报告期内对应收入2.8万元,对发行人财务状况的影响很小。

(8)不正当竞争诉讼对发行人财务状况的影响。歌尔在本案中未主张经济赔偿,此外,鉴于本案主审法院寿光市人民法院受理的本类案件的诉讼标的额应在人民币 50 万元以下,本次诉讼即使被主审法院支持,也不会因此造成发行人的重大损失。

【案例评析】

公司在上市过程中受到竞争对手有关专利技术等多项诉讼和行政无效申请,对公司经营活动产生重大影响。中介机构进行分析认为,上述专利权属诉讼的涉诉专利不涉及发行人核心技术,不属于公司主要资产、核心技术等的重大权属纠纷。

第六章 公司治理与内控审核要点

　　二十世纪九十年代新中国的公司制度才得以建立，其基础是全民所有制企业、集体企业和个体工商户，因此现代公司治理机制较为薄弱。股票市场的发展为企业进行现代化公司改制提供了一个契机，现代企业融资和投资市场天然的需要公司具备完善、有效的治理机制，以充分保护股东和投资者的利益。

　　我国现代企业制度与欧美公司治理机制的渊源存在较大差异。传统欧洲的公司治理机制和美国的公司治理机制具有特定的历史环境，前者建立在欧洲贵族阶级对家族对外投资需求的基础上，后者则建立在大航海和探险基础之上，"委托—代理"模式下的监事会制度和董事会制度应运而生，而我国的情形则大不相同。中华人民共和国成立后，国有或者集体企业通常由党的组织指派代表进行管理；民营企业则几乎是建立在个人和家庭基础之上的超级个体户，由权威"家长"进行管理。[①] 因此，"三会一层"更多的是一种形式机构，独立董事则更是沦为公司实际控制人的外部代表，现代公司治理机制在我国的发展还需要长时间的磨合与调整。

审核依据：《科创板首次公开发行股票注册管理办法》

　　第十条　发行人是依法设立且持续经营 3 年以上的股份有限公司，具备健全且运行良好的组织机构，相关机构和人员能够依法履行职责。

　　第十一条第二款　发行人内部控制制度健全且被有效执行，能够合理保证公司运行效率、合法合规和财务报告的可靠性，并由注册会计师出具无保留结论的内部控制鉴证报告。

　　第十二条　发行人业务完整，具有直接面向市场独立持续经营的能力：（一）资产完整，业务及人员、财务、机构独立，与控股股东、实际控制人及其控制的其他企业间不存在对发行人构成重大不利影响的同业竞争，不存在严重影响独立性或者显失公平的关联交易……

---

　　① 剧锦文：《公司治理理论的比较分析——兼析三个公司治理理论的异同》，载《宏观经济研究》2008 年第 6 期。

第三十四条 发行人申请首次公开发行股票并在科创板上市,应当按照中国证监会制定的信息披露规则,编制并披露招股说明书,保证相关信息真实、准确、完整。信息披露内容应当简明易懂,语言应当浅白平实,以便投资者阅读、理解。

中国证监会制定的信息披露规则是信息披露的最低要求。不论上述规则是否有明确规定,凡是对投资者作出价值判断和投资决策有重大影响的信息,发行人均应当予以披露。

第三十九条第一款 发行人应当根据自身特点,有针对性地披露行业特点、业务模式、公司治理、发展战略、经营政策、会计政策,充分披露科研水平、科研人员、科研资金投入等相关信息,并充分揭示可能对公司核心竞争力、经营稳定性以及未来发展产生重大不利影响的风险因素。

第一节 公司治理制度的建立健全及运行情况

对一个家庭而言,家和万事兴;对一个企业来说,健全的治理机制是企业持续发展的基石。

按照《公司法》规定,股份公司必须设立股东会、董事会、监事会,并设立独立的管理层。"三会一层"的设立及其议事、运作规范的建立与执行是公司治理能力的最终体现,判断公司治理机制是否健全、治理能力是否形成主要从以下几个方面考察:一是公司章程内容是否符合《公司法》、《证券法》、证监会及证券交易所的规范性文件的要求;二是股东大会、董事会和监事会的权限划分是否合规,战略、审计、薪酬与考核等专门委员会的人员设置是否恰当;三是股东大会、董事会和监事会是否规范运行,战略、审计、薪酬与考核等专门委员会是否正常运行,独立董事和董事会秘书制度是否规范运行;四是报告期内公司是否存在越权决策、未决策先执行、决策而不执行等情形。

审核关注要点:

(1)公司是否充分披露股份公司成立后历次股东会、董事会、监事会的召集方式、议事程序、表决方式和决议内容,相关会议等是否符合有关法律、法规和《公司章程》以及各项制度规定,公司是否存在治理

僵局情况,是否存在部分董事、股东长期不参与决策、投票的情形;

(2)公司管理层是否齐备、独立,总经理、副总经理、财务总监、董事会秘书等是否在外兼职,是否勤勉尽责;

(3)公司董事、高管是否存在频繁变动,公司独立董事是否有效参与公司治理活动。

典型案例99:创鑫激光报告期管理层存在变动①

公司高级管理人员仅有3人;当前公司董事、高管及核心技术人员共13人,报告期初的董事兼董事会秘书宋俊、外部董事陈璐和刘佳、独立董事梁文昭和顾立基、财务负责人李萍6人不再担任上述职务,较报告期初变动比例较大。

【审核问询意见】

请发行人说明:(1)报告期内董事会秘书离职、申报前新聘任财务负责人,是否对公司经营稳定性及内部控制构成重大不利影响;(2)3位高管间的分工,公司治理结构是否健全并有效运作。请保荐机构、发行人律师核查,并就以下事项发表意见:发行人是否具备健全且运行良好的组织机构,相关机构和人员是否能够依法履行职责。

【问询回复摘要】

公司说明:

(1)公司董秘、财务负责人变动情况。2017年11月,公司原董事会秘书宋俊先生由于个人原因辞职。2018年起,公司从内部培养了张小虎先生作为新任董事会秘书,并经近一年时间的谨慎考察,于2018年12月对其正式任命。在2018年的培养期内,张小虎先生通过学习,逐步掌握了与上市公司董秘相关的专业知识,并取得了《董事会秘书资格证书》;张小虎先生协助总经理蒋峰先生与国相鑫光等多名机构投资者洽谈,与本次IPO相关中介机构接洽并通过内部协调,配合中介机构开展本次上市的尽职调查和材料准备工作,顺利完成了公司融资工作和上市前期准备工作。张小虎先生对激光器行业有深度了解,历任公司生产总监、品质总监、总经理助理,熟悉公司研发、生产、业务各环节,且具有董秘必备的知识储备

---

① 2020年10月21日,中国证监会根据发行人和保荐机构申请,终止公司发行注册程序。上述撤回申请或与公司注册审核期间被举报存在关联方信息披露遗漏、内控制度薄弱事项有关。

和知名工业企业的团队管理经验，符合科技型企业的管理人员定位，能够胜任公司董事会秘书一职。因此，报告期内董事会秘书的变动对公司的经营稳定性及内部控制不构成重大不利影响。

2018年10月，公司聘请上市公司坚朗五金原财务总监孙知先生，作为未来的财务负责人人选，以进一步提升公司的财务管理和内控水平。孙知先生具有近20年的工业企业财务管理岗位工作经验，持有高级会计师、注册税务师、注册资产评估师、审计师、经济师等多项资格证书，经试用期评定，董事会认为孙知先生能够胜任公司财务负责人一职，因此于2019年1月对其正式任命。同时，原财务负责人李萍女士仍担任并将持续担任公司财务经理职务，协助孙知先生共同开展财务管理工作，从而使公司的财务管理工作得以有效延续。因此，新聘任财务负责人有利于发行人提升内控水平，且未对公司的经营稳定性构成重大不利影响。

综上，鉴于新任董事会秘书系发行人内部培养，新聘财务负责人具备丰富的财务管理经验，且原财务负责人仍在发行人承担财务经理工作，公司认为该等变化对公司经营稳定性及内部控制不构成重大不利影响。

（2）公司治理结构情况。公司设总经理、董事会秘书、财务负责人三名高管，其具体分工为：由总经理蒋峰先生全面负责公司管理和业务，并主要负责生产、技术、大客户销售、股权融资等领域的日常经营管理；董事会秘书兼总经理助理张小虎先生作为董事会秘书负责股权融资具体对接和上市的协调组织工作；财务负责人孙知先生全面负责公司财务管理工作，并由财务经理、前财务负责人李萍女士协助其日常工作。公司实行扁平化的管理架构，除上述三名高级管理人员外，还聘任了包括生产运营总监、品质总监、销售总监、研发中心负责人、人事行政总监、信息总监等在内的健全的中级管理层，负责具体的职能部门管理工作，并直接向总经理汇报工作。公司的中层管理人员配备齐全、各司其职，保证了公司生产经营的有效运行。公司的上述管理架构符合公司目前所处的成长期特点，由于从近年来的管理实践上看，具备有效性、合理性，对公司持续稳定运营、公司治理不存在不利影响；公司设立了包括三会、高管人员在内的健全的公司治理结构，从而保证公司治理结构有效运作。

【案例评析】

公司报告期内董事、高级管理人员的变动较大，对公司经营活动稳定性及财务真实性存疑。根据公司说明,公司董秘系内部培养,原财务总监仍分管财务,相关人员变动对发行人生产经营不构成重大不利影响;发行人具备健全且运行良好的组织机构,相关机构和人员均能依法履行职责。

第二节 差异化表决权安排情况

发行人在治理结构中存在特别表决权或类似安排的,我们在前述第四章第五节公司股票发行安排情况之二特殊"股票"有关"AB 股"部分进行了初步介绍。根据监管规定,公司持有特别表决权股份的股东应当为对公司发展或业务增长等作出重大贡献的个体,并且在公司上市前及上市后持续担任公司董事的人员或者为该等人员实际控制的持股主体,且特别表决机制应当稳定运行满一个会计年度。

上市规则中要求持有特殊表决权股份的应当是具有重大贡献的主体,目的在于将特别表决权的持有人范围限制为发行人创始团队的管理人员,但是企业发展过程中,既离不开创始人团队的管理,也离不开资本、技术、人才以及各种资源,实际难以量化各种因素的贡献,对此进行界定存在一定的困难。除此之外,通过设置运行期来实现检验上述安排是否得到各方股东的认可,如期间存在涉及"同股不同权"安排的未决诉讼、纠纷或特别表决权股东滥用股东权利侵害普通股东权益的,都有可能被认定为不符合"稳定运行"的要求。

审核关注要点:

(1)公司是否充分披露采用特殊投票权结构的原因,具体设置时间,所经股东大会的决议情况,B 类股份持有人的持股情况、表决机制,B 类股投票权具体表决事项,B 类股份高于 A 类股份的特别权利;

(2)公司是否充分披露持有特别表决权股份的股东对公司创立、发展或者业务增长及日常经营管理等的作用和贡献情况,持有特别表决权的必要性和合理性,特别表决权安排数量设置的合理性;

(3)关注公司特别表决权机制设置运行时间,运行的稳定及公司治理有效性。

典型案例100:优刻得差异化表决权安排

具体内容参见典型案例37:优刻得设置差异化表决权安排。

第三节 协议控制安排情况

协议控制架构又叫作 VIE 结构,即 Variable Interest Entities,是红筹架构中的一种特殊形式,本质上是一种合同约定控制公司而非公司法下的股权控制机制。VIE 结构的兴起源于我国对外商投资行业的限制,国内互联网企业刚兴起的时候,需要大量资金抢占资源和流量,国内的融资情况又不是很乐观。此时经历过美国互联网泡沫的投资机构看上了中国的市场,愿意投资中国企业。但是按照国内互联网管理的规定,涉及互联网信息传播等业务的企业又不允许外资入股,使得国内谋求海外融资的企业放弃采用股权控制的方式,转而采用协议控制的方式实现境外融资。随着资本市场的日益开放,VIE 结构逐渐为国内资本市场所接受和认可。

在境外结构中,BVI 公司指创始人在英属维尔京群岛设立的持股公司,开曼公司为 BVI 公司在开曼设立的融资和拟上市主体,香港公司为开曼公司为了取得税收优惠设立的全资子公司。开曼公司和香港公司之间的 BVI 公司一般根据企业的实际需要进行设置,有些 VIE 结构中不存在这一设置。在境内结构中,WFOE(Wholly Foreign Owned Enterprise)为香港公司在境内设立的全资子公司,OpCo(Operating Company)为境内运营实体。

VIE 结构的搭建流程是:国内 OpCo 的创始人或者实际控制人首先在境外注册成立 BVI 公司,然后由 BVI 公司在开曼成立一家开曼公司,作为海外上市或者融资的主体,此时可以引入境外机构投资者或自然人入股开曼公司。一般情况下,开曼公司会在香港设立全资子公司,即香港公司,此公司设立的目的是享受大陆对香港的税收优惠政策。其后香港公司在境内设立全资子公司 WFOE,即外商独资企业。WFOE 采取与 OpCo 签订一系列协议的形式实现控制。这一系列协议包括:《独家期权协议》(WFOE 与 OpCo 的股东签订,股东授予 WFOE 一项独家期权,根据该期权,WFOE 可以在协议条件成就的情况下自己或者指定任意第三方主体购买 OpCo 股东所持有的 OpCo 股权)、《独家业务咨询和服务协议》(WFOE

与 OpCo 签订,根据该协议,WFOE 向 OpCo 提供独家的咨询和技术服务,OpCo 则将收入转移至 WFOE)、《表决权委托协议》(WFOE 与 OpCo 的股东签订,在该协议下,OpCo 的股东委托 WFOE 行使其在 OpCo 的股东表决权)、《股权质押协议》(WFOE 与 OpCo 的股东签订,股东将其所持的 OpCo 股权质押给 WFOE 以担保上述协议的履行)。除以上协议外,基于其他不可控因素的考量,有些 VIE 结构的企业也会签署一些附属协议,如《借款协议》和《配偶承诺函》等。

前期,VIE 结构企业通常需要拆除 VIE 协议后再以境内 OpCo 或者 WOFE 作为上市主体进行上市申报。以境内运营主体 OpCo 作为上市主体的好处在于,OpCo 拥有业务牌照、主要资产、人员和核心技术。根据境内外资金状况和资金运作模式的不同,该种拆除模式又可分为以下三种情形:

(1)境外开曼公司拥有充足的资金,首先在境外回购境外投资者的股份,境外投资者退出开曼公司。然后 OpCo 解除与 WFOE 的 VIE 协议,注销 WFOE 和境外的壳公司。

(2)境内能够找到合格投资者,以公允价格增资 OpCo。增资后,OpCo 收购 WFOE,支付对价给香港公司。香港公司以层层分红的形式将收购款项转移到开曼公司层次,开曼公司在境外回购投资者股份,境外投资者退出开曼公司。最后解除 VIE 协议,注销境内的 WFOE 和境外的壳公司。

(3)境内能够找到适格的投资者,以公允价收购 WFOE,对价支付给香港公司,然后香港公司以分红的形式将收购款项转移到开曼公司,开曼公司在境外回购投资者股份,投资者退出开曼公司。同时,境内投资者低价增资 OpCo。最后,解除 VIE 协议,注销 WFOE 和境外壳公司。

以 WFOE 为上市主体,适用于主营业务不受外资限制的行业。这种模式的操作流程为:境外持股的创始人回到境内直接对 WFOE 持股,境外股东则通过香港公司间接持有 WFOE 的股份,这样 WFOE 就成为中外合资企业(JV)。然后 WFOE 收购 OpCo 的资产或股份。最后解除 VIE 协议,OpCo 可选择注销或不注销。[①]

---

① 相关内容摘引自虞正春、王家驹、李展展在锦天城律师事务所公众号所发布内容,同时,该部分内容也被收入虞正春、高永华:《读懂医创板:医药大健康企业科创板上市案例解析》,北京大学出版社 2020 年版。

审核关注要点：

对于曾经搭建过 VIE 架构的企业,审核中重点关注以下几个方面:

(1)公司是否充分披露采用协议控制架构的原因、必要性及合理性,参与各方的基本情况,VIE 协议的主要条款和履行情况,关注公司业务是否存在外资准入限制或其他规避监管的情况;

(2)公司实际控制人的认定是否准确,VIE 架构拆除前后实际控制人是否发生变化;

(3)公司是否充分披露协议控制架构下境外主体对境内主体资金支持的时间、金额、途径和方式,资金往来、利润转移是否合法合规,是否存在税收违规情形,历次境外融资、股权转让、分红的外汇资金跨境调动情况,是否属于返程投资并办理外汇登记及变更登记等必备手续,是否符合外汇管理法律法规;

(4)原境外拟上市主体及其他注销或未注销的壳公司等报告期内经营情况,是否存在重大违法违规情形。

对于以 VIE 结构上市的企业,审核中重点关注以下两个方面:

(1)公司是否充分披露 VIE 协议的合同违约风险,即境内公司违反其合同义务的风险,对外投资过程中存在的外汇管制风险、税务风险、公司管理控制风险;

(2)公司涉及协议控制的财务会计处理是否规范。

典型案例 101:九号公司存在 VIE 架构

发行人进行 A 轮融资时搭建了 VIE 架构。现有 VIE 架构的具体情况如下:纳恩博(北京)通过 VIE 协议控制鼎力联合 100% 股权。鼎力联合及其子公司主要负责公司平衡车及滑板车的研发、生产,是公司最为重要的境内生产主体。

【审核问询意见】

请发行人说明:(1)采用协议控制架构的原因、必要性及合理性,发行人所属行业是否存在外资准入的限制,历史上协议控制的履行情况,境外融资对业务发展起到的实际作用;(2)协议控制架构涉及各方的基本情况、主要合同条款及各方权利义务;(3)发行人实际控制人、重要的管理团队成员在境内实体经营企业中持有的股权及其比例,红筹企业通过协议控制架构对境内经营实体的控制效果及保持持续控制的措施;(4)协议控制架构的持续运行情况及稳定性、后续发生变动的可能性,未来是否仍将保留 VIE 结构;(5)协议控制架构对红筹企业业务经营、财务状况、公司治理及投资者合法权益的具体影响,落实投资者合法权益保护的各项措施;(6)发行人搭建境外上市架构后是否曾在境外市场上市或提交申报文件,若有,相关信息披露文件与此次申报文件是否存在差异;(7)红筹企业采取协议控制架构是否符合科创板相关发行条件及审核标准。

【问询回复摘要】

公司说明:

(1)采用协议控制架构的原因、必要性及合理性。

1)公司设立时业务涉及外商投资准入限制。搭建协议控制架构时,鼎力联合计划通过微信小程序或 APP 运营智能机器人配送服务业务,即通过无人配送机器人以楼内段的机器运力为基础,为商业综合体(写字楼、购物、餐饮集中于一栋建筑物内)提供完整的楼内服务生态循环,令处于不同楼层的用户可以通过微信小程序或 APP 享用包括餐饮在内的送货上门服务。该业务属于增值电信业务,存在外商投资准入限制,因此发行人采用协议控制架构具有必要性及合理性。

2)公司业务涉及外商投资股比限制。鼎力联合拟运营的智能机器人配送服务业务涉及信息服务业务。根据《外商投资准入特别管理措施(负面清单)(2018 年版)》①(中华人民共和国国家发展和改革委员会、中华人民共和国商务部令 2018 年第 18 号,以下简称《外商投资负面清单》),第七类信息传输、软件和信息技术服务业第 25 项规定,增值电信业务的外资股比不超过 50%……《工业和信息化部关于放开在线数据处理与交易处理业务(经营类电子商务)外资股比限制的通告》,在全国范围内放开在线数据处理与交易处理业务(经营类电子商务)的外资股比限制,外资持股比例可至100%,但增值电信业务中的其他类别,如信息服务业务,仍存在股比限制。

3)公司业务存在外商投资经验限制。发行人协议控制架构内的境外主体为 Ninebot Limited 以及九号机器人(香港)。Ninebot Limited 为发行人

---

① 此清单现已废止。

本次发行上市的拟上市主体,没有实际业务。九号机器人(香港)主要业务为投资控股,以及与中国境内供货商签署采购滑板车的采购合同后,再与海外客户签署销售合同,由供货商直接将货物通过物流配送给海外客户(货物并不出入香港关税区或边境)。Ninebot Limited 及九号机器人(香港)均不具备经营增值电信业务的业绩和运营经验。《外商投资电信企业管理规定》第十条规定:"经营增值电信业务的外商投资电信企业的外方主要投资者应当具有经营增值电信业务的良好业绩和运营经验。"实践中,通常"具有经营增值电信业务的良好业绩和运营经验"的要求较高,需要有实际运营增值电信业务的产业投资者,财务投资人基本无法满足上述要求。因此,发行人采用协议控制架构,通过鼎力联合运营智能机器人配送服务业务具有必要性及合理性。

(2)历史上协议控制的履行情况,境外融资对业务发展起到的实际作用。为搭建协议控制架构,发行人全资子公司纳恩博(北京)与鼎力联合及其股东分别签署《独家购买协议》《独家咨询与服务协议》《股权质押协议》《股东表决权委托协议》《配偶同意函》("VIE 协议")。发行人通过签署 VIE 协议控制境内运营主体,该等 VIE 协议,除招股说明书披露的风险因素之外,均合法有效,对协议各方具有约束力。

发行人通过协议控制架构实现对境内运营主体的合并报表。发行人确认,VIE 架构设立以来,发行人协议控制架构各方对协议控制运行不存在争议,且发行人历史上不存在对 VIE 架构进行调整的情况,具有稳定性。发行人通过协议控制架构进行境外融资,并对境内运营主体提供资金支持,支持境内主体业务发展。

(3)协议控制架构涉及各方的基本情况、主要合同条款及各方权利义务。VIE 协议由发行人全资子公司纳恩博(北京)与鼎力联合及其股东(高禄峰、王野、王田苗、魏林、赵郑)签署。

VIE 协议主要合同条款及各方权利义务如下:

1)《独家购买协议》。约定鼎力联合各股东不可撤销地且无任何附加条件地独家授予纳恩博(北京)一项转股期权,即纳恩博(北京)在中国法律允许的情况下,有权随时要求上述股东向纳恩博(北京)或其指定的实体或个人转让其股权。鼎力联合同意不可撤销地且无任何附加条件地独家授予纳恩博(北京)一项资产购买期权,即纳恩博(北京)在中国法律允许的情况下,有权随时要求鼎力联合向纳恩博(北京)或其指定的实体或个人转让任何及部分公司资产。

2)《独家咨询与服务协议》。约定鼎力联合任命纳恩博(北京)为其独家咨询与服务提供商,由纳恩博(北京)独家提供与鼎力联合的业务有关的软件技术开发、技术咨询及技术服务。《独家咨询与服务协议》项下纳恩博(北京)提供的服务具有排他性。就纳恩博(北京)依据《独家咨询与服务协议》所提供的服务,鼎力联合应按以下方式向纳恩博(北京)支付服务费:相当于鼎力联合当年净收入100%的服务费;以及双方另行约定的,对于纳恩博(北京)应鼎力联合要求而不时提供的特定技术服务的服务费。纳恩博(北京)在提供《独家咨询与服务协议》项下的服务过程中所自行创造的工作成果之知识产权或由鼎力联合基于纳恩博(北京)的知识产权开发创作的工作成果之知识产权(包括但不限于著作权、专利权、技术秘密、商业秘密及其他)属纳恩博(北京)所有。鼎力联合无权终止《独家咨询与服务协议》。

3)《股权质押协议》。鼎力联合各股东(高禄峰、王野、王田苗、魏林、赵郑)、纳恩博(北京)与鼎力联合签订《股权质押协议》,约定鼎力联合各股东(出质人)将其合法拥有并有权处分的质押股权按照《股权质押协议》的约定出质给纳恩博(北京)(质权人)作为担保债务的偿还担保。

4)《股东表决权委托协议》。鼎力联合各股东(高禄峰、王野、王田苗、魏林、赵郑)、纳恩博(北京)与鼎力联合签订《股东表决权委托协议》,约定鼎力联合各股东授权纳恩博(北京)届时指定的人士(以下简称受托人)代表其行使各股东作为鼎力联合的股东,依据鼎力联合届时有效的章程所分别享有的权利。各股东兹确认,受托人在行使上述委托权利时,无须事先征求各股东的意见。为行使《股东表决权委托协议》下委托权利之目的,受托人有权了解鼎力联合的公司运营、业务、客户、财务、员工等各种相关信息,查阅公司相关资料,鼎力联合应对此予以充分配合。未经纳恩博(北京)事先书面同意,鼎力联合现有股东无权对《股东表决权委托协议》做任何修订,亦无权终止《股东表决权委托协议》或撤销对受托人的委任。《股东表决权委托协议》对各方的权利继受人、受让人具有法律约束力。

5)《配偶同意函》。鼎力联合各股东(高禄峰、王野、王田苗、魏林、赵郑)的合法配偶分别出具《配偶同意函》,同意其配偶所持有并登记于其名下的鼎力联合的所有股权将按照该配偶签署的《股权质押协议》《独家购买协议》《股东表决权委托协议》项下的安排进行处分,同意并确认该等股权并不属于本人与配偶的共同财产,而属于其配偶的个人财产,应当并且可以按照交易文件的规定被质押、出售或以其他方式处理,并不需要本人的同意;在任何情况下,其配偶有权独自处理其持有的鼎力联合的股权及对应的资产。

(4)协议控制架构的持续运行情况及稳定性。发行人通过签署 VIE 协议控制境内运营主体,该等 VIE 协议,除招股说明书披露的风险因素之外,均合法有效,对协议各方具有约束力。发行人通过协议控制架构实现对境内运营主体的合并报表。发行人确认,VIE 架构设立以来,发行人协议控制架构各方对协议控制运行不存在争议,且发行人历史上不存在对 VIE 架构进行调整的情况,具有稳定性。发行人未来仍将采用 VIE 架构。

(5)协议控制架构对公司经营活动影响及股东保护措施。发行人采用协议控制实现对境内运营主体的合并报表,从业务管理和财务管理角度,发行人将协议控制的境内运营主体视作全资子公司施行统一管理,与其他全资子公司不存在差别。从公司治理角度,发行人经营决策的重大事项均依据发行人层面的公司治理规则作出,协议控制的境内运营主体亦纳入发行人整体的决策机制,实行一体化管理。从公司治理层面发行人可以对协议控制的境内运营主体进行控制。

投资者合法权益保护层面,发行人已经采取独家购买权、委托投票权以及股权质押的方式实现对境内运营主体的控制,并从财务层面实现了对境内运营主体资产、负责、收入、利润的并表,投资者在发行人层面的权益已经包括通过协议控制的境内运营主体的部分。发行人确认上述协议控制架构下的 VIE 协议均有效,发行人及其实际控制人承诺将继续维持 VIE 架构的有效性。发行人已经在招股说明书"重大事项提示"及"第六节风险因素"中披露了与 VIE 架构相关的风险。

保荐机构及发行人律师认为,公司采取协议控制架构符合科创板相关发行条件及审核标准:

1)发行人符合《证券法》公开发行股票相关条件。根据《保荐协议》,发行人本次发行上市由具有保荐人资格的国泰君安担任保荐人,符合《证券法》第十一条第一款、第四十九条第一款的规定。①发行人已经依法设立了股东大会、董事会、独立董事、证券部及董事会秘书等组织机构,设置了相应的职能部门,并建立完善了公司治理制度和内部管理制度,组织机构健全且运行良好,符合《证券法》第十三条第一款第一项的规定。②根据德勤出具的《审计报告》,报告期内发行人营业收入连续增长;据此,发行人具有持续盈利能力,财务状况良好,符合《证券法》第十三条第一款第二项的规定。③根据德勤出具的《审计报告》及德勤出具的《内部控制审核报告》,发行人财务报表在所有重大方面按照企业会计准则的规定编制,公允反映了发行人2016年12月31日、2017年12月31日、2018年12月31日、2019年6月30日的财务状况以及2016年度、2017年度、2018年度及2019年1月1日至6月30日的经营成果和现金流量,发行人报告期内财务会计文件无虚假记载。根据相关政府部门出具的合规证明文件,发行人报告期内无重大违法行为,符合《证券法》第十三条第一款第三项的规定。

2)发行人本次发行上市符合《关于开展创新企业境内发行股票或存托凭证试点的若干意见》(以下简称《存托凭证若干意见》)规定的条件。①发行人符合国家战略、掌握核心技术、市场认可度高,属于互联网、大数据、云计算、人工智能、软件和集成电路、高端装备制造、生物医药等高新技术产业和战略性新兴产业,且达到相当规模的尚未在境外上市的创新企业。发行人符合营业收入快速增长,拥有自主研发、国际领先技术,同行业竞争中处于相对优势地位的具体标准,符合《存托凭证若干意见》第三条的规定。②发行人关于投资者权益保护的安排总体上不低于境内法律、法规及中国证监会的要求,符合《存托凭证若干意见》第五条第二款的规定。③根据发行人的招股说明书,发行人已在招股说明书中充分、详细披露投票权差异、协议控制架构等特殊安排存在的风险、公司治理差异等信息,以及依法落实保护投资者合法权益规定的各项措施,符合《存托凭证若干意见》第五条第二款的规定。④根据发行人的《注册登记证书》和《开曼法律意见书》[指 Maples and Calder(Hong Kong) LLP 于2019年8月2日出具的《Ninebot Limited 之法律意见书》,下同],发行人于2014年12月10日设立于开曼群岛,为合法注册并有效存续的开曼有限公司。截至招股说明书签署日,发行人已持续经营3年以上。根据发行人提供的资料,发行人主要资产不存在重大权属纠纷,符合《存托凭证管理办法》第五条第二项的规定。⑤发行人的实际控制人为高禄峰、王野,且最近三年内发行人的实际控制人未发生变更。根据发行人实际控制人书面确认,受实际控制人高禄峰控制的股东 Putech Limited、HctechI、Hctech Ⅲ 及受实际控制人王野控制的股东 Cidwang Limited、Hctech Ⅱ,持有的发行人股份之上不存在信托、委托持股、对赌协议或者类似安排,所持股份不存在任何权属争议,亦不存在被质押、冻结或其他权利受限制的情形。综上所述,发行人符合《存托凭证管理办法》第五条第三项的规定。⑥根据发行人出具的书面声明、《审计报告》、相关政府主管机关就发行人境内子公司出具的合规证明文件,发行人最近三年内不存在损害投资者合法权益和社会公共利益的重大违法行为。根据实际控制人出具的书面声明、实际控制人取得的《无犯罪记录证明》,发行人实际控制人最近三年内不存在损害投资者合法权益和社会公共利益的重大违法行为。综上所述,发行人符合《存托凭证管理办法》第五条第四项的规定。⑦根据德勤出具的《内部控制审核报告》,发行人于 2019 年 6 月 30 日按照《企业内部控制基本规范》的规定在所有重大方面保持了有效的财务报表内部控制。综上所述,发行人符合《存托凭证管理办法》第五条第五项的规定。⑧根据发行人董事和高级管理人员出具的书面说明,以及发行人实际控制人的《个人征信报告》、发行人董事、高级管理人员的《无犯罪记录证明》及网络核查,发行人的董事和高级管理人员信誉良好,近期无重大违法失信记录。根据《开曼法律意见书》,开曼法律及《公司章程》对发行人董事、高级管理人员不存在任何任职要求。综上所述,发行人符合《存托凭证管理办法》第五条第六项的规定。

3)发行人本次发行上市符合《科创板上市规则》规定的条件。①发行人本次发行上市符合中国证监会规定的发行条件,符合《科创板上市规则》第 2.1.1 条第一款第一项的规定。②发行人目前股本总额为63368250 股,发行人本次拟发行不低于 7040917 股基础股票,拟公开发行不低于 70409170 份 CDR,本次发行后股本总额为 70409167 股,发行后股本总额不低于 3000 万股。待上交所审核确认,发行人可以符合《科创板上市规则》第 2.1.1 条第一款第二项的规定。③本次发行后股本总额为70409167 股,假定全部股本转换为 CDR,CDR 总额为 704091670 份。待上交所审核确认,发行人可以符合《科创板上市规则》第 2.1.1 条第一款第三项的规定。④发行人本次发行上市的市值及财务指标符合《科创板上市规则》的标准(详见下文),符合《科创板上市规则》第2.1.1条第一款第四项的规定。⑤发行人属于营业收入快速增长,拥有自主研发、国际领先技术,同行业竞争中处于相对优势地位的尚未在境外上市红筹企业,本次发行上市选择的具体市值及财务指标为"预计市值不低于人民币50亿元,且最近一年营业收入不低于人民币5亿元"。根据德勤出具的《审计报告》,发行人2018年度的营业收入高于人民币5亿元;同时根据发行人2017年9月进行的C轮融资估值情况,公司估值15.2亿美元,约人民币100亿元,超过人民币50亿元,且发行人2019年1~6月及2018年经营业绩均保持高速增长,因此,发行人符合《科创板上市规则》第2.1.3条规定的市值及财务指标标准。⑥发行人本次发行上市符合《科创板上市规则》第2.1.4条第一款规定的市值及财务指标标准根据《公司章程》及《开曼法律意见书》,发行人存在表决权差异安排。如上所述,发行人预计市值不低于人民币50亿元,且最近一年营业收入不低于人民币5亿元,符合《科创板上市规则》第2.1.4条第一款规定的市值及财务指标标准。

综上,发行人本次发行上市符合《证券法》《存托凭证若干意见》《存托凭证管理办法》《科创板上市规则》等法律、法规和规范性文件规定的公司公开发行存托凭证并在上海证券交易所科创板上市的各项实质性条件。

【案例评析】

公司系科创板VIE架构上市企业的典型案例。根据公司说明,公司采用协议控制架构具有商业合理性,该架构搭建后运行稳定,各项协议内容也进行了简要说明,公司针对协议控制对公司经营管理的影响和股东保护措施也进行了分析披露,中介机构分别就公司符合相关法律法规、业务规则情况进行了论证。

第四节 报告期内内控规范性情况

内部控制是指在一定的环境下,企业各级管理层为了提高经营效率、充分有效地获得和使用各种资源,确保经济和会计信息的正确可靠,达到既定管理目标,而在组织内部建立一个严密的、较为完整的企业内部相互制约和调节的体系。内部控制是企业实现其经营目标的重要保障,许多公司发生重大资产丢失、会计信息失真、内部舞弊等情形,与企业的内部控制出现了问题密切相关。

公司的内部控制制度通常包括:一是良好的内部环境,包括组织结构、企业的战略、人力资源政策、企业文化、内部审计机制及社会责任等;二是充分的风险评估,包括企业管理层对经营过程中有关不确定性和风险进行充分、有效、全面的评估,能够准确识别风险;三是有效的控制措施,对发生或者可能发生的风险,已经制定或将及时采取相应的解决措施,将风险控制在可控的范围内;四是及时、通畅的信息与沟通,即公司内部可以及时、准确地搜集、传递与内部控制相关的信息,确保信息在企业内部、企业与外部之间以适当的方式及时传递、有效沟通和正确应用;五是有效的内部监督,企业对内部控制建立与实施情况进行监督检查,评价内部控制的有效性、健全性和合理性,是实施内部控制的重要保证。

对于一般经营企业来说,内部控制最大的风险是违规风险和财务风险。前者是相关人员未按照既定内部管理规范进行合法操作或者执行,导致公司生产经营活动发生重大的违法违规;后者则是因为财务管控机制失灵,发生公司资产、财产损失或财务造假等情形。常见的内控不规范情形包括:

(1)为满足贷款银行受托支付要求,在无真实业务支持情况下,通过供应商等取得银行贷款或为客户提供银行贷款资金走账通道(简称"转贷"行为);

(2)为获得银行融资,向关联方或供应商开具无真实交易背景的商业票据,进行票据贴现后获得银行融资;

(3)与关联方或第三方直接进行资金拆借;

(4)因外销业务结算需要,通过关联方或第三方代收货款(内销业务应自主独立结算);

(5)利用个人账户对外收付款项或出借公司账户为他人收付款项;

(6)对公司生产经营活动风险缺乏有效控制能力,导致违法违规事项频发;

(7)公司内部舞弊事项频发或严重,内部监督机制失灵。

审核实践中,企业因为内控不健全被否决或劝退的情况较为常见。

《科创板审核问答(二)》就公司报告期存在财务内控不规范情形的整

改措施进行了明确：

（1）公司在报告期内作为非上市公司，在财务内控方面存在不规范情形的，应通过中介机构上市辅导完成整改或纠正（如收回资金、结束不当行为等措施）和相关内控制度建设，达到与上市公司要求一致的财务内控水平；

（2）对首次申报审计截至日前报告期内存在的财务内控不规范情形，中介机构应根据有关情形发生的原因及性质、时间及频率、金额及比例等因素，综合判断是否构成对内控制度有效性的重大不利影响，是否属于主观故意或恶意行为并构成重大违法违规；

（3）公司已按照程序完成相关问题整改或纠正的，中介机构应结合此前不规范情形的轻重或影响程度的判断，全面核查、测试并确认发行人整改后的内控制度是否已合理、正常运行并持续有效，出具明确的核查意见；

（4）首次申报审计截止日后，发行人原则上不能再出现上述内控不规范和不能有效执行情形；

（5）发行人的销售结算应自主独立，内销业务通常不应通过关联方或第三方代收货款，外销业务如确有必要通过关联方或第三方代收货款且能够充分提供合理性证据的，最近一年（期）收款金额原则上不应超过当年营业收入的30%。

> **审核关注要点：**
>
> （1）公司是否建立规范的财务会计核算体系，财务部门岗位是否齐备，所聘用人员是否具备相应的专业知识及工作经验以胜任岗位工作，各关键岗位是否严格执行不相容职务分离的原则；
>
> （2）公司是否建立了规范的采购业务循环方面的内控制度，关注公司是否严格按照所授权限订立采购合同，并保留采购申请、采购合同、采购通知、验收证明、入库凭证、商业票据、款项支付等相关记录；
>
> （3）公司是否建立了规范的生产循环方面的内控制度，主要包括存货的内部控制、成本会计制度的内部控制及工薪、委托加工制度的内部控制等内容；
>
> （4）公司是否建立了规范的销售循环方面的内控制度，内控是否能保障公司登记入账的销售交易的真实性、准确性和完整性，是否存在第三方回款的情形；

（5）公司是否建立和完善与资金循环方面的内控制度,公司是否建立和完善严格的资金授权、批准、审验、责任追究等相关管理制度,是否存在转贷等情形;

（6）公司内审部门组织架构和运行是否独立于管理层,是否可以独立开展工作,内部审计及监督体系的有效性,是否涵盖了各项业务、分支机构、财务会计、数据系统等各类别;

（7）关注公司是否取得会计师事务所出具的内部控制鉴证报告,公司财务会计基础薄弱且存在内部控制缺陷的,会计师事务所是否测试公司内部控制制度执行的有效性并发表意见;

（8）对于信息系统对业务运转和财务计量存在重大影响的公司,如互联网游戏公司等,关注公司信息系统的建设情况、管理制度、操作流程和风险防范制度,是否取得了第三方专家出具的信息系统审计报告;

（9）对于部分企业在审计截至日前存在财务内控不规范情形,如转贷、开具无真实交易背景的商业票据以贴现获取银行融资、与关联方或第三方直接进行资金拆借、通过关联方或第三方代收货款、利用个人账户对外收付款项、出借公司账户为他人收付款项等,关注公司的规范情况,是否完成整改或纠正(如收回资金、结束不当行为等措施),是否经过一定期限(通常为一个完整会计年度以上)的运行检验。

典型案例102:吉贝尔报告期存在票据融资情况

报告期内发行人存在以下事项:票据管理方面,2016年发行人向耿仲毅、胡涛支付股利时将银行承兑汇票942.18万元背书给上药镇江,上药镇江直接将背书金额支付给耿仲毅、胡涛,同时发行人存在因支付供应商货款而背书减少的银行承兑汇票的应收票据;资金管理方面,2016年发行人为解决流动资金需求,存在通过上药镇江取得银行贷款2100万元的情形;其间费用方面,公司存在实际控制人耿仲毅为发行人代垫费用、因历史原因形成应支付关联方张怀申垫付费用的情形。

【审核问询意见】

请发行人进一步说明:(1)公司财务制度是否健全、公司治理缺陷是否完善,着重说明公司规范运作、财务内控制度执行的有效性并提供相应依据;(2)通过前关联方上药镇江背书票据支付耿仲毅、胡涛股利的背景原因及必要性,是否履行内部决策程序,是否合规,如有,请提供对应决策文件。

【问询回复摘要】

公司说明:

(1)公司财务制度及其执行情况。公司已根据《企业内部控制基本规范》及其配套指引的规定和其他内部控制监管要求制定了《财务部管理制度》,对资金管理、会计核算管理、支付报销管理、税务管理、财务预算管理等方面进行了规范,公司与财务相关内部控制制度较为完整、合理及有效,能够适应公司管理和发展需求。公司与财务相关内部控制制度自制定以来,各项制度均得到了有效执行。

公司已建立规范的财务会计核算体系,财务部门岗位齐备,设置了出纳稽核岗、会计核算岗、往来核算岗、税务核算岗、财务预算岗等岗位,所聘用人员具备相应的专业知识及工作经验,能够胜任该岗位工作,各关键岗位严格执行不相容职务分离的原则。公司通过记账、核对、岗位职责落实、职责分离等会计控制方法,确保企业会计基础工作规范,财务报告编制有良好基础。

(2)公司治理制度及其执行情况。公司根据《公司法》、《证券法》和《上市公司治理准则》等有关法律法规的规定和要求,制定了《股东大会议事规则》等重大规章制度,确保了公司股东大会、董事会、监事会的召集、召开、决议等行为合法、合规、真实、有效。公司制定的内部控制制度以公司的基本控制制度为基础,涵盖了财务管理、生产管理、物资采购、产品销售、对外投资、行政管理等整个生产经营过程,确保各项工作都有章可循,形成了规范的管理体系。

公司根据职责划分并结合公司实际情况,设立了职能部门,明确规定了各部门的主要职责,为公司组织生产、研发、扩大规模、提高质量、增进效益、确保安全等方面都发挥了至关重要的作用。

(3)公司内部审计情况。为强化内部控制、改善经营管理、提高经济效益,实现内部审计工作的制度化和规范化,根据公司章程、《董事会审计委员会议事规则》等制定了《内部审计管理制度》,对公司有关事项开展的全面的内部审计,包括对公司各子公司、公司各职能部门、设立的其他机构等组织机构进行独立、客观的监督和评价活动,并根据董事会审计委员会的要求,办理其他审计事项。

(4)公司主要运营环节的内控制度执行情况如下:

根据公司采购合同、入库验收单、付款凭证等资料,并经申报会计师对采购与付款流程执行穿行测试及控制测试,公司采购与付款内控审批程序设计合理,能够得到有效执行。

根据公司生产指令、出库单、入库单、领料单、盘点资料等资料,并经申报会计师对生产与仓储流程执行穿行测试及控制测试,公司生产与仓储内控审批程序设计合理,能够得到有效执行。

根据公司价格审批单、销售合同、出库单、销售发票、对账资料、收款凭证等资料,并经申报会计师对销售与收款流程执行穿行测试及控制测试,公司销售与收款内控审批程序设计合理,能够得到有效执行。

根据公司费用报销申请单、合同、费用发票、付款凭证等资料,并经申报会计师对费用报销与付款流程执行穿行测试及控制测试,公司费用报销与付款流程内控审批程序设计合理,能够得到有效执行。综上,公司已建立了较为完备的内部控制流程,公司规范运作、财务内控制度能够得到有效执行。

(5)关联方背书票据支付股利情况。报告期初,公司曾存在票据背书不规范的情形。2016 年 1 月,公司向耿仲毅、胡涛支付股利时,将银行承兑汇票 942.18 万元背书给公司原关联方上药镇江,上药镇江直接将背书金额支付给耿仲毅、胡涛。公司通过上药镇江背书票据支付耿仲毅、胡涛股利,主要系上药镇江作为医药流通企业,具有大额的票据使用需求;此外,公司也存在为节约票据贴现的财务成本的考虑。若公司将票据贴现,将产生财务费用 12.12 万元[∑(票据金额×转让日至到期日天数)×2016年银行平均贴现利率 3.98%/365]。

公司 2015 年第一次临时股东大会审议通过了《关于江苏吉贝尔药业股份有限公司利润分配的议案》,决定分配股利 4700 万元,向各股东按持有公司股份比例进行现金分红。2016 年 1 月,公司在实际支付股利时,由证券部门经办人员填写支出申请单,经证券部门负责人、财务负责人、总经理审批后,签发了票据背书,该笔票据背书事项履行了必要的审批手续,但通过背书票据支付股利的行为存在不规范的情形。公司已根据《票据法》等法律法规要求,完善《票据结算管理办法》,以遵循诚实守信为原则,真实的交易关系和债权债务关系为依据,签发、取得和转让票据,确保不再发生类似情形。同时,公司严格执行《关联交易决策制度》,规范与关联方的关联交易及往来。

根据 2019 年 7 月 16 日中国人民银行镇江市中心支行出具了《关于企业合规经营情况的函》,公司自 2016 年 1 月 1 日至 2019 年 6 月 30 日无因违反法律、法规、规章受到人民银行中心镇江市中心支行行政处罚的记录。公司未因上述不规范情形受到行政处罚。

综上,公司通过前关联方背书票据支付股利的原因具有合理性,并已履行了必要的内部决策程序;针对支付方式的不规范情形,公司已进行了整改,整改后的内控制度合理、正常运行并持续有效;公司未因上述不规范情形受到行政处罚。

【案例评析】

公司报告期初存在多项内控不规范情形,包括违规使用票据融资、代垫资金费用等情形。根据公司说明,公司目前已经建立完善的财务、审计、治理内控管理制度,会计师对公司采购、生产、销售及费用管理进行了穿行测试,公司报告期初违规行为已经整改,且未受到处罚。审核中可能考虑公司内控不规范情况发生时间较早,报告期已经进行整改,未进一步问询。

第五节　资金被占用和关联担保情况

公司控股股东、实际控制人及其关联方对公司资金、资源进行占用,本质上是公司的内部治理不健全,内部控制不完善,对控股股东的控制权缺乏有效监督。具体表现为上市公司对货币资金的管控失效,公司公章等由控股股东掌控,大额资金支付、重大投资和对外担保等事项未按照规定程序审批和管控,关联交易审批程序不当,控股股东及其关联方利用公司直接或间接(如通过关联方、第三方、员工设立的公司等)的资金拆借、无商业实质的购销业务或票据交换、对外投资、支付工程款等形式占用其资金。

公司关联担保是指公司以自身财产为公司关联方的借贷活动提供担

保。对于一般保证责任,债务人不能清偿债务的,作为担保方的公司要尽可能地履行担保责;对于连带责任,则公司直接承担还款义务。关联担保将公司关联方的融资风险一定程度上转嫁到公司主体上,如果公司关联担保未履行相应的决策程序,则有可能损害中小股东的利益。

> **审核关注要点:**
>
> (1)公司是否充分披露金额较大、期限较长的其他应收款、预付账款产生的原因及交易记录、资金流向,是否存在资金或重要资产被控股股东或实际控制人及其关联方控制和占用的情况;
>
> (2)公司对外担保是否建立了相应的审批决策制度,公司对关联方提供担保是否履行相应程序,关联董事、关联股东是否回避表决;
>
> (3)公司是否充分披露对外担保的余额及其占比情况,被担保人资信情况、贷款偿还能力、贷款资金用途,是否存在公司代偿风险及相关风险对公司经营活动的影响等。

典型案例103:新光光电报告期存在资金占用情形

报告期前及报告期内,飞天科技、康为民向公司的借款形成资金占用。报告期各期末,其他应收款中资金拆借余额分别为 25348.60 万元、26646.91 万元和 0 万元。

【审核问询意见】

请发行人披露:(1)报告期内飞天科技仍向发行人大额借款的原因;(2)2017 年和 2018 年还款资金的主要来源;(3)报告期内资金拆借相关决策程序是否完备,是否符合相关内控制度的规定,相关内部控制执行是否存在重大缺陷。

【问询回复摘要】

公司补充披露:

(1)飞天科技向发行人大额借款的原因。为支持国家级"哈尔滨新区"核心承载区——松北区的产业发展,2010 年经由黑龙江省、哈尔滨市、松北区各级政府协调,公司受邀参与产业集群建设。根据政府招商引资统一安排,由康为民在该区新注册公司作为入园主体,并由该主体购买土地、开展基础设施建设。在前述背景下,2010 年 4 月康为民等股东注册成立了飞天科技。公司实际控制人康为民除持有公司股权外,没有其他经营性资产及大额资金来源,由于飞天科技自身无力支付购买土地及房屋建设的大额支出,从而逐步产生了对公司的资金占用。

光电产业园于2017年7月完成全部工程竣工验收,在竣工验收阶段,飞天科技需按照合同约定支付工程尾款,并偿付部分银行借款。由于光电产业园建设过程中,飞天科技经营活动形成的资金十分有限,对于支付工程尾款及银行借款存在较大压力,从而导致报告期内飞天科技仍向发行人大额借款。飞天科技、康为民向公司的借款主要用于光电产业园的建设,未用于实际控制人康为民个人消费,其不存在主观故意或恶意占用公司资金的行为。

(2)飞天科技、康为民还款资金主要来源情况。

1)康为民转让永鑫科技股权的款项。公司收购康为民所持永鑫科技87%股权的款项16436.46万元实际均用于偿还资金占用款项(偿还飞天科技资金占用款项时,相关款项由康为民借给飞天科技,飞天科技偿还给公司)。

2)康为民转让公司股权的款项。2017年3月、2017年5月、2018年3月和2018年9月,康为民分别向其他股东转让其持有的公司股权,其股权转让款合计为16443.00万元,扣除应交个人所得税后部分用于偿还资金占用款项。

3)收购永鑫科技100.00%股权后合并报表范围内抵销。飞天科技以2017年6月30日为基准日,存续分立为飞天科技和永鑫科技,其中永鑫科技承接了飞天科技所欠公司的债务9080.23万元。2018年9月26日,公司以18892.48万元的价格完成对永鑫科技100%股权的收购,从而使得永鑫科技所欠公司债务在合并报表范围内冲抵。

因此,飞天科技、康为民还款资金来源合法合规,还款方式合理。

(3)报告期内资金拆借内控合规性。报告期内,公司关联方资金拆借均发生于有限公司阶段,并已于股改基准日2018年9月30日前彻底清理完毕。有限公司阶段,发行人还未制定相应的关联交易决策制度,但关联方资金拆借事项公司股东均知情并同意。公司自2018年12月27日整体变更设立以来,结合公司实际情况逐步建立了由股东大会、董事会、监事会和经营管理层组成的法人治理结构,制定和完善了《公司章程》等一系列公司治理制度,为公司法人治理结构的规范化运行提供了制度保证。

2019 年 3 月 4 日、2019 年 3 月 19 日，公司分别召开董事会、股东大会，审议通过了《关于对公司 2016 年度、2017 年度及 2018 年度发生的关联交易进行确认的议案》。发行人独立董事对发行人报告期内发生的关联交易发表独立意见，认为公司最近三年发生的关联交易均符合正常商业条款及公平、互利原则；公司最近三年发生的关联交易符合当时相关法律、法规、规章及公司章程的规定；公司最近三年发生的关联交易价格公允，不存在损害发行人及发行人中小股东利益的情形；公司规范关联交易的措施是有效的。

（4）公司内部控制执行有效性。公司认为，一是公司发生关联方资金占用的主要原因系为了支持当地产业发展，不属于主观故意或恶意行为，不构成重大违法违规；二是截至 2018 年 9 月 30 日，公司关联方资金占用问题已彻底解决，不存在关联方资金占用余额，后续亦未发生关联方资金占用；三是对于飞天科技、康为民资金占用，公司按照同期银行借款利率计提并收取了利息，未损害公司及股东利益；四是股份公司设立以来，公司已经逐步建立、完善相关内部控制制度，相关内部控制制度合理、正常运行并持续有效，公司董事会、股东大会对报告期内关联方资金占用予以审议确认，并由独立董事发表了独立意见。因此，公司报告期内资金占用相关决策程序已经完备，关联方资金占用未对公司内部控制制度有效性造成重大不利影响，不属于内部控制执行的重大缺陷。

2019 年 3 月 4 日，信永中和会计师出具《内部控制鉴证报告》，其结论性意见如下："公司按照《企业内部控制基本规范》及相关规定于 2018 年 12 月 31 日在所有重大方面保持了与财务报表相关的有效的内部控制。"

【案例评析】

公司报告期内存在实际控制人资金占用情形。根据公司说明，上述资金占用具有一定的商业政治考量，公司实际控制人等通过合法方式获取资金用于归还公司欠款，上述资金占用违规行为已经消除。公司相关违规行为发生在有限公司阶段，股份公司改制后公司健全了内控制度，股东会等对有关活动进行了追溯审议，公司目前内控有效性得到会计师结论性意见。

第六节　直接面向市场独立经营能力

公司具有直接面向市场独立持续经营的能力,是指公司能够依靠自身的资产、人力、技术独立自主地开展研发、生产、销售和服务的能力。拆分来看包括三个要素,一是直接面向市场,是指公司的业务主要通过直接对接非关联方的市场机构或消费者群体,而不是为集团或者关联企业提供配套产品或服务;二是独立经营,是指公司的资产(土地设备、资金技术)独立完整,主要人员和机构独立运作,在具体经营活动中不受关联企业的控制或干涉;三是持续经营,主要指公司主营业务、控制权和管理团队稳定,主营业务和董事、高级管理人员均没有发生重大不利变化,公司不存在主要资产、核心技术、商标等的重大权属纠纷,不存在重大偿债风险或者现金流风险,不存在重大担保、诉讼、仲裁等可能导致公司业务开展暂停或终止的或有事项,以及公司所处的市场行业发展状况或监管政策导致公司经营活动难以继续开展的情形。

从公司的组织机构到公司员工,从厂房设备到财务资金,从客户获取到原材料采购,公司如果对控股股东、实际控制人及其关联方存在混同管理、交叉使用、相互拆借、重大依赖的,则实际上未能实现独立,无论是在经营的稳定性还是业绩真实性方面都存在较大的不确定性。

> **审核关注要点:**
> (1)关注公司业务是否独立于控股股东、实际控制人以及其控制的其他企业,是否对关联方客户、关联方供应商、关联方外协方存在重大依赖;
> (2)关注公司主要资产、设备的独立性和完整性,权属是否清晰,实际控制人是否将公司生产经营所需的土地、厂房等资产投入公司,是否存在商标、专利等与关联方共用的情形,是否存在重要知识产权、特许经营权、生产经营场所或生产设备等从关联方租赁取得,是否存在对公司资产完整性和独立性的不利影响;
> (3)关注公司高级管理人员是否存在在控股股东、实际控制人及其控制的其他企业中担任除董事、监事外的其他职务,公司的财务人员是否存在在控股股东、实际控制人及其控制的其他企业中兼职、领

薪的情况,公司销售人员、专业技术服务人员、研发人员、生产人员等是否与关联方存在管理和使用上的混同情形,是否完全独立于控股股东等关联方;

(4)关注公司是否建立了独立的会计部门和独立的财务核算体系,是否能够独立做出财务决策,财务会计制度是否规范,公司是否存在与控股股东、实际控制人及其控制的其他企业共用银行账户的情况,是否存在通过关联方进行回款、付款、纳税、支付费用的情形;

(5)关注公司的董事会、监事会及其他内部机构是否独立运作,是否存在影响其经营管理独立性的情况。公司的经营场所与控股股东、实际控制人是否完全分开,是否存在混业经营、合署办公的情形。

典型案例104:微创网络对母公司、实际控制人存在依赖[①]

报告期内,公司由控股股东微创软件提供的解决方案业务转包收入占该类业务收入的比重分别为36.55%、42.47%、32.54%,2016年以来,转包合同共涉及90家最终客户,尚有54家企业发行人未进入供应商名录。目前,诺基亚贝尔暂不更新供应商名单,微软中国要求同一集团内只能有一家供应商进入供应商库,发行人未进入两家企业供应商名单,合同转包仍将持续。实控人多年积累的社会资源对公司获取新客户、带来潜在客户起到重要作用,如果其不再为公司获取业务机会,发行人母公司可能将增设销售部门。

【审核问询意见】

请发行人:(1)说明微创网络、微创软件与共同客户的交易收入占解决方案业务、运维业务收入的比重;报告期各期,数字化转型解决方案以及IT运维业务中,转包合同收入和非转包合同收入的毛利率情况以及差异原因,各期的波动原因;转包合同毛利占发行人报告期各期的毛利;如

---

① 根据上海证券交易所《关于终止对微创(上海)网络技术股份有限公司首次公开发行股票并在科创板上市审核的决定》,公司主动撤回上市申请。根据审核问询意见,审核机构对于公司在资产、人员、业务、财务和机构方面是否独立于控股股东微创软件和实际控制人唐骏先生关注度较高,尤其是在业务开展方面,公司高度依赖控股股东和实际控制人介绍、转包,且在财务账期、知识产权利用方面存在一定的内控风险。除此之外,发行人主要产品Live800产品和物联网产品收入来自收购的金铠甲和苏州翼凯,公司业务发展战略具有较为明显的收购特征。

扣除转包合同影响,发行人的业绩是否能够满足所选上市条件的要求;进一步论述业务转包是否属于显失公平的关联交易,不属于利益输送的依据是否充分,解决方案业务、IT 运维服务业务是否符合独立性的相关要求。(2)发行人与诺基亚贝尔和微软中国历年签订合同数量、金额及同类业务相应占比,分析变动趋势、原因以及是否两个客户存在重大依赖,并说明无法进入供应商名单及业务转包的预估持续时间,对发行人解决方案业务、IT 运维服务业务独立性的影响。(3)未设置销售部门是否满足组织机构健全的发行条件,是否符合机构独立的相关要求;结合实控人、公司员工工作日程及客户沟通记录,说明公司在业务获取上是否对实控人形成重大依赖;结合控股股东转包以及实控人推动获取的客户和合同情况,量化说明发行人是否具备业务推广能力,是否符合业务独立性要求。

【问询回复摘要】

公司说明:

公司设立以来,严格按照《公司法》《证券法》等有关法律、法规和《公司章程》的要求规范运作,在资产、业务、人员、机构、财务等方面与控股股东、实际控制人及其控制的其他企业完全分开,具有完整的业务体系及面向市场独立运营的能力。

(1)公司独立拥有开展业务所需的资产。公司独立拥有微创网络、Live800 商标,向独立第三方合法租赁使用经营场所,独立拥有开展业务所需的服务器、电脑等设备,未与微创软件共用或向其租赁使用相关资产。公司设立后,根据数字化转型解决方案业务需要,向微创软件收购了相关非专利技术及软件著作权。微创网络未与微创软件共用知识产权。微创软件拥有的软件著作权与微创网络独立开展业务无关,也未形成商业化开发、核心技术体系、未构成微创软件具有实施解决方案业务能力的表征。

(2)人员独立情况。2015 年 7 月,微创软件设立全资子公司微创网络有限,并将微创网络有限定位为数字化转型解决方案提供商。自 2016 年 1 月 1 日起,微创软件原解决方案业务人员 161 人转签至微创网络有限,同时微创网络有限自主开展解决方案、IT 运维服务业务。因部分员工需一定时间完成原微创软件工作的整理、进行个人岗位选择等原因,2016 年 2 月 1 日至 2016 年 9 月 1 日,微创软件有 16 人转签至微创网络有限;2016 年 10 月 1 日起,微创软件有 69 人转签至微创网络有限。上述人员不存在同时在公司与微创软件任职的情形。公司与微创软件之间不存在人员共用的情形。同时,公司员工亦不存在同时在微创网络与股东及其他关联方任职的情形,不存在与股东及其他关联方共用员工的情形。

(3)财务独立情况。公司设立以来,按照企业会计准则的要求,建立了独立的财务核算体系,能够独立作出财务决策,具有规范的财务会计制度和对子公司的财务管理制度,并建立了相应的内部控制制度。公司已开立单独的银行账户,未与控股股东、实际控制人及其控制的其他企业共用银行账户。公司作为独立的纳税人,依法独立纳税。报告期内,公司与关联方的资金往来未对公司财务独立性造成影响。

1)报告期内,微创软件、上海骏惟向公司提供资金支持,主要用于公司支付收购金铠甲股权款以及补充公司流动资金。随着公司的不断发展,公司的现金流较好,对关联方的资金支持需求已经不断降低,并陆续归还,不构成重大依赖。公司对于较长期限的资金支持,按照一年期银行贷款基准利率4.35%、实际拆入金额及实际使用天数向关联方支付利息。

2)公司与微创软件转包业务资金结算。2016—2019年,公司因轻资产运营模式导致贷款融资渠道受限,公司关联方提供资金支持,以满足公司日常经营资金需求。至2018年底之前,因微创软件事实上以往来款形式向公司提供资金支持为主,公司与微创软件未就转包项目回款资金的结算和信用期进行约定。针对转包项目已经收到的结算款,首先抵销公司尚应支付微创软件的借款。同时,根据微创网络的额外资金需求情况,微创软件提供的借款中,一部分用途为预付转包项目的款项。

2019年开始,微创软件与微创网络开始按月定期对账,并于次月按项目逐笔结算。除4笔款项仍抵销微创软件前期的预付款外,其余转包合同结算款项均于次月逐笔结算,微创软件不存在未按时转给公司的情形。2019年12月16日,微创软件与微创网络签署了《关于业务合同转包之框架协议》,协议第三条第二款明确约定如下:如转包合同最终客户要求与微创软件完成结算,微创软件应当在收到客户结算款项后的次月内将款项支付给微创网络。公司不存在微创软件单方面实际对回款资金使用与流向享有决定权的情况,转包业务资金结算未对公司财务独立性造成重大不利影响。

(4)机构独立情况。

1)公司已建立健全内部经营管理机构,独立行使经营管理职权,与控股股东和实际控制人及其控制的其他企业间不存在机构混同的情形。公司母公司设置三个业务事业部负责业务运营,设立研究部负责研发管理委员会的运行,设置财务部负责财务管理与会计核算工作,设置管理支持事业部负责日常行政、人事相关工作,设置证券投资部负责子公司管理等。与业务模式、6000余人的管理规模相匹配,微创软件设置ITO、BPO两个事业部负责业务运营,设置财务部、招聘部、法务部、人事部、公关部、微创大学(负责新员工培训)、运营支持中心等职能部门。

2)公司内部各组织机构和部门职责明确,形成了独立完善的管理和生产经营体系。微创网络基于内部管理与事业部考核的需要,未在母公司层面设立独立的销售部门、有兼职销售职能人员,满足组织机构健全的发行条件,符合机构独立性的要求。报告期内,公司非转包项目收入占微创网络母公司主营业务收入比重分别为65.33%、65.12%、73.20%。公司具备独立面向市场销售的能力。

3)公司的生产经营和办公场所与控股股东、实际控制人及其控制的其他企业分开,不存在与控股股东、实际控制人及其控制的其他企业混业经营、合署办公的情形。

(5)业务独立情况。公司业务独立于控股股东、实际控制人及其控制的其他企业,具有直接面向市场独立经营的能力。公司拥有独立完整的研发、采购、服务与销售、售后服务业务体系,与控股股东、实际控制人及其控制的其他企业间不存在重大不利影响的同业竞争及显失公平的关联交易。

1)业务转包合同对公司的影响持续下降。公司已拥有独立完整的研发、采购、服务与销售、售后服务业务体系。报告期内,控股股东基于公司的定位向公司转包部分业务合同。2016年以来,公司采取积极措施独立向客户申请进入供应商名录。公司已顺利进入嘉实多、帝斯曼、浦发硅谷银行有限公司、中国铁路上海局集团有限公司、上海市体育局等大型企业、政府机关的供应商名录,证明公司具备面向市场独立经营的能力。此外,报告期内,公司依托逐步建立的市场口碑、技术优势及项目经验优势,独立获取的解决方案、IT运维服务客户138家,签约合同236份,进一步体现了公司独立面向市场销售的能力。公司业务转包的客户数量逐渐减少,业务转包项目对公司的影响逐步降低。报告期内,转包合同规模逐步下降,转包合同金额占微创网络母公司主营业务合同金额比重分别为26.96%、28.33%、12.36%,收入规模占微创网络母公司主营业务收入比重分别为34.67%、34.88%、26.80%。同时,公司负责了转包项目中售前阶段的核心技术环节,及项目实施与售后阶段的工作。公司不存在对控股股东重大依赖,具有独立面向市场的能力。

2)实际控制人介绍的项目情况。报告期内,公司实际控制人、总经理唐骏基于长期积累的社会资源及行业经验为公司介绍客户及项目。报告期内,实际控制人介绍的项目合同金额占比分别为36.90%、29.47%、34.44%。其中,涉及解决方案与 IT 运维服务的合同金额占比分别为27.35%、29.47%、23.48%。与控股股东介绍的客户一样,实际控制人介绍的客户主要以大型企业为主,能否与该等客户签订合同,更依赖于公司解决方案能否满足客户的需求。而业务需求咨询、业务规划、解决方案设计、DEMO 搭建等售前工作均由公司技术人员完成,因此,实际控制人介绍客户的情形未对公司业务独立性造成不利影响。

3)其他业务来源情况。除转包合同外,公司与微创软件的少量共同客户为公司实际控制人、技术开发人员介绍,或基于公司口碑获得。根据公司事业部兼职销售人员的介绍及共同客户来源的说明,公司不存在向微创软件介绍客户的情形。共同客户中,友邦保险为实际控制人介绍的客户,微创网络、微创软件根据各自业务定位获取业务合同;远景能源(南京)软件技术有限公司是一家知名的跨国企业集团,为微创网络、微创软件各自开发的客户。

(6)公司不存在显失公平的关联交易。报告期内,公司主要关联交易为业务合同转包、资产购买、资金拆借,不存在显失公平的关联交易。

1)业务合同转包业务。公司与控股股东业务定位区分形成业务合同转包,微创软件均没有收取转包费用、亦没有获取利差。公司建立了关联交易决策制度,同时与微创软件签署了《关于业务合同转包之框架协议》,规范双方在业务转包过程中的合同签订、项目实施、资金结算等行为,保证业务转包的公允性。此外,2020 年 4 月,公司控股股东、实际控制人作出承诺,如微创网络未能在 2020 年 12 月 31 日前进入转包合同最终客户的供应商名录,自 2021 年 1 月 1 日起,微创软件及其控制的企业(除微创网络及其控制的企业外)与微创网络之间不再新签转包合同,除微创北美有限公司外,不会承接与微创网络及其控制的企业相同的业务或承接此类业务后转包给第三方实施。公司未来业务合同转包金额将显著下降。

2)购买无形资产、固定资产。公司向微创软件购买无形资产、购买固定资产的行为均属于在其设立初期,为保障公司具有独立性、进行业务划分而实施的资产购买,属于在公司成立初期的过渡期间形成的为稳定公司业务开展而发生的偶发性关联交易,该行为不会对公司独立性造成不利影响。同时,由于该类关联交易定价公允,亦不存在通过关联交易调节公司收入利润或成本费用、对公司利益输送的情形。

3)资金拆借。公司的资金拆借主要为在公司成立初期形成的,其中关联方的资金支持曾在公司收购金铠甲等事项中为公司发展提供过较为重要的作用,具有较强的必要性、合理性。但随着公司的不断发展,公司对关联方的支持需求已经不断降低。同时,自微创网络整体变更为股份公司以来,已不存在关联方资金占用的情况。因此不会构成对控股股东或实际控制人的依赖。该类资金拆借行为的定价具有公允性,且对公司收入、成本、费用的影响较低,不存在调节公司收入利润或成本费用、对公司利益输送的情形。综上,公司的上述关联交易均因其成立初期与控股股东业务划分而形成,具有必要性、合理性,随着公司的不断发展,公司受关联交易的影响逐渐降低,公司对关联交易不存在依赖。同时,上述关联交易定价具有公允性,不存在显失公平的关联交易。

【案例评析】

公司与控股股东之间存在关联方资产交易、关联方资金拆借以及持续业务外包合作,公司较多合同来源于实际控制人介绍。根据公司说明,公司在资产、人员、机构、财务方面与控股股东相关独立,在业务方面存在持续关联交易但目前正在逐渐下降。审核中可能考虑到公司业务对控股股东还存在较大依赖,且公司招股书突出强调了实际控制人的个人能力对公司业务发展的重要意义,公司在直接面向市场独立经营方面的能力还存在一定程度上的不足。

第七节 同业竞争问题

同业竞争问题本质上并非涉及公司治理或者内控问题,是对公司实际控制人涉及市场活动的一种延伸约束。理论上,证券监管机构不应当对实际控制人投资其他公司进行限制,监管上这种安排主要基于如下假设:一是公司实际控制人将对公司日常经营活动进行直接干预;二是公司实际控制人将通过同业公司之间的业务调整实现收入在不同主体之间的调节。在上述假设下,公司实际控制人很可能将公司资源投入同业公司的利润获取中,从而损害了其他投资者(公众投资者)的利益。

同业竞争的判断原则包括两个层面:

(1)公司控股股东、实际控制人及其控制的其他企业纳入"同业竞争"的考量范围。如果公司控股股东或实际控制人是自然人,其夫妻双方直系亲属(包括配偶、父母、子女)控制的企业,通常也纳入考量范畴。

(2)同业竞争的"同业"是指竞争方从事与公司主营业务相同或相似业务。按照实质重于形式的原则,主要结合相关企业提供的产品或服务的技术、生产设备、原材料、供应商、产品用途、产品性能、主要客户、商标商号等方面与公司的关系,以及业务是否有替代性和竞争性、是否在同一市场范围内销售等进行判断,而不能简单以产品销售地域不同、产品的档次不同等认定不构成同业竞争。对于公司控股股东、实际控制人的其他亲属及其控制的企业与公司存在竞争关系的,应当充分披露前述相关企业在历史沿革、资产、人员、业务、技术、财务等方面对发行人独立性的影响,报告期内交易或资金往来,销售渠道、主要客户及供应商重叠等情况,一般不认定为同业竞争。

《科创板审核问答》第四之问答明确:公司与控股股东、实际控制人及其控制的其他企业间如存在同业竞争情形,应结合竞争方与公司的经营地域、产品或服务的定位,同业竞争是否会导致公司与竞争方之间的非公平竞争、是否会导致公司与竞争方之间存在利益输送、是否会导致公司与竞争方之间相互或者单方让渡商业机会情形,对未来发展的潜在影响等方面,论证同业竞争是否对公司业务产生重大不利影响。

通常情况下,竞争方的同类收入或毛利占公司该类业务收入或毛利的比例达30%以上的,如无充分相反证据,原则上应认定为构成重大不利影响。对于同业竞争的规范,主流的做法包括公司收购或者实际控制人转让同业公司。

审核关注要点：

（1）关注中介机构对于公司控股股东、实际控制人及其控制的其他企业的核查是否全面、准确，关注关联公司产品或服务与公司产品服务是否有替代性、竞争性或是利益冲突，是否对公司构成重大不利影响，是否存在简单以产品销售地域不同、产品档次不同等认定不构成同业竞争情形；

（2）公司收购同业公司的相关经营性资产的，关注收购完成后业务和资产的独立性，实际控制人等将同业公司的股权转让给第三方的，关注转让的真实性，转让完成后是否与实际控制人或是关联方仍存在资金往来；

（3）对于公司无实际控制人的，关注公司第一大股东及其实际控制人的对外投资情况，是否存在与公司构成同业竞争的对外投资；

（4）报告期外存在实际控制人变更的，原实际控制人及其亲属存在投资与公司构成同业竞争的企业的情况，关注原实际控制人股权的转让是否真实。

典型案例105：西部超导关联公司疑似存在同业竞争

西北院控制的其他企业中，部分企业从事钛或钛制品相关业务或以钛为原材料，涉及企业主要包括西部钛业、西安赛特等9家。

【审核问询意见】

请发行人披露：（1）与西部钛业在核心技术上是否存在差异，发行人是否具备生产钛合金板、管材的能力，发行人的产品能否用于石油化工装备、核电装备、环保装备等领域，发行人与西部钛业不构成同业竞争的核心原因及依据；（2）与西安赛特是否存在同业竞争，如有，请说明解决措施。

【问询回复摘要】

公司补充披露：

（1）发行人与西部钛业不构成同业竞争。在钛合金材料业务领域，西部超导主要从事航空用高端钛合金棒、丝材、锻坯的生产和销售。西部钛业主要从事钛合金板、管材的生产和销售。西部超导与西部钛业虽然都从事钛合金材料业务，但两者在生产工艺和核心设备、产品的形态和用

途、下游客户、技术储备、业务定位和发展方向等方面均存在较大差异,两家公司之间不存在实质性竞争关系。具体分析如下:

1) 产品的生产工艺和核心设备不同,双方均不具备生产对方产品的能力。从生产工艺来看,西部超导生产钛合金棒材、丝材的关键工序在熔炼和锻造,西部钛业生产钛板、钛管的关键工序在熔炼和轧制。虽然双方的工序均有熔炼环节,但二者的熔炼工艺和控制技术存在一定差异,导致二者熔炼出来的钛合金铸锭性能存在较大差异,钛合金铸锭的性能是决定其后续使用领域的关键因素。熔炼完成后,西部超导后续的关键工艺是锻造,西部钛业的后续关键工序是轧制,使用的技术明显不同,后续其他工序也存在明显差异。从核心设备来看,西部超导生产钛合金棒材、丝材、锻坯的核心设备是真空自耗电弧炉、快锻机、精锻机、拉丝机;西部钛业生产钛合金板材、管材的核心设备是真空自耗电弧炉、板材轧机、轧管机,两者存在较大差异。因此从生产工艺和核心设备来看,二者存在明显差异。

2) 产品形态、用途不同,相互间不存在替代关系。西部超导的钛合金主要用于制造军用及民用飞机的结构件(框、梁等)、紧固件(铆钉、螺栓等)、航空发动机零部件(盘、叶片、机匣、轴等)等部件,其材料产品形态要求是棒材、丝材。西部钛业的钛材的形态主要为板材、管材,主要用于石油化工装备、核电装备、环保装备等领域。由于产品形态和用途不同,两者的产品在功能上不存在替代关系。

3) 主要客户群体存在差异。西部超导钛合金棒材、丝材的客户主要为中国航空工业集团公司的下属公司及其配套的航空锻件生产商,如中国第二重型机械集团德阳万航模锻有限责任公司、西安三角防务股份有限公司等军用领域,客户集中度较高。西部钛业板材、管材的客户主要为石油化工装备制造商,电力、环保等民用领域的客户,下游客户分布较为分散。两者的客户群体存在明显差异。

4) 技术储备不同。公司与西部钛业在技术方面的储备存在较大差异。公司已授权的与钛相关的专利主要集中于熔炼和锻造工艺技术以及钛合金棒材、丝材的制备方法,钛合金相关专利中相当大比例的专利为国防专利。西部钛业已取得和在申请的与钛相关的专利主要集中于钛合金管材、板材的轧制工艺等制备技术,二者在技术储备方向上存在较大差异。技术储备的差异,决定了两家公司分别在各自专长的领域发展,不存在竞争关系。

5)业务定位和发展方向不同。根据西北院对两家公司的定位和规划,在钛及钛合金相关行业,西部超导一直以来以航空、舰船用钛合金棒材、丝材以及发动机部件为发展方向,定位于解决国家急需,填补国内空白尤其是弥补军用基础材料方面的短板。西部钛业一直以民用钛合金为主要应用领域,以钛合金板材、管材为发展方向。两家公司业务定位及发展方向不同,不存在竞争关系。

6)两家公司的毛利率、净利率的差异较大。毛利率是一个公司在行业中具体领域的重要体现,一般来讲,相竞争的两个公司或两项业务呈现出近似的毛利率或净利率,经营成果的趋势保持一致。西部超导和西部钛业在各自的领域内充分竞争,形成了各自的毛利率水平。从西部超导和西部钛业 2016 年至 2018 年的经营成果来看,西部超导高端钛合金材料板块 2016 年、2017 年和 2018 年的毛利率分别为 47.47%、45.43% 和 39.73%,西部钛业的钛制品板块 2016 年、2017 年和 2018 年的毛利率分别为 13.32%、8.55% 和 14.56%,西部超导大幅高于西部钛业。从净利率来看,西部超导 2016 年、2017 年和 2018 年净利率分别为 16.31%、14.77% 和 12.30%,西部钛业分别为 -6.66%、1.17% 和 3.09%,二者的净利率水平存在巨大差异,且变动趋势相反。

综上所述,西部超导与西部钛业不存在同业竞争。

(2)发行人与西安赛特不存在构成重大不利影响的同业竞争。西安赛特主要从事钛镍记忆合金、医用钛合金和钛工艺品的研发、生产和销售,其主要产品为医用钛合金材料,下游客户主要为医疗器械领域的公司,如北京市富乐科技开发有限公司、浙江科惠医疗器械股份有限公司、武汉德骼拜尔外科植入物有限公司等。公司子公司九洲生物主要致力于齿科材料和三类植入物医疗器械的研发和生产,产品主要为医疗器械。因此,西安赛特与九洲生物存在行业上下游关系,虽然目前两家公司的产品不存在替代关系,但均属于医疗健康领域,存在潜在同业竞争的可能性。

西安赛特生产的产品在形态上为医疗用棒材、丝材,虽然其产品应用领域与公司不同,且其未取得军工业务的相关资质,其产品与公司不存在替代关系,但西安赛特与公司的产品形态一样,存在潜在同业竞争的可能性。根据西安赛特2018年《审计报告》[希会审字（2019）2025号]，其营业收入为12974.73万元，毛利为1708.15万元，占公司高端钛合金材料业务营业收入、毛利的比例分别为14.21%和4.71%，对公司不构成重大不利影响。九洲生物2018年营业收入为2064.77万元，占公司钛合金材料收入的比例为2.26%，对公司影响很小。因此，即使未来西安赛特与发行人的产品在用途上产生交集，亦不会对发行人造成重大不利影响。

【案例评析】

公司关联方企业从事钛或钛制品相关业务或以钛为原材料开展生产活动，涉及企业主要包括西部钛业、西安赛特等。根据公司说明，公司与相关主体在生产工艺、生产设备、产品用途、主要客户、技术储备和产品毛利率等方面存在较大差异，不属于同业竞争情形。

第八节　关联交易问题

如果说同业竞争还可能是监管机构过分担忧，那么关联交易则绝对应当是被充分重视的公司治理风险。中小企业发展过程中，通过关联交易等方式可以有效的帮助企业家汇聚身边有效资源，以实现公司的经营发展。但是随着企业开始盈利、发展壮大，关联交易逐渐就成了公司进行利润输送、业绩造假的重要途径。在监管的强压下，关联交易便得更加隐蔽，甚至存在层层嵌套等方式进行隐藏。不规范的关联交易反映出公司内控的失效和可能的业绩虚假。关联交易的必要性、合理性和公允性关系公司关联交易是否属于公司的正常经营活动。

准确、全面认定关联方是首要问题。实践中，中介机构在进行关联方核查的过程中，通常从关联方的定义出发，通过扩大核查范围的方式实现对关联方关系的排查和判断，需要对关联方清单上的关联法人、关联自然人是否与发行人的客户、供应商存在关联关系或进行过关联交易予以关注和分析，特别应关注其是否存在人员兼职、相互投资、共同投资及其他利益关联，进而判断是否存在未披露的关联方及关联关系。发行人、控股子公司附近的企业与发行人及其子公司是否名字相近；经营范围是否为相同、相似或上下游关系；附近企业其股东、董监高等与发行人实际控制人、董监高及发行人员工是否存在名字相同或相近。员工花名册中员工姓名与发行人实际控制人、董监高及其他关键人员是否相近。

关注交易对手方是否曾经与发行人或其控股股东、实际控制人、董监高、关键管理人员或其他关键人员(如采销关键人员、司机、财务、行政、人力等)等存在关联关系;交易对方注册地址或办公地址与发行人或其集团成员在同一地点或接近,名称是否相同或近似;交易对方网站地址或其 IP 地址、邮箱域名等与发行人或其集团成员相同或接近;交易对方是否长期拖欠公司款项,但公司仍继续与其交易或者不合理的预付款项;交易对方是当年新增的重要客户或重要供应商,交易对方成立时间较短。关注交易方与公司之间交易或事项所涉及的金额通常较大且发生频次较低或者与自然人发生大额交易或资金往来;交易不通过银行转账结算,而是采用现金或多方债权债务抵销方式结算等。

审核关注要点:

(1)公司是否按照《公司法》《企业会计准则》和中国证监会的相关规定认定并披露关联方;

(2)公司是否全面、充分披露关联交易的交易内容、交易金额、交易背景以及相关交易与公司主营业务之间的关系;是否结合可比市场公允价格、第三方市场价格、关联方与其他交易方的价格等,说明关联交易的必要性和公允性;

(3)公司报告期内已发生的关联交易的决策过程是否与章程相符,关联股东或董事在审议相关交易时是否回避,独立董事和监事会成员是否发表不同意见等;

(4)对于控股股东、实际控制人及其控制企业与公司之间关联交易对应的收入、成本或利润总额占发行人相应指标的比例较高(如达到 30%)的,关联交易是否影响公司的经营独立性、是否构成对控股股东或实际控制人的依赖;

(5)关注关联担保,关注公司为关联方提供担保的原因和依据,履行的决策程序,公司是否面临承担担保责任的风险,评估担保对发行人财务状况、盈利能力、持续经营的影响;

(6)关注关联租赁,公司是否存在与生产经营相关的重要资产、设备、知识产权从控股股东、实际控制人、其他关联方处租赁或授权许可

使用的情形,定价是否合理、是否影响公司独立性;

（7）关注关联交易非关联化,报告期内公司关联方通过资产转让、股权转让等方式将解决关联交易问题的,关注股权转让交易对手方基本情况及对价和支付情况,交易对手方支付对价的资金来源情况,关联企业后续利润分配情况,关注上述交易的真实性。

典型案例106:和舰芯片报告期关联交易占比较高[①]

招股说明书披露,发行人存在较多的关联方和关联交易,且关联销售占比较高。发行人董事长洪嘉聪同时担任间接控股股东菁英国际的董事、最终控股股东联华电子的董事长兼策略长,发行人副董事长、财务负责人尤朝生同时担任菁英国际董事,发行人董事刘启东同时担任联华电子副总经理兼财务长,发行人董事林俊宏同时担任菁英国际的董事。

【审核问询意见】

请保荐机构、发行人律师核查以下事项并发表明确意见:(1)是否严格按照《公司法》《企业会计准则》及中国证监会的有关规定披露关联方和关联交易;(2)结合可比市场公允价格、第三方市场价格、关联方与其他交易方的价格等,说明并披露关联交易的公允性,是否存在对发行人或关联方的利益输送,是否存在显失公平情形;(3)结合发行人部分人员存在在控股股东处交叉任职等情形,核查已发生关联交易的决策过程是否与章程相符,关联股东或董事在审议相关交易时是否回避,以及独立董事和监事会成员是否发表不同意见;(4)结合相关关联方的财务状况和经营情况、产生的收入、利润总额合理性等,核查关联交易是否严重影响发行人的经营独立性、是否构成对控股股东的依赖,是否存在通过关联交易调节发行人收入利润或成本费用、对发行人利益输送的情形。

【问询回复摘要】

保荐机构、发行人律师经核查认为:

(1)经核查发行人的工商资料、董事、监事、高级管理人员及核心技术人员的调查表、联华电子2016年、2017年年报及2018年的财务报告、发行

---

① 2019年7月23日,和舰芯片制造(苏州)股份有限公司因撤回发行上市申请或者保荐人撤销保荐,上交所终止其发行上市审核,撤回申请的原因或与公司与关联方联华电子等存在同业竞争、独立性和关联交易有关。

人三年的审计报告及财务资料,并查询了国家企业信用信息系统,对发行人的董事、监事、高级管理人员及核心技术人员、财务人员进行了访谈,发行人已严格按照《公司法》《企业会计准则》《科创板上市规则》及中国证监会的有关规定披露关联方和关联交易。

(2)保荐机构通过取得发行人报告期和关联方交易的明细表、询问发行人财务人员、通过将发行人与非关联第三方交易价格比对、取得中和评估出具的《询价估值报告》等方式对发行人和关联方交易情况进行了核查,具体情况如下:

1)采购材料和劳务。报告期内,发行人从关联方采购占公司营业成本的比例为 7.05%、3.00%、10.49%,其中从控股股东联华电子关联采购的占比为 5.38%、1.20%、1.18%。

①向联华电子采购材料和服务。发行人向联华电子采购的材料主要是硅片、化学品、气体、光阻等,采购的价格是按照联华电子库存相应材料的移动平均单价确定,定价合理,总体公允。

②向美日光罩采购光罩的价格。由于光罩是定制化的产品,具有唯一性,每套光罩由于制程、层数、规格、线路图的复杂程度等价格均不一样,因而无法与非关联第三方的光罩价格进行比较。本公司向美日光罩采购的每套光罩的价格是以制程、层数、规格、线路图的复杂程度等并经双方协商确定,价格总体公允。

③本公司向智原科技采购IP的价格。本公司支付给智原科技的技术使用费参考国际市场技术使用协议安排,经协议双方协商确定,技术使用费率同本公司与非关联方技术使用费率相似。技术授权使用费率总体合理,定价总体公允。

2)销售商品、提供劳务。……向联华电子销售商品。报告期内,发行人与关联方交易产生的收入占营业收入的比例分别为 43.26%、28.89%、27.39%,其中与控股股东联华电子关联交易产生收入的占比为 7.10%、5.36%、8.06%。报告期内,公司销售给联华电子的材料主要为硅片、化学品、光阻等,均是按照本公司库存硅片的加权平均移动单价确定,价格总体公允。

公司向联华电子提供的营销支持服务为定制化的服务,无第三方可比价格,收取的服务费=实际发生总成本×(1+7.5%)×(1+6%),其中6%

为中国大陆增值税税率。实际发生总成本为相关人事费用如薪资、奖金、加班费等,定价具有商业合理性,价格公允。

　　子公司厦门联芯的客户美国联电要求厦门联芯委托境外的封装测试厂进行晶圆的封装测试,而厦门联芯没有境外的委外资质,因而将晶圆销售给联华电子,由联华电子委托境外的封装测试厂完成封装测试后销售给美国联电,美国联电再销售给最终客户。公司向联华电子销售晶圆的价格为联华电子销售给美国联电价格的98%,公司销售给联华电子和联华电子销售给美国联电2%的价格差额中,1%为联华电子收取的服务费,还有1%为美国联电向联华电子收取的代理费。定价具有商业合理性,价格公允。

　　……

　　(3)报告期发行人已发生关联交易的决策过程与章程相符,关联股东或董事在审议相关交易时按规定进行了回避表决,独立董事和监事会成员对于关联交易未发表不同意见。

　　(4)报告期内,发行人从关联方采购占公司营业成本的比例为7.05%、3.00%、10.49%,其中从控股股东联华电子关联采购的占比为5.38%、1.20%、1.18%,发行人与关联方交易产生的收入占营业收入的比例分别为43.26%、28.89%、27.39%,其中与控股股东联华电子关联交易产生收入的占比为7.10%、5.36%、8.06%。发行人与控股股东的采购、销售的金额占发行人营业成本、营业收入的比例较低,公司的经营独立,对控股股东联华电子不构成依赖。

　　(5)发行人与关联方的关联采购与关联销售尤其是对控股股东的占比较小,定价公允,不存在通过关联交易调节发行人收入利润或成本费用、对发行人或关联方的利益输送的情形。

　　【案例评析】

　　报告期内公司关联交易较为频繁,占比较高。报告期内公司与关联方交易产生的收入占营业收入的比例分别为43.26%、28.89%、27.39%,且公司向联华电子提供的营销支持服务为定制化的服务,交易价格公允性难以核查,且子公司厦门联芯境外业务高度依赖关联方,公司在业务独立性等方面对关联方存在较大依赖。

第七章 公司会计与财务审核要点

公司的财务报表是解释公司业务和经营状况的数字语言。具体来说,公司的财务科目即是单词,会计政策和会计估计即是语法,前者反映公司经营活动中资金的流动情况,后者则是公司在处理日常经营活动所产生的资金账务时采用的计量方法。

公司财务的真实性、规范性、合理性主要体现在三个层面。第一个层面是业务的真实性,即公司经营活动中取得的财务凭证真实且完整的,与公司报告期内实际开展的业务活动相匹配;第二个层面是会计处理的规范性,即公司取得的相关财务会计凭证严格按照《企业会计准则》等会计政策进行入账、处理,从而体现在公司财务账簿上的数据及其对应是准确的;第三个层面是会计估计是恰当的、合适的、公允的,即公司对相关账目未来的变动风险的估计是相对准确、合理的。

审核依据:《科创板首次公开发行股票注册管理办法》

第十一条 发行人会计基础工作规范,财务报表的编制和披露符合企业会计准则和相关信息披露规则的规定,在所有重大方面公允地反映了发行人的财务状况、经营成果和现金流量,并由注册会计师出具标准无保留意见的审计报告。

发行人内部控制制度健全且被有效执行,能够合理保证公司运行效率、合法合规和财务报告的可靠性,并由注册会计师出具无保留结论的内部控制鉴证报告。

第三十四条 发行人申请首次公开发行股票并在科创板上市,应当按照中国证监会制定的信息披露规则,编制并披露招股说明书,保证相关信息真实、准确、完整。信息披露内容应当简明易懂,语言应当浅白平实,以便投资者阅读、理解。

中国证监会制定的信息披露规则是信息披露的最低要求。不论上述规则是否有明确规定,凡是对投资者作出价值判断和投资决策有重大影响的信息,发行人均应当予以披露。

> 第三十九条第一款　发行人应当根据自身特点,有针对性地披露行业特点、业务模式、公司治理、发展战略、经营政策、会计政策,充分披露科研水平、科研人员、科研资金投入等相关信息,并充分揭示可能对公司核心竞争力、经营稳定性以及未来发展产生重大不利影响的风险因素。

第一节　财务报表概况

公司的经营成果主要是通过公司的财务报表来体现。因此,快速读懂公司的财务报表是了解公司投资价值的重要途径。考虑到公司会计人员的专业水平、业务能力存在差异,会计政策本身也存在一定的不完善之处,财务报表只能从一定程度上反映公司的经营情况,需要结合公司的业务、内控等多方面进行综合考察。审核中主要关注以下三个方面:

(1)公司的财务数据与业务实质是否匹配,与公司现金流是否匹配,公司资产、债务、收入、成本、费用等是否勾稽;

(2)公司相关凭证入账是否符合会计准则的要求,是否符合业务或者经营的实质,与同行业公司是否一致;

(3)公司对相关资产的减值、坏账的计提、收入的确认时点等风险或不确定性估计是否符合行业的惯例、是否符合公司的经营实际,内控是否有效,风险是否可控。

一、财务报表的编制及披露

财务报表主要包括资产负债表、损益表、现金流量表或财务状况变动表、附表和附注。资产负债表反映企业资产、负债及资本的期末状况,长期偿债能力,短期偿债能力和利润分配能力等。利润表(或称损益表)反映本期企业收入、费用和应该记入当期利润的利得与损失的金额、结构情况。现金流量表反映企业现金流量的来龙去脉,当中分为经营活动、投资活动及筹资活动三部分。所有者权益变动表反映本期企业所有者权益(股东权益)总量的增减变动情况还包括结构变动的情况,特别是要反映直接记入所有者权益的利得和损失。财务报表附注一般包括如下项目:

企业的基本情况、财务报表编制基础、遵循企业会计准则的声明、重要会计政策和会计估计、会计政策和会计估计变更及差错更正的说明和重要报表项目的说明。

根据 2020 年 12 月修订的《科创板审核规则》，招股说明书引用经审计的财务报表在其最近一期截止日后 6 个月内有效，特殊情况下发行人可申请适当延长，但至多不超过 3 个月。财务报表应当以年度末、半年度末或者季度末为截止日。

> **审核关注要点：**
>
> （1）企业是否按照《财政部关于修订印发 2019 年度一般企业财务报表格式的通知》等规定，规范编制和披露财务报表；
>
> （2）企业是否充分披露了报表重要项目的构成或当期增减变动情况，相关明细金额合计，是否与报表项目金额相衔接；
>
> （3）企业是否充分披露了或有和承诺事项、资产负债表日后非调整事项、关联方关系及其交易等，具体的披露要求是否遵循相关准则的规定。

典型案例 107：芯原微电子财务报表披露信息规范性问题

公司将已完工未结算款项及已结算未完工款项在资产负债表中单独披露。

【审核问询意见】

请申报会计师、发行人说明：将已完工未结算款项及已结算未完工款项在资产负债表中单独披露是否符合《财政部关于修订印发 2019 年度一般企业财务报表格式的通知》（财会〔2019〕6 号）及《财政部关于修订印发合并财务报表格式（2019 版）的通知》（财会〔2019〕16 号）的要求及具体依据，若不符合，请严格按照财会〔2019〕6 号及财会〔2019〕16 号的要求修改公司在《财务报表及审计报告》《招股说明书》中披露的财务报表，包括资产负债表、利润表、现金流量表、所有者权益变动表。

【问询回复摘要】

申报会计师及公司说明：

根据《财政部关于修订印发 2019 年度一般企业财务报表格式的通知》（财会〔2019〕6 号）及《财政部关于修订印发合并财务报表格式（2019

版)的通知》(财会[2019]16号)的要求,"企业对不存在相应业务的报表项目可结合本企业的实际情况进行必要删减,企业根据重要性原则并结合本企业的实际情况可以对确需单独列示的内容增加报表项目"。发行人采用完工百分比方法确认芯片设计业务收入,与该业务收入相关的已完工但未与客户进行结算的款项和已经结算但尚未完工部分的款项在公司的财务报表中金额及占比具有重大性。

同时,参考《企业会计准则应用指南——会计科目和主要账务处理》中"工程施工"和"工程结算"两个科目的核算要求,"工程施工"科目核算企业(建造承包商)实际发生的合同成本和合同毛利,本科目期末借方余额,反映企业尚未完工的建造合同成本和合同毛利。"工程结算"科目核算企业(建造承包商)根据建造合同约定向业主办理结算的累计金额。本科目期末贷方余额,反映企业尚未完工建造合同已办理结算的累计金额。再者,参考2017年修订的《企业会计准则第14号——收入》中第四十一条对合同资产和合同负债两个科目的定义,企业应当根据本企业履行履约义务与客户付款之间的关系在资产负债表中列示合同资产或合同负债。企业拥有的、无条件(即,仅取决于时间流逝)向客户收取对价的权利应当作为应收款项单独列示。

合同资产,是指企业已向客户转让商品而有权收取对价的权利,且该权利取决于时间流逝之外的其他因素。如企业向客户销售两项可明确区分的商品,企业因已交付其中一项商品而有权收取款项,但收取该款项还取决于企业交付另一项商品的,企业应当将该收款权利作为合同资产。合同负债,是指企业已收或应收客户对价而应向客户转让商品的义务。如企业在转让承诺的商品之前已收取的款项。

参考上述要求,与采用完工百分比方法确认的芯片设计业务收入相关的已完工但未与客户进行结算的款项和已经结算但尚未完工部分的款项的性质有别于其他项目,应单独进行核算并在资产负债表中单独进行列示。

【案例评析】

公司将以完工未结算款项及已结算未完工款项在资产负债表中单独披露,与常规披露内容存在差异。根据公司及会计师说明,公司采用完工百分比方法确认收入的两类科目按照相应会计准则应当单独核算并单独列示,公司信息披露合规。

二、企业合并报表

公司报告期内有可能因为设立、收购子公司而形成合并报表,针对合并双方是否属于同一控制主体下的财务报表合并,相关会计准则有不同的规定。

《科创板审核问答(二)》对此也进行了规范:对于同一控制下企业合并,发行人应严格遵守相关会计准则规定,详细披露合并范围及相关依据,对特殊合并事项予以重点说明。

(1)发行人企业合并行为应按照《企业会计准则第 20 号——企业合并》相关规定进行处理。其中,同一控制下的企业合并,参与合并的企业在合并前后均受同一方或相同的多方最终控制且该控制并非暂时性的。

根据《〈企业会计准则第 20 号——企业合并〉应用指南》的解释,"同一方"是指对参与合并的企业在合并前后均实施最终控制的投资者。"相同的多方"通常是指根据投资者之间的协议约定,在对被投资单位的生产经营决策行使表决权时发表一致意见的两个或两个以上的投资者。"控制并非暂时性"是指参与合并的各方在合并前后较长的时间内受同一方或相同的多方最终控制。较长的时间通常指 1 年以上(含 1 年)。

(2)根据《企业会计准则实施问题专家工作组意见第一期》解释,通常情况下,同一控制下的企业合并是指发生在同一企业集团内部企业之间的合并。除此之外,一般不作为同一控制下的企业合并。

(3)在对参与合并企业于合并前控制权归属认定中,如存在委托持股、代持股份、协议控制(VIE 模式)等特殊情形,发行人应提供与控制权实际归属认定相关的充分事实证据和合理性依据,中介机构应对该等特殊控制权归属认定事项的真实性、证据充分性、依据合规性等予以审慎判断、妥善处理和重点关注。

(4)红筹企业如存在协议控制架构或类似特殊安排,将不具有持股关系的主体(简称被合并主体)纳入合并财务报表合并范围,在此情况下,发行人应:

1)充分披露协议控制架构的具体安排,包括协议控制架构涉及的各方法律主体的基本情况、主要合同的核心条款等;

2)分析披露被合并主体设立目的、被合并主体的相关活动以及如何对相关活动作出决策、发行人享有的权利是否使其目前有能力主导被合并主体的相关活动、发行人是否通过参与被合并主体相关活动而享有可变回报、发行人是否有能力运用对被合并主体的权利影响其回报金额、投资方与其他各方的关系;

3)结合上述情况和会计准则规定,分析披露发行人合并依据是否充分,详细披露合并报表编制方法。

> **审核关注要点:**
>
> (1)关注公司对纳入合并报表的相关子公司控制权认定是否准确、合理,关注委托持股、代持股份、协议控制(VIE 模式)等控制权归属认定依据的真实性、合理性、合规性;
>
> (2)关注公司纳入合并报表的子公司在合并前后是否为同一控制下企业,公司相关论证依据是否充分、合理;
>
> (3)关注非同一控制下合并形成的商誉等无形资产的确认理由、依据及相关条件是否恰当,公司报告期内是否进行减值测试;
>
> (4)关注是否存在将持股比例较低公司纳入报表,或者未将持股比例较高企业纳入报表的异常情形及其合理性,针对持股比例各 50%的联营子公司,关注公司是否充分结合上述子公司成立的背景、日常管理的现实情况结合会计准则判断实际控制权归属。

典型案例 108:和舰芯片子公司
纳入合并报表合理性问题①

发行人控股股东联华电子的全资孙公司联华微芯持有厦门联芯 50.72%股权、厦门金圆持其 29.47%股权、发行人持其 14.49%股权、福建电子创业投资持其 5.31%股权。2016 年 12 月,上述四名股东签署了《合资合营合同》,厦门金圆、福建电子创业投资出资的资本金,从资本金到账后第 7 年开始,由联华微芯、发行人按 60%、20%、20%的比例分三次在连续三年完成全部回购。回购价格为实际投入的资本金加 10%的固

---

① 2019 年 7 月 23 日,和舰芯片制造(苏州)股份有限公司因撤回发行上市申请或者保荐人撤销保荐,上交所终止其发行上市审核,撤回申请的原因或与公司与关联方联华电子等存在同业竞争、独立性和关联交易有关。

定收益。厦门金圆、福建电子创业投资不参与厦门联芯的具体经营。发行人基于:(1)联华电子出具确认函确认将表决权委托给发行人行使;(2)报告期内厦门联芯 2/3 的董事由发行人委派,认定发行人对厦门联芯具有控制权,并纳入合并报表范围。

【审核问询意见】

请保荐机构、发行人律师核查以下事项并发表明确意见:(1)结合《合资合营合同》关于盈亏承担、回购出资等约定,核查 4 名股东是否按照出资比例进行分红或承担亏损,厦门金圆、福建电子创业投资所持厦门联芯股权是否为"明股实债"和《合资合营合同》相关条款是否符合《公司章程》、外商投资、金融监管等相关法律法规的规定,是否存在被宣告无效的风险,相关"股东"之间是否存在纠纷或者潜在的法律纠纷及对厦门联芯持续经营的影响;(2)结合各方持股比例、公司章程约定以及厦门联芯股东大会、董事会、监事会、经营管理等实际运作情况,进一步核查论证:在发行人持股比例远低于联华微芯、发行人所提名董事均来自联华电子及其关联方的情况下,以一致行动协议方式认定发行人对厦门联芯拥有控制权是否合理,是否符合企业的实际情况,是否符合相关法律法规规定及发行监管要求。

请保荐机构及申报会计师:按照实质重于形式的原则,核查发行人是否控制以及如何控制厦门联芯,发行人在持股比例仅 14.49% 的情况下将厦门联芯纳入发行人合并报表范围是否符合《企业会计准则》的规定。

【问询回复摘要】

保荐机构和发行人律师经核查后认为:

(1)关于公司股东出资真实性核查。根据厦门市人民政府、联华电子、福建电子创业投资于 2014 年签订的《参股协议书》,和舰芯片、联华微芯、厦门金圆、福建电子创业投资四方于 2016 年 12 月签署的《合资合营合同》约定,厦门金圆、福建电子创业投资出资的资本金,从其资本金到账后第 7 年开始,由发行人、联华微芯按 60%、20%、20% 的比例分三次在连续三年完成全部回购。如果届时台湾地区仍然规定发行人、联华微芯不能在大陆地区独资经营,则发行人、联华微芯可以选择由厦门金圆、福建电子创业投资继续持有厦门联芯合计 10% 的注册资本(资本金),即对该 10% 的注册资本(资本金)不予回购。回购价格为厦门金圆、福建电子创业投资实际投入的资本金加 10% 的固定收益。

厦门联芯为中外合资企业,根据《中外合资经营企业法实施条例》《厦门联芯章程》,董事会是厦门联芯的最高权力机构,决定厦门联芯的一切重大问题。依据《合资合营合同》《厦门联芯章程》约定,厦门金圆、福建电子创业投资向厦门联芯委派了三名董事,实际参与了厦门联芯的重大经营决策。针对《参股协议》《合资合营合同》约定的对厦门金圆、福建电子创业投资所持厦门联芯股权的回购条款,根据《中华人民共和国中外合资经营企业法》关于"合营各方按注册资本比例分享利润和分担风险及亏损"的规定且厦门联芯、福建电子创业投资以其所持股权实际参与了厦门联芯的重大经营决策并参照《国家税务总局关于企业混合性投资业务企业所得税处理问题的公告》(国家税务总局公告 2013 年第 41 号)关于"企业混合性投资业务,是指兼具权益和债权双重特性的投资业务"的规定,厦门金圆、福建电子创业投资所持厦门联芯股权不属于"明股实债"。

从会计处理上来看,根据联华电子出具的说明,厦门金圆、福建电子创业投资所持厦门联芯股权的回购义务由联华电子或通过其子公司联华微芯履行,回购方式为出资额加计固定收益,回购义务不涉及发行人及其子公司厦门联芯,发行人及其子公司厦门联芯无须确认金融负债。

(2)公司对厦门联芯控制权认定核查。虽然发行人持股比例远低于联华微芯,发行人所提名董事均来自联华电子及其关联方,但报告期内在厦门联芯的历次董事会上均以发行人的意思为准,联华电子对此进行了确认,发行人通过控制董事会及经营管理团队,能够自主决定厦门联芯重大经营活动及财务决策,其利益与联华电子一致,符合股东利益最大化原则。因此,认定发行人对厦门联芯实质控制、纳入合并报表范围,发行人对厦门联芯拥有控制权合理,符合企业的实际情况,符合《公司法》《企业会计准则》等相关法律法规规定及发行监管要求。

保荐机构和申报会计师认为:

(1)发行人拥有对厦门联芯的权力。2016 年 1 月至 2017 年 1 月,厦门联芯为内资有限公司,根据《厦门联芯章程》约定,各股东按照认缴出资比例履行表决权,发行人认缴出资 82.81 亿元,占厦门联芯注册资本的65.22%,因此发行人实际享有的表决权比例为 65.22%。2017 年 2 月至报告期末,厦门联芯为中外合资企业,董事会是公司的最高权力机构,发行人实际委派或控制厦门联芯董事会 6 个席位,占董事会人数的 2/3。故发行人对厦门联芯重大事项的决策有实质超过半数以上的表决权,拥有对厦门联芯的权力。

2018 年 7 月 24 日,厦门联芯召开董事会,同意对《厦门联芯章程》《合资合营合同》予以修订,新增、修订的内容如下:A. 原由联华微芯指派的两席董事,改由发行人指派。B. 原规定由发行人或联华微芯指派的一席监事,改由发行人指派。此外《合资合营合同》还增加"厦门联芯存续期间,若涉及股东行使表决权的事项,如增资、减资、修改厦门联芯章程、变更公司组织形式或厦门联芯运营中涉及的重大事项等,联华微芯作为厦门联芯的股东,其表决权不可撤销的全权委托给发行人行使"的内容。《厦门联芯章程》《合资合营合同》的上述修订已报厦门联芯商务主管部门、工商主管部门审批或备案。

(2)发行人对于投资厦门联芯享有可变回报。根据厦门市人民政府、联华电子、福建电子创业投资于 2014 年签订的《参股协议书》及相关各方于 2018 年 7 月修订的《合资合营合同》《厦门联芯章程》的规定,《参股协议书》《合资合营合同》《厦门联芯章程》虽未对盈亏承担予以具体约定,但确定了"利益共享,风险共担"原则,根据《中华人民共和国中外合资经营企业法》规定,在合营企业的注册资本中,外国合营者的投资比例一般不低于 25%。合营各方按注册资本比例分享利润和分担风险及亏损。合营者的注册资本如果转让必须经合营各方同意,四方股东应按照出资比例进行分红或承担亏损。因此发行人按照出资比例进行分红或者承担亏损,取得的回报随着厦门联芯的业绩变动而变动,对厦门联芯享有可变回报。

(3)发行人有能力运用对厦门联芯的权力影响回报。发行人对厦门联芯有能力影响其回报金额,对其相关经营活动进行决策时有可执行权利,发行人副董事长兼财务负责人尤朝生先生一直兼任厦门联芯董事长,且发行人指定任命和委派了厦门联芯总经理、财务负责人等高管以及人力、采购、环安、厂务等主要部门负责人,根据《厦门联芯章程》的规定,总经理负责厦门联芯的日常经营管理,厦门联芯的管理团队向总经理汇报,并在总经理监督及指示下制定管理制度。厦门联芯自设立以来未设置专门的销售部门,其销售完全由发行人负责。即实际负责厦门联芯的运营,主导厦门联芯的商品或劳务的销售和购买、金融资产的管理、资产的购买和处置、研究与开发活动以及融资活动等。综上,发行人通过全方位的参与对厦门联芯的经营决策和具体事务的管理,有能力运用对厦门联芯的权力影响回报金额。

(4)发行人在控制厦门联芯的决策过程中不属于代理人角色。发行人和联华微芯均同受联华电子控制,报告期各期末合计持有厦门联芯股权比例分别为:29.41%、51.02%、65.22%,根据《厦门联芯章程》《合资合营合同》的相关规定,实际享有厦门联芯的决策权。根据联华电子出具"确认函"确认,在厦门联芯的重大事项的决策上,联华电子(透过联华微芯)委派的董事与发行人委派的董事采取了一致行动并以发行人委派的董事的意思表示为准;联华电子(透过联华微芯)作为厦门联芯的股东,在厦门联芯股东会上,联华电子(透过联华微芯)与发行人采取了一致行动,且以发行人的意思表示为准。联华微芯作为厦门联芯的股东,其表决权不可撤销地全权委托发行人行使。和舰芯片作为联华电子子公司,与联华电子实际利益一致,联华电子通过控制发行人的相关决策过程,完全能够达到控制厦门联芯。发行人相对于联华电子资产完整、人员独立、财务独立、机构独立、业务独立、技术独立,能够独立对厦门联芯作出经营、财务决策,实施各项管理事务。

因此,发行人能够独立的作出厦门联芯的经营及财务决策等,能够在具体的经营管理过程中对厦门联芯进行控制,将厦门联芯纳入发行人合并报表范围符合《企业会计准则》的规定。

【案例评析】

审核中关注公司对厦门联芯是否真正享有控制权,能否将其纳入合并报表。根据中介机构核查情况,厦门金圆、福建电子创业投资所持厦门联芯股权特殊安排属于中外联营企业特殊管理模式,不属于明股实债;公司根据联华电子的授权取得对厦门联芯的实际控制权,符合会计准则有关控制的标准。可能考虑到,关于厦门金圆、福建电子创业投资出资是否为明股实债仍存在一定争议,联华电子作为厦门联芯实际控制主体,将控制权委托发行人而非持股比例超50%的联华微芯行使虽然具有一定的商业合理性,但是协议控制与股权控制存在显著冲突,公司对厦门联芯的控制权稳定性不足,将其纳入合并报表存在一定的瑕疵。

第二节 会计政策和会计估计

根据财务报表列报准则的规定,企业应当披露采用的重要会计政策和会计估计,不重要的会计政策和会计估计可以不披露。

(1)重要的会计政策。企业在发生某项交易或事项选择不同的会计处理方法时,应当根据准则的规定从允许的会计处理方法中选择适合本企业特点的会计政策。比如,存货的计价可以有先进先出法、加权平均法、个别计价法等。为了有助于报表使用者理解,有必要对这些会计政策加以披露。特别的,企业应当说明:

1)财务报表项目的计量基础。会计计量属性包括历史成本、重置成本、可变现净值、现值和公允价值,这直接显著影响报表使用者的分析,这项披露要求便于使用者了解企业财务报表中的项目是按何种计量基础予以计量的,如存货是按成本还是可变现净值计量等。

2)会计政策的确定依据。主要是指企业在运用会计政策过程中所作的对报表中确认的项目金额最具影响的判断。例如,企业应当根据本企业的实际情况说明确定金融资产分类的判断标准等。这些判断对在报表中确认的项目金额具有重要影响。因此,这项披露要求有助于使用者理解企业选择和运用会计政策的背景,增加财务报表的可理解性。

(2)重要的会计估计。财务报表列报准则强调了对会计估计不确定因素的披露要求,企业应当披露会计估计中所采用的关键假设和不确定因素的确定依据,这些关键假设和不确定因素在下一会计期间内很可能导致对资产、负债账面价值进行重大调整。在确定报表中确认的资产和负债的账面金额过程中,企业有时需要对不确定的未来事项在资产负债表日对这些资产和负债的影响加以估计。

例如,固定资产可收回金额的计算需要根据其公允价值减去处置费用后的净额与预计未来现金流量的现值两者之间的较高者确定,在计算资产预计未来现金流量的现值时需要对未来现金流量进行预测,并选择适当的折现率,应当在附注中披露未来现金流量预测所采用的假设及其依据、所选择的折现率为什么是合理的等。又如,为正在进行中的诉讼确认预计负债时最佳估计数的确定依据等。这些假设的变动对这些资产和负债项目金额的确定影响很大,有可能会在下一个会计年度内做出重大调整。因此,强调这一披露要求,有助于提高财务报表的可理解性。

一、会计政策、会计估计适用

如果没有发生大的业务或经营模式变动,或者企业会计准则自身发生了变化,报告期内公司的会计政策和会计估计应保持一致性,不得随意变更。变更时应当有充分、合理的证据表明变更的合理性,且变更会计政策或会计估计后,能够提供更可靠、更相关的会计信息;对会计政策、会计估计的变更,应履行必要的审批程序。如无充分、合理的证据表明会计政策或会计估计变更的合理性,或者未经批准擅自变更会计政策或会计估计的,或者连续、反复地自行变更会计政策或会计估计的,通常情况下会被视为滥用会计政策或会计估计。

通常情况下,会计政策变更采用追溯调整法(指对某项交易或事项变更会计政策时,如同该交易或事项初次发生时就开始采用新的会计政策,并以此对相关项目进行调整的方法),也就是说一旦确认为会计政策变更就要对以前年度的坏账准备按新政策重新计提一遍。会计估计变更采用未来适用法(指对某项交易或事项变更会计政策时,新的会计政策适用于变更当期及未来期间发生的交易或事项的方法),不调整以前年度会计报表,也不需要计算会计估计变更的累积影响数,只调整当期利润。

《科创板审核问答(二)》明确:报告期内发行人会计政策和会计估计应保持一致性,不得随意变更,若有变更应符合企业会计准则的规定。变更时,保荐机构及申报会计师应关注是否有充分、合理的证据表明变更的合理性,并说明变更会计政策或会计估计后,能够提供更可靠、更相关的会计信息的理由;对会计政策、会计估计的变更,应履行必要的审批程序。如无充分、合理的证据表明会计政策或会计估计变更的合理性,或者未经批准擅自变更会计政策或会计估计的,或者连续、反复地自行变更会计政策或会计估计的,视为滥用会计政策或会计估计。

首发材料申报后,发行人如存在会计政策、会计估计变更事项,应当依据《企业会计准则第28号——会计政策、会计估计变更和差错更正》的规定,对首次提交的财务报告进行审计调整或补充披露,相关变更事项应符合专业审慎原则,与同行业上市公司不存在重大差异,不存在影响发行人会计基础工作规范性及内控有效性情形。

> **审核关注要点：**
> （1）公司具体的各项会计政策、会计估计是否符合准则要求，相关披露和说明是否详细、有针对性和具体化；
> （2）公司会计政策和会计估计与同行业相比是否具有商业合理性；
> （3）报告期内公司会计政策或会计估计进行调整的，关注其变更是否合理，是否履行了相应决策程序，变更后是否符合相关会计准则要求。

典型案例 109：赛伦生物报告期存在会计政策调整①

根据招股说明书披露，为更加客观的反映公司真实财务状况，公司按照《企业会计准则第 6 号——无形资产》的相关要求，结合公司的实际情况，对研发费用资本化的时点进行调整。

【审核问询意见】

请发行人补充披露：（1）结合内部研究开发活动的实际情况、研发周期、同行业可比公司研发费用的确认依据及核算方法，披露研发费用资本化会计政策变更的具体原因，会计政策调整是否遵循了正常研发活动的周期及行业管理，是否一贯运用；（2）研发相关内控制度及其执行情况，研发费用的确认依据、核算方法；（3）……（4）发行人说明会计政策调整是否有充分、合理的证据表明变更的合理性，是否履行了必要的审批程序，变更事项是否符合专业审慎的原则。

【问询回复摘要】

公司补充披露：

（1）公司研发费用资本化会计政策变更的具体原因及审批程序。2018 年，鉴于进入临床前后阶段的在研项目数量较快增加，研发费用支出预计将保持较高增长，发行人为更谨慎进行研发费用在不同阶段的归集，对研发费用资本化会计政策进行变更，并对报告期进行追溯调整。研发

---

① 2019 年 11 月 11 日，因发行人撤回发行上市申请或者保荐人撤销保荐，上交所终止其发行上市审核。公司于 2020 年 11 月 9 日二次申报，目前在审核问询阶段。公司首次申报撤回申请的原因或与经销商提前备货确认收入规范性有关。

费用资本化会计政策变更后,发行人及合并报表范围内子公司在报告期内不存在研发费用资本化情况。会计政策变更后,将2016年原资本化的研发费用1295.00万元费用化,从而减少2016年净利润1295.00万元。除上述情况外,调整未对报告期内合并财务研发费用科目产生影响。

根据对比研究,生物医药行业主要上市公司的研发费用资本化时点未形成行业内的统一标准,企业主要基于《企业会计准则》的相关要求,同时结合自身研发活动的实际情况选择相应标准。经参考部分生物制药上市公司研发支出的会计政策,并选取行业惯例中较为谨慎的标准,公司认为药品研发进入三期临床试验后,在研药品的路线设计和技术工艺已定型,研发项目具备较高的技术可行性,更符合研发费用资本化条件。因此,2018年公司据此进行了研发费用资本化政策变更,并对报告期内的会计处理进行了追溯调整。2016年10月安美木项目进入临床阶段,当年10~12月产生研发费用1295.00万元均予以资本化,会计政策变更后对2016年财务报表追溯调整调减当年净利润1295.00万元。经上述调整,公司报告期内研发支出均予以费用化,无资本化的情况。

基于以上考虑,公司于2019年3月27日召开"上海赛伦生物技术股份有限公司2019年第一次临时股东大会",决议通过了上述会计政策变更的相关事项。变更事项履行了必要的审批程序,符合专业审慎的原则。

(2)研发相关内控制度及其执行情况。报告期内,公司按照相关法规及《公司章程》的相关规定,建立了《研发内部控制制度》(以下简称《研发内控制度》)。《研发内控制度》对研发过程中的内部控制活动进行了详细的规定,并对相关风险点进行了明确界定。研发部每年根据下一年度研发计划编制年度预算,由研发副总组织,并按照公司《预算管理制度》的具体要求进行编制,实施流程为立项申请、项目实施、结题验收。新立项的项目须开展可行性调研,进行立项申请,提交可行性调研报告、立项审批表。项目完成后,研发项目组经理组织人员填写《研发项目结题验收审批告表》,上报审批。同时准备好待验收项目的成果证明材料、试验记录、立项材料、经费使用明细等档案文件待查。请示获批准后,公司组织相关部门或人员对该项目验收,形成结项审批表单,报财务备案。报告期内,发行人上述内部研发活动的相关内控制度均得到严格执行。

(3)报告期内,发行人研发费用的确认依据、核算方法。

1) 研发费用确认依据。根据《企业会计准则第 6 号——无形资产》相关规定,内部研究开发项目研究阶段的支出,于发生时计入当期损益;内部研究开发项目开发阶段的支出,同时满足准则规定条件的,确认为无形资产。结合自身及生物医药行业的特性,对于公司的新药研发项目,需要经过Ⅰ、Ⅱ、Ⅲ期临床试验的,取得临床批件并进入三期临床试验前为研究阶段;药品研发进入三期临床试验后为开发阶段;通过不分期的验证性临床后即可申报生产的新药研发,在取得临床批件后进入开发阶段。对于工艺改进类的药品研发项目,完成中试生产且中试生产产品达到预计质量标准后进入开发阶段。开发阶段之前的支出全部费用化,计入当期损益;进入开发阶段以后的支出符合可直接归属于该技术的必要支出均予以资本化(包括试验费支出、检验费支出、技术转让款等),不符合资本化条件的计入当期损益。

2) 研发费用核算方法。公司的研发费用主要包含:人员人工费,从事研究开发活动人员的工资薪金,包括基本工资、奖金、津贴、补贴、年终奖、加班工资以及与其任职或者受雇有关的其他支出(为员工缴纳的社会保险、住房公积金等)。直接投入,为实施研究开发项目而购买的原材料等相关支出,包括原材和燃料(包括煤气和电)等使用费;用于中间试验和产品试制达不到固定资产标准的模具、样品、样机及一般测试手段购置费、试制产品的检测费;用于研究开发活动的仪器设备维护费;以经营租赁方式租入的固定资产发生的租赁费。折旧费用与长期待摊费用,包括为进行研究开发活动而购置的仪器和设备以及研究开发项目在用建筑物的折旧费用,包括研发设施改建、改装、装修和修理过程中发生的长期待摊费用。委托外部研究开发费用,企业委托境内其他企业、大学、研究机构、转制院所、技术专业服务机构和境外机构进行研究开发活动所发生的费用(研究成果为企业拥有,且与企业的主要经营业务紧密相关)。委托外部研究开发费用的发生金额应根据合同实际发生金额确定。其他费用,为研究开发活动所发生的其他费用,如办公费、通信费、专利申请维护费等。上述费用发生时,在"研发支出"科目中按照以上类别进行归集,每月末将"研发支出"科目结转至利润表中的"研发费用"。

【案例评析】

公司会计政策变更后,将 2016 年原资本化的研发费用 1295.00 万元费用化,从而减少 2016 年净利润 1295.00 万元。根据公司说明,公司变更研发费用资本化会计政策主要出于谨慎性考虑,符合会计准则要求,变更履行了股东会审议程序。报告期内公司研发内控、研发费用确认及核算规范。

二、会计差错更正

根据《企业会计准则第 28 号——会计政策、会计估计变更和差错更正》第十一条的规定:"前期差错,是指由于没有运用或错误运用下列两种信息,而对前期财务报表造成省略漏或错报。(一)编报前期财务报表时预期能够取得并加以考虑的可靠信息。(二)前期财务报告批准报出时能够取得的可靠信息。前期差错通常包括计算错误、应用会计政策错误、疏忽或曲解事实以及舞弊产生的影响以及存货、固定资产盘盈等。"

会计差错更正与会计人员工作疏漏、计算错误、规则运用不熟练或者估计存在较大误差相关,但也有企业因为前期避税或者分红方面考虑,对相关事项进行特殊处理,后期为满足上市条件,又对会计报表进行了更正,或者仅仅为满足上市条件,特意进行了追溯调整,这种情况下对于公司内控有效性、规范性就会产生较大的质疑。

《科创板审核问答(二)》明确:发行人在申报前的上市辅导和规范阶段,如发现存在不规范或不谨慎的会计处理事项并进行审计调整的,应当符合《企业会计准则第 28 号——会计政策、会计估计变更和差错更正》和相关审计准则的规定,并保证发行人提交首发申请时的申报财务报表能够公允地反映发行人的财务状况、经营成果和现金流量。申报会计师应按要求对发行人编制的申报财务报表与原始财务报表的差异比较表出具审核报告并说明差异调整原因,保荐机构应核查差异调整的合理性与合规性。

首发材料申报后,发行人如出现会计差错更正事项,应充分考虑差错更正的原因、性质、重要性与累积影响程度。对此,保荐机构、申报会计师应重点核查以下方面并明确发表意见:会计差错更正的时间和范围,是否反映发行人存在故意遗漏或虚构交易、事项或者其他重要信息,滥用会计政策或者会计估计,操纵、伪造或篡改编制财务报表所依据的会计记录等情形;差错更正对发行人的影响程度,是否符合《企业会计准则第 28

号——会计政策、会计估计变更和差错更正》的规定,发行人是否存在会计基础工作薄弱和内控缺失,相关更正信息是否已恰当披露等问题。

首发材料申报后,如发行人同一会计年度内因会计基础薄弱、内控不完善、必要的原始资料无法取得、审计疏漏等原因,除特殊会计判断事项外,导致会计差错更正累积净利润影响数达到当年净利润的20%以上(如为中期报表差错更正则以上一年度净利润为比较基准)或净资产影响数达到当年(期)末净资产的20%以上,以及滥用会计政策或者会计估计以及因恶意隐瞒或舞弊行为导致重大会计差错更正的,应视为发行人在会计基础工作规范及相关内控方面不符合发行条件。

> **审核关注要点:**
> (1)公司会计差错更正的原因,会计差错更正的必要性、规范性、合理性;
> (2)会计差错更正前后对公司业绩的影响,是否存在变更以满足公司发行上市条件或调节报表的情形;
> (3)公司同一会计年度内会计差错更正累积净利润影响数是否达到当年净利润的20%以上,关注公司内控制度是否健全,会计基础工作是否存在薄弱情形。

典型案例110:山大地纬报告期存在多次会计差错更正

发行人对软件开发业务完工进度确认方法进行了调整,按已经发生的成本占预计总成本的比例确认收入并相应进行了会计差错更正。针对软件开发业务的收入确认方法,IPO申报前,发行人依据实际劳务量占预计总劳务量的比例确认;IPO申报时,发行人按项目里程碑节点占合同的比例确认。发行人同一业务的收入确认方法前后变更了2次。

【审核问询意见】

请发行人说明:申报前后历次收入确认方法变化的原因,《企业会计准则》适用依据,申报前、申报时及本次更正主要财务数据的变化与比较情况。请发行人自查:(1)会计政策适用的内部决策机制;(2)会计政策变更和会计差错更正的内控措施;(3)项目成本归集和预算的内控措施。

【问询回复摘要】

公司说明:

（1）申报时软件开发业务收入确认方法调整过程。

1）公司申报前软件开发业务收入确认政策和方法如下：

于资产负债表日，对于跨期的软件开发项目，公司按照完工百分比确认收入。采用完工百分比法确认收入时，其完工进度采用以下方法确定：已经提供劳务占应提供劳务总量的比例，这种方法主要以劳务量为标准确定提供劳务交易的完工程度。财务部门确认收入时，在上述项目完工进度的基础上，取得经客户签章认可的工作量确认单或验收报告（客户方认可的完工进度），并据此作为确认收入的依据。

具体地，以软件开发人员的开发工时量为标准确定提供劳务交易的完工程度。如果不能够取得已完工进度的确认，则在取得客户的最终验收证明（包括但不限于完工报告、验收报告或其他完工证明）时，以合同总金额确认收入。

2）公司在 IPO 申报时就软件开发业务调整收入确认方法如下：

在资产负债表日提供劳务交易的结果能够可靠估计的，采用完工百分比法确认提供劳务收入。采用完工百分比法确认方法时，按照业务合同的主要里程碑节点的比例反映完工进度，即软件开发业务在软件主要功能通过测试并且取得客户确认的测试时点的验收报告时按照比例确认收入，根据历年已完工典型合同统计，软件开发测试完成时项目投入工时约为 70%~80%，故完工进度按 70% 确定。对于已按相关进度确认过收入的项目在取得客户终验报告时，公司扣除测试完成已确认的收入后，将其余部分确认收入。对于无测试节点或项目中未取得测试时点验收报告的软件开发项目，公司在项目完成并取得客户终验报告时，按合同金额一次性确认收入。

3）软件开发业务收入政策调整的原因。原软件开发业务收入确认相关的完工进度具体方法存在以下不足：

①原工作量标的作为完工进度的核算依据不准确。根据完工进度的确认方法，提供劳务交易的完工程度以劳务量为标准确定，即按已经提供劳务占应提供劳务总量的比例确定。但具体选择的劳务量的标的为软件开发人员的工时。公司利用报工系统，对项目执行过程中耗费工时统计和核算，但由于该系统只能按人员实际耗费的工时汇总核算确定，尚无法把各级别开发人员、各工种的实际工时折算成标准工时，从而影响项目执

行过程中的完工进度准确性。

②原工作量内容作为完工进度的核算依据不完整。公司软件开发业务的实际成本支出除人工成本外，往往还包括一定的外部采购成本(外部采购技术服务、外部软件等)，该部分在实际成本中占比25%左右，因此，单纯以工时工作量标准确定完工进度不完整。

③以客户签章认可的外部证据作为确认收入的依据不符合公司业务特点。财务部门确认收入时，在上述项目完工进度的基础上，取得经客户签章认可的工作量确认单或验收报告(客户方认可的完工进度)，并据此作为确认收入的依据。根据公司软件开发业务特点，公司软件开发业务一般包括需求调研、产品设计、软件开发、软件测试、产品上线、试运行、验收等多个环节，其中软件测试是业务过程中一个重要的环节，软件测试合格后客户会按约为公司出具测试报告，测试报告是客户对公司软件开发成果的最直接认可。而在测试节点之前，一是主要的软件开发工作都是在公司内部完成，只有到资产负债表日的时候才能通过客户确认的方式取得关于完工进度的外部证据；二是公司每逢资产负债表日需要和客户确认完工进度，但由于公司客户主要以政府事业单位为主，往往不能及时回复确认结果。

实际从软件开发业务特点来讲，在软件测试节点之前的需求调研、产品设计、软件开发等作业过程都很重要，缺一不可，只是不能取得客户的主动确认证据，且对公司获得主动完工进度确认单的及时性有一定影响。

(2)申报后软件开发业务收入确认方法再次调整情况。

1)软件开发业务调整收入确认方法如下：

公司软件开发业务在销售或提供劳务的结果能够可靠估计的情况下，在资产负债表日按完工百分比法确认收入。完工进度采用以下方法确定：

①根据累计实际发生的成本占预计总成本的比例确定完工进度，其中累计实际发生的成本是指形成项目完工进度所耗用的直接成本和间接成本，预计总成本是根据项目预算估计的项目总成本(项目成本=直接人工+间接人工+直接材料+外购服务+其他直接费用+其他间接费用)。

②在项目完工时，以经客户确认的验收报告作为项目完工的依据。

③软件开发项目的销售结果能够可靠估计是指同时满足：a. 收入的

金额能够可靠地计量;b. 相关的经济利益很可能流入企业;c. 软件开发项目的完工程度能够可靠地确定;d. 已发生和将发生的成本能够可靠地计量。

④如果软件开发项目的销售结果不能够可靠估计,则按已经发生并预计能够得到补偿的软件开发成本金额确认收入,并将已发生的软件开发成本作为当期费用。已经发生的软件开发成本如预计不能得到补偿的,将已经发生的劳务成本计入当期损益则不确认收入。

2)软件开发业务收入政策再次调整的原因。由于在完善原软件开发业务收入确认相关的完工百分比核算方法中,公司对完工百分比方法理解的差异,采用的里程碑节点确认方法不符合《企业会计准则第 14号——收入》关于完工百分比法确认收入的相关要求。因此,决定对上述错误进行更正,对软件开发业务收入确认中相关方法进行调整,对于完工进度的方法,采用已经发生的成本占估计总成本的比例进行,采用标准的完工百分比确认收入。

差异在于:IPO 申报前,依据实际劳务量占预计总劳务量的比例确认,主要是工时为基础;IPO 申报时调整为,按项目里程碑节点占合同的比例;IPO 申报后调整,根据累计实际发生的成本占预计总成本的比例确定,其中累计实际发生的成本是指形成项目完工进度的所耗用的总成本,包括人工成本、外部采购成本等,预计总成本是根据项目预算估计的项目总成本。

原收入确认方法在项目完工进度的基础上,需要取得经客户签章认可的工作量确认单或验收报告(客户方认可的完工进度),并据此作为确认收入的依据。调整后直接以完工百分比确认收入,所取得的经客户确认的外部证据作为确认收入的佐证。

公司软件开发业务收入确认方法调整后,符合《企业会计准则第 14号——收入》(财会[2006]3 号)第十条规定"企业在资产负债表日提供劳务交易的结果能够可靠估计的,应当采用完工百分比法确认提供劳务收入"的要求,具体分析如下:

①通常情况下,企业应当按照从接受劳务方已收或应收的合同或协议价款确定提供劳务收入总额。公司软件开发业务与客户签订业务合同,明确双方的权利义务关系,并约定相应合同价款,公司软件开发业务

收入金额能够可靠的计量。

②通常情况下,企业提供的劳务符合合同或协议要求,接受劳务方承诺付款,就表明提供劳务收入总额收回的可能性大于不能收回的可能性。公司依据业务合同进行软件开发业务,客户依据合同约定进行付款,报告期内公司所有对外签订的软件开发合同均得到了有效执行,软件开发业务相关经济利益很可能流入企业。

③公司采用已经发生的成本占预计总成本的比例确认完工进度,这种方法主要以成本为标准确定提供劳务交易的完工程度。公司具备实行预算管理的内控基础:

a. 公司已经发生的成本能够准确的核算。人员薪酬支出可以可靠计量;项目执行过程中产生的外购产品和服务等支出,能够按经营项目进行核算,直接计入相应的项目成本;项目发生的差旅费、折旧摊销等间接费用,能够依据项目归集的,公司按项目进行归集,不能按项目归集的,依据报工的工时比例在不同项目之间进行分摊。

b. 公司项目预计总成本能够可靠预计。公司建立了完善的项目预算相关制度,自立项初期,项目经理根据经营项目类型对项目收入金额、外购支出、人员薪酬支出、费用支出等进行初步规划,并在经营项目实施过程中对项目支出进行监督和控制,以及根据经营项目执行情况定期调整预算,使得经营项目实际成本与预算成本逐步趋同,以满足项目精细化管理等一系列工作。每季度末系统自动对实际发生成本与项目预算成本进行对比,若实际发生成本与项目总预算的累计偏差大于允许偏差比例,系统对项目经理提出预警,项目经理收到预警三个工作日内须反馈差异原因并提出预算调整申请,经审批通过后执行新的项目预算。因此,公司软件开发项目完工进度能够可靠预计。

c. 公司软件开发业务交易中已发生和将发生的成本能够可靠地计量。公司建立了完善的内部成本核算体系和有效的内部财务预算及报告制度,准确地提供每期发生的实际成本,并对完成剩余劳务将要发生的成本作出合理地、完整地估计。

公司进一步说明了报告期内项目成本预算执行情况。

综上所述,公司软件开发业务按完工百分比法确认收入的会计政策符合《企业会计准则第14号——收入》的相关规定。

（3）公司 IPO 申报时以及本次更正会计差错对报表主要科目的影响如下：

2017 年 12 月 31 日/2017 年

单位：万元

项目	申报前(1)	申报时(2)	本次更正(3)	申报时调整(2~1)		本次更正(3~2)	
				差额	比例	差额	比例
应收账款	11681.04	9723.92	11404.18	-1957.12	-16.75%	1680.26	17.28%
存货	1963.70	3304.65	2296.59	1340.95	68.29%	-1008.06	-30.50%
预收款项	5321.76	8181.39	7239.94	2859.63	53.73%	-941.45	-11.51%
净资产	55473.37	50854.52	52155.45	-4618.85	-8.33%	1300.93	2.56%
营业收入	32616.14	30256.55	31690.59	-2359.59	-7.23%	1434.04	4.74%
营业成本	15461.85	16150.42	16744.84	688.57	4.45%	594.42	3.68%
营业利润	7636.08	5905.66	6711.34	-1730.42	-22.66%	805.68	13.64%
净利润	7039.91	5448.49	6173.60	-1591.42	-22.61%	725.11	13.31%

2018 年 12 月 31 日/2018 年

单位：万元

项目	申报前(1)	申报时(2)	本次更正(3)	申报时调整(2~1)		本次更正(3~2)	
				差额	比例	差额	比例
应收账款	16318.13	16318.13	16488.56	—		170.43	1.04%
存货	7518.93	7518.93	6470.16	—		-1,048.77	-13.95%
预收款项	13052.66	13052.66	11482.44	—		-1,570.22	-12.03%
净资产	78866.85	78866.85	79496.16	—		629.31	0.80%
营业收入	41368.67	41368.67	40617.44	—		-751.23	-1.82%
营业成本	20930.44	21419.05	21459.76	488.61	2.33%	40.71	0.19%
营业利润	9541.78	9541.78	8796.84	—		-744.94	-7.81%
净利润	8896.97	8896.97	8225.35	—		-671.62	-7.55%

说明：申报前数据为公司原始报表数据，申报时数据为公司此次软件开发收入确认方法调整前申报报表数据，本次更正为公司软件开发收入确认方法调整后申报报表数据。

2018 年，由于研发费用中存在因分摊方法原因导致应归集至项目成本的费用，公司根据实际情况对研发费用及项目成本进行了差错更正，上述主要财务指标只有营业成本调增了 488.61 万元，对净利润没有影响。

（4）会计政策适用的内部决策机制及内控有效性。

2019 年 12 月 4 日，公司第三届董事会第六次会议和公司第三届监事会第四次会议均审议通过了《关于前期会计差错更正的议案》。同日,公司第三届董事会审计委员会第二次会议审议通过了上述议案。

公司此次会计差错更正为软件开发业务收入确认方法的调整,此次会计差错更正前后发行人均建立了完善的财务制度,并合理设置了会计岗位、聘用了具有相关胜任能力的人员一贯执行相关制度,公司软件开发业务流程及相关内部控制未发生变化。公司原软件开发收入确认方法的确定具有特殊背景及一定的合理性。此次调整系基于更大程度上减少分阶段固定比例完工百分比法下对完工进度估计的误差,更符合《企业会计准则》的收入确认方法,而非由于会计基础薄弱、内控不完善、审计疏漏等原因导致。

【案例评析】

公司针对软件开发业务的收入确认方法在申报前、申报时和申报后分别采用三种不同的确认方法,存在多次会计差错更正情形。根据公司说明,IPO 申报前,依据实际劳务量占预计总劳务量的比例确认,主要是工时为基础;IPO 申报时调整为,按项目里程碑节点占合同的比例;IPO 申报后调整为,根据累计实际发生的成本占预计总成本的比例确定,其中累计实际发生的成本是指形成项目完工进度所耗用的总成本,包括人工成本、外部采购成本等。两次会计差错更正后,公司净资产、营业收入变动比例不大,净利润方面,公司 2017 年度第一次调整变动比例超过 20%,第二次调整变动比例未超过 20%,2018 年度未超过 20%,申报后再次调整或为满足监管要求。公司在未充分说明内外部管理环境发生显著变化的情况下,对同一事情、同一业务收入确认政策进行多次调整,反映出公司会计工作的随意性。审核中可能考虑公司最终会计差错更正导致收入、资产、利润等指标变动比例较小,且公司已完善相应内控体系,调整后会计政策适用更加规范,未认定公司存在会计基础薄弱、内控不完善、审计疏漏等情形。

第三节　税收及政府补助

公司缴纳的相关税收、享受税收优惠政策和政府补助,关系到公司在日常经营活动以外的资金支出和收入,影响到公司的最终利润。但是这些收入或支出受到相关税收法律法规和各地政策规定的影响较大,特别是税收优惠政策和补助政策,通常具有地域性和不稳定性,对公司的最终财务报表影响较大。

一、税收及税收优惠

税收的缴纳是公司经营活动中一笔不菲的开支,公司对所需缴纳的税收及享受的相关税收优惠政策的了解非常重要。财务报表附注中会披露公司及其子公司所适用的各个税种税率、享受的税收优惠政策。对于一般企业来说,主要的纳税项目包括增值税、消费税、教育费附加、城建费附加以及企业所得税等。

税收优惠政策则多种多样,以注册地税收返还、减免、递延等方式为主,以企业初创、科技创新、扶贫等特定类型为辅。主要包括:小微企业购置固定资产,特殊群体创业或者吸纳特殊群体就业优惠,研发费用实施所得税加计扣除政策,对企业固定资产实行加速折旧,企业购买用于科学研究、科技开发和教学的设备享受进口环节增值税、消费税免税和国内增值税退税等。高新技术企业减按15%的税率征收企业所得税,对处于服务外包示范城市和国家服务贸易创新发展试点城市地区的技术先进型服务企业减按15%的税率征收企业所得税;对软件和集成电路企业可以享受"两免三减半"等企业所得税优惠,尤其是国家规划布局内的重点企业可减按10%的税率征收企业所得税;对自行开发生产的计算机软件产品、集成电路重大项目企业还给予增值税期末留抵税额退税的优惠。

除此之外,各地方为了鼓励企业上市,多出台有相应的企业上市相关税收优惠政策和政府补助,对企业改制、资产重组等相关税费缴纳方面进行优惠,帮助企业降低上市成本。

> **审核关注要点:**
>
> (1)公司是否充分披露日常经营活动涉及的税收及税收优惠情况,是否存在重大税收违法违规;
>
> (2)公司享受的税收优惠是否具备法律法规上的依据,如税收优惠来自地方性政策,此种依据是否与国家层面的上位法律法规构成冲突,公司所享受的税收优惠是否存在被主管部门予以追缴的风险;

> （3）税收优惠金额占公司净利润的比例，是否对税收优惠存在较大依赖（一般情况下，税收优惠占报告期净利润达到20%以上），若无法继续享受税收优惠，是否存在业绩大幅下滑的可能。

典型案例111：普门科技报告期内政府补助及税收优惠占利润比较高

2016年至2018年，公司确认所得税、增值税税收优惠697.77万元、1114.32万元和2157.70万元，占当期利润总额的比例分别为57.29%、17.60%和24.07%。2016年至2018年，公司确认剔除软件退税税收优惠后的政府补助收益分别为1786.52万元、1540.74万元和2031.49万元，占当期利润总额的比例分别为146.70%、24.34%和22.66%。上述政府补助及税收优惠占公司利润总额的比例较高。

【审核问询意见】

请发行人、保荐机构、申报会计师说明上述政府补助和税收优惠的可持续性，如果国家对上述行业企业税收优惠政策或财政补贴政策发生不利变化，对公司经营成果产生的影响。

【问询回复摘要】

公司补充说明：

（1）政府补助的可持续性。报告期内，发行人确认剔除软件退税税收优惠后的政府补助收益分别为1786.52万元、1540.74万元和2031.49万元，主要系与资产相关政府补助的年度分摊，涉及项目主要为"全自动电化学发光免疫分析系统开发和产业化""全自动电化学发光免疫分析仪的研究与开发""普门临床检验设备及配套试剂制造产业基地"等项目。截至2018年年末，发行人递延收益余额为3569.19万元，均系公司获取的与资产相关的政府补助款，将在相应资产剩余折旧年限内逐步分摊至当年度的其他收益。同时，公司持续增加研发投入，研发储备项目丰富，预计能够持续获取政府补助。

（2）增值税税收优惠的可持续性。根据《国务院关于印发进一步鼓励软件产业和集成电路产业发展若干政策的通知》（国发〔2011〕4号）和《财政部、国家税务总局关于软件产品增值税政策的通知》（财税〔2011〕100号）规定，发行人及子公司普门信息销售其自行开发生产的软件产品，按法定税率征收增值税后,对其增值税实际税负超过3%的部分实行即征即退政策。报告期内,公司享受增值税税收优惠的金额分别为503.74万元、765.90万元和1675.68万元,根据《国务院关于印发进一步鼓励软件产业和集成电路产业发展若干政策的通知》(国发〔2011〕4号)和《财政部、国家税务总局关于软件产品增值税政策的通知》(财税〔2011〕100号),我国为了鼓励软件企业和集成电路产品的发展,未约定增值税税收优惠的到期时间。

(3)企业所得税税收优惠的可持续性。根据科技部、财政部、国家税务总局印发的《高新技术企业认定管理办法》及指引,公司2016年11月21日获得深圳市科技创新委员会、深圳市财政委员会、深圳市国家税务局、深圳市地方税务局颁发的《高新技术企业证书》(证书编号:GR201644202750),认定有效期为3年,公司2016—2018年按15%的税率缴纳企业所得税。我国对高新技术企业的税收优惠属于长期性政策,公司持续增加研发投入,研发人员与研发投入满足《高新技术企业认定管理办法》的要求,公司获取新的《高新技术企业证书》的可能性较高。

(4)如果国家对上述行业企业税收优惠政策或财政补贴政策发生不利变化,公司经营业绩存在下降风险,但是随着公司营业收入与净利润规模的快速增长,企业税收优惠政策或财政补贴政策对公司经营成果的影响将逐步降低。同时,公司已在《招股说明书》之"第四节风险因素"之"四、财务风险"处提示"税收优惠政策变化的风险"与"政府补助可持续性的风险"。

保荐机构、申报会计师认为,公司持续获取政府补助存在一定不确定性。但随着公司营业收入、净利润规模的快速增长,政府补助对于公司的影响将逐步减少;公司获取增值税税收优惠、企业所得税税收优惠的可持续性较高。

【案例评析】

公司属于软件开发企业,报告期内收入、利润依赖政府补助和税收优惠政策。根据公司说明,公司享受政府补助及税收优惠具有业务上的持续性,随着公司持续开展研发投入,预计未来可以持续获得相关补助和税收优惠。与此同时,公司亦就相关风险进行了重点揭示,供投资者谨慎判断。

二、政府补助

企业非经常性损益中最大的部分就是政府补助,这些补助、补贴往往同一些具体的研发或者投资项目相关,一般不具有持续性。实践中,对于一些产业政策扶持的行业,公司主要通过获取政府补助来维持公司正常运转,对相关政策具有较大依赖性。近年来,新能源汽车、光伏产业、风电产业、滴灌工程、环境治理等行业都存在大量政府补助、补贴的情形,一些企业对政府补助存在较大的依赖,一些企业在相关产业政策到期前抢装、抢工透支未来业绩,还有一些企业存在造假骗取补助的恶劣行为。

> **审核关注要点:**
> (1)公司是否充分披露政府补助的来源、形式、分类、金额、时间、期限、条件,政府补助与公司主要业务之间的相关性,政府补助占公司净利润的比重是否较高,公司对政府补助是否存在重大依赖;
> (2)公司获取政府补助是否合法合规,针对政府补助资金的使用、会计处理是否符合补助要求、是否符合会计准则;
> (3)公司获取的政府补助是否具有可持续性,公司是否充分揭示政府补助可持续性的风险。

典型案例 112:禾信仪器政府补助金额较大①

2016—2018 年,公司计入当期损益的政府补助金额分别为 2315.45 万元、2319.91 万元、1111.58 万元,占利润总额的比例分别为 99.27%、111.48%、50.09%,占比维持在较高水平。2019 年 1~6 月,公司计入当期损益的政府补助金额为 902.92 万元,利润总额为 -1819.19 万元。公司经营业绩对政府补助存在依赖。

【审核问询意见】

请发行人说明:(1)发行人经营业绩依赖于政府补助的原因;(2)2018年政府补助金额大幅减少对发行人生产经营的影响;(3)发行人获得政府补助是否具有稳定性与可持续性,是否存在重大不确定性风险;(4)政府

---

① 2020 年 1 月 21 日,因发行人撤回发行上市申请或者保荐人撤销保荐,上交所终止其发行上市审核。公司于 2020 年 10 月 12 日再次提及申请,目前在发行注册审核期间。首次申报撤回申请或与公司上市估值、收入确认规范性等相关。

补助及税收优惠占利润总额的比例维持在较高水平,是否符合《科创板首发管理办法》第十二条关于"发行人业务完整,具有直接面向市场独立持续经营的能力"的相关规定。

【问询回复摘要】

公司说明:

(1)公司依赖于政府补助的原因。公司从事质谱仪的研发、生产、销售及相关技术服务,一直致力于质谱仪的自主研发、国产化及产业化,多次承担或参与国家重大科学仪器设备开发专项、国家重点研发计划、中科院战略性先导科技专项等国家、省市重大科技攻关项目、课题,公司持续获得大量来自科技主管部门的科研项目补助,导致公司科技攻关类政府补助持续处于较高水平。报告期各期,公司科技攻关类研发项目补助占政府补助各期总额的比例较高。

由于质谱仪的研发具有周期长、投入大、难度高等特点,从研发到实现产业化所需的时间较长,公司前期一直在进行质谱仪产品的研发,产品产业化时间不长,公司在报告期内的营业收入和利润规模不大,从而导致公司计入当期损益的政府补助占利润总额的比例维持在较高水平,公司经营业绩对政府补助存在依赖。但随着公司经营业绩的不断改善,2018年年末公司扣除非经常性损益后已由亏损转为盈利,扣非后净利润为1307.30万元,且公司的营业收入规模也逐年上涨,产品不断丰富,如CMI-1600已达到产业化技术标准,未来随着公司经营规模的持续扩大,公司经营业绩对政府补助的依赖程度将不断减弱。

综上,公司获得政府补助主要是由于公司科研能力获得科技主管部门认可,自成立以来一直积极承担与质谱仪研发相关的政府重大科研项目,获得的研发项目补助数额较高,由于质谱仪研发与产业化周期长,公司产品产业化时间不长,公司经营业绩对政府补助存在依赖。未来随着公司经营规模的持续扩大,公司经营业绩对政府补助的依赖程度将不断减弱。

(2)2018年政府补助金额大幅减少对公司生产经营的影响。由于公司承担的多项科技攻关类政府科研项目在2017年结题,从而导致公司2018年政府补助金额大幅减少,该种情况属于公司承担政府科研项目的正常情形,不会对公司的生产经营产生重大不利影响。

在业务方面,政府补助金额减少未改变公司的主营业务,公司一直处于正常生产经营状态,公司的主营业务、主要产品、主要客户供应商等业务开展要素未因政府补助大幅减少发生重大变化,2018年度公司主营业务收入13486.90万元,较2017年度增长3230.18万元,增长率为31.49%,营业收入保持增长。在日常经营方面,政府补助金额减少未影响公司经营稳定,持续经营能力。随着公司业务的进一步开展,公司员工总数和人均薪酬不断提高,公司研发成果持续增长。

在财务方面,首先,作为公司利润总额的组成部分,2018年政府补助减少,降低了公司当年的净利润水平,但2018年政府补助金额占利润总额比重降低为50.09%;其次,公司已将上述政府补助全部计入非经常性损益,政府补助减少未对公司扣除非经常性损益后的净利润产生影响;最后,2018年政府补助减少对公司当年经营活动现金流量产生了一定的不利影响,但政府补助产生的现金流入占经营活动产生的现金流入的比重降为4.36%,公司经营活动现金流入不依赖政府补助。

(3)关于政府补助的稳定性与可持续性。公司研发项目补助占政府补助比例分别为84.22%、67.31%、65.62%、85.20%,是公司政府补助第一大来源。公司基于自身掌握的质谱相关技术,积极参加各项国家级、省市级科技攻关项目,参与质谱技术领域的相关研究,获得相关科研项目补助,具有较强的连续性。该类政府补助获得是公司科技创新能力获得国家科技主管部门认可的直接证明,虽然在短期内会使得公司的经营业绩对政府补助存在依赖,且基于相关项目的大量研发投入会对公司的扣非后净利润产生一定影响,但从长期看,该类政府补助的获得将会使得公司进一步提升自身的科技创新水平,为公司提升技术壁垒,建立技术"护城河"提供了有效的支撑。

未来随着国家对科研创新重视程度的不断加强以及公司技术研发水平的不断提高,公司预计将持续承担国家重大科技攻关项目,因此公司所获得的科技攻关项目补助、研发投入补助、产业发展扶持专项补助等存在非常强的稳定性与可持续性,其他各项补助(如新三板/广州股交中心挂牌补助/高新企业补助)不属于公司政府补助的主要构成部分,具有一定的偶发性,不会对公司未来经营情况产生重大不确定性。

(4)关于政府补助等影响公司直接面向市场独立持续经营的能力。

2016—2018 年,公司计入当期损益的政府补助金额分别为 2315.45 万元、2319.91 万元、1111.58 万元,占利润总额的比例分别为 99.27%、111.48%、50.09%,占比维持在较高水平,公司经营业绩对政府补助存在依赖。自成立以来公司积极承担与质谱仪研发相关的政府重大科研项目,与研发相关的政府补助一直是公司政府补助的最大来源,持续获得较高的与研发相关的政府补助是公司具有研发实力并得到相关科技主管部门认可的体现,政府补助金额与公司研发实力相匹配。公司获得的科研项目类政府补助具有非常强的稳定性和持续性,不存在重大不确定性风险,并且随着公司经营业绩的不断改善,2018 年年末公司扣除非经常性损益后已由亏损转为盈利,扣非后净利润为 1307.30 万元,且公司的营业收入规模也逐年上涨。

公司拥有独立的采购、研发、生产和销售体系,主要通过生产与销售质谱仪并提供相关技术服务实现盈利。公司的业务来源于自身开拓,通过自身在产品应用领域积累的丰富经验和对客户需求的全面、精准的理解,积极开拓市场获得业务,政府补助及税收优惠与公司业务来源不存在关联。

【案例评析】

公司经营业绩对政府补助存在依赖。根据公司说明,公司从事质谱仪研发、生产和销售业务,相关业务获得国家重视和支持,报告期内持续获得政府补助,有助于公司较快提升研发生产能力。因此,政府补助等虽然对公司业绩存在较大影响,但有利于公司业务发展,公司未来可能持续获得相应补助,并提升收入。

第四节　管理层讨论与分析

企业管理层讨论与分析是公司的管理团队对公司人员、资产、技术、资质、业务和业绩等投资价值的一次整体的自我分析和报告,是投资者了解公司的重要渠道。发行人应当采用定性和定量相结合的方法,清晰披露所有重大财务会计信息,分析重要财务会计信息的构成、来源与变化情况,保证财务会计信息与业务经营信息的一致性。

很多公司对于招股书该部分内容并不重视,往往简单作为基本财务指标进行分析,实际上却忽视了其重要功能。该部分其实是公司管理团队充分揭示公司的投资价值、投资亮点和公司竞争优势的重要部分,需要向投资者着重进行推介。

一、财务状况影响因素

公司报告期内和未来盈利能力是投资者关心的核心问题,通常情况下,企业经营管理层可以围绕公司所在行业前景及市场空间、经营模式与销售能力、公司治理与人员结构、技术创新与研发投入等,对公司财务状况和盈利能力进行分析。

第一,公司从何处获取收入? 为何获取收入? 收入获取是否具有竞争力? 公司管理团队可以结合报告期内主要客户情况、客户面临的主要问题或者需求,分析说明公司提供了什么产品或服务解决了客户的问题或需求,公司如何生产这些产品或靠何人提供这些服务。结合其他公司是否可以提供相同或相似的产品或服务,分析说明相比较其他公司,公司是否有许可、资质、人才、关系、价格或者产品质量、服务质量方面的竞争优势让客户选择公司的产品或服务。

第二,为了提供上述产品或服务,公司需要哪些成本? 成本是否具有优势? 公司管理团队可以结合报告期内主要供应商及其提供的原材料、服务等内容,分析说明公司产品生产过程中主要的原材料及其价格优势或质量优势或渠道优势,公司主要生产设备的先进性、生产人员的技术丰富性、生产管理的有效性,公司生产用厂房、能源的稳定性和价格优势,公司外购服务的成本优势、服务质量等,说明公司的原材料等具有较高质量或公司成本控制能力较强,从而相比其他公司具有成本方面的优势。

第三,公司在生产产品或提供服务过程中,都发生了哪些费用? 相关费用是否能够严格管控,与公司收入之间存在稳定性? 公司管理团队可以结合报告期内主要管理费用及其用途、销售费用及其用途、研发费用及其成果和财务费用情况,分析说明公司在管理方面的费用控制,销售费用方面的投入及产出优势,研发费用方面的成果体现和财务费用方面的利息优势,结合公司在费用节约和激励方面的平衡机制说明公司费用管理能力优势。

第四,公司的利润如何? 这是公司管理层交给公司股东、投资者的最终成果,当然还要先给国家交够税收。公司来自业务方面的利润与公司的资产、资本相比,即所谓的净资产收益率,是股东、投资者对公司进行投资的基本判断基础。

除此之外,未来公司是否能像过去一样保持领先,或者未来公司将更加具有优势？这需要公司管理团队进行更加详细的分析和仔细、严谨的论证。具体来说:

(1)结合消费者结构变动、消费者需求变动分析公司的目标客户数量变动、目标客户需求变动情况,分析说明公司未来市场广阔;

(2)结合公司的市场准入门槛提升、人才获取和培养升级、产品升级换代、服务能力提升、销售能力增加、成本价格下降、产品质量提升、服务质量提升或者关系更加稳固或者新增新的关系网络等,分析说明公司获取目标客户的竞争能力是否持续增强;

(3)结合公司产品原材料的供给情况,原材料的价格、质量变动情况,市场人才供给情况,公司设备改造情况,公司产能扩大情况,公司成本控制能力提升情况等分析公司成本方面未来是否具有较大的下降空间;

(4)结合公司的管理模式、销售模式、融资结构、研发投入等方面变动情况,分析说明公司在节省费用方面是否未来可期。

第五,如果公司在税收管理方面也有不错的未来计划,可以一并进行分析说明。

审核关注要点:

(1)公司针对报告期内盈利能力的主要要素分析是否准确、全面,是否存在重大遗漏或者误导性陈述;

(2)公司对未来财务状况和盈利能力的主要影响因素分析数据来源是否可靠,论证是否严谨,是否存在其他重大风险事项未披露。

典型案例113:神州细胞报告期内未实现盈利且存在累计未弥补亏损

发行人报告期内未实现盈利且存在累计未弥补亏损。

【审核问询意见】

请发行人:在"财务会计信息与管理层分析"章节中"公司未来经营状况和盈利能力发展趋势"部分补充披露研发管线主要药品预计获批或完

成临床试验的时间区间、预计的商业化进展、发行人现有研发管线未来三年预计的研发投入金额区间、公司达到盈亏平衡状态时主要经营要素需要达到的水平预测。

【问询回复摘要】

公司补充披露：

研发管线主要药品预计获批或完成临床试验的时间区间、预计的商业化进展、发行人现有研发管线未来三年预计的研发投入金额区间、公司达到盈亏平衡状态时主要经营要素需要达到的水平预测情况：

（1）预计未来核心经营要素发展趋势分析。公司现有研发管线主要药品预计未来研发投入和商业化情况分析如下：

序号	产品代码	适应症/区域	完成临床试验的时间区间	商业化进展	未来三年投入区间（万元）
1	SCT800	甲型血友病（国内）	2020 年	正在筹建销售团队，预计于 2020 年第 4 季度—2021 年第 2 季度获批上市	7000~10000
		甲型血友病（国际）	2021—2022 年	在完成国际临床试验后尽快推进产品的商业化进展	10000~15000
2	SCT630	银屑病、风湿性关节炎、强直性脊柱炎	2021 年	在完成产品的临床试验后尽快进行新药申报，推进产品的商业化进展	12000~17000
3	SCT510	非小细胞肺癌，二线治疗肝癌	2021—2022 年	在完成产品的临床试验后尽快进行新药申报，推进产品的商业化进展	35000~45000
4	SCT400	弥漫性大 B 细胞淋巴瘤	2019 年	2020 年第 4 季度—2021 年第 2 季度获批上市	1000~1500
5	SCT200	转移性结直肠癌，头颈鳞癌单药二线治疗	2021 年	在完成产品的临床试验后尽快进行新药申报，推进产品的商业化进展	20000~30000

序号	产品代码	适应症/区域	完成临床试验的时间区间	商业化进展	未来三年投入区间(万元)
6	SCT-110A	多种实体瘤单药和联合治疗	2021—2022 年	在完成产品的临床试验后尽快进行新药申报,推进产品的商业化进展	45000~50000
7	SCT1000	宫颈癌预防	2023—2024 年	在完成产品的临床试验后尽快进行新药申报,推进产品的商业化进展	8000~12000
合计					138000~180500

(2)达到盈亏平衡状态时主要经营要素分析。

公司目前正在顺利推进产品管线的研发进展,预计当 SCT800、SCT400、SCT200、SCT510、SCT630 五个产品顺利上市、市场稳步拓展,全年销售收入实现 19 亿~21 亿元时,可实现盈亏平衡。现就经营发展趋势、经营要素等前瞻性信息分析如下:

1)主营业务所处产业环境持续向好。生物制药行业受到《"十三五"国家战略性新兴产业发展规划》《国家创新驱动发展战略纲要》等国家战略和政策的支持和鼓励。此外,在老龄化、社会医疗卫生支出增长等因素的共同影响下,生物药的需求也保持着稳定增长。

2)产品管线布局趋于成熟。公司有着丰富的在研产品储备,各项产品研发进展顺利推进。其中,SCT800 上市申请已于 2019 年 11 月 14 日获 NMPA 受理;SCT400 预计近期提交新药申请;SCT200、SCT510 和 SCT630 的研发也在顺利推进,公司将努力推动其在未来三年内完成临床阶段研究工作,并申报上市进入商业化。

3)研发投入继续保持增长。公司将持续专注于研发投入。除对已进入临床阶段的产品持续推进研发进展外,公司也将紧跟全球生物药发展趋势,进行具有"Best-in-Class"潜质的新药分子发现。公司的研发投入规模预计将继续保持增长态势,但具体投入规模具有较大的灵活性,公司将根据业务发展需求、流动资金管理情况,以及未来产品销售可能产生的现金流预测等多方面因素,制定风险可控的研发投入策略。至公司实现盈利时,预计年研发投入为 6 亿~8 亿元。

4)商业化能力配套发展。公司已建成 2 条基于动物细胞培养技术的原液生产线(细胞培养规模分别为 4000 升和 8000 升)、1 条制剂生产线(用于成品制剂灌装/冻干),可用于满足临商业化产品上市后的生产。此外,公司正在进行新的生产线建设,计划于未来三年内建成 3 条原液生产线和 2 条制剂生产线(用于成品制剂灌装),满足后续商业化产品的生产需要。

5)自有销售团队持续建设。就目前的临商业化产品,公司目前正在筹备建立 SCT800 的营销团队,计划于产品获批上市前组建 50~100 人的团队;此外,针对特定品种,发行人会考虑与第三方开展独家授权销售等商业化合作模式(发行人已与石药集团就 SCT400 商业化签订了国内市场的合作协议)。公司将持续进行销售团队的建设以满足后续产品的上市需要,至实现盈利时,预计将建成一支 500~1000 人的销售团队。

在良好产业环境的推动下,公司研发进度顺利推进,在研管线产品逐渐实现商业化,公司预计将在 SCT400、SCT800、SCT200、SCT510、SCT630 五个核心产品上市后实现扭亏为盈。上述预计时间完成结点、盈亏平衡时的经营要素状态为本公司根据目前经营情况进行的合理预期,不构成业绩承诺。

【案例评析】

公司目前仍处于亏损阶段,公司管理层需要对未来盈利条件进行合理分析以供投资者谨慎判断。根据公司说明,在良好产业环境的推动下,公司研发进度顺利推进,在研管线产品逐渐实现商业化的条件下,公司预计将在 SCT400、SCT800、SCT200、SCT510、SCT630 五个核心产品上市后能够实现扭亏为盈。

二、财务状况影响指标

前部分是公司管理团队对于公司盈利能力进行的总体概括分析,侧重于影响要素的定性分析;本部分则是结合公司的各项财务指标和非财务指标对公司财务状况和盈利能力进行定量分析。常见的财务指标和非财务指标包括以下方面,企业可以结合自身行业和业务特征进行选择分析:

(1)市场规模增长率;(2)客户群体结构及其变化率;(3)产品或服务

技术先进性指标或服务口碑指标;(4)公司股权结构及其集中度;(5)公司组织结构及其经营效率;(6)管理团队教育背景或相关经验;(7)公司内控制度数量及其执行率;(8)核心技术、专利、商标、著作权数量及其利用率;(9)研发投入金额及其比率;(10)研发人员数量及研发强度;(11)业务许可资质及其市场壁垒;(12)客户结构及其数量;(13)新产品或服务投入进展及盈利预测;(14)应收账款账期变化率;(15)营业收入增长率、利润增长率、存货周转率、毛利率和净利率、期间费用率等经营能力指标;(16)资产负债率、利息保障倍数、速动比率、借款(债券)利率等偿债能力指标。

> **审核关注要点:**
>
> (1)公司是否对重要财务或非财务指标进行分析说明,充分揭示相关指标对公司财务状况和盈利能力可能产生的影响;
>
> (2)公司各项指标分析是否逻辑严谨、数据来源可靠、计算科学,相关风险估计和预测是否谨慎、合理;
>
> (3)公司针对可能发生的财务状况恶化或盈利能力下降是否制订相应的预案或具有可靠的应对措施。

典型案例 114:普门科技不同销售模式收入构成及毛利信息披露

报告期内,发行人采取以间接销售为主、直接销售为辅的销售模式。

【审核问询意见】

请发行人:在"财务会计信息与管理层分析"章节中披露报告期各期,经销模式和直销模式的收入构成和毛利率情况,并结合客户变动等情况分析收入波动的原因、经销和直销毛利率差异原因。

【问询回复摘要】

公司补充披露:

经销模式和直销模式的收入构成和毛利率情况:

(1)公司不同销售模式收入构成。报告期内,公司的销售收入主要来源于间接销售收入,间接销售收入占主营业务收入比例分别为99.30%、97.48%及94.15%。其中,来自经销商的收入占间接销售收入的比例分别为66.63%、76.42%及76.27%。随着公司业务不断发展、产品不断丰富、销售渠道和区域不断扩展,公司间接销售收入持续稳定上升。

报告期内,公司直接销售收入金额分别为121.27万元、628.09万元及1881.80万元,总体规模较小;2017年及2018年直接销售收入增长较多,系由于公司获得了中国人民解放军某部治疗与康复类产品的订单,对应销售金额分别为227.06万元及1385.48万元。

(2)不同销售模式下的毛利率情况分析。间接销售收入方面,毛利率总体维持稳定;其中,治疗与康复类产品毛利率较高,随着产品销售规模的扩大逐年有所下降,2018年一般间接销售客户毛利率下降较多,主要由于当年向军方单位代理机构销售的红外治疗仪产品的毛利率较低,以及销售的空气波治疗仪中毛利率较低的型号占比较高所致。体外诊断类产品毛利率维持稳定,受对SYSMEX销售价格较低影响,对经销商的销售毛利率低于一般间接销售客户。

直接销售收入方面,毛利率总体高于间接销售收入毛利率,主要系由于直接销售收入较小,受产品结构及个别订单毛利率影响较大;其中,治疗与康复类方面,主要为对中国人民解放军某部的销售,2017年及2018年对其销售金额占直接销售收入比例较大,毛利率水平受单次招标影响较大,因此存在一定波动,但整体与间接销售收入相比不存在明显差异;体外诊断类方面,2017年及2018年毛利率较高,系由于该部分直接销售收入主要系对美年健康的检验试剂销售。公司与美年健康采用免费提供检测设备使用,并通过检验试剂销售实现收益的合作模式,在该模式下检验试剂毛利率较高。

【案例评析】

公司以经销收入为主,公司未详细分析说明经销模式和直销模式的收入构成和毛利率情况。公司补充分析了两种销售模式下毛利率及其差异原因,有助于投资者准确把握公司不同销售模式下获取利润能力情况。

三、公司尚未盈利分析

科创板对于预计市值在15亿元以上的企业,只要满足相关的营业收入、研发投入、经营性净现流指标,不再对净利润作要求;并且对于预计市值在10亿~15亿元的企业,最近一期营业收入在1亿元以上的,只要最近一期盈利,累计亏损也可上市。

《科创板首发管理办法》第三十九条第二款规定:发行人尚未盈利的,

应当充分披露尚未盈利的成因,以及对公司现金流、业务拓展、人才吸引、团队稳定性、研发投入、战略性投入、生产经营可持续性等方面的影响。

《科创板审核问答》进一步明确了尚未盈利企业的信息披露要求:

(1)原因分析。尚未盈利或最近一期存在累计未弥补亏损的发行人,应结合行业特点分析并披露该等情形的成因,如产品仍处研发阶段,未形成实际销售;产品尚处于推广阶段,未取得客户广泛认同;产品与同行业公司相比技术含量或品质仍有差距,未产生竞争优势;产品产销量较小,单位成本较高或期间费用率较高,尚未体现规模效应;产品已趋于成熟并在报告期内实现盈利,但由于前期亏损较多,导致最近一期仍存在累计未弥补亏损;其他原因。发行人还应说明尚未盈利或最近一期存在累计未弥补亏损是偶发性因素,还是经常性因素导致。

(2)影响分析。发行人应充分披露尚未盈利或最近一期存在累计未弥补亏损对公司现金流、业务拓展、人才吸引、团队稳定性、研发投入、战略性投入、生产经营可持续性等方面的影响。

(3)趋势分析。尚未盈利的发行人应当披露未来是否可实现盈利的前瞻性信息,对其产品、服务或者业务的发展趋势、研发阶段以及达到盈亏平衡状态时主要经营要素需要达到的水平进行预测,并披露相关假设基础;存在累计未弥补亏损的发行人应当分析并披露在上市后的变动趋势。披露前瞻性信息时应当声明其假设的数据基础及相关预测具有重大不确定性,提醒投资者进行投资决策时应谨慎使用。

(4)风险因素。尚未盈利或最近一期存在累计未弥补亏损的发行人,应充分披露相关风险因素,包括但不限于:未来一定期间无法盈利或无法进行利润分配的风险,收入无法按计划增长的风险,研发失败的风险,产品或服务无法得到客户认同的风险,资金状况、业务拓展、人才引进、团队稳定、研发投入等方面受到限制或影响的风险等。未盈利状态持续存在或累计未弥补亏损继续扩大的,应分析触发退市条件的可能性,并充分披露相关风险。

(5)投资者保护措施及承诺。尚未盈利或最近一期存在累计未弥补亏损的发行人,应当披露依法落实保护投资者合法权益规定的各项措施;还应披露本次发行前累计未弥补亏损是否由新老股东共同承担以及已履行的决策程序。尚未盈利企业还应披露其控股股东、实际控制人和董事、监事、高级管理人员、核心技术人员按照相关规定作出的关于减持股份的特殊安排或承诺。

创业板对未盈利企业给出了明确的上市标准:"预计市值不低于50亿元,且最近一年营业收入不低于3亿元",而这一标准明显高于科创板对于未盈利企业的门槛要求。未盈利企业应当充分披露尚未盈利的成因,以及对公司现金流、业务拓展、人才吸引、团队稳定性、研发投入、战略性投入、生产经营可持续性等方面的影响。同时,发行人应当在招股说明书中披露公开发行股份前已发行股份的锁定期安排,特别是尚未盈利情况下发行人控股股东、实际控制人、董事、监事、高级管理人员股份的锁定期安排。

北交所上市条件明显低于科创板和创业板上市条件,但均以市值为核心,加上营业收入、净利润、研发投入等指标组合,设置了多元包容的上市条件,均为未盈利企业打开通道:

(1)市值不低于4亿元,最近两年营业收入平均不低于1亿元,且最近一年营业收入增长率不低于30%,最近一年经营活动产生的现金流量净额为正;

(2)市值不低于8亿元,最近一年营业收入不低于2亿元,最近两年研发投入合计占最近两年营业收入合计比例不低于8%;

(3)市值不低于15亿元,最近两年研发投入合计不低于5000万元。

审核关注要点:

(1)公司预计市值的估值方法是否合理,公司估值相关的营业收入、研发投入、经营性净现流指标等归集、计算是否符合会计准则要求;

(2)公司是否按照规定披露尚未盈利相关信息,控股股东、实际控制人、董事、监事、高级管理人员股份的锁定期安排是否符合规定。

典型案例 115:奇安信报告期存在大额亏损

发行人是国内领先的企业级网络安全产品和服务提供商。发行人2019年收入规模已超过30亿元,但仍大额亏损,发行人招股书所列可比公司启明星辰、深信服、绿盟、安恒信息在报告期内均为盈利且收入规模和盈利规模逐年增长。

【审核问询意见】

请发行人根据《科创板审核问答》第二之问答的要求,完善"二十一、未来可实现盈利的前瞻性信息"的披露,补充关于达到盈亏平衡状态时主要经营要素需要达到的水平的预测,并提醒投资者在决策时审慎使用,简化关于公司实现盈利保障的披露,删除与前文重复冗余的信息。

请发行人说明:发行人盈利状态与竞争对手存在较大差异的原因,发行人的业务领域、优势下游行业领域、研发投入领域、销售模式、所属发展阶段与竞争对手的具体差异,发行人的赛道及发展模式是否存在盈利周期较长的重大风险。请根据实际情况进行风险提示及重大事项提示。

【问询回复摘要】

公司补充披露了未来可实现盈利的前瞻性信息。

(1)未来实现盈利的假设条件:

1)公司所遵循的国家和地方现行有关法律、法规和经济政策无重大改变;

2)国家宏观经济继续平稳发展;

3)本次公司股票发行上市成功,募集资金顺利到位;

4)募集资金投资项目能够顺利实施,并取得预期收益;

5)公司所处行业与市场环境不会发生重大变化;

6)公司无重大经营决策失误和足以严重影响公司正常运转的重大人事变动;

7)不会发生对公司正常经营造成重大不利影响的突发性事件或其他不可抗力因素。

(2)达到盈亏平衡状态时主要经营要素需要达到的水平的预测。目前公司已经基本完成四大研发平台的建设以及营销体系的建设,因此研发支出及销售费用支出的增速将进一步放缓,占营业收入的比重将进一步降低,预计研发费用占比将降低至26%~28%,销售费用占比将降低至30%~32%,以60%~62%的毛利率为经营目标的情况下,预计公司在收入达到44亿~46亿元时可实现盈亏平衡。

公司前瞻性信息是建立在推测性假设的数据基础上的预测,具有重大不确定性,投资者进行投资决策时应谨慎使用。

公司进一步说明了盈利状态与竞争对手存在较大差异的原因。

(1)公司拥有包括基础架构安全产品、新一代IT基础设施防护产品以及大数据智能安全检测与管控产品在内完整的产品布局,以"数据驱动安全"(大数据协同安全分析技术)为技术理念,致力打造"三位一体"的新一代网络安全防御体系,即低位(设备和软件防御能力)、中位(大数据人工智能分析态势感知能力)和高位(威胁情报收集与分析能力)全面协同联动的防御能力,而为了打造成体系化、协同联动的产品体系,需要将公司网络安全产品所需的共性核心能力平台化、统一化,以避免单一产品核心能力的重复研发。

为此,公司重点建设了四大研发平台,聚焦核心技术能力的平台化输出,为安全产品提供共性核心能力,包括网络操作平台(提供统一流量解析能力)、大数据操作平台(提供统一数据存储和分析能力)、可视化操作平台(提供模块化数据展现能力)以及云控操作平台(提供统一云端运营和服务能力),将安全产品需要的通用且核心的网络流量智能解析与调度、安全大数据存储与分析、安全可视化分析与展示及云端安全管控能力平台化、模块化,避免了新产品研发过程中核心能力的重复研发,将极大降低未来新产品的研发成本及研发周期。

上述四大研发平台建设完成后,当网络安全新兴领域或"新赛道"出现安全需求需要研发新产品时,公司四大研发平台可以直接提供核心安全能力,避免了重复研发,使得公司可以在较短的时间内快速发布新产品,以取得新兴领域或"新赛道"的先发优势,预期将进一步快速提升公司的市场占有率及收入份额。

但是,上述四大研发平台的建设具有周期较长、投入较高的特性,需要公司投入大量的时间及资金进行开发、整合及完善,导致公司历史上研发支出较高;截至2019年底,公司已基本完成四大研发平台的建设工作,目前正在将公司产品基于四大研发平台进行模块化改造,因此短期内公司研发投入还将保持一定规模,但占营业收入的比例将逐步下降。

(2)在产品体系建设方面,公司进行了全面的产品布局,是覆盖网络安全细分领域最多的网络安全企业。根据2020年3月31日安全牛发布的第七版《中国网络安全行业全景图》,公司的产品线覆盖全部15个一级安全领域和71个二级细分领域,入围的领域最多。除了布局传统安全领域外,公司还在大数据态势感知、云安全、代码安全、SD-WAN、工业安全、身份安全等新兴领域及"新赛道"重点布局,不断开发创新型网络安全产品。上述全面且重点创新领域的产品布局需要进行大量的产品研发及新技术研发,也产生了大量的研发投入。

(3)公司建设了总部和区域联动的网络安全应急服务体系,目前技术支持及安全服务人员的人数超过2500人,覆盖范围包括全国31个省市自治区,可对全国31个省会级城市提供小时级人工响应服务,对地市级城市提供天级人工响应服务,具有大规模服务能力,可向全国范围内的客户(包含已有客户和潜在客户)提供应急响应技术服务,能够产生良好的品牌效益,为公司带来商机;此外,公司成立于2014年,成立时间较晚,需要快速建设并迅速扩张销售团队,以覆盖全国地区和重点行业,提升市场占有率。上述事项导致公司投入了大量的销售费用。因此,为了快速完成上述四大研发平台、产品体系、服务体系、销售及渠道体系方面的建设,公司快速扩张了人员规模,进行了大量的研发及销售投入,导致公司产生了亏损,盈利状态与竞争对手存在较大差异。

但是,公司在历史上的大量投入,为未来发展打造了良好基础,创造了先发优势。公司已经成为国内安全产品类型最全的企业,开发新产品的需求在逐步减少;安全服务、销售及渠道体系已基本建成,有利于跟踪把握潜在项目机会,不断强化商业竞争优势;四大研发平台的建设完成,将大幅降低现有产品更新和新产品开发的成本。随着公司规模效应逐步显现,预期未来将实现盈利。

截至2019年,公司四大研发平台、应急响应中心及销售体系已经基本完成建设,公司的研发需求及服务能力扩张需求有所下降,因此2019年公司研发费用及销售费用增幅放缓、占比下降。但是,一方面,公司的安全产品正在围绕四大研发平台进行模块化改造,公司仍然有较大规模的研发投入需求;另一方面,网络安全行业与国际形势、技术发展、威胁变化均有较强的关联性,当攻防角色、模式或技术出现重大变化时,仍然需要进行较大的研发投入,客观上公司选择的赛道及发展模式仍然存在盈利周期较长的风险。

【案例评析】

公司为网络安全产品和服务提供商,目前尚未盈利。公司对盈利条件及盈利预测进行了分析,分析说明了盈利情况较同业差异的部分原因,并就相关风险进行了揭示。综合来看,公司反馈回复仍然内容冗长,且缺乏较为实质性信息,特别是有关公司开发建设四大研发平台、产品体系、服务体系、销售及渠道体系方面投入与产出的市场分析、数据测算等信息较为缺乏。

第五节　财务报表分析基本方法

财务报表分析是编制招股书、审核招股书和阅读招股书的基本要求。从申请上市公司的角度,财务报表的分析是一种宣传公司经营实力、吸引投资者的重要方式;从监管机构的角度,通过对公司财务报表进行分析可以判断公司是否符合发行、上市条件,公司业绩是否真实准确,财务内控是否规范有效;从投资者的角度,通过分析公司的资产质量、经营能力和盈利能力可以帮助决定是否投资;从收购者的角度,通过分析公司的资产结构、现金流情况可以确定收购的必要性、可行性和收购的对价;从债权人的角度,分析公司的资产质量、偿债能力、流动性风险可以决定是否向公司贷款以及贷款的担保方式、贷款的偿还方式和贷款利息。

常用的财务报表分析方法包括,比较分析法、比率分析法、趋势分析法、因素分析法、回归分析法等,本部分仅介绍最基础的几种分析方法。

一、纵向比较

纵向比较分析又叫作历史分析或者趋势分析,是对公司报告期历年的财务数据的直接变动趋势、变动大小、变动比率进行分析判断。

> **审核关注要点:**
> (1)公司货币资金余额较大或变动较大的,关注大额现金、现金波动的原因及合理性,与利润表、现金流量表、利息收入的匹配性,是否存在使用受限制情形、是否存在重大投资或偿债情况、是否存在重大诉讼纠纷情况。
> (2)应收账款余额较大或变动幅度较大的,关注是否通过放宽信用政策增加收入,公司结算方式是否发生重大变化,公司业务、产品是否发生重要变更。
> (3)存货余额或变动较大的,关注公司采购、生产、销售模式是否发生变化,存货周转率是否与同行业相匹配,是否与公司订单相符。

（4）短期借款余额变动较大的，关注公司借款的用途与业务开展的匹配性，关注公司货币资金状况及还款能力，是否存在流动性风险。

（5）收入变动较大的，关注公司收入构成情况、相关波动的原因及合理性，关注是否存在季节性波动、与同行业公司是否匹配，关注公司收入变动趋势、比例与应收账款、净利润、原材料、人员结构是否匹配；若公司收入大幅增加，关注收入确认方式是否谨慎、新增客户订单是否真实，是否存在冲业绩或抢政策的情况；收入若大幅减少，关注公司相关行业政策是否发生较大不利变化，是否存在产品质量问题或其他纠纷，公司是否存在持续经营能力风险。

（6）成本变动较大的，关注成本具体构成及变动具体情况是否与业务、收入变动相匹配；关注成本变动与公司产品、产量、生产费用、销售费用、人员结构、能源消耗的变动是否一致，与公司的设备、产能是否匹配。

（7）毛利率变动较大的，关注公司报告期内主要客户的变动情况，主要客户的毛利率是否发生变化，毛利率升高或者降低与公司业务、产品、技术、市场供需变化是否一致，是否存在低毛利率冲收入规模的情形。

典型案例 116：柏楚电子报告期收入变动与行业趋势不一致

报告期内，发行人实现收入 1.22 亿元、2.10 亿元、2.45 亿元，2017 年、2018 年同比增长 72.15%、16.58%。根据《2018 中国激光产业发展报告》，报告期内中低功率激光切割设备销售数量及预测分别为 14100 台、22500 台、28000 台，2017 年、2018 年同比增长 60%、24%。

【审核问询意见】

请发行人：（1）结合市场占有率、主要客户变动情况及原因，量化分析并披露收入变动与行业趋势不一致的原因；（2）2018 年发行人收入增速下滑，结合所处行业情况以及影响收入变动的主要因素，补充披露 2018 年收入增速下滑的原因，以及现有产品的未来发展前景。

【问询回复摘要】

公司说明：

（1）公司收入变动与行业趋势不一致的原因。2016—2018 年公司营业收入分别为 12220.33 万元、21037.84 万元和 24526.41 万元,2017 年和 2018 年同比增长 72.15% 和 16.58%;2017 年和 2018 年中低功率激光切割运动控制系统行业销量同比增长 59.57% 和 24.44%。公司 2017 年和 2018 年营业收入的变动与行业趋势率总体保持一致,但 2017 年增高于行业增速、2018 年低于行业增速,造成相关差异的主要原因包括:

1)公司的市场占有率 2017 年有所增长,但 2018 年有所下降。公司根据《激光行业研究报告》市场容量相关数据及公司营业收入数据,估算公司 2017 年度、2018 年度中低功率激光切割运动控制系统市场占有率情况。

2)主要客户的销售额 2017 年增速较快,2018 年出现增速放缓或下降。报告期内,各期均位列公司前五大客户的主要客户包括佛山市宏石激光技术有限公司、深圳迪能激光科技有限公司及济南邦德激光股份有限公司,公司主要客户的销售额在 2017 年度均实现较大幅度增长,而在 2018 年度均不同程度地放缓了增速或发生了下降的情况,主要系由于 2018 年下半年受宏观经济环境影响,公司产品的终端客户放缓了激光切割设备采购节奏,进而影响到公司下游激光切割设备生产商的全年生产计划,对公司产品的销售情况亦产生不利影响。

3)2018 年公司收入增速放缓,由 2017 年的 72.15% 下降至 16.58%。根据《激光行业研究报告》,中低功率激光切割设备销售数量增速由 2017 年的 59.57% 降至 2018 年的 24.44%,2018 年中低功率激光切割运动控制系统市场容量增长率为 20.29%,整体市场增速放缓;受宏观经济环境影响,公司产品的终端客户放缓了激光切割设备采购节奏,进而影响到公司下游激光切割设备生产商的全年生产计划,对公司产品的销售情况亦产生不利影响。

(2)公司现有产品的未来发展前景。随着我国宏观经济的相对好转,下游激光设备生产商对控制系统的采购恢复较好的增速,同时公司总线控制系统等新增业务发展情况较好,公司 2019 年第一季度营业收入和利润均保持较好的增长趋势。公司 2019 年第一季度未经审计的营业收入约为 7600 万元,较 2018 年第一季度同比增长 41.75%;2019 年第一季度未经审计的营业利润为 5100 万元,较 2018 年第一季度同比增长 35.75%。

1)随动系统及板卡控制系统。随动系统及板卡控制系统主要面向中低功率市场,系目前公司主要收入来源。公司在中低功率市场占据主导地位,且拥有较强技术壁垒,公司预计市场占有率短期不会发生重大变化。故公司在中低功率市场的收入将伴随市场整体收入增长而受益。

根据《激光行业研究报告》,未来3年,受存量市场更新换代、传统切割方式被激光切割方式替代等因素刺激,该等市场规模将保持年平均12.65%增长。公司将因稳定的市场占有率而从中受益。公司持续对随动系统及板卡控制系统产品线进行迭代升级,针对管材切割、三维切割领域不断推出性能更好、易用性更佳、稳定性更强的新产品。未来,公司将继续对随动系统及板卡控制系统产品线的研发迭代,推出更多面向性能更高、稳定性更好的产品型号。

2)总线控制系统。总线系统主要面向高功率市场,是板卡系统的集成升级,集成了板卡控制系统、随动控制系统、工业电脑、显示器、操作面板等其他部件,基于 Ether CAT 总线技术,可以实现对平面切割机或者管材三维切割机的机械传动装置、激光器、辅助气体及其他辅助外设装置的实时控制。总线控制系统具有稳定性高、实时性高、集成度高、扩展性强、便于安装等特点,但价格相对于板卡控制系统较高。

公司自2017年起推出自主研发的总线控制系统产品,符合市场发展趋势,是激光加工系统行业发展的必然要求。但由于总线系统目前仍处于市场推广期,2017年度、2018年度总线系统销售收入分别为41.45万元和530.67万元,占营业收入比例较低。未来,随着激光切割设备市场的逐渐成熟向高功率方向发展,对激光切割控制系统的高端需求也将逐步扩大,总线系统的未来前景广阔。

【案例评析】

公司报告期内收入增长情况变动较大,且与行业增长趋势存在差异。根据公司说明,2017年度公司营业收入增长率及销量增长率均高于行业增长趋势,主要系公司2017年开始实现业绩快速增长,市场占有率上升,公司当年营收和销量增幅均高于行业增幅;2018年度公司营业收入增长率及销量增长率均略低于行业增长率,主要系2018年度公司中低功率市场占有率有所下滑;公司2018年度向主要客户的销售额增速放缓或有所下降导致。

二、横向比较

横向比较分析又叫作同行业可比公司比较分析,是对同期公司报告期相关财务数据与可比公司的相关财务数据进行对比,关注公司收入确认政策、成本结算方式是否与同行业上市公司存在较大差异,是否具有合理性,公司是否具备行业竞争优势。

> **审核关注要点:**
>
> (1)公司收入及利润增长相比同行业较快的,关注收入增长、利润增长与同行业公司的差异情况,公司市场规模变动、竞争情况与收入增长的匹配性;
>
> (2)公司毛利率相比同行业偏高的,关注公司是否存在未入账成本,是否存在关联方或第三方代公司支付成本、费用,是否存在不公允的关联交易,是否存在业务、资产、人员等混同情形;
>
> (3)公司应收账款周转率与同行业公司差异较大的,关注存在差异的具体原因,公司主要客户的账期与竞争对手是否基本一致,关注坏账准备政策及计提与同行业公司是否存在较大差异,是否具有合理性;
>
> (4)公司存货余额相比同行业较大的,存货周转率显著低于同行业公司,关注公司存货是否合理、是否超过同期营业成本,存货周转率显著较低的原因,与公司业务收入、市场空间是否匹配;
>
> (5)公司期间费用率相对较低的,关注同行业公司相关销售费用、管理费用、研发费用等与销售模式、人员薪酬水平等是否相一致,与公司研发能力、技术先进性是否相匹配,公司相应的研发是否真实。

典型案例117:恒安嘉新(不予注册)报告
期销售费用占比低于可比公司

报告期内各期末,公司销售费用占营业收入比重分别为8.87%、9.71%和9.88%,而同行业同期平均分别为19.90%、21.30%、15.70%,公司销售费用占比显著低于同行业可比公司。销售费用中业务招待费分别为529.61万元、813万元、1292.59万元,占同期销售费用比重分别为13.88%、16.54%、20.92%。业务招待费占比较高,增长较快。

【审核问询意见】

请发行人披露:公司销售费用占比显著低于同行业可比公司的具体原因。请发行人说明:(1)业务招待费的主要内容,以及报告期内增幅较大的原因;(2)业务招待费用占营业收入的比重以及占销售费用本身比重与同行业上市公司对比情况,公司业务招待费占比是否显著高于同行业可比上市公司,公司业务招待费占比高于同行业上市公司的原因。

【问询回复摘要】

公司补充披露:

公司销售费用占比显著低于同行业可比公司的具体原因:

公司与运营商等主要客户建立了长期稳定的合作关系,一方面公司销售部门员工占比低于同行业上市公司;另一方面公司产品以平台型产品为主,通过平台型产品持续跟进客户需求,后续营销和人员支出较少,故公司销售费用率显著低于同行业可比上市公司。

同时,考虑公司与任子行、绿盟科技、美亚柏科等同行业上市公司的客户类型不同,公司客户群体以电信运营商、安全主管部门等政企客户为主,公司选取了与公司客户类型近似的思特奇、贝通信的销售费用率参考对比,公司销售费用率高于贝通信,低于思特奇,与客户结构类似的可比上市公司销售费用率的平均数相当。

公司补充说明:

(1)业务招待费的主要内容,以及报告期内增幅较大的原因。报告期内各期,公司销售费用中业务招待费金额分别为 529.61 万元、813 万元和1292.59 万元。业务招待费主要为市场营销中心、各销售大区等部门为开发和维护客户发生的招待费用。报告期内,业务招待费增幅较大,主要原因系:①公司业务规模扩大,销售部门员工由 2016 年末的 101 人增加至 2018年末的 121 人;②为实现业务多元化,公司加大了对新市场的开拓。

(2)业务招待费用占营业收入的比重以及占销售费用本身比重与同行业上市公司对比情况。报告期内,公司业务招待费占营业收入的比例与同行业上市公司相当,其中 2018 年度占比略高于同行业上市公司。公司选取了与公司客户类型近似的思特奇、贝通信进行比较,公司业务招待费占营业收入的比重高于贝通信,低于思特奇。公司业务招待费占销售费用的比重较高,主要原因是公司销售费用占收入的比率显著低于同行业上市公司。

【案例评析】

公司销售费用占营业收入比重与同行业公司相比较低。根据公司说明,报告期内发行人与销售费用相关的内部控制制度健全且得到了有效执行,公司的销售费用真实完整并且计入恰当的会计期间,报告期内公司的销售费用率低于同行业上市公司符合实际经营情况,公司的销售费用率与客户结构类似的可比上市公司销售费用率的平均值相当;报告期内,公司业务招待费增长较快且占销售费用的比例较高,但其变动与公司的业务规模增长具有一定的匹配性,且与客户结构类似的可比上市公司相关指标的平均值相当。考虑产品、市场完全相同的两家可比公司在现实中几乎不可能存在,因此,一些重要财务指标往往难以简单对比,审核中主要还是关注公司有关情况能否与实际经营情况相匹配。

三、勾稽关系

公司财务报表的纵向和横向比较分析可以对公司的基本经营情况、未来经营趋势,公司与同行业公司之间的竞争优势有一个大致的判断。但是这些信息必须要同公司的行业、业务、人员、技术,资产设备、主要客户、主要供应商、原材料投入等其他要素进行统筹考虑、综合分析,将行业信息、业务信息、管理信息与财务信息相互印证、相互勾稽,进而判断公司有关财务数据是否真实、准确,相关分析是否科学、合理。

> **审核关注要点:**
>
> (1)关注公司收入变化情况与行业发展空间、市场区位变化、主要产品或服务、主要客户变动情况的匹配性,关注公司客户采购产品或服务的用途合理性、业务与合同一致性、价格公允性、收入确认政策正确性,是否存在特殊销售模式等。
>
> (2)关注公司原材料等成本变化情况与收入的匹配性,采购价格的变动与市场价格变动是否匹配,关注公司原材料的采购与产量、库存、销量的一致性,关注生产辅料的耗用或边角料的余量与产品产量是否相匹配。
>
> (3)关注公司主要费用的完整性、计量期间的正确性,关注水、电、气等能源消耗与生产量的匹配性,关注运输方式、运输费用、保险费用

与销量的匹配性,关注期间费用率与经营规模、人员结构、资金流水、借款利率和收入变化匹配情况。

(4)关注人员结构、生产设备、研发设备、经营场所与公司收入、成本、费用情况的匹配性,关注公司核心技术、研发项目与公司业务的匹配性。

(5)关注公司所处行业、国家政策、行业变动趋势对发行人有利和不利的影响。针对不同行业企业的商业模式、经营特点、潜在风险,关注公司的行业地位,相关竞争优势是否具备合理性、可持续性,公司所处行业的市场容量、终端市场情况、行业集中度和成熟度与发行人的经营业绩是否匹配。

(6)关注行业统计数据、海关进出口统计等相关外部信息与公司业务的一致性等。

典型案例118:三生制药报告期内产销量与 期初期末存货的勾稽关系情况

报告期各期,发行人主要产品益赛普制剂产能分别为 350 万支、350 万支、500 万支和 250 万支,产能利用率分别为 59.95%、71.60%、51.82% 和 50.29%。

【审核问询意见】

请发行人说明:(1)报告期各期产能的计算方式,制约产能的瓶颈,规格 12.5mg 和 25mg 的制剂内含药物剂量不同而产能合并披露的合理性,是否应当按照产品所含药物披露产能;(2)产能从 350 万支提升到 500 万支的具体时间,与新增固定资产是否匹配;(3)报告期内产能利用率较低、产能不断扩大的原因,未来是否仍有扩大产能的计划;(4)报告期内产销量与期初期末存货的勾稽关系,12.5mg 和 25mg 两种规格制剂报告期累计产销率均低于 100%,说明未销售产品的去向,是否充分计提存货跌价准备。

【问询回复摘要】

公司说明:

(1)报告期内,发行人益赛普产能的计算公式具体如下:

序号	项目	2019年1~6月	2018年度	2017年度	2016年度
A	每批次实际产量(万支/批)	6.16	6.16	4.60	4.60
B	每期最大批次(批/期)	41	82	77	77
C	产能 C=A×B(万支)	250	500	350	350

注1:2018年度发行人益赛普根据自身产品需求进行了产线调整,"每批次实际产量"相应上升。

注2:"每期最大批准量"系综合考虑产线及设备检修后的批准产量。

　　发行人益赛普产品主要为粉针剂型,需要经过原液、制剂及包装三个主要环节。报告期内,益赛普产品的产能主要以制剂口径计算,由于不同规格的产品均需经过同样的制剂环节,因此合并披露产能具备合理性。

　　(2)产能从350万支提升到500万支与新增固定资产匹配情况。2018年1月,发行人益赛普原液生产C线+制剂Ⅲ区通过GMP认证,发行人根据自身产品需求进行了产线调整,因此产能由350万支提升至500万支。2018年,发行人"三万升规模抗体药物制备生产线"项目由在建工程转入固定资产40072.45万元,与上述事项匹配。

　　报告期内,发行人益赛普产能由350万支提升至500万支,系发行人在产线通过GMP认证后,根据自身产品需求进行了产线调整所致。发行人上海生产基地的相关生产线已建设完毕、未来暂无扩大产能的计划,发行人在研产品管线中预计未来三年至五年内上市的其他产品的商业化生产,拟通过本次募集资金投资项目在苏州产业园区实施抗体药物生产新建项目来实现。

　　(3)报告期内产销量与期初期末存货的勾稽关系。报告期内,发行人益赛普产销量与存货数量的主要情况如下:

单位:支

期间	规格	期初数量	产出数量	销售数量	捐赠数量	其他出库(研发领用、质检取样等)	期末数量
		A	B	C	D	E	F=A+B-C-D-E
2019年1~6月	12.5mg	80427	602109	466238	250	1285	214763
	25mg	203381	655103	681471	56403	2097	118513

续表

期间	规格	期初数量	产出数量	销售数量	捐赠数量	其他出库(研发领用、质检取样等)	期末数量
		A	B	C	D	E	F＝A+B-C-D-E
2018 年度	12. 5mg	80136	1054019	1053470	100	158	80427
	25mg	211944	1537072	1450057	90550	5028	203381
2017 年度	12. 5mg	179858	1009142	1108222	1000	(358)	80136
	25mg	132673	1496869	1303350	108135	6113	211944
2016 年度	12. 5mg	57325	978247	851395	1912	2407	179858
	25mg	126546	1120073	1050170	59288	4488	132673

注:2017 年其他出库为负数系前期研发领用退回。

报告期内发行人未销售产品的去向主要为期末留存、公益捐赠、研发领用、质检取样等。发行人对存货实物管控严格,存货保存情况良好。发行人产成品总体周转较快,毛利较高,售价稳定,存货可变现净值远高于其账面价值,发行人存货跌价准备计提合理。

【案例评析】

公司从事的药物制剂生产和销售业务,产能、收入、资产、存货之间存在勾稽关系,即产能与资产相一致,库存+当期产能＝当期销售数量+当期存货。根据公司说明,公司产能与生产线等生产设备相匹配;公司报告期内存在公益捐赠、研发领用、质检取样等其他流向,库存+当期产能＝当期销售数量+当期存货+其他流向。报告期内公司其他用途产品数量较多且存在波动,公司未进一步说明原因及合理性。

第六节　公司资产质量分析

公司资产负债表反映公司的主要资产和负债结构,主要包括货币资金、应收票据、应收账款、其他应收、预付账款、存货、长期股权投资、固定资产、在建工程、无形资产和资产减值等资产类科目,以及短期负债、长期负债、应付账款、预收账款、应交税费和预计负债等负债类科目。

公司资产质量揭示出公司生产经营活动的基础是否稳定,即公司是否具备持续开展相关业务所需的财物支撑。现金不足反映出公司的流动性较差、公司对上下游缺乏议价能力、投资模式激进或者公司缺乏后续资金支持,是公司持续经营的重要风险指标;应收账款过多说明公司对下游客户议价能力较差,市场供给大于需求;存货过多说明公司对市场判断不准确,产品可能缺乏市场或存在销售瓶颈;固定资产过多说明公司系重资产企业,生产经营负担较大;计提的减值准备过低反映出公司对资产价值虚估或者对未来风险的判断和准备不足;短期借款较多且用于长期用途反映出公司现金流紧张,短期偿债风险高企;应付账款账期的频繁延长说明公司很可能存在资金链断裂风险;存在大额或有负债说明公司内控不规范或经营存在风险;资产负债率较高说明公司的资本金不足,长期偿债风险高企。

审核中主要关注以下几个方面:一是资产负债表各科目会计处理的规范性,二是相关科目数据的准确性及其风险揭示的充分性,三是各科目与其他科目以及公司具体业务信息的一致性和匹配性。

一、货币资金

公司的货币资金主要包括现金、银行存款、其他货币资金等,货币资金是公司运营的血液,也是公司流动性风险的典型指标。

库存现金和银行存款是货币资金的主要形式。通常情况下,公司不会存放太多现金。一方面随着现代互联网时代的不断发展,公司基本资金开支均通过网上银行进行转账处理;另一方面即使公司有其他灰色支出,往往也是使用高管个人资金,然后再以费用的方式进行报销。因此,库存现金如果较多往往与现金交易关系比较密切,同时也需要关注公司的现金管理制度是否规范、有效执行。

审核关注要点:

(1)公司的货币资金规模和变动情况,关注规模变动较大的原因及其合理性;

(2)关注货币资金与利息收入之间的匹配性,关注是否存在金额相同、方向相反的大额资金在报告期末前后较近的时间内进出;

(3)关注是否存在资金用途使用受限情况、是否存在票据保证金;

(4)关注公司资金管理制度及其执行情况。对于货币资金规模较大的,关注中介机构是否对有关资金进行独立的银行函证,是否核查

> 公司的银行存款明细表、银行对账单、余额调节表,已销户无法函证账户是否取得相关证明;
> (5)关注中介机构是否对较大金额银行存款的财务凭证、会计记录进行查验,发生金额、发生时间、交易对手方、交易性质等是否已准确体现在财务凭证、会计记录中。

典型案例 119:威胜信息报告期各期末货币资金余额较大

报告期各期末,公司货币资金余额分别为 28625.23 万元、36382.95 万元和 58099.46 万元,其中其他货币资金余额占比 10%左右。

【审核问询意见】

请发行人披露:(1)量化分析货币资金变动与营业收入增长、应收款项变动、现金流量净额等项目之间的匹配情况;(2)报告期其他货币资金余额的具体构成情况,应付票据余额与保证金余额之间的匹配性。

请保荐机构及申报会计师补充说明对以下事项执行的核查程序:货币资金管理制度及相关内部控制审计和执行的有效性,是否存在控制股东、实际控制人占用资金的情况,是否存在无业务背景转移资金或出借银行账户的情况,是否存在销售回款单位与合同客户不一致的情况,以及销售回款是否均转至公司账户,并发表明确的意见。

【问询回复摘要】

公司补充披露:

(1)营业收入增长、应收款项变动与销售商品、提供劳务收到现金的匹配性。报告期内,营业收入增长、应收款项变动与销售商品、提供劳务收到现金的关系如下:

单位:万元

项目	2018.12.31 /2018 年度	2017.12.31 /2017 年度	2016.12.31 /2016 年度
营业收入	103864.10	99509.34	68031.43
营业收入增长率	4.38%	46.27%	——
应收款项余额	77056.90	71053.92	68124.96
应收款项余额增长率	8.45%	4.30%	——
应收款项余额/营业收入	74.19%	71.40%	100.14%

续表

项目	2018.12.31 /2018年度	2017.12.31 /2017年度	2016.12.31 /2016年度
销售商品、提供劳务收到的现金	94373.72	92995.54	55577.57
销售商品、提供劳务收到的现金/营业收入	90.86%	93.45%	81.69%

报告期内,2017年应收款项余额占营业收入比例为71.40%,较2016年有较大改善,当期应收款项余额增长率小于营业收入增长率,主要系2017年公司加强了应收款项的管理,应收账款回收情况良好,相应提升了销售商品、提供劳务收到的现金占营业收入比例水平。

2018年公司销售规模持续扩大,当期应收款项余额增长率略高于营业收入增长率,从而使得当年销售商品、提供劳务收到的现金占营业收入比例较2017年略有下降,但仍处于较高水平。

综上,发行人营业收入增长、应收款项变动与销售商品、提供劳务收到的现金三者之间具有匹配性。

(2)现金流量净额与货币资金的匹配性。报告期内,现金流量净额与货币资金变动的情况如下:

单位:万元

项目	2018.12.31 /2018年度	2017.12.31 /2017年度	2016.12.31 /2016年度
经营活动产生现金流量净额	23909.89	17906.10	8854.28
投资活动产生现金流量净额	-4752.16	-11796.21	22866.30
筹资活动产生现金流量净额	—	799.95	-42577.49
现金及现金等价物净增加额	19388.02	6699.68	-10988.45
货币资金	58099.46	36382.95	28625.23
变动金额	21716.51	7757.72	—

发行人2017年营业收入增长较大,应收账款回收情况良好,相应的经营活动产生现金流量净额较2016年有较大增长,此外2017年公司购建固定资产、无形资产和其他长期资产,以及取得子公司和其他营业单位等投资活动支出现金较多,使得当年现金及现金等价物净增加6699.68万元,与当年货币资金变动情况相匹配,两者之间的差额主要为不计入现金及现金等价物的其他货币资金所致。

2018 年公司经营规模持续扩大,款项回收情况良好,经营活动产生现金流量净额为 23909.89 万元,同时公司当年投资、筹资活动产生现金流量净额对现金及现金等价物影响程度较小,公司 2018 年货币资金变动情况与经营活动产生现金流量净额及现金等价物净增加额相匹配。

综上,公司报告期内现金流量净额与货币资金变动等项目相匹配。

(3)报告期其他货币资金余额的具体构成情况,应付票据余额与保证金余额之间的匹配性。

单位:万元

项目	2018. 12. 31 /2018 年度	2017. 12. 31 /2017 年度	2016. 12. 31 /2016 年度
其他货币资金	6084.50	3756.00	2697.96
其他:银行承兑汇票保证金	4892.96	3002.06	1540.47
保函保证金	1191.54	753.95	1157.50
应付票据(银行承兑汇票)	12839.33	7785.96	4553.48
保证金/应付银行承兑汇票	38.11%	38.56%	33.83%

公司其他货币资金为银行承兑汇票保证金和保函保证金。公司银行承兑票据保证金比例为 30% 或 40%,因银行不同而有所差异,报告期内,公司保证金占应付银行承兑汇票的比例分别为 33.83%、38.56% 和 38.11%,两者之间保持匹配且报告期内保持在较为稳定的水平,与公司实际情况相符。

保荐机构及申报会计师认为:

(1)公司已制定了与货币资金管理相关的内控制度,建立了资金审核、审批、办理、支付等控制措施,明确了现金管理、银行存款账户管理、银行存款管理等相关管理要求,对公司相关部门的职责做出明确分离,相关人员和机构存在相互制约关系,相关内控制度及内控审计得到了有效执行;

(2)报告期内,虽然存在发行人与控股股东及其关联方之间的资金拆借行为,但相关资金拆借行为均具有真实合理的业务背景,且控股股东及其关联方已于 2017 年底前全部归还所拆借款项;

(3)报告期内不存在无业务背景转移资金或出借银行账户的情况;

(4)报告期内发行人存在个别销售回款单位与合同客户不一致的情

况。公司销售回款单位与合同客户不一致的情况主要系客户所属集团通过指定相关公司代客户付款以及个别第三方回款情况，前述情形发生额报告期整体呈下降趋势，最近一期发生额未超过当期收入的2%，且经核查后不存在异常，不存在虚构交易或调节账龄情形，第三方回款情形涉及的付款方不是发行人的关联方，亦未因第三方回款导致货物权属出现纠纷，资金流、实物流与合同约定及商业实质一致且具有可验证性，发行人销售循环的内部控制有效，同时，会计师已就公司内控情况出具鉴证报告；

（5）报告期内销售回款均转至本公司银行账款账户。

【案例评析】

公司报告期各期末货币资金余额较高。根据公司说明，公司2017年开始业绩快速增长，且回款情况改善，因此公司现金增长较快。根据中介机构核查，公司2017年前存在部分关联方资金拆借，报告期内已归还；公司第三方回款占比较少，汇款方与公司不存在关联关系，销售回款真实、合理。

二、应收账款与应收票据

应收账款和应收票据反映出企业已经对外销售了产品或服务，但尚未收回现金，应收账款和应收票据的结构和期限与各个行业的不同交易习惯密切相关。零售、餐饮等行业通常是立时结算，教育培训等行业还会预收账款。对于大部分企业来说，确认收入之后至真正收到款项总会有一定的时差，而账期长短则能够反映出公司在行业中的地位。应收账款时间长、金额大，应付账款时间短、金额少，说明公司在产业链中的竞争力不强，上受供应商压榨，下受客户挤压。反之，应收账款时间短，应付账款时间长则说明公司对下游客户具有较强的谈判能力，对上游供应商具有较多的选择空间，证明公司掌握着行业的关键资源要素，具有较强的竞争力和行业地位。较长的账期很可能蕴藏着资金链断裂的风险，需要充分关注应收账款坏账准备的计提政策和计提准备。

1. 应收账款

应收账款决定着公司的收入能否最终实现现金流入，关系着公司现金流的稳定和能否持续经营。大部分公司的结款一般都在年底，因此在公司正常生产经营过程,应收账款账期一般都在一年以内。

> **审核关注要点:**
>
> (1)公司是否充分披露重大应收账款对应主体情况、交易合同主要条款及其履行情况,是否已设置质权或其他权利负担、限制,应收账款形成、存续是否真实、合理,是否存在收回风险;
>
> (2)公司应收账款的对象、余额与公司主要客户、主要销售收入的匹配性,是否较大或存在放宽信用政策等方式增加业务收入情形;
>
> (3)公司应收账款增长是否合理,应收账款比例是否较高,报告期内应收账款的结算方式是否发生较大变化;
>
> (4)不同销售模式下应收账款波动与季度收入波动及全年收入波动的一致性,关注是否存在跨期调整主营业务收入和应收账款的情形。

典型案例 120:紫晶信息逾期应收账款金额较大

发行人应收账款增幅明显大于收入增幅,并且逾期应收账款金额达到 9133.8 万元,发行人未对逾期应收账款单项计提减值准备。

【审核问询意见】

请发行人说明:(1)报告期内应收账款增幅明显大于收入增幅的合理性。(2)逾期应收账款对应的收入确认时点、超期账龄(精确到月),2018年度是否存在提前确认收入的情形,是否存在已了解相关客户不具备按信用期付款能力而向其销售的情形。(3)在应收账款余额大幅增加并且逾期应收账款金额较高情形下,发行人对逾期应收账款坏账计提是否充分。(4)截至目前,上述逾期应收账款的回款情况,逾期应收账款的金额及占比情况,是否存在大额应收账款不能按期或无法回收的情况。

【问询回复摘要】

公司说明:

(1)报告期内,发行人收入增幅、应收账款增幅、应收账款占收入比例如下:

单位:万元

年度	营业收入	收入增幅	期末应收账款 (原值)	应收账款增幅	应收账款 占收入比
2016 年度	14938.43	——	11357.19	——	76.03%

续表

年度	营业收入	收入增幅	期末应收账款 （原值）	应收账款增幅	应收账款 占收入比
2017 年度	31292.49	109.48%	19173.13	68.82%	61.27%
2018 年度	40159.63	28.34%	39754.88	107.35%	98.99%
2019 年 1~6 月	15579.75	87.01%	41672.57	4.82%	——

注：2019 年 1~6 月收入增幅为相较于 2018 年 1~6 月收入（未经审计）的增长率。

报告期内，发行人应收账款整体增幅大于收入增幅，主要原因系：

1）宏观层面，经济增长放缓，资金面趋紧。报告期内，尤其是 2018 年，我国宏观经济处于新旧增长动能切换阶段，经济增速总体呈现放缓态势，同时伴随去杠杆政策，各行业资金面趋紧，政府部门、企事业单位的资金周转都不同程度受到影响。下游行业资金面趋紧通过回款的方式传导到本行业，影响本行业的经营周转效率。

2）行业层面，应收账款增长快系行业发展初期的特征。由于发行人所处企业级在存储行业现处于发展期初期，具备高速发展特点，为树立行业标杆项目，形成应用示范效应，谋求长期合作需求等考虑，发行人在充分评估客户信用资质情况的基础上，采取一贯的客户信用政策管理方式，在执行部分合同过程中，往往也被动承担相对较长的回款周期，导致部分客户的回款时间较长，各期末超期应收款的金额增加。报告期各期末，发行人超期应收款的金额及占比如下：

单位：万元

日期	超期应收账款金额	超期应收账款比例
2016 年末	7406.62	65.22%
2017 年末	5682.92	29.64%
2018 年末	8053.72	20.26%
2019 年 6 月末	9133.80	21.92%

2017 年以来，虽然发行人超期应收账款金额随着收入规模增长，但超期应收账款比例趋于稳定。

3）企业层面，收入规模增长以及第四季度收入增长，导致应收账款增长较快。报告期内，发行人最终用户为政府事业单位的数据中心类项目数量和收入规模增长,该类项目具备上半年立项或选型,下半年采购或建设的特点,发行人下半年以及第四季度收入占比有所提升,第四季度收入金额由 2016 年度的 5250.66 万元增长至 2018 年度的 25996.68 万元,相应各期期末尚在信用期内的应收账款金额增加。

4)报告期内,发行人应收账款增幅大于收入增幅的情况与同行业上市公司保持一致。报告期内,公司及同行业可比公司均呈现应收账款增幅高于营业收入增幅的情形,具体如下:

年度	发行人		易华录		同有科技	
	收入增幅	应收账款增幅	收入增幅	应收账款增幅	收入增幅	应收账款增幅
2017 年度	109.48%	68.82%	33.75%	46.05%	-19.49%	18.83%
2018 年度	28.34%	107.35%	-1.74%	116.72%	-0.56%	7.98%
2019 年 1~6 月	87.01%	4.82%	8.68%	-15.55%	-38.44%	39.34%

注:以上 2019 年 1~6 月收入增幅均为相较于 2018 年 1~6 月收入的增长率。

5)从客户类型结构来看,发行人应收账款增长主要来源于数据中心运营商类客户。由于发行人第三方数据中心运营客户的终端用户以政府事业单位等为主,回款速度相对缓慢。报告期各期末发行人应收账款余额中各客户类型对应的应收账款占比情况如下:

客户类型	2019 年 6 月末	2018 年末	2017 年末	2016 年末
第三方数据中心运营商	60.69%	62.25%	55.59%	14.05%
系统集成商	28.81%	26.49%	26.89%	44.43%
贸易商	6.21%	7.25%	16.30%	41.52%
电信运营商	0.14%	0.13%	——	——
终端客户	4.15%	3.88%	1.22%	——
合计	100.00%	100.00%	100.00%	100.00%

(2)2018 年度不存在提前确认收入的情形。发行人不存在 2018 年度提前确认收入的情形,具体说明如下:

1)发行人收入确认政策保持一贯性原则(且与同行业一致),2018 年不存在调整收入确认政策以提前确认收入的情形。发行人当年度收入确认均取得了验收单据、报关单等收入确认单据。为核查 2018 年收入确认的真实性,保荐机构会同会计师实施了如下核查程序:获取并复核了 2018 年度第四季度收入相关的合同、出库单、签收单、发票、验收单据等;对收入进行截止性测试;对客户进行实地走访,2018 年度客户走访比例为 92.76%;检查期后发货情况是否存在异常等;

2)截至 2019 年 6 月 30 日,发行人逾期账款(10 万元以上)9116.33 万元中,对应 2018 年确认收入的逾期账款有 4582.58 万元,其中超信用期账龄超过 3 个月的仅有 861.18 万元,不存在超信用期账龄超过 6 个月的情况;

3)发行人 2018 年 12 月收入金额为 4080.81 万元,占全年收入比重金额相对较小,与 2016 年度、2017 年度相比也不存在大幅上升的情况。发行人 2018 年 12 月收入金额为 4080.81 万元,占全年收入比重金额相对较小,不存在提前确认收入的情形。

(3)公司关于客户信用了解情况。

1)发行人在确定向客户销售时,即将客户付款能力评估作为前置条件和商业合作基础,确认该客户须具备付款能力。在确定信用期时,公司严格遵守《企业信用管理制度》相关规定,根据客户规模、信誉情况、经营情况以及财务状况将客户信用等级分为 5 级,对符合要求的客户给予 3~9 个月的信用账期。

2)逾期客户信用记录良好。通过在网络查询相关客户信息,以及对主要客户进行实地访谈,发行人逾期客户不存在具有破产迹象、丧失履约能力、信用缺失等情形,相关客户付款晚于信用期并出现逾期的情况,并不是由于缺乏付款能力,而是由于客户自身对经营性资金付款安排等原因,占用上游供应商账期并推迟付款,发行人目前也在积极加大催款力度,根据历史经验不存在坏账风险。

3)逾期客户实际回款记录良好。从期后回款情况来看,逾期客户回款情况良好,逾期客户持续在向发行人回款,对于尚未回款部分也与发行人保持良好的沟通,发行人亦成立了专门的催款小组持续跟踪客户信用情况,并进行催款。

(4)逾期应收账款坏账计提情况。

截至 2019 年 6 月 30 日,应收账款逾期金额为 9133.80 万元。截至 2019 年 12 月 30 日共计收回 5375.99 万元,回款比例 58.86%,剩余逾期金额为 3757.80 万元,占比为 9.02%,且不存在单一客户逾期金额超过 800 万元的情况。公司目前正在加大催款力度,不存在大额应收账款无法回收的情况。

1)发行人客户应收账款呈现"拖而不欠"的特征。发行人的客户或最终用户主要为政府、军工及大型互联网公司等,商业信誉较好,具备较强资金实力,呈现"拖而不欠"的特征。截至 2019 年 12 月 30 日,发行人 2016 年末、2017 年末、2018 年末应收账款的回款比例分别为 96.27%、91.04%、63.60%,2016—2018 年应收账款的整体回款比例为 85.34%。长期而言,发行人客户坏账风险较低,历史上未出现实际坏账的情形。

2)逾期应收账款坏账准备计提充分。公司应收账款坏账计提政策与同行业可比公司同有科技保持一致,与易华录不存在重大差异,且结合公司账龄分布来看发行人更为谨慎。同行业上市公司与发行人报告期内各期末应收账款实际坏账计提比例如下:

公司名称	2019 年 6 月末	2018 年末	2017 年末	2016 年末
易华录	3.09%	2.67%	2.68%	2.64%
同有科技	6.35%	6.76%	6.22%	6.61%
发行人	6.48%	6.19%	5.59%	1.69%

如上所示,发行人的实际坏账计提比例与同有科技一致,且较同行业上市公司易华录更为谨慎。综上,发行人在报告期内未发生过坏账核销的情况,应收账款回款良好,应收账款坏账政策及实际计提比例与同行业上市公司同有科技一致,且较同行业上市公司易华录更为谨慎,发行人应收账款坏账准备计提充分。

(5)报告期内单项重大应收账款减值测试情况。发行人针对期末余额达到 500 万元(含 500 万元)以上的应收款项为单项金额重大的应收款项。报告期各期末对于单项金额超过 500 万元的应收账款(共 26 家客户)均进行单独测试,对该 26 家客户全部进行了实地走访。通过前述测试程序,未见上述相关客户经营状况异常或存在失信的情况,相关客户亦不存在重大诉讼风险,因此上述应收账款未发生减值迹象。

【案例评析】

公司报告期内应收账款大幅增长,且公司未就逾期账款计提减值。

根据公司说明,公司报告期内应收账款增长与宏观经济、行业发展路径、公司业务拓展理念相关,与同行业上市公司具有一致性。鉴于公司客户主要为政府等机构,在账期安排上具有年初立项、年终验收结算特点,因此公司应收账款具有一定的集中性。报告期内公司谨慎选择信用客户,逾期账款较高但历史上未出现坏账情形,经中介机构核查,公司未对逾期账款计提减值具有一定的合理性。

2. 应收票据

应收票据是客户在无法直接交付现款的时候,通过出具商业承兑汇票或者银行承兑汇票用于支付款项所产生的应收款项。银行承兑由客户在银行处缴纳一定的保证金后由银行承诺在一定期限内见票承兑的一种票据,通常情况下比较安全,如果企业需要现金,可以在相应的金融机构支付一定的利息费用贴现,也可以将票据背书给供应商,由上游供应商去银行贴现或者持有到期兑付,风险较小。商业承兑则是由客户自己开具的,承诺在一定期限后见票承兑的票据,相比银行承兑来说,商业承兑票据可能存在客户因资金问题无法按时兑付的风险。

> **审核关注要点:**
> (1)公司应收票据余额占比情况、增长情况是否合理,与营业收入是否相匹配;
> (2)公司商业承兑汇票占应收款项总体比例较大的,关注坏账准备计提是否符合会计准则相关规定;
> (3)关注已经背书、保理、转让的未到期票据是否具有追索权,是否存在追偿风险、终止确认的会计处理是否合规;
> (4)报告期内是否存在应收账款转应收票据的情形,相应会计处理是否规范。

典型案例121:容百新能源报告期各期末应收票据余额较大

招股说明书披露,报告期各期末,公司应收票据余额分别为9798.91万元、16644.01万元和67164.83万元。

【审核问询意见】

请发行人补充披露:(1)报告期各期应收票据的期初金额、背书金额、贴现金额、到期收回金额、期末金额；(2)公司应收票据管理措施及有效性，是否存在使用无真实贸易背景的应收票据进行融资的情形；(3)报告期内公司以汇票作为结算方式的比例及趋势与同行业可比公司的比较，如存在差异，披露差异原因；(4)报告期各期公司是否存在到期无法兑付汇票的情形，如有，补充披露具体原因及后续处理措施等；(5)对商业承兑汇票计提减值准备是否充分，是否符合企业会计准则的规定。

【问询回复摘要】

公司补充披露：

(1)报告期内应收票据余额变动情况。公司应收票据的增加主要系收到客户开具或背书转让而来的票据，应收票据的减少系背书转让、贴现或到期托收。其中，2018年其他减少3100万元，系应收深圳市比克动力电池有限公司的1800万元商业承兑汇票、应收河南省鹏辉电源有限公司的1100万元商业承兑汇票以及应收浙江谷神能源科技股份有限公司的200万元商业承兑汇票，因到期无法兑付而转回应收账款。

(2)公司应收票据管理情况。报告期内，公司大量使用票据结算，为建立、健全对票据的有效管控，公司制定了《货币资金内部控制管理制度》，其中对商业汇票管理过程中票据的收票管理、出票管理、贴现、到期托收、备查登记、保管、盘点等方面进行了详细的规定，主要管理措施如下：

1)收票管理。公司原则上只收取信誉状况良好的商业银行及客户出具的商业汇票，公司业务人员在收到客户的商业汇票时，必须对其进行检查审核。

2)出票管理。公司对外出具商业汇票，统一由财务管理中心办理，向银行办理出票手续时，公司应将合同、增值税发票、申请承兑报告等相关资料提交财务管理中心，由财务管理中心向银行申请开具。银行承兑汇票对外支付，程序和审批要求同支票。

3)贴现。财务管理中心接到公司要求贴现的通知时，应立即查询各银行的贴现利率，选择利率最低且速度最快的银行贴现。

4)到期托收。出纳应随时关注库存银行承兑汇票的到期时间，在银行承兑汇票到期前一个星期向开户银行提示托收，填写托收凭证。

5)备查登记。须建立电子档票据登记簿，按票据类别分别设置，逐笔记录每一票据种类、编号、出票日期、票面金额以及交易合同等资料。对收取的票据,须留有复印件并妥善保管。票据到期收清款项后,出纳应在登记簿上逐笔注销。

6)保管。有价单证包括支票、汇票、本票、债券、商业汇票、信用证、存单、股票等。有价单证视同现金管理,由出纳一人保管。

7)盘点。定期对各类有价单证进行盘点,并由专人(非出纳人员)对盘点情况进行复核。

报告期内,公司商业汇票的管理措施完善,控制有效,不存在使用无真实贸易背景的应收票据进行融资的情形。

(3)票据结算合理性、稳定性。报告期各期,公司以汇票作为结算方式的比例较为稳定;2017年和2018年,由于公司将部分收取的票据背书转让用于购买设备,因此购买商品、接受劳务背书转让的承兑汇票占比较2016年有所下降。

同行业公司采用票据结算方式的销售回款较为常见,各可比公司之间的占比差异均有所不同,主要系各可比公司之间客户结构,以及票据贴现管理情况不同造成。公司正极材料产品以动力电池使用为主,因作为汽车产业上游,故票据结算比例较高;此外,期末应收票据占当期营业收入比,也受各公司票据贴现情况不同所影响。

2018年,公司期末应收票据余额占当期营业收入比重较大,主要系当期大客户票据结算比例有所提高且公司贴现比例降低综合导致应收票据结余较多所致。截至2019年3月31日,公司尚结余应收票据余额为5667.62万元。另外,2016年年末应收票据余额中有900万元商业承兑汇票退回,系公司与客户多氟多(焦作)新能源科技有限公司(300万元)、深圳市比克动力电池有限公司(600万元)结算方式调整为以银行承兑汇票及现汇方式结算所致。

(4)未兑付票据情况及减值安排。截至2018年12月31日,公司存在3100万元商业承兑汇票未能及时承兑,公司已重分类至应收账款,并计提了相应的坏账准备。该部分商业承兑汇票承兑方分别为深圳市比克动力电池有限公司(1800万元)、河南省鹏辉电源有限公司(1100万元)及浙江谷神能源科技股份有限公司(200万元)。未能及时兑付汇票系因客户暂时性资金周转问题或背书汇票的原出具方未能兑付汇票。截至2019年3月底,前述未能兑付的汇票均已兑付。

报告期内,公司部分客户以商业承兑汇票进行货款结算,虽然公司收到的商业承兑汇票到期无法兑付风险较小,但基于谨慎性原则,公司对期末商业承兑汇票采用和应收账款一致的坏账计提比例对商业承兑汇票计提了坏账准备。公司对报告期各期末商业承兑汇票计提的减值准备充分,相关计提政策符合企业会计准则的规定。

【案例评析】

公司应收票据余额较高,关注公司票据管理、票据使用规范情况,未承兑票据会计处理及其风险。根据公司说明,公司采取系列措施对票据使用进行管理,未进行票据融资等不规范活动。公司大量采取票据进行结算与公司所处的动力电池行业特征相匹配,报告期内票据兑付基本正常,公司在各期末均按照应收账款标准计提坏账准备,会计处理规范谨慎。

3. 坏账准备

坏账准备本质上是对公司未来现金流风险的合理测算。从经营的角度,有助于公司及时跟进相关账款的回收安排、进而及时采取相应的保全措施,减少公司经营损失;从投资者的角度,有助于了解公司经营者的经营能力和投资的损失风险。

审核关注要点:

(1)公司应收款项、应收票据坏账准备的计提是否符合《企业会计准则第22号——金融工具确认和计量》的相关规定,是否充分合理地考虑预期信用风险,包括客户类型、商业模式、付款方式、回款周期、历史逾期、违约风险、时间损失、账龄结构等因素;

(2)公司是否存在以欠款方为关联方客户、优质客户、政府工程客户或历史上未发生实际损失等理由而不计提坏账准备的情形;

(3)公司存在收入确认时对应收账款进行初始确认,后又将该应收账款转为商业承兑汇票结算的,关注公司是否按照账龄连续计算的原则对应收票据计提坏账准备;

(4)公司存在应收账款保理业务的,如有追索权债权,关注公司是否仍根据原有账龄计提坏账准备;

> （5）对于坏账计提比例明显低于同行业上市公司水平的，公司是否合理说明具体原因，对于风险较大的坏账准备，公司是否采取了相应的追索措施。

典型案例122：贝斯达收款周期长坏账准备计提金额较小①

报告期内，发行人实际收款周期，即应收款项的周转天数分别为707.49天、697.48天、696.02天，与发行人合同约定的收款周期有一定差异，且报告期内公司按单项计提坏账准备的比例较小。在长期应收款实际较大金额逾期未收回的情况下，发行人坏账准备计提金额较小。

【审核问询意见】

请发行人进一步说明：（1）四个等级的客户首付款比例是否无差异，如有，请缩小比例区间以显示付款政策的差异情况；（2）是否存在实际已坏账但尚未核销的金额；（3）在较长的收款期内及时获取客户偿还能力信息的方法以及应对措施，是否要求客户提供担保、抵押等，以提高其偿还可能性；（4）按照报告期各年逾期金额大小，从大到小列表分析逾期情况，包括主要客户、逾期金额及占比、逾期时长、逾期原因、坏账计提情况等，分析对于长期逾期的应收款项，发行人是否均按照单项金额重大计提了坏账准备；（5）在逾期款项较大的情况下，是如何确定预计未来现金流量，以及如何保证应收款项减值准备计提的充分性。

【问询回复摘要】

公司说明：

（1）发行人主要采用分期收款方式的原因。发行人结合自身实际情况，认真分析了所在行业的市场竞争格局，采取"基层医院填补空白，二级医院替代进口，三级医院进口补充"的差异化竞争战略，从民营医院、中小医院向三级医院渗透。由于发行人产品以磁共振成像设备为主，单台设备价值较高，受民营医院、中小医院规模和资金实力的限制，所以对部分客户采取分期收款的销售模式。

同行业上市公司迈瑞医疗主营生命科学与支持、体外诊断及医学影

---

① 2019年8月7日，因发行人撤回发行上市申请或者保荐人撤销保荐，上交所终止其发行上市审核。公司撤回申请的原因或与公司对特定代理商、供应商存在依赖，且应收账款金额较大、回收周期较长等有关。

像产品(彩超为主)等,开立医疗主营医用超声诊断设备(彩超为主)、医用内窥镜设备等,其设备单价相对较低,不存在或较少存在分期收款的销售模式;万东医疗主营医用X射线设备和磁共振成像设备等,其对于单价较高的磁共振成像设备销售也较多采用分期收款的销售模式;和佳股份主营产品涉及肿瘤微创治疗设备、医用分子筛制氧设备及工程、常规诊疗设备(含医学影像设备)等,合同价值较高,其部分设备或工程也采用分期收款的销售模式。因此,发行人主要采用分期收款方式系由经营产品特点和竞争战略决定的,与同行业可比上市公司万东医疗、和佳股份销售模式类似。

(2)应收账款坏账计提比例确定的依据及合理性。发行人应收款项坏账计提比例主要系参照同行业上市公司应收账款坏账计提比例,同时结合发行人自身经营产品特点和客户信用风险特征确定的。由于同行业上市公司迈瑞医疗应收账款账龄划分与包括公司在内的其他可比上市公司均不同,故发行人应收账款坏账计提比例主要参考万东医疗、和佳股份及开立医疗;同时,迈瑞医疗、开立医疗长期应收款金额很小,故发行人长期应收款坏账计提比例主要参考万东医疗与和佳股份。发行人与同行业可比上市公司应收账款按照账龄分析法计提坏账比例对比情况如下:

可比公司	1年以内	1~2年	2~3年	3~4年	4~5年	5年以上
万东医疗	1%	20%	30%	50%	70%	100%
和佳股份	5%	10%	20%	30%	80%	100%
开立医疗	5%	10%	30%	100%	100%	100%
贝斯达	2%	20%	30%	50%	70%	100%

发行人与同行业可比上市公司长期应收款按照账龄分析法计提坏账比例对比情况如下:

可比公司	未到收款期	逾期1年以内	逾期1年至2年	逾期2年至3年	逾期3年至4年	逾期4年以上
万东医疗	1%	20%	30%	50%	70%	100%
和佳股份	0.7%	5%	20%	20%	20%	20%
贝斯达	2%	20%	30%	50%	70%	100%

由上表可见,由于万东医疗主营医用X射线设备和磁共振成像设备

等,与发行人可比性最高,故发行人应收款项坏账计提比例与万东医疗最为接近。发行人1年以内应收账款及未到收款期的长期应收款的坏账准备计提比例均高于万东医疗,1年以上的各期应收账款及逾期的长期应收款坏账准备计提比例跟万东医疗均保持一致,即发行人应收账款及长期应收款坏账准备计提比例相比万东医疗更为谨慎,具有合理性。

发行人和开立医疗、和佳股份的应收款项计提比例有小幅差异主要系由经营产品特点和客户信用风险决定的。开立医疗主营医用超声诊断设备(彩超为主)、医用内窥镜设备等,其设备单价相对较低,不存在或较少存在分期收款的销售模式,销售回款周期较短,大部分的应收款项集中在1年以内,相对3年以上应收款项面临的信用风险相对较高,故其按照100%的比例进行计提坏账。

和佳股份主营产品涉及肿瘤微创治疗设备、医用分子筛制氧设备及工程、常规诊疗设备(含医学影像设备)等,合同价值较高,其部分设备或工程也采用分期收款的销售模式,应收款项中以长期应收款为主,且发行人长期应收款按照账龄分析法计提坏账比例高于和佳股份,更为谨慎,具有合理性。

综上,发行人应收款项坏账计提比例主要系参照同行业上市公司应收款项坏账计提比例、结合发行人自身经营产品特点和客户信用风险特征确定的,相关坏账准备计提比例合适。同时发行人充分考虑了长期应收款分期回收的风险,在长期应收款逾期后,计提较高比例的坏账准备,且逾期时间越长,计提比例越高,与逾期信用损失风险相匹配。

(3)应收款项回收风险控制措施情况。由于磁共振成像系统等大型医学影像诊断设备单价较高,产品维护、系统升级、保证设备正常运行,对发行人存在一定依赖,故发行人通过为客户提供持续服务,能够及时掌握产品使用情况。发行人通过为客户提供持续服务,督促客户按期还款,防范客户恶意拖欠或拒绝还款的情况。另外,发行人为有效控制应收款项回收风险,一方面加强对潜在客户的信用资质调查,评估客户的还款能力,另一方面对销售人员实行销售业绩加回款的双重考核标准,强化应收款项回收追责制度。

(4)四个等级的客户付款政策的差异情况。根据发行人的客户管理制度,四个等级的客户首付款比例区间并无明显差异,主要差异体现在分期收款期间方面,客户等级越高,给予其分期付款的期间越长,客户等级越低,给予其分期付款的期间越短。但在实际商业谈判中,发行人通常会遵循"客户等级越低,争取首付款比例越高"原则与客户进行商业谈判,根据客户的资金实力、股东背景、运营规模、市场情况等因素,争取较高比例的首付款金额。

(5)公司存在坏账但尚未核销情况。报告期内,发行人对应收款项进行积极催收并对应收款项可回收情况进行评估,将债务人破产、注销、逾期3年以上且经评估无法收回的应收款项认定其实际已坏账,经管理层审批后予以核销处理,报告期末,发行人不存在实际已坏账但尚未核销的应收款项。

(6)长期应收款偿还能力跟踪情况。发行人主要通过以下方法及措施及时获取客户偿还能力信息,未要求客户提供担保、抵押等:

1)发行人财务部每月统计客户实际回款情况,并与合同约定回款金额进行核对,对于未按照约定回款的客户及时通报销售部和用户服务部;

2)销售部根据财务部提供的未及时回款名单,安排人员及时回访,了解客户的经营状况,用户服务部了解设备运行情况,督促客户回款;

3)财务部根据销售部的催收情况,将恶意拖欠的客户相关资料提交法务部。法务部结合现场情况和其他相关信息,必要时提起诉讼和资产保全。

(7)长期逾期的应收款项坏账计提准备情况。部分客户受当地相关政策、自身发展投入、医保拨付资金延后或其他客户自身经营资金暂时困难所致出现资金紧张的情形,未按照合同约定情况还款,但发行人建立健全了完善的应收款项催收的内部控制制度,密切关注逾期单位的经营情况,通过销售部、法务部的配合,及时催要款项,结合实际情况进行了协商并签订切实可行的还款计划,同时对回款情况监控,督促客户按时履约还款,报告期内,发行人应收款项基本都能陆续收回。

报告期内,从主要逾期款项客户情况来看,2016年、2017年期末产生的逾期款项,截至2018年12月31日,发行人回款比率较高,逾期比率有所降低。发行人应收款项无法收回的可能性较低,历史坏账核销比例较低。同时,结合发行人历史坏账比例及期后回款情况,发行人应收款项无法收回的可能性较低。

发行人在评估应收款项未来可回收金额时，长期逾期应收款项全部按照单项金额重大计提了坏账准备，具体计提方法为 500 万元以上应收款项确定为单项金额重大的应收款项，继而单独进行减值测试，按预计未来现金流量现值低于其账面价值的差额计提坏账准备；经单独测试未发生减值的，以账龄为信用风险特征根据账龄分析法计提坏账准备，谨慎的计提了应收款项坏账准备，坏账准备计提充分，坏账计提政策与同行业相比较为谨慎。

对于大额逾期应收账款，发行人通过电话、现场催款等方式促进逾期应收账款回收。在发行人确认客户由于短期经营困难等原因导致无法按照合同约定按时回款，由销售部和法务部共同与客户进行协商，签订切实可行的还款计划。发行人按照还款计划确定大额逾期应收款项的预计未来现金流量并进行折现，确认单项减值测试的减值金额，并与按照账龄分析法计提的坏账准备进行比较，按照两者计算的结果孰高原则，审慎地计提了坏账准备。如果客户存在恶意拖欠或者经营困难的情况短期内无法逆转，发行人法务部将提起诉讼，申请资产保全。发行人按照设备拆除能回收的材料价值作为预计未来现金流量，计提坏账准备。

【案例评析】

公司从事核磁医疗设备销售，单笔合同金额较大，且存在分期收款情形，公司应收账款账龄接近 2 个会计年度，坏账计提准备较低，影响报告期净利润。根据公司说明，公司产品以磁共振成像设备为主，单台设备价值较高，受民营医院、中小医院规模和资金实力的限制，所以对部分客户采取分期收款的销售模式。公司应收账款周转与同类产品上市公司相比差异较小，具有一定的合理性。公司针对长期应收账款、逾期客户进行持续跟踪，采取必要措施催收，报告期内尚未发生坏账核销情形。公司参考同类产品上市公司坏账计提比例，对应收账款进行谨慎计提，会计处理适当。审核中可能考虑到公司对特定代理商存在一定依赖，且应收账款金额较大、回收周期跨期较长，报告期内财务指标难以准确反映公司经营实际，审核较为审慎。

三、其他应收账款

其他应收账款是指所有与公司主营业务无关的应收款项。通常情况下企业的其他应收账款金额比较小,比较常见的是押金或者质保金。其他应收账款金额较大的企业一般财务管理和内控较差,很可能存在关联方资金占用或关联方资金拆借,也可能是为隐藏利润以达到偷逃税款之目的,还有可能是为了隐藏短期投资、截留投资收益等。

> **审核关注要点：**
> 　(1)公司是否充分披露其他应收账款的余额大小、应收对象的具体情况,其他应收账款产生的原因;
> 　(2)关注公司是否存在关联方资金拆借、资金占用等情形;
> 　(3)关注公司大额保证金产生的原因、后续执行情况,与当期项目、合同是否匹配。

典型案例123:中国电研其他应收款包括员工侵占公司财产事项导致的坏账

报告期内发行人其他应收款计提了两笔员工侵占公司财产事项导致的坏账,金额分别为448.86万元及127.56万元,一笔发生时间为2012—2014年,一笔发生时间为2014—2017年。

【审核问询意见】

请发行人结合两笔员工财产侵占的原因及过程,说明涉及的内部控制循环设计及执行的有效性,与行业一般企业内控控制环节设计是否存在差异,是否存在明显缺陷。

【问询回复摘要】

公司说明:

发行人子公司擎天材料发生两起员工侵占财产案件,主要原因为:擎天材料主要经营环保涂料及树脂业务,下游客户包括大量的中小型化工企业,由于该类企业数量较多,单笔交易金额较小,管理较为复杂,因此前期发行人赋予了销售人员在发货、收款方面较大的责任及权限,个别销售人员不当履职,利用职务便利侵害公司利益。在两起员工侵占财产案件中,周德华私自将外地中转仓粉末涂料材料出售,并通过伪造送货单侵占公司销售货款,卢发杏通过伪造单据侵占公司销售货款,均是在公司对账发现异常后,涉案员工迫于压力投案自首。

总体上,公司通过对账、盘点等内部控制措施避免了员工职务侵占进一步扩大,但公司相关内部控制制度仍存在给予销售人员权力过大、岗位监督不足的问题。为防止销售人员职务侵占的再次发生,发行人进一步完善内部控制措施:

(1)收回销售人员发货权限,公司经营部收到客户订单后由公司经营管理人员提起发货申请,经公司经营部负责人审批后,以书面传真方式告知第三方仓储公司后方可发货。

(2)第三方仓储公司负责向客户送货,需取得客户指定人员有效签名后的送货单。在货物发出并预计送至客户后,由销售管理人员通过电话等方式与客户进行收货确认。每月末须将本月收发存流水记录以及客户签名的送货单快递至公司经营部,由经营部负责与存货系统进行核对。

(3)提高对外地仓库存货盘点的频率和覆盖率,每季度对所有外地中转仓进行盘点,并由财务人员监督执行,核实账目是否相符。

(4)严格执行不相容工作相分离制度,强化相互核对与确认。如收回所有销售人员在财务系统的相关制单权限,改由经营管理部人员操作,且两者之间相互审核和确认。所有对账函全部由经营管理部通过邮寄方式发给客户,并由财务人员接受回函,出现差异由财务人员核查。在货物发出并预计送至客户后,由经营管理人员通过电话等方式与客户进行收货确认。

(5)加强对账工作,对于逾期账款客户和非正常回款客户,由财务人员与经营部共同参与对账,加大对账频率。

(6)规范货款回收,严禁销售人员收取货款。同时,公司审计部门对公司财务收支、内部控制制度及其执行情况定期开展评估和检查,并对关键部门和流程采取突击检查的方式,以确保内部控制制度得到有效执行。

经过上述整改后,发行人未再发生类似的员工侵占事件,发行人内部控制循环设计不存在重大缺陷且得到有效执行,与行业一般企业内控控制环节设计不存在显著差异,不存在明显缺陷。

【案例评析】

公司子公司报告期内存在员工侵占公司财产事件,反应在财务报表上为其他应收账款。审核关注了上述侵占事项反映出公司内控较为薄弱问题。根据公司说明,公司针对上述事件采取了必要的内部管理机制改革和整改,报告期内未再发生有关事项,子公司内控机制目前有效。

四、预付账款

预付账款在贸易类企业或者定制化采购中较为常见,通常是公司为了锁定原材料或者服务而预先支付一部分采购保证金。但是,通过关联方或者利益相关方大额预付账款进行资金占用、资金体外循环的情形也不少见。

> **审核关注要点:**
> (1)公司是否存在大额的预付账款,预付对象的基本情况及其与公司等主体之间是否存在关联关系或其他利益安排;
> (2)公司预付账款相关采购合同是否真实、合理,是否符合行业惯例;
> (3)公司预付账款相关合同是否如期执行,是否存在损失风险;
> (4)关注账龄在一年以上的预付账款的预付对象基本情况、合同内容、长期未结算的原因,是否存在损失可能及减值计提是否充分。

典型案例124:洁特生物报告期原材料预付账款存在波动

发行人2018年预付INEOS的预付账款显著增加,2017年预付账款额为54.62万元,2018年则预付了383.95万元。增加额占整个增长额的57.44%。公司管理层预期未来石油价格可能进一步上涨,而主要原材料聚苯乙烯(GPPS)、聚丙烯(PP)、聚乙烯(PE)等塑料原料是石油的衍生品,所以公司管理层决定增加聚苯乙烯(GPPS)等材料的库存数量,从而导致预付款项余额明显上升。

【审核问询意见】

请发行人补充说明:(1)报告期各年主要供应商的预付款项占采购款的比例,并分析比率变动情况,解释大幅变动的合理性;(2)发行人向主要供应商采购的商品均为GPPS、PP等,但在2018年只是大幅增加了对INEOS的预付款,请进一步解释合理性,是否存在其他特殊安排;(3)2019年第一季度发行人预付供应商Channel Prime Alliance的预付款项余额相比2018年末进一步增加,请说明2019年第一季度增长的采购金额及预付款项支付情况,分析合理性。

【问询回复摘要】

公司补充说明：

(1)关于预付款占比情况。报告期各期末公司预付款项中前五大供应商的余额占采购款比例均较低,2016—2018年均不超过10%,2019年3月31日占比15.78%,主要系2019年1~3月只有3个月,当期采购款基数较全年偏小。

2017年末预付款项中前五大供应商的余额合计占2017年全年采购款比例为2%,比2016年低,主要是因为2017年末公司的原材料库存较为充足,2017年末的原材料金额较2016年末增长41.08%,期末预付供应商采购原料的需求较2016年末有较大的下降;另外,2017年年末,由于原油价格在2017年不断攀升,主要原材料GPPS、PP等的市场价格处于阶段性高位,公司考虑到在原材料库存满足需求的情况下,降低原材料采购成本,因而2017年末减少原材料的采购。综上原因,2017年末预付款项占采购款比例较2016年下降5.56%。

2018年末预付款项合计占采购款比例为9.08%,较2017年有较大的增长,主要是因为公司随着经营业务规模扩大,在手待执行订单以及预期未来订单量的增加,需要提前备更多的原材料;同时公司管理层预期未来石油价格可能进一步上涨,作为石油衍生品的主要原材料GPPS、PP等的价格未来可能进一步上升,因此为了规避主要原材料价格上涨对公司经营成本带来的不利影响,公司管理层在考虑现有订单、未来预计的产品销售结构以及原材料库存情况后决定,在2018年年底,增加GPPS和PP的采购,通过预付供应商货款提前锁定原材料价格,降低价格波动的风险,从而导致2018年末预付款项的大幅度上升。

2019年3月预付款项占采购款比例较高,除了2019年只有3个月的采购款,基数较小的原因外,主要是因为2019年3月底,公司预付给Channel Prime Alliance 309.31万元货款采购PP,用于满足2019年新增的VWR离心管订单的用料需求。

(2)公司在2018年大幅增加对INEOS的预付款原因。2018年底,公司待执行订单预计耗用的GPPS的成本约220.25万元,占INEOS预付GPPS货款383.95万元中的57.37%,对GPPS需求较大。公司向INEOS采购的GPPS在公司的产品中应用较为广泛,大多数的产品生产均需要耗用不同量的 GPPS。公司为了保证生产能正常运作,避免由于重要原材料短缺对生产经营造成重大影响,需要保有一定库存量的 GPPS。结合供应商送货周期以及公司日常生产的耗用情况,公司决定在 2018 年底向 INEOS 采购 GPPS 时一并考虑了该材料的安全库存情况。

公司选择 INEOS 的原因主要是 INEOS 的价格在公司合作的同期同类别原材料供应商报价中具有较大的优势,公司合作的其他 GPPS 供应商大多是经销商。由于是由生产商直接供货,减少了货物在经销商环节的成本,公司能够以相对更合理的价格进行采购,因此选择向 INEOS 采购 GPPS。

2018 年年底 INEOS 的采购单价在合理的范围内处于相对较低的水平,而管理层判断未来石油价格存在进一步上涨的空间,将直接推动以石油为原料的 GPPS 价格上涨,因此决定在 2018 年底向 INEOS 预付货款进行采购。

(3)2019 年第一季度增长的采购金额及预付款项支付情况。2019 年第一季度公司向 Channel Prime Alliance 采购的主要是 PP,第一季度的采购入库金额为 115.07 万元。2019 年 3 月末对 Channel Prime Alliance 的预付款余额 309.31 万元全部系 2019 年 3 月支付货款产生,截至 2019 年 6 月末,该预付款对应的货物已全部入库。

公司 2019 年 3 月末预付 Channel Prime Alliance 的 309.31 万元主要用于采购 PP 用于 VWR 离心管项目。该项目要求公司生产并供应较大批量的离心管产品,并在 2019 年 6 月开始交货。由于该项目需求量大,公司安排提前分批生产备货,以便能够如期交付产品。按照公司计划,该批次的 VWR 订单预计需要耗用的 PP 成本约 301.08 万元,占预付 Channel Prime Alliance 款项余额的 97.34%。

Channel Prime Alliance 总部位于美国,是全球最大的塑料、橡胶及化工服务提供商之一 Ravago 的附属公司。其产品质量较高,经营体量庞大,有规模经济效应,公司从该供应商直接采购 PP 的价格较低。公司合作的其他 PP 供应商大多是经销商,而非生产商,货物在经销环节的流通成本使得采购价格比直接从生产商处采购要高,因此公司在向不同的供应商询价后选择向 Channel Prime Alliance 采购 PP。

公司 2019 年第一季度预付给 Channel Prime Alliance 309.31 万元货款对应的货物已在 2019 年 6 月 30 日前全部到货入库,并在后续的生产中耗用并产出对应的成品。该预付款具有合理、真实的商业背景及理由。

【案例评析】

公司报告期内预付账款存在一定波动,关注2018年度预付账款大幅增长的合理性。根据公司说明,公司选择在2018年末大幅增加对INEOS的预付款是出于正常的生产经营考虑,同时截至2019年6月末,2018年末的预付款对应的货物已全部入库并消耗,不存在其他特殊安排,具有合理性。

五、存货

存货主要是指公司采购原材料进行生产加工后,尚未进行销售的原材料、半成品或产成品。存货既可以放在自家仓库,也可以放在供应商的仓库,还可以放在客户的仓库。对于存放于公共仓库的存货、委托代销存货、发出商品、置放于寄售仓、质押并存放于第三方仓库等各种形式存放于异地的存货,存货的数量、金额、权属及状态等信息很可能存在误差;对于价值较高或者数量难以估计的存货,如黄金珠宝、矿藏、粮食、水产、植株等,真实性和准确性均难以把握。

> **审核关注要点:**
>
> (1)公司是否充分披露存货的余额及其构成情况、存货放置地点、管理方式以及存货周转率情况;
>
> (2)关注公司存货盘点制度是否完善,存货的库龄情况,库房的面积、实际使用面积、日常存货存放地、管理流程;
>
> (3)存在异地存放存货的,关注监盘情况、监盘比例是否恰当,关注供应商库存管理模式下存货的真实性,盘点方法是否妥当、准确;
>
> (4)存在公司经销商处的存货情况,公司是否充分披露发出商品对应的客户及相应的金额、客户的业务开展情况和存货控制措施、存货监盘情况,关注存货监盘方式、时间、地点、人员情况是否规范;
>
> (5)关注公司是否存在通过虚增存货少结转成本等方式进行财务造假,如通过调节出成率、调低原材料采购单价方式少结转销售成本,以及未在账面确认已处理霉变存货损失的方式虚增利润;
>
> (6)关注存货的确认、计量与成本结转,特别是生物资产、贵重金属和矿产等是否符合会计准则要求;

（7）关注公司收入的变动比率与存货余额变动比率的匹配性，是否存在大量积压情况，提取存货跌价准备的计提方法是否合理、提取数额是否充分。

典型案例125：广大特材报告期各期末存货占比较高

报告期各期末，公司存货账面价值分别为35970.15万元、52244.43万元和74214.67万元，主要包括原材料、在产品和库存商品，占公司流动资产的比例分别为36.02%、44.80%和47.74%，占比较高。

【审核问询意见】

请发行人补充披露：报告期各期末各类存货余额较大的原因及占流动资产比例上升的原因，原材料、在产品和库存商品的比例变动分析与各类产品结构变化是否匹配。请发行人说明：（1）各期末各类存货的具体状态、存放地点、存放地权属等相关信息，公司各期末存货是否真实、准确、完整；（2）结合产品销售周期、产品市场情况、材料备货周期、商品库龄情况、业务模式、存货周转率、同行业上市公司情况等说明发行人各报告期存货跌价准备的计提是否充分，是否已充分提示相关风险；（3）报告期内存货的盘点情况和盘点结论。

【问询回复摘要】

公司补充披露：

（1）公司存货余额较大原因。报告期各类存货余额较大系公司全流程完整产业链的生产特点和销售规模逐年增长所致。

其中，原材料库存金额较高系直接材料成本占公司成本的比例约为60%。公司的原材料采购一般根据库存量和生产计划情况进行合理安排，以保证生产的正常进行，同时兼顾原材料的市场价格变化情况，在价格具备优势时加大库存储备以锁定较低的成本；在产品、库存商品库存金额较高系公司产业链覆盖完备，具备从材料熔炼到后续成型、精加工等一系列的工艺能力，因此生产周期较长，各期末在制品主要是处于生产过程中的锻材类、精密机械部件等产品。

存货余额占流动资产比例上升的原因主要系报告期销售收入逐年增加，公司进行安全备货及在手订单较多所致。报告期销售收入分别为87067.77万元、112663.11万元及150746.89万元。

（2）原材料等各类存货占比分析。报告期原材料占流动资产比例分别为 7.70%、11.37% 及 10.24%；占比变动主要系原材料中主要材料废钢采购价格逐年增加所致，2017 年原材料占比较大主要系 2017 年 5 月废钢市场价格较低，公司增大采购量所致。

报告期在产品及库存商品占流动资产比例分别为 24.59%、30.32% 及 32.25%，占比变动主要系公司销售收入逐年增加，公司在手订单逐年增加所致。

委托加工物资 2018 年末较 2017 年末增加 2594.57 万元，系公司将部分附加值较低、通用生产工艺产品委托外协单位进行加工，该年后道工序委外加工订单较多所致。

周转材料 2018 年末较 2017 年末增加 1946.62 万元，主要系采购的钢锭模增加所致。报告期内各期末各类存货的变动符合公司实际经营情况。

公司说明：

（1）期末各类存货的具体状态、存放地点、存储地权属等相关信息如下：

存货科目	具体状态	存放地点	存储地权属
原材料	正常经营过程中存储以备生产	原料仓库	发行人
在制品	为最终出售处于生产过程中	生产车间	发行人
库存商品	正常经营过程中存储以备出售	成品仓库	发行人
委托加工物资	为最终出售处于生产过程中	外协单位	外协单位
周转材料	正常经营过程中存储以备生产	生产车间	发行人

（2）报告期存货跌价准备的计提情况。公司实行"以销定产"的生产模式，绝大多数原料储备，在制品、产成品都有对应的订单，除极少数小额订单可能会存在超额生产之外，报告期各期末的存货周转情况良好；公司主要原材料为生产过程中须耗用的存货，均可正常使用，使用该等材料生产的产品销售价格均高于成本，未出现存货成本高于可变现净值的情形；公司生产过程中的在产品正常流转，均经过生产工序的合格检验；公司库存商品系根据对应的销售订单或预计销售情况生产的正常备货库存商品，且无积压情况；根据公司主要材料的价格及公司的生产成本、库存

商品的售价情况,未出现存货成本高于可变现净值的情形,不存在跌价的情形。

(3)报告期内存货的盘点情况。公司制定了《存货管理制度》,根据《存货管理制度》的相关规定,公司定期和不定期对存货进行盘点,盘点方式为抽盘和全盘。定期盘点分为月度盘点、半年度盘点和年度盘点。月度盘点采用抽盘方式,半年度和年度盘点采用全盘方式。对用量或金额较大、领用次数频繁的存货每月盘点一次。由仓储物流部、财务部、外协供应部、质检部组成盘存小组,仓储物流部制订详细的盘点计划,合理安排人员。公司盘点前,仓储物流部应充分做好盘存前准备工作,所有参加盘存工作的人员,须按时到达指定的工作地点向盘存小组组长报到,盘点结束时,及时编制盘点表,分析盘盈、盘亏、毁损情况原因,在期末结账前处理完毕。报告期各期末公司对存货全部进行盘点,盘点数量与实际数量差异较小。

【案例评析】

公司存货金额较大。根据公司说明,报告期各类存货余额较大系公司全流程完整产业链的生产特点和销售规模逐年增长所致。公司所在行业决定了公司需要通过大量备货原材料、半成品等,报告期内各项存货占比较为合理、流转正常,不存在计提跌价准备情形。公司制定了存货盘点相关制度,报告期内盘点较为准确。本案例中,可以要求公司进一步说明原材料、在制品与公司同期产能、销售额之间的匹配情况,要求中介机构说明对存货的盘点核查方式及核查结论。

六、长期股权投资

长期股权投资主要是公司对外进行的对于被投资企业可实施控制、共同控制或具有重大影响的投资。长期股权投资的被投资企业可以分为三种类型:控股子公司、参股子公司、合营企业及联营企业,控股子公司会被纳入母公司合并报表,参股子公司、合营企业及联营企业不纳入合并报表。亏损的子公司从财务报表中剥离或将业绩良好的子公司纳入合并报表对公司业绩影响较大。

审核关注要点：

（1）公司是否充分披露长期股权投资的标的基本情况,投资原因、投资期限、投资金额、股权比例及其变动情况;

（2）公司是否充分披露报告期内对业绩贡献较大的控股子公司的生产经营控制情况,投资收益情况;

（3）关注长期股权投资初始确认及后续计量采用的方法及其变动是否合理,相关会计处理是否规范;

（4）关注长期股权投资减值测试过程与方法、可收回金额的确定方法、减值计提情况及对报告期和未来经营业绩的影响;

（5）关注公司收购、出售子公司全部或者部分股权的定价公允性,对公司长期股权投资价格计量的影响情况。

典型案例126:亿华通报告期内长期股权投资收益波动较大

发行人报告期内的投资收益波动较大,主要系2017年10月发行人对浙江合众的核算由长期股权投资变更为可供出售金融资产确认投资收益2460.84万元。

【审核问询意见】

请发行人说明:(1)因后续获取新的财务数据而对投资收益做的会计调整是否属于会计差错更正,相关调整对报告期利润的影响,相关处理是否符合会计准则的规定;(2)结合企业会计准则的规定,说明权益性投资核算变更的2460.84万元的会计处理依据及充分性;(3)浙江合众主营业务,实际控制人,报告期内的主要财务数据;(4)说明对浙江合众新能源汽车有限公司重大影响的判断依据,2017年度增资后不再具有重大影响的原因及判断依据,相关处理是否符合企业会计准则的规定。

【问询回复摘要】

公司说明:

（1）投资收益会计调整情况。发行人对持有的浙江合众股权在2016年至2017年10月采用权益法核算。发行人在出具2016年、2017年度报告时,采用浙江合众当时提供的财务报表确认对其享有的投资收益,而该等财务报表净利润信息显失准确、可靠。但发行人的财务人员在编制财务报表时未充分审慎评估获取信息的可靠性,从而导致未确认相应期间的投资亏损,属于编报前期财务报表时预期能够取得并加以考虑的可靠信息的情形,构成前期会计差错。

浙江合众在 2017 年变更了控股股东,浙江合众 2018 年聘请了瑞华会计师事务所(特殊普通合伙)对其 2017 年财务报表进行了审计,并于 2018 年 5 月 2 日出具了审计报告。由于发行人后续取得了上述可靠的财务信息,发行人对浙江合众股权在 2016 年至 2017 年 10 月的投资收益予以调整。

综上,发行人对持有的浙江合众股权采用权益法核算期间确认的投资收益数据进行差错更正,符合企业会计准则的规定。发行人对浙江合众股权核算的会计调整对其 2016 年、2017 年投资收益产生了影响,影响金额分别为-378.17 万元、-98.07 万元。

(2)权益性投资核算变更情况。根据《企业会计准则第 2 号——长期股权投资》的规定,投资方因处置部分股权投资等原因丧失了对被投资单位的共同控制或重大影响的,处置后的剩余股权应当改按《企业会计准则第 22 号——金融工具确认和计量》核算,其在丧失共同控制或重大影响之日的公允价值与账面价值的差额计入当期损益。因浙江合众董事会进行改组并修订公司章程,导致发行人对浙江合众不再构成重大影响,将其持有的浙江合众股权改按金融工具准则核算,并将其在丧失重大影响之日的公允价值与账面价值的差额计入当期损益,发行人对浙江合众股权核算方法的变更与企业会计准则规定一致。

在确定浙江合众股权公允价值时,由于浙江合众属于非公众公司,其股权在活跃市场没有报价,发行人出于谨慎以丧失重大影响时浙江合众的账面净资产为依据确认持有股权的公允价值;在确定浙江合众股权账面价值时,发行人对浙江合众股权在 2016 年至 2017 年 10 月采用权益法核算并相应调整长期股权投资的账面价值。

截至 2017 年 10 月末,以经审计的截至 2017 年年末净资产扣减当年 11~12 月的平均折算净利润,以发行人持有的浙江合众股权初始投资成本,按照权益法核算对长期股权投资进行持续计量,扣除持有期间持股比例对应的亏损。以上述计算所得的截至 2017 年 10 月末所持浙江合众股权公允价值 6210.85 万元与浙江合众股权账面价值 3750.01 万元的差额为 2460.84 万元,即为浙江合众股权核算方法变更对投资收益的影响数。

综上,权益性投资核算方式变更形成的2460.84万元投资收益的会计处理符合企业会计准则的规定,且计算依据充分。

(3)浙江合众基本情况及公司对其影响。浙江合众公司主营业务为新能源汽车产品的创新设计与研发、生产和销售,是全国少数已正式获得发改委、工信部核准的纯电动乘用车生产资质的新造车企业之一,其已推出车型如"哪吒N01""合众U"等。

2014年10月,河北微风新能源汽车有限公司、上海哲奥投资管理有限公司、浙江清华长三角研究院与发行人共同发起设立浙江合众,发行人认缴5%的股份并派驻1名董事。

在2017年9月之前,浙江合众股权结构、股东人数未发生重大变化,2017年9～10月,浙江合众进行了四次股权转让和两次增资,股东人数由2017年8月末的5名增至2017年10月末的11名,股权结构和公司治理结构相应发生了较大变化。截至2017年10月末,拉萨知行持有53.35%的股权,成为浙江合众的控股股东,并以其控股股东地位改组了浙江合众董事会和修订了公司章程。2018年11月,经浙江合众2018年第五次临时股东大会决议,拉萨知行将其持有的51.31%的股权转让给宜春市金合股权投资有限公司,宜春市金合股权投资有限公司成为浙江合众控股股东,其实际控制人为宜春经济技术开发区财政局。

根据《企业会计准则第2号——长期股权投资》的规定,重大影响是指投资方对被投资单位的财务和经营政策有参与决策的权力,但并不能够控制或者与其他方一起共同控制这些政策的制定。根据《〈企业会计准则第2号——长期股权投资〉应用指南》的说明,判断是否对被投资单位具有重大影响一般可以通过以下一种或几种情形:①在被投资单位的董事会或类似权力机构中派有代表;②参与被投资单位财务和经营政策制定过程;③与被投资单位之间发生重要交易;④向被投资单位派出管理人员;⑤向被投资单位提供关键技术资料。存在上述一种或多种情形并不意味着投资方一定对被投资单位具有重大影响,企业需要综合考虑所有事实和情况来作恰当的判断。

结合上述规定,发行人认定在2017年10月末增资前具有重大影响的依据具体如下:①董事会层面:在浙江合众的董事会中派驻1名董事,2016年年初至2016年6月,浙江合众董事会共3名,2016年7月至2017年10

月浙江合众董事会共 5 名,发行人委派的董事能够通过董事会决议施加重大影响;②股东会层面:浙江合众作为一家初创期企业,在 2017 年 9 月之前浙江合众股东人数不超过 5 名,基本均为浙江合众的创始股东,发行人以其股东身份可以对浙江合众的日常运营和决策施加影响。

2017 年 10 月末增资后,发行人认定不再对浙江合众具有重大影响主要是基于增资前后董事会席位、董事会权限、股权结构集中度等公司股权结构和治理结构的变化综合判定,具体如下:①董事会席位:增资后董事会席位由 5 席增加至 7 席,拉萨知行有权委派 4 席,除拉萨知行以外的所有股东共同委派 3 席,其中发行人占 1 席,发行人委派的董事影响力被削弱,且拉萨知行可以有效控制董事会决策;②董事会权限:拉萨知行通过修改公司章程,明确了董事会决策权限与股东会决策权限,其中金额较大的债权融资、投资、资产处置等决策权限均需经公司股东会决议。同时,董事会进一步下设了各专门委员会,专门委员会由拉萨知行委派的董事控制,进一步分化了董事会权力,发行人派驻董事并未在其中任职,不能参与到董事会专门委员会的决策过程中;③股权结构集中度:浙江合众股东人数从 5 名增加至 11 名,拉萨知行具有绝对的控股权,且持股比例在 5%以下的股东有 8 名,发行人持股 4.30%与其他 7 名股东持股比例接近,发行人作为股东的影响力被大幅削弱。

同时考虑到,自浙江合众成立以来,发行人与其不存在采购销售、技术开发、战略合作等,亦未向其派出管理人员,发行人除通过股东会和董事会外并无其他施加重大影响的手段,因此认定发行人自此对浙江合众丧失重大影响。综上,发行人对浙江合众是否具有重大影响的判定是基于对上述各方面事实和情形综合考虑的结果,符合企业会计准则的规定。

【案例评析】

2017 年 10 月,因浙江合众董事会进行改组并修订公司章程,导致发行人对浙江合众不再构成重大影响,将其持有的浙江合众股权改按金融工具准则核算,确认投资收益 2460.84 万元,审核中关注了上述财务处理的合规性。根据公司说明,浙江合众 2014 年成立时,发行人认缴 5%的股份并派驻 1 名董事(占比 1/5),可以对公司构成重大影响;2017 年 10 月末,拉萨知行持有 53.35%的股权,成为浙江合众的控股股东后公司丧失影响力,因此调整权益性投资核算方式,形成 2460.84 万元投资收益。本案例核心在于公司2017年10月前后是否真正取得及丧失对浙江合众的影响力,结合公司投资比例5%,董事会席位占比1/5,2017年以前难以获得浙江合众准确财务报表等信息来看,上述论证仍值得商榷。

七、固定资产

公司的固定资产主要指房屋建筑物、机器设备、电子设备、运输设备等,是公司经营活动的物质基础。虚增固定资产往往是收入舞弊的重要线索,实践中需要重点关注公司存货、在建工程、固定资产的真实性。同时,公司固定资产的摊销、折旧处理方式还会影响到公司当期的费用,对公司的利润影响较大,审核中重点关注相关会计处理政策的合理性。

> **审核关注要点:**
>
> (1)公司是否充分披露主要固定资产构成,固定资产的取得方式,固定资产的核算、计价是否准确、完整;
>
> (2)固定资产折旧的计提方式、折旧年限、折旧方法是否合理,折旧政策是否发生变更,与同行业上市公司相比是否稳健;
>
> (3)公司重要资产减值测试过程与方法、可收回金额的确定方法是否合理,对报告期和公司未来经营业绩是否存在重大影响;
>
> (4)公司是否存在通过虚构固定资产采购和贷款利息支出资本化的方式虚增固定资产的情形;
>
> (5)报告期内公司存在处置大额固定资产的,关注公司固定资产处置的原因和背景,是否存在调整固定资产处置时间来调节利润的情形;对于高价或低价出售的,关注是否存在调节报表或者向关联方等进行利益输送的情形。

典型案例127:世纪空间卫星资产会计处理规范性①

发行人的主要固定资产包括卫星系统设备、房屋建筑物、电子设备等。发行人卫星系统设备由英国萨里公司制造,公司负责卫星的业务测控及卫星全部数据的接收、处理、生产、服务等系统建设和运营工作,并拥

---

① 公司于2019年3月27日申报,因主动撤回注册申请文件,于2019年10月25日终止发行注册程序。公司撤回申请的原因或与研发支出资本化、商誉减值以及公司申报审核期间将卫星资产由固定资产调整为无形资产有关。

有星座所获取的全部遥感数据、影像及其产品的知识产权。公司通过国际商业航天合作创新模式以租赁的方式独家拥有"北京二号"星座成像载荷能力100%永久使用权。卫星设计使用年限为7年,发行人摊销年限为10~15年,明显高于同行业公司。

【审核问询意见】

请发行人说明:(1)将卫星资产作为固定资产核算是否符合企业会计准则的规定,按照10年摊销的依据是否充分、审慎,如需调整,请说明是否需要变更上市标准;(2)按照无形资产确认对发行人财务报表和主要财务指标的具体影响。

【问询回复摘要】

经过多轮问询,公司在第四轮反馈问询回复中说明:

(1)"北京二号"遥感卫星星座系统及其建设情况。"北京二号"遥感卫星星座系统包含3颗高分辨率亚米级遥感卫星(以"北京二号"遥感卫星星座代称)以及与之配套的地面系统,其中3颗卫星由英国萨里公司制造并由其全资子公司DMC国际成像公司拥有所有权,卫星配套地面系统由公司自行建造,包括设备系统和软件系统,公司拥有该等资产的所有权。根据国家发展及改革委员会关于公司遥感小卫星星座系统建设项目核准的批复:"由SSTL公司负责制造卫星,中英双发共同组织卫星发射和保险,公司负责卫星的业务测控及卫星全部数据的接收、处理、生产、服务等系统建设和运营工作,并拥有星座所获取的全部遥感数据、影像及其产品的知识产权。"

(2)报告期内,"北京二号"卫星星座的租赁和运控情况。报告期内,公司通过向DMC国际成像公司租赁的方式取得"北京二号"卫星星座100%成像载荷能力,租赁期限为7年及任何延长期,7年即"北京二号"卫星星座的设计寿命期,任何延长期为设计寿命之后的在轨运行期。遥感卫星实际在轨运行期一般远超设计寿命,近年来同类遥感卫星实际在轨运行期一般超过设计寿命的1.5倍。

租赁期内,公司以商业化模式运营遥感卫星业务,独立运控卫星星座系统,负责卫星100%成像载荷能力的运行和开发,包括业务测控、上载任务及卫星全部数据的接收、处理、生产、服务等系统建设和运营工作,并拥有星座所获取的全部遥感数据、影像,以及其产品的知识产权、所有权、收益权和处置权等全部权利,且该等权利是排他性的。

此外,根据《租赁合同》约定,在卫星设计寿命及任意延长期内,英国萨里公司无权将"北京二号"卫星星座出售或租赁给任何第三方。发行人实际拥有"北京二号"卫星星座的资产占有权、使用权和收益权,发行人虽不具有处置权能中主要的出售权,但是协议约定,在租赁期限内及任何延长期限内,英国萨里公司无权将"北京二号"卫星星座出售或转租给任何其他方,英国萨里公司也无实际处置权,在英国萨里公司出具书面同意的情况下,转租权归属于发行人。

(3)"北京二号"卫星星座系统的会计核算。"北京二号"遥感卫星星座系统中,除"北京二号"遥感卫星星座之外,卫星配套地面系统均由公司自行建造并拥有所有权,其中设备系统作为固定资产核算,软件系统作为无形资产核算,核算准确且依据充分。

鉴于"北京二号"遥感卫星星座采用了上述国际商业航天合作创新模式,发行人是以租赁的方式取得"北京二号"卫星星座100%成像载荷能力,而在商业遥感卫星领域,未了解到租赁成像载荷能力的案例,参考通讯卫星领域与发行人成像载荷能力租赁模式相似的亚太卫星通信转发器全寿命租赁并自主测控卫星实现收益的模式,其将融资租赁的卫星作为自有固定资产核算。

发行人前期基于发行人拥有"北京二号"卫星星座100%载荷成像能力、自主测控并实现收益等情况,将"北京二号"卫星星座作为固定资产核算,同时,结合对卫星使用状况的判断,并根据国际上可参照的遥感卫星在轨运行期一般超过设计寿命的1.5倍,将"北京二号"卫星星座的折旧年限确定为10年。

本次发行人会同相关中介机构对卫星资产的核算进行了进一步的论证,具体情况如下:"北京二号"卫星星座的所有权归属DMC国际成像公司,未经DMC国际成像公司同意,发行人不能自主行使对"北京二号"卫星星座的处置权,发行人是通过租赁的方式享有了"北京二号"卫星星座100%成像载荷能力的占有权、使用权和收益权。根据《企业会计准则第6号——无形资产》第三条规定:"无形资产,是指企业拥有或者控制的没有实物形态的可辨认非货币性资产。资产满足下列条件之一的,符合无形资产定义中的可辨认性标准:(一)能够从企业中分离或者划分出来,并能单独或者与相关合同、资产或负债一起,用于出售、转移、授予许可、租赁或者交换。(二)源自合同性权利或其他法定权利,无论这些权利是否可以从企业或其他权利和义务中转移或者分离。"另,根据《企业会计准则讲解2010》第七章无形资产中的规定,无形资产的后续计量是以其使用寿命为基础的。源自合同性权利或其他法定权利取得的无形资产,其使用寿命不应超过合同性权利或其他法定权利的期限。

"北京二号"卫星100%成像载荷能力是基于公司与DMC国际成像公司的租赁协议而存在,是公司为对外提供遥感数据产品、综合应用服务的目的而持有的没有实物形态的资产。为使会计处理更加准确、审慎,增强信息披露的可理解性,经公司董事会及股东大会审议通过,将"租赁的'北京二号卫星星座'100%成像载荷能力"调整为按照无形资产核算,同时,按原租赁期限7年进行摊销。

(4)上述卫星资产会计核算调整后,公司上市标准、资产负债、收入利润调整情况。上述资产调整后,公司预计市值不低于人民币10亿元,最近一年营业收入60384.45万元,2018年度扣除非经常性损益后归属于母公司所有者的净利润1771.80万元。故本次调整后发行人仍然选择《科创板审核规则》的上市标准,不发生变化。

上述调整事项对发行人资产负债类科目的影响情况如下:

1)上述事项调整后,报告期各期末,固定资产分别减少87889.24万元、78716.95万元和69546.34万元;无形资产分别增加85165.64万元、72074.48万元和58985.01万元。

2)折旧摊销年限的变动导致报告期各年末存货分摊的成本分别增加237.81万元、340.47万元和385.83万元。

3)各年因折旧摊销金额变动导致报告期各期末归属于母公司股东权益分别减少2112.93万元、5356.70万元和8649.17万元。

上述调整事项对利润表科目的影响情况如下:

1)基于上述事项调整,由于公司"北京二号卫星百分之百成像载荷能力使用权"仅与生产经营相关,其摊销金额构成公司自有数据成本的主要部分,因此对各期营业成本均有较大影响。报告期各期营业成本分别增加2485.80万元、3816.21万元和3693.61万元。

2)上述调整事项导致该项资产的折旧年限和摊销年限不一致,属于时间性差异,该差异对所得税的影响确认为递延所得税,同时在报告期各期确认递延所得税费用,因此报告期内所得税费用分别减少 372.87 万元、572.43 万元和 581.03 万元。

3)折旧摊销调整导致报告期各期净利润分别减少 2112.93 万元、3243.77 万元和 3292.48 万元。

【案例评析】

本案例是一起现行法律法规、会计规则无法与公司业务相匹配的典型案例。公司从事卫星运营系列业务,作为太空资产,无论是从法律适用上还是会计操作层面,卫星资产的权属、管理、处置和会计处理都无法找到可以直接适用地球国家法律规则的依据。公司、中介机构和审核机构进行反复博弈,最终仍然采取了保守的谨慎措施,也导致公司最终难以实现上市愿望。随着科技进步和国际社会规范的重塑,太空将迟早成为重要的商业领域,对此,市场不妨多一些前瞻性,将选择权交给热爱探索和风险的投资者吧。

八、在建工程

在建工程是指公司进行基础建设工程、安装工程、技术改造工程等发生的实际支出。在建工程中的生产性或项目性工程(譬如建设生产线、车间、厂房)等实际上反映了公司未来的发展规划和可能的业绩成长空间。

> **审核关注要点:**
>
> (1)公司是否充分披露在建工程的主要类别及其用途、依法办理立项审批、环保建设等开工手续情况;
>
> (2)公司在建工程项目与未来发展规划是否匹配,与公司技术、人员是否匹配,相关产能扩张是否具有市场合理性、相关风险是否充分揭示;
>
> (3)公司是否按规定对在建工程进行减值测试,结合未来发展情况,是否对存在减值迹象的在建工程计提减值准备;
>
> (4)公司是否存在通过虚构的或虚假的工程施工交易(采购、劳务)进行资金体外循环;

（5）关注在建工程中利息资本化的情况，在建工程结转固定资产时点及确定依据，达到可使用状态的在建工程是否及时转入固定资产折旧；

（6）公司是否存在将本应计入当期成本、费用的支出混入在建工程等资产项目等情形。

典型案例128：申联生物在建工程规模逐年扩大

报告期各期末公司在建工程账面价值分别为21389.89万元、21587.46万元、26805.71万元，在建工程主要由二期综合楼、兰州生物产业园构成，其中二期综合楼在2017年转固，兰州生物产业园在陆续建设中，在建工程规模逐年扩大。

【审核问询意见】

请发行人充分披露：（1）报告期内二期综合楼工程何时达到可使用状态，分析转固时点的合理性，是否存在到达预定可使用状态但未及时转固的情况；（2）结合兰州生物产业园的投资规模、投资期限、建造方式、开工时间、各期投资金额等分析完工进度，是否有工期异常的情况，是否存在已经完工但未转固的情况；（3）结合工程进度、资金使用情况披露利息资本化的范围、利息资本化起始点、资本化金额的计算过程，分析在建工程利息资本化是否符合《企业会计准则》的要求。

请发行人说明：发行人前次申报材料中披露产业园第一条生产线将于2018年完工并转入固定资产，结合前次披露情况和产业园实际建设情况，分析兰州生物产业园的工程建设是否存在延期、是否存在实质性障碍、是否需要计提相应资产减值准备。

【问询回复摘要】

公司披露：

（1）报告期内二期综合楼工程转固情况。2008年公司与徐永新签订《联合开发协议》，将厂区内部分土地转让给徐永新，并由其出资建造该二期研发综合楼。之后徐永新陆续将工程款汇至公司，由公司将工程款支付给施工单位，同时以公司名义进行建项申报。后因上海市闵行区规划和土地管理局出具意见说明该地块不能分割转让，徐永新与公司遂产生纠纷，根据上海市闵行区人民法院一审判决、上海市第一中级人民法院终审判决,人民法院驳回了徐永新将该房地产权过户至其名下的诉讼请求。在 2016 年 7 月公司与徐永新达成协议之前,由于该二期研发综合楼涉及纠纷争议,公司一直未能对该楼办理竣工结算。

《协议书》中约定相关竣工备案前的手续办理齐全后,徐永新向公司移交二期研发综合楼项目全部资料和项目所涉房屋,公司将分别向徐永新及建设方支付工程款。2017 年 7 月 27 日,公司与相关方签署《二期研发综合楼移交说明》,确认二期研发综合楼相关竣工备案已完成,正式移交给公司使用。2017 年 9 月 1 日,对于该二期研发综合楼,公司取得换发的《不动产权证书》[沪(2017)闵字不动产权第 042038 号]。2017 年 7 月,公司将该二期研发综合楼转为固定资产核算。在此之前,因该二期研发综合楼尚未达预定可使用状态,无法进行规划验收,未达到《企业会计准则第 4 号——固定资产》中所规定的可转为固定资产的条件,故作为在建工程处理。"二期综合楼工程"于 2017 年 7 月从在建工程转入固定资产,2017 年 8 月开始计提折旧符合企业会计准则的规定,转固时点确认准确。

(2)兰州生物产业园转固情况。报告期各期末,公司在建工程逐步增长,主要系对募集资金投资项目兰州生物产业园(悬浮培养口蹄疫灭活疫苗项目)增加投入所致。截至 2018 年末,兰州生物产业园已投入 39938.90 万元,其中已形成固定资产 9887.04 万元,已形成无形资产 3246.15 万元,已形成在建工程 26805.71 万元。公司原预计兰州生物产业园第一条生产线将于 2018 年完工并转入固定资产,但截至目前,尚未完成 GMP 动态验收,暂未达到预定可使用状态,仍未转入固定资产核算。主要原因为:农业部于 2017 年 8 月颁布《兽用疫苗生产企业生物安全三级防护标准》,于 2018 年 10 月颁布《兽用疫苗生产企业生物安全三级防护检查验收评定标准》。公司对照农业农村部制定的生物安全三级防护标准,对疫苗生产线的个别设施做了适时调整,导致未按照原定计划于 2018 年年末完成第一条生产线的建设。

目前,兰州生物产业园的设计标准符合生物安全三级防护标准,已完工部分已完成第三方检测,检验用动物房目前尚在根据三级防护标准施工建造中,待建造完成后,公司将根据《兽用疫苗生产企业生物安全三级防护检查验收评定标准》的规定,向省级兽医行政管理部门申请检查验收,除尚待有权机关审批通过外,目前不应存在无法通过有关监管部门检查验收的实质障碍。除上述按照企业生物安全三级防护标准进行调整的工程建设项目外,公司不存在工期异常的情形,亦不存在已完工但尚未转固的情形。

（3）在建工程利息资本化合规性。报告期内,兰州生物产业园在建工程项目累计发生利息资本化金额为142.29万元,其中2017年度发生90.43万元,2018年度发生51.86万元。公司利息资本化的范围为购建兰州生物产业园在建工程项目所借入专门借款的利息费用。借款费用同时满足下列条件时开始资本化:

1）资产支出已经发生,资产支出包括为购建或者生产符合资本化条件的资产而以支付现金、转移非现金资产或者承担带息债务形式发生的支出;

2）借款费用已经发生;

3）为使资产达到预定可使用或者可销售状态所必要的购建或者生产活动已经开始。

借款费用资本化金额的计算方法:专门借款的利息费用(扣除尚未动用的借款资金存入银行取得的利息收入或者进行暂时性投资取得的投资收益)及其辅助费用在所购建或者生产的符合资本化条件的资产达到预定可使用或者可销售状态前,予以资本化。根据累计资产支出超过专门借款部分的资产支出加权平均数乘以所占用一般借款的资本化率,计算确定一般借款应予资本化的利息金额。资本化率根据一般借款加权平均利率计算确定。借款存在折价或者溢价的,按照实际利率法确定每一会计期间应摊销的折价或者溢价金额,调整每期利息金额。

公司在建工程利息资本化符合《企业会计准则》的要求。

公司说明:

兰州生物产业园的工程建设资产减值情况。根据《企业会计准则第8号——资产减值》第五条规定,归集于在建工程中的兰州生物产业园生产线已于2019年2月通过GMP静态验收,目前处于试生产阶段。公司兰州产业园项目的工艺先进、未来市场前景良好,预计未来年均新增销售收入达到50285.00万元,平均每年所得税后利润达到16382.00万元,兰州产业园无长期停建的情况或计划终止的情况,不需要计提资产减值准备。

【案例评析】

公司报告期各期末在建工程账面价值较高,在建工程主要由二期综合楼、兰州生物产业园构成。根据公司说明及披露信息,二期综合楼结转时间较晚主要因为涉及建设施工纠纷,2017 年相关纠纷已经解决,公司办理了产权证书并予以结转固定资产。公司兰州生物产业园目前仍在建设过程中,前期受到最新监管政策影响,结转时间较晚,目前已经在试生产阶段,建设进程正常,无须减值。

九、无形资产

资产负债表中无形资产主要包括专利权、商标权、著作权、土地使用权、特许权、非专利技术以及软件、商誉、研发费用资本化、客户关系等。鉴于无形资产可计量性较差,且对公司资产影响较大,特别是公司财报中的商誉,需要特别关注其计价的合理性和准确性。

> **审核关注要点:**
>
> (1)公司是否充分披露无形资产具体构成情况,各项专利权、商标权、著作权等来源情况、权属情况、使用情况,相关价值是否公允;
>
> (2)公司无形资产中涉及土地使用权权属是否清晰,用途、性质及流转是否合法合规;
>
> (3)存在特许经营权的,关注是否存在商业加盟模式,相关收入会计处理是否规范,特许经营业务开展是否合规;
>
> (4)存在商誉的,关注相关收购背景、对手方是否为关联方,收购价格是否公允、商誉确认是否准确,收购后业务整合情况、实际运营情况,是否存在减值的情形、是否按规定定期进行减值测试;
>
> (5)关注公司最近一期末无形资产(扣除土地使用权、水面养殖权和采矿权等)与商誉合计的总额占净资产的比例是否较高。

典型案例 129:昊海生物报告期末无形资产商誉价值较高

报告期各期末,公司商誉账面价值分别为 29208.38 万元、33184.10 万元和 33200.33 万元。

【审核问询意见】

请发行人补充说明:(1)商誉减值测试的方法、过程、结果,可收回额的确定方法;(2)相关商誉未计提减值准备的依据,以及对报告期和未来期间经营业绩的影响;(3)对于商誉减值事项的会计处理、信息披露及审计评估情况是否符合《会计监管风险提示第8号——商誉减值》的要求。

【问询回复摘要】

公司说明:

(1)商誉减值测试的方法、过程、结果。发行人每年会测试商誉是否发生减值。可收回额根据分配商誉的资产组或者资产组组合的未来现金流量的预计现值确定,与资产组或者资产组组合可辨认净资产账面价值和商誉之和进行比较,确认是否应计提减值准备。对未来现金流量的现值进行预计时,发行人会预计未来资产组或者资产组组合产生的现金流量,同时选择恰当的折现率确定未来现金流量的现值。

发行人每年度终了对商誉进行减值测试。企业合并取得的商誉分别归属于收购 China Ocean、Contamac、深圳新产业、珠海艾格股权以及 Aaren 业务。对于因企业合并形成的商誉的账面价值,自购买日起按照合理的方法分摊至相关的资产组;难以分摊至相关的资产组的,将其分摊至相关的资产组组合。企业合并取得的商誉已经分配至下列资产组以进行减值测试:深圳新产业资产组、珠海艾格资产组、Aaren Lab 资产组、Contamac 集团资产组、China Ocean 资产组。

深圳新产业资产组:深圳新产业资产组的可回收金额是基于本集团管理层批准的五年期财务预算,使用现金流预测,基于其使用价值计算确定的。现金流预测使用的折现率为16%。在预测五年期后的现金流量时采用的增长率为3%。测试结果为可回收金额大于深圳新产业资产组的可辨认净资产账面价值和商誉之和,无须计提减值准备。

……

公司对包含商誉的资产组进行减值测试,比较这些相关资产组的可辨认净资产账面价值和商誉之和与其可收回金额,可收回金额均高于资产组组合的账面价值(包括所分摊的商誉的账面价值部分),因此,相关商誉未计提减值准备,对发行人报告期经营业绩不存在影响,根据公司对未来五年的盈利预测,商誉不存在减值迹象,亦不会对未来期间经营业绩产生影响。

(2)对于商誉减值事项的会计处理规范性。根据《会计监管风险提示第 8 号——商誉减值》的规定,发行人在认定资产组或资产组组合时,已充分考虑管理层对生产经营活动的管理或监控方式和对资产的持续使用或处置的决策方式,认定的资产组或资产组组合能够独立产生现金流量。发行人在确认商誉所在资产组或资产组组合时,未包括与商誉无关的不应纳入资产组的单独资产及负债。

发行人按《企业会计准则第 8 号——资产减值》所规定的步骤进行商誉减值测试;采用预计未来现金净流量的现值估计可收回金额时,资产组的可收回金额与其账面价值的确定基础一致,正确运用现金流量折现模型,充分考虑减值迹象等不利事项对未来现金净流量、折现率、预测期等关键参数的影响,合理确定可收回金额。

发行人已在财务报告中披露与商誉减值相关的且便于理解和使用财务报告的所有重要、关键信息。包括商誉所在资产组或资产组组合的相关信息商誉减值测试的过程与方法,并且按照不同资产组或资产组组合分别披露。发行人已根据商誉减值测试的具体过程,准确、如实披露相关信息,不存在虚假记载、误导性陈述或重大遗漏的情形。

发行人通过与审计师沟通了解到审计师在审计过程已根据《会计监管风险提示第 8 号——商誉减值》的规定对商誉减值执行了恰当的审计程序。

综上所述,对于商誉减值事项的会计处理、信息披露及审计情况符合《会计监管风险提示第 8 号——商誉减值》的要求。

【案例评析】

公司商誉价值较高,关注公司商誉减值情况及会计处理其规范性。根据公司说明,公司按照相关会计准则对公司各类资产包进行减值测试,未发生减值情形,未计提减值。为了更好地提示投资者相关风险,可以要求公司就商誉存在的减值风险进行风险揭示。

十、短期借债

短期借款是指企业向金融机构或非金融机构借入的期限在一年以内的借款。通常情况下,预示着企业运营不佳、出现流动性资金困难,也有部分企业利用"短借长投"的方式进行资金融通,很容易出现资金流断裂风险。

审核关注要点：

（1）公司是否充分披露短期借款的余额，大额借款的来源、期限、利率及公司偿付安排情况，关注公司是否存在高息借款；

（2）关注公司短期借款的使用情况，是否存在循环借贷、是否存在短借长投的情形，关注公司短期偿债能力和再融资能力；

（3）关注行业监管政策等对公司融资能力的影响。

典型案例130：广大特材短期负债余额较大

公司的融资方式以短期借款为主，截至2018年末，公司的银行借款余额为62324.00万元，流动负债在负债总额中的比例为98.77%，资产负债结构不尽合理，2018年发行人流动比率为1.07倍，速动比率为0.56，报告期内公司的流动比率和速动比率均低于同行业上市公司平均水平。

【审核问询意见】

请发行人：（1）量化分析说明长期借款与短期借款利率差异对报告期内净利润的影响；（2）详细披露报告期内流动比率和速动比率持续维持低位，且显著低于同行业上市公司的原因，说明是否存在偿债风险，若不能继续保持以短期借款为主的融资方式，是否会对持续经营能力造成重大不利影响。

【问询回复摘要】

公司说明：

（1）公司短期借款平均利率高于长期借款平均利率的原因。主要因为不同时期当地银行信贷政策变化所致。若报告期内以短期借款的平均利率计算利息支出，则公司报告期各期净利润分别减少180.37万元、109.64万元、65.63万元，占净利润比例分别为3.78%、1.27%、0.49%，对报告期各期净利润影响较小。若报告期内以长期借款的平均利率计算利息支出，则公司报告期各期净利润分别增加398.54万元、226.76万元、197.78万元，占净利润比例分别为8.35%、2.62%、1.48%，对报告期各期净利润影响逐年减少，总体影响较小。

（2）公司融资成本较高的原因。公司作为民营实体企业，融资渠道受限，偿债能力指标低于可比公司平均水平。与同行业上市公司相比，公司融资渠道和融资方式受限，经营发展所需资金主要依靠银行借款及自身经营积累,外部融资能力不足,而同行业可比公司上市后获得了一定金额的募集资金且拥有更为便捷的权益融资渠道,资本结构得以改善。

（3）公司现金流情况。公司报告期内经营现金流良好,经营活动产生的现金流量净额分别为 5214.07 万元、4096.72 万元和 14057.29 万元,利息保障倍数分别为 2.06 倍、3.24 倍和 3.98 倍,同时截至报告期末账面留存 32164.45 万元货币资金,有足够的现金流来源支持短期借款的周转。报告期内,公司均按时、足额地偿还了各银行的贷款本金和利息,未发生到期未清偿借款的情形,资信状况良好。

截至 2018 年 12 月 31 日,公司银行授信额度高于公司的银行借款余额。报告期内公司的银行借款均及时还本付息,资产负债比率逐年下降,同时银行借款余额也逐年下降,由 2016 年期初的 8.97 亿元下降至 2018 年期末的 6.71 亿元,其中短期借款由 7.81 亿元下降至 6.23 亿元,资产负债结构日趋改善。

现阶段公司综合运用票据结算、银行借款等多种融资手段,资金周转状况良好。公司凭借快速增长的经营业绩以及良好的信贷记录,与当地银行保持稳定合作关系,未来不能继续短期借款融资的可能性较小,且公司可通过综合运用票据结算、加强客户回款力度、加强长期借款力度等有效措施保障资金良好周转,不会对公司的持续经营能力产生重大不利影响。

【案例解析】

公司短期借款余额较高,存在资金周转风险。根据公司说明,公司短期借款较高主要与公司行业特征相关,与上市公司相比,公司融资渠道较少、融资成本较高。但是,公司经营活动现金流良好,报告期内均及时偿债,未发生信用违约情形,上市后将显著改善公司融资活动,不影响公司持续经营能力。

十一、长期借债

长期借款,是指企业向银行或者其他金融机构借入的期限在一年以上(不含一年)的各项借款,主要包括质押借款、保证金借款、信用借款、股权质押借款等。与短期借款不同,长期借款本质上是企业借助外部资金来加速发展,通常不存在流动性风险。

> **审核关注要点:**
>
> (1)公司是否充分披露长期借款的余额及其结构,大额长期借款的时间、期限、来源、用途、利率、利息支付安排、抵押担保情况,关注是否存在短期内较大的偿债压力,是否存在抵押行权的风险及公司是否具备相应的偿债能力;
>
> (2)关注公司是否存在存款和贷款双高的情形,关注公司长期借款费用资本化是否合理;
>
> (3)对于公司发行债券(债权计划)融资的,关注公司应付债券的品种、发行期限、利息及支付情况,关注公司是否出现重大违约行为。

典型案例131:紫晶信息多渠道举债且债务成本较高

报告期末,发行人通过应付票据、短期借款、长期借款、应收账款保理、融资租赁方式进行融资,相关融资金额已与发行人全部固定资产金额相当,且保理和融资租赁利率达到10%~17.55%,融资成本较高,期限普遍在1~3年,期限普遍较短。2018年11月,发行人进行了大额股权融资,但相关股权融资存在业绩对赌和发行人实际控制人的回购条款,若发行人无法顺利完成上市,可能存在需要集中兑付大额到期债务的重大风险。

【审核问询意见】

请发行人披露:(1)固定资产的抵押状况,是否存在重复抵押,是否具备持续融资能力;(2)发行人与股权投资方的具体业绩承诺和股权回购条款,如无法完成业绩承诺,实际控制人是否具有回购能力,是否会对发行人的经营和资金状况产生重大不利影响;(3)发行人的后期资产开支计划、营运资金需求计划、在未上市的情况下,发行人现有资金可覆盖的运营期限;(4)发行人是否存在其他表外融资的情况;(5)结合前述投融资情况,对其偿债风险进行重大风险揭示。

【问询回复摘要】

公司补充披露:

(1)截至2018年12月31日,公司固定资产的抵押均系售后回租融资租赁租入形成,不存在重复抵押情况。

(2)公司具备持续融资能力。公司已于2018年11月取得包括引入达晨创通、东证汉德、东证夏德、远致富海、航天工业基金、首建投投资等 7 名投资者 2.3 亿元的投资额,上述投资机构主要为行业知名投资机构,公司的行业前景和未来发展得到了知名、国资背景投资机构的认可。公司目前正在与部分银行金融机构洽谈银行授信、流动资金贷款、项目贷款、应收账款保理等各种合作方式,以增强公司融资能力。目前已经有约 3 亿元的银行授信合作意向正在洽谈。

(3)股权融资对赌情况。发行人已与 2018 年末入股的股权投资方签订了对赌协议的相关解除协议,解除了业绩承诺和股权回购条款,因此不会对发行人的经营和资金状况造成重大不利影响。

(4)公司未来可预见的资本开支计划主要为本次发行研发及产业化相关募投项目,考虑募投项目按照效益测算自身能够产生的现金流,预计 2019 年至 2021 年资金缺口为 5.63 亿元,经测算公司 2019 年至 2021 年营运资金缺口为 3.64 亿元;截至 2018 年 12 月 31 日,公司账面银行存款及银行理财合计 3.90 亿元。在未上市的情况下,公司现有资金可覆盖未来三年营运支出,资产开支将通过股权及银行融资取得资金进行。

(5)在未上市的情况下,发行人现有资金可覆盖的运营期限分析。2018 年 12 月 31 日,公司目前可以及时变现的资产合计为 39049.89 万元(货币资金+购买的银行理财金额),速动资产金额合计为 81350.93 万元。在未上市的情况下,公司现有资金及银行授信基本可覆盖未来三年营运支出,公司亦将积极通过股权融资及银行融资等渠道,确保公司本次研发及产业化相关募投项目顺利实施。发行人除已披露的股权融资和债务融资外,不存在任何方式的表外融资情况。

【案例评析】

公司负债高企,存在一定的现金流风险。根据公司说明,公司目前不存在固定资产重复质押情形,股权融资相关对赌协议已解除,在不发生重大变化的情况下,公司现有资金可以覆盖未来三年支出。尽管公司存在较大的融资不确定性和现金流断裂风险,可能考虑公司业务具有一定的先进性,且公司就相关风险进行了充分的信息披露和揭示,审核中未进一步问询。

十二、应付款项

应付账款、应付票据是指公司对外采购货物或者服务,但未能立时支付对方款项的情形,其他应付款则是与公司主要业务关系不大的资金往来款项,通常为关联方资金往来。

1. 应付账款和应付票据

应付账款金额大,往往体现公司在产业链中具有比较强的话语权和竞争力,上游供应商在向其供货时愿意给予其一定的账期,但是对于大额关联方应付账款的,则反映出公司有可能存在较大的资金压力。

应付票据是指企业购买材料、商品和接受劳务供应等而开出、承兑的商业汇票,包括商业承兑汇票和银行承兑汇票。付款期一般在 1 个月以上,6 个月以内。通常情况下,公司可以在银行预存一定比例的保证金,并开具全额的银行承兑汇票用于支付采购款,其本质上是一种短期的银行贷款;通过预存全额的资金开具承兑汇票,则主要为公司与供应商提供一种折中的信用期。2011 年前后,个别银行可以用 10% 左右的保证金开具 100% 的承兑汇票,相当于企业可以通过开具票据取得 10 倍的杠杆,大量的不规范银行承兑在市场流转,也引起了一定的风险;甚至有部分企业通过虚构合同,通过银行承兑的方式变相进行贷款。上述行为实际上违反了《票据法》的相关规定。

审核关注要点:

(1)公司应付账款的余额,应付账款的结构、对象、具体对应的采购商品或服务的内容,关注报告期内主要应付账款涉及的供应商名称、信用期、账龄、余额、该等供应商与目标企业之间是否存在关联关系等;

(2)关注公司报告期各期末应付账款对象与公司各期主要供应商匹配情况,应付账款金额与公司同期收入、成本的匹配情况;

(3)关注公司在产业链中地位与供应商之间的议价能力和应付账款之间的匹配情况;

(4)关注报告期内应付账款的波动情况,关注是否具备合理性;

(5)关注是否涉及关联方应付账款的情形,是否存在变相获取关联方资金支持的情形;

（6）关注公司应付账款的结算周期、历史结算情况，关注公司是否存在短期资金压力、是否存在历史违约情形、是否存在诉讼纠纷或失信情形；

（7）公司应付票据的余额、应付票据的变动情况与公司收入、成本之间的一致性；

（8）关注公司大额应付票据的金额、出票行、期限、保证金缴付情况、用途，关注公司是否存在违反《票据法》的规定开具不具有真实商业背景的承兑汇票的情形；

（9）关注公司是否存在票据到期无法兑付的风险。

典型案例 132：恒安嘉新（不予注册）长期应付账款金额较大

报告期末，账龄在一年以上的重要应付账款合计 10348.68 万元，占期末应付账款余额比重为 40.59%，其中对深圳市恒扬数据股份有限公司（以下简称深圳恒扬）1 年以上的应付账余额为 4289.72 万元。

【审核问询意见】

请发行人披露：（1）各期末应付账款的账龄情况（按 1 年以内、1~2 年、2~3 年、3 年以上）；（2）各期末应付账款前五名及账龄情况；（3）长账龄应付账款金额较大的原因。

请保荐机构对以下事项进行核查并发表明确意见：（1）深圳恒扬以及其他主要供应商给公司的付款信用期情况；（2）账龄超过 1 年的重要应付账款的具体形成过程；（3）各主要供应商给发行人的付款信用期是否存在重大差异；（4）发行人是否按合同约定信用期对供应商付款，是否存在相关经济纠纷；（5）各主要供应商给予发行人较长的付款信用期是否符合行业惯例；（6）公司主要供应商与发行人之间是否存在关联关系。

【问询回复摘要】

公司补充披露：

（1）短期账龄应付账款情况。报告期各期末，1 年以内应付账款占比分别为 90.63%、74.80%、86.40%，应付账款整体账龄较短。报告期各期末，公司应付账款前五名单位与公司主要供应商基本一致，且大部分应付账款账龄在 1 年以内。

（2）长期账龄应付账款情况。报告期各期末 2 年以上应付账款金额分别为 163.37 万元、65.40 万元和 204.44 万元,占比仅为 0.79%、0.24% 和 0.80%,长账龄应付账款金额及占比均较小。2017 年年末,账龄 1~2 年应付账款余额为 6688.90 万元,占 2017 年年末应付账款余额的比例为 24.95%,主要系尚未支付给深圳恒扬和恒为科技的原材料采购款,金额分别为 2995.82 万元和 1482.87 万元,上述款项主要系 2016 年下半年采购货物形成的应付账款。深圳恒扬和恒为科技均为公司汇聚分流设备的主要供应商,公司与其合作历史较长,合作关系密切,因此其提供给公司的信用政策相对较为宽松,公司已在 2018 年度支付完毕上述款项,双方不存在相关经济纠纷。

保荐机构核查认为:

(1)报告期内公司与供应商结算的周期一般在 3~12 个月,且报告期内公司主要供应商较为稳定,随着与其合作的加强,部分供应商对公司适当放宽了信用政策,各年度内主要供应商给予发行人的付款信用期不存在重大差异。

(2)报告期内公司均按合同约定支付采购款项,发行人与主要供应商合作良好,不存在采购付款相关的经济纠纷。

(3)公司主要原材料的采购通过"货比三家"、商务谈判等方式选定最优供应商,公司主要供应商包括深圳宝德、大唐高鸿、恒为科技、深圳恒扬和北京恒光等通信设备主流厂家,报告期内公司主要供应商较为稳定,随着与其合作的加强,部分供应商对公司适当放宽了信用政策。上述付款信用政策经双方友好协商达成,且报告期内双方不存在采购付款相关的经济纠纷,各主要供应商给予发行人较长的付款信用期符合行业惯例。

(4)公司主要供应商与发行人之间不存在关联关系。

【案例评析】

公司对部分供应商 1 年以上应付账款金额较大,关注其商业合理性及是否存在关联关系。根据公司说明,公司相关账龄较长、金额较大主要系合作供应商对公司进行了信用政策放宽,中介机构核查上述情况真实性并发表了明确意见。

2. 其他应付款

公司其他应付款主要是指跟公司业务开展关系不大的应付款项,常见的包括关联方往来款、保证金、质保金、押金、费用报销等。通常情况下，企业其他应付款金额不会很大，因为处理起来比较灵活，也存在一定的财务风险。

> **审核关注要点：**
> （1）公司是否充分披露其他应付款的余额、结构、期限，关注是否存在关联方借贷情况，是否存在大额费用报销情况；
> （2）关注公司保证金、质保金、押金等与公司收入匹配性情况，关注公司收取的逾期未退的包装物押金是否及时结转收入；
> （3）关注公司是否存在长期挂账的其他应付款项；
> （4）关注公司是否存在向员工等非法集资情形。

典型案例133：苑东生物其他应付款保证金和推广费较高①

报告期各期末，公司其他应付款余额分别为6928.37万元、5334.31万元和10979.66万元，占流动负债的比例分别为62.26%、40.97%和57.20%；主要是保证金和推广服务费。

【审核问询意见】

请发行人：（1）披露报告期各期末，其他应付款前五名情况；（2）结合公司与配送经销商、市场推广服务商的协议条款，披露市场保证金和履约保证金具体内容、约定情况以及2018年保证金大幅增加的原因。

请发行人说明：（1）报告期末其他应付款中推广服务费的对应推广服务情况，及期后支付情况；（2）2018年是否大规模新增配送经销商和市场推广服务商，如是，请披露新增配送经销商和推广服务商的情况。

【问询回复摘要】

公司补充披露：

报告期各期末其他应付款前五情况。

公司保证金主要分为市场保证金和履约保证金。市场保证金系为了约束经销商的销售行为，保证经销商销售活动合法合规，更有效的保障公

---

① 2019年8月29日，因发行人撤回发行上市申请或者保荐人撤销保荐，上交所终止其发行上市审核。2020年4月22日，公司二次申报，并于7月31日注册通过。公司首次申报或与核心技术披露、推广服务业务合规性以及技术授权生产合规性等方面问题有关。

司销售业务,经销商向公司缴纳的保证金。履约保证金系为了保护双方权益,公司与市场推广服务商签订《营销推广服务协议》,约定市场推广服务商向公司缴纳的保证金。保证金主要由合规保证金、活动保证金和品牌提升保证金构成。

2018 年保证金大幅增加,主要系 2018 年 10 月新产品布洛芬注射液获批上市,推广服务商向公司缴纳的履约保证金。该产品为国内首仿上市,被列入《中国上市药品目录集》。作为标准制剂,市场前景较好,是公司未来发展的重点产品,获得了市场的充分认可,吸引了较多的市场推广服务商积极与公司进行合作,因此公司为了约束推广服务商的行为,保证产品的推广效果,对负责推广该产品的推广服务商收取一定的保证金。

公司说明:

(1)推广服务费对应的推广服务情况。报告期的其他应付款中推广服务对应的内容主要包括学术推广会议、市场调研、宣传物料制作及其他。公司一般按月度与推广服务商结算推广服务费,推广服务商按双方约定的要求提供相应服务成果,公司在取得推广服务商提供的资料并审核后付款。2016 年末、2017 年末应付推广服务费余额期后均已支付,2018 年 12 月末应付推广服务费余额期后按正常的结算进度支付,支付比例已达 80%以上。

(2)新增配送经销商和市场推广服务商情况。2018 年公司新增化学药制剂产品配送经销商 540 家,贡献销售收入 5239.22 万元,占当年主营业务收入的 6.82%;其中销售收入 50 万元以上的经销商 17 家,贡献销售收入 1961.31 万元,销售收入 50 万元以下的经销商增减变动相对较多。2018 年公司新增配送经销商平均销售规模较小,贡献销售收入较低,不存在大规模新增的情形。

2018 年公司新增推广服务商 128 家,占报告期内合作推广服务商总数的 21.09%,对应推广服务费金额 18374.46 万元,占报告期三年累计推广服务费的 25.66%。两票制之后,公司推广活动主要委托专业的市场推广服务商来进行,2018 年新增推广服务商的数量与费用占比具有合理性。

【案例评析】

公司属于医药行业企业,医药销售"两票制"改革以后,行业内新生的销售模式以适应监管政策变动,典型的即为将多重销售机制调整为医药配送和市场推广,反映出医药销售行业巨大的信息鸿沟以及相伴的中介需求。公司就相关款项情况进行了补充披露和说明。

十三、预收账款

预收账款是指公司签订合同后先行收取一部分款项,而后销售产品或提供服务。预收账款的比例越高,反映出公司对下游客户的议价能力越强,公司的产品和服务质量相对具有竞争优势。同时,预收账款也能反映出公司未来的营业收入,具有很强的业绩预测功能。但是,预收账款同样具有确认条件宽松、时点计量等特点,很容易操纵以及通过预收账款推迟或提前确认收入来调解业绩。

> **审核关注要点:**
>
> (1)公司是否充分披露预收账款的金额、预收账款的客户、预收账款后期产品或服务交付周期等信息,关注公司预收账款对象是否与公司等存在关联关系;
>
> (2)关注公司预收账款及其变动与公司产能、存货、公司市场开展情况是否匹配;
>
> (3)关注预收账款比例、金额等与公司毛利率、现金循环周期、存货周转率、应收账款周转率、主营业务收入增速、销售费用率指标的匹配性;
>
> (4)关注公司预收账款比例、期限是否与公司对下游客户的议价能力、产品竞争力,以及行业景气度、产品在供应链中的地位相匹配;
>
> (5)关注公司预收账款是否存在长期挂账或在特殊节点确认的情形,是否存在虚构收入情形。

典型案例 134:视联动力预收账款金额较大、期限较长①

2016 年末、2017 年末及 2018 年末,公司预收款项的金额分别为7184.09 万元、12685.37 万元及 26862.55 万元。2018 年 12 月 31 日,公司账龄超过 1 年的预收款项金额为 5487.41 万元。

---

① 2019 年 8 月 30 日,因发行人撤回发行上市申请或者保荐人撤销保荐,上交所终止其发行上市审核。公司撤回申请或与销售客户信息披露完整性等问题相关。

【审核问询意见】

请发行人披露：预收账款主要客户的情况，包括但不限于客户名称、预收账款余额、占预收账款的比重，尤其是超过1年的预收情况和项目调整的具体情况，并结合发行人与相关客户签订的协议、结算方式变化和销售策略等情况，分析预收账款大幅增长的原因。

请保荐机构和申报会计师就主要预收账款客户的基本情况、与发行人的合作背景等相关事项进行核查，并发表明确意见。

【问询回复摘要】

公司补充披露：

（1）预收账款较大的原因。报告期各期末，公司预收账款的金额分别为7184.09万元、12685.37万元、26862.55万元及28680.11万元，主要系公司根据与客户签订的合同约定的收款进度收取款项。2019年3月末，公司账龄超过1年的预收款项金额为7452.28万元，其中预收河北广电信息网络集团股份有限公司1701.72万元，预收中国电信股份有限公司海南分公司2361.36万元，预收首都医科大学附属北京天坛医院1440.07万元等。

（2）截至2019年3月末，各主要客户预收账款的详细情况如下：

1）河北广电信息网络集团股份有限公司（以下简称河北广电）。2019年3月末，公司预收河北广电款项6748.83万元，其中1年以上的预收账款为1701.72万元。其形成过程如下：2017年9月，公司与河北广电签订协议，约定：协议签订后支付公司5600.00万元预付款用于采购视联网终端产品，2018年9月30日前完成7000套启明系列设备采购。2017年公司对河北广电确认收入3589.74万元，结合2017年12月公司收到款项379.21万元及增值税影响，形成2017年年末预收账款1679.85万元。因为河北省综治视联网建设实际需求发生变化，河北广电未能按约定在2018年9月30日前完成7000套启明系列终端的采购。双方经协商确定：同意将原协议的货物清单进行调整；河北广电继续按原协议要求支付剩余的5600.00万元款项。公司于2018年11月、12月分别收到预付款1880.00万元、3712.48万元。2018年公司对河北广电确认收入571.26万元，结合2018年上半年收到款项289.17万元及增值税影响，形成2018年年末预收账款6828.83万元。

2) 中国电信股份有限公司海南分公司(以下简称中国电信海南分公司)。2019 年 3 月末,公司预收中国电信海南分公司款项 2400.00 万元,其中 1 年以上的预收账款为 2361.36 万元。其主要形成过程如下:2017 年 9 月,公司与中国电信海南分公司签订协议,约定:协议签订后支付公司 2400.00 万元作为公司备货款,公司于 2017 年 10 月收到上述款项。结合公司与中国电信海南分公司部分零散合同及增值税影响,形成 2017 年年末预收账款 2361.36 万元。后因海南省综治视联网项目设备要求升级,中国电信海南分公司与公司协商将原合同设备升级为极光 4K 设备,目前双方正在努力推进该项目。2018 年,公司收到款项 38.64 万元,形成 2018 年末、2019 年 3 月末预收账款 2400.00 万元。

3) 广州邦讯信息系统有限公司(以下简称广州邦讯)。2018 年 11 月,公司与广州邦讯签订合同,约定:协议签订后支付公司 2305.20 万元预付款。公司于 2018 年 11 月收到上述款项,于 2018 年 12 月发出相应货物,截至 2018 年年末,尚未验收完成。结合增值税影响 317.96 万元,2018 年年末确认预收账款 1987.24 万元。

4) 广州瀚信通信科技股份有限公司(以下简称广州瀚信)。2018 年 12 月,公司与广州瀚信签订合同,约定:广州瀚信需支付公司合同金额的 30% 作为预付款,即 227.99 万元。公司于 2019 年 1 月,收到该款项。2019 年 1 月,公司与广州瀚信签订合同,约定:广州瀚信需支付公司合同金额的 30% 作为预付款,即 1461.60 万元。公司于 2019 年 1 月,收到该款项。2019 年 2 月,公司与广州瀚信签订合同,约定:广州瀚信需支付公司合同金额的 20% 作为预付款,即 426.00 万元。公司于 2019 年 3 月,收到该款项。综上所述,结合增值税影响,2019 年 3 月末确认预收账款 1913.99 万元。

5) 首都医科大学附属北京天坛医院(以下简称天坛医院)。2017 年 11 月,公司与天坛医院签订合同,约定:天坛医院需支付公司合同金额的 70% 作为预付款,即 1806.15 万元,截至 2018 年年末,尚未验收完成。结合增值税影响,2018 年末确认预收账款 1440.07 万元。

6) 对于东软集团股份有限公司、长春市晟达鸿图通信工程有限公司、中共张家口市委政法委员会、中国电信股份有限公司甘肃分公司及浙江智晟科技有限公司,公司收到预收款项均系根据合同约定的收款进度收取款项,但截至 2019 年 3 月末,尚未验收完成,因此,确认预收账款。

综上所述,公司通过自身渠道与客户建立良好关系,得到客户对产品的认可,并通过日常拜访、系统维护、会议保障等渠道沟通了解用户的最新动态。结算方式为银行转账,报告期内均未发生变化。公司预收账款的增加系公司正常业务开展所产生,公司根据与客户所签订的合同约定的收款进度收取款项,系属合理。

保荐机构、申报会计师主要执行了以下核查程序:

(1)获取了发行人报告期内预收账款的明细表及账龄明细表,分析其基本构成及账龄情况;

(2)结合发行人与客户签订的协议、结算方式变化和销售策略等,分析预收账款增加的原因;

(3)对账龄超过 1 年的预收账款,分析其项目的具体情况;

(4)对主要预收账款客户进行背景调查,检查企业基本情况。

经核查,保荐机构认为:发行人已披露账龄超过 1 年的预收账款的基本情况、预收账款增长的原因,具有合理性。

经核查,申报会计师认为:发行人关于账龄超过 1 年的预收账款的基本情况、预收账款增长的原因的披露和申报会计师了解的财务相关信息在所有重大方面一致。

【案例评析】

公司从事视联网工程类产品销售、服务,最终客户主要包括政府机关和国有企事业单位,主要客户包括最终客户、运营商或集成商(施工方)。公司预收账款较大且账龄较长,与行业规律存在一定差异。审核中要求保荐机构和申报会计师就主要预收账款客户的基本情况、与发行人的合作背景等相关事项进行核查,并发表明确意见。根据回复情况来看,中介机构似乎未能充分结合报告期末大额预收账款客户真实需求、公司获取客户的主要方式、提前支付款项的真实原因、项目推进情况及主要困难、项目后续推进可能性及推进条件等进行充分分析,论证较为薄弱。

十四、应交税费

公司经营过程中涉及的税费主要包括所得税、增值税、消费税、城市维护建设税、教育费附加、资源税、房产税、城镇土地使用税、车船税、印花税等。应交税费主要是指公司应当缴纳但暂时尚未缴纳的所得税、增值税、代扣代缴税收等,是公司经营成果的另外一种体现。公司依法取得的税收优惠,包括高新技术企业、软件企业、文化企业及西部大开发等特定性质或区域性的税收优惠。

> **审核关注要点:**
>
> (1)公司是否充分披露应交税费的主要计税范围及变动,应交税费金额、缴税期限,公司递延所得税相关资产、负债的确认依据、计算过程,具体项目产生的原因及其适用的未来税率变化情况,关注公司应交税费与公司收入、利润、税收优惠的匹配性;
>
> (2)关注公司是否存在核定征收的情形,核定征收的原因、规范情况,公司会计核算是否健全规范,内控是否有效;
>
> (3)关注公司是否存在补缴、追缴税金或被处罚情形。

典型案例135:天宜上佳报告期末应交税费金额较大涉及滞纳金

报告期各期末,发行人应交税费金额分别为1868.79万元、325.72万元及322.96万元,其中2016年应交税费中,应交个人所得税金额为1231.19万元,主要因为公司发放年终奖金相应代扣代缴个人所得税尚未缴纳所致,同时其他应收款中也存在代扣代缴的个人所得税。此外,2016年公司滞纳金支出39.96万元,主要系所得税滞纳金。

【审核问询意见】

请发行人补充披露:(1)2016年应交税费金额较大的原因、公司是否存在未及时代扣代缴的情形;(2)公司支付所得税滞纳金的背景及原因,是否属于重大税收违法违规行为。

【问询回复摘要】

公司补充披露:

(1)2016年应交税费较大的原因。报告期各期末,天宜上佳应交税费金额分别为1868.79万元、325.72万元及322.96万元,其中2016年应交税费金额较大,主要系代扣2016年年终奖个人所得税尚未缴纳所致。因2017年春节时间较早,天宜上佳于2016年年末即对当年的年终奖进行了发放并代扣了对应的个人所得税,而2017年及2018年的年终奖均在次年一月发放。此外个人所得税为支付当月代扣,支付所得的月度终了后15

日内再向税务机关申报缴纳，因此 2016 年底产生了较高的应交个人所得税余额。

综上，2016 年应交税费金额较大，主要系代扣 2016 年年终奖个人所得税尚未缴纳所致，天宜上佳不存在未及时代扣代缴的情形。

（2）公司支付所得税滞纳金的背景及原因。2016 年，公司滞纳金支出为 39.96 万元，其中所得税滞纳金金额为 38.69 万元，主要系公司股改需出具 2014 年至 2016 年 1~2 月两年一期的审计报告，公司聘请中审众环为公司进行审计。审定后，中审众环对天宜上佳原始账务处理进行审计调整，主要调整包括：2014 年 7 月，天宜有限减资，减少各股东合计所持的 4988 万元知识产权出资，冲销无形资产在企业账务原摊销金额 1247.00 万元，相应调增了 2014 年度的应纳税所得额等。

天宜上佳按照审定后的应纳税所得额，须补缴企业所得税 223.66 万元，并缴纳对应的滞纳金 38.69 万元。就此补缴企业所得税事项天宜上佳仅支付所得税滞纳金，并未产生税务行政处罚。根据国家税务总局北京市海淀区税务局第一税务所出具的《涉税信息查询结果告知书》，载明"根据税务和信息统计记载，该企业在 2015 年 1 月 1 日至 2018 年 12 月 31 日期间从未接受过行政处罚"。

综上，上述支付所得税滞纳金事项不属于重大税收违法违规行为。

【案例评析】

公司存在大额应交税费及补缴税款情形，关注公司税收缴纳合法合规情况。根据公司说明，上述情形主要系年终奖发放及减资导致无形资产摊销冲抵减少进行补税情形，公司按规定缴税、补税，未受到处罚。

十五、预计负债

预计负债主要包括公司因提供对外担保、涉及未决诉讼或仲裁等事项而需承担的现时义务以及维保费、售后服务费、退货费和未结算的销售折扣等。大额的预计负债往往反映公司在经营方面可能存在较大的风险，一些不谨慎的对外担保或者关联担保有可能导致公司资产受损。预计负债和或有负债具有技术处理上的差别，但是如果存在混淆，则有可能影响对公司未来经营情况的判断。具体来说，预计负债是企业承担的现时义务，或有负债是企业承担的潜在义务或不符合确认条件的现时义务；

预计负债导致经济利益流出企业的可能性是"很可能"且金额能够可靠计量,或有负债导致经济利益流出企业的可能性是"可能""极小可能",或者金额不能可靠计量。

> **审核关注要点:**
> (1)公司是否充分披露预计负债的金额、事项,预计负债产生的原因,是否存在应当计入却未计入的或有负债情形;
> (2)关注公司预计负债的计提和比例是否准确、充分;
> (3)预计负债涉及对外提供担保的,关注公司对外提供担保的背景、被担保的主债权的金额、被担保方是否为关联方,担保事宜是否构成关联交易,对外担保的风险敞口,公司是否有能力承担偿付债务的连带责任,是否影响公司持续经营能力;
> (4)预计负债涉及诉讼仲裁的,关注公司在该等诉讼、仲裁中的地位,涉诉、仲裁的原因、诉讼案件的性质,诉讼、仲裁的具体情况及其进展,败诉是否会影响公司持续经营能力。

典型案例136:拓璞科技预计负债包含质保金①

报告期各期末,公司预计负债计提的产品质量保证金分别为361.99万元、137.92万元和190.79万元。

【审核问询意见】

请发行人披露:(1)销售合同关于质量保证的约定,包括但不限于质量保证期限、退换货约定、设备尾款比例和尾款支付条件;(2)公司在仅有少量历史业绩的情况下,是否能合理估算产品退换货的概率,预计负债的计提比例,预计负债的计提是否充分,产品销售收入大幅上升,但预计负债的金额大幅下降的原因。

【问询回复摘要】

公司补充披露:

(1)销售合同关于质量保证相关事项的约定。因公司主要从事大型设备制造,具有单价高、安装复杂、运行时间长等特点,因此公司与客户签订的大部分销售合同对产品质量进行了不同的约定。一般约定内容如

---

① 2019年8月30日,因发行人撤回发行上市申请或者保荐人撤销保荐,上交所终止其发行上市审核。公司撤回申请或与销售客户信息披露完整性等问题相关。

下:质量保证期限:终验收后 1~2 年;退换货约定:少量的合同对退换货有约定,如沈阳航空产业集团有限公告签署的铝合金大型框架梁类柔性加工生产线合同中,双方约定如三次验收不合格,有权解除合同,公司应支付不少于合同总价30%的违约金;设备尾款比例和支付条件:基本上尾款为合同款的10%,尾款支付时间和条件为终验收后 1~2 年。

(2)预计负债的计提比例、预计负债计提的充分性。根据公司业务特点,公司在产品交付后需要对产品承担一定期间的质保服务,其服务期间一般为终验收后一年内。公司根据历史上发生的售后费用对已销售的产品计提售后服务费,并确认预计负债,实际发生的售后服务费冲减预计负债。公司根据往年已发生的售后费用,对当期的售后费用按照当期的营业收入金额分阶段及比例确认预计负债。公司预计负债计提政策符合公司实际情况,且与同行业平均水平一致,预计负债计提充分。

(3)产品销售收入大幅上升,但预计负债的金额大幅下降的原因。根据公司业务特性及政策,公司在产品安装交付后确认收入,并在合同期内提供质保等服务。公司将产品安装交付后发生的费用计入售后服务费,并冲减预计负债。报告期内公司实际支出的质保费用为 360.22 万元、273.89 万元、451.24 万元和213.42 万元。

2018 年公司产品销售收入为22820.94 万元,较报告期前两年大幅增加,但 2018 年末预计负债余额较 2016 年末下降较多,原因主要是报告期内公司实际发生的售后费用较多,导致预计负债余额下降。具体如下:

单位:万元

项目	2019. 6. 30 /2019 年度	2018. 12. 31 /2018 年度	2017. 12. 31 /2017 年度	2016. 12. 31 /2016 年度
当期计提预计负债	364. 51	504. 10	49. 82	211. 74
实际发生售后费用	−213. 42	−451. 24	−273. 89	−360. 22
预计负债余额	341. 89	190. 79	137. 92	361. 99

【案例评析】

公司预计负债主要为公司产品质保金,报告期内销售收入大幅上升,但预计负债的金额大幅下降。根据公司说明,公司报告期内产品销售退回、售后等较为稳定,公司合理计提预计负债,报告期内收入上升、预计负债下降主要是各期实际发生的售后费用增多导致,具有商业合理性。

第七节　公司经营成果分析

公司利润表主要反映公司的经营成果,具体体现在营业收入、营业成本、毛利率、期间费用以及营业外收入、营业外支出和非经常性损益等内容。其中,营业收入反映了公司获取现金流的能力,营业成本反映了公司控制生产成本的能力,毛利率是公司综合获取收入能力的体现;期间费用则是公司在管理、销售、研发和财务方面的费用负担,反映出公司经营管理层是否能够有效控制内部费用。收入和成本、费用相减,最终体现的是公司主要业务经营的净利润,即回报股东投资的现金流。

利润表解释公司业务开展过程中,对外获取收入情况,营业成本、销售费用、管理费用、研发费用、财务费用等成本费用情况,因为公允价值变动、资产处置、资产减值、信用减值等导致变动收益情况,以及净利润、非经常性损益等公司最终利润收益获取情况。营业收入的变动反映出公司业绩是否稳定、确定,营业收入中现金的比例反映出公司获取现金的能力;毛利率较低说明公司产品或服务缺乏核心技术或核心竞争力;管理费用或者销售费用出现不正常的上升或下降,则说明公司可能存在舞弊或者不合规的销售风险;财务费用高企、利率较高或者难以从本地获取贷款,则说明公司在地方上信用出现危机,经营很可能存在较大不确定性;投资收益的具体内容和现金比例反映出公司的投资扩张是否有效;营业外收入或非经常性损益占比较大,则说明公司主营业务薄弱,受政策或其他方面影响较大。审核中主要关注相关科目会计处理的规范性,相关会计科目变动的合理性及其真实性。

一、营业收入

营业收入即公司通过对外出售产品或提供服务获得的对价,不同行业获取收入的方式存在差异。一般制造类企业通过采购原材料进行加工制造产成品卖给客户取得收入;贸易类企业采购商品并将其向客户或消费者进行销售获取收入;建筑企业通过提供建筑服务完成建筑合同取得收入;专业服务业企业通过向客户、消费者提供某项服务收取服务费用取得收入;金融服务业企业向客户提供金融服务取得手续费或者向客户发放贷款取得利息收入；受托加工企业提供加工服务获取加工费收入；代购、代销企业通过提供劳务服务获取佣金收入；等等。审核中重点关注公司主要业务的收入确认是否规范、相关收入是否真实、公司收入能否最终实现现金流入以及是否存在透支未来业绩、高成本冲业绩的情形。

1. 收入的确认

企业收入的确认关系到企业当期财务报表显示的数据真实性和准确性，但是收入确认政策又十分复杂。一方面不同行业、不同业务模式适用不同的收入确认政策，另一方面收入具备会计和税务双重属性，且会计与税法、不同税种法规之间在收入确认时点方面都存在差异。根据《企业会计准则第 14 号——收入》相关规定，确认收入主要分为六种模式：一般商品销售、需要安装的商品销售、经销商模式、出口销售、提供劳务和完工百分比法，下表对各种主要商业模式下的收入确认方法进行了分类介绍。①

序号	业务大类	具体形式	收入确认时点			备注
			会计	所得税	增值税	
1	一般商品销售	买方自提	发出商品时	发出商品时	发出商品时	
2	一般商品销售	卖方送货	发出商品时	发出商品时	发出商品时	关注签收情况
3	一般商品销售	第三方送货	发出商品时	发出商品时	发出商品时	关注签收情况
4	一般商品销售	退货时尚未确认收入	不确认收入，发出商品重分类为库存商品	不确认	不确认	
5	一般商品销售	退货时尚未确认收入	冲回当期	冲回当期	红票冲回当期	
6	一般商品销售	期后退货	追溯调整	汇算清缴尚未完成的，追溯报告期；已完成的，调整退货当期	红票冲回当期	大额追溯，小额调整当期

① 该表来源于中汇会计师事务所审计四部，梧桐树下公众号。

续表

序号	业务大类	具体形式	收入确认时点			备注
			会计	所得税	增值税	
7	一般商品销售	换货	不重复确认	分别确认购销	分别确认购销	
8	需要安装的商品销售	安装或检验是重要的	安装完毕并验收	安装完毕并验收	发出商品时	
9	经销商模式	买断	发出商品时	发出商品时	发出商品时	
10	经销商模式	代理	不确认收入	不确认收入	可能被认定为视同销售	
11	出口销售		船舶离港	报送时	报关时	
12	提供劳务	交易结果可靠估计	完成百分比法	完成百分比法	加工修理修配完成及时收款时	
13	提供劳务	交易结果无法可靠估计	确认成本确认收入或者确认成本不确认收入	无规定,参考会计处理	加工修理修配完成及时收款时	

审核关注要点:

(1)公司不同销售模式下收入确认的原则、时点、依据及方式是否合理,与相关合同条款或行业惯例是否相符,是否符合企业会计准则规定;

(2)关注公司收入确认是否和相关营业成本、费用、产能等相配比;

(3)对于采用完工百分比法确认收入的,关注在各节点确认的完工百分比及依据,是否存在控制工程进度从而调节收入的情形,完工百分比与回款进度是否存在差异;

(4)采取不同方法确认完工百分比的,关注成本法与工作量法确认完工百分比的差异是否合理。

典型案例137：赛伦生物报告期内存在提前备货情况①

根据问询回复,提前备货属于偶发性的行为,非经营常态,双方未就该等提前备货另行签订相关协议。另外,发行人于次年按照一贯性原则,对上年末的提前备货品进行收入确认,以上年末存在未确认收入的提前发货经销商为对象,核算其当期末的未消化的提前发货品余额。提前发货品次年各月的应确认收入金额,为上年年末存在提前发货情况的经销商,应于当月确认收入金额的加总。

【审核问询意见】

请发行人进一步说明:(1)在提前备货量占全年发货量30%左右的情况下,发行人如何在没有协议保障的情况下明确双方权利义务关系,是否就发货品种、发货数量、回款时间、信用政策等同客户存在其他约定,是否在执行过程中存在纠纷;(2)请发行人举例说明提前备货产品在期后的收入确认计算方法和过程;(3)发行人采取何种管理措施保障从经销商处获得的终端销售数据的真实、准确和及时性,获取的提前发货余量是否向客户予以确认,以及具体确认方式、确认依据;(4)在下游客户存在提前备货产品的情况下,是否还会在当期向发行人采购同类产品,如在客户同步采购当期相同产品的情况下,发行人是否掌握客户的存货发出方法,如何区分经销商处的终端销售下提前备货和当期产品的数量,如有清晰的收入结构,发行人是否向客户予以确认及具体确认方法;(5)列表说明提前备货涉及的经销商数量占各年总经销商数量的比例;(6)如果提前备货按照当期即确认收入,请补充测算对发行人经营业绩的影响金额及比例。

【问询回复摘要】

公司说明:

(1)提前发货及整改情况。发行人采取经销商配送模式进行药品销售,一般与经销商按年度签订经销协议或合同。报告期内的提前发货行为发生时间基本集中在年底,该期间发行人和经销商执行的发货审批和采购流程与其他期间一致,发行人在收到经销商发出的具体订货需求,并

① 2019年11月11日,上海赛伦生物技术股份有限公司因发行人撤回发行上市申请或者保荐人撤销保荐,根据《科创板审核规则》第六十七条第二项,上交所终止其发行上市审核。上述终止审核与公司提前发货导致的收入确认存在不规范之处密切相关。经过一年的规范整改,2020年11月,公司再次申报科创板上市,2021年8月,公司已通过上交所审核报证监会注册。

经内部发货审批流程,对发货品种和发货数量确认后方可发货。具体流程如下:

1)经销商采购人员通过微信、电话等方式发出订货需求,由公司商务人员依据订货需求在公司信息系统上登记生成销售订单;销售订单需在信息系统上经由部门经理、商务经理、营销中心总经理(由发行人总经理范铁炯兼任)审批;

2)销售订单在通过相关审批流程后,商务人员根据审批结果编制纸质发货凭单,内容包括:经销商名称、产品名称、规格、订货数量、单价、金额等;发货凭单需经由部门经理、商务经理签字审批;

3)商务人员根据经审批的发货凭单,编制冷链药品运输记录表,并连同发货凭单一并提供物流部;

4)物流部人员通过查看商务人员在信息系统上录入的发货信息,并根据商务部提供的发货凭单、冷链药品运输记录表等凭证制作销售清单;

5)物流部门按照销售清单的具体发货信息备货,并及时安排第三方物流公司发货;

6)第三方物流公司将商品运输至经销商仓库后,经销商验收通过并在销售清单上签字确认;经确认的销售清单由第三方物流公司带回至发行人。上述订货及发货流程在报告期内的所有期间均一贯执行。

报告期内发生的提前备货情况属于偶发性的行为,非经销商配送模式下的经营常态,发行人及经销商对于提前备货品对应的货款结算未做另行约定。2016年和2017年末提前备货产品对应的货款已全部收回;截至2019年9月30日,2018年末提前备货产品的货款回款率为98.53%,已基本收回。

综上所述,报告期内曾经存在的提前发货行为,不是发行人经销商配送模式下的经营常态,发行人和经销商未专门针对该提前备货品作另行约定。但是,发行人对发货管理有严格的审批内控流程,所有发货行为均需经审批通过后方可执行,因此,对所有经销商的发货品种和发货数量均为受控行为。截至目前,提前备货品的货款已基本收回,该等事项在执行过程中不存在纠纷争议。

前述提前发货行为虽然是偶发性因素所致,非发行人的经营常态。但是,鉴于该等提前发货行为对公司正常的发货管理造成了不利影响,为杜绝该等情况的再次出现,2019年10月24日,发行人第二届董事会第八次会议审议通过了《关于公司规范发货管理的议案》,对现行《产品销售管理制度》进行了修订,增加了有关禁止年底提前发货的约束规定。同日,发行人出具了《杜绝提前发货行为的承诺》,承诺杜绝年底提前发货行为。此外,公司实际控制人及置源投资出具了《承担督促责任的承诺》,承诺由其承担对公司履行上述承诺的监督责任,如公司未能履行承诺,除督促公司予以整改以严格履行承诺外,其将因未能有效履行督促责任,向公司指定账户缴纳相应金额的现金罚款。2019年10月24日,公司董事会审计委员会审议通过《关于承担对公司及其实际控制人、置源投资履约监督职责的决议》,决议由其承担履约监督职责,监督实际控制人履行前述承诺的情况,如其未履行相关承诺将采取相应措施。

(2)提前备货产品在期后的收入确认计算方法和过程。发行人于次年按照一贯性原则,对上年年末的提前发货产品进行收入确认,具体确认时点、单价情况、收入金额的计算方式如下:

1)以上年末存在未确认收入的提前发货经销商为对象,核算其当期末的提前备货品余量(即仍超过合理库存外部分),最低数量为零。

2)提前备货品的结算价格在发货当期(上年末)即已确定,发行人对提前备货品进行收入确认时,按照发货时的价格作为销售单价。

3)提前备货品次年各月的应确认收入金额,为上年末存在提前发货情况的经销商,应于当月确认收入金额的加总。其中,经销商当月应确认收入金额=(上月末提前发货结余量-本月末提前发货结余量)×销售单价。

(3)终端销售数据的真实、准确和及时性保障措施。发行人作为药品生产企业,为确保其产品销往终端医疗机构的流向可追溯,并防止药品在不同经销区域间的窜货行为,在与经销商签订的经销协议中就终端流向信息的提供进行了明确约定,经销商需按时向发行人提供产品的流向信息和结存情况。药品的终端销售情况是医药企业考核销售人员绩效的重要指标。因此,从绩效考核和内部管理需要出发,医药企业需对其产品的终端流向情况进行统计。

1)报告期内,发行人主要通过登录经销商医药流通信息管理系统,或通过邮件获取流向单等方式了解产品流向和经销商处库存信息。发行人的主要经销商依据《药品经营质量管理规范》的相关规定进行药品收发存信息的维护,同时建立了关联的信息管理系统,并通过信息管理系统对药品名称、规格、批号、有效期、生产厂商、购销情况和结存情况等重要信息进行记录管理。经销商向药品生产企业提供登录系统专用的用户名和密码,以供药品生产企业对本企业生产药品的终端流向情况和经销商库存情况进行查询。

2)除上述向发行人提供医药流通信息管理系统登录权限的经销商外,对于其他未建立外部信息管理系统或信息系统未对发行人开放的经销商,发行人通过邮件、微信等方式获取流向单并进行数据归集。该等经销商收入占发行人当期收入的比例较小。该等经销商的销售人员每月末通过内部进销存系统统计当月产品的终端流向、经销商库存等数据,统计结果经内部审批后生成流向单,由经销商采购人员通过邮件或微信等方式发至发行人的商务代表,再由商务代表归集整理后交由销售效率部专员进行复核及汇总后生成流向表。

3)为进一步确认发行人获取的经销商终端流向及期末库存信息的准确性,保荐机构及申报会计师采取函证方式,向经销商确认报告期内的终端流向及期末库存信息。针对各年收入金额分别占当期收入总额的88.31%、79.91%、77.58%及79.97%的经销商,对包括终端流向、期末经销商未销库存等信息进行函证;将函证结果核对至终端流向表一致。

4)获取报告期内的主要经销商的销售凭证,进行穿透核查。获取报告期内的主要经销商的销售凭证,即经销商对外发货的销售发票及发货单(或同等性质凭证),将经销商按月向发行人提供的终端流向信息,与前述获取的销售单据中的发货对象名称、药品品种、发货数量、药品批号等信息进行核对。经核对,所抽取的销售凭证与经销商所提供的终端流向信息保持一致。

5)提前发货余量确认。对于报告期内存在提前发货情况的经销商,发行人通过获取确认函方式,向该等经销商确认了报告期内各期末,经销商处的发行人提前发货余量。同时,该等经销商在确认函中同时确认,"依据我司存货管理所采取的'先进先出'方式,2019年度发货顺序为先发出上年度末的提前备货品,再发出本年度采购的货品"。该等经销商以确认函方式确认的各期末提前发货余量,与各期末前述经销商处的提前发货余量数据一致。获取的上述确认函的经销商数量为 32 家,发行人对其合计提前发货金额占报告期内提前发货总额的比例为 97.43%。

(4)提前备货经销商二次采购情况。发行人的部分经销商在有提前备货产品情况下,在当期向发行人采购同类产品。药品的保质期一般较短,医疗机构在药品采购中对保质期的到期时间存在一定要求,导致保质期临近药品销售难度较大。因此,医药流通企业在发货时一般发出先采购的产品,即"先进先出"原则。据此,在同时存在提前备货产品和当期采购的情况下,经销商本期发货时先发出的为上年年末的提前备货品。

报告期内曾经存在的提前备货为偶发行为,时间基本集中在年底,次年的采购为正常的当期采购,其采购量即为当期产品的采购数量。经销商发货时一般遵循"先进先出"原则,因此本年发货时先发出的为上年年末的提前备货品。由此可以计算各期末经销商处的提前备货余量,计算公式如下:期末经销商处的提前备货余量(最小数为零)=期初提前备货余量-本期发货量当期应确认提前备货品的收入金额=(期初提前发货结余量-本期末提前发货结余量)×销售单价,销售单价在发货当期(上年末)即已确定,发行人对提前备货品进行收入确认时,按照发货时的价格作为销售单价。发行人按月度通过向经销商获取的终端流向信息方式,确认各月末的提前备货余量,并据此确认应当于本期确认的提前备货品的收入金额。发行人提前备货品的当期收入结构清晰,据以确认本期收入的终端流向信息来源于客户的确认。确认方法为经销商开放其信息管理系统,或邮件等方式。

(5)提前备货未确认收入对发行人业绩影响。如果提前备货按照当期即确认收入,对发行人报告期各期营业收入、净利润的影响金额及比例的具体情况如下:

项目	发行人报表金额	若提前备货在当期确认的金额	影响金额	占比
营业收入				
2016 年	8882.58	9713.34	-830.76	-9.35%
2017 年	12238.27	12888.39	-650.12	-5.31%
2018 年	15129.82	17438.43	-2308.61	-15.26%
2019 年 1~6 月	7153.55	4398.24	2755.31	38.52%

续表

项目	发行人报表金额	若提前备货在当期确认的金额	影响金额	占比
2019 年 1~9 月(未经审计)	15536.13	11973.10	3563.03	22.93%
扣非后归属母公司净利润				
2016 年	634.26	1132.59	-498.33	-78.57%
2017 年	3235.99	3696.49	-460.50	-14.23%
2018 年	4024.74	5658.93	-1634.19	-40.60%
2019 年 1~6 月	2262.94	414.33	1848.61	81.69%
2019 年 1~9 月(未经审计)	6911.37	4492.48	2418.89	35.00%

【案例评析】

报告期内,公司曾经存在年底提前发货,导致部分经销商年末未销库存量明显高于正常经营保有量。根据公司说明,该提前发货行为是公司次年抗蛇毒血清产品涨价预期(2016 年末、2017 年末)和仓库改造期间存储能力下降(2018 年末)情况下,公司经与经销商就商业目的协商后采取的行为。尽管上述提前发货后公司未进行提前确认收入,但是提前发货行为对公司销售管理、存货管理和收入确认工作都带来不利影响,公司需要形成健全、有效的销售管理机制。

2. 收入真实性

收入真实性是企业经营活动和经营能力最基本的要求,也是对企业成长性和估值进行判断的关键基础。虚假销售、提前或延迟确认收入、扩大收入确认范围等都有可能影响公司收入的真实性,严重的则可能涉嫌财务造假,虚构销售活动、大量现金交易、关联方体外循环、抵押贷款回购、提前将期后合同确认当期收入或将前期收入延迟本期确认,将利息、租金或出售资产混同在产品销售中确认收入等,都可能存在较大风险。

> **审核关注要点:**
>
> (1)公司是否充分披露报告期主要客户采购相关产品或服务的用途及其合理性,重要合同与收入的一致性,关注公司报告期内是否存在新增大客户,是否存在与主要客户互为购销的情形,交易活动是否真

实、合理;

(2)关注主要客户的工商资料、地址、人员、生产情况,是否存在虚构客户、虚构销售业务等手段虚增销售收入等财务造假的情形;

(3)关注公司主要产品销售量(重量、数量等)与产能、原材料采购规模、生产设备、仓储情况是否匹配;

(4)关注公司第三方回款、个人账户收款、现金收款等收入回款方式是否有相应的凭证及交易活动链条支撑,计量是否可靠;

(5)关注海外销售模式下出口退税情况与境外销售规模的匹配性,与物流运输记录、资金划款凭证、发货验收单据、出口单证与海关数据、中国出口信用保险公司数据等是否匹配;

(6)关注公司与经销商之间的合作及结算模式,发货与收入确认政策,关注经销商模式下是否存在真实最终销售以及提前确认收入情形;

(7)关注电商渠道销售收入是否存在刷单、虚假发货等体外资金循环情形,是否存在虚假发货或售后退货等情形;

(8)关注公司收入月度或季节波动情况(或不波动)、销售地域情况与行业实际情况、同行业公司是否一致,是否存在其他不符合商业逻辑的异常情形。

典型案例138:视联动力(终止审核)最终销售核查回函比例较低

根据问询回复:(1)发行人对部分项目对应的中标单位与发行人回复的各方名称存在差异、发行人与直接客户合同签订日期早于政府部门的中标日期、相应中标总金额合计远低于发行人与直接客户合同总金额和收入金额的原因;(2)保荐机构和申报会计师实地走访并参加了37个省市级政法委的视频会议联调现场,实地抽样观测了安装入网的终端设备数量;(3)保荐机构和申报会计师对最终业主方的函证发函和回函比例较低。

【审核问询意见】

请发行人列表说明:报告期各期各产品的销售情况与客户及其销售收入和数量、综治视联项目的建设进度的对应关系,各期新增客户和存量客户的销售收入构成,进一步分析报告期各期销售收入大幅增长的原因。

请保荐机构和申报会计师结合报告期各期新增客户、销售合同和各地综治视联项目的实施情况,详细说明对发行人销售收入真实性采用的不同核查方式的具体内容、对应的核查金额及占比:(1)报告期各期对直接客户发函的函证数量、具体内容、收入金额和数量及比例,直接客户的回函数量、差异金额及差异原因,对未回函的函证履行的替代程序及充分性;(2)报告期各期对最终业主方发函的具体内容、函证数量、销售设备数量及比例,未回函的函证履行的替代程序及充分性,未获得最终业主方有效回函但能取得政法委书面说明的原因及合理性;(3)实地走访并参加联合调试的具体核查过程及内容,包括但不限于具体地点、参加核查的人员、交通方式和实地抽样观测的具体方式等,上述核查手段是否能够达到对销售收入真实性的核查目的,并请进一步实地走访并盘点销售设备的数量和使用状况。

【问询回复摘要】

公司列表说明了报告期各期各产品的销售情况与客户及其销售收入和数量、综治视联项目的建设进度的对应关系。报告期各期,发行人销售收入分别为 15105.26 万元、34766.77 万元、115159.74 万元及 20534.22 万元,公司进一步说明报告期各期销售收入大幅增长的原因如下:

(1)政府用户对高清视频通信需求的持续增长。近年来,随着我国政务信息系统建设的不断提速,政策明确要求加快推进政务信息系统整合共享,以基本形成满足国家治理体系与治理能力现代化要求的政务信息化体系,构建形成大平台共享、大数据慧治、大系统共治的顶层架构。2015年5月6日,国家发改委、中央综治办、科技部、工信部、公安部、财政部、人社部、住建部、交通部联合发布了《关于加强公共安全视频监控建设联网应用工作的若干意见》(发改高技[2015]996号),明确要求推动视频监控系统与综治视联网系统对接,为全国范围内的公共安全视频监控与综治视联网进行视频融合奠定了政策基础。2016年12月18日,工信部发布了《关于印发信息通信行业发展规划(2016—2020年)的通知》(工信部规[2016]424号);2017年5月3日,国务院办公厅发布了《关于印发政务信息系统整合共享实施方案的通知》(国办发[2017]39号);2017年7月31日,国家发改委发布了《关于印发"十三五"国家政务信息化工程建设规划的通知》(发改高技[2017]1449号)。国家战略政策的相继出台,有力地促进了我国视频通信行业的持续高速发展,为视频通信产品及服务提供商创造广阔的发展空间。

2018年度,发行人的销售收入为115159.74万元,较2017年度增长231.24%,主要原因是从2018年8月开始,广东省各地市陆续出台相应的文件,对综治视联网的建设工作作出具体安排,包括建设方案、建设进度等。政府政策的落地推动了广东省当年项目建设进度,使得发行人2018年销售收入大幅增长。

(2)2017年3月,发行人视联网相关技术经公安部一所鉴定,并出具了《安全测评报告》,为发行人技术和产品的广泛推广奠定了基础。2017年3月,公安部第一研究所公安部安全与警用电子产品质量检测中心针对发行人技术和产品的安全性要求进行了技术论证和测评,出具了《安全测评报告》[公京检(工)第1791001号],公安部第一研究所对发行人技术和产品的安全性测评结论为发行人技术和产品的广泛推广奠定了基础。

(3)成功项目经验为发行人的产品推广带来优势。经过多年的业务拓展,发行人的产品成功运用在深圳大运会、博鳌亚洲论坛、G20杭州峰会等重点项目上,这些项目具有很好的示范效应,为发行人报告期在政府领域的客户拓展带来了竞争优势。

(4)发行人规模和团队的快速扩张为业绩增长打下基础。面对良好的市场机遇,发行人大力引进和培养团队,发行人在全国设立了7个子公司、22个分公司,员工人数由2016年末的464人增加到2019年3月末的2556人,客户的覆盖度大大增强,这是发行人业绩快速增长的又一原因。

综上所述,报告期内发行人销售收入大幅增长具有合理性。

保荐机构和申报会计师核查认为:

(1)针对发行人销售收入真实性的核查,保荐机构、申报会计师主要执行了以下核查程序:

1)获取发行人各期销售合同,取得合同中约定的收入确认所需资料,包括到货签收单、安装调试报告及系统验收报告,对收入确认资料中发行人产品数量、金额、确认日期等信息进行核查,验证发行人收入确认的金额及时点。报告期各期的核查比例均超过75%。

2)对报告期内发行人直接客户进行函证。2016年度、2017年度、2018年度及2019年一季度,中介机构向发行人客户分别寄发营业收入函证44

封、45 封、51 封及 17 封,占各期营业收入总额的比例分别为 76.93%、77.35%、77.38% 及 69.89%,各期回函比例分别为 75.85%、74.79%、77.38% 及 68.57%。

3) 对报告期内最终用户进行函证。2016 年度、2017 年度、2018 年度及 2019 年一季度,中介机构分别向报告期内发行人产品的最终用户寄发询证函共 46 封,占各期产品销售数量的比例分别为 81.40%、53.73%、51.77% 和 34.53%,各期回函比例分别为 11.36%、27.85%、9.41% 和 4.90%。最终用户回函比例较低的原因系这些用户大多为政府部门,由于发行人产品到达最终用户前一般要经过集成商和运营商等环节,并非发行人直接客户,因此配合度较低。

4) 参加现场联合调试。针对最终用户回函率较低的情况,结合发行人产品可实现远程视频通信的特点,中介机构参与了发行人产品最终用户系统的联合调试,对发行人销售真实性和发行人产品的最终使用状态进行了核查。在联合调试现场,中介机构能够通过系统看到该区域向下覆盖区域的所有点位数(视联网终端设备数),中介机构实地走访的上述区域所覆盖的视联网终端设备共计 54805 台,占截至 2019 年 3 月 31 日已安装并接入"视联网"系统的终端设备 72313 台的 76.22%。中介机构在各个参与联合调试的现场采取随机抽样的方式与其他会场进行视频通信,确认远程点位的真实性和发行人产品的最终使用状态,中介机构合计抽样通信 844 次,对销售真实性进行了充分验证。

5) 实地走访核查。在上述联合调试的基础上,为进一步对发行人销售收入的真实性进行核查,中介机构进行了实地走访并现场盘点了广东省佛山市禅城区、湖北省黄冈市浠水县、湖北省孝感市孝昌县、湖北省安陆市、湖北省应城市、山东省菏泽市郓城县、海南省海口市美兰区等合计 964 个视联网终端设备,实地盘点结果与联调核查结果一致。

选取上述地点,主要是基于以下考虑:①向最终业主方寄发函证,但最终业主方未予回函;②直接客户的股东、业务范围、资质等情况;③对重点区域的考虑,如广东地区;④覆盖市、区、县各级政法委员会等。

6) 对报告期内实现 500 万元以上收入的最终用户选择以运营商或集成商为合作伙伴且可获取最终用户公开招标/单一来源采购中标公告的客户,通过检索公开信息或从客户处取得相应的文件,验证发行人产品从直接客户到最终客户的所有销售流程,确认发行人产品是否已经实现销售。

7)通过检索国家企业信息公示系统、客户公司网页、客户公开披露信息(上市公司)等,对发行人主要客户特别是新增客户、集成商客户进行背景调查,了解其股东、业务范围、资质等情况,确认产品销售的真实性。报告期各期核查覆盖比例达 70%。

8)对报告期内各年度销售收入的主要客户进行了实地访谈,询问其与发行人的主要交易条款;其采购发行人产品的情况、结算方式及信用期安排;其与发行人是否存在关联关系、是否存在其他利益约定等。关注询问到的信息与前期了解的情况是否相符,是否存在异常情形。2016 年度、2017 年度、2018 年度及 2019 年 1~3 月实地访谈的客户营业收入金额占当期总营业收入的比例分别为 68.80%、71.85%、68.10%及 67.75%。

9)获取报告期各期内发行人财务信息中增值税发票的开具情况,将相关增值税金额核对至金税系统导出数据,检查信息是否一致。

10)对销售收入进行了截止性测试,核查了报告期各期末前后的一个月收入凭证及验收资料、发票等单据,确认发行人收入被确认在正确的会计期间。

11)核查报告期各期末发行人应收账款逾期情况及回款情况,检查主要客户期后回款的会计凭证及银行回款凭证。

(2)针对最终业主方有效回函数量较少,中介机构履行了替代程序。为了与最终业主方验证发行人的最终销售情况,中介机构了解到,各地各级别的政法委会定期组织所属下级单位的视频会议,在召开会议前会进行所有相关点位的联合调试,以确保所属视联网终端设备的有效接入。在联合调试的过程中,能够观测到视联网终端设备在各地政法委系统中的接入情况。因此,中介机构制定了通过参与各地政法委联合调试的方式进行最终销售核查的方案。一方面,借助联合调试的过程,与当地政法委就所属视联网终端设备的安装情况进行现场确认。另一方面,联合调试的过程是各地政法委常规的测试手段,符合对方的流程。因此,中介机构能够现场获得当地政法委的联调确认函或书面说明。鉴于发行人所销售的视联网设备具备实时通信、可以支持远程直观演示的特性,即可以直观有效地观察到"视联网"设备在最终业主方的安装、入网和运行状态,因此,保荐机构、申报会计师认为该替代程序具有充分性。

【案例评析】

公司从事视联网工程类产品销售、服务,最终客户主要包括政府机关和国有企事业单位,主要客户包括最终客户、运营商或集成商(施工方)。由于特殊的业务、地域和经商环境,收入真实性核查较为困难。根据公司说明,报告期内公司收入大幅增长主要因为政策影响以及公司销售队伍的扩大。中介机构对公司销售收入真实性进行了核查,但核查比例较低,对此,中介机构采取了参加设备联合调试等替代方法,该方法具有一定的见证特点,但覆盖范围仍然较小。对此,中介机构还可以采取以下替代措施:

针对报告期内公司大额订单、特殊集成商合作订单等典型业务合同,结合公司生产模式、销售模式,核查公司相应原材料、零部件采购信息、生产信息,跟踪产品仓储信息、物流凭证、交付凭证、资金凭证、销售提成发放凭证一致性和匹配性。中介机构应当列表说明核查情况及核查结论。

3. 第三方回款

所谓第三方回款,通常是指公司收到的销售回款的支付方(如银行汇款的汇款方、银行承兑汇票或商业承兑汇票的出票方或背书转让方)与签订经济合同的往来客户不一致的情况。采用第三方回款的往往与一些特殊的客户相关,如个体户或者个人、集团采购,政府指定采购,等等。如果没有特殊情况,对于交易双方来说,直接结算更能保护各自的权益。如果第三方回款的金额较大,且合理性存在严重不足,则可能涉及虚构交易或者人为调节账龄的情形。

《科创板审核问答(二)》明确企业在正常经营活动中存在的第三方回款的相关条件:

(1)与自身经营模式相关,符合行业经营特点,具有必要性和合理性,如境外客户指定付款等;

(2)第三方回款的付款方不是发行人的关联方;

(3)第三方回款与相关销售收入勾稽一致,具有可验证性,不影响销售循环内部控制有效性的认定,申报会计师已对第三方回款及销售确认相关内部控制有效性发表明确核查意见;

（4）能够合理区分不同类别的第三方回款，相关金额及比例处于合理可控范围，最近一期通常不高于当期收入的 15%。

以下情况可不作为最近一期第三方回款限制比例的统计范围：

（1）客户为个体工商户或自然人，其通过家庭约定由直系亲属代为支付货款，经中介机构核查无异常的；

（2）客户为自然人控制的企业，该企业的法定代表人、实际控制人代为支付货款，经中介机构核查无异常的；

（3）客户所属集团通过集团财务公司或指定相关公司代客户统一对外付款，经中介机构核查无异常的；

（4）政府采购项目指定财政部门或专门部门统一付款，经中介机构核查无异常的；

（5）通过应收账款保理、供应链物流等合规方式或渠道完成付款，经中介机构核查无异常情形的。

审核关注要点：

（1）公司是否充分披露第三方回款的原因、必要性及商业合理性，第三方回款形成收入占营业收入的比例情况，关注公司第三方回款的真实性，是否存在虚构交易或调节账龄情形，报告期内是否存在因第三方回款导致的货款归属纠纷；

（2）关注公司及其实际控制人、董监高或其他关联方与第三方回款的支付方是否存在关联关系或其他利益安排；

（3）公司业务合同中明确约定由第三方付款的，关注相关资金流、实物流与合同约定及商业实质是否一致，境外销售涉及第三方的，关注其代付行为的商业合理性及合法合规性。

典型案例 139：天合光能报告期内第三方回款金额较大

根据问询回复，常嘉融资租赁（上海）有限公司（以下简称常嘉租赁）以融资租赁方式为光伏系统的个人用户提供信贷支持，常嘉租赁则一次性将全部商品价款支付给公司的经销商，2017 年和 2018 年发行人为防止经销商将贷款挪作他用，常嘉租赁存在将款项直接支付给发行人而形成第三方回款，上述第三方回款的金额分别为 5409.54 万元和 1843.00 万元。

【审核问询意见】

请发行人进一步说明:(1)发行人对存在第三方回款的该等经销商的销售收入,相关业务流、实物流和资金流的具体情况,相关销售价格的公允性和销售业务的真实性,该等经销商的基本情况,是否与发行人持续合作;(2)上述资金回款的发生背景及原因,是否属于应披露的关联交易,是否履行了相应的关联交易决策程序,发行人、经销商和常嘉租赁关于上述事项签订的相应合同及具体内容,经销商管理的内部控制是否健全有效。

【问询回复摘要】

公司说明:

(1)第三方回款具体情况。自2017年起,发行人与常嘉租赁(顺泰融资租赁的全资子公司)开展了销售融资合作。鉴于公司户用业务最终客户大多为个人,对于该等业务,常嘉租赁以融资租赁方式为个人用户提供信贷支持,可以减轻个人用户的支付压力。在实际操作中,公司的户用业务经销商针对其经销的天合家用产品,向个人用户推荐常嘉租赁的金融服务:个人用户支付首付款后,剩余部分金额可以以分期方式向常嘉租赁偿还。常嘉租赁则一次性将全部商品价款支付给公司的经销商,在部分情况下,为防止经销商将贷款挪作他用,常嘉租赁也会将款项直接支付给公司而形成第三方回款。报告期各期,公司光伏系统业务因该业务模式而发生的第三方付款具有商业合理性。

2016年度、2017年度、2018年度和2019年1~6月,公司在常嘉模式下形成的第三方回款分别为0万元、5409.54万元、1843.00万元和0万元,对与之相关的经销商的销售金额分别为0万元、14617.65万元、9964.53万元和0万元。

报告期各期,发行人在常嘉模式下对第三方回款的经销商的销售收入与相关的第三方回款金额存在差异,主要原因为并非所有的个人用户都利用了常嘉租赁的信贷支持,经济实力较为宽裕的个人用户大多使用自有资金向经销商采购商品。其中,发行人对部分经销商,如山东齐丰新能源科技有限公司、南阳日出东方新能源科技有限公司的销售金额与第三方回款金额存在较大差异,系因该等经销商所对应的个人用户大多未采用常嘉租赁提供的信贷支持所致。

(2)相关销售价格的公允性和销售业务的真实性。报告期各期,发行人户用业务针对所有客户均执行统一的定价政策。发行人与常嘉租赁开展销售融资合作系为缓解终端客户的支付压力,常嘉租赁将商品价款直接支付给发行人系为防止经销商将该等款项挪作他用,与公司对相关产品的销售价格无关。报告期各期,发行人、经销商和常嘉租赁关于上述事项均签订有《设备买卖合同》,并将个人用户签署的《租赁物件接受书》作为该合同附件一并保存。报告期各期,公司户用业务因与常嘉租赁开展销售融资合作而形成的第三方回款所涉及的销售真实、准确。

目前,发行人与该等绝大部分经销商持续合作,常嘉租赁不再将个人用户向其申请的信贷资金支付给发行人,而是支付给该等经销商,再由其向发行人采购相关商品。

(3)关于是否涉及关联交易。常嘉租赁为顺泰融资租赁的全资子公司,发行人在报告期内的2018年5月将持有的顺泰融资租赁28%的股权对外转让。鉴于,顺泰融资租赁在报告期内曾是发行人能够施加重大影响的参股公司,与公司存在关联关系,相关信息发行人已在招股说明书中予以披露。

上述关联交易事项已经发行人第一届董事会第十四次和第十五次会议、2019年年度股东大会及2019年第二次临时股东大会审议并表决通过,相关关联董事、关联股东已按照发行人《公司章程》及《关联交易决策制度》的规定进行了回避表决。

综上所述,报告期内,发行人因与常嘉租赁开展销售融资业务而形成的第三方回款已作为关联交易在招股说明书披露,且该等事项已经履行了相应的决策程序。

保荐机构、申报会计师执行了以下核查程序:

(1)查阅了发行人客户管理相关内控制度,访谈发行人总经理、财务总监、区域销售主管等,了解发行人与主要客户的合作模式、获取客户的方法、主要产品类型的销售情况及变动原因、发行人与主要客户的业务开展情况和变动情况等,并核查交易合同、出库单、运输记录、银行回款凭证等原始单据,了解公司的客户选取标准及日常管理情况,了解公司对经销商管理的内部控制制度的实际执行情况;

(2)获取报告期各期光伏系统产品业务经销商名单,获取并查阅了发行人与主要经销商客户签订的经销协议,查看关键合同条款,重点关注合同是否在有效期,风险和报酬转移的时点以及与发行人收入确认的会计政策是否一致,对公司的销售及收款循环进行控制测试和穿行测试,对各主要控制节点进行测试,确认公司的内部控制制度是否有效执行。经核查,保荐机构及申报会计师认为,报告期内公司的经销商管理相关内部控制制度健全并有效执行。

【案例评析】

公司报告期内存在第三方回款情形。根据公司说明,公司与常嘉租赁存在融资销售合作关系,即购买方通过与常嘉租赁签订信贷合同,由常嘉租赁代购买者向经销商支付剩余款项,为防止经销商将贷款挪作他用,常嘉租赁会也将款项直接支付给公司而形成第三方回款。报告期各期,公司光伏系统业务因该业务模式而发生的第三方付款具有商业合理性。为减少第三方回款,以及上述销售模式下可能涉及公司经销业务是否为代理销售业务等问题,公司与合作方、经销商约定,改为常嘉租赁向经销商支付货款后由经销商再支付给公司。

4. 现金交易与个人卡

随着互联网支付特别是移动支付技术的发展,各行各业使用现金进行采购或销售的越来越少。即使是最传统、最接地气的零售行业中的地摊交易,在大部分地区也已经难以使用现金进行交易了,微信和支付宝扫码连买菜老大娘都会用。因此,即使是面对个人交易较多的餐饮、零售企业、农业企业等领域,销售采购环节存在现金交易的情况也非常少见了。

与现金交易不同,"个人卡"、体外账户的存在通常是为了虚增发行人收入、虚减成本/费用、虚构资金回款调节利润等;或者是为了设立实际控制人、董监高等人的小金库,用于不合规的支出或进行利益输送。

> **审核关注要点:**
>
> (1)公司是否充分披露现金交易的原因、主要供应商或客户情况、现金交易占比情况及其管理有效性,关注公司采取现金交易的必要性、合理性、是否符合行业经营特点或模式(如线下商业零售、向农户采购、日常零散产品销售或采购支出等)或业务开展地域(如特别落后地区),是否符合互联网支付环境下新的交易环境;

（2）公司现金交易的客户或供应商是否为关联方，实际控制人及发行人董监高等关联方是否与客户或供应商存在资金往来；

（3）公司现金交易是否具有可验证性，内控管理是否有效，是否存在体外循环或虚构业务情形；

（4）现金交易比例及其变动情况整体是否处于合理范围内，公司现金管理制度与业务模式是否匹配且执行有效，如企业与个人消费者发生的商业零售、门票服务等现金收入通常能够在当日或次日缴存公司开户银行，企业与单位机构发生的现金交易仅限于必要的零星小额收支，现金收支业务应账账一致、账款一致等；

（5）公司使用个人卡结算的原因及必要性，是否存在规避税务监管情形和法律风险，个人账户收款对应的销售真实性及合理性；

（6）关注报告期内个人卡收付款的时间、金额、比例等情况，报告期内是否规范，相关银行卡是否收回资金、销户；

（7）关注中介机构是否对公司的行业情况、经营模式、具体业务流程的风险节点进行核查，公司是否存在设立"个人卡"或体外账户的动机，中介机构是否对公司实际控制人、董监高账户定期发生或在特定时间（如春节前后）大额发生与某个人账户或法人账户的资金往来进行核查等。

典型案例 140：安恒信息报告期内存在个人卡发放员工薪酬情况

报告期内公司存在以控制的财务部人员个人卡发放员工薪酬，首轮问询回复说明已按《现金管理暂行条例》明确了现金的使用范围及办理现金收支业务时应遵守的规定，但未严格执行到位，有超限额现金支付的情况；已按《支付结算办法》及有关规定制定了银行存款的结算程序。

【审核问询意见】

请发行人说明：（1）公司 2016 年、2017 年利用财务部人员个人卡发放员工薪酬是否涉及资金体外循环，个人卡具体资金来源和具体支付对象；（2）上述行为是否影响公司报告期收入、成本的核算；（3）上述行为是否涉及资金被控股股东、实际控制人占用的情况；（4）首轮问询回复中所述"未严格执行到位，有超限额现金支付的情况"是否表明公司财务内控仍存在不规范情形，是否对公司构成重大不利影响。

【问询回复摘要】

公司说明:

(1)个人卡使用情况。为降低员工个人税负,公司2016年、2017年存在利用财务部人员个人卡发放员工奖金、补贴的情况,报告期内公司个人账户具体为邵某锦(招商银行622609571301××××)、张某芳(招商银行622609571339××××)、楼某通(杭州银行330105016003937××××)。(以下统称个人卡)个人卡名义持卡人邵某锦、张某芳、楼某通均为公司财务人员,其中邵某锦于2016年3月离职,离职前其名下个人卡账户已注销,另外两张个人卡在公司2017年11月整改过程中已注销,以上个人银行卡之账户密码均交由公司财务人员掌管,个人不知悉该卡密码及账户资金情况。经个人卡名义持卡人邵某锦、张某芳、楼某通的确认,该银行卡账户内的资金所有权、账户使用权实际归公司,公司使用上述个人卡的行为跟名义持卡人之间不存在法律纠纷。

公司在2016年度、2017年度以个人账户发放员工奖金、补贴的金额分别为1900.11万元、1176.13万元,占全年净资产比例较低,且逐年下降。个人卡发放员工奖金、补贴的资金来源均为以发票报销形式获取的公司资金。个人卡支付对象均为公司在册员工,2016年和2017年个人卡发放奖金、补贴分别涉及585人和305人。

(2)个人卡对收入、成本的影响。公司不存在利用该个人账户收取销售货款、支付采购款等情形,对报告期内收入的确认不存在影响。在个人卡的整改过程中,公司按发放奖金、补贴的业务实质对原成本费用进行重分类,2016年和2017年对营业成本的累计影响分别为138.37万元和-115.61万元,占营业成本总额的比例分别为1.33%和-0.83%,对报告期内成本的影响金额和比例均较小。上述处理对报告期成本费用总额不存在影响,不存在虚增销售收入、虚减成本费用的情况。

(3)资金占用情况。公司控制的员工个人银行卡除用于发放员工奖金、补贴外,还与实际控制人范渊(及其控制的公司杭州微络科技有限公司)发生过资金往来。2016年初,范渊应付公司110万元(系2015年12月发生的借款),已于2016年1月及时归还至公司控制的个人卡。2016年11月因资金临时周转需要,范渊向公司借入190万元(通过公司控制的个人卡转账),并于当月及时将还款转至公司控制的个人卡。2016年范渊为了避免潜在同业竞争,清理个人对外投资,准备注销杭州微络(业务为软件开发,已处于业务停滞状态),杭州微络注销前尚有部分债务未得到清偿。2016 年 8 月公司提供了 400 万元(通过公司控制个人卡转账)给杭州微络用于偿债,杭州微络完成工商注销手续。注销后,杭州微络未偿还公司的债务由范渊承担。2017 年,范渊由于资金周转需要,向公司借入 77.89 万元(通过公司控制的个人卡转账),期末合计应付公司本金 477.88 万元(含替杭州微络承担的 400 万元)。

2019 年初,范渊已向公司偿还上述全部所欠款项的本金及利息。利息参照同期人民银行贷款基准利率及资金实际占用天数计息。除以上与控股股东、实际控制人的资金往来,2016 年年初,公司应付董事沈仁妹资金拆借款 50 万元(系 2015 年 12 月发生的借款),于 2016 年 12 月通过公司控制的个人卡归还沈仁妹。

(4)整改情况及内控有效性。报告期内,超限额现金支付的情况发生在公司个人卡支付员工奖金、补贴的过程中,公司部分发票报销后,提取现金转存个人卡,提取现金额度超过《现金管理暂行条例》的相关规定。报告期内,上述现金支付发票报销款均得到财务负责人审批确认,确保公司资金处于严格控制中。针对上述不规范使用资金的行为,公司及时进行了整改,具体措施如下:

1)公司于 2017 年 11 月主动终止个人账户转账行为,所涉及账户均已注销,存放于个人卡内的资金已全部收回。

2)针对通过个人卡获得薪酬未及时缴纳的个人所得税,在职员工已向当地税务部门主动补交所欠税款,且公司已获取了国家税务局杭州市滨江区税务分局的无违规证明。

3)公司已严格制定了资金使用管理制度,加强对发票报销及现金支出的控制。并由内审部门定期对公司董事(不含外部董事、独立董事)、监事、高级管理人员、财务部人员的个人银行卡对账单进行检查。

4)针对上述不规范使用资金的行为,公司相关的董事、监事、高级管理人员及财务部主要人员已出具承诺。经整改,公司的资金使用已严格按照资金使用管理制度的规定执行,上述不规范行为未再发生,自 2017 年 11 月整改结束到 2019 年 4 月本次申报前已规范运行超过 1 年。上述事项对公司不构成重大不利影响。

【案例评析】

公司 2016 年、2017 年利用财务部人员个人卡发放员工奖金、补贴，存在违规情形。根据公司说明及中介机构核查：

（1）上述资金来源于公司自有资金，无体外资金用于发放员工奖金、补贴，不涉及资金体外循环。个人卡奖金、补贴的支付对象均为公司在册员工，整改后相关在职员工已补缴个人所得税。

（2）公司不存在利用上述个人账户收取销售货款、支付采购款等情形，对报告期收入的确认无影响，公司对成本费用重分类后，对营业成本的影响较小，不存在通过体外资金循环虚增收入、虚减成本费用的情形。

（3）公司通过个人卡与控股股东、实际控制人发生资金往来的情况，已经公司董事会、股东大会审议通过，并得到清理及如实披露。

（4）经整改，公司的资金使用已严格按照资金使用管理制度的规定执行，上述使用个人卡的不规范行为未再发生，自 2017 年 11 月整改结束到 2019 年 4 月本次申报前，已规范运行超过 1 年。

二、营业成本

营业成本是指企业为生产产品、提供劳务等发生的可归属于产品成本、劳务成本的费用。企业应当在确认销售商品收入、提供劳务收入时，将已销售商品、已提供劳务的成本计入当期损益。营业成本主要包括企业生产经营过程中实际消耗的直接用于产品生产的原材料、辅助材料、外购半成品、燃料、包装物等直接材料，企业从事产品生产或提供具体服务人员的工资、奖金、津贴和补贴等职工福利费用等。公司的利润等于公司收入减去成本，因此，公司营业成本也影响公司的利润和业绩，公司在成本的归集和结转方面存在造假的冲动。

> **审核关注要点：**
> （1）公司是否充分披露业务成本构成、成本变化或波动情况，关注公司原材料的重量、数量与产品的重量、数量和废料之间的匹配性，原材料的重量、数量和投入使用情况与公司用水、用电、燃气等能源消耗、仓储物流之间的匹配性；
> （2）关注公司原材料投入生产时的计价方法，原材料、人工和制造费用在各产品间、在产品和产成品间的分摊方法等成本归集的准确性；

（3）关注可比公司相关成本构成及其差异，营业成本核算及结转方法，关注成本核算方法的合规一致性；

（4）关注公司是否存在将本应计入当期成本、费用的支出混入存货、在建工程等资产项目，是否存在少计当期成本费用情形；

（5）关注公司支付的员工薪酬是否与同行业可比公司或当地工资水平相匹配，是否存在压低员工薪金，阶段性降低人工成本粉饰业绩的情形；

（6）关注公司生产能力、生产设备的利用率，是否存在非正常闲置的情形，是否与同行业相匹配。

典型案例141：紫晶信息报告期内直接材料成本占比较高

报告期内发行人营业成本分别为 7664.62 万元、20460.79 万元、20453.12 万元，2018 年在收入大幅增长的情况下，成本反而稍有下降。发行人成本主要由直接材料构成，报告期内占成本金额的比例达到 82.50%、93.46%、93.95%。发行人生产人员 50 人，技术人员 40 人，但营业成本中直接人工仅为 180.2 万元，研发费用中的职工薪酬为 631.9 万元。报告期内，发行人光盘的良品率为 90%，有 10% 的废料，相关废料可以回收利用。

【审核问询意见】

请发行人披露：（1）分业务、品种类型的成本构成情况；（2）成本变动与收入变动不匹配的原因，成本结构是否与同行业公司或类似业务存在重大差异；（3）直接材料占比较高的原因，发行人的生产和服务是否具有高附加值，核心技术能否在成本中体现；（4）直接材料的具体构成、数量、金额、占比及其变动情况与发行人各类产品的销售收入是否匹配；（5）生产人员薪酬和研发人员薪酬是否合理，发行人人工费用、制造费用确认是否完整，成本费用划分是否准确，与发行人业务数据是否匹配。

请发行人说明：（1）各产品成本的归集与分类核算方法，产成品和在产品料工费的分摊方法，说明各产品成本的归集和分配是否准确；（2）各期的废料金额和回收方法以及对发行人经营业绩的影响。

请保荐机构和申报会计师结合发行人主要生产流程、《企业会计准则》及其应用指南的有关规定，对公司成本核算方法是否符合其实际经营情况、是否符合会计准则的要求、在报告期内是否保持了一贯性原则,相关内部控制是否能够确保发行人成本核算完整、准确,成本确认期间是否恰当,成本归集和分配是否准确进行核查,并发表明确意见。

【问询回复摘要】

公司补充披露:

光存储介质初始生产线设备投资成本较大,生产流程自动化程度较高,因此制造费用占比较大,直接材料占比较低;光存储设备主要是外采基础设备,经过装配调试、嵌入软件、质检形成产成品入库,因此产品中直接材料成本较高,材料占主营业务成本的比重为95.59%~96.30%;解决方案业务以领用自产光存储设备为主,并集成相关行业应用软硬件,直接材料占比较高,材料占主营业务成本的比重为96.55%~99.58%。

(1)成本变动与收入变动匹配情况。报告期内公司主营业务成本变动与主营业务收入变动基本匹配,2018年主营业务收入较2017年增长了28.34%,主营业务成本只上涨0.08%,主要是因为其中2017年度公司为迅速切入大型绿色数据中心市场并树立标杆项目,承接绿色数据中心"United DATA(华中)云数据中心",该项目为客户提供了金额较大的用于大型数据中心的环境、动力等相关硬件,以满足客户一站式采购需求,导致当年配套硬件收入和成本占比较高。别除"United DATA(华中)云数据中心"项目后,公司的收入和成本变动的匹配性较好。

(2)2016年公司直接材料占比低于同行业平均水平的原因。主要系当年度发行人解决方案业务规模相对较低,主要以发行人自产光存储介质和光存储设备销售为主。2017年、2018年公司直接材料占比与同行业平均水平基本一致,直接人工占比较低,主要系发行人光存储介质生产线自动化程度高,主要负责核心部件、核心附件的转配、整机的系统测试等生产环节,所需生产工人数量较少,导致直接人工较低。整体而言,2017年、2018年发行人成本结构与同行业公司不存在重大差异。

(3)直接材料占比较高的原因。发行人直接材料占比较高,主要系光存储设备和解决方案直接材料占比较高,解决方案以自产光存储设备为主。具体原因分析如下:

1)发行人核心价值主要不是通过生产过程体现光存储设备为集成创新产品,重在产品设计研发,生产工艺相对较为简单,发行人专注于装配核心部件、向服务器嵌入自主软件及硬件调试、整机设备集成和系统调试是关键生产环节。解决方案以领用自产的光存储设备为主，并集成相关行业软硬件。光存储设备和解决方案业务均无须投入大型生产设备和大量生产人员。

2)光存储设备和解决方案中主要原材料单价较高。公司光存储设备和解决方案生产所需的主要材料包括基础设备、服务器和光驱等，均具备单价较高的特点，高于生产过程所需的直接人工和制造费用，导致公司直接材料占比较高。

3)直接材料占比较高符合行业特征基于公司光存储设备上述特点，公司营业成本中直接材料占比较高，该特征与同行业可比上市公司易华录和同有科技基本保持一致。

(4)发行人核心技术在成本和研发费用中体现。发行人的核心技术是由光存储介质技术、硬件设备技术和软件技术有机组成的蓝光数据存储系统技术。基于该技术，发行人为存储用户提供安全可靠、长期、绿色节能、低成本的数据存储产品服务。发行人的光存储介质、设备、解决方案业务均基于此系统技术开展，具有较高技术壁垒，产品具有高附加值。

介质方面，发行人自产的小容量(25G)光存储介质核心技术主要体现在产品的成本和前期的研发费用中，技术化定制的大容量(100G)介质核心技术主要体现在前期定制过程中的研发费用中。软件方面，发行人核心技术主要体现在前期软件开发的研发费用中。硬件方面，发行人完成精密自动化系统设计后进行外协采购，其核心技术主要体现在前期系统设计的研发费用中。

公司说明：

(1)成本的归集与分类核算方法。公司成本核算方法为实际成本法，其中光存储介质按照品种归集、光存储设备按照单台设备归集、基于光存储技术的智能分层存储及信息技术解决方案按照单个项目进行成本核算。成本核算的过程如下：

1)确定成本核算对象和成本项目。光存储介质根据不同的规格型号，以品种作为成本核算对象;光存储设备每台设备具有唯一编码，以编码作为成本核算对象;基于光存储技术的智能分层存储及信息技术解决方案采取项目管理制，以项目作为成本核算对象，并分别设置产品成本明细账。光存储介质及设备的成本项目包括直接材料、直接人工、制造费用；基于光存储技术的智能分层存储及信息技术解决方案成本项目为直接材料，由于相关人员费用较低，且难以区分为生产业务或销售业务，在不影响成本核算的准确性和完整性的前提下，相关人工费用统一归集至销售费用。解决方案领用光存储设备和外购软硬件作为原材料计入解决方案成本，不会再耗用折旧、能源等制造费用。

2）各生产成本要素的归集。公司以当月实际领用的材料，按月末加权平均法计算的材料单价归集至"直接材料"；以应支付的生产人员薪酬归集至"直接人工"；按生产设备的折旧、生产管理人员的薪酬、其他机辅耗材、水电费等实际发生额归集至"制造费用"。

3）各生产成本要素的分配。①直接材料的分配。光存储介质根据实际领用的材料按照定额消耗比例在产成品和在产品之间进行分配；光存储设备及基于光存储技术的智能分层存储及信息技术解决方案期末在产品采用实际盘存制，参考物料清单表（BOM），根据当月实际领用的材料确定其在产品的材料成本。②直接人工的分配。按照生产车间进行分配，光存储介质生产车间按照光存储介质当月实际完工入库数量和在产品约当产量进行分配，光存储设备生产车间按照光存储设备当月实际耗用工时进行分配。③制造费用的分配。按照生产车间进行分配，光存储介质生产车间根据光存储介质当月实际完工入库数量和在产品约当产量进行分配，光存储设备生产车间根据光存储设备当月实际耗用工时进行分配。公司将领用的直接材料和归集分配完的直接人工及制造费用转入"生产成本"，待产品生产完工后直接计入"库存商品"。

4）与成本核算相关的内部控制。公司根据内部生产流程，结合企业会计准则建立了完善的内控制度，在采购入库、生产领料、完工入库、销售出库等关键环节设计了有效的程序，并严格按照制度执行，确保相应的原始单据真实、完整和准确，且在部门间及时传递，确保各部门做好审批及复核工作，财务和业务一一印证。根据致同会计师事务所（特殊普通合伙）于2019年2月28日出具的《广东紫晶信息存储技术股份有限公司内部控制鉴证报告》[致同专字（2019）第350ZA0068号]，公司于2018年12月31日在所有重大方面有效地保持了按照《企业内部控制基本规范》建立的与财务报表相关的内部控制。综上所述，公司内部控制能确保成本核算完整、准确,成本确认期间恰当,成本归集和分配准确。

(2)废料情况。公司只有生产光存储介质时会形成小部分废料。公司生产车间设置废料区单独回收存放,当积累达到一定量时出售给回收单位。2018年5月,公司集中出售自2015年至2018年3月的废料64.39吨,金额12.16万元,其中含2016年至2018年3月的废料44.74吨,金额为8.42万元(各期间金额按各类废料平均单价乘以数量再加总)。2018年4月至12月生产的废料暂未出售,上表中其各类废料销售金额以原出售的单价乘以数量预估。自2016年至2018年年末,公司共产生介质废料57.32吨,以此预估销售金额为10.90万元,占2018年度净利润10493.12万元的比例极小。因此废料回收不会对公司经营业绩产生明显影响。

保荐机构和会计师认为:

(1)报告期内,公司成本变动与收入变动趋势存在一定差异,主要系2017年度为树立绿色数据中心领域标杆项目并积累行业应用经验,公司解决方案业务一定程度让利,且相关软硬件产品金额占比较大,导致当年度解决方案毛利率相对较低;

(2)2016年公司直接材料占比低于同行业平均水平,2017年、2018年公司直接材料占比与同行业平均水平基本一致,整体而言,发行人成本结构与同行业公司不存在重大差异;

(3)发行人直接材料占比较高,主要系光存储设备和解决方案直接材料占比较高。发行人核心价值主要不是通过生产过程体现,同时,光存储设备和解决方案中主要原材料单价较高,发行人直接材料占比较高与同行业上市公司基本一致;

(4)发行人直接材料的具体构成、数量、金额、占比及其变动情况与发行人各类产品的销售收入相匹配;

(5)报告期内,发行人生产人员薪酬和研发人员薪酬均呈上升趋势,薪酬水平合理;发行人人工费用、制造费用确认完整,成本费用划分准确,与发行人销量、人数等业务数据相匹配;

(6)发行人成本核算方法符合实际经营情况,符合会计准则要求;发行人成本核算方法保持一贯性原则;发行人内部控制能确保成本核算完整、准确,成本确认期间恰当,成本归集和分配准确;

(7)发行人报告期废料回收金额较小,回收方法符合相关规定,废料回收不会对经营业绩产生明显影响。

【案例评析】

公司从事数据存储产品服务,报告期内公司收入增长、成本下降,且公司成本中直接材料占比较高,人工成本占比较小,关注公司成本变动情况及其合理性、真实性。根据公司说明,公司的核心技术是蓝光数据存储系统技术,通俗来讲就是存储应用设计及配套软硬件集成。报告期内公司收入增长、成本下降主要原因系公司承接"United DATA(华中)云数据中心"大型项目所致,公司存储设备和存储方案解决业务主要成本为自有或外购硬件、介质、软件等,因此直接材料成本占比较高、人工投入较小,具有商业合理性。

三、毛利率

营业收入减去营业成本就是毛利润,毛利润除以营业收入就是毛利率。一般情况下,毛利率高的企业在成本控制、产品定价能力以及产品竞争力方面具有相对优势。当我们将毛利率按照公司的不同产品或服务,报告期内不同的客户和供应商进行拆分后,就能发现公司主要通过销售哪些产品或服务获取利润,哪些产品或服务仅仅为了获得客户"流量";公司又是主要从哪些客户处获得利润,哪些客户的开发仅仅为了冲"收入业绩"。在此基础上,我们不难看出公司产品或服务是否具备竞争力,公司业务描述和商业模式是否准确。

> **审核关注要点:**
> (1)公司是否充分披露不同产品单位售价、单位成本、销售数量的变动趋势及毛利率情况(如可行),关注公司获取利润的主要业务或产品类别,是否与公司核心技术、业务相一致;
> (2)公司是否充分披露报告期内主要大客户的销售毛利率情况,关注公司主要利润来源、不同客户毛利率差异原因,是否存在重大客户依赖情形;
> (3)关注公司较高毛利率的可持续性,是否存在随着市场竞争加剧毛利率不断下滑的情形;
> (4)关注公司是否存在低毛利率、高净资产收益率的情形,公司与同行业上市公司平均毛利率及波动幅度的差异及波动原因;

> （5）关注境内外客户毛利率差异较大的原因,关注直销和经销模式下产品差异及定价差异,两种模式下毛利率差异的合理性。

典型案例142:卓易信息报告期内毛利率较高

招股说明书披露,发行人平均毛利率达到53.52%、44.91%、49.19%,核心固件业务毛利率波动主要受技术开发服务和固件授权业务收入占比变动及技术开发服务毛利率波动所致。发行人云服务业务毛利率波动较大,其中政企云服务毛利率波动较大,物联网云服务毛利率持续下降。

【审核问询意见】

请发行人披露:(1)毛利率较高的原因;(2)定量分析导致明细业务收入占比和毛利率波动的深层业务原因(如服务价格提升、服务期间增加等);(3)各期主要毛利贡献项目的客户、主要服务内容、毛利金额、占比、当期毛利率,毛利率明显异常的请说明原因,相关项目的执行情况和期后收款情况,项目是否存在纠纷或非正常暂停的情况;(4)主要项目毛利是否与核心技术相关,不相关毛利的金额、占比。

请发行人说明:报告期各期累计毛利占比达到80%以上项目的具体情况,包括但不限于项目名称、合同金额、主要服务内容、项目成本构成、与发行人核心技术的关系、各期合同约定完工进度、确认的完工百分比、收入、成本、毛利、毛利率,毛利率明显异常的请说明原因,相关项目的执行情况和期后收款情况,是否存在大额调整合同收入、合同结算金额的情况,是否存在非正常暂停等情况。

【问询回复摘要】

公司补充披露:

(1)毛利率较高的原因。报告期内,发行人各业务收入占比及毛利率情况如下:

单位:万元

业务分类	2018年度		2017年度		2016年度	
	收入占比	毛利率	收入占比	毛利率	收入占比	毛利率
云计算设备核心固件业务	22.89%	62.96%	21.41%	52.56%	24.51%	56.25%

续表

业务分类	2018 年度		2017 年度		2016 年度	
	收入占比	毛利率	收入占比	毛利率	收入占比	毛利率
云服务业务	77.11%	45.02%	78.59%	42.09%	75.49%	51.36%
合计	100.00%	49.13%	100.00%	44.33%	100.00%	52.56%

云计算设备核心固件业务涉及具体的芯片和硬件电路参数而不是计算逻辑,技术含量高,了解并掌握 BIOS 核心代码相当困难,发行人云计算设备核心固件业务形成了较高的竞争和技术壁垒,因此业务毛利率较高。云服务业务向客户提供定制化的方案,产品、服务有一定溢价空间。除此之外,发行人自主开发的 PaaS 平台提升了产品开发效率,因此发行人云服务业务毛利率亦较高。

(2)2018 年毛利率变动的原因。2018 年度,发行人主营业务毛利率较 2017 年度上升 4.80 个百分点,主要是在收入结构基本一致的情况下,当期云计算设备核心固件业务和云服务业务毛利率均有所上升。

1)2018 年度,发行人云计算设备核心固件业务毛利率较 2017 年上升 10.40 个百分点,主要原因是:固件技术开发毛利率有所上升;固件产品毛利率整体保持稳定,但由于其收入占比提升,且毛利率较高,拉动了整体毛利率提高。

①技术开发、服务毛利率上升。发行人技术开发服务,主要依靠研发人员知识技能。2018 年度,发行人云计算设备核心固件技术开发、服务毛利率较 2017 年度上升 8.73%,主要是当期业务新增订单增加、收入规模上升,研发人员知识技能成熟,单位人员产出提升。在研发人员整体数量整体不变的情况下,随着研发人员技能成熟度提升,2018 年研发人员虽然人均成本只提升了 17%,但产出却提升了 29%。因此提升了整体的毛利率水平。

②固件产品收入占比上升。2018 年度,发行人云计算设备核心固件产品业务收入较 2017 年度上升增长 535.11 万元,同比增长 51.02%,主要是随着国家自主、安全、可控的需求越来越高,公司下游国产计算设备客户采购 BIOS 固件产品增加。

2)2018 年度,发行人云服务业务毛利率较 2017 年上升 2.93 个百分点,整体变动不大,其中主要为政企云服务毛利率上升。2018 年度,发行人政企云服务毛利率较 2017 年度上升 9.01 个百分点,主要是在收入结构稳定的情况下,云软件开发、销售业务和云主机托管、租赁和运维业务毛利率均有所上升。①2018 年度,发行人政企云软件产品逐渐获得市场认可,获得了以宜兴经信委为代表政务云平台销售合同订单,高毛利软件产品销售额较 2017 年增加 774.07 万元,带动毛利率有所提升。②2018 年度,发行人云主机托管、租赁和运维业务毛利率较上年上升,主要是随着云中心主机使用提高,发行人托管、运维服务运营成本呈边际递减趋势,毛利率随业务规模增长上升。

(3)2017 年毛利率变动的原因。2017 年度,发行人主营业务毛利率较 2016 年度下滑 7.93 个百分点,主要是在各收入结构波动较小的情况下,云计算设备核心固件业务和云服务业务毛利率有所下降。云服务业务毛利率下降,是主要的影响因素。

1)云计算设备核心固件业务毛利率变动分析。2017 年度,发行人云计算设备核心固件业务毛利率较 2016 年下降 3.69 个百分点,主要是在收入结构基本不变的情况下,收入占比高的技术开发、服务收入毛利率下滑所致。2017 年度,发行人引进了行业人才,当期研发人员较 2016 年增加14 人,人力资本转化为业务经营成果需要时间积累,当期人均薪酬成本提升了 18.72%,但产出却下降了 2.60%,拉低了整体的毛利率水平。

2)云服务业务毛利率下降。2017 年度,发行人云服务业务毛利率较 2016 年度下降 9.27 个百分点,主要原因是:从云服务收入结构来看,低毛利率的物联网云服务收入有所上升;从云服务具体分类业务来看,各业务毛利率均有所下降。

①低毛利率的物联网云服务收入占比增加。2017 年度,发行人物联网云服务业务收入较 2016 年度上升 3424.98 万元,较 2016 年度同比增加 113.69%,主要是发行人取得了包括江苏丁山监狱、宜兴智慧公用城区防汛等物联网项目,收入增加所致。由于物联网云服务毛利率相对较低,拉低了整体云服务毛利率。

2017 年度,发行人物联网云服务毛利率较 2016 年度下滑 5.23 个百分点,主要是发行人取得了包括丁山监狱在内物联网云服务项目,此类项目包含前端感知层硬件,合同金额较大,毛利率较低,因此也拉低了整体毛利率。

②政企云服务毛利率下滑。2017 年度,发行人政企云服务业务毛利率较 2016 年度下滑 6.76 个百分点,主要原因是:首先,发行人云软件开发、销售业务收入规模、毛利率较 2016 年度下滑。发行人云软件开发、销售业务向客户提供定制化的方案,而不同客户的需求存在较为明显的差异,进而导致业务在不同年度间的毛利率会有所波动。其次,云主机托管、租赁与运维业务收入上升。2017 年度,发行人云主机托管、租赁和运维业务收入规模较 2016 年度快速增长,主要是云中心二期于 2016 年投入使用后,发行人托管、租赁与运维业务承载力大幅提升,业务销售收入随客户增加而增加。

公司说明:

报告期内,发行人毛利贡献前十大客户毛利额占总毛利比例分别为48.40%、53.55% 和 55.15%,毛利贡献前十大客户平均毛利率分别为50.35%、44.60% 和 54.90%,与发行人整体毛利率水平及变动趋势一致。由于业务性质、业务内容存在差异,报告期内发行人毛利贡献前十大项目毛利率差异较大:

(1)固件业务及政企云业务毛利率较高,主要是其以软件开发和销售为主,且定制化开发技术要求高,毛利率较高;

(2)物联网云服务包含前端感知层硬件采购及布设以及云平台的开发一揽子方案,由于业务中涉及的硬件比例较高,业务毛利率通常低于发行人其余业务,如曲阜市人民医院物联网云项目、丁山监狱物联网云服务项目、南京河西华新城 D 地块物联网云项目等毛利率都在 30% 以下。

(3)发行人毛利贡献前十大项目回款情况正常,合同未履行完毕的项目均处于正常执行状态,不存在处于纠纷或非正常暂停情况。

【案例评析】

公司报告期内毛利率较高且存在波动。根据公司说明,公司主要从事云计算设备核心固件业务及云服务业务,其中云计算设备核心固件业务具有一定的技术先进性,毛利率较高,但报告期内收入占比降低;云服务业务主要包括政企云服务,设备、施工、运维等,毛利率相对较低,且不同项目毛利存在一定差异。毛利贡献较大项目目前回款正常。

四、期间费用

期间费用,是指企业本期发生的、不能直接或间接归入营业成本,而是直接计入当期损益的各项费用,包括销售费用、管理费用和财务费用等。由于期间费用不能直接归属于某个特定产品成本,而是随着时间推移而发生的与当期产品的管理和产品销售直接相关,容易确定其发生的期间而难以判别其所对应的产品或服务成本归属。

1. 销售费用

销售费用是指企业销售商品和材料、提供劳务过程中发生的各项费用,包括市场推广费、展览费、广告费、商品维修费、预计产品质量保证损失、运输费、装卸费等,以及为销售本企业商品而专设的销售机构的职工薪酬、业务费、折旧费等经营费用。销售费用与收入之间的关系反映出公司是否为市场驱动型业务,即通过加大投入销售费用能否提高公司获取收入的能力。

> **审核关注要点:**
>
> (1)公司是否充分披露销售费用的具体构成、用途、支付对象,与公司收入构成、公司销售模式、公司销售人员、公司主要客户、公司行业特征相匹配;
>
> (2)关注公司销售费用增长率与收入增长率之间的关系,关注公司是否存在市场开拓瓶颈;
>
> (3)关注公司是否存在销售费用显著不合理,是否存在通过销售人员建立账外小金库或用于其他体外支付的情形;
>
> (4)关注公司运输费用的合理性,运输费用与收入、货运量等比例是否存在异常变动情形;
>
> (5)关注市场推广费的主要构成、支付对象和费用收取标准,是否存在商业贿赂等情形。

典型案例143:华熙生物报告期内销售费用占比较高

报告期内,公司销售费用分别为10700.39万元、12547.46万元和28374.59万元,占当期营业收入的比例分别为14.60%、15.34%和22.46%。

【审核问询意见】

请发行人披露:(1)销售费用变化与销售的匹配情况,并披露销售费用率逐年下降的原因;(2)广告宣传费、市场开拓费、线上推广服务费的性质,是否都属于同一类型的费用,上述费用的主要内容,包括但不限于费用发生的原因、变化的原因、发布的渠道明细、效果评估、结算方式等;(3)销售费用率与同行业可比公司之间差异的具体原因;若分产品类型披露更有利于理解,请分产品类型分析相关费用的变动情况及与同行业可比公司的比较情况;(4)对医院渠道的销售费用核算情况,并结合对医院渠道的销售收入分析销售费用的变动原因。

请发行人说明:……(2)物流、快递、运费与收入变动的配比关系;(3)对医院渠道的销售是否存在商业贿赂。

【问询回复摘要】

公司补充披露:

(1)销售费用与销售匹配情况。报告期内,公司销售费用分别为10700.39万元、12547.46万元、28374.59万元和8690.77万元,占当期营业收入的比例分别为14.60%、15.34%、22.46%和24.45%。

2018年度,公司调整内部架构并重新梳理产品线,实现前台业务多品牌多事业部协作,大力引进高端人才和加强团队建设,进一步推动终端产品线上渠道布局,向终端产品投入更多资源。公司2018年销售收入快速增长,其中终端产品收入增幅达到106.50%。2018年销售费用中职工薪酬、广告宣传费、市场开拓费增幅较大,主要原因为公司于2018年陆续设立多个新品牌事业部,销售人员由2017年末200余人增加至2018年末300余人,职工薪酬增幅较大。同时,发行人加大对润致、夸迪、米蓓尔、润月雅、BIO-MESO及德玛润等新品牌的宣传力度,广告宣传费和市场开拓费增幅较大。此外,为配合公司整体战略调整,公司加大品牌建设,在CCTV电视媒体、社交媒体、网络媒体、微博、微信等渠道,进行了多维度品牌宣传策划。2018年公司线上推广费增幅较大,主要是发行人进一步布局线上护肤品销售渠道,除在淘宝、天猫美妆、有赞平台自营销售外,陆续与主要电商平台京东商城、小红书、辣妈学院等合作。公司线上渠道销售收入增长迅速,2018年增长率达364.48%,线上推广服务费变动幅度与线上营业收入变动趋势一致。

(2)各类费用情况说明。广告宣传费、市场开拓费、线上推广服务费在费用发生渠道、重点针对的公司产品有所不同,公司分别进行核算。

报告期内,公司的广告宣传分别为1308.74万元、914.08万元、

5331.83 万元和 1136.29 万元,占当期营业收入的比例分别为 1.80%、1.12%、4.23% 和 3.20%。公司广告宣传费投放及分布情况如下:①公司整体品牌形象建设:公司逐步加大了广告宣传力度,与中央电视台合作推出宣传短片,并通过微信、微博等媒体,扩大公司整体的品牌知名度;②原料业务:报告期内,公司为扩大传统优势原料产品和新研发原料产品的知名度,推动行业需求增长,在专业媒体及杂志上加大产品推广宣传活动;③医疗终端产品和护肤品终端产品业务:公司皮肤类医疗终端产品和功能性护肤品的产品线和品牌不断增加,新品推出需要投入产品广告宣传费用,因此增加了相应的广告投放费用。

市场开拓费主要为销售过程中的各类推广及服务费用,主要包括参加各类展会、新产品的设计更新费用、市场调研及产品咨询等费用。报告期内,公司的市场开拓费分别为 78.29 万元、1020.88 万元、4348.29 万元和 1612.82 万元,占当期营业收入的比例分别为 0.11%、1.26%、3.45% 和 4.54%,其中 2018 年增幅较大。从市场开拓费的业务分布来看,各类产品的投入目的及重点有所差异:①公司整体品牌及渠道建设:2018 年公司加大开展线下品牌推广活动,参加境内外各大展会,达到开拓市场的目的;②原料业务:2018 年公司更加注重客户开发力度,在国际市场各类展示会和推广活动中增加了赞助费及参与场次;③医疗终端产品:公司每年向市场推出新研发产品,例如透明质酸软组织填充剂、术后修复系列等,为不断提升产品认知度,对客户、行业从业人员和消费者进行产品培训和使用指导,公司投入更多培训费;因骨科产品 2018 年收入大幅增长且配送商销售模式占比提高,公司骨科及眼科产品相关的市场开拓费有所增长,但 2018 年直接销售及配送商模式实现的收入合计仅为 3724.00 万元,骨科及眼科业务对公司销售费用的整体影响较小;④功能性护肤品业务:报告期内,随着公司多个功能性护肤品品牌的推出,相关市场开拓费用随之增加;公司经销渠道业务量不断提升,线下市场推广的活动费用亦随之提高。

线上推广服务费,主要为公司在阿里、京东、有赞及其他电商平台支付的佣金、服务费等费用,主要针对公司功能性护肤品业务。报告期内,公司线上推广服务费分别为 89.09 万元、484.17 万元、1209.56 万元和 1483.70 万元,占当期营业收入的比例分别为 0.12%、0.60%、0.96% 和 4.17%。公司逐步重视功能性护肤品业务,特别是重视线上销售渠道的建设,逐步增加了在天猫平台的直通车、钻展、品销宝的投放和京东平台精准通的投放,并新增小红书、辣妈学院等新的电商客户,投入相应的推广费,扩大线上销售量,2018年公司线上销售收入达17352.60万元,为2017年线上收入的4.64倍,高于线上推广服务费的费用增幅。2019年1~3月,公司线上推广服务费金额较大,主要原因系2019年初故宫系列产品曝光率高,点击率上涨导致阿里平台的"直通车"等推广项目结算费用增加。

(3)销售费用率与同行业可比公司之间差异的具体原因。公司销售费用在原料、医疗终端产品、功能性护肤品三类产品的分布及占比情况有所不同,其中原料业务作为面向企业级客户的B2B业务,费用率稳定且相对较低;医疗终端产品及功能性护肤品业务,最终向消费者提供终端产品,销售费用率相对较高,与同行业公司相比无显著差异,符合行业整体情况。

(4)对医院渠道的销售费用核算情况。公司医疗终端产品中,"海力达"玻璃酸钠注射液(骨科注射液)属于药品,需在医院渠道销售,并受"两票制"及各省招标机制相关政策的影响。公司眼科黏弹剂系医疗器械耗材产品,暂未受到药品"两票制"政策影响,目前仅存在通过经销商向各类医疗机构销售的情况。

报告期内,公司医院渠道的销售费用持续增长,主要原因如下:①公司开发的治疗骨关节炎的"海力达"玻璃酸钠注射液2014年取得中国CFDA药品批文,并开始批量生产,与同行业相比进入市场较晚,参与药品招标的省份较少,报告期初主要在民营医院并通过经销商模式销售,销售费用率相对较低。随着业务发展,公司逐步重视骨科业务,加大市场投入和各省的药品采购投标,2016年末、2017年末和2018年末,公司陆续中标的省份累计达8个、16个和20个,销量及收入持续增加,相应销售费用投入增加。②报告期内,公司骨科业务逐步调整渠道转型,公司在控制内部销售人员数量、降低经销商模式销售占比的同时,增加了配送商模式及相应的市场投入。随着配送直销型模式客户数量的增加及对公司骨科收入占比的提升,公司承担了更多的市场推广活动,导致销售费用有所增加。

公司说明:

(1)物流费用与销售收入匹配性。报告期内,随着公司销售收入的增长,公司境内销售物流相关费用同步增长,趋势保持一致。报告期内,公司线下销售的物流费用占收入的比例保持相对稳定,但随着终端护肤品业务线上销售收入的规模提高,且增长较快,采用快递方式发货的线上销售大幅增长,带动了公司整体物流费用率的提高。2016—2018年,公司线上销售的物流费用率占比在3%左右,保持相对稳定。2019年1~3月该项费率有所提高,主要原因是一季度消费者客单价往往偏低,消费者一般集中在"618""双十一"期间大量采购。

(2)商业贿赂情况。公司对公立医院渠道的销售,是根据医院所在地区主管部门的相关要求,通过政府采购平台统一组织的招投标程序,中标后进行的销售行为。公司高度重视遏制商业贿赂的行为,充分认识到反对商业贿赂的必要性和重要性,特此制定了《员工职业道德行为准则》《反商业贿赂管理制度》等规章制度,对员工职业道德、行为准则作出约束,特别是针对商业贿赂的不当行为进行专项规定。在日常经营管理过程中,公司严格按照法律法规规范经营。一方面,公司要求销售人员以及商务人员签署《反商业贿赂承诺书》;另一方面,公司对销售人员和商务人员开展防止商业贿赂的职业教育培训,加强其合规开展业务的意识。同时,公司与经销商等合作伙伴签署的协议中就反商业贿赂条款进行约定。报告期内公司及子公司不存在商业贿赂等违法行为,公司股东、董事、高级管理人员、员工等不存在因商业贿赂等违法违规行为受到处罚或被立案调查的情形。

【案例评析】

公司报告期内销售费用金额较大、占比较高。根据公司说明,公司销售费用在原料、医疗终端产品、功能性护肤品三类产品的分布及占比情况有所不同,其中原料业务作为面向企业级客户的B2B业务,费用率稳定且相对较低;医疗终端产品受到"两票制"政策影响,采用行业普遍的配送商模式,市场投入较大;功能性护肤品业务,最终向消费者提供终端产品,销售费用率相对较高,与同行业公司相比无显著差异,符合行业整体情况。医药、美容等产品受行业特征影响,销售过程中支出的市场推广费用、广告费用和中介费用普遍较高,具有一定的商业合理性。事实上,商业贿赂事项较少由制药企业直接参与,因此,"两票制"改革前后多级经销商和配送商等"销售中介"仍有较大空间。

2. 管理费用

管理费用是指企业行政管理部门为组织和管理生产经营活动而发生的各种费用,包括企业董事会和行政管理部门在企业经营管理中发生的,或者应当由企业统一负担的公司经费、工会经费、各类保险费、会议费、聘请中介机构费、咨询费、诉讼费、业务招待费、办公费、差旅费、邮电费、绿化费、管理人员工资及福利费,等等。

> **审核关注要点:**
>
> (1)公司报告期内是否存在管理费用过高的情形,是否存在管理层违规占用公司资金的情形;
>
> (2)关注管理费用与营业收入、管理人员、当地收入水平的匹配情况;
>
> (3)关注公司报告期内是否存在试运行、测试等重要设备运行支出费用,关注相关费用支出及其结转是否合理规范;
>
> (4)关注公司是否存在股权激励、股份支付情形,相关估值及定价安排是否公允,会计处理是否规范。

典型案例144:万德斯报告期内管理费用较高

报告期内,公司管理费用分别为1575.81万元、6144.59万元及3908.47万元,占营业收入的比重分别为10.77%、21.75%及7.93%,其中,2017年公司管理费用占营业收入比重较高,主要系公司对高、中层管理人员进行股权激励并作股份支付处理,确认股份支付费用3479.05万元所致。

【审核问询意见】

请发行人披露:管理费用中职工薪酬与营业收入的配比关系,并说明管理费用中职工薪酬与管理人员的变动、人均工资的变动是否吻合,以及与当地平均薪酬水平的对比情况。

请发行人说明:股权激励授予的权益工具的公允价值及确认方法,与同期可比公司估值是否存在重大差异及原因,是否存在限制性条件,股份支付相关会计处理是否符合《企业会计准则第11号——股份支付》相关规定。

【问询回复摘要】

公司补充披露：

报告期内，公司职工薪酬分别为755.15万元、1465.87万元及2334.47万元，呈逐年上升趋势。主要原因系报告期内，为更好地服务客户，公司不断加强管理团队的建设及人才储备，管理人员人数较上年分别增加53.75%、39.84%；报告期内，为了吸引优秀人才的加入，公司提高了管理人员的整体薪酬水平，人均薪酬分别较上年增加31.00%、9.59%。公司管理人员人数与人均薪酬的变动趋势与职工薪酬的变动趋势保持一致。根据南京统计局数据，2016年、2017年，南京市城镇私营单位就业人员年平均工资分别为4.83万元/人、5.06万元/人，公司管理人员人均薪酬水平远高于南京市城镇私营单位就业人员年平均工资水平。

报告期内，公司管理人员职工薪酬占营业收入的比重分别为5.16%、5.19%及4.74%，总体保持稳定，管理费用中职工薪酬与营业收入的变动基本匹配。

公司说明：

公司股份支付符合会计准则要求。2017年11月，发行人员工持股平台南京合才企业管理咨询中心（有限合伙）以1232.00万元认购320万股股权，折合每股认购价格为3.85元，授予时不存在限制性条件；2017年12月，深圳市达晨创联股权投资基金合伙企业（有限合伙）以3200.00万元认购217.3545万股股权，折合每股认购价格为14.722元。发行人股权激励授予的权益工具的公允价值系参考外部投资机构的认购价格予以确认，即股份支付费用为3479.05万元。

综上，发行人股份支付相关会计处理符合《企业会计准则第11号——股份支付》和《首发业务若干问题解答》的规定，股权激励授予的权益工具的公允价值参考了同期外部投资机构对发行人的估值，不存在重大差异，授予的权益工具不存在限制性条件。

【案例评析】

公司报告期内管理费较高。根据公司说明，公司报告期内管理费用增加的主要原因包括公司薪酬提高以及报告期内实施股权激励，产生股份支付费用导致。公司股权激励涉及股份支付会计处理符合规范。

3. 研发费用

企业研发费用是指企业在产品、技术、材料、工艺、标准的研究与开发过程中发生的各项费用,主要包括研发活动直接消耗的材料、燃料和动力费用,研发人员的工资、奖金等人工费用以及外聘研发人员的劳务费用,研发活动的仪器、设备、房屋等固定资产的折旧费或租赁费以及相关固定资产的运行维护、维修等费用,研发活动的软件、专利权、非专利技术等无形资产的摊销费用,用于中间试验和产品试制的模具、工艺装备开发及制造费等费用,研发成果知识产权化、合作研发以及其他与研发活动相关的费用。实践中,研发费用由于可以双倍抵税、一定程度上能够体现公司研发实力、很容易调节等原因,研发费用的归集存在较大的风险,尤其是针对研发企业,需要充分关注。

除此之外,《科创板上市规则》规定的财务指标包括"最近三年累计研发投入占最近三年累计营业收入的比例不低于15%",其中"研发投入"如何认定、研发内控的要求至关重要。《科创板审核问答》第七之问答明确:

(1)研发投入通常包括研发人员工资费用、直接投入费用、折旧费用与长期待摊费用、设计费用、装备调试费、无形资产摊销费用、委托外部研究开发费用、其他费用等。本期研发投入为本期费用化的研发费用与本期资本化的开发支出之和。

(2)发行人应制定并严格执行研发相关内控制度,明确研发支出的开支范围、标准、审批程序以及研发支出资本化的起始时点、依据、内部控制流程。同时,应按照研发项目设立台账归集核算研发支出。发行人应审慎制定研发支出资本化的标准,并在报告期内保持一致。

(3)发行人应在招股说明书中披露研发相关内控制度及其执行情况,并披露研发投入的确认依据、核算方法、最近三年研发投入的金额、明细构成、最近三年累计研发投入占最近三年累计营业收入的比例及其与同行业可比上市公司的对比情况。

(4)保荐机构和会计师应当核查发行人是否建立研发项目的跟踪管理系统,有效监控、记录各研发项目的进展情况,并合理评估技术上的可行性;是否建立与研发项目相对应的人财物管理机制;是否已明确研发支出开支范围和标准,并得到有效执行;报告期内是否严格按照研发开支用途、性质据实列支研发支出,是否存在将与研发无关的费用在研发支出中核算的情形;是否建立研发支出审批程序等。

> **审核关注要点:**
>
> (1)公司是否充分披露研发费用的具体构成、核算方式、研发投入对应的研发项目,公司研发项目时间、节点、人员、资产、资金投入情况与研发成果、主要产品、相关收入是否匹配,关注公司研发费用的归集及控制措施是否可靠、有效;
>
> (2)关注公司研发费用资本化的确认时点和依据及与同行业是否一致,是否满足相应的条件、依据是否充分;
>
> (3)关注合作研发机构是否具备相应的研发实力,相关人员履历、研究成果等能否支撑研发合作,是否存在利益输送、资金体外循环情形。

典型案例145:心脉医疗报告期内存在研发费用资本化情况

发行人开发阶段的支出会予以资本化,并计入开发支出。待开发阶段完成后,该部分资本化支出将转入无形资产。公司的研发项目在产品成功完成首例人体临床试验时,方可作为资本化的研发支出;相关研发费用的资本化止于临床结束后,申请并获得医疗器械注册证时。

【审核问询意见】

请发行人披露:(1)结合内部研究开发活动的实际情况、医疗器械行业通常的研发节点和周期、可比公司研发费用的确认依据及核算方法、可比公司研发费用资本化的具体节点等方面,披露研发费用资本化会计政策是否遵循了正常研发活动及行业惯例,披露开发支出包括的具体费用项目,历史上是否保持一致性,并分析报告期内开发支出的波动情况;(2)研发相关内控制度及其执行情况;(3)报告期与资本化相关研发项目的研究内容、进度、成果、完成时间、经济利益产生方式、当期和累计资本化金额、主要支出构成;(4)研发人员的界定标准,并披露制定相关标准的考虑因素;(5)报告期研发费用加计扣除金额对税金的影响,报告期内是否存在合法合规纳税的风险。

请发行人说明:(1)请结合公司研发管理制度及内控管理情况,说明公司是否具有研发支出资本化的核算基础,会计处理是否符合一惯性,是否存在减值风险及减值计提是否充分,相关会计核算是否符合会计准则,相关风险提示是否充分等。此外,问询回复称,发行人部分无形资产和开发支出系从上海微创等关联方取得,请发行人说明相关定价依据及关联交易价格是否公允;(2)内部的《产品生命周期管理控制程序》将一个完整的研发项目划分为7个阶段进行管理,这一方式是否符合相关法律法规的规定、是否符合行业惯例,同可比公司研发项目管理存在的差异;(3)发行人按照《研发项目考核激励制度》对每个项目设置18个里程碑节点,请结合18个里程碑节点的具体内容以及各个节点考核和激励情况,分析里程碑节点同项目阶段、资本化节点、实际激励情况的匹配性;(4)研发项目的预计研发成果为产品获得医疗器械注册证,结合历史上发行人产品获证后的销售情况,分析是否存在无形资产和开发支出减值的风险以及对业绩的影响;(5)核对历年产品首例人体临床试验的时间和发行人资本化时点是否匹配,并提供临床批复复印件作为问询函回复其他文件予以提交。

【问询回复摘要】

公司补充披露:

(1)研发费用的确认依据及核算方法。发行人产品研发主要采用"需求决定产品"的设计模式,从市场反馈及建议中确定产品研发方向,为医生和病人提供全面解决方案,同时保证产品的易用性和稳定性。发行人研发项目周期一般从研发项目前期市场调研开始,到新产品获批上市并稳定生产为止。

由于研发项目周期跨度较长,发行人根据国家对医疗器械研发和审批的有关标准和规定将研发项目划分为7个阶段进行管理。研发费用在产品完成首例人体临床植入时进行资本化。此时研发项目的产品设计和工艺已定型,获得了临床试验机构伦理委员会批件和临床试验备案文件(如需),可以开展临床试验活动,研发项目具备技术和商业可行性,满足研发费用资本化条件。开发支出在获得产品注册证后确认为无形资产。此时发行人可以通过销售产品获得收入,实现经济利益的流入,满足无形资产的确认条件。因此,发行人研发费用资本化会计政策与实际研发项目周期相匹配。

公司将内部研究开发项目的支出区分为研究阶段支出和开发阶段支出,研究阶段的支出于发生时计入当期损益;开发阶段的支出需满足资本化条件时才能予以资本化。根据同行业可比公司披露的招股说明书及年度报告,乐普医疗、凯利泰资本化时点均早于发行人,发行人资本化时点相对谨慎,符合会计准则的要求和行业惯例。

根据同行业可比公司披露的招股说明书及年度报告,发行人的研发节点和周期与同行业可比公司无重大差异;发行人将与研发活动直接相关的人员薪酬、材料费用、设备折旧费用、试验检测费用以及其他与研发直接相关的费用确认为内部研究开发项目支出,确认依据与同行业可比公司总体上一致。发行人研发支出会计处理方式符合《企业会计准则》的要求,确认依据及核算方法与同行业可比公司相比无重大差异。

(2)报告期研发费用资本化具体情况。2016年至2018年,发行人计入开发支出的资本化研发费金额分别为2109.93万元、2490.24万元和1882.65万元,开发支出主要包括符合资本化条件的临床费用、人工费用、研发材料、折旧及摊销、差旅费、实验检测费、知识产权专利费等。其中,临床费用主要为支付给医院临床中心和临床服务机构的临床测试和服务费用。开发支出的金额受研发项目临床植入的进度影响较大。发行人开发支出核算口径和会计政策在报告期内均保持了一致性。

2017年发行人计入开发支出的资本化金额较2016年增加380.31万元,主要系临床费用增加所致。2017年临床费用增加主要原因为:①新一代胸主动脉支架项目于2017年9月完成首例人体临床试验,达到资本化时点。该项目于2017年发生临床费用284.19万元;②新一代术中支架项目于2016年7月完成首例人体临床试验,达到资本化时点,但临床植入集中于2017年完成。该项目于2017年发生临床费用363.83万元,较2016年增加128.59万元。

2018年发行人计入开发支出的资本化金额较2017年减少607.59万元,主要原因为:①Minos腹主动脉支架项目于2017年完成1年期临床随访工作,并于2018年1月向监管部门递交了注册申请资料,研发工作量减少,2018年开发支出较2017年减少361.43万元;②药物球囊项目已于2017年完成了全部临床植入工作,2018年主要研发工作为临床随访,该项目已于2018年9月递交了注册申请资料,2018年的开发支出较2017年减少303.33万元。

(3)研发相关内控制度及其执行情况。发行人制定了《研发项目内部控制管理制度》《产品生命周期管理控制程序》《研发项目考核激励制度》等与研发相关内控制度,对公司的研发投入归集、核算政策、研发项目的跟踪管理、研发支出的人财物管理、研发开支范围和标准、研发支出的审批等方面作了明确规定。

发行人建立了项目跟踪管理系统,并通过SAP系统、研发管理系统以及日常会议等其他管理措施,对研发项目的全过程进行有效监控、记录及管理;建立了研发项目人员管理系统,通过研发人员招聘制度、研发人员薪酬标准及绩效政策、研发项目人员日常管理、研发项目人员薪酬分配及核算方法等具体规则,实现对研发项目人员的有效管理;建立了研发项目物资管理系统,对研发用设备、仪器采购、材料领用及使用实施有效的管理和控制;建立了研发项目财务管理系统,对研发支出及研发核算进行规范和控制,在财务核算系统上清晰的记录成本费用归集分配的过程,定期对项目费用和项目进度进行复核,保证项目在成本可控的情况下进行。

报告期内,发行人严格根据上述内控制度开展研发活动,并由内审部门监督和测试上述内控制度的执行情况,发行人的研发活动内部控制根据上述制度的规定有效运行。

(4)公司补充披露了报告期与资本化相关研发项目的研究内容、进度、成果、完成时间、经济利益产生方式、当期和累计资本化金额、主要支出构成;研发人员的界定标准及制定相关标准的考虑因素。

(5)研发费用加计扣除金额对税金的影响。根据《财政部 国家税务总局 科技部关于完善研究开发费用税前加计扣除政策的通知》(财税[2015]119号),企业开展研发活动中实际发生的研发费用,未形成无形资产计入当期损益的,在按规定据实扣除的基础上,按照本年度实际发生额的50%,从本年度应纳税所得额中扣除;形成无形资产的,按照无形资产成本的150%在税前摊销。2016年和2017年,发行人符合加计扣除范围的研发费用在按规定据实扣除的基础上,按照实际发生额的50%从当年度的应纳税所得额中扣除,对开发支出形成的无形资产,按照150%的成本在税前摊销。

根据《财政部 税务总局 科技部关于提高研究开发费用税前加计扣除比例的通知》(财税[2018]99号),企业开展研发活动中实际发生的研发费用,未形成无形资产计入当期损益的,在按规定据实扣除的基础上,于

2018 年 1 月 1 日至 2020 年 12 月 31 日,再按照实际发生额的 75% 在税前加计扣除;形成无形资产的,在上述期间按照无形资产成本的 175% 在税前摊销。2018 年,发行人符合加计扣除范围的研发费用在按规定据实扣除的基础上,按照实际发生额的 75% 从当年度的应纳税所得额中扣除;对开发支出形成的无形资产,按照 175% 的成本在税前摊销。

报告期内,发行人研发费用的加计扣除均合法合规,不存在因违反相关法律法规而受到税务主管部门行政处罚的情形。

公司说明:

(1)公司具有研发支出资本化的核算基础。公司通过《研发项目内部控制管理制度》《产品生命周期管理控制程序》《研发项目考核激励制度》等研发管理制度对研发流程进行严格控制。研发支出主要为在产品生命周期各阶段发生的包括研发人员的薪酬、研发活动直接消耗的实验材料、研发设备的折旧费用、与研发活动直接相关的其他费用等。公司已在《研发项目内部控制管理制度》中就研发支出的资本化制定了明确的内部控制程序和审核流程。

公司研发支出资本化是以项目所研发产品成功用于第一次临床试验为条件。同时,公司研发部必须提供临床试验机构伦理委员会批件、临床试验备案文件(如需)、首例手术记录表等资料作为支持依据。待财务部负责人、研发部负责人审批通过后,财务人员在系统中就相关项目进行账务处理。

研发产品取得注册证后,资本化研发项目应及时结转为无形资产进行后续账务处理,注册部门提交注册证书复印件至财务部门,财务会计确认无误后,联合销售部及研发部讨论相关产品能够为公司带来经济利益的合理年限,并由相关部门负责人签字确认。财务人员在系统中将相关项目从"开发支出"科目结转至"无形资产"科目,并提交至财务部负责人进行复核,并根据确定的摊销年限对无形资产进行摊销。

对于不符合资本化条件的研发支出以及研究阶段的支出,则在其产生的期间内确认为费用。综上所述,公司已就研发支出资本化建立了明确的内部控制程序,具备研发支出资本化的核算基础。报告期内,公司对研发支出资本化及费用化的会计处理遵循了一贯性原则,公司会计核算符合财政部颁布的《企业会计准则》的要求。

（2）研发支出资本化减值测试情况。针对研发项目形成的无形资产及开发支出，公司在资产负债表日根据内部及外部信息确定其是否存在减值的迹象。公司对无形资产及开发支出减值测试的会计核算和财务管理符合财政部颁布的《企业会计准则》的有关规定。报告期内各期末，公司的无形资产及开发支出不存在减值迹象。经减值测试后，公司开发支出的可收回金额不存在低于账面价值的情况。因此，公司未对无形资产及开发支出计提减值损失。

（3）发行人部分无形资产和开发支出系从上海微创等关联方取得，相关交易定价公允。2014年至2015年，发行人自上海微创处受让了其拥有的"下肢球囊、药物球囊项目"技术，以及上海微创对Castor覆膜支架系统和Minos腹主动脉覆膜支架系统的相关技术投入。根据上海微创和公司董事会审议批准签署的相关转让协议，约定以相关资产的账面净值及合理税费作为资产转让定价依据，资产转让定价公允反映了交易双方的初衷和目的，且有利于原有业务延续和发展，不存在损害发行人利益的情形。

（4）公司研发管理体系符合相关法律法规的规定。公司主要产品属于第Ⅲ类医疗器械。根据《医疗器械注册管理办法》的相关规定，国家食品药品监督管理部门负责对该类医疗器械实行注册管理，对拟上市医疗器械的安全性、有效性研究及其结果进行系统评价后，决定是否同意产品的上市申请。注册申请人应当建立与产品研制、生产有关的质量管理体系，并保持有效运行。第Ⅲ类医疗器械还应当进行注册检验和临床试验，其中注册检验应由医疗器械检验机构进行。公司结合《医疗器械注册管理办法》对产品研制、生产有关的质量管理体系的相关要求，在设计验证、设计确认与转移两个环节覆盖了注册检验和临床试验两个关键点，以确保公司产品研制体系高效有序运行。因此，公司研发管理体系符合相关法律法规的规定。

（5）公司的研发项目阶段划分符合行业惯例。公司所处医疗器械行业属于技术密集型行业，对产品研发和技术创新能力要求较高、研发周期较长。新产品研发须经过设计验证、注册检测、临床试验、注册审批等阶段，获得境内外相关监管机构颁发的产品注册证后方可上市销售。为保持公司产品的核心竞争力，公司依据新产品从立项到上市的整个生命周期设定7个关键节点跟踪研发流程，与可比公司研发项目管理模式不存在重大差异,符合行业惯例。

(6)公司设置里程碑节点同项目阶段、资本化节点、实际激励情况具备匹配性。公司通过"里程碑节点"有效分解研发目标,基于单个研发项目的生命周期,对项目成员进行角色职责的考核和监管,以保证项目开发过程的进度和质量。公司针对单个研发项目设计的18个里程碑节点与项目阶段和考核激励情况匹配,其中资本化节点位于项目阶段的设计确认及转移阶段,属于第11个里程碑节点的考核事项。

公司自2015年起实施里程碑考核计划,本着"效益优先、按劳分配、风险共担"的原则,通过项目制考核办法激励研发团队合理实施项目开发。同时,公司还会纳入项目进度、项目质量、项目成本等多项系数因子,对奖金进行调整,以要求项目团队时刻关注产品研发过程中的风险。报告期内,公司按照里程碑节点发放研发项目奖金,其中实际发放金额集中在设计验证和设计确认及转移阶段,符合研发项目生命周期的特征。

(7)公司报告期内无形资产和开发支出不存在减值风险。《企业会计准则第8号——资产减值》规定,存在下列迹象的,表明资产可能发生了减值:资产的市价当期大幅度下跌,其跌幅明显高于因时间的推移或者正常使用而预计的下跌;企业经营所处的经济、技术或者法律等环境以及资产所处的市场在当期或者将在近期发生重大变化,从而对企业产生不利影响;市场利率或者其他市场投资报酬率在当期已经提高,从而影响企业计算资产预计未来现金流量现值的折现率,导致资产可收回金额大幅度降低;有证据表明资产已经陈旧过时或者其实体已经损坏;资产已经或者将被闲置、终止使用或者计划提前处置;企业内部报告的证据表明资产的经济绩效已经低于或者将低于预期,如资产所创造的净现金流量或者实现的营业利润(或者亏损)远远低于(或者高于)预计金额等;其他表明资产可能已经发生减值的迹象。目前,发行人开发支出形成的无形资产和各项正在进行的资本化研发项目均不存在减值迹象。

【案例评析】

公司存在研发费用资本化情形,关注公司研发控制有效性和相关会计处理的规范性。根据公司说明,报告期内公司能够有效控制研发工作情况,对研发投入进行准确计量、核算,具备研发费用资本化的基础。报告期内,公司分阶段、按条件将研发支出进行资本化,相关会计处理符合会计准则要求,在报告期末,公司按照规定对相关无形资产进行减值测试,未发现减值迹象。

4. 财务费用

财务费用是指企业在生产经营过程中为筹集资金而发生的各项费用,包括企业生产经营期间发生的利息收入或支出、汇兑净损失、金融机构手续费,以及筹资发生的其他财务费用如债券印刷费、借款担保费等。财务费用一方面反映出公司经营活动的资金成本,另一方面体现了公司的现金流情况,与公司持续经营能力密切相关。

> **审核关注要点:**
>
> (1)公司利息支出与借款规模、结构和利率是否一致,公司是否存在高息贷款情形,短期内是否存在较大财务费用支出压力;
>
> (2)关注公司是否足额计提各项贷款利息支出,是否根据贷款实际使用情况恰当进行利息资本化;
>
> (3)关注公司汇兑损失或收益与同期公司销售情况的匹配性;
>
> (4)关注公司是否同时存在高额利息收入和利息支出的情形及其合理性。

典型案例 146:孚能科技财务费用变动较大

招股说明书披露,报告期内公司财务费用分别为-25.50 万元、1337.33万元、-0.23 万元和-556.95 万元。

【审核问询意见】

请发行人:(1)说明财务费用中同时存在高额利息收入与利息支出的原因及合理性;(2)说明利息资本化的具体情况,包括但不限于涉及的项目具体情况、利息资本化金额、计算过程、计算依据、相关会计处理等,说明公司将利息资本化是否符合会计准则的规定;(3)结合借款利率、借款使用期间、借款余额、利息资本化情况等,说明财务费用中利息支出金额与各项借款总额变动的匹配性;说明公司货币资金平均余额、存款利率与利息收入的勾稽关系;(4)说明利息收入的性质,分析说明是否存在应分类为投资收益的部分;(5)说明公司财务费用中手续费增长较快的原因,与相关业务的匹配关系。

【问询回复摘要】

公司说明：

(1)同时存在高额利息收入及利息支出的原因。2016年,公司为了生产经营向赣州银行、中国进出口银行江西省分行等借入了短期借款用以补充流动资金;为了赣州产能改扩建项目(三期)项目,向中国进出口银行江西省分行及交通银行借入了长期借款用以建设工程和采购设备。2018年以后,公司获得了较多的融资资金流入,而项目投入为分阶段进行,因此闲置资金规模较大,公司在充分考虑流动性需求的前提下,购买了一部分定期存款和结构性存款。同时,对于2016年的长期借款,公司根据借款协议按照合同约定进行还款。因此,2018年及2019年上半年,公司财务费用中出现了同时存在较大金额的利息收入和利息支出。

(2)利息资本化情况。2016年3月公司与交通银行江西省分行、中国进出口银行江西省分行联合签署了《三期项目建设银团联合贷款》[合同编号:366(2016)10150],用于公司动力锂电池及系统产业化三期项目及其配套设备和工程,即"赣州产能改扩建项目"。报告期内,发行人利息资本化金额按照如下过程确定:

1)计算专门借款实际发生的利息费用减去将闲置的借款资金进行短期投资取得的投资收益后的金额;

2)按照各项资产合同金额在总投资金额中的比例,分摊报告期内应归属的上述金额;

3)对于已达到预定可使用状态的资产,将对应的金额费用化;对于未达到预定可使用状态的资产,将对应的金额资本化。

根据《企业会计准则第17号——借款费用》,符合资本化条件的资产是指需要经过相当长时间的购建或者生产活动才能达到预定可使用或者可销售状态的固定资产、投资性房地产和存货等资产,其中,"相当长时间"应当是指为资产的购建或者生产所必需的时间,通常为一年以上(含一年)。借款费用允许开始资本化必须同时满足三个条件,即资产支出已经发生、借款费用已经发生、为使资产达到预定可使用或者可销售状态所必要的购建或者生产活动已经开始。

赣州产能改扩建项目于2016年开始建设,建设周期超过1年,满足资产需要经过相当长时间的购建或者生产活动才能达到预定可使用状态的条件。2016年4月借款费用开始发生,且该项目土建工程、设备采购等资产构建已经实际发生,项目资金已经使用,满足借款费用允许开始资本化必须同时满足的三个条件,即资产支出已经发生、借款费用已经发生、为使资产达到预定可使用或者可销售状态所必要的购建或者生产活动已经开始。发行人借款费用资本化符合《企业会计准则第17号——借款费用》相关规定,满足借款费用资本化条件。

根据《企业会计准则第17号——借款费用》第六条的规定,在资本化期间内,专门借款利息费用的资本化金额应当以其实际发生的利息费用减去将闲置的借款资金进行短期投资取得的投资收益后的金额确定。发行人计入在建工程项目的借款费用均为专门借款的借款费用。根据《企业会计准则第17号——借款费用》第十二条的规定,购建或者生产符合资本化条件的资产达到预定可使用或者可销售状态时,借款费用应当停止资本化。在符合资本化条件的资产达到预定可使用或者可销售状态之后所发生的借款费用,应当在发生时根据其发生额确认为费用,计入当期损益。

根据《企业会计准则第17号——借款费用》第十三条第一款的规定:"购建或者生产符合资本化条件的资产达到预定可使用或者可销售状态,可从下列几个方面进行判断:(一)符合资本化条件的资产的实体建造(包括安装)或者生产工作已经全部完成或者实质上已经完成。(二)所购建或者生产的符合资本化条件的资产与设计要求、合同规定或者生产要求相符或者基本相符,即使有极个别与设计、合同或者生产要求不相符的地方,也不影响其正常使用或者销售。(三)继续发生在所购建或生产的符合资本化条件的资产上的支出金额很少或者几乎不再发生。"由于发行人构建的在建工程随建设进度分别到期,因此发行人分各项资产,按照上述条件第一项,即符合资本化条件的资产的实体建造(包括安装)或者生产工作已经全部完成或者实质上已经完成时,停止该工程的利息资本化。综上,发行人将利息资本化符合《企业会计准则第17号——借款费用》相关规定。

(3)利息支出与借款总额匹配性。2016年度、2017年度、2018年度及2019年1~6月公司利息支出与平均借款余额的比例分别为4.81%、6.39%、6.16%及4.11%,与公司报告期内的短期及长期借款利率范围相差较小。差异原因主要是由于计算时使用了报告期初及期末余额作为报告期内借款平均余额,与实际计息本金略有差异所致。综上,财务费用中利息支出金额与各项借款总额变动具有匹配性。

(4)存款余额与利息收入之间勾稽关系。公司利息收入主要核算货币资金中活期存款、定期存款及其他货币资金产生的收益。2017 年、2018 年和 2019 年 1~6 月公司利息收入占平均货币资金余额的比重分别为 0.40%、1.02% 和 0.38%,不存在勾稽关系,主要原因是公司 2018 年年末及 2019 年 6 月末货币资金中有较多结构性存款,其收益不计入利息收入导致。

利息收入与平均存款余额内部结构及不同存款的利率相关。2017 年,公司存款主要为低息的活期存款和其他货币资金,因此利息收入/平均存款余额比例较低,2018 年高利率的定期存款比例最高,拉高了利息收入/平均存款余额比例,2019 年 1~6 月随着低息的其他货币资金比例上升,拉低了利息收入/平均存款余额比例。

综上,由于公司货币资金中包含的不产生利息收入结构性存款的影响,公司货币资金平均余额、存款利率与利息收入之间不存在勾稽关系。剔除结构性存款影响后,公司存款平均余额、存款利率与利息收入之间具有勾稽关系。

(5)关于利息收入是否涉及投资收益。报告期内,公司的利息收入包括以下三类:活期存款利息收入:公司银行活期存款账户产生的利息,利率为存款银行根据中国人民银行基本存款利率进行规定;定期存款利息收入:公司购买银行定期存款产生的利息,利率为存款银行根据中国人民银行基本存款利率进行规定;汇票保证金利息收入:公司应银行要求缴存的银行承兑汇票保证金产生的利息,利率根据公司与银行协商确定。根据以上公司利息收入的性质,其中不包括应分类为投资收益的部分。

(6)财务费用手续费与相关业务匹配性。贴现手续费为应收票据进行贴现产生的手续费,年贴现率为 3.40%~3.45%。为了提高资金的使用效率,公司自 2018 年起贴现业务逐渐增多,导致贴现手续费上升。银承汇票手续费为公司开具银行承兑汇票产生的手续费。若开具的汇票全额向银行缴存了保证金,则手续费为票面金额的 0.05%;若只缴存了一部分保证金,由于手续费还包括未缴存部分的汇票风险敞口管理费,则费率为

1%。由于公司在 2017 年度的开票多使用部分缴存保证金开票的方式,因此当年的汇票手续费金额较大。担保手续费为公司保证借款产生的支付给赣州经开区建设投资(集团)有限公司的担保手续费,自 2017 年起,根据实际借款金额,按年利率 0.5% 支付。2016 年至 2019 年 1~6 月,财务费用中手续费的逐渐增加与公司业务规模逐渐扩张的趋势以及公司手续费具体构成相一致。

【案例评析】

报告期内公司财务费用变动较大,同时存在贷款利息支出和存款利息收入情形,公司还存在利益资本化情形。根据公司说明,公司为赣州产能改扩建项目(三期)项目借贷融资后又通过其他渠道获得投资,且项目建设存在周期,导致闲置资金进行存款获得利息收入,具有一定合理性。与此同时,赣州产能改扩建项目周期较长,相关利息费用按照会计准则规定可以进行资本化,公司相关会计处理符合准则规范。

五、营业外收入

营业外收入是指与企业生产经营无直接关系的偶发性收入。营业外收入通常包括非流动资产处置利得、债务重组利得、与业务无关的政府补助、收到的其他方支付的违约金、赔偿款等。

> **审核关注要点:**
>
> (1)公司是否充分披露营业外收入的金额及其构成情况,关注是否存在大额异常收入情况;
>
> (2)公司存在处置资产的,关注相关资产处置是否真实、价格是否公允、对价是否支付,是否影响公司正常生产经营活动;
>
> (3)关注公司取得政府补助是否与企业日常活动相关,是否应当计入营业收入,公司是否对财政补贴存在重大依赖,关注政府补助的可持续性与稳定性。

典型案例 147:埃夫特营业外收入占比较高

报告期内,公司各期计入当期损益的政府补助金额分别为 4121.55 万元、10787.68 万元、17105.58 万元。其中,2017 年和 2018 年,公司其他收益的金额分别为 4745.35 万元和 5536.91 万元,为与企业日常活动相关的政府补助。2016 年至 2018 年公司营业外收入中政府补助金额分别为 4121.55 万元、6042.34 万元和 11568.66 万元。同时，报告期，公司归母净利润分别为-5018.47 万元、-3113.88 万元、612.24 万元，政府补助对公司影响较大。在其他应付款中，2016 年和 2017 年公司借款金额分别为 9000 万元和 1.1 亿元，系芜湖市鸠江区财政局向公司提供的借款，后转为政府补助，此外其他应付款中往来款公司表示主要系国家项目收到的政府补助资金，须支付给协作单位的款项。

【审核问询意见】

请发行人披露：(1)报告期内收到的政府补助资金金额、确认损益的金额、尚未确认损益的金额以及预计确认时间、已确认损失但未收到政府补助的金额及预计获得时间。(2)2017 年度和 2018 年度，公司报告期机器人销售补贴分别为 1486.88 万元和 1204.53 万元。上述机器人销售补贴具体补贴计算规则，发放政府补助单位，并根据相关文件说明该补助是否具有持续性。(3)2018 年确认埃夫特先进机器人研发机器人平台补贴 2295.52，说明该补助的具体内容及要求，发放补助单位，具体用途等。(4)2017 年度和 2018 年度，公司获得企业发展资金补助金额分别为 6000.00 万元和 11368.66 万元。请说明上述企业发展资金对公司具体要求，发放单位、发放规则及频率、具体用途，是否具有持续性，相关政府补助是对已发生的成本费用补偿还是对未来的成本费用的补偿。(5)除上述补助以外，报告期公司获得其他政府补助是否具有可持续性。(6)2016 年及 2017 年其他应付款中借款转移到政府补助的具体过程及确认时点，公司是否附有相关条件及义务。

请发行人说明：(1)报告期内各项政府补助的确认依据，将相关政府补助划分资产相关和收益相关的依据；(2)获得相关政府补助的合规性，是否符合相关产业政策的要求，是否存在收回或被追缴的风险，上市前后公司政府补助发放是否存在重大变化。

【问询回复摘要】

公司补充披露：

发行人所处的工业机器人企业，属于智能制造装备行业，系战略新兴产业，各级政府持续通过设立科技专项、出台产业政策及制定行业标准等多种方式，大力培育智能制造产业。发行人政府补助收入主要为机器人销售及研发补贴、企业发展及产业扶持补助、科研课题经费等,符合相关产业政策的要求,发行人的政府补助被收回或被追缴的风险较小。预期相关产业扶持政策在短期内不会发生重大变化,发行人在上市前后一定期间内获得政府补助不存在重大变化。发行人报告期内各项政府补助确认合理,相关政府补助均计入了正确的会计期间,将相关政府补助划分为与资产相关和与收益相关的依据充分、适当,符合会计准则的相关规定。

(1)2017年度和2018年度,公司机器人销售补贴分别为1486.88万元和1204.53万元,该补贴的发放单位为芜湖市鸠江区财政局。补贴的具体计算原则为:2017年5月31日,芜湖市人民政府办公室发布《关于印发芜湖市机器人及智能装备产业集聚基地发展政策规定等7个文件的通知》(芜政办[2017]24号)规范性文件。其中,关于机器人及智能装备产业集聚基地发展政策的相关政策性规定包括:鼓励企业采购使用本市地产工业机器人。对地产机器人企业,按其六关节机器人年销售收入(不含税)的10%安排应用推广补贴资金。

该规定自2017年度起施行,未规定相关文件的有效期。从目前的文件内容来看,在国家宏观经济发展方向与智能制造的未来发展战略下,政府对实现产业升级的相关智能制造补助具有持续性的特点。

(2)2018年10月9日,公司收到芜湖市鸠江区财政局拨付的2295.52万元政府补助系芜湖市发展和改革委员会(物价局)、芜湖市财政局和芜湖市科学技术局根据《加快建设战略性新兴产业重点研发创新平台、打造长江经济带产业创新中心的实施方案》(办[2017]91号)、《关于财政支持重大公共研发平台建设运营管理办法》(芜政办[2017]50号)精神,按照《关于印发战略性新兴产业重点研发创新平台专项政策申报兑现实施细则(试行)的通知》(芜战新基地办[2018]10号)有关要求,给予公司先进机器人研发和创新平台研发费用补助资金。该补助系芜湖市发展和改革委员会(物价局)、芜湖市财政局和芜湖市科学技术局审核通过公司先进机器人研发和创新平台项目的研发支出投入后的拨款,是对公司的政策支持。

根据《关于下达全市战略性新兴产业重点研发创新平台补助计划的通知》(芜发改创新[2018]512号)的相关要求,上述补助必须用于开展平台建设相关的研发活动,专款专用,不得挪作他用。

（3）由于公司积极响应区政府关于机器人产业发展规划的号召，于2015年搬迁入鸠江区机器人产业园，认真发展机器人智能装备业务，对整个机器人产业园区的带动效应非常明显，所以区政府分阶段给予公司一定的补贴，用于对公司前期发展中成本费用的补偿。2017年12月29日，公司收到芜湖市财政局《关于给予埃夫特智能装备股份有限公司财政补助的通知》（财建〔2017〕1121号）文件，文件说明芜湖市财政局根据市政府相关会议精神，为支持公司发展，给予公司2017年度财政补助6000万元。2018年12月28日，公司收到芜湖市鸠江区财政局《关于给予埃夫特智能装备股份有限公司财政补助的通知》文件，文件说明芜湖市鸠江区财政局根据区政府相关会议精神决定将公司2014年至2015年向芜湖市鸠江区财政局申请的5000万元借款及2016年至2017年向芜湖市鸠江区财政局申请的6000万元借款转为财政补助，公司于收到文件时将其他应付款中相关借款转为政府补助。

2018年12月25日，公司收到芜湖市鸠江区人民政府《鸠江开发区企业财政奖励政策兑现专题会议纪要》（芜湖市鸠江区人民政府专题会议纪要第109号）文件，文件说明要求区财政局从产业发展资金中向公司拨付奖励资金368.66万元支持公司的经营发展，公司于2018年度收到该补助。

上述补助要求用于公司主营业务发展，不具有固定规则及频率，具体用于公司主要业务的日常生产经营，是对已发生的成本费用的补偿。相关通知中未规定公司附有其他条件或义务。

发行人政府补助收入主要为机器人销售及研发补贴、企业发展及产业扶持补助、科研课题经费等，符合相关产业政策的要求，且相关政府补助政策在短期内发生重大变化的可能性较小。发行人所在行业属于政府鼓励发展的行业，发行人是中国工业机器人行业第一梯队企业（引自《中国机器人产业发展报告（2018）》），核心技术处于国内先进水平，在工业机器人制造领域具备创新能力。发行人所处的工业机器人企业，属于智能制造装备行业，系战略新兴产业，各级政府持续通过设立科技专项、出台产业政策及制定行业标准等多种方式，大力培育智能制造产业。基于目前国家对智能制造产业扶持政策仍将持续的情况下，各级政府对行业内企业的产业扶持、政府补助具有延续性、持续性，发行人获得的政府补助具有可持续性。

公司说明：

（1）报告期内各项政府补助的确认依据。报告期内公司各项政府补助主要为支持企业发展资金、研发支出补助、设备采购补贴、创新平台补贴、整机销售补贴等；发行人对照政府补助申请文件列示的内容以及对应政府文件及银行回单等内容，根据《企业会计准则》的规定，将取得的、用于购建或以其他方式形成长期资产的政府补助划分为与资产相关的政府补助，将其他政府补助划分为与收益相关的政府补助。

（2）获得相关政府补助的合规性。报告期内发行人及其控股子公司享受的政府补助具备明确的法律或政策依据、政府批准，且已取得政府部门的批复文件，相关政府补助合法有效。

近年来，各级政府部门先后发布《国家智能制造标准体系建设指南（2018 年版）》《促进新一代人工智能产业发展三年行动计划（2018—2020 年）》《国务院关于深化"互联网＋先进制造业"发展工业互联网的指导意见》《高端智能再制造行动计划（2018—2020 年）》《智能制造发展规划（2016—2020 年）》《中国制造 2025》《安徽省经信委印发支持机器人产业发展若干政策实施细则》（皖经信装备〔2018〕203 号）、《安徽省人民政府关于印发支持机器人产业发展若干政策的通知》（皖政〔2018〕55 号）、《安徽省机器人产业发展规划（2018—2027 年）》《芜湖市人民政府办公室关于印发芜湖市机器人及智能装备产业集聚基地发展政策规定等 7 个文件的通知》（芜政办〔2017〕24 号）等相关政策，给予包括高端装备制造、智能制造、机器人等行业相应产业政策扶持。芜湖市发展和改革委员会于 2019 年 9 月 10 日出具说明函，确认发行人所在行业系政府鼓励发展的行业，因此近年来受到各级政府财政补贴和补助的支持；鉴于国家相关政策近期不会发生重大变化，发行人获得的财政补贴和政府补助具有可持续性，并可持续承接相关科研课题，预计发行人在科创板上市前后所获得的财政补贴和政府补助不存在重大变化。

发行人政府补助收入主要为机器人销售及研发补贴、企业发展及产业扶持补助、科研课题经费等，符合国家各级政府对智能制造、机器人产业的支持政策，发行人的政府补助被收回或被追缴的风险较小；鉴于上述产业扶持政策不发生重大变化，发行人会持续承接相关科研课题并持续获得政府补助支持,预计上市前后发行人在一定期间内获得政府补助不存在重大变化。

【案例评析】

公司报告期内存在大额地方政府补助。根据公司说明,公司作为机器人研发生产企业,获得当地政府在机器人销售及研发补贴、企业发展及产业扶持补助、科研课题经费等多方面支持,相关补助获取合法合规,会计处理规范。根据相关政策,公司预计可以持续获得相关补助。

六、营业外支出

营业外支出是指企业发生的与其日常活动无直接关系的各项损失,主要包括非流动资产处置损失、公益性捐赠支出、盘亏损失、罚款支出、非货币性资产交换损失、债务重组损失等。通常情况下,公司的营业外支出金额和占比较小,存在异常情况的,需要关注公司其他经营活动风险。

> **审核关注要点:**
> (1)公司是否充分披露报告期内大额营业外支出的具体构成、支付原因、支付对象情况;
> (2)关注公司非流动资产处置损失是否涉及关联方利益输送情形;
> (3)关注公司盘亏损失是否符合行业和业务发展情况,相关清查盘点是否真实、准确、完整;
> (4)关注公司罚款支出的具体事项,是否存在重大违法违规情形;
> (5)关注公司对外支付违约金或赔偿款的具体原因,是否涉及产品质量瑕疵或重大违约;
> (6)关注公司赔偿款是否涉及安全生产事故、是否涉及侵权纠纷或重大劳动纠纷等情形。

典型案例148:敏芯微电营业外支出包含产品质量赔偿款

2017年度和2018年度发行人计入营业外支出的赔款支出分别为395892.70元和930108.72元,主要为公司部分产品因在终端应用中的产品质量问题支付的赔偿款,2016年度和2018年度存在零星滞纳金支出。

【审核问询意见】

请发行人补充披露：产品质量问题相关的风险。请发行人说明：（1）上述产品质量问题形成的具体原因、赔偿对象及赔偿金额的计算依据，涉及质量问题的相关产品在报告期内的销售量及销售金额，相关产品是否存在设计缺陷，发行人与相关客户之间是否存在法律纠纷，是否存在应计提而未计提预计负债的情形；（2）相关滞纳金支出形成的时间、具体原因及背景。

【问询回复摘要】

公司补充披露：

公司的下游应用领域以消费电子产品为主，对芯片产品质量的要求一般较高。报告期内，公司发生了少量由于产品质量问题导致的赔偿事件。虽然公司已经建立了严格的质量控制体系，但 MEMS 传感器产品结构较为复杂、运用环境多样，如果公司产品出现缺陷或未能满足客户对质量的要求，公司可能需要承担相应的赔偿责任，并可能对公司的品牌形象和客户关系等造成负面影响，进而对公司业绩造成不利影响。

公司说明：

公司涉及质量问题的相关产品在报告期内的销售量及销售金额的具体情况已申请豁免披露。

公司主要从事 MEMS 传感器产品的研发和销售，由于相关产品基于半导体芯片，其晶圆制造、封装等均通过委外加工实施，存在因外部加工环节导致个别产品有质量问题的风险；公司产品使用时需要与复杂的外界环境进行接触，即便产品在出厂之前，公司已经进行全面的品质管控，但因应用环境、安装及匹配过程等因素也可能导致最终产品的质量问题，产品偶尔出现品质问题也是半导体芯片行业的常态。因此，公司存在因产品质量问题导致赔偿涉及赔偿责任的风险，但相关存在质量问题的产品属于偶发事项，且该等产品同批次、同类别产品不涉及全部存在质量问题的情况，相关产品不涉及产品设计缺陷。

报告期内，公司发生少量由于产品质量问题导致的赔偿事件，由于公司积极采取补救措施、按照要求赔偿损失，故均未造成产品质量纠纷，相关客户在赔偿事件之后也持续与公司合作，公司与相关客户之间不存在法律纠纷。

报告期内,公司发生质量赔偿金额占比较小,不具有规律性,不能合理估计赔偿可能性。此外,同行业可比公司均未就产品质量问题导致的赔偿事项计提质量保证金,公司未计提预计负债具有合理性。

【案例评析】

公司报告期内营业外支出存在大额赔款支出。根据公司说明,相关支出系产品质量赔款。相关存在质量问题的产品属于偶发事项,且该等产品同批次、同类别产品不涉及全部存在质量问题的情况,相关产品不涉及产品设计缺陷,不存在产品质量纠纷。由于产品质量赔偿不具有规律性,不能合理估计赔偿可能性,公司未计提质量保证金和预计负债。

第八节 公司持续经营能力分析

公司的持续经营能力是对公司能否长期持续经营的综合判断,既包括公司外部环境的变化导致的经营业绩下滑,也包括公司因为内部管理或流动性等问题导致公司运行难以为继。

现金流量表解释了公司业务开展过程中提供产品或服务收到的现金、税费返还等经营活动相关现金流入情况,采购原材料、半成品、零配件或者服务支出的现金、支付给职工的薪酬、税费等经营活动现金流出情况;处置对外投资、获得投资收益、处置资产等获取的投资现金流入情况,对外投资、购建固定资产、无形资产所支出的投资现金流出情况;发行股票、债券、银行贷款收到的筹资现金流入情况,偿还债务支付的现金、分配股利、利润或偿付利息支付的筹资活动现金流出情况。经营活动现金流量的充足程度反映出公司日常资金周转的便利程度和持续经营的风险;投资活动的现金流出与企业投资计划的吻合程度反映出公司的真实投资活动;筹资活动的现金流量与经营活动、投资活动现金流量之和的匹配程度反映出公司资金投入及回报的可持续性。

一、偿债能力和流动性

公司的偿债能力和流动性主要是指公司在长期和短期内偿还对外借债的能力和相关的现金准备情况。从长期来看,主要看公司整体资产负债结构是否稳定,是否发生重大业务变更或经营变故导致长期债务偿还能力受到影响;从短期来看,主要看公司一年内是否存在长期债务集中到期或者短期债务挤兑情形,是否存在借短用长、借新还旧等周转问题,是否存在短期重大现金流出等可能导致公司短期内流动性匮乏的重大事项。

> **审核关注要点:**
>
> (1)公司资产负债率是否过高,短期借款资金覆盖率是否充分,公司是否存在资产抵押、控股股东股权质押行权等情况,是否存在还款逾期等违约情形;
>
> (2)关注公司报告期各期经营性现金流入情况、筹资性现金流入情况和投资性现金流出情况,关注公司是否持续获得现金流入;
>
> (3)关注公司最近一年的主要资金来源、贷款利率等是否高企,是否持续获得本地传统金融结构认可;
>
> (4)关注公司所处行业是否受国家产业政策、监管政策限制或国际贸易条件影响存在重大不利变化风险;
>
> (5)关注公司所处行业是否出现周期性衰退、产能过剩、市场容量骤减、增长停滞等情况;
>
> (6)关注公司上游原材料市场是否存在重大变动,是否存在原材料、零部件受限情形;
>
> (7)关注公司是否存在单一大客户依赖,相关销售渠道是否稳定、可持续;
>
> (8)关注公司业务开展是否对政府补助和税收优惠存在重大依赖,相关补助或税收补贴是否存在较大变动、是否可持续;
>
> (9)关注公司是否存在大额诉讼或核心技术、知识产权纠纷等可能导致公司经营出现异常的情形。

典型案例149:视联动力(终止审核)资产负债率较高

报告期内,发行人合并报表口径的资产负债率分别为90.29%、95.64%和64.80%,显著高于苏州科达和华平股份等同行业可比上市公司。

【审核问询意见】

请发行人说明:(1)结合购产销模式,说明发行人资产负债率高于同行业可比上市公司的原因及合理性;(2)结合发行人营运周期、债务融资和贷款到期日期等因素,说明高资产负债率对发行人短期偿债能力和流动性的影响,是否会影响到发行人的可持续经营能力以及出现资金短缺的应对措施。

【问询回复摘要】

公司说明:

(1)资产负债率较高的原因及合理性。发行人与同行业可比上市公司均包含视频通信业务,均具有技术密集、资金密集的特点,且购产销模式较为类似。与同行业可比上市公司不同的是,发行人正处于快速发展期,业务扩张带来的资金需求不断扩大。

报告期各期末,发行人流动资产占总资产的比例分别为95.50%、92.93%、88.99%和88.05%,占比相对高于同行业可比上市公司;其中,货币资金、应收账款及存货是发行人流动资产的主要构成,与同行业可比上市公司流动资产的主要构成基本一致。报告期各期末,发行人流动负债占总负债的比例分别为100.00%、100.00%、96.54%和94.70%,占比较高,与同行业上市公司较为接近。其中,短期借款、应付账款及预收账款是发行人流动负债的主要构成,与同行业可比上市公司基本一致。其中,发行人预收账款的比例相对较高,主要为发行人与客户所签订的合同约定的付款进度收取款项,系发行人正常业务开展所产生。

由于发行人所处行业具有技术密集、资金密集的特点,结合自身购产销模式,发行人的资产结构以流动资产为主,其中应收账款、存货等科目占用流动资金较大。同时,由于近年来发行人处于业务快速扩张阶段,产销规模逐年增长,采购规模持续扩大,对营运资金的需求不断提升。虽然在日常经营活动中,发行人可通过赊购方式向供应商进行采购,延迟付款期限,但考虑发行人对于下游客户也会给予一定的信用期,且从采购生产到完成销售具有一定周期,因此,发行人需要不断通过内部增长和外部融资满足日益增长的营运资金需求。

由于同行业可比上市公司均已通过发行新股募集资金,资本实力得到提升,营运资金相对充足,货币资金占比相对较高。而受制于自身目前的资本实力限制,发行人主要通过日常经营所得、银行借款等方式解决销售规模持续增加带来的营运资金需求,融资渠道较为单一,短期借款占比较高,资产负债率相对高于同行业可比上市公司。

（2）短期偿债能力和流动性情况。报告期内，发行人各期末短期借款的到期时间相对较为分散，发行人可通过日常经营所得及银行借款等方式偿还到期债务，短期偿债压力相对较小。随着发行人业务规模持续增长，营业收入与净利润持续增长，且2016—2018年经营活动产生的现金流量净额持续为正。发行人的盈利能力和盈利质量均保持较高水平，有效保障了发行人的短期偿债能力。

报告期内，公司主要客户资信情况较好，应收账款回款情况正常，发生实际坏账损失的可能性较小。同时，公司应收账款周转率及存货周转率指标相对稳定，资产流动性较好，足以覆盖一年内到期的借款，短期偿债能力较强。

为应对新增资金短缺对正常生产经营造成影响，发行人主要通过以下措施应对资金短缺：①发行人不断完善采购、销售模式，加强供应商和客户管理，开拓优质客户，建立长期战略合作关系，提高预收货款能力；②合理制定债务融资计划，在风险可控的前提下，通过债务融资解决新增资金需求；③随着发行人募投项目的实施，将有助于发行人开拓新的盈利增长点，进一步增强发行人持续盈利能力；④拓宽融资渠道，积极利用资本市场进行股权融资，进一步改善公司的资产负债率和资产负债结构，补充营运资金，提高偿债能力。

【案例评析】

公司报告期内资产负债率高企，存在持续经营能力风险。根据公司说明，公司属于资金密集型企业，报告期内流动负债和流动资产均较高，短期偿债能力较强。公司拟通过上市等方式补充营运资金，提高偿债能力。

二、持续经营能力

持续经营，是指一个会计主体的经营活动将会无限期地延续下去，在可以预见的未来，会计主体不会遭遇清算、解散等变故而不复存在。持续经营的前提，要求企业在进行财务会计核算时，要以企业持续正常的业务经营活动为前提，企业拥有的资产应按预定的目标耗用、出售、转让、折旧等，企业所承担的各种债务也要按原计划如期偿还。有了持续经营的假设才能对资产按历史成本计价，折旧费用的分期提取才能正常进行，否则资产的评估、费用在受益期的分配,负债按期偿还,以及所有者权益和经营成果将无法确认。持续经营是会计确认、计量、报告的前提,界定了会计核算的时间范围。

然而,在市场经济条件下,优胜劣汰是一项竞争原则。每一个企业都存在经营失败的风险,都可能变得无力偿债而被迫宣告破产进行法律上的改组。一旦有证据证明企业将要破产清算,持续经营的基本前提或假设便不再成立,根据公司财务报表进行投资和估值也就无从谈起。

《科创板审核问答(二)》明确了影响发行人持续经营能力的重要情形和中介机构核查要点:

(1)发行人所处行业受国家政策限制或国际贸易条件影响存在重大不利变化风险;

(2)发行人所处行业出现周期性衰退、产能过剩、市场容量骤减、增长停滞等情况;

(3)发行人所处行业准入门槛低、竞争激烈,相比竞争者发行人在技术、资金、规模效应方面等不具有明显优势;

(4)发行人所处行业上下游供求关系发生重大变化,导致原材料采购价格或产品售价出现重大不利变化;

(5)发行人因业务转型的负面影响导致营业收入、毛利率、成本费用及盈利水平出现重大不利变化,且最近一期经营业绩尚未出现明显好转趋势;

(6)发行人重要客户本身发生重大不利变化,进而对发行人业务的稳定性和持续性产生重大不利影响;

(7)发行人由于工艺过时、产品落后、技术更迭、研发失败等原因导致市场占有率持续下降、重要资产或主要生产线出现重大减值风险、主要业务停滞或萎缩;

(8)发行人多项业务数据和财务指标呈现恶化趋势,短期内没有好转迹象;

(9)对发行人业务经营或收入实现有重大影响的商标、专利、专有技术以及特许经营权等重要资产或技术存在重大纠纷或诉讼,已经或者未来将对发行人财务状况或经营成果产生重大影响;

(10)其他明显影响或丧失持续经营能力的情形。

审核关注要点：

（1）公司是否详细分析和评估重大情形的具体表现、影响程度和预期结果，有关情形是否对公司持续经营能力构成重大不利影响；

（2）公司是否充分披露持续经营风险因素。

典型案例150：广大特材短期偿债压力较大

截至2018年末，广大特材的短期借款余额62324.00万元，一年内到期的长期借款4800万元，应付票据及应付账款余额71316.07万元，货币资金32164.45万元，发行人2018年流动比率1.07，虽然大于1，但是其中主要是存货和应收款项等，速动比例0.56，如果短期借款不能获得展期或重新取得，可能会面临较大的资金压力。发行人在问询回复中认为公司现金流状况良好，银行授信较为充分，还款能力强，不存在偿债风险。

【审核问询意见】

请发行人进一步详细说明：（1）在出现偿债风险时可以采取的措施；（2）判断不存在持续经营假设不成立的情形的理由和依据。

【问询回复摘要】

公司说明：

（1）偿债风险应对措施。公司银行借款的到期日分布于全年各月份，正常情况下不会出现集中偿还银行借款的情形，公司应付款项付款信用周期均按合同或协议正常履行。如出现偿债风险时，公司可采取的应对措施如下：

1）以公司自有资金偿还银行借款，报告期期末公司货币资金总额为32164.45万元，可以覆盖银行借款总额的51.61%；

2）以公司期末持有的票据向金融机构贴现，报告期期末公司应收票据账面余额为22559.27万元；

3）公司加大应收账款的催收获取偿债所需资金，报告期期末公司应收账款账面余额为24207.00万元；

4）公司加强存货管理，及时实现销售以获取资金，报告期期末公司库存商品余额为28824.51万元。

公司主要贷款银行为张家港行和华夏银行张家港支行，张家港行就公司及子公司信贷情况出具说明："张家港广大特材股份有限公司及其子公司(以下统称广大特材公司)自在本行开户以来,信贷情况良好,当前无逾期欠息情况,属于本行的优质客户。截至 2018 年 12 月 31 日,本行对广大特材公司的授信敞口总额为 28350 万元。本行愿意与广大特材公司继续进一步加大合作,根据企业需求合理提供流动资金支持,实现银企共同发展。"

华夏银行张家港支行亦出具说明:"张家港广大特材股份有限公司及其子公司(以下统称广大特材公司)自在本行开户以来,信贷情况良好,从未发生过延迟支付贷款本息的现象,属于本行的优质客户。截至 2018 年 12 月 31 日,本行对广大特材公司的授信敞口总额为 18700 万元。本行愿意与广大特材公司继续进一步加大合作,根据企业需求合理提供流动资金支持,实现银企共同发展。"

采取上述措施后,不足部分公司主要股东承诺向公司提供资金支持以缓解公司资金压力。

(2)公司具备持续经营能力。公司依据审计准则的相关要求,主要从财务、经营和其他三个方面,判断公司不存在持续经营假设不成立的情形,具体理由和依据如下:

1)报告期末,公司合并净资产为 91082.78 万元,营运资金为 10215.95 万元,不存在净资产为负或营运资金出现负数的情形。

2)截至 2019 年 4 月 30 日,公司已偿还除议付信用证到期以外的银行借款 37240.00 万元,并取得新贷款 40240.00 万元。公司主要合作银行张家港行和华夏银行张家港支行也已明确表示,在公司需要时提供流动资金支持。此外,张家港市直属公有资产经营有限公司管理的"张家港市企业贷款周转专项资金"可以按照《张家港市企业贷款周转专项资金管理办法》的规定为公司银行续贷资金的短期周转提供资金支持。因此,公司不存在定期借款即将到期但预期不能展期或偿还的情形。报告期末,公司短期借款均用于补充流动资金,不存在过度依赖短期借款为长期资产筹资的情形。

3)公司银行借款与还款,供应商付款信用周期均按合同或协议正常履行,不存在债权人撤销财务支持的迹象。

4)报告期各期,公司经营活动产生的现金流量净额分别为 5214.07 万元、4096.72 万元和 14057.29 万元。公司资产负债率逐年下降,流动比率、速动比率、应收账款周转率总体呈上升趋势,故不存在关键财务比率不佳的情形。

项目	2018.12.31/2018 年度	2017.12.31/2017 年度	2016.12.31/2016 年度
流动比率(倍)	1.07	0.91	0.83
速动比率(倍)	0.56	0.50	0.53
资产负债率(合并)	61.75%	72.13%	80.41%
应收账款周转率(次)	5.59	3.17	2.51
存货周转率(次)	1.84	1.93	1.74
息税折旧摊销前利润(万元)	28989.89	22500.33	16586.21
利息保障倍数(倍)	3.98	3.24	2.06

5)报告期各期,公司均为盈利状态。2016 年度至 2018 年度净利润分别为 4773.52 万元、8641.55 万元和 13355.30 万元。报告期末公司各项资产运行情况良好,未出现资产价值大幅下跌的情形。

6)公司在有限公司阶段未分配过股利,2019 年 3 月公司召开年度股东大会决议通过每 10 股派发现金股利 3.00 元(含税),共计应发放股利3690.00 万元,股利分配将在股东大会决议通过后 2 个月内实施完毕。故公司不存在拖欠和停止发放股利的情形。

7)报告期内,公司不存在到期无法清偿债务的情况。

8)报告期内,公司不存在无法履行借款合同的条款的情形。

9)报告期内,公司不存在由赊购变为货到付款的情形。

10)公司经营现金流良好,期末货币资金较为充足,且公司长年合作的银行也承诺给予公司所需的资金支持。故不存在无法获得开发必要的新产品或进行其他必要的投资所需的资金的情形。

11)运营管理层无计划清算或终止运营的意图。

12)公司管理层人员稳定,且通过股权激励等一系列措施加强了管理人员的凝聚力,不存在关键管理人员离职且无人替代情形。

13)公司与主要客户建立了稳定的合作关系,下游市场不断拓展,主要供应商稳定,不存在失去主要市场、关键客户、特许权、执照或主要供应商的情形。

14)随着公司生产经营规模的扩大,公司员工数量有所上升,且公司人均薪酬合理,不存在用工困难的问题。

15)公司主要原材料废钢和合金市场供应充足,不存在短缺的现象。

16)公司在细分市场及特定客户具有优势和认证壁垒,市场地位稳固。

17)公司不存在违反资本或其他法定监管要求的情形。

18)报告期末,广大特材及其控股子公司未决诉讼共计2件,但均不属于重大诉讼案件,不存在可能导致无法支付索赔金额的情形。

19)公司属于国家重点扶持的战略新兴产业项下的"先进钢铁材料"产业,不存在预期的法律法规或政策变化产生的不利影响。

20)公司对主要资产及灾害事项购买了保险,不存在对发生的灾害未购买保险或保额不足的情形。

综上所述,公司有充分的理由和依据判断不存在持续经营假设不成立的情形。

【案例评析】

公司短期偿债压力较大。根据公司说明,公司目前自有资金能够覆盖大部分借款,且地方银行明确表示对公司融资提供信贷支持,公司短期偿债能力不存在较大风险。公司结合审核问答有关持续经营能力判断要素逐条进行分析,认为公司具有持续经营能力。

三、重大资本性支出与资产业务重组

公司重大资本性支出主要是指公司对外投资股权、房产等支出情况,反映出公司在投资活动方面的重大变化。重大资本性支出和资产重组一方面涉及公司的重要投资活动,关系公司未来业务成长空间,另一方面一旦投资失败或者整合失败,公司也将面临较大的资金压力。除此之外,还有部分企业通过将成本、费用归集到资本支出中以达到虚增利润的目的,通过资本运作"拼盘上市",需要关注相关支出的合理性及其风险。

审核关注要点:

(1)公司重大投资决策的制度和程序执行情况,定价及估值是否合理,是否存在稳健的投资内控措施;

(2)公司进行对外投资股权或者进行重大资产重组的,关注公司相关投资、收购活动是否规范，是否对公司未来业务发展具有显著协同效应，是否存在业务拼盘或上市前资本运作安排；

（3）关注资产重组的定价依据及其公允性，对价的支付情况，是否存在相关业绩承诺、对赌协议及其履行情况，公司重组后业务整合情况，是否显著提高公司的经营业绩，相关商誉是否存在减值情形；

（4）公司投资房地产、金融等领域的，关注相关投资是否与公司业务相关，投资活动是否符合相关政策规定。

典型案例 151：杭可科技报告期初存在资产重组情况

2015 年 5 月 31 日，发行人关联方杭可仪、通用电测、杭可精密、通测通讯、通测微电子、HONRECK（新加坡）将与锂离子电池生产线后处理系统相关的业务全部移交给公司。报告期内，发行人与上述关联方存在代付水电费、租赁汽车、房产等多项关联交易。2017 年初起至报告期末，由于经营活动的调整，杭可仪和发行人存在少量后勤人员及质量检验人员的人员流动等情形。杭可投资除持有发行人 26.78% 股份之外，还持有通测微电子 100% 股权。2018 年发行人净利润 2.86 亿元、通测微电子净利润77.06 万元，杭可投资净利润 964.11 万元（主要为投资收益）。

【审核问询意见】

请发行人说明：(1) 上述资产转让中资产切割的原则、发行人受让的资产与上述企业是否彻底切割清楚、是否存在资产共用、技术共享、人员交叉、渠道混同、客户供应商重叠、平台共用的情况；(2) 相关资产转让是否真实转让剥离，上述情况是否导致发行人主营业务重大变化或者管理混乱、人员动荡等影响持续经营能力的情形；(3) 相关资产未注入发行人体内的原因及合理性，是否存在合规性障碍，停止相关关联租赁的原因，是否已有替代方案；(4) 上述关联交易、人员流动等是否彻底解决，是否存在关联方为发行人垫支成本、费用的情形，是否对发行人独立性存在重大不利影响；(5) 结合前述情况，说明发行人是否对实际控制人及其控制的企业存在依赖；(6)2016 年购买杭可仪、杭可精密和通用电测截至 2016 年12 月 31 日与锂离子电池生产线后处理系统相关的应收票据、应收账款、发出商品的具体构成及金额，截至目前的处理情况，以及后期计划安排；(7) 杭可投资 2018 年净利润与其按照所持发行人股权比例应确认投资收益差额较大的原因及合理性,并结合发行人不收购杭可仪、通用电测、杭可精密等公司股权而仅收购资产、无须承担相关公司负债或亏损的情形,说明是否存在杭可投资代替发行人承担杭可仪、通用电测、杭可精密等公司亏损的情形。

【问询回复摘要】

公司补充说明:

杭可仪、通用电测、杭可精密、通测通讯、通测微电子、HONRECK(新加坡)的基本情况、主营业务演变、产品结构、核心技术及重组前主要财务数据情况。

单位:万元

公司名称	总资产	净资产	营业收入	净利润
杭可仪	3027.65	-4264.30	3376.34	-448.00
通用电测	4054.81	2842.08	515.68	-141.28
杭可精密	2660.15	2452.29	2480.02	637.65
通测通讯	3146.54	558.78	1132.94	376.97
通测微电子	6340.83	1114.19	1794.26	-406.64
HONRECK(新加坡)	435.74	379.64	405.11	28.11

(1)上述重组的背景及原因。为解决同业竞争和关联交易,2015年5月31日,杭可科技与关联方杭可仪、通用电测、杭可精密、通测通讯、通测微电子、HONRECK(新加坡)签署《业务重组框架协议》,被重组方[杭可仪、杭可精密、通测通讯、通用电测、通测微电子、HONRECK(新加坡)]将上述与锂离子电池生产线后处理系统相关的业务全部移交给发行人。

在发行人与关联方于2015年6月进行业务重组前,杭可仪的主营业务包括锂离子电池后处理系统以及与杭可有限不属于同一行业的军用特种电源业务和实验室用老化筛选设备业务,军工涉密业务与锂离子电池后处理系统业务在生产、管理、营销方面差异较大,不适宜并入杭可有限。通用电测、杭可精密、通测通讯、通测微电子在锂离子电池后处理系统生产中主要起辅助作用,其相关的设备和人员均较少,非经营性资金往来及理财投资等资产较多,通过业务重组置入杭可有限更适宜。HONRECK(新加坡)设立的目的是为满足客户海外销售的特殊要求,将发行人的产品通过该公司销售给日本索尼。2015 年以后,该公司已不再为发行人承担中转销售的作用,故发行人无须收购该公司股权。

除通测微电子存在 2016 年 4 月违规排放切削液的行为受到环保行政处罚外,其余关联企业不存在违法违规行为。

(2)资产重组的过程及方式。重组各方均履行了相应决策程序,签署《业务重组框架协议》。重组完成后,自 2016 年 1 月 1 日起,各被重组方不再从事新的与锂离子电池生产线后处理系统相关的业务。其中杭可仪从事的主要业务为军用特种电源和实验室用老化筛选设备的研发、生产与销售;通用电测、杭可精密、HONRECK(新加坡)已无具体业务;通测通讯、通测微电子的业务均为房屋租赁以及代收代付水电费。

1)采购业务调整。自 2015 年 5 月 31 日起,与锂离子电池生产线后处理系统相关的原材料均由杭可科技自行采购,被重组方除继续履行已签订的采购合同外,停止对锂离子电池生产线后处理系统相关原材料的采购,已入库的原材料及已签订合同的采购原材料,在加工后销售完毕。

2)存货转移。①2015 年 6~12 月,被重组方按原有模式进行采购、生产和销售,截至 2015 年 12 月 31 日,被重组方已完成相关订单的生产和初验、发货、安装等,按当时的收入确认方法已完成销售,确认收入并结转成本,与此相对应,被重组方也不保留与锂离子电池生产线后处理系统相关的存货。②2016 年后续存货转移。2016 年,发行人及被重组方的收入确认时点进行了相应调整并以此厘定 2016 年的相关期初数据,由于终验时间较长,导致截至 2016 年末,尚有部分销售合同没有完成终验,未能确认收入,与此相对应,被重组方存在未确认收入的发出商品。由此,发行人与被重组方于 2016 年 12 月 28 日签署了《资产收购协议》,杭可科技以账面价值收购被重组方截至 2016 年 12 月 31 日的全部发出商品(及相应的应收、预收款项),合计 898.60 万元。截至 2017 年 12 月 31 日,杭可科技已将上述收购资产的款项支付给各被重组方。

3)固定资产转移。2015 年 11 月 16 日,杭可科技与杭可仪签署《固定资产转让协议书》,杭可仪将 31 台设备转让给杭可科技,价款以浙江天汇资产评估有限公司出具的《评估报告书》(浙天汇评字[2015]第 67 号)中的评估价值为准,确定为人民币 6006217.61 元。截至 2015 年 12 月 31 日,上述款项已支付完毕。

4)知识产权转移。①2013年,杭可精密及通测微电子向杭可科技转让了12项专利。②2015年6~12月,关联方向杭可科技主要转让了商标1项(商标证号1546169),以及与研发、生产相关的图纸、数据库、工艺说明等资料。③截至2015年12月31日,除10项专利及1项商标尚未转移给杭可科技外,与后处理系统相关的其他知识产权均已转移给杭可科技。

上述未转移的10项专利及1项商标中,4项专利为曹骥独占许可给杭可仪,6项专利为杭可仪所有,1项商标为通测微电子所有。未转让专利及商标主要考虑到当时杭可仪有申请高新技术企业的需要,同时,通测微电子所持有的商标实际基本未使用。2015年12月31日,杭可科技与杭可仪、曹骥签署《专利实施许可协议》、与通测微电子签署《商标许可协议》,约定曹骥和杭可仪同意将前述与后处理系统相关的10项专利无偿许可杭可科技使用,且曹骥及杭可仪自身将不会使用该等专利,也不会授权包括关联方在内的任何第三方使用或开发专利技术,同时,如杭可科技需要,曹骥及杭可仪无条件同意将该等专利无偿转让给杭可科技;通测微电子同意将所持有的商标由杭可科技无偿使用,且通测微电子自身将不再使用该商标,也不会许可包括关联方在内的任何第三方使用该商标,同时,如杭可科技需要,通测微电子无条件同意将该商标无偿转让给杭可科技。

2017年,为进一步避免同业竞争与关联交易,杭可科技向曹骥、杭可仪及通测微电子无偿受让上述专利10项、商标1项(商标证号5456346)。

5)人员转移。自2015年6月开始,双方即按《业务重组框架协议》约定转移员工关系。但2015年未能将所有员工的工资和社保关系转移至杭可科技,主要考虑到劳动合同转移属于跨地区转移,将导致6个月内不能使用医保,部分员工有顾虑,故逐步转移。2015年12月31日,杭可科技与杭可仪、杭可精密、通测通讯、通用电测和通测微电子签署《员工薪酬代付协议》,约定自2016年1月1日起,未转移员工相关的薪酬、社保、住房公积金由杭可科技负担,由杭可仪、杭可精密、通测通讯、通用电测和通测微电子代为支付。截至2016年12月31日,所有员工已全部转移完毕。截至2017年6月30日,杭可科技已将被重组方代付的薪酬支付完毕。

6)营销业务转移。自2015年6月开始,所有锂离子电池生产线后处理系统的合同均由杭可科技签订;自2016年1月1日起,各被重组方不再从事新的锂离子电池生产线后处理系统相关业务。但被重组方仍有部分已签订的锂离子电池生产线后处理系统业务合同未完成后续服务及后续收款,2016 年 12 月 28 日杭可科技与杭可仪、杭可精密和通用电测签署《资产收购协议》,杭可科技购买被重组方截至 2016 年 12 月 31 日与锂离子电池生产线后处理系统相关的应收票据、应收账款、发出商品(及相应的预收款项),合计 898.60 万元。

(3)相关资产收购对发行人生产经营的影响。业务重组完成后,杭可科技在业务规模上有了较大的增长;同时,业务重组相关的人员转移、专利商标转移和固定资产收购等也都使得杭可科技在技术、设备和人员规模方面有了较大的增长。

根据重组各方出具的声明及保荐机构和发行人律师的核查,杭可科技 2015 年重组不存在纠纷或潜在纠纷。

(4)重组后关联方同业竞争、关联交易情况。重组交易完成后,除杭可仪以外的其余公司,实际主业为投资、租赁或暂无业务开展,与公司不存在同业竞争。杭可仪目前主要经营军用特种电源和实验室用老化筛选设备的研发、生产及销售,与公司不存在同业竞争:

1)杭可科技自成立以来,始终致力于各类可充电电池,特别是锂离子电池生产线后处理系统的设计、研发、生产与销售,目前在充放电机、内阻测试仪等后处理系统核心设备的研发、生产方面拥有核心技术和能力,并能提供锂离子电池生产线后处理系统整体解决方案。杭可仪目前主要经营军用特种电源和实验室用老化筛选设备的研发、生产及销售,军用特种电源主要应用于航空航天领域的设备供电,实验室用老化筛选设备主要用于实验室对电子元器件进行老化筛选。

2)截至 2019 年 3 月 31 日,公司已拥有发明专利 13 项、实用新型专利 56 项、2 项注册商标和 9 项软件著作权,线性充放电技术、高温加压充放电技术、恒温充放电技术、锂电池自动装夹技术、电池生产数据集中管理技术等 8 项具有自主知识产权的核心技术。业务重组时,杭可仪已将与锂离子电池生产线后处理系统相关的专利技术转让给杭可科技。

3)公司目前的主要客户为韩国三星、韩国 LG、日本索尼(现为日本村田)、宁德新能源、比亚迪、国轩高科、比克动力、天津力神等国内外知名锂离子电池制造商,公司目前的主要供应商为上海永乾机电等物流线供应商、世健国际贸易等元器件供应商和 LEENO 等探针夹具供应商;杭可仪目前的主要客户为各类军工厂和科研院所；杭可仪目前的主要供应商为半导体元件等供应商。业务重组完成后，杭可仪与杭可科技不再存在客户重叠的情况；业务重组完成后，杭可仪和杭可科技仍有部分通用件供应商存在重叠的情况，但自 2018 年 12 月起，已不再存在供应商重叠的情况。

4）2016 年杭可科技和杭可仪等业务重组方之间存在关联购销、关联租赁、代收代付业务等其他关联交易和关联往来。但由于业务合并，上述关联交易和关联往来属于合并报表范围，已在合并报表内合并抵消。

【案例评析】

公司报告期外存在资产和业务重组情况。根据公司说明，为解决同业竞争和关联交易，2015 年公司与多家关联方进行了资产和业务重组。重组过程中各方均履行了相应决策程序，重组过程合规；重组后，相关采购渠道、资产设备、人员、知识产权、销售客户等均进行了相应转移交付，重组后公司经营活动正常，业务发展较快，目前相关各方已不存在同业竞争或关联交易情形。

第八章　其他审核关注事项

除前述涉及发行人有关主体、合规、业务财务等事项外,招股书中的重要组成部分就是募集资金用途、发行定价估值和投资者保护。

第一节　募集资金用途

尽管部分企业上市融资募投项目存在定制、包装的情形,但大部分企业上市融资仍然具有现实的投资需要,这些投资项目未来能否给企业带来持续的现金回报将决定企业上市后的业绩增长和股票投资收益。公司募集资金的金额大小及其用途实际上反映出公司本次募集资金的有效性及公司未来的成长空间。长期以来,IPO 审核中通过把控募集资金投向来执行国家产业政策,引导社会资金投向国家产业政策鼓励的行业或产品的领域。事实上,这种产业政策发挥了一定的社会经济效果,帮助我国建立了相对全面的产业链条,通过控制募集资金投向房地产、虚拟经济以及金融领域,也有助于资本发挥助力实体经济的功效,防止了社会资金空转或无效投资。

随着注册制的实施,政府监管机构更多的是通过设立负面清单的方式对募集资金的投向进行限制,而非直接指挥企业进行具体产业投资。总体上是符合市场化和政府干预相结合的经济调控方向。随着 IPO 上市的企业数量越来越多,投资者除了谨慎判断公司的风险之外,需要聚焦公司的真正投资价值,而募集资金的投向则能够直接反映出公司在接下来三年到五年的主要发展方向。

> **审核依据:《科创板首发管理办法》**
>
> 第四十条规定:发行人应当披露其募集资金使用管理制度,以及募集资金重点投向科技创新领域的具体安排。

审核关注要点：

(1)公司是否充分披露募集资金投向领域的未来市场发展情况，是否具有技术上、市场上的显著成长空间，是否充分揭示可能存在的投资失败风险；

(2)公司是否充分批露募投项目涉及的资产、人员、募集资金配套安排进展情况，关注相关事项审批、备案进展情况，是否存在可操作性；

(3)公司募集资金投向新领域、新产品的，关注公司是否具有相应的生产和运营能力，相关投资风险是否充分揭示。

典型案例152：柏楚电子募集资金使用情况信息披露

招股书披露，发行人募投项目包括：总线激光切割系统智能化升级项目、超快激光精密微纳加工系统建设项目、设备健康云及MES系统数据平台建设项目、研发中心建设项、市场营销网络强化项目。

【审核问询意见】

请发行人：(1)结合市场现状，包括价格走势、市场竞争情况、市场容量等，以及公司拟实施的市场开拓措施，说明募投项目的盈利前景、技术要求和项目风险，发行人是否具备开展募投项目的核心技术，募投项目涉及的在研技术是否存在研发失败的风险，如有，请作风险提示；(2)募投项目实施完成后新增产能、产量、经营规模是否具有足够的市场消化能力，与市场需求变化是否匹配；(3)募投项目实施完成后发行人是否具备硬件生产能力，主营业务模式是否发生变化；(4)补充说明募集资金运用涉及新取得土地或房产的取得方式及进展情况，募投项目履行审批、核准或备案程序情况。

【问询回复摘要】

公司说明：

(1)总线激光切割系统项目的盈利前景、技术要求和项目风险。

1)市场情况。总线激光切割系统是将运动控制器、计算机、调高器进行集成，以网线连接外设并通过实时以太网协议与其他外设通讯。相比于非总线式的切割控制系统，总线控制系统具有更高的实时性和稳定性。本项目拟在目前公司业务的技术上，根据公司现有装配规模及激光切割控制系统市场需求情况，对总线激光切割系统(其中包括平面高功率激光切割系统及相关配套智能传感器控制系统、三维管材激光切割系统及相关配套智能卡盘控制系统)进行升级与扩产。

控制系统的实现形式包括板卡和总线两种形式。其中,总线系统开发难度大、应用领域广,总体成本较高,而中低功率的激光加工设备制造商对控制系统的性能要求相对不高,对价格的接受程度相对高功率设备也相对较低,因此,中低功率激光设备制造商以选择板卡形式的控制系统为主。而在高功率领域,激光切割设备制造商对切割性能的要求相对较高,对控制系统价格的接受程度也相对较高,因此总线形式的控制系统主要在高功率领域应用。

根据《激光行业研究报告》,随着激光切割技术的进一步发展及下游客户对切割要求的逐步提高,高功率总线系统未来的市场需求将逐步释放,在2022年预计将实现2万套的销售;在价格方面,高功率激光切割总线系统的售价将随着相关技术的成熟和竞争程度的加剧而呈现小幅下降趋势,但售价仍高于中低功率控制系统。总体来看,高功率激光切割总线控制系统未来的市场规模将随着需求的释放而呈现较大幅度的增长,预计到2022年,市场规模将达到近10亿元。随着高功率市场未来逐渐被国产化所替代,预计未来的市场空间相比研究报告中的数据将略小。

2)公司拟实施的市场开拓措施。

①向现有客户推荐。总线产品经过多年的发展,发行人已成为中低功率激光切割控制系统的市场龙头,并积累了良好的口碑。目前,发行人高功率总线产品的对外销售也多是向现有客户实现销售,如公司的主要客户宏石激光、庆源激光和嘉泰激光此前在3年前并未涉足高功率激光切割设备,自2016年左右起才开始开拓该领域业务,并于2018年采购了公司生产的高功率控制系统,使用效果良好;公司部分其他客户目前也有涉足高功率领域的意向,并与公司就采购高功率控制系统产品进行积极接洽。未来,发行人将在继续做好中低功率市场,夯实柏楚电子在中低功率激光切割控制系统领域的市场龙头地位,获得客户对柏楚品牌的充分认可,从而进一步提高客户粘性。在此基础上,根据客户的需求加强高功率产品向现有客户的宣传和推荐,从而进一步提升高功率产品的市场销量和份额。

②加大营销力度,拓展用户群体本次募投项目市场营销网络强化项

目,拟对现有的武汉、深圳两个区域事业部进行强化升级,同时增设济南(原有办公场所装修)、无锡、温州、广州、北京及福建6个区域事业部,并在上海新建营销总部及展厅。完善的营销网络是应对激光切割行业竞争的关键,通过建立完善的营销网络,可以扩大市场辐射范围,增强企业销售能力,从而实现总线产品市场的拓展。

3)盈利前景。未来随着技术的逐步成熟及市场应用的推广,高功率激光切割总线控制系统的市场需求保持较好的增长态势。同时,相比中低功率激光切割控制系统行业,高功率激光切割总线控制系统的国产化率仍较低,目前约90%市场份额由国际知名厂商占据,未来进口替代空间较大。公司深耕于激光切割控制系统行业,已经掌握了开发总线产品的各项技术,并已通过中低功率激光切割控制产品的销售,积累了大量的客户资源。作为本土公司,公司对国内客户需求的理解和客户服务,相比国外厂商具有竞争优势。因此,公司进入高功率激光切割总线控制系统市场有较高的成功率,该募投项目具有良好的盈利前景。

4)技术要求和项目风险。总线控制系统在高稳定性和低时延、轴和I/O的拓展性、运动控制策略、对随动轴联动控制要求等方面存在较高的技术要求,发行人现有的技术储备已基本满足上述技术要求。同时,为进一步增加高功率总线产品的技术储备,提高发行人开拓高功率总线控制系统市场的成功率,在现有技术的基础上,发行人正在进行"平面总线切割系统"项目、"智能传感器控制系统"项目、"智能卡盘控制系统"项目和"三维总线切管系统"项目四项在研项目。考虑到高功率总线系统涉及的技术领域较广,技术难度较高,知识更新迭代较快,如发行人未来不能准确地把握技术发展趋势,或者未能及时进行新技术的学习和运用,将有可能面临相关在研项目失败进而导致开拓高功率总线控制系统市场受阻的风险。发行人已在"第四节风险因素"之"七、募集资金投资项目风险"中补充提示该风险。

……

(2)总线激光切割系统项目市场需求变化匹配情况。总线激光切割系统智能化升级项目的建设期为3年,预计2022年项目建成,项目建成后产能逐渐释放并达产。项目达产后高功率平面激光切割系统的产能为1.0万套/年(智能传感器控制系统产能为5000套/年,该系统为平面激光切割系统的配套销售产品,用户可自行选择是否购买);高功率三维管材激光切割系统的产能为 3000 套/年(智能卡盘控制系统产能为 1000 套/年,该系统为三维管材激光切割系统的配套销售产品,用户可自行选择是否购买)。因此,项目建成后,合计产能为 1.3 万套/年。

随着激光切割技术的进一步发展及下游客户对切割要求的逐步提高,高功率总线系统未来的市场需求将逐步释放,在 2022 年预计将实现 2 万套的市场需求,市场规模将达到近 10 亿元。基于在中低功率激光切割市场积累的技术实力和良好口碑,公司已具备生产高功率总线激光切割控制系统所必需的技术和客户基础。公司目前已推出的高功率控制系统试用产品获得了良好的市场反馈,且已实现高功率激光控制系统的对外销售,销售情况逐年呈现较大幅度增长。因此,预计该募投项目实施完成后新增产能、产量、经营规模具有足够的市场消化能力,与市场需求变化相匹配。

……

(3)募投项目实施完成后主营业务变化情况。本次募投项目不涉及硬件生产,项目建设完成后,公司仍将以激光切割控制系统为主营业务,部分非核心的硬件加工业务预计仍将采用外协模式,主营业务模式不发生变化。

(4)募投项目用地审批情况。为建设募投项目,2019 年 1 月 30 日,公司与上海市闵行区规划和土地管理局签署《上海市国有建设用地使用权出让合同(研发总部产业项目类)》,宗地编号为 201812476879463233,合同编号为沪闵规土(2019)出让合同第 1 号,受让价格为 8913.00 万元。发行人已于 2019 年 4 月 30 日取得《不动产权证书》[沪(2019)闵字不动产权第 020564 号]。本次募集资金建设项目已履行相关备案及环评流程。

【案例评析】

公司从事激光切割控制系统生产制造,本次募集资金拟投向总线激光切割系统等项目。根据公司说明,募投项目具有一定的市场需求和技术先进性,公司目前具备相关技术基础,募投项目具有可操作性。募投项目实施后,公司主营业务未发生变化,相关盈利前景良好,公司已经取得了募投项目有关土地和建设初期文件,该项目预计 2022 年投产。

第二节　估值与定价

公开发行股票融资是企业上市的最主要目的,而融资的多少取决于公司愿意新增多少数量的股票以及每只股票的发行价格。因此,对企业进行合理的估值和定价至关重要。长期以来,企业公开发行股票无论是采用定价发行、询价发行还是竞价发行,都受到隐形的 23 倍市盈率的约束,企业估值和发行定价机制基本失灵,IPO 打新成为稳定的套利机制。

股票发行注册制改革以后,对企业估值和定价的权力重新交回市场,由发行人和投资者自主进行博弈。当然,在改革试点初期,我们也观察到畸高的发行市盈率和上市后的疯涨现象,也看到精选层挂牌首日即破发的先例。但是,随着注册制改革的深化,扭曲的市场定价机制很快就将恢复正常,市场最终将在博弈中选出最合理的定价方式。

《科创板审核问答》第八之问答要求:发行人在提交发行上市申请时,应当明确所选择的具体上市标准,保荐机构应当对发行人的市值进行预先评估,并在《关于发行人预计市值的分析报告》中充分说明发行人市值评估的依据、方法、结果以及是否满足所选择上市标准中的市值指标的结论性意见等。保荐机构应当根据发行人特点、市场数据的可获得性及评估方法的可靠性等,谨慎、合理地选用评估方法,结合发行人报告期外部股权融资情况、可比公司在境内外市场的估值情况等进行综合判断。目前,资本市场主流的估值和定价方式,主要包括资产法、市场法和收益法。

(1)资产法是假设一个谨慎的投资者不会支付超过与目标公司同样效用的资产的收购成本,也就是公司最终清算时资产的价值,通常情况下资产法用于重资产企业的估值,比如石油石化、矿山、房产等企业。但是,资产法估值往往得不到企业所有者的认同,一些无形资产和管理上的效应没能得到真实的反映,所以在市场博弈中应用比较少见。

(2)市场法又包括可比公司法和可比交易法。可比公司法主要是挑选出与同行业可比的上市公司股价和财务数据为依据,计算出相应的财务比率,然后估算公司的价值,比如市盈率法(P/E,价格/利润)、市销率法(P/S,价格/销售额)等。对于盈利企业来说,市盈率法使用较广,其计算公式为:公司价值=预测市盈率×公司未来 12 个月利润。预测市盈率是历史市盈率的一定比例的折扣,同时与上市公司相比也需要参考规模、市场、产品竞争力等进行打折,因此也就需要进行详细的分析和说明预测市盈率和预测利润的可靠性和合理性。对于尚未盈利但是有销售收入的企业来说,则主要通过市销率法进行估值。

可比交易法则主要是挑选与公司同行业、在估值前一段合适时期被投资、并购的公司,基于融资或并购交易的定价依据作为参考,从中获取有用的财务或非财务数据,求出一些相应的融资价格乘数,据此对公司进行估值。可比交易法不对市场价值进行分析,而只是参考同行业公司融资并购价格的平均溢价水平,再用这个溢价水平计算出公司的价值。无论是可比公司法或者可比交易法,其核心是选择恰当的可比公司,只有当两家企业面临相同的风险、能在未来产生相同的现金流量时,他们才真正具有可比性。现实中需要结合公司与可比公司的主要差异对预测比率进行调整适应,方才具有一定的可操作性。

(3)收益法又称现金流折现法。通过预测公司未来自由现金流、资本成本,对公司未来自由现金流进行贴现,公司价值即为未来现金流的现值。自由现金流,是企业通过经营活动获取的现金,减去为了维持生意运转必须进行的资本投入,余下的那部分现金。折现则是估计未来现金流的现时价值,将未来所有年份现金流的折现值加总,便是该企业的价值。实际运用中,通常会逐笔计算出一段时间的自由现金流,然后对其后的部分,估算一个永续价值。将这段时间的现金流和其后的永续价值,逐笔折现、加总,得出企业的价值。但是,预测未来无限期的自由现金流,几乎是不可能完成的任务,而且折现率的微小变动,会使结果呈现巨大差异,只有一些收入相当稳定,未来变化不大的行业,如能源、电力、交通运输等公用事业部门,采用收益法定价则相对较为科学。

审核关注要点:

(1)公司估值方法、依据是否充分,论证过程是否合理,报告期内存在多次估值情形的,相关差异是否合理、有据;

(2)公司采用市场法进行估值的,关注公司选择的可比公司在具体行业、区域、业务、产品或服务类别、可替代性、核心资源或竞争力比较等多个方面与公司是否具有可比性,公司是否合理地进行了相关比率的调整;

（3）公司采用收益法进行估值的，关注公司是否通过出售商品或服务持续获得现金流入，未来营业收入或利润的预测是否具有框架合同或在手订单的有力支持。

典型案例 153：禾信仪器发行后市值估计

发行人报告期内各期的营业收入分别为 9170.71 万元、10256.72 万元、13486.90 万元和 3987.57 万元，扣除非经常性损益后归属于母公司股东的净利润分别为 21.72 万元、−292.02 万元、1307.30 万元和 −2562.22 万元。根据问询问题回复，公司预计市值对应的市盈率相较行业平均市盈率溢价幅度为 43.84%。公司满足 10 亿元市值所对应的静态市盈率为 76.49 倍，相较行业平均市盈率溢价幅度为 30.98%。在 25 家首批科创板上市公司中，22 家公司的估值较行业平均市盈率存在溢价，15 家公司市盈率溢价幅度超过 30%，12 家公司市盈率溢价幅度超过 50%，4 家公司市盈率溢价幅度超过 100%，2 家公司市盈率溢价幅度超过 150%。

【审核问询意见】

请发行人对以下事项进行回复：（1）以"科创板市盈率普遍存在溢价来说明公司预计市值可达 10 亿"的论证过程是否符合逻辑，请进一步分析在市盈率（PE）估值法下得出发行人市值为 11.01 亿元（对应市盈率 84 倍）的依据及合理性，详细说明在手订单的具体情况以及对发行人收入、利润的影响；（2）说明本次发行预计市值和发行人最近一次股权变动 2017 年 11 月股权转让估值差异较大的原因及合理性。

【问询回复摘要】

公司说明：

（1）关于估值逻辑合理性。首轮问询回复中，发行人以"科创板上市公司发行市盈率普遍较行业市盈率存在一定溢价"作为论据之一论述发行人预计市盈率主要是考虑到如下因素：

科创板首批上市的 25 家公司研发投入力度均超过 A 股可比公司，2018 年研发投入金额在营收中平均占比 11.3%，高于所有对标 A 股上市公司的研发投入占比均值 9.3%，基于科创板已上市公司的高研发投入及科创属性，科创板上市公司发行市盈率普遍较行业市盈率存在一定溢价；A 股仪器仪表行业（申万Ⅲ级）上市公司 2018 年研发投入占营业收入的比重平均为 7.97%,而发行人 2018 年研发投入占营业收入的比重则为 22.16%,明显高于 A 股仪器仪表行业(申万Ⅲ级)上市公司,发行人具有较为明显的高研发投入及科创属性。基于前述考虑,发行人将"科创板上市公司发行市盈率普遍较行业市盈率存在一定溢价"作为论据对发行人预计市值的合理性进行了分析。

此外,发行人还结合了报告期内的盈利增长情况、科创属性、在手订单及未来增长情况、行业未来发展情况等对发行人预计市值的合理性进行了综合分析,采用"科创板上市公司发行市盈率普遍较行业市盈率存在一定溢价"作为论据之一是在前述综合分析的逻辑框架下进行的,不是孤立的作为单一论据来进行论述,论证过程具有逻辑性及合理性。

(2)关于估值依据情况。根据天职国际出具的天职业字[2019]38465号《2019 年度盈利预测审核报告》,发行人 2019 年营业收入为 22247.85万元,净利润为 4657.39 万元,扣非后净利润为 2355.95 万元,对应 11.01亿元估值的市盈率为 54.50 倍(扣非),发行人能够适用较高市盈率的依据如下:

1)发行人是国内少数持续专注于高端质谱仪研发、生产和销售的企业之一。质谱仪作为高端科学分析仪器,可以直接测量物质的基本化学属性,属于关键共性高端测量装备,在物理学、化学、材料科学、核科学、环境科学、生命科学乃至地球和天体科学的发展方面具有非常强的推动作用,在医疗健康、食品安全、环境监测、工业分析等领域拥有广阔的市场前景。但目前我国质谱仪市场超过 80% 的市场份额被国外行业巨头所占据,国产化率极低,且在 A 股市场尚无以质谱仪研发、生产和销售为主营业务的上市公司;

2)发行人多次参与国家重大科学仪器设备开发专项、国家高技术研究发展(863)计划、国家重点研发计划、中科院战略性先导科技专项等国家重大科技攻关项目,助力国家攻克质谱仪在环境监测、医疗健康、食品安全、工业分析、国防航天等领域的关键核心技术,具有非常明显的科创属性。报告期内,发行人研发投入总额合计 11770.37 万元,占营业收入比重为 31.90%。发行人 2018 年研发投入占比为 22.16%,远远高于仪器仪表行业上市公司 2018 年平均 7.94% 的研发投入占比水平;

3)由于发行人多年来持续承担国家科学仪器类重大科技攻关项目,

发行人持续获得大量来自科技主管部门的科研项目经费,从而导致发行人科技攻关类政府补助持续处于较高水平(报告期内科研项目经费类政府补助占发行人政府补助的比重分别为 84.22%、65.62%、67.31%、85.20%,为报告期内第一大政府补助来源)。长期来看,承担国家科技攻关项目可以为发行人的技术积累、突破国外行业巨头的技术和市场垄断提供良好的资金和政策支持。短期来看,因该类政府补助与发行人产量和销量不具有明显的直接关联性,发行人将其计入非经常损益,但发行人将该类科研项目经费用于科技攻关研发时,相关费用则计入期间费用,从而导致发行人以同行业市盈率进行估值分析时市盈率偏高;

4)发行人在经历 6 年研发积累、3 年产品工程化、3 年市场初步开拓、3 年"技术路径+产品应用"持续拓展后,相比境内外成熟期公司而言,发行人目前正处于成长期阶段,收入和净利润的增速显著高于同行业上市公司。发行人 2018 年、2019 年营业收入、净利润规模相对较小,但营业收入增长率均高于平均增长率,显示发行人目前正处于成长期阶段,发行人在采用市盈率估值方法进行市值分析时,相对行业平均市盈率会存在一定溢价。

目前,发行人在手且截至 2019 年 6 月末尚未确认收入的合同及中标金额为 31466.02 万元(不含税),根据天职国际出具的天职业字〔2019〕38465 号《2019 年度盈利预测审核报告》,发行人 2019 年经营业绩主要由发行人在手订单转化而来,在手订单对发行人经营业绩提供了良好的支撑。除预计转化为 2019 年业绩的在手订单外,发行人预计在 2020 年及以后年度确认收入的在手订单金额约为 13929.76 万元,发行人在手订单为发行人 2019 年及后续年度的业绩增长和盈利能力改善提供了有力支撑。

(3)关于近期估值差异情况。2017 年 11 月,以股权转让价格计算,发行人当时估值为 3.91 亿元,本次发行预计市值则超过 10 亿元,两次估值差异较大。主要原因及合理性分析如下:

针对 2017 年 11 月的股权转让,因发行人 2016 年营业收入尚未超过 1 亿元,2017 年上半年收入较少,发行人当时的盈利能力较差,无法采用市盈率法对发行人进行估值,转让方、受让方结合发行人现实业绩及盈利情况、技术优势及未来发展前景等因素综合确定股权转让价格,双方对股权转让价格及对应的估值 3.91 亿元表示认同。

在进行本次发行预计市值分析时,发行人销售收入和盈利能力较2017年有较大提升,采用市盈率法对发行人预计市值进行分析已经具备相应基础。本次发行结合发行人的科技创新属性、在手订单及未来增长、行业未来发展等情况进行综合分析,得出发行人本次发行预计市值超过10亿元的结论。

【案例评析】

公司预计市值对应的市盈率相较行业平均市盈率溢价幅度为43.84%。公司满足10亿元市值所对应的静态市盈率为76.49倍,相较行业平均市盈率溢价幅度为30.98%。公司估值逻辑中使用了"科创板上市公司发行市盈率普遍较行业市盈率存在一定溢价"作为论证依据,且报告期内两次估值存在较大差异。根据公司说明,公司在技术先进性等方面与同行业公司相比具有一定领先地位,且目前具有合同和订单支持未来现金流入,相关估值具有一定合理性;公司采用科创板公司发行市盈率作为参考仅作为论证的一部分(尽管缺乏科学性);2017年11月股份转让时估值与本次发行预计市值存在较大差异,主要是由于发行人处在成长期,在两个时点发行人经营情况、盈利能力和市场情况存在较大差异,进而导致两次估值采用的估值方法不一致,发行人两次估值差异较大具有合理性。

第三节　投资者保护

《招股书准则》第十节专门规定了投资者保护相关信息披露要求,要求企业就投资者在参与企业发行股票投资后关切的事项进行统一说明。主要内容包括:

(1)发行后信息披露制度和流程、投资者沟通渠道管理相关内容;

(2)发行后的股利分配政策和决策程序;

(3)本次发行完成前滚存利润的分配安排和已履行的决策程序;

(4)股东投票机制的建立情况,包括采取累积投票制选举公司董事,中小投资者单独计票机制,法定事项采取网络投票方式召开股东大会进行审议表决、征集投票权的相关安排等;

(5)发行人存在特别表决权股份、协议控制架构或类似特殊安排,尚

未盈利或存在累计未弥补亏损的,相应落实保护投资者合法权益规定的各项措施;

(6)发行人,股东,实际控制人,发行人的董事、监事、高级管理人员、核心技术人员,以及保荐人及证券服务机构等作出的重要承诺、未能履行承诺的约束措施以及已触发履行条件的承诺事项的履行情况等。

审核关注要点:

(1)公司是否充分披露有关投资者保护相关的信息披露安排、投资者沟通管理方案、股利分配政策、股东投票机制等信息,相关内容是否符合监管规定,具体制度、措施、安排是否切实可行,具有可操作性;

(2)公司存在差异化表决权、尚未盈利等特殊情形的,是否按照监管规定、审核问答要求进行说明和披露;

(3)公司及相关主体作出的有关承诺事项是否准确披露,是否具有现实意义和可操作性。

典型案例 154:艾迪药业报告期尚未盈利

2016—2018 年及 2019 年 1~6 月,公司归属于母公司普通股股东的扣除非经常性损益后的净利润分别为 2363.82 万元、-4299.45 万元、-386.16万元及1067.13 万元。

【审核问询意见】

请发行人按照《科创板审核问答》第二之问答的要求专设小节补充披露发行人尚未盈利的原因分析、影响分析、趋势分析、风险因素、投资者保护措施及承诺。

【问询回复摘要】

公司补充披露:

(1)公司最近一年尚未盈利的原因及影响。发行人是一家创新型制药公司,创新药物研发需要大量研发支出。2016 年度、2017 年度、2018 年度和 2019 年 1~6 月,公司归属于母公司股东的净利润分别为 1423.69 万元、-3798.65 万元、861.79 万元和1600.50 万元,公司归属于母公司普通股股东的扣除非经常性损益后的净利润分别为 2363.82 万元、-4299.45 万元、-386.16 万元和 1067.13 万元。截至 2019 年 6 月 30 日,公司累计未分配利润为 621.19 万元。报告期内发行人盈利水平较弱,主要系公司持续推进创新药物研发,相关研发费用支出较大所致。

公司主要在研产品尚未进入商业化阶段,目前尚未上市销售。除人源蛋白业务、药品销售业务和 HIV 诊断设备及试剂等存量业务带来部分现金流以外,其他主要依靠银行贷款和私募股权融资补充现金流,公司现金流较为紧张,导致公司研发项目难以大规模同时开展,对公司业务拓展、产品开发、研发投入、人才稳定、市场维护等存在不利影响。

(2)公司未来实现盈利的发展趋势。公司将继续发挥人源蛋白在线吸附技术和资源网络优势,完善印度等海外合作平台建设,巩固行业领先地位;同时延伸产业链,探索开发终端制剂品种,打造原料制剂一体化新优势,为公司创新药物研制稳定贡献现金流。2019 年 1~6 月,公司即已实现营业收入 16280.88 万元,归属于母公司股东的净利润为 1600.50 万元,归属于母公司普通股股东的扣除非经常性损益后的净利润为 1067.13 万元,累计未分配利润已经为正,呈现良好发展态势,初步判断 2019 年全年能够实现盈利。

另外,公司目前研发管线中,核心产品 ACC007 居于优先地位、临床试验进展迅速。2016 年 8 月,ACC007 提交新药临床试验申请,当年 12 月即被国家药品审评中心列入优先审评品种,2017 年 12 月又被列入国家十三五"重大新药创制"科技重大专项,目前处于Ⅲ期临床试验阶段;预计 2020 年上半年完成Ⅲ期 48 周试验,有望 2020 年底前获批上市。公司将抢抓国家创新驱动历史机遇、牢牢把握政策红利,同步做好制剂生产线验证工作;同时继续以经销美国雅培公司 HIV 诊断设备及试剂业务产品为抓手、预先构建国内 HIV 诊疗领域营销网络,为 ACC007 前瞻布局销售渠道,力争上市后 1~2 年内实现销售上量。

上述前瞻性趋势信息是建立在推测性假设基础上的预测,具有重大不确定性,投资者进行投资决策时应谨慎使用。

(3)公司投资风险因素。公司在研管线核心品种 ACC007 正在进行Ⅲ期临床,预计将于 2020 年 3 月完成相关试验,如果最终揭盲试验结果未达预期,将导致药物审批上市周期延长或研发失败,或者上市后新药市场认可程度及商业化结果未及预期,则公司未盈利状态将持续存续或累计未弥补亏损可能变为负数进而无法实施利润分配,可能会对公司资金状况、业务拓展、人才引进、团队稳定、研发投入等方面产生重大不利影响,甚至触发《科创板上市规则》规定的退市条件。根据《科创板上市公司持续监管办法（试行）》规定，公司触及终止上市标准的，股票直接终止上市，不再适用暂停上市、恢复上市、重新上市程序。

（4）投资者保护措施及承诺。公司控股股东广州维美、实际控制人傅和亮、Jindi Wu 及其一致行动人傅和祥、亚东昇、实际控制人 Jindi Wu 控制的其他持股主体香港维美、AEGLETECH 承诺："如公司上市时未盈利，在公司实现盈利前，本人／本公司自公司股票上市之日起 3 个完整会计年度内，不得减持首发前股份；自公司股票上市之日起第 4 个会计年度和第 5 个会计年度内，每年减持的首发前股份不得超过公司股份总数的 2%；若法律、法规或监管部门、证券交易所规定或要求股份锁定期长于本承诺的，则股份锁定期自动按该等规定或要求执行。"

公司其他直接或间接持有公司股份的董事、监事、高级管理人员以及核心技术人员承诺："如公司上市时未盈利，在公司实现盈利前，本人自公司股票上市之日起 3 个完整会计年度内，不得减持首发前股份；在前述期间内离职的，应当继续履行本条承诺。"

【案例评析】

公司申请上市时尚未盈利，公司未完全按照审核问答要求履行投资者保护相关信息披露。对此，公司补充披露了尚未盈利的原因、未来实现盈利的条件和发展趋势、相关投资风险，公司实际控制人等就保护投资者作出的相关承诺等。

参考资料

1. 国家体改委等:《关于股份制企业试点工作座谈会情况的报告》,《国务院批转国家体改委、国务院生产办关于股份制企业试点工作座谈会情况报告的通知》(国发[1992]23号),1992年。

2. 中共中央:《中共中央关于全面深化改革若干重大问题的决定》,2013年11月。

3. [美]玛丽·奥沙利文著:《公司治理百年:美国和德国公司治理演变》,黄一义、谭晓青、冀书鹏译,人民邮电出版社2007年版。

4. 卞耀武主编:《中华人民共和国证券法释义》,法律出版社1999年版。

5. [美]阿道夫·A.伯利、加德纳·C.米恩斯著:《现代公司与私有财产》,甘华鸣、罗锐韧、蔡如海译,商务印书馆2005年版。

6. 陈邑早、王圣媛:《论中国式注册制信息披露革新:理念、实践与建议》,载《当代经济管理》2019年第12期。

7. 崔迎科:《基于企业行为视角的我国股票上市制度变迁效率研究——基于86家农业上市公司面板数据》,载《财会通讯》2015年第15期。

8. [美]约翰·M.戴顿著:《股票市场运作(第二版)》,叶翔、万方、吕宇译,清华大学出版社1998年版。

9. 德意志证券交易所培训资料,参见德意志证券交易所集团(Deutsche Börse AG)官网,https://www.deutsche-boerse.com/dbg-en/products-services/ps-pre-ipo-listing,2021年12月25日访问。

10. 费孝通著:《江村经济》,商务印书馆2001年版。

11. [美]埃里克·弗鲁博顿、[德]鲁道夫·芮切特著:《新制度经济学——一个交易费用分析范式》,姜建强、罗长远译,上海人民出版社2006年版。

12. 苟文均:《资本市场改革发展中的几个重大问题》,载《中国金融》2020年第5期。

13. 何小锋、韩广智著:《资本市场理论与运作》,中国发展出版社2006年版。

14. 胡俊:《我国证券发行审核制度刍论》,载《湖南商学院学报》2014年第6期。

15. 胡婷著:《证券市场交易机制的市场影响研究:基于市场微观结构和交易制度变迁的视角》,人民出版社2019年版。

16. [美]约翰·华生著:《行为心理学——一个伟大心理学家的思想精华》,刘霞译,现代出版社2016年版。

17. 剧锦文:《公司治理理论的比较分析——兼析三个公司治理理论的异同》,载《宏观经济研究》2008年第6期。

18. [英]约翰·梅纳德·凯恩斯著:《就业、利息和货币通论》,高鸿业译,商务印书馆1999年版。

19. [美]约翰·R. 康芒斯著:《资本主义的法律基础》,寿勉成译,商务印书馆2003年版。

20. [美]罗纳德·H. 科斯著:《企业、市场与法律》,盛洪、陈郁译校,格致出版社、上海三联书店、上海人民出版社2014年版。

21. [美]科斯、诺思、威廉姆森等著:《制度、契约与组织——从新制度经济学角度的透视》,刘刚、冯健、杨其静、古琴等译,经济科学出版社2003年版。

22. [奥]卡瑞恩·克诺尔·塞蒂娜、[英]亚力克斯·普瑞达主编:《牛津金融社会学手册》,艾云、罗龙秋、向静林译,社会科学文献出版社2019年版。

23. 冷静:《科创板注册制下交易所发行上市审核权能的变革》,载《财经法学》2019年第4期。

24. 冷静:《注册制下发行审核监管的分权重整》,载《法学评论》2016年第1期。

25. 李稻葵、[德]罗兰·贝格编著:《中国经济的未来之路:德国模式的中国借鉴》,中国友谊出版公司2015年版。

26. [英]大卫·李嘉图著:《政治经济学及赋税原理》,周洁译,华夏出版社2013年版。

27. 李录著:《文明、现代化、价值投资与中国》,中信出版集团2020

年版。

28. 李有星、潘政：《科创板发行上市审核制度变革的法律逻辑》，载《财经法学》2019 年第 4 期。

29. 林毅夫著：《解读中国经济》，北京大学出版社 2012 年版。

30. 陆国庆：《我国股票上市制度变迁的绩效分析》，载《财经科学》2004 年第 1 期。

31. 马一弘主编：《论语》，湖南大学出版社 2013 年版。

32. 陈昕、[美] 斯蒂文·G. 米德玛编：《科斯经济学：法与经济学和新制度经济学》，罗君丽、李井奎、茹玉骢译，格致出版社、上海三联书店、上海人民出版社 2018 年版。

33. 彭文生著：《渐行渐远的红利：寻找中国新平衡》，社会科学文献出版社 2013 年版。

34. 钱穆著：《中国历代政治得失》，生活·读书·新知三联书店 2001 年版。

35. 强力、王志诚著：《中国金融法》，中国政法大学出版社 2010 年版。

36. 全国人大证券法修改起草工作小组：《〈中华人民共和国证券法〉释义》，中国金融出版社 1999 年版。

37. 沈春晖著：《A 股 IPO 漫谈：上市板块的选择》，载微信公众号"春晖投行在线"2020 年 11 月 28 日。

38. [美]乔治·J. 施蒂格勒著：《产业组织和政府管制》，潘振民译，上海三联书店 1996 年版。

39. [英] 亚当·斯密著：《国富论(上)》，贾拥民译，中国人民大学出版社 2016 年版。

40. 苏东水主编：《产业经济学(第三版)》，高等教育出版社 2010 年版。

41. [美]苏世民著：《苏世民：我的经验与教训》，赵灿译，中信出版集团 2020 年版。

42. [秘鲁] 赫尔南多·德·索托著：《资本的秘密》，丁海生译，华夏出版社 2017 年版。

43. 田昆儒、张克菲：《IPO 注册制下新上市公司资本配置效率保障机制研究》，载《湖南社会科学》2015 年第 5 期。

44. 王国刚著:《资本市场导论》,社会科学文献出版社2014年版。

45. 王世昌:《股份制试点在北京》,载《科技潮》1994年第2期。

46. [美]奥利弗·E.威廉姆森、西德尼·G.温特编:《企业的性质:起源、演变和发展》,姚海鑫、邢源源译,商务印书馆2007年版。

47. [美]奥利弗·E.威廉姆森著:《市场与层级制:分析与反托拉斯含义》,蔡晓月、孟俭译,上海财经大学出版社2011年版。

48. [美]奥利弗·E.威廉姆森著:《资本主义经济制度》,段毅才等译,商务印书馆2002年版。

49. 卫兴华等著:《社会主义经济理论研究集萃(2016):新发展理念指引下的中国经济》,经济科学出版社2016年版。

50. 文一著:《伟大的中国工业革命:"发展政治经济学"一般原理批判纲要》,清华大学出版社2016年版。

51. [美]卡尔·沃尔特、弗雷泽·豪伊著:《红色资本:中国的非凡崛起与脆弱的金融基础》,祝捷、刘骏译,中国出版集团东方出版中心2013年版。

52. 习近平:《坚持、完善和发展中国特色社会主义国家制度与法律制度》,载《求是》2019年第23期。

53. 中共中央文献研究室编:《习近平关于全面依法治国论述摘编》,中央文献出版社2018年版。

54. 邢会强主编:《证券法学》,中国人民大学出版社2019年版。

55. [美]约瑟夫·熊彼特著:《资本主义、社会主义与民主》,吴良健译,商务印书馆1999年版。

56. 吴晓灵、陆磊主编:《中国金融政策报告2021》,中国金融出版社2021年版。

57. 叶有明著:《股权投资基金运作——PE价值创造的流程》,复旦大学出版社2012年版。

58. 虞正春、高永华著:《读懂医创板:医药大健康企业科创板上市案例解析》,北京大学出版社2020年版。

59. 张群群著:《论交易组织及其生成和演变》,中国人民大学出版社1999年版。

60. 赵燕菁:《土地财政:历史、逻辑与抉择》,载《城市发展研究》2014

年第 1 期。

61. 中国证监会研究中心:《发审委制度的历史和作用》,原载于中国证监会官网 http://www.csrc.gov.cn/csrc/index.shtm,2013 年 7 月。

62. 中国证监会研究中心:《国际上关于新股发行的主要制度》,原载于中国证监会官网 http://www.csrc.gov.cn/csrc/index.shtm,2013 年 7 月。

63. 中国证监会研究中心:《我国股票发行审核制度的演进历程》,原载于中国证监会官网 http://www.csrc.gov.cn/csrc/index.shtm,2013 年 7 月。

64. 中国证券监督管理委员会:《中国资本市场发展报告》,中国金融出版社 2008 年版。

65. 朱伟一著:《股市荒原》,中国政法大学出版社 2018 年版。

66. 朱伟一著:《证券法》,中国政法大学出版社 2017 年版。

67. 最高人民法院民事审判第二庭:《金融案件审判指导(增订版)》,法律出版社 2018 年版。

68. 证监会、上交所、深交所、全国股转公司有关科创板、创业板和北交所(新三板精选层)相关法律法规、部门规章和业务规则汇编。

69. 截至 2021 年 6 月 30 日,中国电研等 100 余家企业上市申请文件、审核反馈回复文件等公开披露资料。

70. 上海证券交易所科创板上市委员会第一届委员名单。

后记

离开审核岗位时，牛总叮嘱我，"干了这么多年审核工作，总得有些留得下的心得体会呀！"。于是就有了本书的开始。当我着手写下这些文字时，资深科普图书编辑侯俊琳师兄给了我热情的鼓励和支持。初稿形成后，一些前辈、朋友又热忱地提出了诸多宝贵意见和建议，纠正、丰富和完善了本书，在此一并向他们致谢！

黄运成教授、张群群教授、Rainer Kulms 教授、朱伟一教授等老师给予我教诲和指导，勉励我扎实、认真地完成本书。承蒙好友先德牵针引线，使我与麦读文化相识，麦读致力于打造一流的法律图书品牌，曾健老师和李云琦编辑专业的态度、严谨的作风打磨塑造了本书，感谢中国民主法制出版社责任编辑陈曦老师和谢瑾勋老师，感谢他们的辛苦付出！

在本书写作过程中，我的家人始终是我坚强的后盾，他们替我承担了大量的家庭事务、纾解我的焦虑和压力、充当本书的第一读者。在此，感谢我的父母和岳父母，感谢麦子妈妈和小麦子的爱、鼓励和支持！

最后，衷心感谢中国证监会、全国股转系统公司（北京证券交易所）以及大家资产的各位领导、同事一直以来对我的关心、支持和帮助，让我得以亲历我国资本市场的跌宕起伏，在资本市场注册制改革的洪流中寻找自我。谨以此书献给中国资本市场，祝愿他繁荣昌盛！

受限于笔者自身的经验认知，本书难免存在一些疏漏和不足。欢迎大家关注公众号"社科大家谈"，对本书提出意见建议！

高晓东

2022 年 1 月 15 日

图书在版编目（CIP）数据

企业上市·注册制审核指引：要点解析与典型案例／
高晓东著. -- 北京：中国民主法制出版社，2022.1
ISBN 978-7-5162-2756-5

Ⅰ.①企…　Ⅱ.①高…　Ⅲ.①股份有限公司–上市–
审批制度–案例–中国　Ⅳ.①F279.246

中国版本图书馆 CIP 数据核字（2022）第 013546 号

图书出品人：刘海涛
出版统筹：乔先彪
图书策划：曾　健
责任编辑：陈　曦　孙振宇　谢瑾勋　李云琦

书名/企业上市·注册制审核指引：要点解析与典型案例
作者/高晓东　著
出版·发行/中国民主法制出版社
地址/北京市丰台区右安门外玉林里 7 号　（100069）
电话/（010）63055259（总编室）　63058068　63057714（营销中心）
传真/（010）63055259
http：//www.npcpub.com
E-mail：mzfz@npcpub.com
经销/新华书店
开本/32 开　880 毫米×1230 毫米
印张/21.5　**字数**/661 千字
版本/2022 年 3 月第 1 版　2022 年 3 月第 1 次印刷
印刷/北京天宇万达印刷有限公司

书号/ISBN 978-7-5162-2756-5
定价/119.00 元
出版声明/版权所有，侵权必究